NCS 지름길 찾기

고시넷

전공시험 [직무수행 능력평가]

한국철도공사

코레일 경영학

빈출테마/최신기출

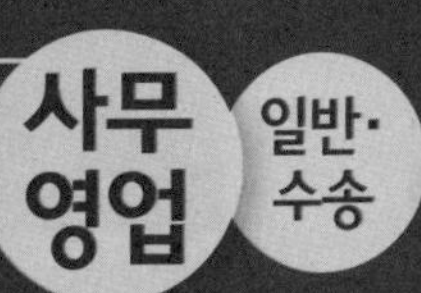

- 시험에 자주 나오는 테마 123개 선정
- 기출문제를 분석하여 만든 기출예상문제
- 최신 출제 경향을 반영한 실전모의고사 2회분

gosinet
(주)고시넷

정오표 제공 및 학습 질의 응답 안내

정오표 확인 방법

고시넷은 오류 없는 책을 만들기 위해 최선을 다하고 있습니다. 그러나 편집 과정에서 미처 바로잡지 못한 실수가 뒤늦게 발견되는 경우가 있습니다. 고시넷은 이런 잘못을 바로잡기 위해 정오표를 실시간으로 제공하고 있습니다. 책을 선택해 주신 수험생들께 감사하는 마음으로 끝까지 책임감을 갖고 최선을 다하겠습니다.

고시넷 홈페이지 접속 〉 고시넷 출판-커뮤니티 〉 정오표

www.gosinet.co.kr

모바일폰에서 QR코드로 실시간 정오표를 확인할 수 있습니다.

학습 질의 응답

학습과 교재 관련 문의를 받고 있습니다. 적절한 교재 선택에 관한 조언이 필요하거나 고시넷에서 발행한 교재로 학습 중에 의문 사항이 생기면 아래 주소로 연락주십시오. 성실히 답변을 드리겠습니다.

이메일주소 passgosi2004@hanmail.net으로 문의주시면 확인 후 빠르게 답변드리겠습니다.

차례

코레일 경영학 완전정복

파트 1 경영학 일반

파트 2 조직행위론

파트 3 인적관리 및 품질경영

CONTENTS

구성과 활용

1 코레일 채용 알아두기

2020년 코레일 채용 변경사항 및 채용절차를 통해 시험전략을 효율적으로 세울 수 있도록 하였습니다.

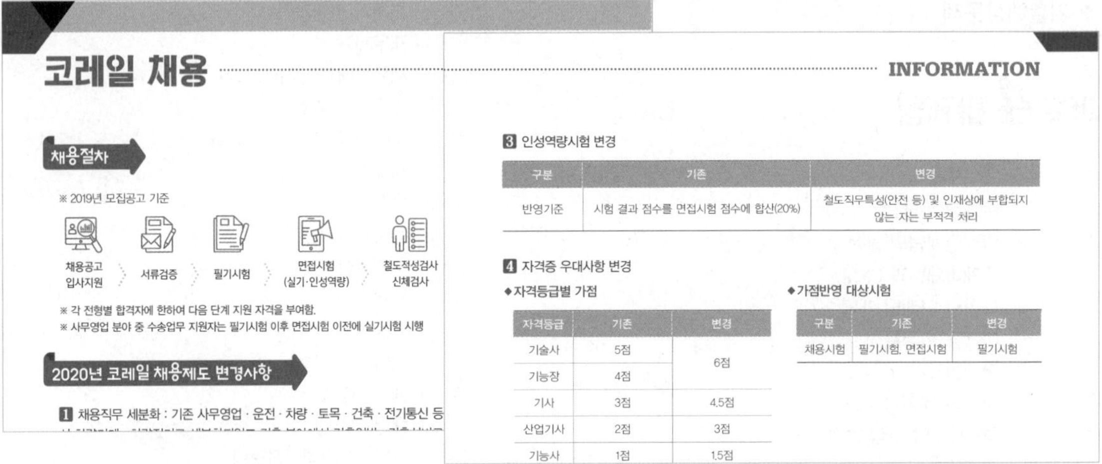

구분	기존	변경
반영기준	시험 결과 점수를 면접시험 점수에 합산(20%)	철도직무특성(안전 등) 및 인재상에 부합되지 않는 자는 부적격 처리

자격등급	기존	변경
기술사	5점	6점
기능장	4점	
기사	3점	4.5점
산업기사	2점	3점
기능사	1점	1.5점

구분	기존	변경
채용시험	필기시험, 면접시험	필기시험

2 테마 유형 학습

코레일 경영학 필기시험을 대비할 수 있도록 파트별로 핵심 이론을 수록하였습니다.

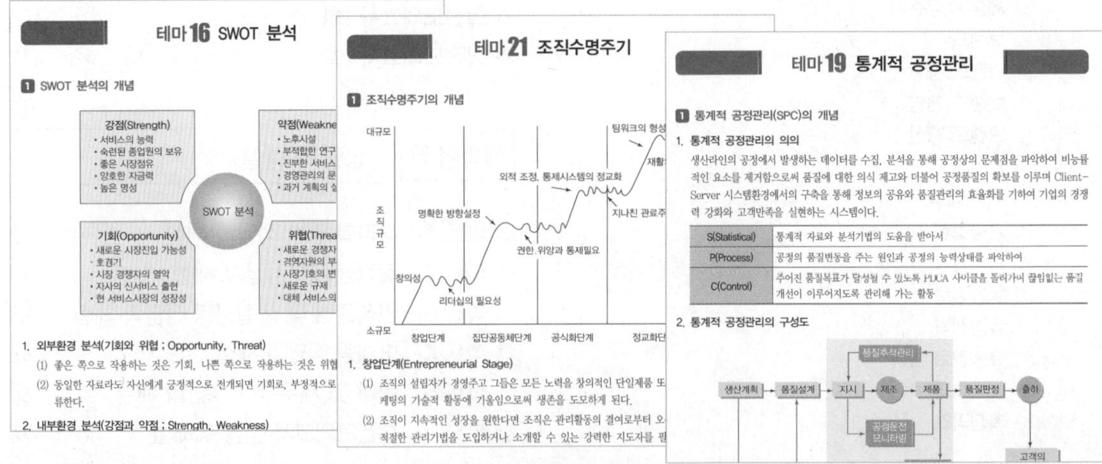

3 빈출 지문에서 뽑은 O/X 및 기출예상문제

O/X 문제로 학습한 이론을 빠르게 점검하고 기출예상문제로 필기시험을 대비할 수 있도록 구성하였습니다.

빈출 지문에서 뽑은 O/X

01 분류법은 평가요소로 구분하여 각 요소별로 그 중요도에 따른 점수를 준다.
02 경험법은 직무분석자가 직접 직무를 수행함으로써 실증자료를 얻는 방법으로 가장 우수한 … 사용하기 힘들다.
03 질문지법은 직무의 모든 측면을 파악할 수 있는 질문서를 작성하여 직무수행자로 하여 … 직무를 분석하는 방법이다.
04 관찰법은 직무분석자가 직무수행자 또는 작업자 집단이 실제로 직무를 수행하는 것을 관 … 수행하는 목적과 방법 등을 기록하는 방법이다.
05 관찰법은 관찰자의 주관이 개입될 수 있고, 오랜 시간 관찰이 쉽지 않은 단점이 있다
06 질문지법은 시간과 노력이 절약되나 해석상 차이로 인한 오류가 나타날 수 있다.
07 중요사건법은 비교적 정밀하고 직무행동과 평가 간의 관계파악이 용이하다.
08 임상적 방법은 비교적 정밀하고 객관적인 자료도출이 가능하나 절차가 복잡하다.
09 체험법은 분석자가 직접 체득함으로써 생생한 직무자료를 얻을 수 있다.
10 직무명세서는 직무의 인적 요건에 중심을 두고 있다.

4 마케팅 기출예상 문제

01 마케팅에 대한 설명 중 가장 옳지 않은 것은?

① 내부마케팅이란 종업원에 대한 마케팅 활동을 의미하며 외부마케팅이란 고객에 대한 마케팅 활동을 말한다.
② 기업의 마케팅 순서는 외부마케팅을 먼저 하고 내부마케팅을 나중에 해야 한다.
③ 고객생애가치란 고객으로부터 얻게 되는 현금흐름의 총합을 의미하는 것으로 고객이 평생 동안 창출해 줄 수 있는 현금흐름의 합계를 의미한다.
④ 자극적 마케팅이란 잠재적 시장에서 전혀 관심이나 수요가 없는 무수요를 환경의 변화나 제품에 관한 정보를 유도하여 관심을 불러일으키는 마케팅이다.

02 다음 중 마케팅 활동의 궁극적인 목표로 가장 적절하지 않은 것은?

① 소비자의 요구만족 ② 경쟁시장에서의 우위

4 실전모의고사

실전모의고사 2회분을 각각 25문항씩 수록하여 변경된 시험에 효율적으로 대비할 수 있도록 하였습니다.

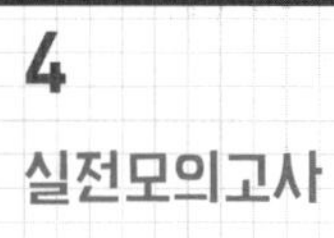

실전모의고사 1회

▶ 정답과 해설 74쪽

01 경영이론의 주창자와 그 내용이 옳지 않은 것은?

① 테일러(Taylor) : 차별성과급제 ② 메이요(Mayo) : 비공…
③ 베버(Weber) : 규칙과 절차의 중시 ④ 포드(Ford) : 고임금…

02 브랜드관리에 관한 설명으로 적절한 것을 〈보기〉에서 모두 고르면?

보기
㉠ 기존 브랜드와 다른 제품 범주에 속하는 신제품에 기존 브랜드를 …

14 경쟁자 분석에 관한 설명으로 옳은 것을 〈보기〉에서 모두 고르면?

보기
a. 제품/시장 매트릭스(Product/Market Matrix)를 이용한 경쟁자 파악 방법은 잠재적인 경쟁자들을 파악해 준다는 장점과 관리자의 주관적인 판단에 의존한다는 단점을 갖고 있다.
b. 상표전환 매트릭스(Brand Switching Matrix)를 이용한 경쟁자 파악 방법은 두 브랜드를 1 : 1로 비교하기 때문에 두 브랜드 간의 경쟁관계 발생 유무와 경쟁관계 발생 원인을 설명해준다.
c. 사용상황별 대체(Substitution In-Use)를 이용한 경쟁자 파악 방법은 경쟁의 범위를 폭넓게 파악하는 데 도움이 된다.

① a ② b
③ c ④ a, c

15 공급사슬관리(SCM)에 관한 설명으로 옳지 않은 것은?

코레일 알아두기

코레일 소개

CI

고속철도 운영과 대륙철도 연결로 21C 철도 르네상스 시대를 열어 나갈 주역으로서 한국 철도의 비전을 담은 새로운 철도 이미지를 구현하였습니다.

푸른 구(球)는 지구를 상징하며, 구를 가로지르는 힘찬 선(LINE)은 고속철도의 스피드와 첨단의 기술력을 상징화하여, 세계를 힘차게 달리는 21C 한국 철도의 이미지를 표현하였습니다.

미션

사람 · 세상 · 미래를 잇는 대한민국 철도

안전하고 편리한 철도 서비스 제공으로 국민행복 증진과 사회적 책임을 강화하고 남북 대륙철도 연결과 미래 성장동력을 확보하여 철도 중심의 생활문화 조성

비전

대한민국의 내일, 국민의 코레일

- 우리가 추구하는 사람과 세상인, "대한민국"
- 남북으로 뻗어가는 통일 철도와 미래 발전방향인, "내일(來日)"
- 공기업으로서 코레일이 추구하는 사회적 가치 지향점인, "국민"
- 대한민국의 철도를 이끌어 나가는 대표기관, "코레일"

핵심가치

안전(국민안전 | 안전역량), 고객(고객만족 | 직원행복), 소통(국민소통 | 노사상생)

- 안전 : 안전은 국민을 위한 최고의 서비스이자 핵심가치로서, 첨단 기술력을 기반으로 국민이 안심하는 안전한 철도 구현
- 고객 : 고객의 마음으로 고객이 만족하는 그 이상의 가치를 제공하여 가치 중심의 고객서비스 실현
- 소통 : 소통과 공감의 상생적 노사관계를 정착시켜 함께 성장할 수 있는 기업문화 혁신

5대 전략목표

스마트 철도안전	가치 중심 고객서비스	철도 공공성 강화	기업문화 혁신	미래 성장 동력

인재상

- **인재상**: 사람지향소통인 고객지향전문인 미래지향혁신인
- **HRD 미션**: KORAIL 핵심가치를 실현하기 위한 차세대 리더의 체계적 육성
- **HRD 비전**: 통섭형 인재양성을 통해 국민의 코레일 실현
- **HRD 전략**: HRD 조직발전 미래성장동력 확보 성과창출형 HRD 공감/소통의 조직문화 조성

사업분야

여객사업	광역철도사업	종합물류사업
• 고속열차(KTX)와 일반열차(ITX-새마을, 새마을호, 무궁화호, 누리로, 통근열차)를 통칭하는 간선여객열차를 운행	• 광역전철과 ITX-청춘 운행을 담당 • ITX-청춘 : 젊은이에게는 낭만과 꿈 그리고 열정, 어르신에게는 청춘에 대한 동경과 추억을 담아 달리는 도시 간 급행열차(Inter-city Train eXpress)	• 컨테이너, 시멘트, 석탄, 철강 등 운송사업과 하역, 보관, 창고사업 등 종합물류기업으로 도약하는 데 기여
자산개발사업	**해외사업&국제협력**	**시설유지보수사업**
• 운송사업 위주의 수익구조에서 탈피하여 부가가치가 높은 자산개발로 경영개선에 기여하고자 역사(민자 · 복합), 역세권, 철도연변부지 등을 개발하고 자산임대를 추진	• 해외사업 개발 및 운영, 해외사업 추진 종합계획 및 전략 수립, 외국철도 및 국제철도기구와의 교류 · 협력 사업을 추진	• 여객과 화물을 안전하게 수송할 수 있도록 철도선로, 구조물 및 건축물의 유지보수와 개량업무를 수행 – 선로, 구조물, 건축물의 유지보수 업무, 안전점검 및 개량사업 – 선로보수를 위한 보선장비 운용 및 현대화 추진, 수탁공사 등

※ 자세한 정보는 코레일 홈페이지에서 확인할 수 있습니다.

코레일 채용

채용절차

※ 2019년 모집공고 기준

채용공고 입사지원

서류검증

필기시험

면접시험 (실기·인성역량)

철도적성검사 신체검사

신입사원 교육

정규직 채용

※ 각 전형별 합격자에 한하여 다음 단계 지원 자격을 부여함.
※ 사무영업 분야 중 수송업무 지원자는 필기시험 이후 면접시험 이전에 실기시험 시행

2020년 코레일 채용제도 변경사항

1 채용직무 세분화 : 기존 사무영업 · 운전 · 차량 · 토목 · 건축 · 전기통신 등 6개 분야였으나 차량 분야에서 차량기계 · 차량전기로 세분화되었고 건축 분야에서 건축일반 · 건축설비로 세분화되었다.

채용직렬	기존	변경
사무영업	일반, 수송, IT	기존과 같음.
운전	일반, 전동차	기존과 같음.
차량	차량	차량기계, 차량전기
토목	토목	기존과 같음.
건축	건축	건축일반, 건축설비
전기통신	전기통신	기존과 같음.

※ 채용 당시의 채용소요에 따라 세분화된 채용직무 중 일부 직무만 채용할 수 있음.

2 필기시험 과목 변경 : 기존 직업기초능력평가 50문항이었지만 2020년부터 25문항으로 줄어들며 전공시험이 25문항 추가되었다.

채용직렬	기존	변경	
	직업기초능력평가〈 50문항 〉	직업기초능력평가〈 25문항 〉	직무수행능력평가(전공시험)〈 25문항 〉
사무영업	NCS 공통영역 (의사소통능력, 수리능력, 문제해결능력)	NCS 공통영역 (의사소통능력, 수리능력, 문제해결능력)	(일반, 수송) 경영학 (IT) 컴퓨터일반(*정보보호개론 포함)
운전			기계일반, 전기일반 중 택1(*차량 전공과목과 동일)
차량			(차량기계) 기계일반　(차량전기) 전기일반
토목			토목일반
건축			(건축일반) 건축일반　(건축설비) 건축설비
전기통신			전기이론

3 인성역량시험 변경

구분	기존	변경
반영기준	시험 결과 점수를 면접시험 점수에 합산(20%)	철도직무특성(안전 등) 및 인재상에 부합되지 않는 자는 부적격 처리

4 자격증 우대사항 변경

◆자격등급별 가점

자격등급	기존	변경
기술사	5점	6점
기능장	4점	
기사	3점	4.5점
산업기사	2점	3점
기능사	1점	1.5점

◆가점반영 대상시험

구분	기존	변경
채용시험	필기시험, 면접시험	필기시험

※ 자격증은 최대 2개까지 인정하며, 공통직무 1개+해당직무 1개, 또는 해당직무 2개로 인정함.

※ 자격증 가점은 최대 12점까지 임(예 기사 2개를 인정받은 경우 9점 부여).

5 체력심사 시행 : 개인별 적격 · 부적격제 시행

◆(해당직무) 차량, 토목, 건축, 전기통신 직렬

◆(측정항목) 국민체력평가 ☞ 근력, 근지구력, 심폐지구력, 유연성, 민첩성, 순발력

◆(측정기관 및 장소) 국민체육진흥공단 / 전국에 위치한 체력인증센터

◆(적격기준) 검증항목 6개 중 2개 항목 이상이 3등급 이상을 받은 경우

◆(측정결과 제출시기) 면접시험일 기준으로 공사에서 별도 공지

※ 면접시험일 기준 1년 전까지 체력심사 검증결과가 유효하므로 개인별로 사전 실시 가능

면접시험 및 인성역량검사

– 면접시험 : 코레일 신입사원으로서 자세, 열정 및 마인드, 직무능력 등을 종합평가

※ 면접시험에는 경험면접 및 직무 상황면접 포함

– 인성역량검사 : 인성, 성격적 특성에 대한 검사(필기)

⇨ 면접시험과 인성역량검사를 종합하여 최종합격자 결정

고시넷

코레일 경영학

[합격전략]

경영학 일반에서 가장 관심을 가지고 공부할 주제는 경영학의 발전과정이다. 이는 경영학의 줄기에 해당하는 부분이기 때문에 시대적 배경과 더불어 발전과정을 이해하는 것이 중요하다. 이론의 주장 연도를 상세하게 기억할 필요는 없지만 학자와 이론의 관계는 반드시 숙지해야 할 것이다. 지식경영, 구조조정 등 최신 경영관련 용어들도 출제되니 관련 개념을 정확히 이해해 둘 필요가 있으며 회사의 분류, 특히 주식회사와 관련된 부분, 대리인 비용은 재무관리에서도 출제되는 부분이니 반드시 학습해야 한다. 또한 기업에 관한 주제에서는 M&A 관련 내용이 출제된 적이 있으므로 적대적 M&A의 공격과 방어에 대한 부분을 숙지해야 한다.

파트 1 경영학 일반

✪ 테마 유형 학습

✪ 빈출 지문에서 뽑은 O/X

✪ 기출예상문제

테마 1 과학적 관리론과 포드 시스템

1 과학적 관리론

1. 과학적 관리론의 개념

(1) 과학적 관리의 전제

① 과학적 분석에 의하여 유일 최선의 방법을 발견할 수 있다.

② 과학적 방법에 의하여 생산성을 향상시키면 노동자와 사용자를 다 같이 이롭게 하고 나아가 공익을 보호할 수 있다.

③ 조직 내의 인간은 경제적 유인에 의해 동기가 유발되는 타산적 존재다.

④ 조직의 목표는 명확하게 알려져 있고 업무는 반복적이다.

(2) 과학적 관리의 원리

① 업무기준을 과학적으로 설정하여야 한다.

② 근로자들을 과학적 방법으로 선발하고 훈련시켜야 한다.

③ 과학적으로 설계된 업무와 과학적으로 선발되고 훈련된 인력을 적정하게 결합시켜야 한다.

④ 관리자와 근로자는 책임을 적절히 분담하고 업무의 과학적 수행을 보장하기 위해 지속적이고 긴밀하게 서로 협조해야 한다.

(3) 과학적 관리론의 내용

① 인간에 대한 가정 : 과학적 관리론은 합리적 · 경제적 인간을 전제로 한 기계적 · 제도적인 관리를 주장하였다.

② 과학적 관리의 목표 : 과학적 관리론은 생산성의 향상을 통해 노동자의 높은 임금과 고용주의 단위당 낮은 노무비를 추구하기 때문에 개인목표와 조직목표의 양립성을 인정한다.

2. 성과급제(Differential Piece-rate System)

(1) 개념 : 작업의 내용과 임금제도를 연계시켜서 기존의 임금체계인 시간급제 대신 성과급제를 도입하였다.

(2) 인센티브제도(Incentive System) : 과업관리를 통하여 연구한 최선의 작업방법으로 누구나 할 수 있는 하루의 공정한 작업량을 산출한 다음, 작업량에 따라 임률을 차등화한다.

(3) 차별성과급제(Differential Piece-rate System)

① 공정한 작업량에 도달한 작업자에게는 높은 임률을 적용하고 도달하지 못한 작업자에게는 낮은 임률을 적용한다.

② 하루의 공정한 작업량을 넘기느냐의 여부에 따라 임률이 달라지며 하루의 작업량을 넘기는 작업자와 넘기지 못한 작업자 사이에는 엄청난 임금격차가 발생한다.

(4) 높은 임금과 낮은 노무비의 원리 : 테일러 시스템의 기본 이념으로, 작업에 대한 과학적인 분석과 임금제도를 연관시킴으로써 높은 임금과 낮은 노무비를 실현하였다.

과학적 관리론은 19세기 말 이후 미국에서 발전되어 온 산업경영 및 관리의 합리화와 능률화를 위한 지식 · 기술의 체계를 의미하며, 절약과 능률을 실현할 수 있는 표준적인 업무절차를 만들어 업무의 생산성 · 능률성을 향상시키려는 관리기술이다. 과학적 관리론은 테일러(Taylor)에 의해 체계화되었기 때문에 테일러 시스템(Taylor System)이라고 한다.

과학적 관리론의 기본원리

1. 하루의 공정한 과업량
2. 표준 조건
3. 성공에 대한 고임금(차등적 성과급제)
4. 실패에 대한 손실
5. 계획과 작업의 분리의 원리
6. 과학적인 작업방법의 원리

2 포드 시스템의 특징

1. 포드(Henry Ford)는 기업이란 사회의 봉사기관이라는 당시로서는 매우 충격적인 선언을 하였고 포드 시스템을 통해 그가 추구하고자 한 이념인 저가격, 고임금의 원리(Fordism)를 실현하였다.
2. 동시관리와 최저생산비의 원리로서 제품 및 작업공정의 단순화, 부품의 표준화, 작업수단의 전문화를 통한 생산의 표준화와 컨베이어 시스템에 의한 이동조립방식을 도입하였다.

포드 시스템의 내용은 과학적 관리론을 보완·발전시킨 것으로 컨베이어 시스템을 도입하여 대량생산을 통해 원가를 절감하게 하였다.

3 테일러 시스템과 포드 시스템의 비교

구분	테일러 시스템	포드 시스템
명칭	• 테일러리즘(Taylorism) • 과업관리	• 포디즘(Fordism) • 동시관리
원칙	고임금, 저노무비	저가격, 고임금
기준	• 작업의 과학적 측정과 표준화 • 과학적 1일 작업량 설정 • 달성 시 고임금 • 미달성 시 책임 추궁	• 기업은 사회적 봉사기관 • 경영관리의 독립 강조 • 경영공동체관 강조
내용	• 시간연구와 동작연구 • 직능별 직장제도 • 차별적 성과급제도 • 작업지도표제도	• 생산의 표준화(3S+공장의 전문화) • 컨베이어 시스템(이동조립법) • 일급제(일당제도) • 대량생산과 대량소비 가능
특징	개별생산공장의 생산성 향상	연속생산의 능률과 생산성 향상

경영학 일반
조직행위론
인적관리 및 품질경영
마케팅
회계 및 재무관리
부록_실전모의고사

기출문제

테일러의 과학적 관리론에 관한 설명으로 옳지 않은 것은?

① 동작연구를 통하여 직무별 요소사업을 세분화하고 작업에서 불필요한 동작을 제거하여 최선의 작업방법을 찾는 것이다.
② 요소별 시간연구를 통해 요소별 표준작업시간을 완성하여 작업의 표준화를 이루었다.
③ 모든 작업자의 동기부여를 위한 균등 성과급제도를 도입하였다.
④ 분업의 원리에 입각해 관리자의 업무를 자동화하여 부문별로 전문관리자를 두었다.

정답 ③

해설 동작연구와 시간연구를 통해 설정한 표준 과업 또는 표준 시간을 달성한 자에게는 높은 임금을, 실패한 자에게는 낮은 임금을 지급하는 차별적 성과급제를 시행하였다.

테마 2 관리일반이론과 관료제론

페이욜의 관리일반이론

1. 페이욜은 조직 전체의 관리에 관심을 두었으며 기업 활동을 여섯 가지로 구분하였고, 이 활동들은 기업에서 수행하지 않으면 안 될 본질적인 기능이라고 보았다.
2. 기술과 상업, 재무, 보전 및 회계 활동은 물적 자원과 관계된 기능이며 관리 활동은 인적 자원과 관계된 것이다.
3. 기업규모가 커질수록, 관리 지위가 올라갈수록 물적 자원과 관계된 전문 활동보다 관리 활동의 중요도가 높아진다.

1 페이욜의 관리일반이론

1. 기업의 여섯 가지 활동

기술 활동	생산, 제작, 가공	보전 활동	재산 및 종업원 보호
상업 활동	구매, 판매, 교환	회계 활동	재산목록, 대차대조표, 원가계산, 통계
재무 활동	자본의 조달 및 운영	관리 활동	계획, 조직, 지휘, 조정, 통제

2. 14가지 일반관리원칙

(1) 분업 : 분업은 능률을 가져올 수 있으며 분업이 이루어질 수 있는 데는 한계가 있다.

(2) 권한과 책임 : 권한은 명령을 하고 복종을 요구할 권리이며 권한에는 책임이 따른다.

(3) 규율 : 규율은 조직을 원만하게 운영하기 위하여 필요한 것이며 사원은 정해진 규율을 따라야 한다.

(4) 명령통일 : 구성원들은 한 사람의 상사로부터 명령을 받아야 한다.

(5) 지휘통일 : 동일한 목표를 위한 활동은 한 사람이 관장하여야 한다.

(6) 조직이익 우선 : 개인이나 집단의 이익이 조직의 목표보다 우선되어서는 안 된다.

(7) 보상 : 보상은 종업원과 고용주 모두에게 공정하여야 한다.

(8) 집권화 : 권한의 위임은 상황에 달려 있다. 사람들의 능력을 최대한으로 활용하는 것이다.

(9) 계층조직 : 조직은 상위층으로부터 하위층에 이르기까지 계층별 연결망을 통하여 연결되어 있어야 한다.

(10) 질서 : 각종 물건과 재료는 순서에 맞도록 질서정연하게 정돈되어 있어야 하고 적절한 사람이 적절한 곳에 배치되어 있어야 한다.

(11) 공정성 : 상급자는 모든 종업원을 공정하게 대우하여야 한다.

(12) 고용보장 : 종업원에게 고용안정을 확산시키는 것이 바람직하다.

(13) 창의력 : 경영자는 부하들의 창의력을 개발하고 부하들에게 자율권과 결정권을 부여하여야 한다.

(14) 단결 : 구성원들의 조화와 팀워크를 유지하는 것이 필수적이다.

2 베버의 관료제론

1. 관료제의 특징

(1) 관료제 조직은 의사결정 권한을 관리자의 주관적 판단에 맡길 때 발생할 수 있는 조직의 불안정을 최소화하기 위해 업무수행에 관한 규칙과 절차를 철저하게 공식화한다.

(2) 책임소재를 분명히 하고 의사결정을 공식화하기 위해 의사소통을 문서화한다.

(3) 모든 구성원은 훈련, 교육 및 공식적 시험을 통해 기술적 능력을 중심으로 선발하고 이를 근거로 평생의 경력관리가 이루어진다.

(4) 관리자는 생산수단의 소유자라기보다 직업적인 전문경영자가 되어야 하며 보수를 받고 일을 하고 조직 내에서 경력을 쌓아야 한다.

2. 관료제의 장단점

(1) 관료제의 장점

① 전문화 : 과업세분화를 통해 전문화를 가능하게 함으로써 능률을 높인다.

② 구조화 : 모든 직위의 권한이 공식적으로 기술되고 권한이 계층화된다.

③ 예측 가능성과 안정성 : 관료제의 기본적 특성인 규칙과 절차의 설정은 조직행위에 대한 예측 가능성과 안정성을 높인다.

④ 합리성 : 객관적 판단과 전반적으로 합의된 기준에 의해 의사결정과 직무수행이 이루어지므로 조직에 합리성을 제공한다.

(2) 관료제의 단점

① 형식주의 : 형식적인 규칙과 절차에 집착한 나머지 조직 목표의 달성보다는 규칙과 절차가 중시된다. 이와 같은 상황에서는 기술주의와 형식주의 그리고 문서주의가 지배하게 된다.

② 권한의 축적 : 관료제하의 관료들은 전형적으로 자기 자신을 가장 확실한 의사결정자라고 여기고 자기의 능력을 과시하며 권한을 축적하고자 한다.

③ 책임회피와 분산 : 관료제하에서는 규정 자체의 논리에 의하여 의사결정을 내리는 형식주의(red tape)가 팽배해지고 책임과 의사결정을 회피하기 위한 책임의 전가가 이루어지며 부서 사이의 협상 등으로 책임의 분산이 발생한다.

④ 의사결정의 지연 : 관료제하에서는 책임과 권한, 규칙과 절차가 강조되어 의사결정 과정에 상당한 시간이 소요된다.

⑤ 변화에 대한 저항 : 관료제는 기본적으로 보수성을 가지며 변화를 싫어한다. 가장 큰 원인은 관료제가 본질적으로 선례답습적이며 현상유지적인 데 있다.

막스 베버(Max Weber)의 관료제 이론

1. 근본적으로 권한구조에 바탕을 두고 있다. 그는 권한 유형을 카리스마적 권한, 전통적 권한 그리고 합리적·법적 권한으로 구분하고, 사회의 발전과 성장은 사회 구성원과 사회 내 조직의 합리적·법적 권한에 의해 이루어진다고 말했다.
2. 과업은 가능한 한 분화하여 전문화된 직무를 통해 업무의 능률을 극대화시키고자 한다.
3. 조직계층에 따라 책임과 권한을 구체적으로 규정하여 권한의 남용이나 임의성을 최소화하고 조직관리를 비개인화하여 관리자 개인의 능력에 상관없이 조직의 안정성을 유지한다.

기출문제

베버의 관료제론에 대한 설명으로 옳지 않은 것은?

① 막스 베버는 "사회 및 경제조직이론"에서 소개한 이상적 조직을 관료제라 부르고 관료제의 근간은 권한 구성에서 찾았다.

② 업무수행에 관한 규칙과 절차를 철저하게 공식화한다.

③ 모든 구성원들을 교육 및 시험 등 기술적 능력을 통하여 선발하고 승진시켜 모든 종업원이 평생에 걸쳐 경력관리를 하도록 한다.

④ 제한된 합리성을 강조한다.

정답 ④

해설 사이몬의 제한된 합리성 이론은 인간을 과학적 관리법에서처럼 경제인으로 보지도 않고 인간관계론에서처럼 사회인으로 보지도 않고 오직 관리인으로 보고 있다.

테마 3 인간관계론과 행동과학

인간관계론은 1924년부터 1932년 사이에 걸쳐 하버드 대학의 메이요를 중심으로 시행된 호손 실험의 결과에 기인한다.

호손 실험의 결과
1. 작업은 육체적 활동일 뿐 아니라 사회적 활동
2. 구성원들은 비공식적 사회관계 형성
3. 비공식적조직은 행동규범을 형성, 실행
4. 비공식적조직은 구성원 신분을 규정하고 행동 규제
5. 구성원의 사회적 욕구가 물리적 작업환경보다 생산성 결정에 더 중요

공식조직과 비공식조직의 비교
1. 공식적 조직
   - 조직의 목표 달성을 위하여 존재
   - 인위적 조직
   - 제도적으로 명문화된 조직
   - 능률의 논리
   - 합리적 논리
   - 전체적 질서
   - 가시적 조직
   - 수직적 관계
2. 비공식적 조직
   - 감정의 충족을 위하여 존재
   - 자연발생적 조직
   - 현실적·동태적 대면조직
   - 감정의 논리
   - 비합리적 논리
   - 부분적 질서
   - 비가시적 조직
   - 수평적 관계

맥그리거는 그의 저서인 『기업의 인간적 측면』에서 인간행동에 대한 근대적 인간관을 Y이론이라 하고 이에 상반된 전통적 인간관을 X이론이라 하였다.

1 메이요의 인간관계론

1. 인간관계론의 의의

현실의 인간은 보다 복잡한 전인적 존재로 인식되면서 욕구의 충족이나 동기부여 문제에 점차 초점을 두게 되었다.

2. 호손 실험(Hawthorne Experiment)

구분	실험 내용	실험 결과
제1단계 실험	조명도 실험	물리적 작업조건과 생산성은 관계가 없음.
제2단계 실험	계전기 조립작업 실험	감정적·심리적 요인과 생산성은 관계가 있음.
제3단계 실험	면접 실험	인간관계의 중요성 발견
제4단계 실험	뱅크선 작업 실험	비공식적 조직의 존재, 집단규범의 중요성 발견

3. 인간관계론의 특징

(1) 조직구성원의 생산성은 생리적·경제적 요인으로만 자극받는 것이 아니라 사회·심리적 요인에 의해서도 크게 영향을 받는다.

(2) 비경제적 보상을 위해서는 대인 관계·비공식적 자생집단 등을 통한 사회·심리적 욕구의 충족이 중요하다.

(3) 조직 내에서의 의사전달·참여가 존중되어야 한다.

(4) 권위적 리더십보다는 민주적 리더십이 더 효과적이다.

2 맥그리거의 X, Y이론

1. X이론의 가정

(1) 보통 인간은 태어나면서부터 일을 싫어하며 가능하면 일하지 않으려고 한다.

(2) 조직 목적 달성을 위한 노력을 기울이게 하기 위해서는 강제하고 통제하고 명령하며 처벌의 위협을 가하지 않으면 안 된다.

(3) 보통 인간은 지시받기를 좋아하고 책임을 회피하고자 하며 비교적 야심이 적고 무엇보다 먼저 안전을 원한다.

2. Y이론의 가정

(1) 일을 하기 위하여 심신의 노력을 기울이는 것은 놀이나 휴식과 마찬가지로 극히 자연적인 것이다.

(2) 통제나 처벌, 위협 등이 조직 목적달성을 위한 유일한 방법은 아니다. 인간은 목표달성을 위하여 스스로 방향을 정하고 스스로를 통제하며 일한다.

(3) 목표달성에 헌신적으로 기여할 것인지의 여부는 달성했을 때 얻는 보상에 달려 있다.

(4) 인간은 조직 내 문제해결을 위하여 비교적 고도의 상상력이나 창의력을 발휘할 수 있는 능력을 가지고 있다.

(5) 보통 인간이 가지고 있는 지적 잠재능력은 극히 일부만 활용되고 있다.

3. X이론과 Y이론의 비교

X이론	Y이론
• 인간은 태어날 때부터 일하기 싫어함. • 강제 · 명령 · 처벌만이 목적달성에 효과적임. • 인간은 야망이 없고 책임지기 싫어함. • 타인에 의한 통제가 필요 • 인간을 부정적(경제적 동기)으로 봄.	• 인간은 본능적으로 휴식하는 것과 같이 일하고 싶어 함. • 자발적 동기유발이 중요함. • 고차원의 욕구를 가짐. • 자기통제가 가능함. • 인간을 긍정적(창조적 인간)으로 봄.

3 아지리스의 미성숙-성숙이론

1. 행동지향의 변화

아지리스는 개인과 조직관계의 기본에 놓여 있는 것은 인격적으로 미성숙한 퍼스낼리티가 성숙상태로 발달하면서 생기는 행동 지향의 변화라고 하였다.

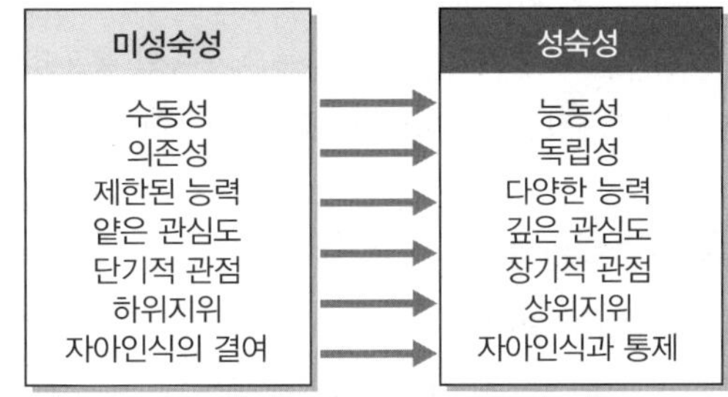

2. 합리적인 공식조직의 특징

(1) 과업의 전문화

(2) 지휘계통에 의한 명령과 통제

(3) 관리 폭과 명령 일원화

미성숙-성숙이론
미국 뉴저지에서 출생한 아지리스(Chris Argyris, 1923~)의 「퍼스낼리티와 조직(Personality and Organization, 1957)」을 통하여 제시되고 있는데, 그는 작업 환경에 의해 개인의 인격적 발달이 어떠한 영향을 받는지를 연구하였다.

경영학 일반 | 조직행위론 | 인적관리 및 품질경영 | 마케팅 | 회계 및 재무관리 | 부록_실전모의고사

기출문제

맥그리거의 X이론과 Y이론을 구분하는 큰 차이는?

① 리더십의 차이 ② 인간관의 차이
③ 조직구조의 차이 ④ 조직문화의 차이

정답 ②

해설 맥그리거는 인간의 본질과 행동에 관한 경영자의 기본 가정을 X이론과 Y이론의 두 유형으로 개념화하였으며, X이론은 전통적이고 전제적인 경영자의 인간관을, Y이론은 진취적이고 협동적인 인간관을 말한다.

테마 4 시스템이론

경영학에서 시스템이론(System Theory)이 강조되기 시작한 것은 제2차 세계대전 이후 1950년대부터다. 시스템이론은 독일의 이론 생물학자인 베르탈란피(Ludwig von Bertalanffy)가 주장했다.

1 시스템의 개념

1. 시스템의 정의

시스템(System)은 특정 목적을 달성하기 위해서 부분들이 모여 이루어진 전체라는 개념이다. 즉, 시스템은 상호 연관되고 종속된 하위 시스템들(Subsystems)의 실체이며 이 시스템은 보다 큰 상위 시스템의 구성요소가 된다.

2. 시스템의 특징

(1) 목표 : 어떤 시스템이든지 그 시스템의 존재 이유가 되는 뚜렷한 목표를 가지고 있어야 한다.

(2) 구조 : 시스템을 구성하는 부분들이 서로 질서 있게 유기적으로 연결되어 있어야 한다.

(3) 기능 : 시스템의 각 부분들은 공동의 목표달성을 위해 서로 상호 작용해야 한다.

(4) 전체성 : 시스템은 구성요인들이 하나로 결합되어 있는 실체의 성격이다.

시너지 효과(Synergy Effect) 시스템이라는 전체가 부분으로 구성되어 있지만, 전체는 모든 부분의 합보다 크다는 의미를 가지고 있다.

2 시스템의 유형과 구성요소

1. 시스템의 유형

(1) 폐쇄 시스템(Closed System)

① 시스템 가운데서 환경과의 에너지 교환작용이 없는 시스템을 말한다.

② 외부와 완전히 격리되어 있다.

③ 외부 환경에 의해 전혀 영향을 받지 않는 시스템이다.

(2) 개방 시스템(Open System)

① 시스템의 경계 밖에 있는 외부로부터 투입을 받아들이며 처리과정을 거친 산출을 환경으로 내보낸다.

② 기업을 비롯한 대부분의 조직은 개방 시스템이다. 이러한 시스템은 외부 환경과 끊임없이 상호 작용하며 적응한다.

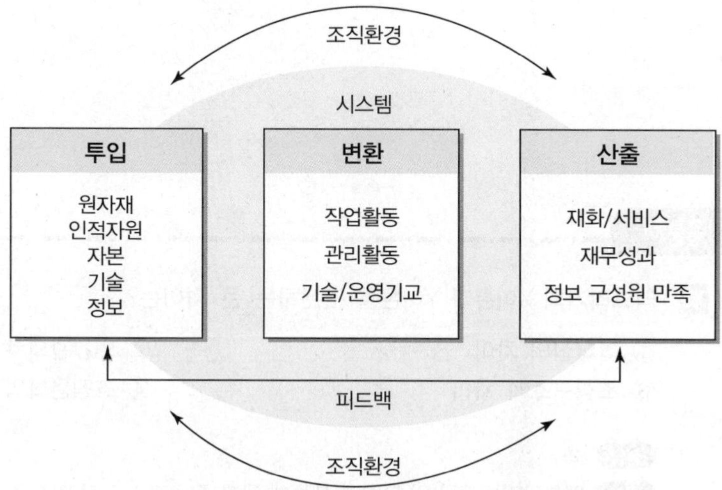

2. 시스템의 구성요소

시스템은 그 복잡성과 목적이 다르지만 기본적으로 투입, 변환과정, 산출, 피드백, 환경의 다섯 가지로 구성되어 있다.

3. 개방 시스템의 특성

(1) 에너지의 유입 : 시스템은 생존을 위해 외부 환경으로부터 에너지를 끌어들인다.

(2) 변환 : 모든 시스템은 투입물을 처리하여 새로운 산출물을 만들어 내는 변환과정을 거친다.

(3) 산출 : 시스템 내의 변환과정을 거친 생산물은 산출물의 형태로 외부 환경에 다시 배출된다.

(4) 순환과정 : 조직 밖으로 배출된 산출물이 조직 내 동일한 일련의 순환적 활동들의 에너지 원천으로 투입됨으로써 생기는 과정이다.

(5) 네거티브 엔트로피 : 엔트로피와 반대되는 경향으로, 네거티브 엔트로피가 증대되면 체계 속에서 질서와 법칙성이 유지되며 정보를 보다 많이 필요로 한다는 것을 의미한다.

(6) 네거티브 피드백 : 시스템이 어떤 정해진 기준에서 이탈하게 될 때 그것을 바로잡아 주는 정보다.

(7) 동태적 항상성 : 시스템이 자기규제적 능력으로 안정적인 상태를 유지하려는 경향을 의미한다.

(8) 분화와 통합 : 모든 시스템은 규모가 커질수록, 내용이 복잡할수록 시스템의 구조와 기능이 더욱 세분화된다.

(9) 이인동과성 : 시스템의 최종 목표가 동일하다 할지라도 이러한 목표를 달성하기 위한 수단과 방법은 다양할 수 있다.

시스템의 구성요소
1. 투입 : 시스템이 필요로 하는 에너지를 유입하는 과정으로서 사람 · 원재료 · 자본 · 정보 등과 같은 다양한 자원을 말한다.
2. 변환과정 : 목적달성을 위하여 투입된 요소를 산출로 변환시키는 처리과정이다.
3. 산출 : 변환과정을 거쳐 생산된 것을 말하며 유형의 재화, 무형의 서비스 등을 포함한다.
4. 피드백 : 시스템 변환과정의 결과인 산출에 의해 투입이 영향을 받는 과정이다.
5. 환경 : 기업의 결정에 영향을 미치는 경제적 · 사회적 요인 등을 말한다.

엔트로피란 외부로부터 에너지를 공급받지 못하기 때문에 해체되거나 쇠퇴해 가는 열역학 법칙이다.

기출문제

다음 시스템이론에 대한 내용 중 옳지 않은 것은?

① 시스템에는 투입, 처리, 산출, 피드백의 과정이 모두 포함되어 있다.
② 기업은 폐쇄 시스템의 속성을 가지기 때문에 외부와 상호작용이 중요하지 않다.
③ 조직의 여러 구성인자들이 유기적으로 상호 작용하여 시너지를 창출할 수 있다.
④ 하나의 시스템은 다수의 하위 시스템으로 구성된다.

정답 ②

해설 시스템은 서로 독립적으로 있는 것이 아니라 독립된 여러 구성인자가 유기적으로 연결되어 상호 작용을 하며 환경에의 적응성을 높이는 것이다. 따라서 하위 시스템들은 서로 독립적이지 않고 상호 관련되어 있으며 개방시스템의 속성을 지니고 있다.

테마 5 지식경영

> 지식경영은 기업의 내 · 외부로부터 지식을 체계적으로 축적하고 활용하는 경영기법을 말한다. 예측할 수 없을 정도로 급격하게 변하는 경영환경 속에서 기업의 생존과 경쟁력을 갖추게 하는 경영으로, 정보 기술에 의한 데이터 및 정보의 가공능력과 인간의 창조적이고 혁신적인 능력을 통합해 가치창조의 극대화를 추구하는 기업의 조직적인 프로세스다.

1 지식경영의 개념

1. 지식경영의 목적

노하우(Know-How) 등 눈에 보이지 않는 지적재산을 관리 · 공유하는 경영기법으로, 기업 내 사원 개개인과 각 사업부문 간에 흩어져 있는 각종 지적재산을 회사 전체가 공유함으로써 기업 경쟁력을 강화하는 것이 목적이다.

2. 지식경영의 특징

구조조정으로 인원을 감축하는 과정에서 사원 개개인이 보유한 지적재산도 같이 손실되는 단점을 보완하기 위해서 도입되었으며, 이는 기업의 사내 지적재산을 공유 · 활용함으로써 새로운 비즈니스 모델의 창출과 합리적 의사결정을 지원하는 시스템 구축으로 발전하고 있다.

3. 지식경영의 요소

통합적인 지식경영 프레임워크를 구축하기 위해 필수적으로 고려해야 할 요소는 사람, 전략, 기술, 프로세스이며 이 네 가지를 통합하는 접근방법을 통해 성공적인 지식경영을 실현할 수 있다.

(1) 사람 : 지식경영의 성공을 위한 가장 큰 역할은 기업 지식의 대부분을 가지고 있는 조직구성원에 있으며 지식경영성공의 가장 핵심적인 열쇠를 쥐고 있다.

(2) 전략 : 실질적으로 지식경영을 실천하는 지침이 된다. 즉 현재 기업이 가장 필요로 하고 가치 있게 생각하고 있는 것을 실현하기 위한 기업전체 및 주요 부문활동을 총체적으로 적응시키기 위한 결정 규범이라 할 수 있다.

(3) 기술 : 넓은 의미에서 반드시 지식경영을 위한 필수 조건이라 할 수는 없지만 지식경영이 포함하고 있는 지식관리 영역에서는 가장 핵심적인 위치를 차지하고 있다.

(4) 프로세스 : 지식경영을 실천하기 위해서는 기업의 각 업무 프로세스가 지식경영 프로세스에 적합하게 설계되어야 한다. 지식경영 전 과정을 유지하고 발전시킬 수 있는 정책과 업무절차를 도입해야 한다.

> **암묵지(暗默知, Tacit Knowledge)**
> 학습과 체험을 통해 개인에게 습득돼 있지만 겉으로 드러나지 않은 상태의 지식을 말한다. 사람의 귀와 귀 사이, 즉 머릿속에 존재해 있는 지식으로, 언어나 문자를 통해 나타나지 않는 지식이다.

> **형식지(形式知, Explicit Knowledge)**
> 암묵지가 문서나 매뉴얼처럼 외부로 표출돼 여러 사람이 공유할 수 있는 지식을 말한다. 교과서, 데이터베이스, 신문, 비디오와 같이 어떤 형태로든 형상화된 지식은 형식지라고 할 수 있다.

2 SECI 모델

1. SECI 모델의 개념

(1) 암묵지와 형식지 간에 동태적 상호작용을 통해 형성되고 확장되며 지식이 형성되는 과정을 지식전환이라고 지칭한다.

(2) 지식전환은 사회화 → 표출화 → 연결화 → 내면화 과정을 통해 이뤄진다(SECI 이론).

(3) 지식창조의 메커니즘은 1회에 그치는 것이 아니라 나선형의 형태로 지속 · 반복되면서 지식을 축적하며 지식 창조와 축적의 과정에서 중요한 것은 전 과정이 원활하게 촉발될 수 있는 실천을 통한 학습과 지식이 형성될 수 있는 장(場)을 구축하는 것이다.

2. 지식전환(SECI)의 과정

(1) 사회화(Socialization, 공동화) : 암묵지 → 암묵지

① 회사 밖을 걸어다니는 동안 암묵지를 획득 : 공급자와 고객간의 공동체험(직접경험)을 통해 자신의 몸으로 지식과 정보를 획득하는 과정이다.

② 회사 안을 돌아보는 동안 암묵지를 획득 : 판매와 제조의 현장, 사내 각 부문에 파견되어 공동체험을 통해 지식과 정보를 획득하는 과정이다.
③ 암묵지의 축적 : 획득한 지식과 정보를 자신의 생각에 관련시켜 두는 과정이다.
④ 암묵지의 전수 · 이전 : 언어화되지 않은 자신의 아이디어와 이미지를 사내외 사람에게 직접 이전하는 과정이다.

(2) 표출화(Externalization, 외면화, 외부화) : 암묵지 → 형식지

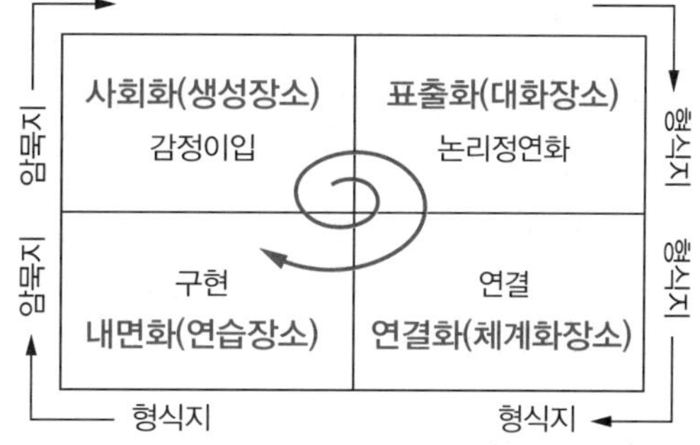

① 자신의 암묵지 표출 : 언어화되지 않은 자신의 아이디어와 이미지를 연역적, 귀납적 분석 혹은 발상법적 추론(메타포와 아날로지)과 대화를 통해서 언어, 개념, 도형, 형태화하는 과정이다.
② 암묵지로부터 형식지로 전환 및 번역 : 고객 또는 전문가 등의 암묵지를 촉발시켜 이해하기 쉬운 형태로 번역하는 과정이다.

(3) 연결화(Combination) : 형식지 → 형식지
① 새로운 형식지의 획득과 통합 : 형식지화된 지식 혹은 공표된 데이터 등을 사내외로부터 수집 · 결합시키는 과정이다.
② 형식지의 전달 및 보급 : 프리젠테이션과 회의 등의 형식지를 형식지 그 자체로 전달 및 보급하는 과정이다.
③ 형식지의 편집 : 형식지를 문서 등 이용가능한 특정형식으로 편집 및 가공하는 과정이다.

(4) 내면화(Internalization) : 형식지 → 암묵지
① 행동 및 실천을 통한 형식지의 체화 : 전략, 전술, 혁신, 개선에 관한 개념과 기법을 구체적으로 실현하기 위해서 직무교육 등을 통해 개인에게 체득시키는 과정이다.
② 시뮬레이션과 실험에 의한 형식지의 체화 : 가상의 상태에서 새로운 개념과 기법을 실험적으로 의사체험 및 학습하는 과정이다.

사회화의 개념
암묵지를 고차원의 암묵지로 전환하는 것으로 조직원 간 초보적인 경험과 인식을 공유하여 모델이나 기술 등의 한 차원 높은 암묵지를 창조하는 것을 말한다. 따라서 사회화의 핵심은 경험학습이다.

표출화의 개념
암묵지를 형식지로 전환하는 것으로 암묵지가 구체적인 개념으로 전환되고 언어로 표현되어 공식화되는 것을 말한다. 새로운 개념이 형성되는 단계이기 때문에 지식창조과정의 가장 중요한 핵심 요소다.

연결화의 개념
분산된 형식지의 단편들을 수집 · 분류 · 통합하여 새로운 형식지를 창조하는 과정으로 개념 또는 지식을 체계화하여 지식체계로 전환시켜 새로운 지식을 창조한다. 이 단계에서는 문서화, 회의, 컴퓨터 통신망 등을 활용하여 형식지를 분류 · 추가 · 결합하는 방법으로 기존의 정보를 재구성한다.

내면화의 개념
형식지를 다시 암묵지로 전환하는 과정으로, 공동화 · 표출화 · 연결화를 통해 검증받은 모델이나 기술적 노하우가 개인의 암묵지로 체화되어 가치 있는 무형 자산이 되는 것을 말한다.

기출문제

다음 중 지식경영에 대한 설명으로 알맞지 않은 것은?

① 암묵지는 학습과 체험을 통해 습득된다.
② 지식경영은 기업의 내부와 외부로부터 지식을 체계적으로 축적하고 활용하는 것을 말한다.
③ 지식경영은 노하우 등 눈에 보이지 않는 지적재산을 관리하거나 공유하는 경영기법을 말한다.
④ SECI 모델은 암묵지와 형식지라는 두 종류의 지식이 독립화, 표출화, 연결화, 내면화라는 네 가지 변환과정을 거치며 지식이 창출된다는 이론이다.

정답 ④

해설 SECI 모델은 암묵지와 형식지라는 두 종류의 지식이 공동화, 표출화, 연결화, 내면화라는 네 가지 변화과정을 거치며 지식이 창출된다는 이론이다.

테마 6 학습조직

학습조직은 모든 구성원들이 끊임없이 학습하고 학습과정을 의식적으로 관리하는 조직으로, 새로운 지식과 이해를 통하여 행동을 수정하고 변신을 추구하는 조직이다.

학습조직의 설계원리
1. 지속적인 학습기회의 창출
2. 탐구심과 대화의 증진
3. 협력과 팀 학습의 조장
4. 학습을 촉진하고 공유할 수 있는 체제의 구축
5. 공통적 비전을 가질 수 있도록 사람들에게 권한을 부여
6. 조직과 환경의 연결

1 학습조직(Learning Organization)의 개념

1. 학습조직의 의의

조직 구성원들이 진정으로 원하는 성과를 달성하도록 지속적으로 역량을 확대시키고 새롭고 포용력 있는 사고능력을 함양하며 학습방법을 서로 공유하면서 지속적으로 배우는 조직을 말한다.

2. 학습조직의 유형

학습조직의 유형은 조직 내 지식 시장 메커니즘을 통한 지식 이전 및 공유를 강조하는 입장과 구성원 간의 강한 신뢰, 애정, 배려 등이 특징인 공동체적 문화를 통한 지식 창출을 강조하는 입장이 있다.

2 학습조직의 특징

1. 지식의 창출, 공유 및 활용에 뛰어난 조직

학습조직은 조직 내부의 상황과 외부환경을 선험적 혹은 경험적으로 지각하고 당면한 문제를 해결하기 위하여 지식을 창출하여 관련된 사람들과 집단이 공유하며 효과적으로 활용하는 데 뛰어난 조직이다.

2. 창조적 변화능력의 촉진 조직

학습조직은 조직 내에 창조적인 변화능력을 확대하고 심화하는 학습을 유발하고 촉진하며 효율적으로 문제해결을 이끌어 나가는 조직이다.

3. 탈관료제 지향의 조직

(1) 관료제 조직에서는 공식적인 법규정과 문서에 근거한 업무수행을 강조하지만 학습조직은 조직의 효율성을 높일 수 있는 비공식적이고 현실적이며 신축성 있는 원칙도 중요시한다.

(2) 관료제 조직에서는 계층제적 권위에 의한 집권적 의사결정과 하향적인 지시, 명령에 의하여 조직을 관리하는 것이 특징이지만 학습조직은 분권과 참여와 구성원의 자율성을 토대로 하는 상향적 업무수행을 강조한다.

(3) 관료제 조직에서는 형식적, 수단적 합리성과 인간의 감정을 고려하지 않는 업무처리를 지향하지만 학습조직은 실질적 합리성과 인간주의적 조직 관리 전략을 강조한다.

(4) 관료제 조직은 조직을 하나의 기계나 도구로 여기지만 학습조직에서는 조직을 하나의 살아있는 유연한 유기체로 본다.

4. 현실을 이해하고 현실의 변화방법을 탐구하는 조직

조직은 하나의 현실로서 존재한다. 학습활동을 통하여 조직 구성원이 조직의 현실을 바르게 지각하고 이해하며 현실의 변화방법을 설계하고 선택하며 실행하는 중심체가 학습조직이다.

5. 학습자의 주체성 · 자발성 · 참여성이 존중되는 조직

학습조직은 소수의 최고관리자의 독단적 · 강제적 · 하향적 결정에 수동적으로 복종하여 학습하는 것이 아니라 학습자가 스스로 주체가 되어 자발적으로 참여함으로써 학습의 목표를 달성하는 것이다.

6. 연속적인 학습이 이루어지는 조직

학습조직에서의 학습은 일시적인 어떤 목표를 정해 놓고 그것에 도달하면 종료되는 것이 아니라 지속적 · 연속적으로 이루어지는 것이다.

7. 조직, 조직구성원, 고객을 만족시키는 조직

학습조직은 조직이 지향할 새로운 가치를 창조하고 그것을 실행할 능력을 발전시키며 구체적인 조직활동의 성과를 통하여 조직과 조직구성원 및 조직의 고객만족을 지향하는 조직이다.

〈전통조직과 학습조직〉

구분	전통조직	학습조직
공유 비전	효과성, 효율성	탁월성, 조직적 변화
리더십 유형	통제자	촉진자
팀	작업집단	시너지 팀
전략	안내 지도(Road Map)	학습 지도(Learning Map)
구조	계층적 구조	역동적 네트워크
스태프	알고 있는 집단	학습 집단
기술	적응 학습	생성 학습
측정기계	재정 보고	균형잡힌 득점표

지식을 보유하고 있는 주체에 따른 분류

1. 개인적 지식은 개인에게 체화되어 있거나 개인적으로 보유하고 있는 지식을 말한다.
2. 조직적 지식은 개인의 출입과는 관계없이 조직 내에 축적되어 남겨지는 지식을 말한다. 기술, 특허, 경영기법, 노하우, DB 뿐만 아니라 전략, 사업영역, 문화 등도 포함된다.

지식의 형태에 따른 분류

1. 암묵지는 장인의 비장의 기술처럼 말로는 표현할 수 없지만 알고 있는 지식을 말하며, 노하우와 조직문화 등이 포함된다.
2. 형식지는 말이나 글로 표현할 수 있는 지식을 말하며 업무 매뉴얼, 설계도, DB 등과 같이 정형화된 것이 포함된다.

경영학 일반
조직행위론
인적관리 및 품질경영
마케팅
회계 및 재무관리
부록_실전모의고사

기출문제

다음 중 학습조직에 대한 설명으로 알맞지 않은 것은?

① 학습조직은 폐쇄적 조직으로 환경 변화에 적응이 어렵다.
② 학습조직은 지속적으로 지식을 창출하고 역량을 확대시키고자 한다.
③ 학습조직은 조직의 전반적인 행위를 변화시키는데 익숙하다.
④ 학습조직은 조직의 비전을 관리하고 구성원들이 이를 공유토록 한다.

정답 ①

해설 학습조직(Learning Organization)은 일상적으로 학습을 계속 진행해 나가 스스로 발전하므로 환경변화에 빠르게 적응할 수 있는 조직이다. 학습을 통해서 스스로 진화하는 특성을 가진 집단으로 새로운 지식을 바탕으로 조직의 전체적인 행동을 변화시키는 데 능숙하다.

테마 7 벤치마킹

> 벤치마크는 원래 토지를 측량할 때 참고하기 위해 박아 두는 측량점을 뜻하는 말이었지만, 침체에 빠진 제록스사가 다른 기업들의 뛰어난 점을 적극적으로 배우고 응용하는 경영 쇄신을 통해 부활하면서 경영 기법을 일컫는 용어로 널리 쓰이게 되었다.

1 벤치마킹의 개념

어느 특정 분야에서 우수한 상대를 표적 삼아 자기 기업과의 성과차이를 비교하고 이를 극복하기 위해 그들의 뛰어난 운영 프로세스 등을 배우면서 자기혁신을 추구하는 기법이다.

2 벤치마킹의 특성과 원리

1. 벤치마킹의 특성

(1) 목표 지향적이다.

(2) 외부적 관점이다.

(3) 평가기준에 기초한다.

(4) 정보 집약적이다.

(5) 객관적이다.

(6) 행동을 수반한다.

2. 벤치마킹의 원리

(1) 상호성 : 벤치마킹은 상호 관련성을 기반으로 수행되므로 모든 참가자들은 파트너와 정보를 상호 교환함으로써 서로 이익을 얻는다.

(2) 유사성 : 벤치마킹을 수행하기 위해서는 파트너 기업의 프로세스가 비교 가능한 것이거나 유사성이 존재한다는 전제가 있어야 한다. 그러나 조직의 문화와 구조, 경영 방식 등을 충분히 이해하고 자사의 환경에 맞게 잘 전달될 수 있다면 어떤 기업의 어떠한 프로세스도 벤치마킹의 대상이 될 수 있다.

(3) 측정성 : 프로세스의 측정은 자사와 파트너사의 프로세스 성과를 비교하기 위해서 반드시 수행되어져야 한다. 이를 위해서는 먼저 성과 측정의 단위를 결정하여야 할 뿐만 아니라 계량화될 수 있는 측정단위가 필요하다.

(4) 타당성 : 자사나 경쟁사의 프로세스 측정과 검사결과는 타당한 실적자료나 연구자료에 의한 근거를 가지고 있어야 한다. 이는 벤치마킹 업무수행의 신뢰성을 확보하기 위하여 필수적이다.

3. 벤치마킹의 성공 요인

(1) 경영자의 적극적인 참여

(2) 적절한 교육 및 훈련 프로그램의 확보

(3) 조사 및 정보수집 기능의 확보

(4) 충분한 사전 준비 및 배움의 자세

3 벤치마킹의 종류

종류	정의	특징	
기능적 벤치마킹	최신의 제품, 서비스, 프로세스를 가지고 있다고 인식되는 조직을 선정하여 분석하는 활동	• 어떠한 유형의 기업에서건 최상의 업무수행이 무엇인가를 가려내는 데 목적이 있음. • 벤치마킹의 대상은 대개 특정 벤치마킹 분야에서 탁월함을 인정받은 기업이 됨.	
내부 벤치마킹	서로 다른 위치, 부서, 사업부, 지역 내에서 유사한 활동을 하는 업무를 분석하여 개선을 추구하는 활동	장점	• 데이터 수집이 용이함. • 조직에 내재된 문제점을 명확히 함. • 외부 벤치마킹 실행 시에 효과적인 결과를 보장함.
		단점	• 제한적임. • 내부적인 편견의 개입이 가능함.
외부 벤치마킹 (경쟁적 벤치마킹)	자신의 기업과 직접적인 경쟁 관계에 있는 기업의 제품이나 서비스, 작업 프로세스를 분석하는 활동	장점	• 적과의 동침이 가능함(기본적인 대화 통로 확보). • 비교할 수 있는 실적 · 기준이 명확함. • 업무실적 연관정보 파악이 가능함.
		단점	• 데이터 수집이 어려움. • 정보공유로 법적 · 윤리 문제 발생 가능함. • 상반되는 태도로 왜곡된 정보가 생길 수 있음.

리스트럭처링
한 기업이 여러 사업을 보유하고 있을 때 미래 변화를 예측하여 어떤 사업을 핵심사업으로 하고 어떤 사업을 축소 · 철수하고 어떤 사업을 새로이 진입하고 통합할지 결정함으로써 사업구조를 개혁하는 것이다.

기출문제

벤치마킹에 대한 설명 중 적절하지 않은 것은?

① 벤치마킹이란 다른 사람이나 조직이 어떻게 잘하고 있는지를 파악하는 것이다.
② 자신 또는 자기 기업에게 어떻게 적용할 것인지를 분석하는 활동이다.
③ 같은 업종 내에서 경쟁자나 우량기업을 대상으로 한다.
④ 이질적인 조직은 상황이 다르므로 벤치마킹 효과가 없다.

정답 ④

해설 조직의 문화와 구조, 경영 방식 등을 충분히 이해하고 자사의 환경에 맞게 잘 전달할 수 있다면 어떤 기업의 어떠한 프로세스도 벤치마킹의 대상이 될 수 있다.

테마 8 아웃소싱

> 리엔지니어링이란 지금까지의 업무수행방식을 단순히 개선 또는 보완하는 차원이 아닌 업무의 흐름을 근본적으로 재구성하는 것이다. 이러한 업무 재설계는 기본적으로 고객만족이라는 대명제하에서 이루어진다.

1 아웃소싱의 형태

1. 비용절감형 아웃소싱

비용절감만을 위해 중요하지 않은 기능을 아웃소싱하는 형태로 현재 우리나라 기업들이 주로 이용하는 아웃소싱 방식이다.

2. 분사형 아웃소싱

기업 내의 기능을 분사화하는 것으로 이익추구(Profit-Center)형과 스핀오프(Spin-off)형이 있다.

(1) 이익추구(Profit-Center)형 : 사내에서는 크게 주요하지 않으나 나름대로 전문성을 확보하고 있는 기능을 분사화해서 외부경쟁에 노출시켜 스스로 수익을 창출할 수 있게 하는 방법으로 분사화된 기업이 모기업에 서비스를 공급하면서 외부 기업과도 거래하도록 한다. 이 같은 분사를 통한 아웃소싱은 업무의 전문화와 함께 인력구조조정의 한 수단으로 활용할 수 있다.

(2) 스핀오프(Spin-off)형 : 자사가 보유한 일정기술, 공정제품, 역량 등을 분사화하여 비즈니스화함으로써 조직을 슬림화하는 방법이다. 정보통신업계의 경우 사업부 조직 자체를 분리해 별도법인으로 독립시키거나 협력기업에 이관하는 등 스핀오프형 아웃소싱이 늘고 있다.

3. 네트워크형(가상기업형 아웃소싱)

핵심역량이나 핵심제품 이외의 모든 기능을 아웃소싱하고 이들 공급업체와 수평적 네트워크를 형성하여 시너지 효과를 제고시키는 형태로서 복수의 주체가 각각 서로의 경영자원을 공유하고 상호보완적으로 활용하는 아웃소싱이다.

> 아웃소싱의 목적
> 1. 주력업무에 대한 경영자원 집중과 핵심역량을 강화
> 2. 경영환경 변화에 대한 리스크를 분산
> 3. 조직의 슬림화, 유연화
> 4. 시너지 효과에 의한 새로운 부가가치를 창출
> 5. 코스트 절감
> 6. 코스트 외부화로 경기변동에 대응
> 7. 혁신의 가속화
> 8. 서비스업무의 전문성 확보
> 9. 정보네트워크 확대
> 10. 복지후생의 충실화와 효율성 극대화

4. 핵심역량 자체의 아웃소싱

핵심역량 자체를 외부화하여 경쟁에 노출시킴으로써 핵심사업의 경쟁력을 더욱 높이려는 아웃소싱이다.

2 아웃소싱의 장단점

1. 아웃소싱의 장점

(1) 핵심역량에 내부자원을 집중시킴으로써 생산성을 높이고, 단순하고 반복적이며 정형화된 업무는 외부에 맡김으로써 불필요한 자원 낭비를 막을 수 있다.

(2) 외부의 전문능력을 활용함으로써 내부인력으로 불가능한 업무를 수행할 수 있으며 업무에 정확성과 신속성을 높일 수 있다.

(3) 불필요한 부문을 외부화함으로써 기업의 성장과 경쟁력을 높이고 핵심역량을 강화할 수 있다.

(4) 상품검사, 환경평가, 시장조사, 재고관리, 업무의 표준화, 인사평가 등 업무에 외부의 중립적인 기관을 활용함으로써 평가의 객관성을 확보할 수 있고 벤처기업의 성장을 독려할 수 있다.

2. 아웃소싱의 단점

(1) 특정 분야를 아웃소싱 할 경우 조직 축소와 인력 감축이 뒤따르고 고용에 대한 불안감이 심화된다.

(2) 지속적으로 특정 기능, 프로세스, 제품 등을 아웃소싱 했을 때 기업은 해당 기능이나 제품을 다시 사내에서 공급할 능력을 잃는다.

(3) 중요한 기능이나 프로세스를 아웃소싱한 경우, 공급업체가 적극적으로 협력하지 않는다면 전략상 유연성을 잃어버릴 위험이 있다.

(4) 아웃소싱한 기능을 다시 자체조달해 역류하는 인소싱(Insourcing) 현상이 나타난다.

(5) 아웃소싱으로 인한 품질불량과 납기지연의 문제가 발생할 수 있고 아웃소싱에 의존함으로써 핵심기술을 상실할 수 있다.

(6) 아웃소싱이 기업문화 및 직업문화를 와해시켜 업무에 대한 의욕이나 열정을 감소시킬 수 있다.

(7) 서비스의 질이 떨어지는 업체와의 장기계약에 발이 묶이는 경우가 있다.

(8) 아웃소싱에 너무 의존함으로써 공급업체에 대한 통제를 상실할 수 있다.

(9) 사내 기밀 및 노하우가 공급업체로 누설될 염려가 있다.

(10) 아웃소싱의 효과가 기대에 미치지 못할 수도 있다.

기출문제

다음은 현대 경영에서 혁신을 위해 주로 활용되는 기법에 대한 설명이다. ㉠, ㉡과 관계가 가장 깊은 것을 바르게 연결한 것은?

> ㉠ 지금까지의 업무수행방식을 단순히 개선 또는 보완하는 차원이 아니라 업무의 흐름을 근본적으로 재구성한다. 이러한 업무 재설계는 기본적으로 고객만족이라는 대명제하에서 이루어진다.
> ㉡ 기업 활동 중 특정 영역을 외부 기업에 대행시킴으로써 경영집중도를 높이기 위해 활용한다. 이는 자체적으로 수행할 능력이 없는 영역뿐만 아니라 능력이 있더라도 외부기업이 수행하는 것이 더 효율적인 경우에 이루어진다.

	㉠	㉡		㉠	㉡
①	리스트럭처링	아웃소싱	②	리엔지니어링	아웃소싱
③	크레비즈	아웃소싱	④	리스트럭처링	벤치마킹

정답 ②

해설 리엔지니어링은 인원 삭감, 권한 이양, 노동자의 재교육, 조직의 재편 등을 함축하는 말로, 비용 · 품질 · 서비스와 같은 핵심적인 경영요소를 획기적으로 향상시킬 수 있도록 경영과정과 지원시스템을 근본적으로 재설계하는 기법이다.

아웃소싱이란 기업의 다양한 활동 중 전략적이고 핵심적인 사업에 모든 자원을 집중시키고 나머지 업무의 일부를 제3자에게 위탁해 처리하는 것을 말한다.

개인기업이란 사업 자체가 개인에게 귀속되는 형태의 기업으로 경영의 모든 책임을 등록된 대표자가 지게 된다. 반면 법인기업은 사업에 대한 독립적인 경제주체에 법인격을 부여한 형태의 기업으로 사업과 관련한 모든 책임은 법인이 지게 된다. 만약 법인기업의 대표이사 1인이 100% 지분을 소유하여 실질내용이 개인기업과 동일하다고 하더라도 법인의 재산과 대표이사의 재산은 엄격히 구분된다.

테마 9 기업형태

1 개인기업과 법인기업

1. 개인기업

가장 간단한 기업의 형태로 단독출자자가 직접적으로 경영하며 무한책임을 진다.

〈개인기업의 장단점〉

장점	단점
• 이윤 독점이 가능 • 창업이 쉽고 비용이 적게 듦. • 경영활동이 자유로움. • 의사결정이 신속 • 시장변화에 빠르게 대응	• 무한한 책임성을 가짐. • 자금조달에 한계가 있음. • 1인 경영으로 수공업적 한계가 있음. • 조세에 불이익이 있음.

2. 개인사업자와 법인사업자의 비교

구분	개인사업자	법인사업자
창업절차	• 관할관청에 인 · 허가 신청(인 · 허가 대상인 경우에 한함) • 세무서에 사업자등록 신청	• 법원에 설립등기 신청 • 세무서에 사업자등록 신청
자금조달	사업주 1인의 자본과 노동력	주주를 통한 자금조달
사업책임	사업상 발생하는 모든 문제를 사업주가 책임	법인의 주주는 출자한 지분 한도 내에서만 책임
과세	종합소득세(사업소득) 과세	법인세 과세
	※ 세율만 고려 시 과세표준 2,160만 원 이하인 경우 개인기업이, 초과인 경우 법인기업이 유리	
장점	• 설립절차가 간단 • 설립비용이 적음. • 기업 활동이 자유롭고 사업계획 수립 및 변경이 용이 • 인적조직체로서 제조방법/자금운용관련 비밀유지 가능	• 대외공신력과 신용도가 높음(관공서/금융기관 등과 거래 시 유리). • 주식 및 회사채 발행 등을 통한 대규모 자본조달이 가능 • 기업운영이 투명
단점	• 대표자는 채무자에 대하여 무한책임을 짐 • 대표자가 바뀌는 경우에는 폐업신고를 해야 함(기업의 연속성 단절 우려). • 사업 양도 시 양도소득세 부과(세부담 증가)	• 설립절차가 복잡 • 설립 시 비용이 높음(자본금 규모에 따른 비용발생). • 사업운영과 관련한 대표자 권한이 제한적

2 공동기업

1. 합명회사

(1) 무한책임사원은 합명회사의 업무를 집행한다.

(2) 무한책임사원은 업무집행을 전담할 사원을 정할 수 있으며, 업무집행사원을 정하지 않은 경우에는 각 사원이 회사를 대표하고, 여러 명의 업무집행사원을 정한 경우에는 각 업무집행사원이 회사를 대표한다.

2. 합자회사

(1) 무한책임사원은 회사채권자에 대하여 직접·연대하여 무한의 책임을 지는 반면, 유한책임사원은 회사에 대해 일정 출자의무를 부담하고 그 출자가액에서 이미 이행한 부분을 공제한 가액을 한도로 하여 책임을 진다.

(2) 무한책임사원은 정관에 다른 규정이 없을 때 각자가 회사의 업무를 집행할 권리와 의무가 있으며 유한책임사원은 대표권한이나 업무집행권한은 없지만 회사의 업무와 재산상태를 감시할 권한이 있다.

3. 유한책임회사

(1) 1인 이상의 유한책임사원으로 구성되며 회사채권자에 대하여 출자금액을 한도로 간접·유한의 책임을 진다.

(2) 업무집행자가 유한책임회사를 대표한다. 따라서 정관에 사원 또는 사원이 아닌 자를 업무집행자로 정해 놓아야 하며 정관 또는 총사원의 동의로 둘 이상의 업무집행자를 정할 수도 있다.

4. 유한회사

(1) 조직형태는 주식회사와 유사하지만 주식회사와 달리 이사회가 없고 사원총회에서 업무집행 및 회사대표를 위한 이사를 선임한다.

(2) 선임된 이사는 정관 또는 사원총회의 결의로 정한 사항이 없으면 각각 회사의 업무를 집행하고 회사를 대표하는 권한을 가진다.

(3) 주식회사와 달리 폐쇄적이고 비공개적인 형태의 조직을 가진다. 또한 주식회사보다 설립절차가 비교적 간단하고 사원총회 소집절차도 간소하다.

5. 주식회사 ⇨ 테마 10 참조

합명회사
2인 이상의 무한책임사원으로 구성되며 무한책임사원은 회사에 대하여 출자의무를 가지고 회사채권자에 대하여 직접·연대하여 무한의 책임을 진다.

합자회사
1인 이상의 무한책임사원과 1인 이상의 유한책임사원으로 구성된다.

유한책임회사
공동기업 또는 회사의 형태를 취하면서도 내부적으로는 사적자치가 폭넓게 인정되는 조합의 성격을 가지고 외부적으로는 사원의 유한책임이 확보되는 기업 형태의 대한 수요를 충족하기 위해 「상법」에 도입된 회사 형태를 가진다. 사모투자펀드와 같은 펀드나 벤처기업 등 새로운 기업에 적합한 회사 형태다.

유한회사
1인 이상의 사원으로 구성되며 유한회사의 사원은 주식회사와 마찬가지로 회사채권자에게 직접적인 책임을 부담하지 않고 자신이 출자한 금액의 한도에서 간접·유한의 책임을 진다.

기출문제

1인 이상의 무한책임사원과 1인 이상의 유한책임사원으로 구성되는 회사의 형태는?

① 합자회사 ② 유한회사
③ 주식회사 ④ 합명회사

정답 ①

해설 합자회사는 1인 이상의 무한책임사원과 1인 이상의 유한책임사원으로 구성된다.

테마 10 주식회사

주식회사란 주식의 발행을 통해 여러 사람으로부터 자본금을 조달받아 설립한 회사를 말하며, 주식을 매입하여 주주가 된 사원은 주식의 인수한도 내에서만 출자의무를 부담하고 회사의 채무에 대해서는 직접책임을 부담하지 않는다.

1 주식회사의 3요소

1. 주식

(1) 주식이란 주식회사에서의 사원의 지위를 말하며, 주식회사의 입장에서는 자본금을 구성하는 요소임과 동시에 주주의 입장에서는 주주의 자격을 얻기 위해 회사에 납부해야 하는 출자금액의 의미를 가진다.

(2) 회사는 주식을 발행할 때 액면주식으로 발행할 수 있으며 정관으로 정한 경우에는 주식의 전부를 무액면주식으로 발행할 수도 있다.

(3) 액면주식이란 1주의 금액이 정해져 있는 주식을 말하며 무액면주식이란 1주의 금액이 정해져 있지 않은 주식을 말한다.

(4) 액면주식의 금액은 균일해야 하며 1주의 금액은 100원 이상으로 정해야 한다.

2. 자본금

(1) 자본금은 주주가 출자하여 회사설립의 기초가 된 자금을 말한다.

구분	자본금
액면주식을 발행한 경우	발행주식의 액면총액(액면금액에 주식수를 곱한 것)
무액면주식을 발행한 경우	주식 발행가액의 2분의 1 이상의 금액으로서 이사회(「상법」 제416조 단서에서 정한 주식발행의 경우에는 주주총회를 말함)에서 자본금으로 계상하기로 한 금액의 총액(이 경우 주식의 발행가액 중 자본금으로 계상하지 않는 금액은 자본준비금으로 계상해야 함)

(2) 회사의 자본금은 액면주식을 무액면주식으로 전환하거나 무액면주식을 액면주식으로 전환해 변경할 수 없다.

(3) 주주의 유한책임

① 주주는 회사에 대하여 주식의 인수가액을 한도로 출자의무를 부담할 뿐이며, 그 이상 회사에 출연할 책임을 부담하지 않는다.

② 회사가 채무초과상태에 있다 하더라도 주주는 회사의 채권자에게 변제할 책임이 없다. 이를 주주의 유한책임이라고 한다.

(4) 발기설립과 모집설립의 차이

구분	발기설립	모집설립
기능	소규모 회사설립에 용이	대규모 자본 조달에 유리
주식의 인수	주식의 총수를 발기인이 인수	발기인과 모집주주가 함께 주식 인수
인수 방식	단순한 서면주의	법정기재사항이 있는 주식청약서에 의함.
주식의 납입	발기인이 지정한 은행, 그 밖의 금융기관에 납입	주식청약서에 기재한 은행, 그 밖의 금융기관에 납입
납입의 해태	민법의 일반원칙에 따름.	실권절차(「상법」 제307조)가 있음.
창립총회	불필요	필요

기관구성	발기인 의결권의 과반수로 선임	창립총회에 출석한 주식인수인 의결권의 3분의 2 이상이고 인수된 주식 총수의 과반수에 해당하는 다수로 선임
설립경과조사	이사와 감사가 조사하여 발기인에게 보고	이사와 감사가 조사하여 창립총회에 보고
변태설립사항	이사가 법원에 검사인 선임 청구, 검사인은 조사하여 법원에 보고	발기인은 법원에 검사인 선임 청구, 검사인은 조사하여 창립총회에 보고

3. 기관

주주총회, 이사와 이사회, 대표이사, 감사

2 주식회사의 장단점

장점	단점
• 소유와 경영의 분리와 법인체 • 주주의 유한책임 • 대규모의 자본조달 가능 • 소유권 이전의 용이성	• 과중한 세금 • 설립의 복잡성과 비용성 • 정부규제와 보고의 요구 • 업무활동에 있어 비밀 결여

3 대리인 문제

1. 개념

주주로부터 기업의 경영을 위탁받은 대리인인 전문경영자가 주주의 이익에 반하는 행동을 하는 것을 말한다.

2. 대리인 비용

감시비용	주주가 대리인이 자신의 권익을 보호하기 위한 경영을 하는지 감시하는 비용
확증비용	대리인이 자신이 하는 경영활동과 의사활동이 주주들의 이익을 위한 것임을 증명하는 데 소요되는 비용
잔여손실	감시비용이나 확증비용 외에 경영자가 기업을 위한 최적의 의사결정을 하지 않아 발생하는 손실

대리인 비용의 해결방안

1. 대리인 비용을 줄이기 위해 임원에게 스톡옵션을 제공하거나 직원들에게 우리사주를 장려하여 주가의 상승이 주주의 이익증대뿐만 아니라 임직원의 이해와도 직결되도록 한다.
2. 주주들이 이사회를 통해 의사결정에 참여할 수 있고 주주총회를 열어 임직원 교체나 합병위협을 할 수 있다.
3. 자본시장이나 인수합병 시장이 감독자 역할을 하게 한다.

기출문제

다음 중 주식회사에 대한 설명으로 알맞지 않은 것은?

① 주주는 무한책임제도를 실시하고 있다.
② 소유와 경영의 분리로 전문경영자가 기업 경영을 한다.
③ 대표이사의 역할은 업무집행 총괄 및 회사를 대표한다.
④ 주식회사의 설립 절차는 정관작성－출자의무 확정－임원선임과 설립 등기 순이다.

정답 ①

해설 출자자인 주주는 출자금의 한도 내에서 채무의 지급책임이 있는 유한책임제도를 실시하고 있다.

테마 11 주식회사의 기관

주식회사의 필수기관
1. 주주총회 : 의사결정기관
2. 이사회와 대표이사 : 의사결정, 업무집행감독+회사대표, 업무집행
3. 감사 또는 감사위원회 : 이사의 업무 및 회계에 대한 감사기관

주식회사의 임시기관 (필요한 때에만 존재하는 기관)
1. 주식회사 설립 시 검사인
2. 회사업무 · 재산상태조사 위한 검사인
3. 주식회사의 외부감사에 관한 법률에 따라 일정규모 이상의 주식회사에 대한 회계감사기관으로서의 외부감사인

1 주주총회

1. 주주총회의 의의

주주로 구성되며 상법 및 정관에서 정한 사항에 한해 회사의 의사를 결정하는 필수 기관이다.

2. 주주총회의 권한과 총회의 소집

(1) 주주총회는 본법 또는 정관에 정하는 사항에 한해 결의할 수 있으며 총회의 소집은 상법에 다른 규정이 있는 경우 외에는 이사회가 결정한다.

(2) 정기총회는 매년 1회 일정한 시기에 소집하여야 하며 연 2회 이상의 결산기를 정한 회사는 매기에 총회를 소집하여야 한다.

3. 소집의 통지

주주총회를 소집할 때에는 주주총회일 2주 전에 각 주주에게 서면으로 통지를 발송하거나 각 주주의 동의를 받아 전자문서로 통지를 발송하여야 한다.

4. 소수주주에 의한 총회의 소집청구

발행주식총수의 100분의 3 이상에 해당하는 주식을 가진 주주는 회의의 목적사항과 소집의 이유를 적은 서면 또는 전자문서를 이사회에 제출하여 임시총회의 소집을 청구할 수 있다.

5. 의결권

(1) 의결권은 1주마다 1개로 하며 회사가 가진 자기주식은 의결권이 없다.

(2) 회사, 모회사 및 자회사 또는 자회사가 다른 회사의 발행주식 총수의 10분의 1을 초과하는 주식을 가지고 있는 경우, 그 다른 회사가 가지고 있는 회사 또는 모회사의 주식은 의결권이 없다.

2 이사와 이사회

1. 이사의 선임

이사는 주주총회에서 선임하며 회사와 이사의 관계는 위임에 관한 규정을 준용한다.

2. 이사의 인원수 및 임기

(1) 이사는 3명 이상이어야 한다. 다만, 자본금 총액이 10억 원 미만인 회사는 1명 또는 2명으로 할 수 있다.

(2) 이사의 임기는 3년을 초과하지 못하며 임기는 정관으로 그 임기 중 최종 결산기에 관한 정기주주총회의 종결까지 연장할 수 있다.

3. 이사의 해임

이사는 언제든지 주주총회의 결의로 해임될 수 있다. 그러나 이사의 임기를 정한 경우에 정당한 이유 없이 임기만료 전에 해임된다면, 그 이사는 회사에 대하여 손해 배상을 청구할 수 있다.

4. 대표이사

(1) 회사는 이사회의 결의로 회사를 대표할 이사를 선정하여야 한다. 그러나 정관으로 주주총회에서 이를 선정하도록 정할 수 있다.

(2) 다수의 대표이사가 공동으로 회사를 대표하도록 정할 수 있다.

5. 이사회의 소집

(1) 이사회는 각 이사가 소집한다. 그러나 이사회의 결의로 소집할 이사를 정한 경우에는 다르다.

(2) 소집권자인 이사가 정당한 이유 없이 이사회 소집을 거절하는 경우에는 다른 이사가 이사회를 소집할 수 있다.

6. 이사와 회사 간 소에 관한 대표

회사가 이사에 대하여 또는 이사가 회사에 대하여 소를 제기하는 경우에 감사는 그 소에 관하여 회사를 대표한다.

> 사외이사(社外理事)는 해당 회사의 상무(常務)에 종사하지 아니하는 이사로서 다음 각 호의 어느 하나라도 해당하는 경우에는 그 직을 상실한다.
> 1. 회사의 상무에 종사하는 이사 · 집행임원 및 피용자 또는 최근 2년 이내에 회사의 상무에 종사한 이사 · 감사 · 집행임원 및 피용자
> 2. 최대주주가 자연인인 경우 본인과 그 배우자 및 직계 존속 · 비속
> 3. 최대주주가 법인인 경우 그 법인의 이사 · 감사 · 집행임원 및 피용자
> 4. 이사 · 감사 · 집행임원의 배우자 및 직계 존속 · 비속
> 5. 회사의 모회사 또는 자회사의 이사 · 감사 · 집행임원 및 피용자
> 6. 회사와 거래관계 등 중요한 이해관계에 있는 법인의 이사 · 감사 · 집행임원 및 피용자
> 7. 회사의 이사 · 집행임원 및 피용자가 이사 · 집행임원으로 있는 다른 회사의 이사 · 감사 · 집행임원 및 피용자

3 감사

1. 감사의 선임

(1) 감사는 주주총회에서 선임한다.

(2) 자본금의 총액이 10억 원 미만인 회사는 감사를 선임하지 않을 수 있다.

2. 감사의 해임에 관한 의견진술의 권리

감사는 주주총회에서 감사의 해임에 관하여 의견을 진술할 수 있다.

3. 감사의 임기

감사의 임기는 취임 후 3년 내 최종 결산기에 관한 정기총회의 종결 시까지 한다.

4. 이사의 보고의무

이사가 회사에 현저하게 손해를 미칠 염려가 있는 사실을 발견한다면 이를 즉시 감사에게 보고하여야 한다.

5. 감사위원회

(1) 회사는 정관이 정한 바에 따라 감사를 대신해 감사위원회를 설치할 수 있다. 감사위원회를 설치한 경우에는 감사를 둘 수 없다.

(2) 감사위원회는 3명 이상의 이사로 구성하며 사외이사가 위원의 3분의 2 이상이어야 한다.

(3) 감사위원회 위원의 해임에 관한 이사회의 결의는 이사 총수의 3분의 2 이상이어야 한다.

기출문제

다음 중 주식회사 기관에 대한 설명으로 알맞지 않은 것은?

① 이사회는 주식회사의 필수기관이다.

② 대표이사는 대내적으로 회사의 업무집행을 총괄한다.

③ 감사는 회사의 업무진행에 관한 의사를 결정하기 위해 전원 이사로 구성된 상설 기관이다.

④ 주주총회는 회사 내부에서 회사의 중요사항에 대해 결정하는 최고의사결정기관이다.

정답 ③

해설 ③은 이사회에 대한 설명이고 감사는 이사의 직무 집행을 감사한다.

테마 12 공기업

공기업이란 국가 또는 지방자치단체와 같은 공공단체가 공익을 목적으로 출자해 그 경영관리상의 책임을 지고 경영하는 기업을 말한다.

1 공기업의 개념

1. 공기업과 사기업의 차이점

(1) 공기업은 자본이 국가 또는 지방공공단체의 소유다.

(2) 사기업은 영리를 목적으로 하나, 공기업은 공익을 목적으로 한다.

2. 공기업의 존재이유

(1) 경제정책상의 목적 : 경제정책상 필요한 사업이거나 사기업이 행할 수 없는 경우다(원자력산업, 석탄공사 등).

(2) 사회정책상의 목적 : 국민의 생활안정과 복지증진을 위한 경우다(주택공사, 국민건강보험공단 등).

(3) 재정정책상의 목적 : 정부 또는 지방공공단체의 재정적 수입을 목적으로 형성되는 경우다(전매사업).

(4) 공공정책상의 목적 : 공익사업의 분야에 있어서 일반대중의 공공이익을 증대시킬 공공정책상의 목적으로 성립 · 경영되는 경우다(체신, 철도, 수도사업 등).

(5) 국가기관이 필요한 제품과 서비스를 직접 생산 : 국민 전체의 이익과 밀접하게 관련되어 있는 산업(국가기반 산업)의 관리를 위한 경우다(조폐공사, 군사 관련 산업 등).

(6) 역사적 유산 : 인도, 이집트 등 제3세계 국가들에도 역사적 유산으로 생겨난 공기업이 많다.

2 공기업의 장단점

1. 공기업의 장점

(1) 실질적으로 정부에 의해 운영되므로 자본조달이 용이하여 대규모 산업에 유리하다.

(2) 구매와 판매에 있어 우대를 받는 경우가 많다.

(3) 적자 발생 시 국가나 지방자치단체로부터 재정지원을 받을 수 있다.

2. 공기업의 단점

(1) 경영권과 인사권에 있어 정부의 개입이 심하여 독자적인 경영관리가 어렵기 때문에 경영관료화가 나타난다.

(2) 각종 명령과 법령에 의하여 경영의 자율성이 제약을 받는다.

(3) 소유권이 명확하지 않아 관료화와 무사안일주의에 빠지기 쉽다.

3 공사합동기업(공사혼합기업)

국가기관의 공적 자본과 개인의 사적 자본이 공동으로 출자하여 설립한 기업이다.

4 공공기관

1. 공공기관의 개념

정부의 투자 · 출자 또는 정부의 재정지원 등으로 설립 · 운영되는 기관으로서 공공기관의 운영에 관한 법률에 따라 기획재정부장관이 지정한 기관을 의미한다.

2. 공공기관의 유형분류

구분		내용
공기업		직원 정원이 50인 이상이고, 자체수입액이 총수입액의 2분의 1 이상인 공공기관 중에서 기획재정부장관이 지정한 기관
	시장형	자산규모가 2조 원 이상이고, 총 수입액 중 자체수입액이 85% 이상인 공기업(한국석유공사, 한국가스공사 등)
	준시장형	시장형 공기업이 아닌 공기업(한국관광공사, 한국방송광고진흥공사 등)
준정부기관		직원 정원이 50인 이상이고, 공기업이 아닌 공공기관 중에서 기획재정부장관이 지정한 기관
	기금관리형	국가재정법에 따라 기금을 관리하거나 기금의 관리를 위탁받은 준정부기관(서울올림픽기념국민체육진흥공단, 한국문화예술위원회 등)
	위탁집행형	기금관리형 준정부기관이 아닌 준정부기관(한국교육학술정보원, 한국과학창의재단 등)
기타공공기관		공기업, 준정부기관이 아닌 공공기관

기출문제

공기업의 존재이유에 대한 설명으로 적절하지 않은 것은?

① 실업자 구제나 의료보험 등 사회정책상의 이유
② 공공서비스 증대를 위한 공공목적상의 이유
③ 규모의 경제를 꾀하며 창의적 운영을 하기 위한 경영정책상의 이유
④ 국가재정수입의 증대를 위한 재정정책상의 이유

정답 ③

해설 공기업 존재이유

1. 경제정책상의 목적
2. 사회정책상의 목적
3. 재정정책상의 목적
4. 공공정책상의 목적
5. 국가기관이 필요한 제품과 서비스를 직접 생산
6. 역사적 유산

테마 13 기업결합

1 카르텔(기업연합, Kartell, Cartel)

1. 카르텔의 의의

기업연합 또는 부당한 공동행위와 동의어로 사용되고 있으며 시장통제(독점화)를 목적으로 동일 산업분야의 기업들이 협약 등의 방법으로 연합하는 형태를 말한다.

2. 카르텔의 특징

(1) 동종기업 간 경쟁을 제한하기 위해 상호 협정을 체결하는 형태로서 참가기업들이 법률적·경제적으로 독립된 상태를 유지한다는 점에서 트러스트·콘체른과 구별된다.

(2) 경쟁기업들은 카르텔을 통해 시장을 인위적으로 독점함으로써 가격의 자율조절 등 시장통제력을 가지게 되고 이윤을 독점하는 등 폐해가 발생하게 된다.

(3) 공정거래법은 카르텔을 부당한 공동행위로 금지하고 있다.

(4) 카르텔은 국가 간 행해지기도 하며 OPEC(석유수출국기구)에 의한 석유나 커피, 설탕 등의 국제상품협정이 국가 간에 형성되는 카르텔(국제카르텔)의 대표적인 예다.

3. 카르텔이 발생 또는 유지되기 위한 조건

(1) 참가기업이 비교적 소수다.

(2) 참가기업 간의 시장점유율 등에 차이가 적다.

(3) 생산 또는 취급상품이 경쟁관계에 있다.

(4) 다른 사업자의 시장참입이 상대적으로 어렵다.

4. 카르텔의 종류

구분	내용
생산카르텔	생산과정에서 경쟁을 제한하는 협정으로 가맹기업 간 과잉생산과 관련한 문제를 해결하기 위해 체결
구매카르텔	원료나 반제품의 구매에 따른 경쟁을 제한하여 구매를 용이하게 하기 위해 체결
판매카르텔	• 유사 산업에 종사하는 기업 간 판매경쟁을 피하기 위해 체결 • 가격카르텔, 지역카르텔, 공동판매 카르텔 등

2 트러스트(기업합동, Trust)

1. 트러스트의 의의

동일 업종의 기업이 자본적으로 결합한 독점 형태를 말하며 자유 경쟁에 의한 생산 과잉·가격 하락을 피하고 시장 독점에 의한 초과 이윤의 획득을 목적으로 형성된다.

2. 트러스트의 특징

카르텔보다 강한 기업집중의 형태로, 시장독점을 위하여 각 기업체가 법적으로 독립성을 포기하고 자본적으로 결합한 기업합동 형태다.

3. 결합의 방식

(1) 여러 주주의 주식을 특정 수탁자에 위탁함으로써 경영을 수탁자에게 일임한다.

(2) 지배 가능한 주식지분의 확보를 통하여 지배권을 행사한다.

기업결합의 형태

1. 합일적 결합 : 회사의 합병 및 영업의 전부 양도
2. 기업 집중화
   - 자본적 결합 : 주식의 상호 보유, 의결권 신탁, 지주 지배
   - 기술적 결합 : 콤비나트
   - 인적 결합 : 임원 파견 및 동종 관계
3. 제휴적 결합 : 기술제휴, 판매제휴, 카르텔

신디케이트(Syndicate)

동일한 시장 내 여러 기업이 출자해서 공동판매회사를 설립한 것으로, 가장 고도화된 카르텔의 형태다. 공동판매소를 통해 판매가 이루어지며 가맹기업의 모든 판매가 이 기관을 통해 이루어진다(기업의 직접 판매는 금지).

조인트벤처(Joint Venture, 합자투자)

2개국 이상의 기업/개인/정부기관이 특정기업운영에 공동으로 참여하는 국제경영방식으로 전체 참여자가 공동으로 소유권을 가진다. 주로 현지 정부의 제한으로 인해 단독투자방식을 이용할 수 없거나 현지 파트너에서 자원 및 원료를 독점 공급해야만 하는 경우에 많이 활용되며 무역장벽 극복, 경쟁완화, 기술 및 특허 활용 측면으로 전략적 이점을 가진다.

콩글로메리트(Conglomerate, 복합기업)

타 업종 기업을 매수/합병하여 경영을 다각화하는 기업형태를 말하며, 수평(동종업)이나 수직(원료에서 최종제품 판매까지)의 합병이 독점 및 과점 금지법에 의해서 규제되고 있기 때문에 기술혁신을 위해서 기업의 성장전략으로 추진되는 경향을 가진다.

콤비나트(Kombinat)

기술적 연관성이 있는 여러 생산부문이 근접 입지하여 형성하는 지역적 결합체를 의미한다. 예를 들어 자동차 생산에 필요한 부품공장이 콤비나트를 이루고 있을 경우 생산 및 물류이동에 소모되는 시간과 비용을 최소화할 수 있고, 이를 통해서 경쟁력을 가질 수 있다.

(3) 기존의 여러 기업을 해산시킨 다음 기존 자산을 새로 설립된 기업에 계승한다.

(4) 기업을 흡수 · 병합한다.

3 콘체른(기업제휴, Konzern, Concern)

1. 콘체른의 의의

자본결합을 중심으로 한 다각적인 기업결합으로, 모회사를 중심으로 한 산업자본형 콘체른과 재벌과 같은 금융자본형 콘체른이 있다.

2. 형성되는 방식

(1) 리프만(R. Liefmann)은 콘체른이 형성되는 방식으로 자본참가, 경영자파견 및 자본교환, 수개 기업이 계약에 의해 이익협동관계를 형성하는 이익공동체, 위임경영과 경영임대차, 총 네 가지를 들었다.

(2) 자본참가의 방식을 보면 주식을 취득하는 경우도 있으나 지배회사를 정점으로 피라미드형 지배를 가능하게 하는 지주회사 방식이 많다.

> **기업집중의 제한**
> 기업집중의 심화를 제한하기 위하여 한국의 경우 「독점규제 및 공정거래에 관한 법률」을 제정하여 공정하고 자유로운 경쟁을 촉진하고 불공정 거래행위를 규제하고 있다.

• 카르텔(Cartel)

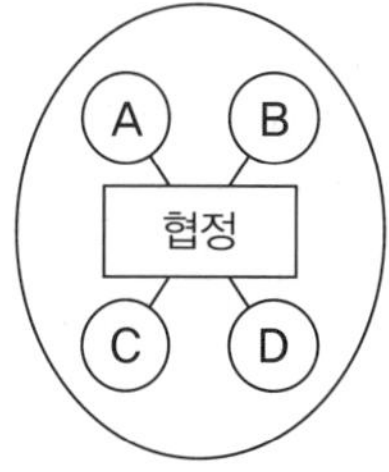

A, B, C, D
각각 독립기업

• 트러스트(Trust)

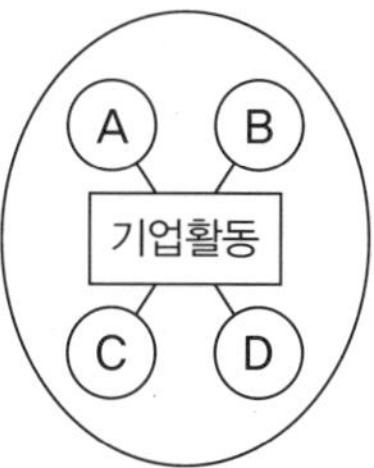

A, B, C, D
각각 비독립기업

• 콘체른(Konzern)

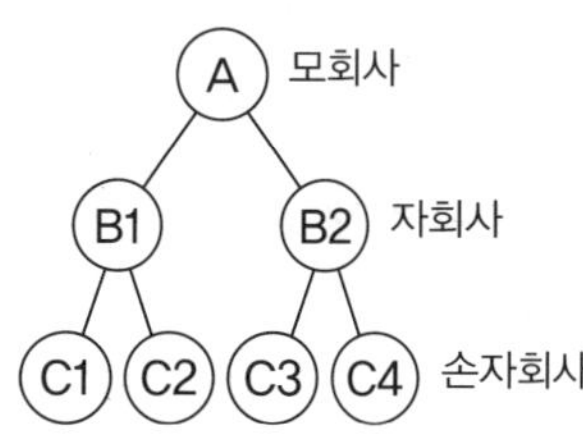

B1, B2, C1, C2, C3, C4
형식상 독립기업

기출문제

기업합동이라고 불리며 융합활동에 참가하고 있는 기업들이 경제적 독립성을 상실하고 새로운 기업으로 활동하는 기업경영방법은?

① 트러스트(Trust) ② 카르텔(Cartel)

③ 콘체른(Konzern) ④ 신디케이트(Syndicate)

정답 ①

해설 트러스트(Trust) : 기업합동, 기업합병. 동일한 생산단계에 속한 기업들이 시장지배를 목적으로 하나의 자본에 결합하는 것으로, 각 기업체가 개개의 독립성을 상실한다.

테마 14 M&A 기법 및 방어수단

M&A란 경제용어로 일반적으로 영업시너지나 재무시너지 등의 창출로 기업가치를 증대시키기 위해 수행되는 합병(Merge)과 인수(Acquisition) 등을 의미한다. 기업 인수는 인수기업 대상의 자산 또는 주식의 취득을 통해 경영권을 취득하는 행위이고 기업 합병은 두 개 이상의 기업이 결합하여 법률적·실질적인 하나의 기업으로 재편되는 것을 의미한다.

그린 메일은 투기성 자본으로 경영권이 취약한 기업의 지분을 매집한 뒤 해당 기업의 경영진을 교체하겠다고 위협하거나, 대주주에게 M&A 포기 대가로 높은 가격에 지분을 되사 줄 것 등을 요구하는 행위다. 대주주에게 초록색인 미 달러화를 요구하는 편지를 보낸다는 의미에서 그린 메일이라는 이름이 붙여졌다.

1 M&A 기법

1. 공개매수(TOB ; Take Over Bid)

인수기업이 인수하고자 하는 대상기업의 불특정 다수 주주를 상대로 시장 외에서 특정가격에 주식을 팔도록 권유하는 것으로, 적대적 M&A의 속성상 가장 흔히 쓰는 방법이다.

2. 시장매집(Market Sweep)

시장매집은 장내시장인 주식시장을 통해 비공개적으로 목표주식을 원하는 지분율까지 지속적으로 매수해 나가는 전략이다.

3. 위임장 대결(Proxy Fight)

목표기업의 주요주주 및 일반주주에 대한 설득 및 권유를 통해 의결권행사의 위임을 받아 주주총회 결의에 강력한 영향력을 행사하는 전략이다.

4. 그린메일(Green Mail)

특정기업의 일정지분을 장내에서 사들인 뒤, 경영권을 쥔 대주주를 협박하거나 장외에서 비싼 값에 되파는 수법으로, 이런 사람을 그린 메일러(Green Mailer)라고 한다. 그린 메일러는 기업 경영권 확보가 아닌 재무적 이득이 주목적이나 경우에 따라서는 경영권을 탈취할 수도 있다.

5. 지분감추기(Parking)

우호적인 제3자를 통해 지분을 확보한 뒤 주주총회에서 우세한 의결권을 기습적으로 행사하여 경영권을 탈취하는 전략이다.

6. 곰의 포옹(Bear Hug)

공개매수를 선언하고 인수기업이 피인수기업(인수대상기업) 경영자에게 방어행위를 중지하도록 권유하는 기법으로, 최고경영자 간에 이루어진다.

7. 장애물 없애기

신규 시장 진출 시 경쟁력을 갖춘 기업을 매수하여 없앤 뒤 시장에 진입하는 방법이다.

8. 턴 어라운드(Turn Around)

내재가치는 충분하지만 경영자의 경영능력이 부족해 주가가 떨어진 기업을 인수해 경영을 호전시킨 다음 고가에 되파는 방법이다.

9. 차입매수(LBO ; Leveraged Buy Out)

금융기관 등으로부터 돈을 빌려 인수대금의 대부분을 조달하는 방법으로, 대상기업의 경영자가 회사자산을 담보로 제공하는 등 주로 우호적 M&A(특히 MBO)에서 많이 쓰이나 적대적 M&A의 경우에도 사용된다.

10. 토요일 밤의 기습작전(Saturday Night Special)

토요일 저녁 시간대에 방송매체를 통해서 공개매수를 선언하여 방어할 틈을 주지 않는 방법으로, 미국에서 사용된다.

2 적대적 M&A 방어수단

1. 황금주(Golden Share)

황금주는 소수 지분으로 회사의 주요 의사결정에 거부권을 행사할 수 있는 권리가 부여된 특별 주식이다.

2. 백기사(White Knight)

적대적 인수기업의 공개매수가 진행되는 동안 대상기업의 경영진이 방어를 위해 동원 가능한 방법을 사용했음에도 불구하고 효과가 없을 때, 공개매수 가격을 올릴 목적으로 대상기업과 우호적인 관계를 유지하고 있는 제3자에게 대상기업을 인수해 줄 것을 요청하는 방법이다.

3. 왕관의 보석(Jewel of Crown)

기업의 주요 자산을 왕관의 보석(매력사업부문)이라 하며 인수기업이 대상기업의 매력사업부문을 확보할 목적으로 적대적 M&A를 시도할 때, 대상기업이 자신의 주력사업부문을 제3자에게 처분하여 기업의 매력을 떨어뜨리고 매수의도를 저지하는 방법이다.

4. 독약처방(Poison Pill)

적대적 M&A 공격을 받는 기업이 기존 주주들에게 시가보다 싼 값에 주식을 살 수 있는 권리(신주인수권)를 부여해 적대적 M&A 시도자의 지분 확보를 어렵게 만드는 방법이다.

5. 팩맨(Pac Man)

어떤 기업이 적대적 매수를 시도할 때 매수 대상 기업이 매수 기업을 인수하겠다는 역매수 계획을 공표하고 매수 기업 주식의 공개매수 등을 시도하는 것으로, 극단적인 반격전략 중 하나다.

6. 황금낙하산(Golden Parachute)

기업의 인수·합병(M&A)과 관련하여 미국 월가(街)에서 만들어진 말로, 최고경영자가 적대적 M&A에 대비해 자신이 받을 권리를 고용계약에 기재하여 기존 경영진의 신분을 보장할 수 있는 장치를 사전에 마련하는 방법이다.

7. 차등의결권제도(Dual Class Shares)

기업의 지배주주에게 보통주의 몇 배에 달하는 의결권을 주는 것으로, 적대적 M&A 방어수단으로 사용되고 있다.

기출문제

Q 적대적 M&A의 방어방법과 거리가 먼 것은?

① 독약처방제도(Poison pill)
② 백기사제도(White Knight)
③ 황금낙하산제도(Golden Parachute)
④ 공개매수제도(Take Over Bid)

정답 ④

해설 공개매수제도는 증권거래법상 대표적인 M&A제도다. 공개매수제도(Take Over Bid)란 주식 매입 희망자가 어떤 특정 회사의 경영권을 탈취할 목적으로 사전에 매입기간, 매입주식수, 매입가격 등을 일반에게 공개하고 증권시장 밖에서 공개적으로 불특정 다수인에게 주식을 매수하는 것을 말한다.

테마 15 경영전략

전략(Strategy)이라는 용어는 원래 대국적인 작전이라는 의미를 가진 군사용어였다. 이러한 용어가 기업경영에 사용된 것은 기업의 환경적인 여건이 전쟁을 수행하는 군대가 직면한 환경과 마찬가지로 동태적이고 경쟁적이기 때문이다. 오늘날 기업에서 사용하고 있는 경영전략은 외부 환경에 적응하기 위한 장기적이고 포괄적인 계획을 의미한다.

1 경영전략의 개념과 목적

1. 경영전략의 개념

경쟁에서 승리하고 기업의 목표를 달성하기 위한 전략으로 다른 기업보다 유리한 상황에서 경쟁할 수 있도록 계획하고 실행하는 것이며 조직체 내부의 모든 기능과 활동을 통합한 종합적인 계획이다.

2. 경영전략의 목적

(1) 경영적응능력 촉진 : 변화하는 외부환경에 경영자가 유연하게 대처할 수 있도록 환경적응능력을 촉진한다.

(2) 자원의 효율적인 배분 : 기업의 경영자원을 회사 전체적인 관점에서 효율적으로 배분하도록 한다. 경영자는 기업의 전체적인 성과를 극대화시키기 위해 보유자원을 어떻게 배분할 것인가를 합리적으로 결정해야 한다. 경영전략은 바로 이러한 의사결정에 지침을 제공한다.

(3) 경영활동의 통합 : 기업 내부의 다양한 경영활동들의 통합에 기여한다. 경영전략은 기업의 존재가치와 사명을 명확히 하고 사명달성을 위한 장기적인 전략목표와 목표달성을 위한 활동방향과 행동경로를 제시함으로써 조직 내에서 이루어지는 다양한 의사결정과 행동들을 통합하는 역할을 한다.

2 경영전략의 수준과 추진방법

1. 경영전략의 수준

(1) 기업수준 전략(Corporate Strategy) : 기업이 어떠한 사업을 할 것인지, 기업의 전체 차원에서 각 사업부의 전략이 어떻게 조정되어야 하는지, 사업부 사이에 자원은 어떻게 배분하여야 하는지를 결정하는 것으로 일반적으로 최고경영층에 의하여 수립된다.

(2) 사업부수준 전략(Business Strategy)

① 전략적 사업부(SBU ; Strategic Business Unit) 수준의 전략을 의미하는데, 기업전략을 지지하면서 전략적 사업 단위의 경쟁력 유지와 향상을 위한 것이다.

② 어떤 방면에서 경쟁적 우위를 유지하려고 할 것인지, 환경과 경쟁적 조건의 변화에 대해 어떠한 대응을 할 것인지에 초점을 두고 있으며 자원을 각 사업 단위에 할당하고 기능수준의 전략을 조정하는 것 등에 초점과 목표를 두고 있다.

③ 각 사업부들의 전략은 최고경영자의 승인하에 있으며 각 사업부 단위의 장에 의하여 개발된다.

(3) 기능수준 전략(Functional Strategy) : 기업수준의 전략을 실행하기 위한 것으로, 사업 내 특정한 기능을 담당하는 부서 단위에서 개발된다.

(4) 경영전략수준의 관계 : 각 수준의 전략은 기능수준의 전략이 뒷받침될 때 성공적일 수 있으며 세 가지 수준은 전략경영 과정에서 긴밀하게 조정되어야 한다.

2. 경영전략의 추진과정

(1) 목표의 설정과정 : 경영전략을 통해 기업이 도달하고자 하는 미래의 상태 또는 모습을 규명하고 전략목표를 설정하는 단계다.

(2) 전략의 관리과정

① 전략적 상황분석 : 목표를 달성하는 데 제약이 되는 현재의 내 · 외부적 상황을 분석하는 단계다.

② 전략대안의 수립 : 주어진 상황하에서 미래의 달성목표와 현재의 차이를 줄이기 위해 필요한 최적의 전략을 수립하는 단계다.

③ 전략의 실행과 수행평가 : 수립된 전략을 효과적으로 수행하는 단계다.

3. 계획의 수준

(1) 전략계획(Strategic Plans)

① 조직의 전략적 목표에 도달하기 위한 계획으로, 주로 이사회나 중간관리층과의 협의를 거쳐 최고경영층이 개발한다.

② 기업의 기본 방향을 설정하는 것이며 그 영향력이 전술이나 운용계획보다 포괄적이며 장기적이다.

(2) 전술계획(Tactical Plans)

① 전략계획을 수행하고 전술적인 목적을 달성하기 위한 수단으로 중기적인 계획에 초점을 둔다.

② 중간관리층이 개발하며 이 계획은 각 부서가 그들의 전술적인 목표를 달성하기 위하여 어떠한 단계들을 거쳐야 하는지를 나타낸다.

(3) 운영계획(Operational Plans)

① 전술계획의 수행과 운영목표의 달성을 위해 고안된 수단으로, 운영계획은 일반적으로 1년 이하의 단기적인 기간을 대상으로 한다.

② 중간관리층과의 협의하에 하위 감독자가 개발하며 운영목표의 달성을 위하여 단기간 동안 무엇을 달성하여야 하는가를 나타낸다.

기출문제

현대의 경영전략으로 적절하지 않은 것은?

① 기업가치를 평가하는 과정에서 질을 더 중요시한다.

② 의사결정과정에서 신속한 의사결정이 중요시되고 있다.

③ 조직의 규모를 최대한 확대시켜 시장통제력을 장악한다.

④ 기업경영활동에서 사용되는 자본요소 중에서 인적자본이 차지하는 비중이 점차 커지고 있다.

정답 ③

해설 현대의 경영조직은 조직을 보다 단순한 형태로 조정하거나 규모를 축소하고 기업문화의 혁신에 관심을 가진다.

테마 16 SWOT 분석

SWOT 분석은 기업내부의 강점, 약점과 외부환경의 기회, 위협요인을 분석·평가하고 이들을 서로 연관 지어 전략과 문제해결 방안을 개발하는 방법이다.

1 SWOT 분석의 개념

강점(Strength)	약점(Weakness)
• 서비스의 능력 • 숙련된 종업원의 보유 • 좋은 시장점유 • 양호한 자금력 • 높은 명성	• 노후시설 • 부적합한 연구개발 • 진부한 서비스 • 경영관리의 문제점 • 과거 계획의 실패
기회(Opportunity)	**위협(Threat)**
• 새로운 시장진입 가능성 • 호경기 • 시장 경쟁자의 열악 • 자사의 신서비스 출현 • 현 서비스시장의 성장성	• 새로운 경쟁자 • 경영자원의 부족 • 시장기호의 변화 • 새로운 규제 • 대체 서비스의 출현

SWOT 분석

1. **외부환경 분석(기회와 위협 ; Opportunity, Threat)**
   (1) 좋은 쪽으로 작용하는 것은 기회, 나쁜 쪽으로 작용하는 것은 위협으로 분류한다.
   (2) 동일한 자료라도 자신에게 긍정적으로 전개되면 기회로, 부정적으로 전개되면 위협으로 분류한다.
2. **내부환경 분석(강점과 약점 ; Strength, Weakness)**
   (1) 경쟁자와 비교하여 강점과 약점을 분석한다.
   (2) 보유하고 있거나 동원 가능하거나 활용 가능한 자원이다.

2 SWOT 전략 수립 방법

내부의 강점과 약점을, 외부의 기회와 위협을 대응하여 기업의 목표를 달성하려는 SWOT 분석의 발전전략의 특성은 다음과 같다.

구분	내용
SO 전략	• 외부 기회와 내부 강점 : 외부 환경의 기회를 활용하기 위해 강점을 사용하는 전략 선택 • 선택 전략 : 인수합병, 다각화, 성장, 확대전략
WT 전략	• 외부 위협과 내부 약점 : 외부 환경의 위협을 회피하고 약점을 최소화하는 전략 선택 • 선택 전략 : 철수, 제거, 방어적 전략, 삭감전략, 합작투자전략
ST 전략	• 외부 위협과 내부 강점 : 외부 환경의 위협을 회피하기 위해 강점을 사용하는 전략 선택 • 선택 전략 : 다양화 전략, 안정적 성장 전략
WO 전략	• 외부 기회와 내부 약점 : 약점을 극복함으로써 외부 환경의 기회를 활용하는 전략 선택 • 선택 전략 : 약점 극복, 턴어라운드 전략

3 SWOT 분석 프레임워크

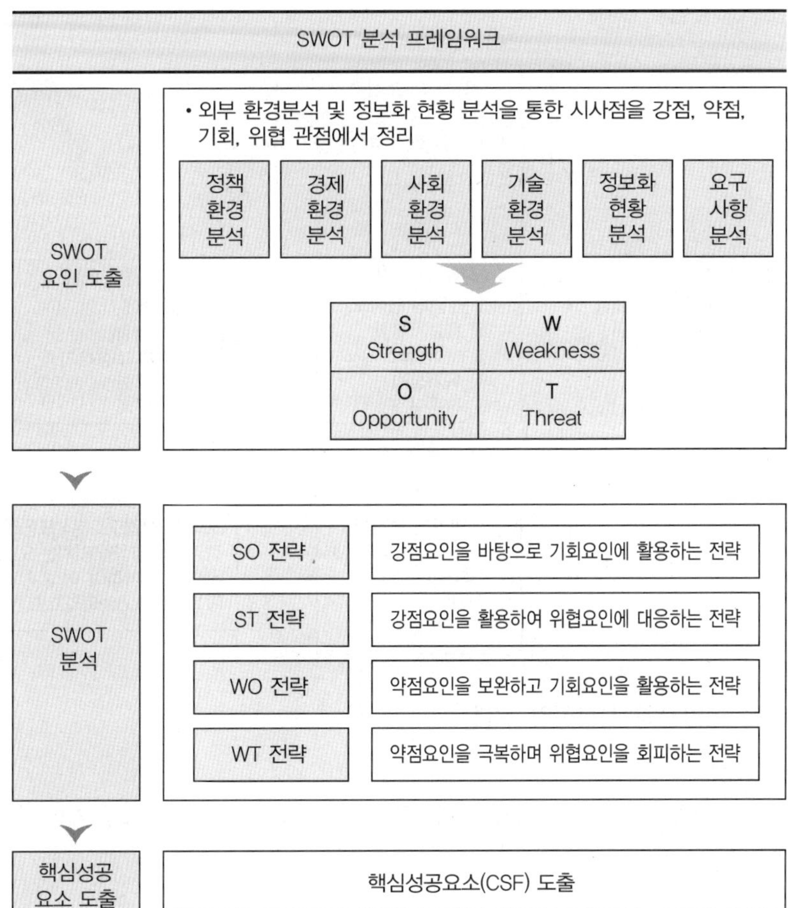

기출문제

SWOT 분석의 결과 SO 상황이라고 판단하는 경우 적합하지 않은 전략은?

① 현상유지전략 ② 다각화전략

③ 집중화 성장 전략 ④ 수직적 통합화 전략

정답 ①

해설 SO 상황은 외부 환경의 기회를 활용하기 위해 강점을 사용하는 전략을 선택해야 하는 것으로 인수합병, 다각화전략, 성장전략, 확대전략을 선택해야 한다.

테마 17 포터의 산업구조분석

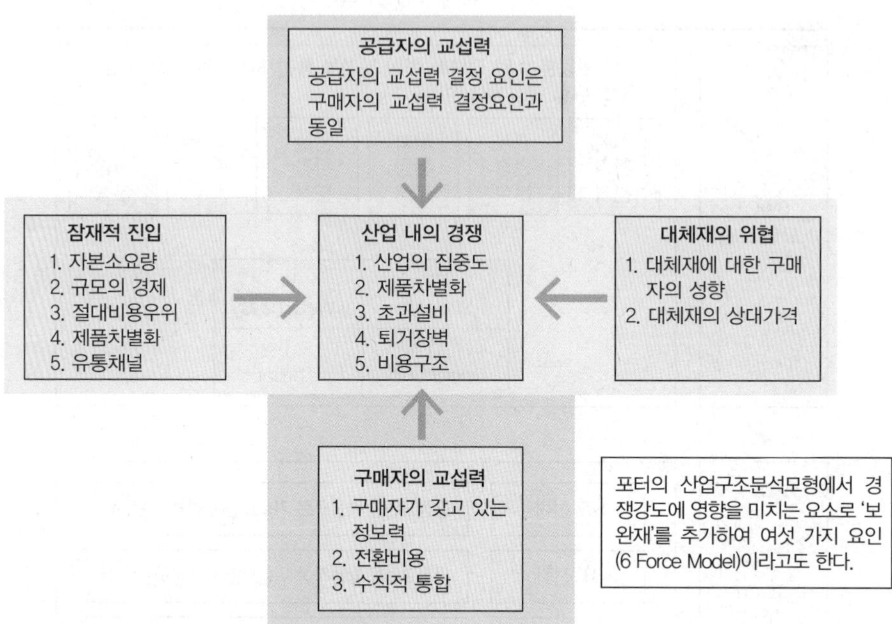

1 잠재적 진입자의 시장진입 위협

> 잠재적 진입자
> 현재는 산업에 들어와 있지 않지만 진입의 가능성을 가지고 있는 잠재적인 경쟁자다. 이러한 잠재적 경쟁자의 시장진입을 어렵게 만드는 요인을 산업의 진입장벽이라 한다. 진입장벽은 어떤 산업에서 사업을 시작하고자 할 때 들어가는 비용의 개념이다.

1. 자본소요량

신규기업이 산업에 진입하는 데 많은 투자액이 필요한 경우에는 소수의 기업을 제외하고는 진입이 힘들다.

2. 규모의 경제

자본집약적이거나 연구개발투자가 많이 소요되는 산업에서 효율적으로 조업하기 위해 대규모 투자가 필요한 경우, 능력이 없는 기업들은 시장진입을 할 수 없다.

3. 절대적인 비용우위

기존 기업들은 신규진입기업들에 비해 원료를 싸게 구입할 수 있는 방법을 알고 있으므로 경험효과의 이득을 더 많이 볼 수 있다.

4. 제품차별화

제품차별화가 된 시장에서는 자신의 브랜드에 대한 투자에 많은 비용이 소요되므로 자본력이 없는 기업은 진입이 어렵다.

2 기존 기업 간 경쟁

> 산업 내의 기업 간 경쟁 정도가 낮다면 기업은 가격을 올리고 이익을 보다 많이 얻을 수 있을 것이다. 그러나 경쟁이 치열하다면 판매수익으로부터 얻어지는 이윤의 폭이 감소하게 되어 수익성이 낮아지게 될 것이다.

1. 산업의 집중도

산업이 집중되어 있을수록, 즉 그 산업에 참여하고 있는 기업의 수가 적을수록 산업의 전반적인 수익률은 상대적으로 높아지게 되며 산업이 경쟁적일수록, 즉 많은 기업들이 경쟁에 참여할수록 산업의 수익률은 낮아지게 된다.

2. **제품차별화**

차별화된 산업일수록 수익률이 높고 차별화가 적은 산업, 즉 일상재에 가까운 산업일수록 수익률이 낮다.

3 구매자의 교섭력

1. **구매자의 정보력**

구매자들이 공급자의 제품, 가격, 비용구조에 대해 보다 자세한 정보를 가질수록 구매자의 교섭력은 강해진다.

2. **전환비용**

구매자들이 공급업체를 바꾸는 데 많은 전환비용이 든다면 구매자의 교섭력은 떨어진다.

3. **수직적 통합**

구매자가 후방으로 수직적 통합을 하여 원료를 생산하거나 제품 공급자를 구매하겠다고 위협할 경우 구매자의 교섭력은 강해진다.

4 공급자의 교섭력

1. 대체물이 거의 없고 제품의 차별화가 이루어져 있어 기업이 공급자를 바꾸는 데 많은 비용이 들 때 공급자의 교섭력이 강해진다.
2. 공급업자가 전방통합을 통하여 제조공장을 구매하려고 할 때 공급자의 교섭력이 강해진다.

5 대체재의 위협

제품이나 서비스에 대해 기꺼이 지불하려는 가격에 따라 소비자가 결정된다면 산업의 수익률은 대체재의 유무에 따라 달라진다. 대체재가 많을수록 기업들이 자신의 제품이나 서비스에 높은 가격을 받을 수 있는 가능성은 줄어든다.

6 보완재

포터가 제시한 다섯 가지 요인에 덧붙여 새롭게 제시되고 있는 요인이다. 보완재는 경쟁위협을 가하지는 않지만 의식적으로 전략적인 보완관계 제품이나 기업을 관리하려는 전략적 사고의 일부다.

구매자의 교섭력은 구매자가 발휘하는 힘을 말한다. 구매자가 제품가격의 인하나 보다 나은 품질 혹은 서비스를 요구하게 되면 기업의 입장에서 위협이 된다. 반면에 구매자의 입장이 약화되면 기업은 가격을 쉽게 인상시킬 수 있어 나은 수익을 영위할 수 있다.

공급자의 교섭력은 구매자의 교섭력과는 상반되는 개념이다. 즉, 원재료나 부품을 제공하는 공급자가 가격을 상승하거나 공급되는 제품의 품질에 대한 의사결정을 할 수 있는 힘을 말한다.

대체재는 특정 제품이 충족시키는 고객의 욕구와 유사한 욕구를 충족시켜 주는 제품이다.

기출문제

다음 중 마이클 포터(Michael Porter)의 산업구조분석 기법에 대한 내용으로 옳지 않은 것은?

① 차별화된 산업일수록 수익률이 낮고 차별화가 덜 된 산업일수록 수익률은 높다.

② 산업구조분석은 측정기업의 과업환경에서 중요한 요인을 이해하고자 하는 기법이다.

③ 포터의 산업분석구조 틀에 의하면 다섯 가지의 요인 즉 경쟁 정도, 잠재적 진입자, 구매자, 공급자, 대체재가 산업 내의 경쟁 정도와 수익률을 결정한다.

④ 전환비용이 높은 산업일수록 그 산업의 매력도는 증가한다.

정답 ①

해설 마이클 포터(M. E. Porter)의 다섯 가지 요인은 잠재적 경쟁자의 시장진입 위협, 기존 기업 간의 경쟁, 구매자의 교섭력, 공급자의 교섭력 그리고 대체재의 위협이다.

테마 18 수직 통합전략

완전통합 전략
기업이 원재료의 투입부터 최종 소비자에게 판매되는 과정에 필요한 투입요소 전체를 모두 생산하거나 산출물을 모두 처리하는 경우다.

부분통합 전략
기업이 소유한 공급업체와 더불어 독립된 공급업체로부터 투입요소를 사들이고 산출도 마찬가지로 기업이 소유하고 있는 유통업체뿐만 아니라 다른 유통업체를 통해서도 유통시키는 경우다.

1 후방통합과 전방통합

1. 수직 통합은 기업이 자신의 투입을 제조하거나 자신의 산출을 처리하는 것을 의미한다. 이 경우 전자를 후방통합, 후자를 전방통합이라 부른다.
2. 수직 통합전략은 통합의 방향에 따라 조립생산의 전 단계인 원재료나 부품의 공급업자를 통합하는 후방통합과 조립생산의 다음 단계인 도소매업자를 통합하는 전방통합으로 나누어진다.
3. 조립 단계의 회사에 있어 후방통합은 부품이나 원재료의 생산 단계를 흡수하는 것을 의미하며 전방통합은 도소매 등 유통 단계로의 진입을 의미한다.

〈원재료에서 소비자까지의 단계〉

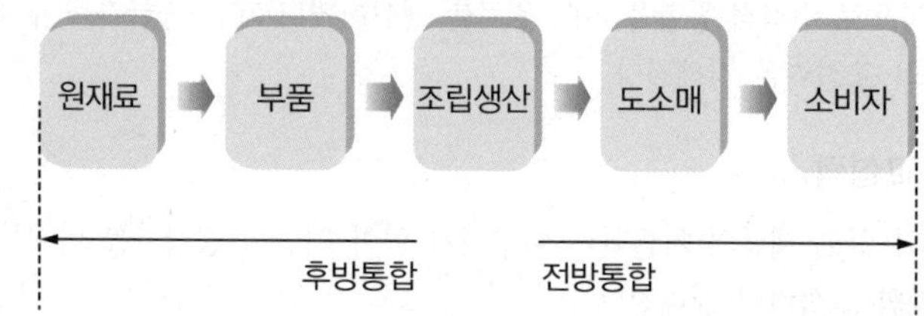

2 수직 통합전략의 장단점

1. 수직 통합전략의 장점

(1) 생산비용 절감 : 원재료나 부품을 생산공정에 유리한 조건으로 투입함으로써 생산의 효율성이 높아질 뿐만 아니라 용이한 생산공정 계획 · 조정으로 생산비용을 절감할 수 있다.

(2) 시장비용과 거래비용 절감 : 외부시장을 통해 원재료를 구입하고 제품을 판매하는 경우 발생하는 시장거래와 같은 거래비용을 절감할 수 있다.

(3) 제품의 품질 향상
① 후방통합을 통해 양질의 원재료를 공급받게 되면 고품질을 유지할 수 있고 그 결과 소비자의 신뢰를 확보할 수 있다.
② 전방통합을 통해 다양한 유통채널을 확보함으로써 고객에게 보다 좋은 서비스를 제공하여 소비자의 신뢰를 확보할 수 있다.

(4) 추가적인 가치 창출 : 외부로부터 독점기술을 보호함으로써 추가적인 가치를 창출할 수 있다.

2. 수직 통합전략의 단점

(1) 잠재적 원가의 상승 : 낮은 가격의 외부 부품업체가 존재함에도 불구하고 기업이 소유하고 있는 공급자로부터 투입을 받아야 하는 경우, 오히려 비용이 증가하기도 한다. 이러한 위험으로 인해 기업들은 수직 통합보다 시장거래의 신뢰성 확립을 전제로 전략적 아웃소싱을 하기도 한다.

(2) 급속한 기술 변화에 따르는 위험 : 후방통합을 한 1950년대의 라디오 제조업체를 생각하면 쉽게 이해할 수 있다. 당시에는 진공관이 최선의 기술이었으나 불과 10년 후 트랜지스터 라디오가 개발되어 기술적으로 진부화된 사업이 되고 말았다. 이 경우처럼 수직통합은 기술 진부화로 인한 위험을 분산시키지 못하는 치명적인 단점을 가진다.

(3) 수요가 예측 불가능한 경우의 위험 : 수직통합은 불안정하고 예측불가능한 수요조건하에서 매우 위험하다. 만약 안정적인 수요가 없다면 서로 다른 활동들 사이의 생산 흐름을 조절할 수 없고 계획을 세울 수 없다. 따라서 수직통합을 하는 경우에는 수요상황을 고려한 전략을 실행해야 한다.

3 다각화 전략의 유형

1. 수평적 다각화 전략(horizontal diversification strategy)

기업이 기존 고객들이 깊이 이해하고 있다는 점을 활용하여 기존의 고객에게 다른 욕구를 충족시키는 방법으로 신제품을 추가하는 전략이다. ㉠ 냉장고를 만들던 회사가 신제품인 에어컨을 추가하는 것

2. 복합적 다각화 전략(conglomerate diversification strategy)

기존의 제품 및 고객과 전혀 관계없는 이질적인 신제품으로 새로운 고객에게 진출하려는 전략이다. ㉠ 커피를 만들던 회사가 전자제품 분야에 진출하는 것

3. 집중적 다각화 전략(concentric diversification strategy)

기업이 이미 보유하고 있는 생산 · 기술 · 제품 · 마케팅 등의 분야의 노하우를 활용하여 새로운 고객 · 시장을 겨냥하여 신제품을 추가적으로 내놓음으로써 성장을 추구하는 전략이다. ㉠ 배를 만들던 회사가 중장비 제작 분야에 진출하는 것

기출문제

기술적으로는 기존 제품과 관계가 없지만 기존 고객에게 호소할 수 있는 제품으로 다각화하는 전략은?

① 차별적 다각화
② 수평적 다각화
③ 시너지스틱 다각화
④ 콩글로메리트 다각화

정답 ②

해설 수평적 다각화(Horizontal Diversification) : 기업이 기존 고객들을 깊이 이해하고 있다는 점을 활용하여 기존 고객을 다른 욕구를 충족시키는 방법으로 신제품을 추가하는 전략이다.

테마 19 마이클 포터의 가치사슬

가치사슬
1. 고객에게 가치를 제공함에 있어서 부가가치 창출에 직·간접적으로 관련된 일련의 활동·기능·프로세스의 연계를 의미한다.
2. 전략에 있어서 일반화된 가치사슬은 기업의 전략적 단위활동을 구분하여 강점과 약점을 파악하고 원가발생의 원천, 경쟁기업과의 현존 및 잠재적 차별화 원천(가치창출 원천)을 분석하기 위해 마이클 포터가 개발한 개념이다.

1 가치사슬(Value Chain)의 개념

회사가 행하는 모든 활동들과 그 활동들이 어떻게 서로 반응하는가를 살펴보는 시스템적 방법이다.

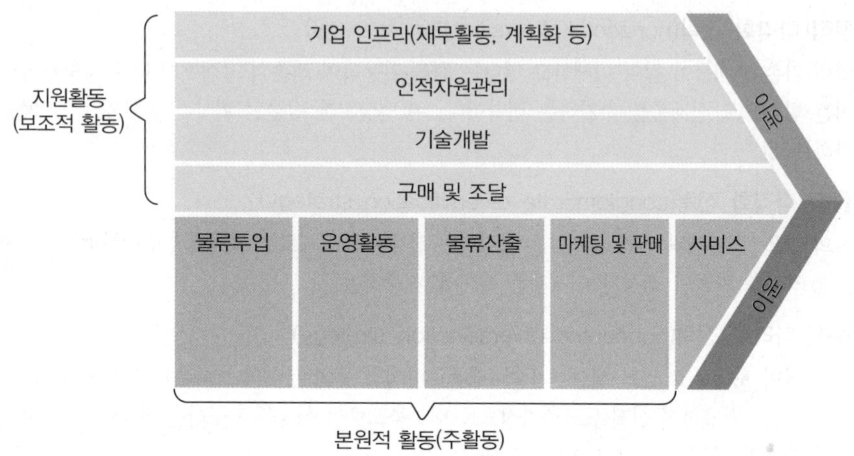

2 가치창출 활동

1. 본원적 활동(Primary Activities, 주 활동)

제품·서비스의 물리적 가치창출과 관련된 활동들로서 직접적으로 고객들에게 전달되는 부가가치 창출에 기여하는 활동들을 의미한다.

(1) 물류투입
① 핵심 포인트 : 원재료 및 부품의 품질
② 제품의 생산에 사용되는 투입물의 획득·저장·보급과 관련된 활동
③ 원재료 취급, 창고저장, 재고관리, 운송 스케줄, 공급자에게로의 반품 등의 활동

(2) 운영활동
① 핵심 포인트 : 무결점 제품, 다양성
② 투입물의 최종 제품으로의 전환과 관련된 활동들
③ 기계가공, 패키징, 조립, 장비 유지, 테스팅, 프린팅, 설비운영 등의 활동

(3) 물류산출
① 핵심 포인트 : 신속한 배송, 효율적인 주문처리
② 구매자·고객을 위하여 제품을 수집·저장·물리적으로 배분하는 것과 관련된 활동
③ 완성품 창고 저장, 원재료 취급, 배송차량 운영, 주문처리, 스케줄링 등의 활동

(4) 마케팅 및 판매
① 핵심 포인트 : 브랜드 평판 구축
② 구매자들이 제품을 구매할 수 있는 수단 제공과 관련된 활동들 및 이를 포함하는 모든 활동
③ 광고, 프로모션, 영업력 확보, 유통채널 선택, 유통채널 관계, 가격정책 등의 활동

(5) 서비스

① 핵심 포인트 : 고객 기술지원, 고객 신뢰, 여분 이용성

② 제품의 가치를 향상 또는 유지하기 위한 서비스 제공과 관련된 활동

③ 설치, 수리, 훈련, 부품 공급, 제품 적응 등의 활동

2. 지원 활동(Support Activities, 보조 활동)

본원적 활동이 발생하도록 하는 투입물 및 인프라를 제공하는 것으로 직접적으로 부가가치를 창출하지는 않지만 이를 창출할 수 있도록 지원하는 활동을 의미한다.

(1) 기업 인프라

① 핵심 포인트 : MIS(경영 정보 시스템)

② 경영관리, 총무, 기획, 재무, 회계, 법률, 품질관리 등과 관련된 활동

③ 하부구조는 다른 지원 활동들과는 달리 일반적으로 개개의 활동이 아닌 전체사슬(Entire Chain)을 지원한다.

(2) 인적자원관리

① 핵심 포인트 : 최고의 고객서비스 제공을 위한 교육훈련

② 채용, 교육훈련, 경력개발, 배치, 보상, 승진 등과 관련된 활동

(3) 기술개발

① 핵심 포인트 : 차별화된 제품, 신속한 신제품 개발

② 제품 및 비즈니스 프로세스 혁신, 신기술 개발 등의 활동

(4) 구매 및 조달

구매된 투입물의 비용이 아니라 회사의 가치사슬에서 사용된 투입물을 구매하는 기능과 관련된다.

가치사슬의 한계성

1. 하나의 산업은 서로 다른 프로세스에 대한 요구 및 서로 다른 경제적 상호관계와 역동성(Relationships & Dynamics)을 포함하는 많고 다른 부문들을 많이 내포하고 있다.
2. 가치사슬 분석은 참여자들 사이에 정적인 상호관계를 평가하는 데 매우 유용하나 끊임없이 가치사슬 관계를 재정의하는 산업의 역동성을 이해하기에는 어려움이 있다.
3. 각 가치사슬 활동에 대하여 쉽게 활용할 수 있는 데이터 획득이 실무적으로 매우 어렵다.

기출문제

마이클 포터(M. Porter)의 가치사슬 분석에서 본원적 활동에 해당하지 않는 것은?

① 서비스 ② 제조
③ R&D ④ 마케팅

정답 ③

해설 R&D(연구개발)는 지원활동에 해당한다.

마이클 포터(Michael Porter)의 가치사슬(Value Chain)

1. 본원적 활동 : 조달물류, 운영, 유통물류, 마케팅 및 판매, 서비스
2. 지원활동(보조활동) : 조달, 기술 개발, 인적자원관리, 기업인프라(일반관리, 기획관리, 법, 재무, 회계 등)

빈출 지문에서 뽑은 O/X

01 조직 내 비공식조직의 중요성을 최초로 부각시킨 것은 인간관계론이다. (○/ ×)

02 지식경영은 기업의 내 · 외부로부터 지식을 체계적으로 축적하고 활용하는 경영기법을 말한다. (○/ ×)

03 시스템이론에서는 상위시스템과 하위시스템들 간의 독립성이 강조되고 있다. (○/ ×)

04 테일러의 과학적 관리법은 전반적인 경영관리론의 모태가 되었다. (○/ ×)

05 테일러의 과학적 관리법은 성과급제를 도입하여 노동자의 표준 작업량을 정해 주었고 임금은 생산량에 비례했다. (○/ ×)

06 테일러의 과학적 관리법은 분업의 원리를 적용하여 업무의 세분화를 이루었다. (○/ ×)

07 테일러의 과학적 관리법은 기업의 인간적 측면을 무시하는 경향이 있었다. (○/ ×)

08 테일러의 과학적 관리법은 현대적 경영관리의 전형이다. (○/ ×)

09 테일러 시스템은 직능별 조직에 따라서 관리의 전문화를 수립하였다. (○/ ×)

10 테일러 시스템은 동시관리를 가능하게 해 주었다. (○/ ×)

11 포드 시스템은 테일러 시스템의 단점을 극복하여 '노동의 인간화'라는 한계에서 벗어났다. (○/ ×)

12 페이욜이 주장하는 기업의 본질적 기능 중 관리적 활동에 속하는 것은 조정, 통제, 명령, 계획 등의 기능이다. (○/ ×)

13 페이욜의 협동, 단결의 원칙은 뭉치면 힘이 나온다는 원리를 말하며 명령 일원화 원칙을 확대시킨 것이다. (○/ ×)

14 페이욜의 협동, 단결의 원칙은 적재적소의 원칙으로 조직적 질서가 정렬한 데서 비로소 '유효한 관리'가 모색된다고 주장하였다. (○/ ×)

15 페이욜의 협동, 단결의 원칙은 보수의 액수와 지불 방법은 공정해야 하며, 조직의 각 구성원에게 최대한의 만족을 주는 정도의 것이어야 한다고 주장하였다. (○/ ×)

16 페이욜의 협동, 단결의 원칙은 노동자에 대한 안정된 조건을 말하며 공정의 원칙에서 뜻하는 여러 가지 면에서 '호의적인 취급'이 그 구체적인 내용을 이룬다. (○/ ×)

17 호손 연구는 과학적 관리론의 관점에 변화를 주었으며 종업원의 관심과 감정의 중요성 등을 인식하게 하였다. (○/ ×)

18 호손 연구는 공식 조직의 중요성을 인식하고 강조하였다. (○/ ×)

19 호손 실험은 테일러에 의해서 실행된 실험이다. (○/ ×)

20 호손 실험에서 작업능률의 향상은 물적 조건에 의해서만 결정된다. (○/ ×)

21 리엔지니어링(Re-engineering)은 품질 · 비용 · 서비스 등 기업의 업무와 체질, 조직 및 경영방식을 근본적으로 재구성하여 경영의 효율과 경쟁력을 높이려는 경영혁신방법이다. (○/ ×)

22 다운사이징(Downsizing)은 기업의 소형화 · 감량화 전략을 나타내는 경영기법이다. (○/ ×)

[정답과 해설]

01	O	02	O	03	×	04	×	05	O	06	O	07	O	08	×	09	O	10	×	11	×	12	O	13	O
14	×	15	×	16	×	17	O	18	×	19	×	20	×	21	O	22	O								

01 인간관계론은 인간 상호 간의 관계를 중요시하며, 특히 조직 가운데에서 공식조직보다는 비공식조직에 더 비중을 두고 있다.

03 시스템이론은 조직을 여러 구성인자가 유기적으로 상호 작용하는 결합체로 보았다.

04 테일러 시스템은 대상영역이 전반적인 경영까지 미치지 못하고 과업관리 즉 생산관리나 노무관리에 그쳤으며 인간을 기계의 부속물로 보았다는 비판을 받았다.

05 테일러는 모든 생산작업에 시간연구를 적용해서 표준시간을 설정하였으며 임금은 생산량에 비례하였다.

06 경영자는 계획의 직능을 담당하고 노무자가 담당하는 작업을 원조한다. 계획은 시간연구나 동작연구 또는 기타 과학적으로 얻어진 정확한 자료에 따라서 설정하였다.

07 인간의 심리적 · 사회적 · 생리적 측면에 대해서는 연구가 이루어지지 않았다.

08 과학적 관리의 시조는 테일러이지만 현대적 경영관리의 전형은 포드에서 시작되었다.

09 테일러의 관리 원칙에는 시간 연구의 원리 · 성과급제 · 직능적 관리의 원리 등이 있다.

10 포드 시스템의 중요한 특성 중 하나로 컨베이어 시스템을 도입해 단순작업화와 동시관리가 가능하게 하였다.

11 포드 시스템은 기업이 사회에 봉사해야 한다는 주장을 하였지만 포드 시스템 역시 '노동의 인간화'라는 한계를 벗어나지는 못했다.

12 관리적 기능에 대한 설명이다. 기업의 본질적 기능에는 기술적 활동, 상업적 활동, 재무적 활동, 보전적 활동, 회계적 활동, 관리적 활동이 있다.

14 질서유지의 원칙은 적재적소의 원칙으로 조직적 질서가 정렬한 데서 비로소 '유효한 관리'가 모색된다고 주장하였다.

15 보수 적합화의 원칙은 보수의 액수와 지불 방법은 공정해야 한다는 원칙으로 조직의 각 구성원에게 최대한의 만족을 주는 정도의 것이어야 한다고 주장하였다.

16 고용안정의 원칙에 대한 설명으로 노동자에 대한 안정된 조건을 말하며 공정의 원칙에서 뜻하는 여러 가지 면에서 '호의적인 취급'이 그 구체적인 내용을 이룬다.

17 호손 연구는 인간적인 측면을 경시하고 비인간적 관점에서 종업원을 생각하던 과학적 관리론의 관점을 변화시켜 주었다.

18 호손 연구는 공식 조직의 중요성을 인식하고 강조하기보다는 인간관계의 중요성을 강조하였다.

19 메이요와 뢰스리스버거에 의해 이루어진 실험이다.

20 작업능률의 향상은 단순히 물적 조건에 의해서만 이루어지는 것이 아니라 작업환경과 같은 심리적이며 사회적인 조건에서도 영향을 받는다.

23 벤치마킹(Benchmarking)은 특정분야에서 뛰어난 기업의 기술 · 제품 · 경영방식 등을 비교 · 분석하여 자사에 응용함으로써 자기혁신을 추구하는 경영기법이다. (O/ ×)

24 브로드밴딩(Broadbanding)은 과다한 직무등급을 줄이는 경영기법으로, 직무등급의 수를 줄이고 개인의 역량에 따라 역할범위와 중요도를 확대하여 급여의 폭을 넓히는 것이다. (O/ ×)

25 리오리엔테이션(Re-orientation)은 자유경제의 시장윤리와 성과지향적 경제원칙을 수용해서 관리목표를 새롭게 재설정하는 경영기법이다. (O/ ×)

26 벤치마킹은 기업을 다각화하고 계열화한다. (O/ ×)

27 벤치마킹의 목적은 특정분야에서 뛰어난 업체를 자사의 혁신분야와 비교하고 창조적 모방을 통해 그 차이를 없애는 것이다. (O/ ×)

28 벤치마킹은 서비스 제공자가 업무의 기획과 설계부터 운영까지 모두 책임지는 것을 말한다. (O/ ×)

29 합명회사는 대표적인 인적회사로 2인 이상의 유한책임사원이 공동 출자한다. (O/ ×)

30 합자회사는 무한책임사원과 유한책임사원으로 구성되며 무한책임을 지는 출자자가 경영을 한다. (O/ ×)

31 주식회사는 현대 기업의 대표적인 형태로 주식을 소유한 주주에게 유한책임을 부여한다. (O/ ×)

32 유한회사는 사원의 책임은 그 출자금액을 한도로 하며 출자좌수에 따라 지분을 가진다. (O/ ×)

33 합명회사는 전 출자자가 유한책임사원으로 출자자를 공모할 수 없다. (O/ ×)

34 합명회사는 대규모의 기업을 설립하기 위하여 거액의 자본을 조달하고 보다 효과적인 경영활동을 위한 법인체다. (O/ ×)

35 콩글로메리트는 이종기업 간의 합병으로 시장에서 강한 경쟁력을 확보할 수 있다. (O/ ×)

36 카르텔은 동종기업 간의 수평적 결합으로 독립성을 상실한다. (O/ ×)

37 트러스트는 수평 · 수직적 결합으로 결합성이 강하다. (O/ ×)

38 콘체른은 몇 개의 기업이 법률적으로 독립성을 유지하며 금융적 결합을 통하여 내부경영을 통제 · 지배한다. (O/ ×)

39 황금낙하산은 기업의 여러 사업 부분 중에서 핵심적인 사업부를 매각한다. (O/ ×)

40 왕관의 보석은 적대적 합병 · 매수를 어렵게 만드는 조치를 정관에 규정한다. (O/ ×)

41 황금낙하산은 적대적 M&A에 대비하여 최고경영자가 자신이 받을 권리를 고용계약에 기재하는 것이다. (O/ ×)

42 곰의 포옹은 일시에 피인수기업의 상당한 지분을 매입 후에 매수 기업의 경영자에게 기업매수의 의사를 전달하는 방법이다. (O/ ×)

43 정관수정은 경영진을 두려움에 빠뜨린 다음에 매수가격과 조건을 제시하는 방법이다. (O/ ×)

44 획득 활동은 포터의 가치사슬에서 본원적 활동에 속한다. (O/ ×)

45 생산 활동, 서비스 활동, 판매 및 마케팅 활동 등은 포터의 가치사슬에서 본원적 활동에 속한다. (O/ ×)

[정답과 해설]

23	O	24	O	25	O	26	×	27	O	28	×	29	×	30	O	31	O	32	O	33	×	34	×	35	O
36	×	37	O	38	O	39	×	40	×	41	O	42	×	43	×	44	×	45	O						

26 벤치마킹은 업계의 선두 기업을 표본 삼아 선두 기업의 경영 방식 등을 비교 분석하여 그 차이를 줄이거나 없애려고 하는 경영개선전략이다.

27 벤치마킹의 진정한 목적은 '기준점'의 설정에 있다. 즉, 현재 해당 기업이 어느 정도 위치에 있는가 그리고 이를 개선하기 위해 어떤 혁신계획을 세워야 하는가 등을 기획하는 데 있어서 지표가 되는 모범선을 선정하는 것이다.

28 아웃소싱은 서비스 제공자가 업무의 기획과 설계에서부터 운영까지 모두 책임지는 것을 말한다. 아웃소싱은 문자적으로는 외부(Out)의 경영자원(Source)을 활용하는 것을 뜻하며 외주, 하청, 도급, 분사, 업무대행, 컨설팅, 인재파견 등이 포함된다.

29 합명회사는 회사의 채무에 대해서 무한의 책임을 지는 2인 이상의 무한책임사원으로 조직되며 대표적인 인적회사다.

30 합자회사는 무한책임사원과 유한책임사원이 구성하는 이원적 조직의 회사로, 유한 책임 사원은 업무 집행에 관여하지 않는다.

31 주식회사는 소유와 경영이 분리되어 있는 법인 회사로 최고의사결정기관인 주주총회, 업무집행기관인 이사회 및 대표이사, 회계감사기관인 감사가 있다.

32 유한회사는 합명회사와 주식회사의 장점을 가진 회사다.

33 유한회사에 대한 설명으로 법인성이 인정되고 폐쇄적이어서 사원의 수는 적은 편이다.

34 주식회사에 대한 설명이다. 주식회사는 소유주 지분의 양도 자유와 유한책임제도로 자본조달이 용이하다.

35 콩글로메리트의 목적으로는 급변하는 시장구조와 경기변동에 대비한 경영의 다각화를 통한 위험 분산과 시장에서의 강한 경쟁력 확보 등이 있다.

36 카르텔은 동종기업 간의 수평적 결합으로 독립성을 유지하며 결속력이나 통제력은 약한 편이다.

37 트러스트는 동종기업이나 관계있는 이종기업 간의 인수 · 합병(M&A)이며 법률적 · 경제적으로 각 기업의 독립성이 완전히 상실된다.

38 콘체른은 법률적으로 독립성이 유지되나 금융상 종속되어 실질적으로는 독립성이 상실된다. 일반적인 거대기업이 여기에 속하며 한국의 재벌이 여기에 해당된다.

39 핵심사업부를 매각하여 매수의도를 저지하는 왕관의 보석에 대한 설명이다.

40 정관이 적대적 합병과 매수를 어렵게 규정하는 정관수정에 대한 설명이다.

41 황금낙하산은 기업의 인수 · 합병(M&A)과 관련하여 미국 월가(街)에서 만들어진 용어로, 최고경영자가 적대적 M&A에 대비해 자신이 받을 권리를 고용계약에 기재하여 기존 경영진의 신분을 보장할 수 있는 장치를 사전에 마련하는 것을 말한다.

42 적대적 M&A인 새벽의 기습에 대한 설명이다.

43 적대적 인수 · 합병 과정에서 대상 기업의 경영진에게 경영권을 넘겨줄 것을 강요하는 곰의 포옹에 대한 설명이다.

44 획득 활동은 보조 활동(지원 활동)에 속하는 것으로 부가가치를 창출할 수 있도록 지원하는 활동을 말한다.

45 인적자원관리, 기술개발, 디자인, 획득활동(구매, 조달), 하부조직활동(경영정보시스템, 법률, 재무, 기획)은 포터의 가치사슬에서 본원적 활동에 속한다.

▶ 정답과 해설 2쪽

1 경영학 일반 기출예상문제

01 다음 중 미국경영학의 발전 과정에 대한 설명으로 알맞지 않은 것은?

① 시스템이론 : 조직을 여러 구성인자가 유기적으로 상호 작용하는 결합체로 보았다.
② 구조조정 이론 : 리엔지니어링, 벤치마킹, 아웃소싱 등의 기법이 있다.
③ 과학적 관리 : 과업관리의 목표는 높은 임금, 낮은 노무비의 원리로 집약된다.
④ 포드 시스템 : 봉사주의와 고가격 · 고임금의 원리를 중심으로 하는 경영이념을 가진다.

02 다음 중 테일러 시스템에 대한 설명으로 옳은 것은?

① 차별적 성과급제로 고임금, 저노무비를 추구하였다.
② 기업을 사회적 봉사기관으로 보았다.
③ 저가격, 고임금의 원칙을 주장하였고 이를 위하여 컨베이어 시스템 방식을 도입하였다.
④ 현대적 경영관리의 전형으로 전체 작업조직의 능률향상 및 대량생산, 원가절감을 위한 관리방식을 제창하였다.

03 다음 중 테일러 시스템에 대한 설명으로 알맞은 것은?

① 포디즘이라는 경영 철학을 주장하였다.
② 시간연구와 동작연구를 하여 표준 작업량을 정하였다.
③ 기업이 이윤을 추구하기보다는 봉사를 해야 한다고 주장하였다.
④ 관리활동을 계획, 조직, 지휘, 조정, 통제인 5개로 정의하였다.

04 다음 중 포드 시스템에 대한 내용으로 가장 적절하지 않은 것은?

① 생산원가를 절감하기 위한 방식으로 소량생산방식을 도입했다.
② 작업자는 고정된 자리에서 작업을 하고 작업대상물이 작업자에게로 이동하게 하여 생산의 효율성을 극대화하였다.
③ 작업자의 활동이 자동적으로 통제되고 모든 작업은 컨베이어의 계열에 매개되어 하나의 움직임으로 동시화되었다.
④ 저가격, 고임금의 원리를 컨베이어 벨트에 의한 이동조립 맵으로 실현시켰다.

05 다음 중 포디즘의 특징에 대한 설명으로 알맞지 않은 것은?

① 인간관계론을 보완 · 발전시킨 것이다.
② 과다한 설비투자로 인하여 사업초기에는 고정비가 많이 발생하며 라인 밸런싱 문제도 발생한다.
③ 노동자들은 노동조합의 결성으로 자신의 권익 보호에 힘썼다.
④ 원가절감이 포디즘을 실현하기 위한 최고의 대안이라 생각하여 구체적 방법으로 생산의 표준화와 이동조립법을 채택하였다.

06 다음 중 테일러 시스템과 포드 시스템의 특징으로 옳지 않은 것은?

	테일러 시스템	포드 시스템		테일러 시스템	포드 시스템
①	작업지도표제	컨베이어 시스템	②	고임금, 저가격	고임금, 저노무비
③	차별적 성과급제	봉사 동기	④	과업 관리	동시 관리

07 다음 중 페이욜의 관리과정론에 대한 설명으로 알맞지 않은 것은?

① 페이욜은 최초로 관리행동을 체계화하였다.
② 관리과정의 순서는 계획–조직–조정–지휘–통제다.
③ 관리일반원칙으로 분업의 원칙, 규율유지의 원칙, 보수 적합화의 원칙 등을 도출하였다.
④ 6가지 활동군을 기술적 활동, 상업적 활동, 재무적 활동, 보전적 활동, 회계적 활동, 관리적 활동으로 구분하였다.

08 다음 중 페이욜의 관리의 5요소에 대한 설명으로 알맞지 않은 것은?

① 계획은 미래를 연구하여 활동계획을 입안하는 것이다.
② 명령은 각 개인으로 하여금 자신의 직능을 수행하도록 지시하는 것이다.
③ 조정은 정해진 기준이나 명령에 따라서 업무가 수행되도록 감시하는 것이다.
④ 조직은 경영의 물적 조직 및 사회적 조직으로서 사회체계를 구성하는 것이다.

09 다음 중 인간관계론에 대한 설명으로 옳지 않은 것은?

① 인간요소를 단순한 노동력으로 취급하지 않았다.
② 감정이 종업원의 행동에 큰 영향을 미친다고 보았다.
③ 관리경제학의 폐단을 보완하면서 발전했다.
④ 적정한 하루의 작업량, 즉 과업을 제시하여 강조했다.

10 다음 중 메이요의 인간관계론에 대한 설명으로 바르지 않은 것은?

① 제도적으로 명문화된 조직을 중시한다.
② 감정의 논리를 중시한다.
③ 비공식 조직은 자연발생적 조직이다.
④ 종업원의 인간관계는 생산성과 관련이 있다.

11 다음 중 인간관계론과 관련이 없는 것은?

① 조직이 없는 인간
② 민주적 리더십
③ 인간이 없는 조직
④ 동태적인 조직유형

12 다음 중 메이요의 호손 실험에 대한 설명으로 옳지 않은 것은?

① 인간관계의 중요성에 대해서 보여 주었다.
② 과학적 관리론의 관점을 변화시켜 주었다.
③ 공식조직의 중요함에 대해서 인식시켜 주었다.
④ 감정적 · 심리적 요인과 생산성은 관계가 있음을 보여 주었다.

13 다음 중 메이요의 호손 실험의 결과로 옳은 것은?

① 집단규범의 중요성
② 리더십 이론의 중요성
③ 인간의 동기부여 시 경제적 요인의 중요성
④ 물리적 작업조건과 생산성 간의 중요성

14 다음 중 맥그리거의 Y이론에 대한 가정으로 올바르지 않은 것은?

① 대부분의 사람들은 통합된 목표를 향해 자연스럽게 노력한다.
② 대부분의 사람들은 일을 좋아하고 일은 노는 것이나 쉬는 것처럼 자연스러운 활동이다.
③ 사람들은 비교적 높은 수준의 상상력, 창조력, 문제해결력을 발휘할 수 있다.
④ 일반적인 직원은 책임을 지기보다는 안정성을 원하고 야심이 크지 않다.

15 다음 중 맥그리거의 Y이론에 근거한 조직관리기법은?

① 목표에 의한 관리
② 비용에 의한 관리
③ 수익에 의한 관리
④ 내부통제에 의한 관리

16 다음 중 맥그리거의 X이론에 해당하는 것은?

① 자기통제 가능
② 고차원의 욕구
③ 인간의 부정적 인식
④ 일에 대한 욕구

17 다음 중 아지리스의 미성숙－성숙의 연결선 이론에서 성숙단계의 특징으로 알맞지 않은 것은?

① 능동적으로 움직인다.
② 독립성을 가지고 있다.
③ 단기적 관점을 가지고 있다.
④ 자아의식이 있으며 자기통제도 가능하다.

18 다음 중 벤치마킹에 대한 설명으로 옳은 것은?

① 과다한 직무등급을 줄이는 경영기법으로 직무등급의 수를 줄이고 개인의 역량에 따라 역할범위와 중요도를 확대하여 급여의 폭을 넓힌다.
② 품질 · 비용 · 서비스 등 기업의 업무와 체질, 조직 및 경영방식을 근본적으로 재구성하여 경영의 효율과 경쟁력을 높이려는 경영혁신기법이다.
③ 기업의 소량화, 감량화 전략을 나타내는 경영기법이다.
④ 우수한 성과를 내고 있는 다른 회사를 모델 삼아 배우면서 끊임없이 자기 혁신을 추구하는 것을 말한다.

19 다음 중 기업의 핵심 역량 프로세스만을 남기고 나머지 업무를 외부에 맡기는 방법은?

① 아웃소싱
② 다운사이징
③ 벤치마킹
④ 리스트럭처링

20 다음 중 동종업계에서 가장 성과가 좋은 기업을 선정하여 비교함으로써 성과 차이의 이유와 문제점을 발견하고 개선해 나가는 경영관리의 기법은?

① 벤치마킹
② 구조조정
③ 아웃소싱
④ 리엔지니어링

21 다음 중 개인기업에 대한 설명으로 알맞은 것은?

① 경영활동이 자유로운 면이 있다.
② 설립 시 많은 시간과 돈이 든다.
③ 대규모 자본이 필요할 때 유리하다.
④ 소유와 경영의 분리가 보편화되어 있다.

22 다음 중 법인기업의 장점으로 알맞은 것은?

① 의사 결정이 신속하다.
② 창업이 쉽고 비용이 적게 든다.
③ 이윤을 독점하는 것이 가능하다.
④ 전문화된 기업 경영이 가능하다.

23 다음 중 소규모 공동기업회사가 아닌 것은?

① 합명회사
② 합자회사
③ 주식회사
④ 유한회사

24 다음 중 합명회사의 특징이 아닌 것은?

① 자금 조달이 용이하다.
② 주로 친척과 친지 간에 이용되는 인적 회사다.
③ 소유와 경영이 분리되어 있지 않다.
④ 각 사원이 회사의 채무에 대해 무한연대책임을 진다.

25 다음 중 무한책임사원만으로 구성된 회사는?

① 벤처기업
② 주식회사
③ 합명회사
④ 합자회사

26 다음 중 합자회사에 대한 설명으로 알맞지 않은 것은?

① 유한책임사원으로만 구성되어 있다.
② 합명회사에 자본적 결합성이 가미된 회사다.
③ 유한책임사원은 업무집행에 관여하지 않는다.
④ 자본의 양도에는 원칙적으로 무한책임사원 전원의 동의가 필요하다.

27 다음 중 주식회사에 대한 설명으로 틀린 것은?

① 소유와 경영이 분리되어 있다.
② 증권을 통한 자본조달이 가능하다.
③ 주주는 무한책임을 진다.
④ 주식회사의 기관으로는 주주총회, 이사회, 감사가 있다.

28 다음 중 주식회사의 단점으로 알맞은 것은?

① 환경변화에 대한 대응이 느릴 수 있다.
② 기업상의 손실위험을 단독으로 부담해야 한다.
③ 한 개인의 출자 능력과 신용도에 한계가 있다.
④ 기업의 규모가 커지면 개인 능력의 한계로 관리능률이 저하된다.

29 다음 중 상법상 주식회사의 기관이 아닌 것은?

① 감사 ② 이사회
③ 대표이사 ④ 사원총회

30 다음 중 대리인이 부담하는 것으로, 이들의 행위가 주인의 이익에 해가 되지 않고 있음을 확인하는 데 드는 비용은?

① 감시비용
② 잔여손실
③ 확증비용
④ 구매비용

31 다음 중 공기업에서 담배나 인삼 등의 사업을 하는 이유로 알맞은 것은?

① 공익 실현을 위해서
② 사회복지 향상을 위해서
③ 재정수입의 증대를 위해서
④ 경제정책상의 목적을 위해서

32 다음 중 공기업의 단점으로 알맞은 것은?

① 자본조달에 한계가 있다.
② 세율이 높아서 불리하다.
③ 기업의 설립과 폐쇄가 용이하다.
④ 관료화와 무사안일주의에 빠지기 쉽다.

33 다음 중 공기업의 독립채산제에 대한 설명으로 알맞지 않은 것은?

① 공기업 경영의 능률화를 위해 필요하다.
② 정부로부터 분리되어 독립적인 경영활동을 할 수 있다.
③ 정부로부터 예산의 구속과 인사 · 경영의 간섭만 받는다.
④ 수익성의 원칙, 수지적합의 원칙, 경영자주성의 원칙, 기업회계제도의 원칙이 있다.

34 다음 중 공기업의 공익실현을 위한 목적으로 알맞은 것은?

① 석탄공사, 포항제철 등을 운영한다.
② 담배, 인삼 등 전매사업을 운영한다.
③ 의료보험, 국민연금 등을 운영한다.
④ 철도, 전기사업, 수자원공사 등을 설립하고 운영한다.

35 다음 중 기업결합 형태에 관한 설명으로 알맞지 않은 것은?

① 콩글로메리트 : 동종기업 간의 매수합병
② 카르텔 : 동종기업이 독립성을 유지하면서 상호경쟁을 배제
③ 콘체른 : 금융상 결합으로 경제적 독립성 상실
④ 조인트벤처 : 둘 이상의 기업들이 공동계산으로 자본을 출자하여 제3의 기업을 설립하는 것

36 다음 중 기능적 관련이 없는 이종기업 간의 매수합병은?

① 카르텔
② 콘체른
③ 기업집단
④ 콩글로메리트

37 다음 〈보기〉는 무엇에 관한 설명인가?

보기

시장에서 경쟁을 배제하고 독점하기 위해 개별기업들이 경제적 · 법률적으로 독립성을 완전히 상실하고 수평 · 수직적으로 결합한 기업집중형태다.

① 트러스트
② 카르텔
③ 콘체른
④ 신디케이트

38 다음 중 카르텔에 대한 설명으로 틀린 것은?

① 카르텔은 국가 간에 행해지기도 한다.
② 참가기업들은 법률적 · 경제적으로 독립된 상태를 유지한다.
③ 동일한 제품을 생산하는 기업이 카르텔을 형성하면 아무런 효과가 없다.
④ 카르텔은 결속력이나 통제력이 약한 편에 속한다.

39 다음 중 트러스트에 관한 설명으로 알맞지 않은 것은?

① 카르텔보다 강한 기업집중의 형태다.
② 시장 독점에 의한 초과 이윤 획득이 목적이다.
③ 결합력이 강하며 기업협동이라 불리기도 한다.
④ 법률적 · 경제적으로 각 기업의 독립성은 유지된다.

40 다음 중 지주회사제도와 가장 관련이 있는 기업결합은?

① 콘체른　② 카르텔
③ 트러스트　④ 콤비나트

41 다음 중 공동판매 카르텔에 대한 설명으로 알맞지 않은 것은?

① 신디케이트라고 불리기도 한다.
② 기업의 직접 판매는 금지된다.
③ 동종업자 간 경쟁추구가 목적이다.
④ 가장 구속력이 강력한 형태의 카르텔이다.

42 다음 중 콘체른에 대한 설명으로 알맞은 것은?

① 수평적으로만 결합된다.
② 경제적 · 법률적으로 독립성이 있다.
③ 시장통제와 부당경쟁 배제가 목적이다.
④ 중앙기관이 단일의 의사에 의해 지배된다.

43 2개국 이상의 기업, 개인, 정부기관이 특정기업운영에 공동으로 참여하는 국제경영방식으로 전체 참여자가 공동으로 소유권을 가지는 것은?

① 카르텔　　② 조인트벤처
③ 트러스트　　④ 콩글로메리트

44 다음 중 다각적 결합공장이란 뜻으로 기업집중을 피하면서 상호 대등한 관계에서 자원, 자본 등을 효율적으로 이용하기 위하여 결합된 것은?

① 콤비나트　　② 지주회사
③ 콘체른　　④ 콩글로메리트

45 다음 중 기업집중의 목적으로 알맞지 않은 것은?

① 시장통제의 목적을 가지고 기업집중을 한다.
② 조세상의 특혜 목적을 가지고 기업집중을 한다.
③ 출자관계에 의한 지배력 강화를 위하여 기업집중을 한다.
④ 기업집중을 하는 목적 중에 하나는 상호경쟁 제한 및 배제를 하기 위해서다.

46 다음 중 기업 간 인수합병의 목적으로 가장 거리가 먼 것은?

① 빠른 시장 진입　　② 투자수요 확대
③ 범위의 경제 활용　　④ 성숙 시장 진입

47 다음 중 M&A에 관한 서술로 가장 옳지 않은 것은?

① 공개매수 제의 시 피인수기업 주주들의 무임승차 현상은 기업매수를 어렵게 한다.
② 우리사주 조합의 지분율을 낮추는 것은 M&A 방어를 위한 수단이 된다.
③ M&A 시장의 활성화는 주주와 경영자 간 대립 문제를 완화시키는 역할을 한다.
④ 적대적 M&A의 경우 주가가 상승할 가능성이 있어 피인수기업 주주가 반드시 손해를 보는 것은 아니다.

48 다음 중 옳지 않은 설명은?

① 합병은 독립적인 두 기업이 하나의 기업으로 합해지는 것이다.
② 인수란 하나의 기업이 그 재산의 일부 또는 전부를 신설되는 두 개 이상의 기업에 출자하는 것이다.
③ 기업분할이란 하나의 기업이 실질적 · 법적으로 독립된 두 개 이상의 기업으로 나누어지는 조직재편 방식의 하나이다.
④ 합병은 복수의 기업이 법률적 · 실질적으로 결합하여 하나의 기업으로 되는 반면, 인수는 법인의 형태는 그대로 유지하고 경영권만을 획득하는 것이다.

49 다음 중 인수 · 합병 전략의 장점으로 알맞지 않은 것은?

① 생산량 증대로 인해서 생산원가의 절감이 가능하다.
② 시설이나 생산 등에 기업 규모의 경제성을 높일 수 있다.
③ 시장점유율이 줄어들어 한 가지 사업에 매진할 수 있다.
④ 유능한 경영자를 찾을 수 있어 관리능력을 향상시킬 수 있다.

50 다음 〈보기〉는 무엇에 관한 설명인가?

보기

핵심사업부를 매각하여 회사를 빈껍데기로 만들어서 매수의도를 저지하려는 적대적 M&A 방어수단이다.

① 백기사　　② 왕관의 보석
③ 독약처방　　④ 새벽의 기습

51 다음 중 적대적 M&A의 방어수단 전략으로 알맞지 않은 것은?

① 정관수정 ② 곰의 포옹
③ 황금주 ④ 팩맨

52 다음 중 적대적 M&A의 공격전략으로 알맞은 것은?

① 새벽의 기습 ② 왕관의 보석
③ 독약처방 ④ 황금낙하산

53 다음 중 경영권이 약한 대주주에게 보유한 주식을 시가보다 높은 가격에 팔아 프리미엄을 챙기는 투자자를 의미하는 것은?

① 기업사냥꾼 ② 그린 메일러
③ 백기사 ④ 셸 코퍼레이션

54 다음 〈보기〉는 무엇에 대한 설명인가?

보기

우호적인 제3자가 협상을 통해 기업을 인수하게 하여 현 경영진의 지위를 유지하는 적대적 M&A 방어전략이다.

① 정관수정 ② 독약처방
③ 백기사 ④ 왕관의 보석

55 다음 중 합병회사가 행하는 공격적인 방법으로 알맞은 것은?

① 팩맨 ② 독약처방
③ 공개매수 ④ 차등의결권제도

56 다음 경영전략에 대한 설명으로 옳지 않은 것은?

① 포터의 가치사슬모형에 의하면 자동차와 건물을 구입하는 활동은 지원 활동에 포함된다.
② 포터의 산업구조분석에 의하면 구매자들이 구매처를 변경하는 데 비용이 많이 들수록 기업의 수익률은 높아진다.
③ 전략적 제휴는 합병에 의한 진입비용이 예상보다 작을 때나 단독진입 시 위험과 비용 부담이 작은 경우에 채택할 수 있는 전략이다.
④ 보스톤 컨설팅 그룹(BCG)의 사업포트폴리오 매트릭스에서 상대적 시장점유율이 1보다 크다는 것은 그 시장에서 시장 점유율이 1위라는 것을 의미한다.

57 SWOT에서 WT 전략으로 옳지 않은 것은?

① 철수
② 회사 축소
③ 다각화 전략
④ 구조 조정

58 다음 중 SWOT 분석에 대한 내용으로 옳지 않은 것은?

① ST 전략 : 다양화 전략
② SO 전략 : 인수합병
③ WT 전략 : 합작투자전략
④ WO 전략 : 내부 개발

59 다음 중 SWOT 분석에서 WO 상황에 대한 설명으로 알맞지 않은 것은?

① 턴어라운드 전략을 세운다.
② 회사를 축소하거나 구조조정을 한다.
③ 약점을 극복하고 기회를 잡기 위한 전략을 세워야 한다.
④ 내부환경을 분석함으로써 기업의 약점을 파악할 수 있고 외부환경을 분석함으로써 기회와 위험을 알 수 있다.

60 다음 SWOT 분석 중 기업에게 가장 유리한 상황은?

① WO 상황
② ST 상황
③ SO 상황
④ WT 상황

61 다음 중 마이클 포터의 다섯 가지 요인에 속하지 않는 것은?

① 대체재
② 잠재적 진입자
③ 공급자 교섭력
④ 공공기관

62 다음 중 마이클 포터의 다섯 가지 요인 모델의 수평적 요소와 수직적 요소의 분류로 알맞은 것은?

	수직적 요소	수평적 요소
①	공급자 교섭력	기존사업자
②	대체재	공급자 교섭력
③	기존사업자	잠재적 진입자
④	구매자 교섭력	공급자 교섭력

63 다음 중 마이클 포터의 산업구조 모형에서 다섯 가지 요인에 대한 설명으로 알맞지 않은 것은?

① 대체재의 가능성이 높으면 산업의 수익률은 높아진다.
② 구매자의 교섭력이 클수록 산업의 수익률은 낮아진다.
③ 공급자의 힘이 클수록 제품가격과 품질에 영향을 준다.
④ 산업의 경쟁정도가 낮을수록 전반적인 수익률은 상대적으로 높아진다.

64 다음 중 포터의 산업구조분석에서 공급자의 교섭력이 높아질 때는?

① 대체재가 존재할 경우
② 전방통합능력이 있을 때
③ 다수의 공급자가 존재할 경우
④ 기업이 후방통합을 할 때

65 마이클 포터의 5가지 요인 중 다각화 전략과 가장 관련이 깊은 것은?

① 대체재의 위험
② 구매자의 교섭력
③ 판매자의 교섭력
④ 잠재적 경쟁업자의 진입 가능성

66 A 기업은 전혀 다른 산업에 속하는 이종기업인 B 기업을 합병하였다. 다음 중 어디에 속하는 상황인가?

① 수직적 합병 ② 수평적 합병
③ 다각적 합병 ④ 적대적 합병

67 다음 중 도로건설을 해 오던 회사가 아파트건설 분야에 진입하는 전략은?

① 수직적 다각화 전략 ② 수평적 다각화 전략
③ 집중적 다각화 전략 ④ 후방적 통합화 전략

68 다음 중 포터의 가치사슬에 대한 설명으로 알맞지 않은 것은?

① 기술개발, 디자인은 본원적 활동에 포함된다.
② 기업의 가치 활동은 본원적 활동과 지원활동으로 나뉜다.
③ 경쟁우위는 보조 활동과 주요 활동을 통하여 발생한다.
④ 이윤은 제품이나 서비스의 생산, 판매 등에 소요된 비용과 소비자가 지불한 대가의 차이를 말한다.

69 다음 중 포터의 가치사슬의 본원적 활동에 속하는 것은?

① 기술개발 ② 판매 및 마케팅활동
③ 인적자원관리 ④ 경영정보시스템

70 다음 중 포터의 가치사슬모형의 보조 활동(지원활동)에 대한 설명으로 알맞은 것은?

① A/S 등 고객에 대한 서비스 활동
② 투입요소를 최종제품의 형태로 만드는 생산 활동
③ 제품을 구입할 수 있도록 유도하는 활동
④ 기계, 설비, 사무장비, 건물 등의 자산을 구입하는 활동

고시넷

코레일 경영학

[합격전략]

조직행위론에서는 학자의 이름과 그가 주장한 이론을 연결하여 출제되는 경우도 많으므로 이론을 주장한 학자와 이론의 관계를 잘 알아둘 필요가 있다. 또한 집단과 개인의 변수들이 생산성, 결근, 이직, 직무만족과 행동에 어떤 영향을 미치는지 이해하면서 학습하는 것이 효과적이다. 특히 지각의 오류는 잘 기억해 둘 필요가 있다.

동기부여 이론은 내용이론과 과정이론으로 분류되는데 이론과 학자를 숙지해둬야 한다. 그리고 집단의사결정과 관련된 집단의사 모형, 의사결정 방법, 의사결정의 문제점 등을 이해해야 한다. 리더십 이론은 주로 리더십 상황이론, 거래적 리더십과 변혁적 리더십, 최근에 등장한 리더십 이론을 숙지해야 한다. 권력과 갈등, 조직구조의 특징도 확실히 학습해야 하며 민츠버그의 조직구조, 조직수명주기의 구분도 기억해둬야 한다.

파트 2 조직행위론

✪ 테마 유형 학습

✪ 빈출 지문에서 뽑은 O/X

✪ 기출예상문제

테마 1 지각

지각이란 사람들이 환경에 의미를 부여하기 위해 감각적 인상들을 조직하고 해석하는 과정을 말하며, 우리가 지각한다는 것은 우리가 보는 것을 우리 나름대로 해석하여 그것을 현실(reality)이라고 한다.

1 지각(知覺)의 개념

1. 지각의 진행과정

(1) 지각이란 환경에 대한 영상을 형성하는 데 있어 외부로부터 들어오는 감각적 자극을 선택 · 조직 · 해석하는 심리과정을 말한다.

(2) 사람들이 대상을 인식(지각)할 때 그 대상이 감각기관으로 들어오면 크게 선택→조직화→해석과정 세 가지 단계로 인식이 전개 되는데 이는 거의 동시에 일어난다.

(3) 지각의 모든 과정은 머리에서만 진행되기 때문에 아무도 모르며 단지 그 결과로 빚어지는 반응행동을 보고 나서야 비로소 그가 어떻게 지각했는지를 알 수 있다.

지각 단계	지각의 주요 내용
선택단계 → 관찰	• 자신이 관심 있는 것은 지각하고 관심 없는 것은 지각하지 않는 것 • 주변의 선택사항에 아무것도 안 보이고 한두 개 중요한 것에만 주의를 기울이는 것 • 선택적 지각은 의사소통 과정에서 부분적 정보만을 받아들여 지각오류를 유발시킬 수도 있음.
조직화단계 → 조합	• 일단 선택이 된 자극이 하나의 이미지를 형성하는 과정 • 선택되었다고 있는 그대로 관찰자의 머리에 비치는 것은 아님. • 인간은 선택된 단서를 통해 짜 맞추기를 다시 하는 버릇이 있음. • 조직화의 형태로는 접근성이나 유사성을 근거로 자극들을 하나로 묶는 집단화, 불완전한 정보에 직면했을 때 이러한 불완전한 부분을 채워 전체로 지각하려는 폐쇄화, 정보가 너무 많을 경우 그중에서 핵심적이고 중요한 것만 골라 정보를 줄이는 단순화, 개인이 하나의 대상을 지각할 때 선택된 전경과 그 주분의 대상인 배경을 구분하여 인식하는 전경-배경의 원리가 있음.
해석단계 → 이성적 인식	• 일련의 과정을 통해 조직화된 자극들에 대한 판단의 결과를 의미 예 진열대에 놓인 통조림 고기를 고양이 밥으로 지각했다면 비싸다고 여기지만 사람의 음식으로 지각했다면 싸다고 해석하게 됨. • 똑같은 회계정보를 놓고도 경영진, 감사, 주주, 노조에서 해석하는 것이 서로 다를 수 있는데, 이는 사람마다 해석이 서로 다를 수 있기 때문

2. 지각에 영향을 미치는 요인

(1) 동일한 대상이라도 상황에 따라 크게 다르게 보일 수 있다. 어떠한 상황에서 판단하는 지가 매우 중요하다.

(2) 상황에 따라 선택의 정도가 변할 뿐만 아니라 조직화 방식과 해석방법도 매우 달라질 수 있기 때문에 결국 어느 상황에서 지각되는지가 매우 중요하다.

(3) 타인에 대한 평가에 영향을 미치는 요인

① 평가자의 특성 : 평가자의 욕구와 동기, 과거의 경험, 자신을 지각하는 개념으로서 지이개념, 퍼스낼리티 등

② 피평가자의 특성 : 신체적 특성, 언어적 의사소통, 비언어적 의사소통(표정, 시선 등), 사회적 특성 등

③ 평가 상황의 특성 : 만나는 장소, 만나는 시간, 동석자 등

2 지각에 관한 중요성

1. 대인지각의 중요성

(1) 사람은 타인을 판단할 때 많은 정보를 조사해 보지도 않고 쉽게 판단을 내리는 경향이 있다.

(2) 고객은 물론 맡은 일과 회사의 장래, 승진가능성과 목표달성도, 부하평가와 월급의 많고 적음 등 조직 안에서 우리의 지각 대상은 한두 가지가 아닐 것이다.

(3) 고객 선호도에 가장 큰 영향을 미치는 요소로서 처음 몇 분간이 매우 중요한 역할을 하게 된다. 강사의 강의를 들을 때, 물건을 흥정할 때, 남녀가 처음 맞선을 볼 때 또는 어떤 고객이 처음으로 회사와 거래를 하고자 할 때 최초 10분이 모든 것을 결정하게 된다.

2. 귀속(歸屬)행동

(1) 타인의 행동 원인을 추측하는 것으로 원인이 되는 것이 무엇인지에 따라 해석이 달라지고 그 해석여부에 따라 반응이 달라지는 것을 말한다.

㉥ 어떤 사람의 도둑질 행동 원인을 내부원인(그의 습성)으로 귀속시키면 그를 나쁜 사람으로 지각할 것이고, 외부요인(강요에 의해서 혹은 열흘 굶었기 때문에)으로 보면 괜찮은 사람으로 지각할 것이다.

(2) 사람들은 외부, 내부로 귀속하기 전에 일관성, 일치성, 특이성이라는 세 가지 기준에 맞추어 보고 타인의 행동 원인이 그 사람 자신에 있는지 타인, 상황 혹은 운에 있는지를 판단한다.

기출문제

다음 지각과정에 대한 설명 중 가장 옳지 않은 것은?

① 지각과정은 선택, 조직화, 해석화의 단계로 구성된다.
② 선택은 외부의 여러 정보 중 의미가 있는 것을 받아들이는 과정으로 유사한 지성을 가진 사람들은 항상 동일한 선택을 하게 된다.
③ 선택에 영향을 주는 요인으로는 지각대상의 특성, 지각자의 특성, 지각 당시의 상황 등이 있다.
④ 해석의 대표적인 유형으로는 전형과 기대가 있다.

정답 ②

해설 사람들은 똑같은 것을 다르게 지각한다.

테마 2 지각과 판단의 오류

1 지각과정에서의 오류

1. 관찰에서의 오류

(1) 주관성 개입 : 회사에서 사원의 업적을 평가할 때 객관적 정보(결근율, 판매량, 야근시간, 비법, 근무일수 등)도 많지만 그 외에도 많은 무형의 정보(동료와 협동성, 고객 친절도, 애사심 등)가 고려된다. 무형정보는 평가자 자신의 기억에 의존할 수밖에 없고 때로는 자신의 기억을 더욱 확신하며 몇 개에 불과한 객관적 정보마저 무시하기도 한다.

(2) 행위자와 관찰자 편견 : 한 순간만을 관찰한 우리가 그의 외부정보(하루에도 수많은 질문들)를 관찰하지 않고 내부 탓(나의 생각을 외부의 탓으로 돌림)만 한 것이다.

2. 귀속단계에서의 오류

(1) 첫 정보에 과대의존 : 인간은 귀속행동 시에 다른 정보들이 추가되어도 재고하지 않고 첫인상에 지나치게 얽매인다. 그러나 첫인상은 상당히 틀릴 수가 있다.

(2) 구체정보의 과대사용 : 우리가 어떤 것을 평가할 때 통계나 기록 같은 추상적 형태로 제공되는 정보는 무시하고 단지 실제 자기가 보고 겪은 구체적 정보만을 중요하게 여기는 경향이 있다.

(3) 통제의 환상 : 인간에게는 이 세상을 자기 마음대로 통제하고 싶은 욕구가 있기 때문에 모든 행동의 원인은 자신이 통제할 수 있다는 착각(통제환상)에 빠지기 쉽다.

✔ 어떤 사람의 행동을 관찰하고 나서 얻은 정보는 여전히 관찰자가 가지고 있기 때문에 오류의 원인도 계속 남아 있을 수 있다. 그 가운데 어떤 정보를 너무 과대평가하든지, 어떤 정보를 무시하든지 하면 오류가 될 수 있다.

3. 해석단계에서의 오류

(1) 자기 충족적 예언 : 사람은 타인의 행동을 예측하고 그렇게 되리라고 믿는 경향이 있으며 그 예측을 기초로 상대를 대하기도 한다.

(2) 후광(현혹)효과 : 어떤 대상으로부터 얻은 일부의 정보가 다른 부분의 여러 정보들을 해석할 때 미치는 영향을 말한다. 조직 내에서 상사는 부하의 실제 행동 중 조그만 부분 또는 자기 눈에 띈 부분만을 관찰하게 된다.

✔ 관련 데이터를 통해 정보를 분석하고 교환하는 과정에 오류가 없이 올바른 자료를 얻었다고 하더라도 판단과 해석이 잘못되면 엉뚱한 결과(반응)가 나올 수 있다.

4. 문화차이에 의한 지각오류

(1) 선택지각의 문제 : 지각이란 선천적인 것도 절대적인 것도 아닌 학습되고 문화적으로 결정되며, 매우 부정확하다. 우리는 문화 속에서 경험하고 학습한 대로 몇 가지 정보만을 선택하여 이해하는 경향이 있다.

(2) 고정관념과 문화적인 차이 : 유용한 고정관념은 새로 만난 사람을 빨리 잘 이해할 수 있도록 돕지만, 다른 한편으로는 그것을 수정하거나 포기하려 하지 않는다. 오히려 나의 고정관념을 수정하는 대신 대상을 고정관념에 맞게 억지로 맞추려고 한다.

(3) 해석상의 차이 : 외부의 정보를 받아들이고 조직화할 때뿐만 아니라 그것을 해석하고 이해할 때도 문화는 강하게 영향을 미친다.

✔ 국적이 다른 사람끼리 서로를 지각할 때는 오류가 더 많은데 그 이유는 서로의 문화와 가치관, 경험과 습관 등이 다르기 때문이다.

5. 조직행동과 지각오류

(1) 신발면접과 업적평가 : 상급자들이 부하직원을 평가할 때 사용하는 인사고과 요소들은 대부분 인성, 충성도, 능력, 사기 등 주로 피평가자의 내부성향을 평가하는 것들이 많고 이 결과들은 복잡미묘한 그의 행동을 판단하는 오류를 많이 범하고 있다.

(2) 의사소통과 의사결정 : 집단의 의사결정은 정보를 주고받으면서 그것을 토대로 최종 의사결정에 이르게 되는데 상급자가 두려워서 그 앞에서 정보를 누락시킬 수도 있으며, 경쟁부서

에 대한 선입견 등으로 항상 정보를 왜곡하기도 한다.

2 지각에서의 오류

1. 후광효과와 뿔효과

후광(현혹)효과는 어떤 대상에 대한 호의적 인상이 대상에 대한 평가에 긍정적으로 작용하는 지각오류를 의미하며, 뿔효과는 반대로 대상에 대한 비호의적 인상으로 인해 부정적으로 평가하는 지각오류다.

2. 상동적 태도

대상이 속한 집단에 대한 지각을 바탕으로 대상을 판단하는 것으로 흔히 일반화 오류와도 비슷한 개념이다. 후광효과와 뿔효과는 개인에 대한 지각을 바탕으로 하지만 상동적 태도는 소속집단을 바탕으로 판단하는 점에서 차이가 있다.

3. 지각적 방어

개인에게 위협을 주는 자극이나 상황을 피하는 것으로 심리학적 용어로 방어기제와 같은 지각오류다.

4. 투영효과

평가대상에 지각자의 감정을 귀속시키는 것을 의미하며, 다른 사람들도 자신과 같은 태도나 감정일 것이라고 단정하여 주관적 상황을 객관적 상황으로 잘못 인식하게 된다.

5. 자성적 예언

개인의 기대나 믿음의 결과로 행위나 성과를 결정하게 되는 지각오류를 뜻하며, 이는 대상의 행동에 대해 미리 기대를 가지고 그로 인한 결과를 무비판적으로 사실을 지각할 수 있는 지각오류로 피그말리온 효과라고도 한다.

6. 대비오류(대조효과)

지각대상을 평가할 때 다른 대상과 비교를 통해 평가하는 것으로 지각자는 자신이 더 좋아하는 지각대상을 호의적으로 평가하는 지각오류를 범할 수도 있으며, 이를 유사효과라고도 한다.

7. 상관편견

지각자가 다수의 지각대상 간에 논리적인 상관관계가 적음에도 이를 연관시켜 지각하는 오류를 뜻하며, 논리적 오류라고도 한다. 상관편견은 대상에 대한 정보가 부족할 때 발생하기 쉽다.

현혹효과(Halo Effect)

1. 타인을 평가하는 데 있어 편견과 경향에 치우치는 것
2. 한 분야에 있어서 호의적 혹은 비호의적인 인상이 전혀 다른 분야에서의 평가에도 영향을 주는 것

자존적 편견

평가자가 자신의 자존심을 위해 실패요인을 외부에서, 성공요인을 내부에서 찾으려는 경향을 뜻하며 귀인오류에 해당하는 지각오류다.

순위효과

1. 대상을 평가할 때 인식한 지각의 순서에 따라 평가결과가 달라지는 지각오류를 뜻하며 가장 먼저 인식한 지각대상의 첫인상이 평가에 크게 작용하는 최초효과, 가장 마지막 순서의 지각인 최근 인상이 평가에 크게 작용하는 최근효과로 구분할 수 있다.
2. 지각자가 스스로 오류를 범하고 있다는 사실을 인지하지 못하는 경우가 많으며 오디션 프로그램의 순위, 아르바이트, 직원채용 면접 등에서 발생할 수 있다.

근접오류

시간·공간적으로 지각자와 멀리 있는 지각대상보다 가까이 있는 대상을 긍정적으로 평가하는 지각오류를 뜻한다.

기출문제

다음 중 개인이 속한 사회적 집단에 대한 지각을 기초로 사람을 판단하는 오류는?

① 현혹효과　　② 상동적 태도
③ 유사효과　　④ 지각적 방어

정답 ②

해설 상동적 태도 : 타인에 대한 평가가 그가 속한 사회적 집단에 대한 지각을 기초로 하여 이루어지는 것으로 고정관념에 의해 타 집단을 평가하는 것

테마 3 강화이론

> 스키너(B. F. Skinner)의 강화이론(Reinforcement Theory)에서 인간의 행동은 환경에서의 결과에 의하여 설명되며 인지적인 설명은 필요하지 않은 것이다. 유쾌하거나 긍정적인 결과를 가진 행위는 반복되며 유쾌하지 않거나 부정적인 결과를 가진 행위는 덜 반복된다는 원칙을 말하는 것으로 결과의 법칙(효과의 법칙)에 큰 비중을 둔다.

1 강화의 유형

긍정적인 강화와 부정적인 강화는 행위의 빈도를 높이는 데 목적이 있으며, 소거와 벌은 행위의 빈도를 감소시키는 데 그 목적이 있다. 스키너는 긍정적인 강화와 소거가 개인의 성장을 고무하는 반면, 부정적인 강화와 벌은 개인의 미성숙을 초래하여 결국에는 전체조직의 비효율성을 가져오게 된다고 주장했다.

> 행위의 결과를 보상하는 칭찬, 급료 인상, 휴가 등이 바람직한 행위의 반복을 가져오게 된다면 이것은 긍정적인 강화요인이 된다.

> 소극적(부정적) 강화
> 개인이 부정적인 자극이나 해를 벗어나기 위하여 바람직한 행위를 하도록 유도하고자 하는 것으로, 바람직한 행위에 대해 불쾌한 자극을 제거하여 행위를 강화시키는 것이다.

1. 적극적(긍정적) 강화(Positive Reinforcement)

바람직한 행위의 빈도를 증가시키기 위한 방법으로 유쾌한 보상을 제공하는 것이다. 이는 인간의 행동에 변화를 주기 위한 전략으로 다루어지는 강화이론의 한 방법으로 조직 구성원들의 반응에 따라 제공되는 자극의 형태다.

2. 소극적(부정적) 강화(Negative Reinforcement, Avoidance)

(1) 도피학습(Escape Learning) : 개인의 바람직한 행위가 증가하면 혐오자극을 감소시키거나 제거하는 반응을 획득하도록 하여 그 행위를 증가시키는 것이다.

(2) 회피학습(Avoidance Learning) : 바람직한 행위를 하여 불쾌함 또는 위험한 자극을 피하는 것을 배우는 것이다.

3. 소거(Extinction)

어떤 행위를 감소시키기 위하여 과거에 그런 행위와 관련되어 있던 긍정적인 강화를 철회하는 것으로, 바라지 않는 행위가 일어났을 때 정직을 시키거나 혹은 교육의 기회를 박탈하거나 새로운 장비의 사용을 금지하는 것 등을 말한다.

4. 벌(제재, Punishment)

행위를 감소시키거나 금지하도록 하기 위하여 부정적인 결과를 제공하는 것으로, 원하지 않는 행동에 대하여 불편한 결과를 제공함으로써 그 행동의 발생 확률을 낮추는 방법이다.

2 강화방법

1. 강화계획

반응이 일어날 때마다 강화를 제공할 것인지 아니면 어떤 특정한 시간의 경과나 행동 빈도 이후의 반응에 대해서만 강화를 제공할 것인지를 계획하는 것이다.

2. 강화계획의 종류

(1) 연속적 강화(Continuous Reinforcement) : 바람직한 행위가 있을 때마다 보상을 주는 방법이며, 최초에 행위가 학습되는 과정에서는 대단히 유효한 방법이지만 시간이 지날수록 그 효율성이 떨어진다.

(2) 부분적 강화(단속적 강화, Intermittent Reinforcement) : 바람직한 행위가 일어날 때마다 보상하는 것이 아니라 간헐적으로 행위에 대한 보상이 이루어지는 것으로 초기의 학습과정에 있어서는 반복을 위하여 다소 자주 보상받을 수도 있으며 시간이 흐름에 따라 보상의 빈도가 감소되기도 한다.

간격법 (시간을 사용하는 방법)	고정간격법	• 정해진 매시간마다 강화가 이루어지는 방법으로 강화효과가 가장 낮다. • 행위가 얼마나 많이 일어났는가에 관계없이 정해진 일정한 간격으로 강화요인을 적용하는 방법 예 주급이나 월급 등과 같이 정규적인 급여제도
	변동간격법	• 강화시기가 무작위로 변동한다. • 강화요인의 간격을 일정하게 두지 않고 변동하게 하여 강화요인을 적용하는 방법이다. 예 불규칙적인 보상이나 승진, 승급 등
비율법 (횟수를 사용하는 방법)	고정비율법	행위가 일어나는 매번마다 강화가 이루어진다. 예 생산의 일정량에 비례하여 지급하는 성과급제도 등
	변동비율법	• 강화가 이루어지는 데 필요한 행위의 횟수가 무작위로 변동한다. • 강화요인의 적용을 행위의 일정한 비율에 따르는 것이 아니라 변동적인 비율에 따르는 것이다.

3. 효과적인 강화방법

일반적으로 연속강화법보다는 부분강화법이, 부분강화법 가운데에서는 간격법보다는 비율법이, 비율법 가운데에서는 고정법보다는 변동법이 보다 효과적이라고 할 수 있다. 즉 부분강화법의 효과성은 고정간격법, 변동간격법, 고정비율법, 변동비율법의 순서로 높다.

강화계획의 종류

1. 연속강화계획 : 목표로 한 행동이 나타날 때마다 강화를 준다.
2. 부분강화계획 : 행동이 발생할 때마다 강화하지 않고 특정 반응 중에서 일부분만 강화가 주어지는 것으로, 고정간격법 · 변동간격법 · 고정비율법 · 변동비율법의 네 가지 유형으로 구분된다.

기출문제

강화이론(Reinforcement Theory)에 대한 설명 중 관계가 먼 것은?

① 적극적 강화는 보상을 이용한다.
② 도피학습, 회피학습은 소극적 강화에 해당한다.
③ 기존에 주어졌던 혜택이나 이익을 제거하는 것은 소거에 해당한다.
④ 간격법과 비율법 중 더 효과적인 방법은 간격법이다.

정답 ④

해설 간격법보다 비율법의 학습효과가 더 높다. 비율법이 성과와 강화요인 간의 직접적인 연관성을 가지기 때문이다.

테마 4 동기부여 내용이론

동기부여란 목표달성을 위한 지속적인 노력의 발동을 뜻하는 것이다. 조직에서 사람이 무엇 때문에 또는 어떤 조건하에서 자발적으로 열심히 일을 하며 자신이 하는 일로부터 재미를 느끼고 보람을 얻을 수 있는가를 연구하는 것으로 개인행위관리의 핵심주제가 된다.

1 동기부여이론의 분류

동기부여이론은 연구의 관점에 따라 크게 내용이론과 과정이론으로 분류된다. 동기부여는 개인의 특성만으로 발생하는 것이 아니라 각자 처한 상황과 상황의 상호작용의 결과다.

내용이론	과정이론
사람들은 무엇에 의하여 동기부여되는가?	사람들은 어떤 과정을 거쳐서 동기부여되는가?
• 매슬로우의 욕구단계이론 • 알더퍼의 ERG이론 • 허즈버그의 2요인(동기-위생)이론 • 맥클리랜드의 성취동기이론	• 브룸의 기대이론 • 아담스의 공정성이론 • 포터와 롤러의 기대이론 • 로크의 목표설정이론

2 내용이론

동기부여 내용이론은 개인의 행동을 작동시키고 에너지를 일정한 방향으로 조정하고 유지시키는 내적 요인에 초점을 두는 촉구와 동기 자체에 관한 이론으로서, 인간과 환경(외부)의 상호작용을 밝히려 하지 않고 동기유발의 실체를 밝히려고 한다. 즉 인간이 어떤 자극을 선택하고 변경하도록 행동을 일으키고 활성화시키는 인간내부적 실체가 무엇인가를 밝히고자 하는 동기부여이론이다.

1. 매슬로우(A. H. Maslow)의 욕구단계이론

(1) 인간의 욕구를 생리적 욕구, 안전 욕구, 사회적 욕구, 존경 욕구, 자아실현 욕구의 5단계로 구분하였다.

(2) 하위욕구가 충족되면 하위욕구의 충족을 위한 요인은 더 이상 동기부여요인이 될 수 없다는 점에서 만족-진행 모형이다.

2. 알더퍼(C. Alderfer)의 ERG이론

(1) 세 가지 욕구

① 존재 욕구(E ; existence needs) : 기본적인 욕구로 배고픔, 목마름, 거처 등의 생리적 물질적인 욕구, 조직에서 임금이나 쾌적한 생리적 작업 조건 및 안전의 욕구다.

② 관계 욕구(R ; relatedness needs) : 의미있는 사회적 · 개인적 인간관계 형성에 의해서 충족될 수 있는 조직 내에서의 대인과의 관계된 욕구와 소속, 인정, 존경의 욕구 등이다.

③ 성장 욕구(G ; growth needs) : 창조적 개인의 성장과 관련한 욕구, 새로운 능력의 개발 성취 욕구, 인격적 가치 실현의 욕구, 개인의 생산적이고 창의적인 공헌에 의해서 충족될 수 있는 욕구다.

(2) ERG이론의 특징

① 매슬로우의 다섯 가지 욕구단계를 세 단계로 단순화하여 분류하였지만 욕구를 계층화하고 그 단계에 따라 욕구가 유발된다는 측면에서는 유사하다.

〈매슬로우와 알더퍼의 이론〉

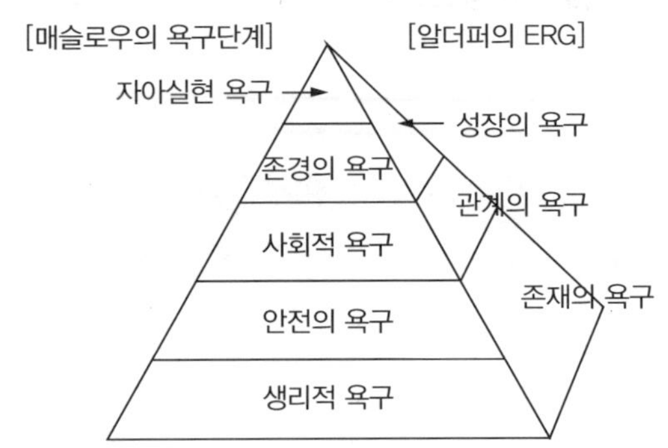

② 매슬로우는 인간의 행동이 한 단계의 욕구충족만을 추구한다고 하였으나, 알더퍼는 두 가지 이상의 욕구가 동시에 작용할 수도 있으며 각 욕구도 환경이나 문화 등에 따라서 다양하다고 주장하였다.

③ 매슬로우는 저차원의 욕구가 만족되면 고차원의 욕구로 올라가는 이른바 만족-진행 과정만을 주장하였으나, 알더퍼는 만족-진행과 아울러 고차원적인 욕구에서 저차원적인 욕구로 내려가는 이른바 좌절-퇴행과정을 가미했다.

3. 허즈버그(F. Herzberg)의 2요인이론

동기요인(Motivators ; 만족요인)	위생요인(Hygiene Factor ; 불만족요인)
• 동기부여의 정도에 영향을 미치는 요인이다. • 성취감, 달성에 관한 안정감, 책임감 등 직무에 대한 만족을 결정짓는 요인을 말한다.	• 불만족의 정도에 영향을 미치는 요인이다. • 봉급, 작업조건, 대인관계, 안정과 지위 등 직무의 외재적 요인을 말한다.

동기요인은 그 영향력이 동기부여의 정도에 국한되어 있고 위생요인은 불만족의 정도에 그 영향력이 한정되어 있는 것이다. 동기요인을 제거하거나 감소시킨다고 하여도 불만족을 유발시키는 것이 아니라는 것이다.

4. 맥클리랜드(D. C. McClelland)의 성취동기이론

맥클리랜드는 매슬로우의 욕구단계에서 자아실현의 욕구, 존경의 욕구, 사회적 욕구를 연구하였으며 권력욕구, 친교욕구, 성취욕구를 주장하였다.

기출문제

동기부여이론 중 내용이론으로 구분되지 않는 것은?

① 브룸(Vroom)의 기대이론
② 허즈버그(Herzberg)의 2요인이론
③ 맥그리거(McGregor)의 X · Y 이론
④ 매슬로우(Maslow)의 욕구단계이론

정답 ①

해설 브룸(Vroom)의 기대이론은 내용이론이 아닌 과정이론이다.

동기부여이론

내용이론	과정이론
사람들은 무엇에 의하여 동기부여되는가?	사람들은 어떤 과정을 거쳐서 동기부여되는가?
매슬로우의 욕구단계이론 알더퍼의 ERG이론 맥클리랜드의 성취동기이론 허즈버그의 2요인(동기-위생)이론	브룸의 기대이론 아담스의 공정성이론 포터와 롤러의 기대이론 로크의 목표설정이론

테마 5 매슬로우의 욕구단계이론

매슬로우는 인간의 동기적 욕구를 계층의 형식으로 배열할 수 있다고 하여 욕구계층(Hierarchy of Needs)이론을 전개하였다. 인간의 욕구를 5단계의 욕구계층으로 나누고 인간의 동기는 다섯 가지 욕구의 계층에 따라 순차적으로 발로되며, 인간의 욕구는 하위욕구로부터 상위욕구로 성장·발달한다는 우성의 원리를 주장했다. 또한 하위의 욕구가 충족되어야 다음 단계의 상위의 욕구가 나타난다고 했다.

1 인간의 욕구단계

욕구계층	의의	해당 욕구의 일반적 범주	욕구충족과 관련된 조직요소
생리적 욕구 (Physiological Needs)	인간의 욕구 중에서 최하위에 있는 가장 기초적인 욕구로서 생존을 위해 반드시 충족시켜야 하는 욕구	갈증, 식욕, 성욕, 잠	식당, 쾌적한 작업환경 등
안전 욕구 (Safety Needs)	위험과 사고로부터 자신을 방어, 보호하고자 하는 욕구	안전, 방어	안전한 작업환경, 신분보장 등
사회적 욕구 (Social needs)	소속과 사랑의 욕구라고도 하며 다수의 집단 속에서 동료들과 서로 교류하는 관계를 유지하고 싶어 하는 욕구	애정, 소속감	결속력이 강한 근무집단, 형제애 어린 감독, 직업의식으로 뭉친 동료집단 등
존경 욕구 (Esteem Needs)	남들로부터 존경과 칭찬을 받고 싶고, 자기 자신에 대한 가치와 위신을 스스로 확인하고 자부심을 갖고 싶은 욕구	자기존중, 위신	사회적 인정, 직급, 타인이 인정해주는 직무 등
자아실현 욕구 (Self-Actualization Needs)	자신의 능력을 최대한 발휘하고 이를 통해 성취감을 맛보고자 하는 자기완성욕구	성취	도전적인 직무, 창의력을 발휘할 수 있는 기회, 자신이 정한 목표달성 등

〈매슬로우의 욕구단계〉

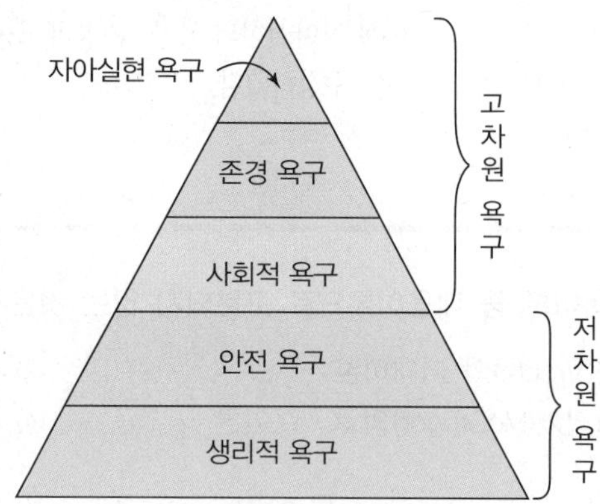

2 욕구단계이론의 내용

1. 주요명제

(1) 인간은 무엇인가 부족한 존재다. 따라서 인간은 항상 무엇인가를 필요로 하며 이를 원하게 된다. 또한 어떤 욕구가 충족되면 새로운 욕구가 발생하여 이를 추구하게 된다.

(2) 일단 충족된 욕구는 더 이상 인간의 동기를 유발하는 요인으로 작용하지 않는다. 즉 충족되지 못한 욕구만이 인간행동의 동기로 작용한다.

(3) 인간의 욕구는 계층적인 단계로 구성되어 있으며, 낮은 차원의 욕구에서 보다 높은 차원의 욕구로 욕구수준이 상승한다.

2. 공헌 및 한계

(1) 매슬로우의 이론은 조직의 동기를 설명하는 데 있어 가장 중요한 영향을 미친 이론 중의 하나로 평가받고 있다.

(2) 복합적인 인간의 욕구를 체계적으로 분석하였다는 점에서는 높이 평가받고 있으나 지나친 획일성으로 개인의 차이 내지 상황의 특징을 경시하고 있다는 비판을 받고 있다.

(3) 실증적 연구에 의한 뒷받침이 미비하고 욕구 측정수단의 적절성 여부에 대한 의문이 제기되고 있으며 이론구성의 측면에 있어서도 형이상학적이고 검증될 수 없다는 이론상의 약점이 있다.

(4) 자아실현의 욕구는 개념적인 정의가 불명확해서 과학적인 검증이 불가능할 뿐 아니라 모든 인간이 지니고 있는 보편적 욕구라고 보기 어렵다.

(5) 낮은 계층의 욕구가 충족되면 그 욕구는 동기요인으로 작용하지 않는다는 명제를 부정하는 주장이나 연구결과도 다수 존재하며 다섯 단계로 분류된 욕구체계가 지나치게 세분화되었다는 비판도 있다.

기출문제

매슬로우(A. H. Maslow)의 욕구단계이론에 관한 설명 중 잘못된 것은?

① 존경에 대한 욕구는 사람이 스스로 자긍심을 가지고 싶어 하고, 다른 사람들이 자기를 존중해 주기 바라는 욕구다.

② 욕구의 발로는 순차적이고, 한 단계의 욕구가 완전히 충족되어야 다음 단계의 욕구가 발로될 수 있다.

③ 인간은 다섯 가지의 욕구를 가지고 있는데 이들은 우선순위의 계층을 이루고 있다.

④ 욕구의 계층은 생리적 욕구, 안전 욕구, 사회적 욕구, 존경에 대한 욕구, 자아실현 욕구로 구성되어 있다.

정답 ②

해설 욕구의 발로가 순차적이라는 말은 타당하지만 한 단계의 욕구가 완전히 충족되어야 다음 단계의 욕구가 발로되는 것이 아니다. 매슬로우는 하나의 욕구가 지배적인 위치에 있고 다른 욕구도 부분적으로 중복되어 나타난다고 하였다.

테마 6 동기부여 과정이론

동기부여의 과정이론은 동기가 유발되는 과정을 분석하는 이론이며, 인간과 외부환경의 상호작용을 밝히려 하는 동기발생과정에 관한 이론으로서 외부환경적 요소가 인간의 자극선택과정(동기)에 어떻게 영향을 주는가를 밝히고자 하는 이론이다.

1 브룸의 기대이론

1. 기대이론의 기본가정

(1) 개인의 행동은 의식적인 선택의 결과다.

(2) 동기란 여러 자발적인 행위들 가운데서 개인의 선택을 지배하는 과정이다.

(3) 인간은 각자 자신의 욕구, 동기, 과거의 경험에 의한 기대를 가지고 조직에 들어오며 인간은 조직에 대하여 각기 다른 것을 원한다.

2. 동기의 구성요소

(1) 유의성(Valence)

① 유의성은 행위의 결과에 대한 선호의 정도를 나타내는 것이다.
예) 어떤 개인은 새로운 부서로 이동하는 것보다는 급료인상을 선호할 수도 있다.

② 개인의 유의성은 선호될 때 양의 값을 가지며, 선호되지 않거나 회피될 때 음의 값을 가진다. 그리고 개인이 어떤 결과를 가지든지 어느 것에 대해서도 무관심하게 될 때, 0의 값을 가진다.

③ 일차 수준의 결과와 이차 수준의 결과

- 일차 수준의 결과는 직무수행 자체와 관련하여 발생하는 것이다. 이러한 결과에는 생산성, 결근율, 이직률, 품질 등이 있다.
- 이차 수준의 결과는 일차 수준의 결과가 가져올 것으로 여겨지는 결과인 보상이나 벌과 같은 것을 의미한다.

(2) 수단성(Instrumentality) : 개인이 지각하는 일차 수준의 결과와 이차 수준의 결과와의 관련성이다. 수단성의 값은 −1에서 +1의 값을 가지게 된다.

(3) 기대성(Expectancy)

① 기대는 어떤 특정의 행동이 특정한 결과를 가져오게 될 것이라는 가능성이나 주관적인 확률에 대한 신뢰를 의미한다. 즉 기대는 행위로 인하여 일어날 무엇인가에 대한 기회인 것이다.

② 작업을 하는 개인은 노력과 일차 수준의 결과인 성과의 관계에 대한 기대를 가지고 있다. 이러한 기대는 특정한 행위를 달성한다는 것이 얼마나 힘든가와 그러한 행위를 달성할 가능성에 대한 개인의 지각을 나타낸다.

3. 기대이론의 원칙

(1) $P=f(M \times A)$: 성과(P)는 동기부여(힘 : M)와 능력(A)의 곱의 함수다.

(2) $M=f(V_1 \times E)$: 행동에 대한 동기부여(M)는 1차 수준의 결과에 대한 유의성(V_1)과 기대(E)와의 곱의 함수다. 즉 동기부여는 각 일차 결과의 유의성과 주어진 행위가 특정한 일차 결과를 초래하게 될 것이라는 지각된 기대의 함수다. 만약 기대가 낮다면 동기부여의 정도는 낮을 것이다. 마찬가지로 만약 결과의 유의성이 0이라면 그러한 결과를 달성할 가능성이나 가능성의 변화가 아무런 효과가 없게 될 것이다.

(3) $V_1 = V_2 \times I$: 1차 수준의 결과에 대한 유의성(V_1)은 2차 수준의 결과에 대한 유의성(V_2)과 수단성(I)의 곱의 함수다.

2 아담스의 공정성이론

1. 인지부조화이론에 기초하고 있으며 개인들이 자신의 투입 대 산출의 비율을 타인과 비교해서 현격한 차이가 날 때 불공정을 느끼고, 이때 공정성을 추구하는 과정에서 동기부여가 작용하게 된다는 이론이다.
2. 투입과 산출은 객관적인 수치가 아니며 투입과 산출에 대한 기준은 개인차가 있다.

3 로크의 목표설정이론

1. 테일러의 과학적 관리법에 근거하였다.
2. 종업원에게 실현가능한 적절한 목표를 부여함으로써 성과를 향상시킨다.
3. 이 이론을 바탕으로 하여 MBO가 실무에 많이 적용되고 있다.

4 포터와 롤러의 기대이론

브룸의 이론을 기초로 하고 있으며 외재적 보상인 임금, 승진 등에 비해 성취감이나 책임감 같은 내재적 보상이 성과에 더 많은 영향을 준다고 하였다.

기출문제

브룸의 기대이론에 대한 설명으로 가장 옳지 않은 것은?

① 유의성이란 어떤 결과에 대해 개인이 가지는 가치나 중요성을 의미하는 것으로 승진, 표창 등을 예로 들 수 있다.

② 선택은 개인이 결정하는 특정한 행동양식으로 개인은 행동대안과 기대되는 결과 및 그 중요성을 비교 평가하여 자신의 행동을 선택하게 된다.

③ 좋은 성과를 만들어낼 수 있는 동기는 1차 수준의 결과에 대한 유의성과 기대감의 합의 함수다.

④ 성과와 보상 간에 연결을 분명히 해야 동기부여의 정도가 높아지게 된다.

정답 ③

해설 브룸(Vroom)의 기대이론은 행동에 대한 동기부여(M)는 1차 수준의 결과에 대한 유의성(V_1)과 기대(E)와의 곱의 함수다.

테마 7 집단

> 집단이란 두 사람 이상이 같은 공동목표 달성을 위하여 서로 의지하며 업무를 수행하는 것을 말하고, 집단역학이란 일정한 사회적 상황에서 집단구성원 간에 존재하는 상호세력을 말한다.

1 집단의 유형과 집단역학

1. 공식적 집단과 비공식적 집단

(1) 공식적 집단 : 업무를 수행하기 위해 조직에 의해 인위적으로 성립된 집단을 말한다.

명령집단	특정 관리자와 그 관리자에게 직접 보고를 하는 부하들로 구성
과업집단	상대적으로 일시적이면서 특정 과업이나 프로젝트를 수행하기 위해 만드는 집단

(2) 비공식적 집단 : 자연발생적으로 형성된 집합체로 공통된 이익이나 사회적 욕구를 충족시키기 위해 만들어진 집단이다. 취미 · 학연 · 혈연 · 경력 등의 인연을 바탕으로 형성되어 있다.

장점	조직 내 구성원 간의 원활한 인간관계와 소속감, 안정감 제공
단점	비공식적 집단의 목표가 공식적 집단의 목표와 일치하지 않을 때 공식적 집단에 부정적인 영향을 미침.

(3) 공식적 집단과 비공식적 집단의 비교

공식적 집단	비공식적 집단
• 합리적 조직 • 인위적으로 형성 • 조직도와 직제상 명문화된 조직 • 효율성과 합리성의 논의가 지배 • 외재적 질서 • 전체적 질서	• 비합리적 조직 • 자연발생적으로 형성 • 동태적인 인간관계에 의한 조직 • 인간의 감정의 논리가 지배 • 내재적 질서 • 부분적 질서

2. 집단역학

조직의 정태성을 탈피하여 동태적으로 상호작용하는 집단의 특성을 설명하고 집단행동의 유효성을 높이기 위해 등장한 개념으로 집단 내에서 구성원들 간의 상호작용을 통해 일어나는 행동 또는 현상, 집단 내 개인 간의 관계 및 다른 집단과의 관계 등에서 나타나는 동태적인 현상을 말하며 집단규범, 집단목표, 집단의 응집력, 집단의사결정 등이 중요한 분야다.

2 집단발전 단계

1. 형성기(Forming)

집단구성원들이 어떤 행동을 해야 하고, 이러한 행동을 하기 위해서는 어떤 기술이나 자원이 필요한가를 결정하는 단계다.

2. 격동기(Storming)

집단구성원들이 갖고 있었던 집단에 대한 기대와 실제 간의 차이로 인해 구성원들이 리더의 능력에 대해 회의를 느끼고 리더와 구성원들 간에 갈등이 발생하기 시작하는 단계다.

3. 규범화(Norming)

집단의 응집력과 집단구성원들의 동료의식이 개발되는 단계다.

4. 성과 달성기(Performing)

집단구성원들이 수행해야 할 역할에 관해 각자 충분히 이해하게 되면서 업무 수행과 의사전달이 더욱 효과적으로 이루어지는 단계로 구성원들이 복잡하게 상호의존적이 된다.

3 집단의 효과

1. 조직에 미치는 효과

(1) 종업원 개인이 할 수 없는 과업을 가능하게 하고 복잡하고 어려운 과업을 달성하게 한다.

(2) 종업원 행동에 대한 효과적인 통제가 가능하고 조직의 정책에 대한 용이한 변화를 가져온다.

2. 개인에 미치는 효과

(1) 조직 및 환경에 대한 효율적인 학습을 가능하게 하고 자아를 인식하게 한다.

(2) 새로운 기술(기능)을 습득하는 데 지원하고 개인의 사회적 욕구를 충족시킨다.

4 집단의 응집성

1. 응집성의 의의

집단이 서로에게 매력을 느끼고 집단 내 일원으로서 남으려는 정도를 말한다.

2. 응집성의 요인

증대시키는 요인	감소시키는 요인
• 집단목표에 대한 동의 • 집단규모의 크기 축소 • 집단 간의 경쟁 • 집단 목표에 대한 동의성이 높을 경우 • 구성원들의 상호작용 빈도가 높을 경우	• 집단목표에 대한 불일치 • 집단규모의 크기 증대 • 소수에 의한 지배 • 집단 내의 경쟁 등

기출문제

다음 중 응집성을 증대시키는 요인으로 알맞지 않은 것은?

① 집단목표에 대한 구성원의 동의가 이루어질 때 강화된다.
② 집단 간의 경쟁이 있을 경우 응집성이 강화된다.
③ 집단에 대한 좋은 느낌을 갖고 있을 때 응집성이 강화된다.
④ 집단 규모가 클 경우 응집성은 강화된다.

정답 ④

해설 집단 규모가 클 경우 응집성은 약화된다.

테마 8 집단의사결정

1 집단의사결정의 특징과 장단점

1. 집단의사결정의 특징

(1) 정확성과 신속함에 있어서 집단의사결정이 개인의사결정보다 시간을 더 소비하지만 오류를 범할 가능성이 적다.

(2) 판단력과 문제해결에 있어서 집단은 개인보다 많은 정보와 경험, 아이디어, 비판적인 평가 능력을 갖고 있으므로 개인보다 앞선다.

(3) 창의성에 있어서도 집단은 개인보다 많은 아이디어와 상상력을 갖게 된다.

(4) 위험부담에 있어 집단은 개인에 비해 위험스러운 일을 회피한다.

2. 집단의사결정의 장단점

(1) 장점

① 보다 많은 정보와 지식을 활용할 수 있다.

② 의사결정의 수용 가능성과 응집력을 증대시킨다.

③ 개인에 의한 독단적인 의사결정보다는 합의와 협력에 의한 의사결정이 구성원의 만족과 지지도가 높다.

(2) 단점

① 많은 시간과 비용을 소비하게 된다. 시간의 소비는 비능률적일 수 있으며, 상황의 변화에 대응할 수 있는 신속한 의사결정을 불가능하게 만든다.

② 집단의 압력으로 소수의 의견을 반영할 수 없게 될 수도 있다.

③ 집단의 구성원들이 책임을 분담하게 되기 때문에 의사결정의 결과에 대한 최종적인 책임의 소재가 불분명하다.

장점	단점
• 많은 정보와 지식 공유 • 아이디어 수집 편리 • 응집력이 높음. • 결정 사항에 대해서 구성원의 만족과 지지도가 높음.	• 소수의 아이디어 무시 가능 • 많은 시간과 비용이 소모 • 의견불일치로 구성원 간의 갈등이 생길 수 있음.

2 집단의사결정의 문제점

1. 집단사고

(1) 집단사고의 의의 : 응집력이 높은 집단에서 생기는 현상으로 구성원들 간의 갈등을 최소화하기 위하여 대안의 분석 및 이의 제기를 억제하고 합의를 쉽게 이루려고 하는 심리적 경향을 말한다. 문제에 대하여 또 다른 생각을 하지 않기 때문에 집단사고에 빠지게 되면 조직구성원들은 새로운 정보나 변화에 민감하게 반응하지 못해 상황적응능력이 떨어지게 된다.

(2) 집단사고의 징후

① 도덕적 환상 : 집단구성원들이 집단의 의견을 도덕적이라고 간주한다.

② 만장일치의 환상 : 집단의사결정 시 집단구성원 모두가 동의할 수 있다고 간주한다.

③ 동조의 압력 : 집단사고에 빠진 구성원들은 집단의사결정에 비판적인 개인에게 집단에 충성심을 보이도록 압력을 가한다.

④ 적에 대한 고정관념 : 집단구성원들은 다른 집단과 견해 차이가 생길 경우 타협하지 않고 반대집단에 대해서 부정적인 견해를 가진다.

⑤ 정당화 욕구 : 부정적인 피드백으로부터 자신을 보호하려는 욕구가 있다.

(3) 집단사고 예방방법

① 리더나 영향력이 큰 구성원의 의사결정에 대한 언급을 회피하고, 다양한 생각과 자유로운 비판을 할 수 있도록 분위기를 조성한다.

② 외부전문가를 참여시킨다.

③ 반대집단이나 지명반론자를 활용하여 안이한 의사결정이 되는 것을 막는다.

2. 집단양극화

(1) 집단양극화의 개념 : 집단토의 전에는 개인의 의견이 극단적이지 않았는데 토의 후에는 찬성하던 구성원은 더욱 찬성하고 반대하던 구성원은 더욱 반대하여 양극단적 포지션이 더욱 확대되는 현상이다.

(2) 집단양극화의 원인

① 집단으로 모이게 되면 책임이 분산되기 때문이다.

② 집단토의에서 다른 구성원이 자신과 같은 견해라는 것을 확인하면 자신의 견해를 과신한다.

집단양극화란 집단토론 중에 집단구성원 사이에 극단적인 쏠림현상이 나타나는 것을 말한다.

기출문제

다음 중 집단의사결정과 개인의사결정에 관한 설명으로 알맞지 않은 것은?

① 다면적이고 보완적인 정보를 요구하는 문제는 집단의사결정이 유리하다.

② 집단의사결정은 집단의 의견을 모두 만족시키는 최선의 해결책을 찾을 수는 없다.

③ 구조화된 과업의 경우는 개인의사결정이, 창의적인 과업의 경우는 집단의사결정이 더 유리하다.

④ 집단의사결정과 개인의사결정의 유효성은 과업의 성격이나 집단의 형태에 따라 다르나 일반적으로 집단의사결정이 정확도가 높다.

정답 ③

해설 구조화된 과업의 경우는 집단의사결정이, 창의적인 과업의 경우는 개인의사결정이 더 유리하다.

테마 9 집단의사결정 기법

1 브레인스토밍(Brainstorming Technique)

1. 브레인스토밍의 의의

여러 명이 한 가지 문제를 놓고 아이디어를 무작위로 개진하여 최선책을 찾아가는 방법으로 어떤 생각이든 자유롭게 표현해야 하고 또 어떤 생각이든 거침없이 받아들여야 한다.

2. 운영상 특징

(1) 표현 권장 : 다른 구성원의 아이디어 제시를 저해할 수 있는 비판을 금지하여 자유로운 대화를 권장하고 제한하지 않는다.

(2) 아이디어의 양

① 아이디어의 질보다는 양을 중요시하며 리더가 하나의 주제를 제시하면 집단구성원이 각자의 의견을 자유롭게 제시한다.

② 아이디어 수가 많을수록 질적으로 우수한 아이디어가 나올 가능성이 많다.

(3) 평가의 금지 및 보류

① 자신의 의견이나 타인의 의견은 다 가치가 있으므로 일체의 평가나 비판을 의도적으로 금지한다.

② 아이디어를 내는 동안에는 어떠한 경우에도 평가를 해서는 안 되며 아이디어가 다 나올 때까지 평가는 보류하여야 한다.

(4) 결합과 개선 : 남들이 내놓은 아이디어를 결합시키거나 개선하여 제3의 아이디어를 내보도록 노력한다.

> 브레인스토밍 기법은 두뇌선풍, 영감법 또는 머리글자를 따라 BS라고도 불리는 아이디어 개발방식이다. 이 기법은 오스본(A. F. Osborn)에 의해서 1938년에 개발되어 1950년대에 미국의 육군, 해군, 공군, 연방정부 그리고 주정부에서 아이디어 개발을 위한 기법으로 널리 사용되어 왔다.

> 고든법(Gordon Technique)
> 고든(W. Gordon)이 브레인스토밍의 결점을 보완하기 위해 만든 아이디어 발상법의 하나로 추상적인 사고법이다. 브레인스토밍과 마찬가지로 4가지 규칙(비판금지, 자유분방, 다다익선, 결합개선)이 적용된다. 브레인스토밍은 구체적인 테마가 제시되지만 고든법은 키워드만 제시된다.

2 명목집단법(NGT ; Nominal Group Technique)

1. 명목이란 '침묵, 독립적'이라는 의미를 가지고 있으며 개인의 집합으로서의 집단은 상호 간의 의사소통이 이루어지는 집단은 아니라는 의미다. 즉 집단구성원들 간의 실질적인 토론 없이 서면을 통해서 아이디어를 창출하는 기법이다.
2. 모든 구성원에게 동등한 참여 기회를 부여하여 우선순위를 정하기 위한 투표를 통하여 모든 구성원이 집단의사결정에 동등한 영향을 미친다.
3. 각 구성원은 다른 사람의 영향을 받지 않는다.

> 명목집단법은 1968년 델베끄와 반드밴(A. L. Delbecq and A. H. Van de Ven)에 의해서 의사결정의 사회심리학적 연구를 기초로 개발되었다. 이 기법은 미국 NASA의 프로그램 설계에 대한 산업공학적 문제해결과 사회적 활동에 대한 시민의 참여에 관한 연구에 활용되었다.

3 델파이법(Delphi Technique)

1. 델파이법의 의의

특정 문제에 대해서 전문가들이 모여서 토론을 거치는 것이 아니라 다수의 전문가의 독립적인 아이디어를 수집하고, 이 제시된 아이디어를 분석 · 요약한 뒤 응답자들에게 다시 제공하여 아이디어에 대한 전반적인 합의가 이루어질 때까지 피드백을 반복하여 최종 결정안을 도출하는 시스템적 의사결정방법이다.

> 델파이법은 1950년 초에 미국의 Rand 회사의 달키(Norman Dalkey)와 그의 동료에 의해 미국 국방성의 요청에 따라 개발한 기법으로 집단토론을 거치지 않고 전문가들로부터 전문적인 견해를 얻어내는 방법이다.

2. 델파이법의 특징

(1) 익명성 : 운영 도중에 설문 응답자들은 서로 상대방을 알 수 없으며 구성원 간의 상호작용도 일어나지 않으며 최종적으로 아이디어 자체에 대한 평가만을 하는 것이다.

(2) 피드백의 과정 : 집단 상호 간의 작용은 설문지에 의해서 이루어지며 실무진은 응답 내용이 적힌 설문지에서 문제에 필요한 정보만을 분석 · 정리하여 피드백시켜준다.

(3) 통계적 처리 : 통계적 분석에 의한 평가를 한다.

〈명목집단법과 델파이법의 비교〉

명목집단법	델파이법
• 참여자들은 서로 알게 됨. • 참여자들이 서로 얼굴을 맞대고 문제를 해결함. • 아이디어 목록이 얻어지고 나면 참여자들이 직접적으로 커뮤니케이션 함.	• 참여자들이 서로 모름. • 참여자들이 서로 멀리 떨어져 있고 결코 만나지 못함. • 커뮤니케이션은 서면으로 된 질문지와 피드백으로 함.

4 변증법

1. 변증법의 의의

대립적인 두 개의 토론 팀으로 나누어 토론 진행과정에서 의견을 종합하여 합의를 형성하는 기법이다.

변증법은 집단을 두 편으로 나누어 한 편이 먼저 의견을 제시하면 상대편은 그 안과 정반대의 가정을 가지고 대안을 만들어 서로 토론에 들어가는 방법으로, 토론을 통해 살아남은 가정이나 자료를 가지고 의견을 종합하여 결론을 내린다.

2. 변증법적 토의 5단계

(1) 1단계 : 의사결정에 참여할 집단을 둘로 나눈다.

(2) 2단계 : 한 집단이 문제에 대하여 자신들의 대안을 제시한다.

(3) 3단계 : 타 집단은 본래 대안의 가정을 정반대로 바꾸어 대안을 마련한다.

(4) 4단계 : 양 집단이 서로 토론을 한다.

(5) 5단계 : 이 토론에서 살아남은 가정, 자료로 의견을 종합하여 결정한다.

기출문제

예측하고자 하는 특정 문제에 대하여 전문가들을 한 자리에 모으지 않은 상태에서 전문가 집단의 다양한 의견을 취합하고 조직화하여 합의에 기초한 하나의 최종 결정안을 도출하는 시스템적 의사결정 방법은?

① 브레인스토밍 ② 델파이법

③ 명목집단법 ④ 의사결정나무

정답 ②

해설 델파이법은 특정문제에 대해서 전문가들이 모여서 토론을 거치는 것이 아니라 다수의 전문가의 독립적인 아이디어를 수집하고, 이 제시된 아이디어를 분석 · 요약한 뒤 응답자들에게 다시 제공하여 아이디어에 대한 전반적인 합의가 이루어질 때까지 피드백을 반복하게 하는 방법이다.

경영학 일반 조직행위론 인적관리 및 품질경영 마케팅 회계 및 재무관리 부록_실전모의고사

테마 10 집단의사소통

의사소통(communication)은 사람과 사람, 사람과 기계, 기계와 기계 사이에 이루어지는 정보의 이전 과정으로, 좁은 의미로는 사람과 사람 사이의 정보, 의사, 감정이 교환되는 것을 말한다. 즉 의사소통은 두 사람 이상이 언어, 비언어 등의 수단을 통하여 의견, 감정, 정보를 전달하고 피드백을 받으면서 상호작용하는 과정이다.

1 의사소통의 종류

1. 하향적 의사소통(Downward Communication)

(1) 하향적 의사소통의 의의 : 수직적 의사소통 가운데 상위계층으로부터 하위계층으로 이루어지는 의사소통으로 스태프 미팅, 정책에 대한 공식성명, 뉴스레터, 정보를 담은 메모, 대면적인 접촉 등의 형태를 취한다.

(2) 하향적 의사소통의 왜곡 이유

① 메시지의 잘못된 전달은 발신자의 부주의, 의사소통 기술의 부족 때문이다.

② 수신자의 이해에 대한 즉각적인 피드백 가능성이 희박한 매체를 통한 일반적인 의사소통 방법의 남용 때문이다.

③ 관리자들에 의한 정보의 조작, 스크리닝, 보류 등에 의한 고의적인 정보의 여과에 의한 정보의 상실 때문이다.

2. 상향적 의사소통(Upward Communication)

(1) 상향적 의사소통의 의의 : 하위계층에서 바로 위 혹은 그 이상의 계층으로 수직적 의사소통이 일어나는 것을 말하며, 상향적 의사소통에는 차상급자와의 대면회합, 감독자들과의 연석회의, 메모나 리포트, 제안 제도, 고충처리절차, 종업원의 태도 조사 등이 포함된다.

(2) 상향적 의사소통의 왜곡 이유

① 발신자에게 유리한 정보는 상부로 전달되기 쉽지만 불리한 정보는 조직에 중요하더라도 차단당하기 쉽기 때문이다.

② 관리자들은 상향적인 의사소통을 위하여 큰 노력을 기울이지 않는다.

3. 수평적 의사소통(Lateral Communication)

수평적 의사소통이란 같은 계층 간에서 협업(協業)을 위한 상호 연락 · 조정이 이루어지며 각각의 구성원 간 또는 부서 간의 갈등을 조정하는 의사소통을 말한다.

2 조직의사소통의 네크워크

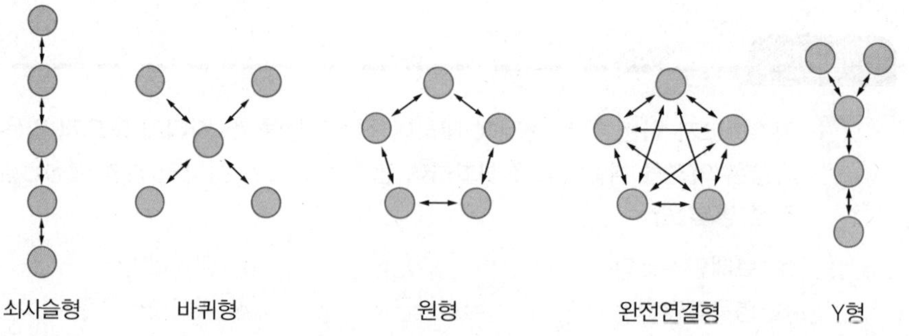

1. 쇠사슬형

(1) 의사소통이 상하로만 가능하며, 명령권한관계의 조직에서 찾아볼 수 있다.

(2) 공식적인 계통과 수직적인 경로를 통해 의사 전달이 이루어지는 형태다.

2. (수레)바퀴형(X형)

(1) 하위자들 간 상호작용이 없고 모든 의사소통은 한 사람의 감독자를 통해 이루어진다.

(2) 집단 내에 특정의 리더가 있을 때 발생하기 때문에 문제해결 시 정확한 상황파악과 신속한 문제해결이 가능하다.

3. 원형

(1) 근접한 구성원들 간의 상호작용을 허용하고 있으나 한계가 있다.

(2) 권력의 집중도 없고 집단구성원 간에 뚜렷한 서열이 없는 경우 발생한다.

4. 완전연결형

(1) 의사소통 유형 중 가장 구조화가 되지 않은 유형이다.

(2) 의사소통의 제약이 없으며 모든 구성원들이 평등한 기회를 가진다.

(3) 가장 바람직한 의사소통 유형으로 모든 집단구성원이 서로 적극적인 의사소통을 하며 창의적이고 참신한 아이디어 창출이 가능하다.

5. Y형

(1) 집단을 대표할 수 있는 인물이 있는 경우 나타나는 형태다.

(2) 확고하고 특정한 리더가 있는 것은 아니지만 비교적 집단을 대표할 수 있는 인물이 있으며, 단순한 문제를 해결하는데 정확도는 높다.

3 의사소통의 증대 방법

1. 고충처리제도

조직구성원의 개인적인 애로사항이나 근무 조건 등에 대한 불만을 처리 · 해결해 주는 절차로, 인사상담 · 제안제도 · 소청제도 등과 같이 공무원의 권익을 보호하고 신분 보장을 강화하기 위한 제도다.

2. 민원조사원제도

책임 있는 언론을 실현하기 위한 언론의 자율규제제도로 불만, 불평등 각종 민원을 중립적으로 처리하고 행정을 감시하는 방법이다.

3. 문호개방정책

상위경영자와 특정 문제에 대해서 자유롭게 대화할 기회를 보장하는 것을 말한다.

기출문제

다음 중 의사소통 경로에 관한 설명으로 알맞지 않은 것은?

① 쇠사슬형은 의사소통의 속도가 중간이다.
② 수레바퀴형은 권한집중이 낮은 편이다.
③ 원형은 의사결정의 만족도가 높은 편이다.
④ 완전연결형은 권한의 집중도가 상당히 낮다.

정답 ②

해설 수레바퀴(wheel)형은 권한집중이 높고 의사결정속도도 빠르다.

리더십이란 어떤 상황하에서 상호협동하는 사람들이 조직의 목표를 달성하기 위하여 개인이나 집단의 행위에 영향력을 행사하는 것을 말한다.

테마 11 리더십

1 리더십의 개요

1. 리더와 경영자의 특성 비교

리더의 특성	경영자 특성
• 혁신주도 • 창조 • 개발 • 인간에 초점 • 신뢰에 기초 • 장기적 • 무엇을, 왜에 관심 • 수평적 관점 • 현 상태에 도전 • 독자적 인간 • 옳은 일을 함(What 중심).	• 책임수행 • 모방 • 유지 • 시스템과 구조에 초점 • 통제 위주 • 단기적 • 언제, 어떻게에 관심 • 수직적 관점 • 현 상태 수용 • 전통적인 충복 • 일을 옳게 함(How 중심).

2. 리더십이론의 전개 과정

1940 ~ 1950년대(특성이론) → 1950 ~ 1960년대(행동이론) → 1960 ~ 1970년대(상황이론) → 1970년대 이후(변혁적 리더십으로 전개)

리더십이론	시기	이론의 특성
특성이론	1940 ~ 1950년대	성공적인 리더가 공통적으로 가지고 있는 육체적, 심리적, 개인적인 특성을 탐구
행동이론	1950 ~ 1960년대	성공적인 리더의 행동패턴을 분석하고 행동패턴과 성과의 관계를 연구
상황이론	1960 ~ 1970년대	리더십의 성공에 영향을 미치는 환경적인 특성에 초점을 두고 리더십의 성공과 상황과의 관련성을 분석

2 리더십 특성이론(Trait Theory)

1. 특성이론의 내용

(1) 리더들이 리더가 아닌 사람과는 다른 육체적, 심리적 혹은 개인적 특성들을 가지고 있다는 가정에 근거한다.

(2) 특정한 특성이나 자질을 가진 사람은 성공적인 리더가 되고 그렇지 않은 사람은 성공적인 리더가 되지 못한다는 주장으로 특성이론은 리더십의 위인론(偉人論, great man theory of leadership)이라고도 한다.

(3) 테드(O. Tead)는 성공적인 리더의 특성으로 육체적 및 정신적인 에너지, 목표의식과 지시능력, 정열, 친근감과 우의, 성품, 기술적인 우월성, 과감성, 지능, 교수 능력, 신념의 10가지를 든다.

(4) 바나드(C. I. Barnard)는 기술적인 측면과 심리적인 측면을 강조하며 기술적인 측면에는 체력, 기능, 기술, 지각력, 지식, 기억, 상상력 등을, 심리적인 측면은 결단력, 지구력, 인내력, 용기 등을 들고 있다.

(5) 스톡딜(R. M. Stogdill)은 육체적 특성, 사회적 배경, 지능, 성격, 과업특성, 사회적인 특성으로 리더의 특성을 나누고 있다.

2. 특성이론의 한계

(1) 성공적인 리더와 그렇지 않은 리더를 구분할 수 있는 명확한 특성을 밝히지는 못하고 있다. 즉, 성공적인 리더의 특성으로 제시되었던 것이 어떤 경우에는 실패한 리더의 특성으로 밝혀지기도 하였다.

(2) 특성이론에서 제시되고 있는 다수의 특성들이 서로 모순되고 갈등을 일으키기도 하여 어떤 특성이 진정한 성공적인 리더의 공통적인 특성인지가 불명확하다.

(3) 과도하게 육체적이고 개인적인 요인에 초점을 두고 있는데, 육체적 특성들은 성공적인 리더십과 직접적인 관련성은 없는 것으로 밝혀졌다.

(4) 인성적인 특성들이 리더십의 성공과 관련이 있을 것으로 여겨지기도 하지만 실제의 연구 결과는 일치된 결과를 보여주지 못하고 있다.

(5) 특성이론에서 제시된 특성들은 과거 상황에서 성공적이었던 리더들의 공통적 특성을 분석한 것으로, 과거의 성공적인 리더의 특성이 미래의 성공을 보장하지 않는다.

기출문제

다음 중 리더십 연구의 전개과정으로 알맞은 것은?

① 특성이론 – 행동이론 – 상황이론 – 변혁적 리더십
② 특성이론 – 상황이론 – 변혁적 리더십 – 행동이론
③ 상황이론 – 행동이론 – 특성이론 – 변혁적 리더십
④ 상황이론 – 특성이론 – 변혁적 리더십 – 행동이론

정답 ①

해설 리더십의 연구는 특성이론(1940 ~ 1950년대), 행동이론(1950 ~ 1960년대), 상황이론(1960 ~ 1970년대), 변혁적 리더십(1970년대 이후)으로 전개되었다.

테마 12 리더십_대학의 연구 이론

행동이론은 행동과학(behavioral science)의 영향을 많이 받았으며, 이 이론은 어떠한 특성을 가진 리더가 성공적인가에 초점을 두기보다는(What the leader is?) 어떠한 행동을 하는 리더가 성공적인가(What the leader does?) 하는 리더의 행동패턴에 초점을 두었다.

1 아이오와(Iowa) 대학의 연구

아이오와 대학(University of Iowa)의 연구자(K. Lewin, R. Lippitt and R. K. White) 등은 의사결정 과정에서 나타나는 리더의 유형을 민주형, 전제형, 자유방임형으로 나누고 각 유형에 따른 집단의 성과와 구성원의 만족에 미치는 영향을 분석하였다.

유형	내용
민주적 리더십 (Democratic Leader)	• 의사결정에 집단이 참여하는 것을 권장하며 집단이 스스로 작업의 방법을 결정하게 하고 전반적인 목표를 인지하게 만들며 코치의 수단으로 피드백을 활용 • 종업원 참여와 자율성 강조, 인간관계지향적, 자율성을 존중하는 리더
전제적 리더십 (Autocratic Leader)	• 명령적이며 의사결정에 부하의 참여를 허용하지 않는 일방적인 의사결정 • 과업지향적, 지시 또는 명령, 집단행위 관련 의사결정을 혼자 결정하고 지시하는 리더
자유방임형 (Laissez-faire Leader)	• 집단에게 완전한 자유를 주며 필요한 것을 제공하기는 하지만 질문에만 답하며 피드백을 하지 않음. • 서로의 역할 포기, 극단적인 자유행동 허용, 자신의 역할을 포기하는 리더

2 미시간 대학의 연구

1. 개요

오하이오 대학의 연구와 거의 유사한 시기에 미시간 대학(University of Michigan)의 사회연구소에서 리커트(R. Likert)가 중심이 된 리더십 연구가 행하여졌다.

2. 내용

리더의 유형을 극단적으로 양분하여 직무 중심적 리더와 종업원 중심적 리더로 구분하였으며 그중에서 종업원 중심적 리더유형이 가장 이상적이고 합리적인 유형이라고 주장하였다.

(1) 직무 중심적 리더십 : 부하들이 명시된 절차에 따라 그들의 과업이 수행되도록 세밀한 감독을 실시하는 리더로서 리더는 부하들의 행위와 성과에 영향을 미치기 위하여 공식적인 권력과 보상 그리고 강제에 의존한다.

(2) 종업원 중심적 리더십 : 종업원의 개인적인 발전과 성장 그리고 성취에 관심을 두며 이러한 활동으로 집단의 형성과 발전이 유도되는 것이다.

3 오하이오 대학의 연구

1. 개요

오하이오 대학(Ohio State University)의 연구 프로그램의 결과 리더십이론 2요인이 나타나게 되었는데 그 요인은 각각 구조주도와 배려다.

2. 내용

(1) 구조주도

① 리더가 과업의 할당, 절차의 구체화, 작업계획 등의 활동을 통해 그 자신과 부하들의 일을 구조화하는 정도를 의미한다.

② 기본적인 관리과정 활동 즉 계획, 조직, 지휘가 포함되며 과업과 관련된 일에 우선적인 초점이 두어진다.

(2) 배려

① 리더가 부하들과 상호적인 신뢰를 구축하고 부하들을 존중하며 그들에게 정감적인 관심을 보이는 정도를 의미한다.

② 배려 지향적인 리더는 부하들에게 보다 친근하며 상호적인 의사소통을 유지하고 참여적인 의사결정 행동을 보인다.

기출문제

다음 중 아이오와(Iowa) 대학모형에 대한 설명으로 알맞지 않은 것은?

① 생산성의 측면에서는 민주적 리더십이 전제적 리더십보다 뛰어나다.
② 자유방임적 리더십은 리더의 자기 역할을 완전히 포기한 유형의 리더다.
③ 민주적 리더십은 종업원의 의사결정에의 참여를 유도하고 자율성을 존중하는 리더다.
④ 전제적 리더십은 집단행위관련 의사결정을 거의 혼자서 결정하고 일방적으로 지시하는 리더다.

정답 ①

해설 생산성의 측면에서는 민주적 · 전제적 리더십은 우열을 가리기 힘들다.

〈리더십의 특징〉

1. 민주적 리더십 : 종업원 참여와 자율성 강조, 인간관계지향적, 자율성을 존중하는 리더
2. 전제적 리더십 : 과업지향적, 지시 또는 명령, 집단행위관련 의사결정을 혼자 결정하고 지시하는 리더
3. 자유방임적 리더십 : 서로의 역할 포기, 극단적인 자유행동 허용, 자신의 역할을 포기하는 리더

테마 13 리더십 행동이론

1 Blake & Mouton의 관리격자(Managerial Grid)이론

1. 관리격자이론의 개요

과업과 인간에 초점을 둔 리더의 행위를 강조한 대표적인 모형으로 블레이크와 머튼(R. R. Blake and J. S. Mouton)에 의하여 개발되었으며, 리더가 인간에 대한 관심과 생산에 대한 관심을 어느 정도 가지고 있느냐에 따라 리더를 유형화한 모형이다.

2. 관리격자이론의 내용

(1) 1,1형(Impoverished Management, 무관심형, 방관형)
① 과업이나 사람에 대해 거의 관심을 갖지 않고 되어가는 대로 내버려 두는 리더다.
② 과업달성 및 인간관계유지에 모두 관심을 보이지 않는 유형이다.
③ 리더는 조직구성원으로서 자리를 유지하기 위해 필요한 최소한의 노력을 한다.

(2) 1,9형(Country Club Management, 친목형, 컨트리클럽형)
① 사람에 대해서 관심이 있지만 과업에 대해서는 거의 관심이 없는 온정적인 리더다.
② 생산에 대한 관심은 낮으나 인간관계에 대해서는 지대한 관심을 보이는 유형이다.
③ 리더는 부하와의 만족스러운 관계를 위하여 부하의 욕구에 관심을 갖고, 편안하고 우호적인 분위기로 이끈다.

(3) 5,5형(Organizational Man Management, 절충형, 중도형)
① 과업과 사람에 대한 관심에 균형을 유지하려고 노력하는 중도적인 리더다.
② 생산과 인간관계의 유지에 모두 적당한 정도의 관심을 보이는 유형이다.

(4) 9,1형(Authority Obedience Management, 과업형, 권위형)
① 과업만을 추구하는 리더다.
② 인간관계유지에는 낮은 관심을 보이지만 생산에 대해서는 지대한 관심을 보이는 유형이다.
③ 리더는 일의 효율성을 높이기 위해 인간적 요소를 최소화하도록 작업 조건을 정비한다.

(5) 9,9형(Team Management, 단합형, 팀형)
① 과업과 사람을 통합하여 높은 성과를 가져오는 이상적인 리더다.
② 생산과 인간관계의 유지에 모두 지대한 관심을 보이는 유형이다.
③ 리더는 상호 신뢰적이고 존경적인 관계와 구성원의 몰입을 통하여 과업을 달성한다.

3. 리더십 개발 훈련의 방향 제시

하급자들의 지각에 의해 리더의 행동을 측정하여 과업과 인간에 대한 관심표현이 어느 정도인지를 진단함으로써 리더가 어떤 행동을 보완해야 할지 알 수 있게 한다.

2 PM(Performance and Maintenance)이론

1. PM이론의 의의

일본의 학자 미쓰미가 오하이오 대학의 연구 개념을 기초로 개발한 리더십 프로그램이다.

2. PM이론의 유형과 유효성

(1) 구조주도와 배려 대신 성과지향(Performance orientation ; P)과 유지지향(Maintenance orientation ; M)이라는 용어를 사용하여 4개의 리더십 유형으로 분류하였다.

(2) PM이론에서는 P형을 M형보다 높게 평가하여 리더의 성과는 PM>pM=Pm>pm으로 PM형이 가장 우수하다.

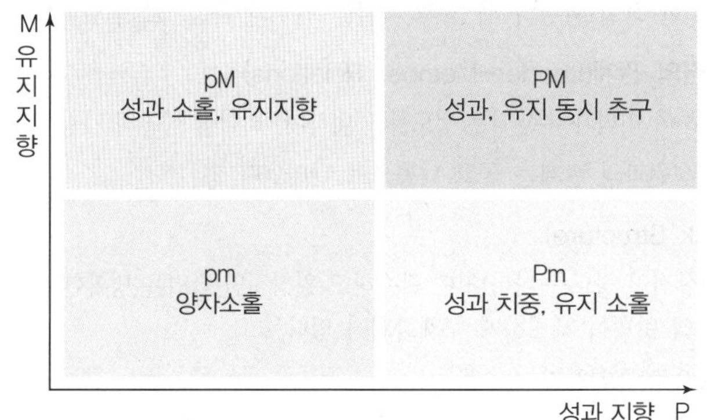

3. PM이론의 연구결과

(1) 성과지향은 효과적인 리더십에 필수적이지만 같은 강도의 유지지향(관계) 성향이 동반되지 않으면 리더의 성과지향적 행위를 집단구성원들이 압력 또는 통제로 해석하는 경향이 강하다.

(2) 성과지향과 유지지향을 동시에 추진하면 추종자들은 리더의 성과지향적 행동을 자신들의 계획을 수립해주고, 무엇인가를 도와 주기 위한 행동으로 평가하는 경향이 높다.

기출문제

다음 중 상황이론에 해당되는 것은?

① PM이론
② 경로－목표이론
③ 관리격자이론
④ 무관심형 리더십

정답 ②

해설 경로－목표이론은 상황이론이다.

오답풀이

①, ③ PM이론과 관리격자이론은 행동이론에 속한다.

④ 무관심형 리더십은 관리격자이론에 속한다.

테마 14 피들러의 리더십 상황이론

1 상황이론의 개념

리더십에 대한 최초의 상황이론은 피들러와 그의 동료들에 의하여 연구되었다. 피들러의 상황이론은 성공적인 리더십은 리더 스타일과 상황이 적합성을 이루는가에 달려 있다고 주장하고 있다. 각 리더십 스타일은 올바른 상황에서 사용된다면, 즉 상황이 적절하다면 성공적일 수 있다는 것이다. 이 모형에 따르면 관리자는 그 자신의 리더십 스타일을 이해하여야 하며 특정한 상황을 진단하고, 이후 자신의 리더십 스타일에 맞게 상황의 변화를 이루든지 혹은 그러한 상황에 적절한 다른 사람에게 리더의 역할을 이전하든지 하여 리더 스타일과 상황과의 적합성을 유지하여야 한다는 것이다.

리더 유효성에 영향을 미치는 상황변수

어떤 상황에서도 절대적으로 유효한 리더십이 있는 것이 아니라 상황변수가 어떠한 리더십이 가장 바람직한가를 결정하는 중요한 요인이 된다는 것이다.

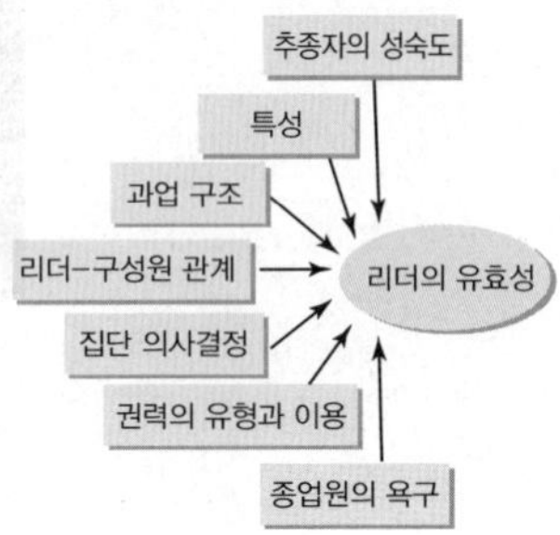

2 상황변수

피들러는 어떤 리더십 스타일이 보다 효과적인가를 결정하는 데 영향을 미치는 요인으로 작업 환경을 들었으며, 이러한 작업 환경의 세 가지 차원을 연구의 대상으로 삼았다.

1. 리더와 구성원의 관계(Leader-Member Relations)

(1) 집단에 의하여 리더가 수용되는 정도를 의미하며, 리더십 성공의 가장 중요한 결정요인이다.

(2) 리더와 구성원과의 관계는 좋고 나쁨으로 나타낸다.

2. 과업구조(Task Structure)

(1) 직무가 일상적인 정도를 나타내며, 단순하고 일상적인 작업은 명확한 작업기준을 가지고 있으며 작업의 방법이 세밀하게 구체화되어 있다.

(2) 높고 낮음으로 구분한다.

3. 리더의 지위권력(Position Power)

(1) 리더가 합법적이고 강제적이며 보상적인 권력을 가지고 있는 정도를 의미한다.

(2) 지위권력이 강하다는 것은 부하들에게 영향을 미치는 능력이 있다는 것으로 단순화될 수 있고, 지위권력이 약한 리더는 자신의 직무를 수행하는 것이 어렵다.

3 리더십 스타일

리더의 리더십 스타일을 분류하기 위해서 가장 좋아하지 않는 동료(LPC ; Least Preferred Co-worker)라는 설문을 개발하여 LPC 점수가 높으면 종업원 지향적, LPC 점수가 낮으면 과업지향적으로 측정하였다.

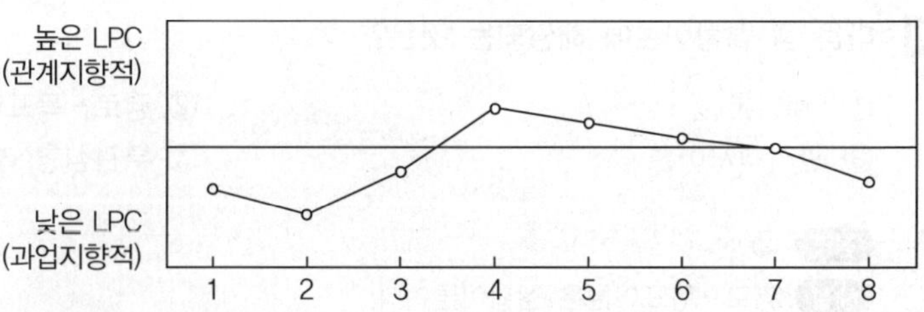

상황	1	2	3	4	5	6	7	8
리더-부하관계	좋음	좋음	좋음	좋음	나쁨	나쁨	나쁨	나쁨
과업구조	구조적	구조적	비구조적	비구조적	구조적	구조적	비구조적	비구조적
리더의 지위권력	강	약	강	약	강	약	강	약
리더의 입장	유리			중간			불리	
상황 확실성	확실			중간			불확실	

1. 과업지향적 리더

LPC 점수가 낮은 리더, 즉 상황이 아주 유리하거나(1, 2, 3 상황) 아주 불리한 경우(7, 8 상황)에는 과업지향적 리더가 성공적이 된다.

2. 관계지향적 리더

LPC 점수가 높은 리더, 즉 상황이 그리 불리하지도 그리 유리하지도 않은 중간 정도의 상황(4, 5, 6 상황)에서는 관계지향적 리더가 성공적이 된다.

4 상황이론의 한계점

1. 상황변인이 복잡하고 측정하기가 어렵다.
2. 구성원의 특성에 대해서는 관심을 두지 않는다.
3. LPC 척도가 리더십 스타일을 대변할 수 있는지 의문이다.

기출문제

상황이론에 대한 설명 중 옳지 않은 것은?

① 피들러(Fiedler)는 상황변수를 도입하여 리더십이론을 설명하였다.
② 피들러는 LPC(Least Preferred Coworker) 점수에 근거하여 리더십 유형을 과업지향적 리더와 관계지향적 리더로 구분하였다.
③ 피들러의 모형은 리더에게 유리한 상황부터 불리한 상황까지를 8개의 범주로 분류하였다.
④ LPC 점수가 높으면 과업지향의 리더십으로 LPC 점수가 낮으면 관계지향의 리더십으로 분류하였다.

정답 ④

해설 피들러는 리더별로 LPC 점수를 파악하여 점수가 높으면 관계지향의 리더십으로 LPC 점수가 낮으면 과업지향의 리더십으로 분류하였다.

테마 15 리더십 상황이론

허쉬와 블랜차드는 리더행동유형을 과업지향적 행동과 인간관계 지향적 행동의 두 차원을 축으로 한 지시형, 설득형, 참여형 및 위임형 등 4가지로 분류하고 각 유형의 효과성이 부하들의 성숙도에 따라 어떻게 달라지는가를 연구하였다.

리더십 상황이론	내용
경로-목표이론 (R. House)	효과적인 리더는 부하들이 그들의 목표달성 경로에 있는 장애를 제거하고 경로를 분명히 해 줌.
리더-참여모형 (Vroom, Yetton)	의사결정상황에 따라 독재적, 상담적, 집단중심적 리더가 적합
수명주기이론 (Hersey, Blanchard)	부하의 성숙도(능력, 동기)에 따라 지시적 리더, 설득적 리더, 참여적 리더, 위양적 리더가 적합
상황적 리더십이론 (SLT)	리더는 부하들의 준비정도에 맞게 리더십 스타일 선택

1 허쉬와 블랜차드(P. Hersey and K. H. Blanchard)의 상황이론

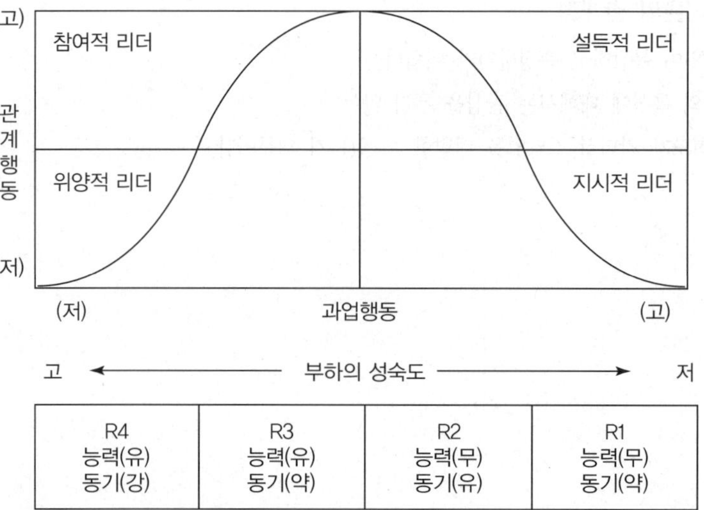

1. 리더십 스타일

(1) 지시형(Telling) : 준비성이 가장 낮은 상황, 즉 부하들이 주어진 과업에 대한 책임을 질 능력도 없고 지려고 하는 의지도 없는 경우에 사용되는 유형으로 리더가 역할을 정의한다.

(2) 설득형(판매형, Selling) : 준비성이 낮거나 중간 정도인 상황, 즉 부하들이 책임을 질 능력은 없으나 하려고 하거나 할 수 있다고 느끼고 있는 경우에 사용되는 유형으로 리더가 지시적 행동과 지원적 행동을 동시에 한다.

(3) 참여형(Participating) : 준비성의 정도가 중간 정도인 상황, 즉 부하들이 책임을 질 능력은 있으나 일을 자발적으로 하려고 하지 않거나 할 가능성이 적을 때 사용되는 유형으로 리더는 상호적인 의사소통과 협동을 강조하는 것이 보다 효과적일 수 있다.

(4) 위임형(Delegating) : 준비성의 정도가 높은 상황, 즉 부하들의 능력이 탁월하고 적절한 책임을 지려고 하는 데 대한 신뢰가 가는 경우에 사용되는 유형으로 지원과 지시가 거의 필요가 없는 모범적인 스타일이다.

2. 평가

(1) 리더는 부하 개개인의 준비성의 정도를 평가한 후, 그러한 수준에 적절한 리더십 스타일을 선택하여야 한다.

(2) 리더의 특성을 측정하는 도구의 타당성과 상황요인을 부하의 측면에서만 살펴봄으로써 리더십 효과성에 더 큰 영향을 미칠 수도 있는 다른 상황적 요소들은 충분히 고려하고 있지 못하다.

2 하우스(R. J. House)의 경로-목표이론

1. 이론의 근거

이 이론은 동기부여에 관한 기대이론에 그 이론적인 근거를 두고 있다. 여기서 기대이론이란 노력-성과의 기대(노력이 정해진 성과를 가져올 수 있는 가능성), 성과-결과의 기대(성공적인 성과 도달이 특정한 결과나 보상을 가져오게 될 가능성) 그리고 유인가(결과나 보상에 대한 기대 가치)다. 경로-목표이론은 이러한 기대이론을 리더가 작업 목표 달성을 용이하게 하거나 수월하게 하는 방법을 결정하는 지침으로 활용하고 있다.

경로-목표이론(Path-Goal Theory)은 부하들이 자신의 작업 목표를 인지하고 그러한 목표와 개인의 목표에 도달하는 방법을 인식하는 데 리더가 어떻게 영향을 미치는지를 설명하는 이론이다.

2. 리더십 스타일

(1) 지시적(Directive) 리더 : 부하들이 무엇을 하여야 하는가를 알려주며 작업의 방법에 대한 지침을 제공하고 작업 스케줄을 만들며 작업의 평가기준을 확립한다. 과업지향적 리더와 유사하다.

(2) 지원적(Supportive) 리더 : 부하들의 지위와 욕구 그리고 복지에 관심을 가지며 관계지향적 리더나 배려행동과 유사하다.

(3) 참여적(Participative) 리더 : 부하들에게 조언을 하고 제안을 장려하며 의사결정을 할 때 부하들의 의견을 고려한다.

(4) 성취지향적(Achievement-Oriented) 리더 : 도전적인 목표를 설정하고 부하들이 최선을 다하도록 기대하며, 부하들에 대한 깊은 신뢰를 가지고 있다.

3. 상황요인

리더는 부하들의 특성과 환경적인 요인들을 고려하여 리더행동 패턴을 결정하여야 한다.

(1) 부하들의 특성 : 통제위치, 경험, 지각 능력

(2) 환경적인 특성 : 과업구조, 공식권한 시스템, 작업집단의 특성

기출문제

다음 중 브룸의 기대이론을 바탕으로 리더십이론을 전개한 이론은?

① 미시건모형 ② 관리격자이론
③ 경로-목표이론 ④ 피들러의 상황적응적 이론

정답 ③

해설 하우스와 이반의 경로-목표 이론은 동기부여의 과정이론인 기대이론에 근거하고 있다.

테마 16 거래적 리더십과 변혁적 리더십

거래적 리더십
교환관계에 기초를 둔 것으로 리더는 부하가 바라는 것을 제공해 줌으로써 부하의 행동을 유도하고, 리더와 부하의 상호욕구가 교환관계를 통해 만족되는 한 지속되는 관계를 말한다.

1 거래적 리더십

1. 거래적 리더십의 특징

리더가 상황에 따른 보상에 기초하여 부하들에게 영향력을 행사하는 과정에서 리더가 행동, 보상, 인센티브를 사용해 부하들로부터 바람직한 행동을 하도록 만들고 이 과정은 리더와 부하 간의 교환이나 거래관계에 기초한다.

2. 거래적 리더십의 구성요소

(1) 상황적 보상(Contingent Reward) : 성과기준에 부합되는 경우 이에 대한 보상을 강조하며 적극적인 거래적 성격을 지닌 보상을 약속한다.

(2) 예외에 의한 관리(Management by Exception) : 성과기준에 부합되지 않는 경우에만 수정 조치를 취하는 소극적인 성격을 지닌 보상을 인정한다.

(3) 자유방임적 리더십

① '손은 떼고 일이 돌아가는 대로 두고 본다'는 의미로 책임을 포기하고 의사결정을 지연시키며 부하들에게 피드백을 제공하지 않고 부하들의 욕구를 만족시키거나 그들을 지원하는 데에도 별다른 노력을 기울이지 않는 리더다.

② 소극적 예외에 의한 관리와 합쳐 비리더십(non-leadership) 또는 소극적 리더십(Passive Leadership)이라고 부르기도 하며, 효과성과 만족도 측면에서 부정적인 결과를 산출한다.

변혁적 리더십
부하의 현재 욕구수준을 중심으로 한 교환관계에 의한 것이 아니라 부하의 욕구수준을 높여 더 높은 수준의 욕구에 호소함으로써 리더는 부하들로 하여금 자신의 이익을 초월하여 조직의 이익을 위해 공헌하도록 동기 부여하는 리더십이다.

2 변혁적 리더십

1. 변혁적 리더십의 특징

(1) 특정한 이상적인 목표의 가치와 중요성에 대한 부하들의 의식수준을 끌어 올린다.

(2) 부하들이 자신들의 조직과 그들이 속한 집단을 위해서 자신들의 이익을 초월하도록 만든다.

(3) 부하들의 욕구를 매슬로우의 욕구계층을 따라 올라가도록 하여 상위수준의 욕구에 호소하고 부하들이 보다 높은 수준의 욕구에 관심을 갖도록 만든다.

2. 변혁적 리더십의 구성요소

(1) 카리스마 또는 이념적 영향력(Idealized Influence)

① 변혁적 리더십의 가장 핵심적이고 필수적인 구성요소다.

② 카리스마 : 다른 사람들로 하여금 리더가 제시한 비전을 따르도록 만드는 특별한 능력을 가진 사람을 가리키며, 부하들이 리더에 대해 어떻게 인식하고 행동하는지 정의되기도 한다.

③ 이념적 영향력 : 카리스마는 영향력의 관점에서 이념적 영향력이라고도 하고 부하들이 리더에 대해 자부심과 존경심을 갖고 리더와 동일시하며 부하들에게 신뢰할만하고 활동적인 역할모델의 표상이 되는 것이다.

(2) 영감적 동기부여(Inspirational Motivation) : 부하에게 비전을 제시하고 열정을 불러일으키며 격려를 통해 에너지를 북돋우고 업무에 매진하도록 만드는 행동이다.

(3) 개별화된 배려(Individualized Consideration) : 부하 개개인이 가지고 있는 욕구 및 능력의 차이를 인정하고 개인이 가지고 있는 욕구 수준을 보다 높은 수준으로 끌어올리며 부하들로 하여금 높은 성과를 올릴 수 있도록 잠재력을 개발해 주는 행동이다.

(4) 지적 자극(Intellectual Stimulation) : 부하들이 업무수행의 옛 방식에 대해 의문을 제기하고 새로운 방식을 사용하도록 도와주며 부하의 가치관, 신념, 기대뿐만 아니라 리더나 조직의 가치관, 신념, 기대에 대해서도 끊임없이 의문을 제기하도록 지원해 주는 행동이다.

기출문제

다음 설명에 가장 가까운 리더십은?

급변하는 환경에 적용하기 위해 기업의 회장은 1993년 "마누라와 자식 빼고는 다 바꿔라"라고 말하면서 조직 구성원들이 무엇을 해야 하는지 방향과 비전을 제시해 주는 반면, 임원진 또는 사장단에 대한 자율 경영권을 부여했다. 이 기업의 회장은 구성원의 의식을 변화시켜 더 높은 가치를 추구하고 능력 이상의 열정을 발휘하게 하고, 개인에게 관심을 기울이고, 그들의 영감을 불러일으키며 신명나게 일하게 했다.

① 변혁적 리더십　　② 지시적 리더십
③ 거래적 리더십　　④ 참여적 리더십

정답 ①

해설 변혁적 리더십은 장기적인 비전을 가지고 집단의 욕구체제를 바꾸려는 리더십이고, 이는 거래적 리더십의 비판에서 유래되었다.

오답풀이

② 지시적 리더십 : 부하들에게 규정을 준수할 것을 요구하고 구체적인 지시를 통해 그들이 해야 할 일이 무엇인지를 명확히 설정해 주는 리더십
③ 거래적 리더십 : 지도자와 부하 사이에서 비용과 효과의 거래 관계로써 수행되는 리더십
④ 참여적 리더십 : 부하직원들을 의사결정과정에 참여시키고 그들의 의견을 적극적으로 반영하고자 하는 리더십

테마 17 권력과 갈등

> 권한(authority)의 정의
> 1. 조직구조에 있어서 역할과 지위에 관련하여 인간행동에 대해서 갖게 되는 공식적인 영향력
> 2. 조직의 규범에 의하여 합법적으로 인정된 권력
> 3. 권력은 권한보다 포괄적 개념

1 권력

1. 권력의 개념

특정 개인이나 집단의 어떤 행동에 영향을 미치는 힘이나 능력을 의미하며 상대방의 의지와 상관없이 나의 의지와 뜻을 상대방에게 관철시킬 수 있다.

2. 권력의 성격

(1) 권력은 사회적 성격을 지닌다.

① 다른 사람이나 집단과의 상호작용을 통하여 이루어지는 사회적 관계를 나타낸다. 따라서 권력은 동태적 성격을 갖는다.

② 개인이나 집단의 권력은 상황과 시간에 따라서 항상 변화한다.

③ 권력 구조는 항상 상황과 시간에 따라서 변화한다.

(2) 권력은 권한이나 영향력과는 다른 특성을 지닌다.

① 권력은 공식적인 역할이나 지위에 관계없이 개인이나 집단의 특징에서 형성되는 것이다.

② 영향력은 다른 사람의 태도 · 가치관 · 지각 · 행동 등을 변화시킬 수 있는 힘으로 동태적 성격을 내포한다.

③ 권력은 영향을 미칠 수 있는 능력이나 잠재력으로서 정태적인 성격을 갖는다.

> 임파워먼트(empowerment)
> 1. 조직구성원들이 가질 수 있는 무력감을 제거하여 조직구성원의 자기효능감을 향상시키는 과정을 말한다.
> 2. 조직구성원에게 자신이 조직을 위해서 많은 중요한 일을 할 수 있는 힘 · 능력 · 권력을 갖고 있다는 확신을 심어 주는 과정이다.

> 무력감(powerlessness)
> 조직원들이 느끼는 권력의 결핍 현상을 말한다.

3. 권력의 종류

프렌치와 레이븐은 권력을 공식적인 것과 개인적인 것으로 구분하였다.

구분	내용
공식적 권력	• 보상적 권력 –다른 사람이 가치있다고 생각하는 보상을 제공할 수 있는 권력 –긍정적인 강화 • 강압적 권력 –순응하지 않을 경우 불이익을 줄 수 있는 개인의 능력에서 유래 –부정적인 강화 • 합법적 권력 : 공식적 지위로 인해 발생하는 권력
개인적 권력	• 준거적 권력 : 인간적 특성이나 바람직한 자원에서 유래 • 전문적 권력 : 특정 분야의 전문 지식을 가지고 있음으로 인해 생기는 영향력

2 갈등

1. 갈등의 내용

(1) 개인 또는 집단에서 의사결정 과정에서 선택을 둘러싸고 곤란을 겪는 상황을 말한다.

(2) 현대에 와서는 갈등의 순기능 면이 강조되어 어느 정도의 갈등은 조직 내에 필요하다는 면이 부각되고 있다.

> 상호의존성(interdependence)
> 둘 이상의 집단이 목표달성 행동에 있어서 상호 간에 협조 · 정보제공 · 동조 또는 협력행동을 필요로 하는 정도다.

2. 갈등의 원인

(1) 상호의존성 : 조직은 하나의 시스템이기 때문에 조직의 목표를 달성하기 위해 구성요소 간의 유기적 상호작용이 필수적인데, 상호작용 과정에서 하위 시스템 간의 상호의존관계는 갈등의 원천이다.

(2) 목표의 차이 : 조직 내의 집단들은 조직의 공통 목표 달성을 위해 공헌하는 과정에서 집단의 기능에 따라 추구하는 목적이 다르고 목표가 상충되는 경우에 그것이 갈등의 원인이 된다.

(3) 제한된 자원 : 자원이 제한되어 있어서 집단 간의 의존성은 높아지고 경쟁이 심화된다.

(4) 보상구조 : 보상구조가 개별집단의 성과에 따라 이루어진다면 집단 간의 갈등이 발생한다.

(5) 시간인식의 차이 : 시간인식의 차이는 집단이 수행할 활동의 우선순위와 중요성에 영향을 미치므로 갈등의 원인이 된다.

3. 갈등의 순기능과 역기능

(1) 갈등의 순기능

① 창의력 고취 : 갈등해결과정에서 비판과 토론을 통하여 혁신과 변화를 위한 창의력을 고취한다.

② 의사결정의 질적 개선 : 집단의사결정 참여자에게 개방적인 회의 분위기를 조성하여 문제에 대한 비판이나 논쟁을 통하여 의사결정의 질을 개선한다.

③ 응집력의 증가 : 외부 집단과의 갈등으로 도전이나 위협을 받게 되면 집단의 지위와 구성원의 긍지를 보호하기 위해서 집단구성원 간의 응집력이 강화된다.

④ 능력의 새로운 평가 : 개인이나 집단들은 갈등을 겪으면서 자신의 능력에 관해 비교적 객관적인 평가를 할 수 있게 되므로 조직의 목표달성과 성과개선에 도움이 된다.

(2) 갈등의 역기능

① 목표달성 노력의 약화 : 갈등당사자들이 자기의 목표만을 너무 고집하게 되면 당사자들은 서로 합심, 협력하여 달성해야 할 공동의 목표를 소홀히 하게 된다.

② 심리상태의 변화 : 갈등은 사람의 심리상태에 부정적 영향을 미친다.

③ 제품의 품질저하 : 갈등은 제품의 품질을 떨어뜨리는 중요한 원인이 되기도 한다.

기출문제

프렌치(French)와 레이븐(Raven)이 제시한 권력의 원천 중 공식적 권력에 해당하는 것을 모두 고르면?

㉠ 합법적 권력　㉡ 준거적 권력　㉢ 전문적 권력
㉣ 보상적 권력　㉤ 강압적 권력

① ㉠, ㉡, ㉢　② ㉠, ㉡, ㉣
③ ㉠, ㉢, ㉣　④ ㉠, ㉣, ㉤

정답 ④

해설 권력의 원천

- 공식적 권력(직위권력) : 합법적 권력, 보상적 권력, 강압적 권력
- 비공식적 권력(개인적 권력) : 전문적 권력, 준거적 권력

테마 18 조직론 기초

1 조직의 개념

1. 조직문화

모든 조직구성원들의 규범이 되는 가치와 신념으로 조직 내의 고유한 문화이기 때문에 조직에 대한 몰입을 높이지만 외부환경변화에 대한 적응성, 탄력성 등은 감소된다.

2. 조직개발

전체 구성원들이 조직의 공동목표를 달성할 수 있도록 내부적인 능력을 효율적으로 높여 주는 혁신으로서 행동과학의 지식 등을 활용하는 것을 말하며 개인과 조직의 목표를 분리하는 것이 아니라 통합하는 방법으로 조직의 유효성과 효율성을 극대화시켜 결과적으로 생산성의 증대를 가져온다.

2 조직구조의 설계

상황변수	• 조직규모가 커지면 기계적 조직이 적합 • 조직기술이 복잡하거나 외부환경이 불안정하면 유기적 조직이 적합
매개변수	• 작업의 예측가능성 – 이해가능성이 높으면 기계적 조직이 적합 • 작업의 다양성이 높거나 반응속도가 빠르면 유기적 조직이 적합
기본변수	• 과업의 설계 : 과업의 분업화, 작업 절차의 공식화, 작업기술의 표준화 • 조직활동의 통합 : 연락 · 역할, 전임 통합자, 매트릭스조직 • 권한배분 : 수직적 분권화(계층성 권한 이양)와 수평적 분권화(스태프가 의사결정 권한)

3 조직의 성격과 구조

공식적 성격	공식적 조직은 과업수행을 위하여 관리자들에게 부과된 직무와 권한 그리고 의무체계이며 과업성취를 위하여 인위적으로 만들어짐.
비공식적 성격	전형적인 예로 조직 내에 개인적인 취향을 보장하는 각종 취미활동 그룹들이 있음.
유기적 조직	• 통제가 비교적 자유로운 경우와 동태적 환경에 적합하며 관리의 폭이 넓음. • 공식화율은 낮고 분권화의 정도는 높으며 갈등해결도 자유로운 토론방식에 의함.
기계적 조직	• 철저한 통제가 필요한 경우와 안정적 환경에 적합하며 관리의 폭이 좁음. • 명령과 지시에 의하며 갈등해결도 토론이 아닌 상급자의 의사결정에 따름.

4 집권화와 분권화

집권화는 의사결정 권한이 조직계층 상층부에 집중되는 것을 의미하고 분권화는 의사결정이 조직계층 하부에 위임되는 것을 의미한다.

1. 집권화와 분권화의 구분

(1) 조직의 분권화와 분권화는 권한 위임 정도에 따라서 구분된다.

(2) 집권화된 조직 : 최고 의사결정권한이 부여된 사람에게 대부분의 권한이 집중되어 있어 집권화된 조직에서의 관리조직은 확고한 명령 · 지휘체계 확립이 무엇보다 중요시된다.

(3) 분권화된 조직 : 환경변화에 신속하게 대응할 수 있게 하고, 권한을 위임받은 자는 해당 업무에 전문적 지식을 갖고 있기 때문에 좀 더 과학적 의사결정과 관리를 수행할 수 있다. 또한 권한의 위임은 동기를 유발하여 기업성과를 높여줄 수 있다.

2. 집권화

(1) 집권화의 형성요인

① 작은 조직규모, 역사가 짧은 조직 → 집권화가 용이
② 조직의 위기는 집권화를 초래
③ 개인 리더십에 크게 의존하는 조직일수록 집권화 경향
④ 하위 구성원의 역량 부족 시 집권화 경향 발생
⑤ 의사결정의 중요도가 높아질수록 집권화
⑥ 상급자에 정보가 집중될 경우
⑦ 외부 환경 변화(예 정부의 집권적 통제)

(2) 집권화의 장단점

장점	단점
• 통일성 촉진 • 전문화 제고 • 신속한 업무 처리 • 행정기능의 중복과 통합 회피 • 분열 억제	• 조직의 관료주의화 성향 및 권위주의 성격 초래 • 조직의 형식주의화로 인한 창의적이고 적극적인 노력 억제 • 획일주의로 인한 탄력성 저해

3. 분권화

(1) 분권화의 형성요인

① 최고관리자가 장기계획 및 정책문제에 더 많은 시간과 노력 투입
② 업무를 신속하게 처리해야 할 필요가 있을 시
③ 조직 내 관리자 육성 및 동기부여 필요 시
④ 조직의 규모 증가에 따라 복잡성이 증가할 경우
⑤ 지역의 특수성을 고려할 필요가 있을 경우
⑥ 분권화를 이끌 수 있는 유능한 관리자가 많을 경우

(2) 분권화의 장단점

장점	단점
• 대규모 조직, 최고관리층의 업무 감소 • 의사결정기간 단축 • 참여의식과 자발적 협조 유도 • 조직 내 의사전달의 개선 • 실정에 맞는 업무처리 가능	• 중앙의 지휘 및 감독 약화 • 업무 중복 초래 • 조직구성원의 힘이 분산되어 협동심 약화 • 조정의 어려움. • 전문직 양성 한계

기출문제

다음 중 집권화와 분권화를 명확히 구분지어 생각하기에 알맞은 것은?

① 권한의 위임 정도에 따라 구분된다.
② 전문화의 정도에 따라 구분된다.
③ 과업의 분화 정도에 따라 구분된다.
④ 감독과 명령의 한계에 따라 구분된다.

정답 ①

해설 집권화와 분권화를 구분 짓는 것은 권한의 위임 정도다.

조직구조란 조직의 모든 활동을 경영자와 종업원, 경영자와 경영자, 종업원과 종업원 간의 관계성 차원에서 분할하고 집단화하고 조정하는 방법을 말한다.

테마 19 조직의 형태

1 라인조직(직계조직, Line Organization)

경영자 또는 관리자의 명령이 상부에서 하부로 직선적으로 전달되는 조직형태다.

장점	단점
• 관리자의 통제에 유리 • 중앙의 의사결정이 신속하고 정확하게 전달 • 종업원 각자가 임기응변의 조치를 취하기 쉬움.	• 관리자의 업무가 지나치게 많음. • 각 부문 간의 유기적 조정이 곤란함. • 관리자의 개인적 성향에 의하여 독단적인 처리가 생길 우려가 있음.

2 기능(직능)식 조직(Functional Organization)

라인조직의 결점을 보완하여 제안된 형태로 명령과 복종관계에서 진보된 조직이다. 기능식 조직은 관리자의 업무를 전문화하고 부문마다 다른 관리자를 두어 작업자를 전문적으로 지휘 · 감독한다.

강점	약점
• 자원의 효율적 이용(규모의 경제 실현) • 구성원의 심층적 과업기술 개발에 도움 • 구성원의 경력경로명을 명확하게 함. • 지시계통을 통일할 수 있음. • 직능 내에서 조정활동이 용이함.	• 의사결정이 느림. • 조직의 혁신성이 부족하게 됨. • 성과에 대한 책임성이 명확하지 않음. • 관리훈련이 제한되어 있음. • 직능별 조정이 어려움.

3 라인-스태프 조직(Line and Staff Organization)

기능의 원리와 지휘, 명령, 통일의 원칙을 조화시킬 목적으로 라인과 스태프의 역할을 분리한 것이다.

1. 서비스 스태프(Service Staff)

주로 작업적 성격의 서비스 기능을 담당한다.

예 연구소, 자재부, 설계부 등

2. 관리 스태프(Administration Staff)

계획 스태프, 통제 스태프, 조정 스태프로 나누어지는데 단순한 조언의 권한뿐만 아니라 기능적 통제의 권한이 부여되는 경우가 많다.

예 생산관리부, 기획실 등

3. 자문 스태프(Advisory Staff)

라인의 장의 자문에 응하며 타 부문의 의뢰에 대하여 조언과 의견을 제시한다.

예 조사부, 노무관계부, 시장조사부 등

4 사업부 조직

제품별, 지역별, 고객별 각 사업부의 본부장에게 생산, 구매, 판매 등 모든 부문에 걸쳐 대폭적인 권한이 부여되며, 독립채산적인 관리단위로 분권화하여 이것을 통괄하는 본부를 형성하는 분권적인 관리형태다.

강점	약점
• 불안정한 환경에서 신속한 변화에 적합 • 제품에 대한 책임과 담당자가 명확해 고객만족을 높일 수 있음. • 기능부서 간 원활한 조정 • 제품, 지역, 고객별 차이에 신속히 적응 • 제품 수가 많은 대규모 기업 • 분권화된 의사결정	• 자원이 비효율적으로 이용됨. • 제품라인 간 조정 약화 • 전문화 곤란 • 제품라인 간 통합과 표준화 곤란

5 매트릭스 조직(행렬조직)

다양한 전문적 기술을 가진 사람들의 집단에 의해 해결될 수 있는 프로젝트를 중심으로 조직화된 것으로 신속한 변화와 적응이 가능한 임시적 시스템을 말한다.

강점	약점
• 다양한 환경에 적응 용이 • 복잡한 의사결정에 효과적 • 기능과 제품 간 통합기술개발이 가능 • 인적자원의 활용 가능	• 양 부문 간의 갈등이 형성 • 의사결정의 지연 초래 • 조직의 일체감 및 충성심의 저하

매트릭스 조직은 기능(직능)식 조직과 프로젝트 조직의 장점을 동시에 살리려는 조직으로 제품혁신과 기술적 전문성 확보가 목표다.

매트릭스 조직의 특징

1. 고도의 전문 요원들로 충원되기 때문에 수평화가 매우 커진다.
2. 수직적 분화의 정도는 매우 낮다.
3. 규칙과 규정이 거의 없다.
4. 의사결정은 분권화된 팀에 의존한다.

기출문제

다음 중 사업부 조직의 특징에 해당하지 않는 것은?

① 제품의 제조와 판매에 대한 전문화와 분업이 촉진된다.
② 사업부 간 연구개발, 회계, 판매, 구매 등의 활동이 조정되어 관리비가 줄어든다.
③ 사업부 내 관리자와 종업원의 밀접한 상호작용으로 효율이 향상된다.
④ 제품라인 간 통합과 표준화가 용이하지 않다.

정답 ②

해설 사업부 조직은 사업부 간의 중복으로 예산낭비, 사업부 간 이기주의의 초래 등 문제점이 발생할 수 있다.

테마 20 민츠버그의 조직유형

민츠버그(Henri Mintzberg)는 모든 조직은 전략경영층, 중간관리층, 핵심운영층, 기술전문가부문, 지원 스태프로 구성된다고 하였고, 조직구조의 유형은 단순조직, 기계적 관료제 조직, 전문적 관료제 조직, 사업부제 조직, 애드호크라시 조직으로 총 다섯 가지가 있다고 했다.

1 민츠버그의 조직유형 개념

1. 조직의 구성요인

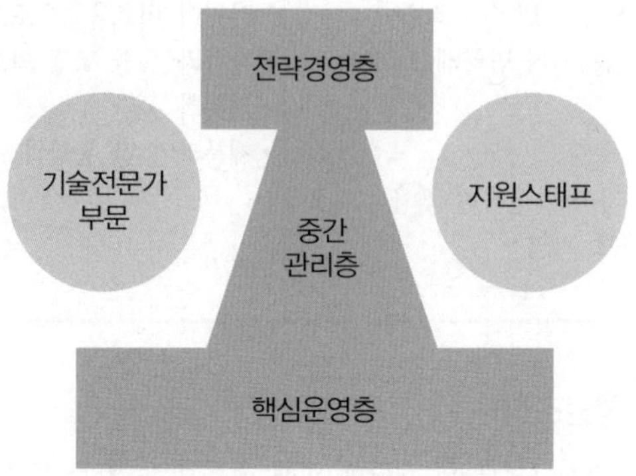

(1) 전략경영층(Strategic Apex) : 조직 최고위의 의사결정을 담당하고 전체적인 방향성을 제시한다.

(2) 중간관리층(Middle Line) : 각 기능들이 원활히 동작할 수 있도록 관리하는 중간관리자의 역할을 한다.

(3) 기술전문가 부문(Techno-Structure) : 조직 자체의 구조를 설계하고 ERP나 PLM과 같은 운영 프로세스를 구축하는 역할을 한다.

(4) 지원 스태프(Support Staff) : 운영 프로세스 이외의 업무, 인사 · 법무 · 총무 등을 담당한다.

(5) 핵심운영층(Operating Core) : 조직의 생산서비스를 실제로 담당하는 실무진이다(구매, 제조, 판매 등).

2. 구성요인의 지향성

(1) 전략경영층의 중앙집권화 : 전략경영층의 직접 감독에 의한 조정으로 단순구조의 조직에서 강하게 작용한다.

(2) 중간관리층의 전문화 : 산출물의 표준화에 의한 조정을 통해 발휘되는 힘으로 사업부제 조직에 강하게 작용한다.

(3) 기술전문가부문의 표준화 : 과업과정의 표준화에 의한 조정을 통해 발휘되며 기계적 관료제 구조에서 강하게 작용한다.

(4) 지원 스태프의 조직 간 교류 지향 : 상호 적응에 의한 조정을 통해 발휘되며 혁신 구조, 애드호크라시에서 강하게 작용한다.

(5) 핵심운영층의 분업화 · 전문화 지향 : 작업 기술의 표준화에 의한 조정을 통해 발휘되며 전문적 관료제 구조에서 강하게 작용한다.

2 순수원형조직구조

구분	단순 구조	기계적 관료제 구조	전문적 관료제 구조	사업부제 구조	혁신 구조
중요조정 메커니즘	직접감도	과업의 표준화	지식 및 기술의 표준화	산출물의 표준화	상호 조정
조직의 핵심부문	전략층	기술전문가 부문	핵심운영층	중간관리층	지원스태프
과업의 분업화	낮은 분업화	높은 수평적 · 수직적 분업화	높은 수평적 분업화	부분적 · 수평적 · 수직적 분업화 (사업부와 본사 간)	높은 수평적 분업화
훈련과 교육	거의 없음.	거의 없음.	많이 필요함.	어느 정도 필요함(사업부 관리자에게 필요).	많이 필요함.
행동의 공식화	낮은 공식화	높은 공식화	낮은 공식화	높은 공식화 (사업부 내)	낮은 공식화
관료적/유기적	유기적	관료적	관료적	관료적	유기적
단위그룹핑	주로 기능성	주로 기능성	기능 및 시장	시장	기능 및 시장

조직구조

1. 단순조직(전략경영층 중심) : 조직의 중간 계층이 없거나 적은 형태로, 조직이 정형화되지 않은 초기에 주로 나타나며 최고경영층이 독자적으로 조직을 운영한다.
2. 기계적 관료제(기술전문가 중심) : 반복업무가 많을 경우 나타나는 유형. 중간계층이 굉장히 비대한 형태로, 조직 자체의 운영 프로세스를 고도화시킨 경우다.
3. 전문적 관료제(핵심운영층 중심) : 표준화하기가 힘든 고도의 기술지식을 보유한 전문가가 스스로의 업무에 대한 통제 · 재량을 행사하는 구조다.
4. 사업부제 조직(중간관리층 중심) : 기업집단에서 나타나는 형태로, 고객 · 지역별로 분할되어 자율적인 구매 · 생산 · 판매를 수행하는 사업부로 구성된 분권적 조직이다.
5. 혁신조직-애드호크라시(지원스태프 중심) : 단순조직이 초기 조직에 나타나는 유형이라면, 애드호크라시는 이 중에서도 보다 빠르고 혁신적인 기능에 집중된 조직이나 기존 조직에서 임시적으로 형성된 조직에서 나타난다.

기출문제

다음 민츠버그(H. Mintzberg)의 다섯 가지 조직구조 중 기계적 관료제의 특징으로 가장 적절한 것은?

① 중간관리층의 역할이나 중요성이 매우 크다.
② 기술의 변화속도가 빠른 동태적인 환경이 적합하다.
③ 많은 규칙과 규제가 필요하여 공식화 정도가 매우 높다.
④ 강력한 리더십이 필요한 경우에 적합하다.

정답 ③

해설 기계적 관료제는 단순하고 안정적 환경에서 작업과정의 표준화를 중시하는 대규모 조직이다.

오답풀이

① 사업부제에 대한 설명으로 중간관리자를 핵심부문으로 하는 대규모 조직이다.
② 임시특별조직(Adhocracy)에 대한 설명으로 비정형적인 과제나 동태적이고 복잡한 환경에 적합한 조직이다.
④ 단순구조에 대한 설명으로 권력이 최고관리층으로 집권화되는 구조다.

테마 21 조직수명주기

조직수명주기(Life Cycle)는 조직이 어떻게 성장하고 변화하는지를 알게 해주는 유용한 개념이다. 조직수명주기의 단계별로 조직구조, 리더십, 관리스타일은 일정한 패턴을 가지고 변화한다. 수명주기현상은 경영자들로 하여금 조직이 다음 단계로 성장함에 따라 나타나는 문제점을 이해하고 해결할 수 있도록 도와주는 유용한 개념이다.

1 조직수명주기의 개념

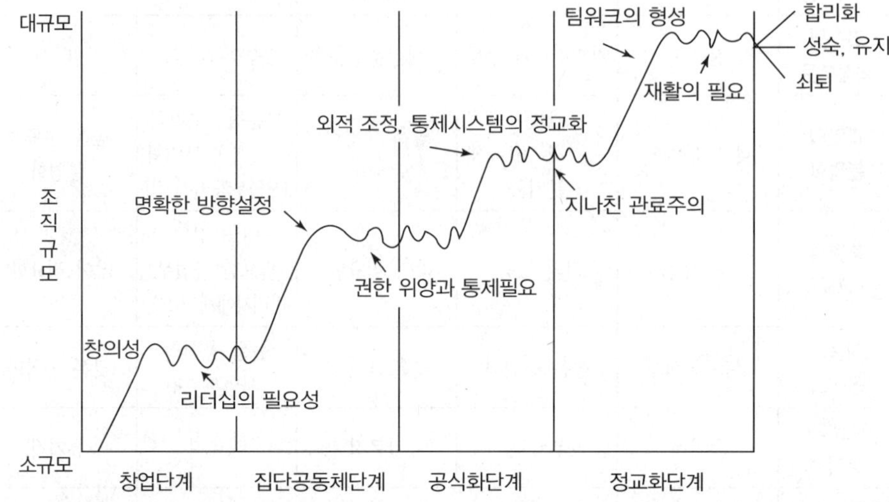

창업단계란 조직이 창업되어 창의력을 바탕으로 성장하는 단계를 말한다.

1. 창업단계(Entrepreneurial Stage)

(1) 조직의 설립자가 경영주고 그들은 모든 노력을 창의적인 단일제품 또는 서비스의 생산과 마케팅의 기술적 활동에 기울임으로써 생존을 도모하게 된다.

(2) 조직이 지속적인 성장을 원한다면 조직은 관리활동의 결여로부터 오는 위기를 극복하는 데 적절한 관리기법을 도입하거나 소개할 수 있는 강력한 지도자를 필요로 한다.

집단공동체단계란 창업주 혹은 외부 영입 리더가 강력한 리더십을 발휘하여 조직의 목표 및 관리방향을 적극적으로 제시하고 설정함으로써 성장하는 시기를 말한다.

2. 집단공동체단계(Collectivity Stage)

(1) 권한체계, 직무할당 그리고 초기 과업의 분화에 따른 부서정비, 공식적인 절차 등과 같은 조직구조의 체계화가 서서히 이루어지며 구성원들은 조직의 성공과 사명을 달성하는 데 몰입하게 된다.

(2) 다소 공식적인 시스템이 나타나기 시작하지만 커뮤니케이션과 통제가 비공식적이다.

(3) 최고경영자는 조직의 모든 부분을 직접 조정하고 관할하려 하고 하위관리자는 자신의 기능분야에 대한 자신감을 획득하여 보다 많은 재량권을 요구하나, 강력한 리더십을 통해 성공을 거둔 최고경영자가 권한을 포기하지 않음으로써 위기가 발생한다.

(4) 조직은 최고경영자의 직접적인 조정과 감독없이 스스로를 조정하고 통제할 메커니즘을 찾으려 한다. 따라서 이 시점에서의 위기를 극복하기 위해서는 의사결정 권한의 위임과 그러한 위임에 따른 통제 메커니즘을 확보해 주는 구조설계전략이 필요하다.

공식화단계는 최고경영자가 전략과 회사 전반에 관련된 계획에만 관심을 가지며 기업의 일상적인 운영사항은 중간관리자에게 위임하는 경우를 말한다.

3. 공식화단계(Formalization Stage)

(1) 최고경영자는 권한을 하부로 위임하지만 동시에 보다 밀도 있는 통제를 비탕으로 안정과 내부효율성을 추구하기 위하여 공식적 규칙과 절차 그리고 관리회계와 같은 내부통제시스템을 들여온다.

(2) 경영자가 내부효율성 통제를 위해 공식적인 제도, 규정, 절차 등의 내부통제시스템을 도입하여 성장하는 시기다.

4. 정교화단계(Elaboration Stage)

팀 육성에 의한 방법으로 활력을 회복한 조직이라도 성숙기에 도달하고 난 후에는 일시적인 쇠퇴기에 진입하게 된다. 조직이 적시에 환경 적응을 하지 못하므로 다시 성장하기 위해서 조직은 혁신을 통한 새로운 활력이 필요하게 된다. 이 시기의 조직은 혁신과 내부합리화를 통한 조직의 재활이 필요하다.

정교화단계는 관료주의로 경직된 조직을 팀제, 모험사업부(New Venture Division), 전략적 사업단위(Strategic Business Unit) 그리고 매트릭스조직과 같은 소규모 혹은 정교한 구조의 조직으로 개편함으로써 성장하는 단계다.

2 조직수명주기에 따른 조직의 특성

구분	창업단계	집단공동체단계	공식화단계	정교화단계
	비관료적	준관료적	관료적	초관료적
특징적 구조	비공식적, 1인체제	전반적으로 비공식적, 부분적 절차	공식적 절차, 명확한 과업문화, 전문가 영입	관료제 내의 팀 운영, 문화의 중요성
제품/서비스	단일의 제품 및 서비스	관련 주요 제품	제품라인 및 서비스	복수의 라인
보상과 통제시스템	개인적, 온정적	개인적, 성공에 대한 공헌	비인적, 공식화된 시스템	제품과 부서에 따라 포괄적
혁신의 주체	창업주	종업원과 창업주	독립적인 혁신집단	제도화된 R&D
목표	생존	성장	명성, 안정, 시장확대	독특성, 완전한 조직
최고경영자 관리스타일	개인주의적, 기업가적	카리스마적, 방향제시	통제를 바탕으로 한 위임	참여적, 팀 접근적

기출문제

퀸(Quinn)과 카메론(Cameron)이 제안한 조직수명주기(Organization Life Cycle)의 발달순서를 옳게 연결한 것은?

㉠ 창업단계　　㉡ 공식화단계
㉢ 정교화단계　　㉣ 집단공동체단계

① ㉠ → ㉡ → ㉢ → ㉣　　② ㉠ → ㉢ → ㉡ → ㉣
③ ㉠ → ㉡ → ㉣ → ㉢　　④ ㉠ → ㉣ → ㉡ → ㉢

정답 ④

해설 조직의 수명주기는 과거보다는 점점 줄어들고 있는 추세이고 조직의 성장단계는 다양하지만 4～5단계가 가장 많은 분류다(창업단계 – 집단공동체단계 – 공식화단계 – 정교화단계 – 쇠퇴).

빈출 지문에서 뽑은 O/X

01 최근효과는 가까운 대상과 비교하여 평가하는 것이고 대조효과는 가장 최근에 얻어진 정보에 비중을 더 많이 주어 평가하는 것이다. (O/ ×)

02 후광효과는 자신의 감정이나 특성을 타인에게 전가시켜 평가하는 것이다. (O/ ×)

03 상동적 태도는 개인을 평가할 때 실제 평가보다 더 후하게 평가하는 것이다. (O/ ×)

04 적극적 강화는 보상을 이용한다. (O/ ×)

05 도피학습, 회피학습은 소극적 강화에 해당한다. (O/ ×)

06 기존에 주어졌던 혜택이나 이익을 제거하는 것은 소거에 해당한다. (O/ ×)

07 간격법과 비율법 중 더 효과적인 방법은 간격법이다. (O/ ×)

08 소극적 강화의 일반적인 유형으로는 휴가와 보너스 지급이 있다. (O/ ×)

09 바람직한 행위를 했을 때 불편한 자극을 제거하는 것을 소극적 강화라고 한다. (O/ ×)

10 허즈버그가 주장한 2요인이론에 의하면 위생요인을 개선하면 종업원의 만족도가 그만큼 높아진다. (O/ ×)

11 공정성이론에 의하면 만족도를 결정하는 요인은 높은 임금 수준이다. (O/ ×)

12 기대이론에 의하면 종업원이 선호하는 보상 수단을 제공할 때 수단성이 높아진다. (O/ ×)

13 동기부여이론은 크게 과정이론과 내용이론으로 구분된다. (O/ ×)

14 매슬로우의 욕구단계이론은 인간의 욕구를 저차원에서 고차원의 순서대로 나타내며, 최초로 인간의 욕구를 체계적으로 인식하였다. (O/ ×)

15 매슬로우의 욕구단계설에서 최상위에 존재하는 욕구는 인간의 삶 자체를 유지하기 위하여 필요한 의식주의 기초적인 욕구다. (O/ ×)

16 브룸의 기대이론은 동기부여의 과정 이론 중 하나로 개인차를 인정하지 않는다. (O/ ×)

17 브룸의 기대이론은 동기부여의 정도는 기대, 수단성, 유의성에 의해 결정된다고 하며 회사에서 경영자는 직원들에게 노력하면 성과가 있다는 믿음을 주어야 한다고 주장한다. (O/ ×)

18 로크의 목표설정이론은 인간의 두 가지 인지인 가치와 의도에 의한다고 보며 목표설정이론을 실제 조직경영에 적용하는 기법은 목표에 의한 관리제도(MBO)다. (O/ ×)

19 MBO에서의 목표설정과정을 보면 조직의 전반적인 예비목표가 하부에서 작성되어 상위로 전달되어 이루어진다. (O/ ×)

20 합리적인 의사결정 모형은 완전정보와 일관적인 선호체계를 가정한다. (O/ ×)

21 개인적 의사결정은 집단적 의사결정에 비하여 정확성은 낮지만 창의성은 효과적이다. (O/ ×)

[정답과 해설]

01	×	02	×	03	×	04	○	05	○	06	○	07	×	08	×	09	○	10	×	11	×	12	×	13	○
14	○	15	○	16	×	17	○	18	○	19	×	20	○	21	×										

01 최근효과는 가장 최근에 얻어진 정보에 비중을 더 많이 주어 평가하는 것이고 대조효과는 가까운 대상과 비교하여 평가하는 것이다.

02 후광효과는 어떤 대상을 평가할 때 그 대상의 어느 한 측면의 특질이 다른 특질들에까지도 영향을 미치는 것이고 주관의 객관화는 자신의 감정이나 특성을 타인에게 전가시켜 평가하는 것이다.

03 상동적 태도는 고정관념에 의해 타인이 속한 집단을 평가하는 것이다.

04 적극적(긍정적) 강화는 바람직한 행동에 대하여 승진이나 칭찬 등의 보상을 제공함으로써 그 행동의 빈도를 증가시키는 것이다.

05 소극적 강화는 벌이나 불편함을 중지하여 불편한 자극을 제거하는 것으로, 도피학습과 회피학습으로 나눌 수 있다.

06 소거란 바람직하지 않은 행동에 대하여 기존에 주어졌던 혜택이나 이익을 제거하는 것이다.

07 간격법보다 비율법이 학습효과가 더 높다. 비율법이 성과와 강화요인 간의 직접적인 연관성을 가지기 때문이다.

08 소극적 강화의 일반적인 유형은 바람직한 행위에 대한 보상으로 벌이나 불편함 등을 중지하여 불편한 자극을 제거한다.

09 소극적 강화는 불편한 자극을 제거해 행위를 강화시키는 것이다.

10 허즈버그의 요인에는 위생요인과 동기요인이 있으며 일의 성취감, 책임감, 승진 등 동기요인에 의하여 종업원의 만족도가 그만큼 높아진다.

11 공정성이론에서는 무조건 임금이 높다고 그 자체가 만족도를 결정하는 것은 아니다.

12 종업원이 선호하는 보상 수단을 제공할 때 개인이 결과에 대해 갖는 가치나 중요도인 유의성이 높아진다.

13 동기부여이론은 크게 과정이론과 내용이론으로 구분되는데 과정이론에는 기대이론, 공정성이론, 목표설정이론, 상호작용이론, 인지평가이론이 있고, 내용이론에는 욕구단계이론, ERG이론, 성취 · 친교 · 권력욕구이론, 2요인이론이 있다.

14 매슬로우의 욕구는 최초로 인간의 욕구를 체계적으로 인식하고 있으며 욕구는 하위욕구가 충족되어야 다음 단계로 넘어간다고 하였다.

15 생리적 욕구로 인간의 삶 자체를 유지하기 위하여 필요한 의식주의 기초적인 욕구다.

16 브룸의 기대이론은 동기부여의 과정이론으로 개인차를 인정하고 강조하고 있다.

17 브룸의 기대이론에서 동기부여의 정도는 특정행위가 자신에게 성과를 가져다줄 주관적인 가능성(기대), 성과가 보상을 가져다주리라는 주관적 확률(수단성) 그리고 행위가 가져다주는 결과의 매력도(유의성)에 의해 결정된다고 하였다.

18 로크의 목표설정이론은 개인의 인지(가치, 의도)에 근거를 두고 있으며, 이 이론을 바탕으로 목표에 의한 관리법(MBO)을 실제 조직경영에 적용한다.

19 MBO에서의 목표설정과정을 보면 조직의 전반적인 예비목표가 최고위층에서 작성되고 아래로 전달되어 이루어진다.

20 합리적인 의사결정모형의 가정에는 문제의 명확성, 선택대안에 대한 완전한 지식, 명확한 우선순위, 선호의 불변성, 시간 및 비용 제한이 없음, 최대의 결과 추구가 있다.

21 개인적 의사결정은 집단적 의사결정에 비하여 정확성도 낮고 창의성도 낮다.

22 제한된 합리성 모형에서는 결과의 최적화가 아니라 만족화를 추구한다. (○/ ×)

23 집단의사결정과정에서 발생하는 집단양극화현상의 주요 원인은 동조압력 때문이다. (○/ ×)

24 브레인스토밍은 자유로운 분위기에서 서로 아이디어를 제시하며 참가자는 다른 사람의 의견을 무시하거나 비판하지 않는다. (○/ ×)

25 브레인스토밍은 많은 아이디어보다는 좋은 아이디어를 중시한다. (○/ ×)

26 델파이법은 마지막에 모든 전문가들이 모여 정리하고 직접 만나서 결정한다. (○/ ×)

27 고든법은 아이디어의 질보다 양을 중요시한다. (○/ ×)

28 델파이법은 결과를 분석하거나 요약하는 데 처리속도가 빠르다. (○/ ×)

29 명목집단법은 각 구성원이 다른 사람의 영향을 받기 때문에 한 번에 한 문제밖에 해결하지 못한다. (○/ ×)

30 의사소통 경로에서 완전연결형은 권한집중이 매우 낮은 편에 속하며 주로 명령체계에 적용된다. (○/ ×)

31 의사소통 경로에서 쇠사슬형은 의사결정의 수용도가 낮다. (○/ ×)

32 집단의사결정 중 수레바퀴형은 주로 공식적인 작업에 많이 사용된다. (○/ ×)

33 하우스의 경로－목표이론에서 성취지향적 리더십은 도전적인 작업목표의 설정과 의욕적인 목표달성행동을 강조하며 부하들의 능력을 믿고 그들로부터 의욕적인 성취동기행동을 기대한다. (○/ ×)

34 하우스의 경로－목표이론에서 성취지향적 리더십은 종업원들과 정보를 공유하며 자문과 제안을 유도한다. (○/ ×)

35 하우스의 경로－목표이론에서 수단적 리더십은 조직 등 공식적 활동을 강조한다. (○/ ×)

36 서번트(servant) 리더십은 타인을 위한 봉사에 초점을 둔다. (○/ ×)

37 카리스마리더십은 하급자들을 셀프 리더로 키우는 리더십을 말한다. (○/ ×)

38 변혁적 리더십은 거래적 리더십에 상반되는 개념으로서 감정에 의존하는 리더십이다. (○/×)

39 사업부제 조직은 분화의 원리에 의하여 제품별, 지역별, 고객별로 사업부를 편성하고 각 사업부별로 자율적인 운영을 하며 대규모 조직에 적합한 형태다. (○/ ×)

40 직능식 조직은 기능식 조직이라고도 하며, 수평적 분화로 생긴 예외에 의한 관리를 추구하기 때문에 명령일원화 원칙이 적용 되지 않으므로 대기업에 적절하다. (○/ ×)

41 매트릭스 조직은 주로 중소기업에서 사용되며 의사결정의 신속성, 책임과 권한의 명백성 등이 장점이고 명령일원화의 원칙을 충실히 따르는 조직이다. (○/ ×)

42 매트릭스 조직은 두 사람 이상의 상사가 지휘하는 조직이다. (○/ ×)

[정답과 해설]

22	○	23	○	24	○	25	×	26	×	27	×	28	×	29	×	30	×	31	○	32	○	33	○	34	×
35	○	36	○	37	×	38	×	39	○	40	×	41	×	42	○										

22 제한된 합리성 모형에 따르면 의사결정자는 투입해야 하는 시간과 노력을 줄이기 위해 최적의 결과는 아니지만 만족스러운 대안을 선택하게 된다.

23 집단의사결정의 단점으로는 의사결정을 위한 시간소모, 집단 내 동조압력, 일부구성원에 의한 지배, 책임에 대한 모호성 등이 있다.

24 참가자는 다른 사람의 의견을 무시하거나 비판하지 않는다.

25 브레인스토밍은 질보다 양을 중요시하는 방법이다.

26 델파이법은 직접 만나서 결정하지 않는다.

27 고든법은 아이디어의 양보다 질을 중시하는 방법으로 집단에서는 리더 한 사람만 주제를 알고 있다.

28 델파이법은 우편을 이용하여 전문가들의 의견을 수집하기 때문에 결과를 요약하거나 분석하는 데 많은 시간이 소요된다.

29 명목집단법은 구성원 상호 간에 대화나 토론이 없어서 각 구성원은 다른 사람의 영향을 받지 않는다.

30 완전연결형은 권한집중이 매우 낮은 편에 속하며 주로 비공식적인 곳에 많이 적용된다.

31 쇠사슬형은 의사결정의 수용도와 구성원의 만족도가 낮은 편이다.

32 수레바퀴형은 일상적이고 단순한 업무를 효율적으로 수행하는 데 가장 이상적이라고 알려진 의사소통형태로 주로 공식적인 작업에 많이 사용된다.

33 성취지향적 리더십은 도전적 목표설정, 성과강조, 종업원의 성과발휘에 높은 기대를 갖고 있는 리더십의 유형이다.

34 참여적 리더십에 관한 설명이다.

35 수단적 리더십은 계획, 통제 등 공식적 활동을 강조한다.

36 서번트 리더십은 타인을 위한 봉사에 초점을 두며 종업원과 고객의 대화를 우선으로 그들의 욕구를 만족시키기 위해 헌신하는 리더십이다.

37 하급자들을 셀프리더로 키우는 리더십은 슈퍼리더십이다. 카리스마리더십은 리더가 실제로 갖고 있는 능력보다 하급자들이 더 크게 느끼는 것으로 카리스마적 권위에 기초를 두고 있다.

38 변혁적 리더십은 거래적 리더십을 비판하는 개념으로 감정에 의존하는 리더십은 아니다.

39 사업부제 조직은 분화의 원칙에 의하여 편성되고 운영하는 형태로서 시장의 변화에 탄력적으로 대응할 수 있다는 장점이 있다.

40 직능식 조직은 명령일원화의 원칙이 적용되지 않아 대기업에는 부적절한 조직이다.

41 라인조직에 대한 내용으로 명령체제가 상부에서 하부로 이동하는 명령일원화의 원칙을 적용하므로 의사결정의 신속함, 통솔의 용이성 등의 장점이 있다.

42 매트릭스 조직의 구성원은 종적으로 기능별 조직의 자기부서와 횡적으로 프로젝트 조직에 동시에 소속되어 근무하는 형태로 두 명의 관리자로부터 지휘를 받기 때문에 누가 의사결정에 대하여 권한과 책임이 있는지를 결정하는 데 혼란을 겪게 된다.

▶ 정답과 해설 13쪽

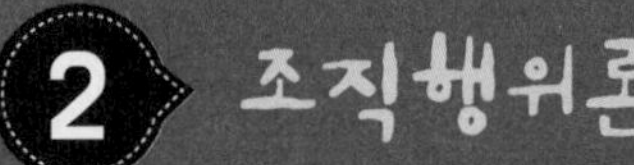

2 조직행위론 기출예상 문제

01 다음 〈보기〉에서 설명하는 것은?

> 보기
>
> 사람이 다른 사람 또는 사물을 평가하는 것으로서 환경과 개인을 일차적으로 연결하는 교량 역할을 하는 것을 말한다.

① 지각
② 태도
③ 학습
④ 귀속

02 다음 중 현혹효과의 오류를 줄이는 방법으로 알맞지 않은 것은?

① 종업원 간 서로 평가를 한다.
② 여러 사람의 평가를 종합하여 평가한다.
③ 한 사람이 연속해서 평가를 해야 감소된다.
④ 구체적으로 적어 놓은 평가요소에 맞추어 평가를 한다.

03 서로 논리적인 상관관계가 있는 경우, 비교적 높게 평가받는 요소가 있다면 그것과 관련된 다른 요소도 높게 평가받는 오류는?

① 유사효과
② 논리적 오류
③ 선택적 지각
④ 통제의 환상

04 다음 중 타인평가 과정에서의 오류에 대한 설명으로 알맞지 않은 것은?

① 근접오류는 자신과 유사한 사람에게 후한 점수를 주는 것을 말한다.
② 선택적 지각은 부분적인 정보만으로 전체에 대한 판단을 내리는 오류다.
③ 방어적 지각은 고정관념에 어긋나는 정보를 회피하거나 왜곡시키려는 오류다.
④ 주관의 객관화는 타인의 평가에 자신의 감정이나 경향을 투사시키려는 오류다.

05 강화이론(Reinforcement Theory)에 대한 다음 설명 중 옳지 않은 것은?

① 불편한 자극을 지속적으로 주어 행동을 강화시키는 것을 소극적 강화라고 한다.
② 회피학습(Avoidance Learning)은 어떤 자극에 적절히 반응하지 않으면 혐오자극이 온다는 것을 알려 줌으로써 원하는 행동을 하도록 학습시키는 과정이다.
③ 연속강화법은 효과적이나 적응이 쉽지 않다.
④ 부분강화법과 관련하여 비율법과 간격법 중 효과적인 방법은 비율법이다.

06 다음 중 강화이론에 대한 설명으로 알맞지 않은 것은?

① 긍정적인 강화와 부정적인 강화는 모두 행위의 빈도를 높이는 데 목적이 있다.
② 소극적 강화는 도피학습과 회피학습으로 나눌 수 있다.
③ 바람직하지 못한 행위에 보상을 제거하는 것을 벌이라고 한다.
④ 적극적 강화는 승진이나 칭찬 등의 보상을 제공해서 그 행동의 빈도를 증가시킬 수 있다.

07 다음 중 적극적 강화를 했을 때의 행동으로 알맞은 것은?

① 회사 차원에서 징계를 내린다.
② 봉급 인상을 해 주거나 칭찬을 해 준다.
③ 원래 주기로 했던 보너스를 주지 않는다.
④ 평상시에 불편해 하던 것을 중지시켜 준다.

08 **다음 중 조직의 행위변화에 대한 설명으로 알맞지 않은 것은?**

① 적극적 강화와 소거를 합성하는 전략이 가장 효과적이다.
② 보너스 철회는 소거에 속한다.
③ 소극적 강화는 불편한 자극을 제거해 행위를 강화시키는 것이다.
④ 벌은 과거에 부여하던 보상을 철회하여 바람직하지 못한 행위를 약화시키는 것이다.

09 **다음 중 강화이론에 대한 설명으로 알맞지 않은 것은?**

① 3개월마다 지급되는 정기보너스제도는 고정간격법이다.
② 승진제도에 가장 적합한 부분강화법은 고정비율법이다.
③ 일반적으로 간격법보다는 비율법이 더 우수한 부분강화법이다.
④ 연속강화법은 최초에는 효과적인 방법이나, 시간이 지날수록 그 효율성은 떨어진다.

10 **다음 중 강화이론에 대한 설명으로 알맞지 않은 것은?**

① 적극적 강화는 보상을 이용한다.
② 연속강화법은 매우 효과적이나 적용이 어렵다.
③ 부분강화법은 고정법보다는 변동법이 우수한 방법이다.
④ 부분강화법 중 간격법이 비율법보다 더 효과적이다.

11 **다음 중 현실적으로 가장 강력한 효과가 나타나는 강화의 일정 계획은?**

① 고정간격법
② 고정비율법
③ 변동간격법
④ 변동비율법

12 **동기부여이론 중 내용이론에 속하는 것은?**

① 맥클리랜드의 성취동기이론
② 브룸의 기대이론
③ 아담스의 공정성이론
④ 로크의 목표설정이론

13 다음 동기부여이론 중 성질이 다른 하나는?

① 아담스의 공정성이론
② 맥클리랜드의 성취동기이론
③ 허즈버그의 2요인이론
④ 알더퍼의 ERG이론

14 다음 중 동기부여이론의 과정이론에 속하는 것은?

① 매슬로우는 인간의 내면적인 욕구를 5가지로 구분하였다.
② 알더퍼는 인간의 욕구를 존재, 관계, 성장의 3가지로 구분하였다.
③ 맥클리랜드는 연구 초기에 성취동기를 중요시하였다.
④ 브룸은 개인의 동기부여는 수단성, 유의성, 기대 등에 의해 결정된다고 주장하였다.

15 다음 중 동기부여이론에 대한 설명으로 알맞은 것은?

① 허즈버그의 2요인이론에서 구성원의 만족도를 높이기 위해서는 동기요인을 사용해야 한다.
② 매슬로우의 욕구이론은 좌절－퇴행의 요소가 포함된다.
③ 맥클리랜드는 인간의 욕구는 학습된 것이며 개인마다 같다고 주장하였다.
④ 포터와 롤러는 외재적 보상이 내재적 보상보다 성과에 더 깊은 관계가 있다고 주장하였다.

16 다음 중 동기부여이론을 설명한 것으로 알맞지 않은 것은?

① 봉급, 작업조건, 감독, 상사와의 관계는 허즈버그(Herzberg)의 2요인 이론에서 동기요인에 해당하는 것이다.
② 맥클리랜드의 성취동기이론은 성취욕구, 권력욕구, 친교욕구 세 가지를 주장하였다.
③ 알더퍼의 ERG이론은 매슬로우의 다섯가지 욕구단계를 세 단계로 단순화하여 분류하였다.
④ 아담스의 공정성이론에 따르면 개인이 불공정성에 대한 지각에서 오는 긴장을 감소시키는 방법으로 자신의 투입(input)의 변경, 산출(output)의 변경, 투입과 산출의 인지적 왜곡, 비교대상의 변경 등이 있다.

17 다음 중 동기부여이론에 대한 설명으로 알맞지 않은 것은?

① 브룸의 기대이론은 개인차를 인정하고 강조한다.
② 로크의 목표설정이론은 아담스의 공정성 이론에 기초한다.
③ 포터와 롤러의 기대이론은 브룸의 이론을 기초로 하고 있다.
④ 아담스의 공정성이론은 다른 사람과의 비교과정에서 동기부여가 됨을 주장한다.

18 다음 중 매슬로우의 욕구 5단계가 아닌 것은?

① 욕구 5단계는 낮은 곳에서 높은 곳으로의 순서가 정해져 있다.
② 인간은 다른 사람들에게 존경을 받고자 하는 욕구가 있다.
③ 욕구 단계의 최하위에는 생리적 욕구가 있다.
④ 인간은 다른 사람과 교제하고 교류하려는 욕구가 전혀 없다.

19 다음 중 매슬로우의 욕구단계론에서 가장 높은 단계의 욕구는?

① 어딘가에 소속되어 있기를 바라는 욕구
② 신체적인 위험에서 벗어나고자 하는 욕구
③ 집단 내의 다른 사람들에게 인정받기를 원하는 욕구
④ 자기만의 독특한 세계를 창조하고 싶어 하는 욕구

20 다음 중 매슬로우의 욕구단계설에 관한 설명으로 옳지 않은 것은?

① 인간의 욕구는 계층을 형성하고 있다고 주장한다.
② 모든 욕구가 궁극적으로 완전히 충족된다고 주장한다.
③ 두 가지 이상의 욕구가 동시에 작용할 수 없다고 주장한다.
④ 상위욕구가 동기유발이 되려면 하위욕구가 반드시 충족되어야 한다.

21 **다음 동기부여이론 중 매슬로우의 욕구단계이론이 가진 한계점의 대안으로 인간의 욕구를 3가지로 분류한 이론은?**

① 브룸의 기대이론
② 알더퍼의 ERG이론
③ 아담스의 공정성이론
④ 허즈버그의 2요인이론

22 **알더퍼의 ERG이론에 관한 설명 중 알맞지 않은 것은?**

① 두 가지 이상의 욕구가 동시에 작용할 수 있다고 하였다.
② 인간의 욕구를 의식 수준에서 다루어야 한다고 주장하였다.
③ 인간의 욕구를 존재, 관계, 성장의 세 가지 범주로 구분하였다.
④ 인간의 욕구는 반드시 상위단계로만 진행된다고 주장하였다.

23 **다음 중 동기부여이론의 욕구단계설과 ERG이론에 관한 설명으로 알맞지 않은 것은?**

① 욕구단계설과 ERG이론은 욕구를 계층화하고 그 단계에 따라 욕구가 유발된다는 점에서는 유사하다.
② 욕구단계설의 존경 욕구는 ERG이론의 성장 욕구에 해당한다.
③ 욕구단계설의 자아실현 욕구는 ERG이론의 성장 욕구에 해당한다.
④ 욕구단계설과 ERG이론 모두 하위욕구가 충족되어야만 상위욕구가 발생한다.

24 **다음 〈보기〉에서 브룸의 기대이론에 대한 설명으로 알맞은 것을 모두 고르면?**

보기

a. 개인차를 인정하지 않았다.
b. 개인의 동기부여는 유의성, 수단성, 기대성 등에 의해 결정된다.
c. 동기부여의 내용이론 중 하나로 개인차를 인정하였다.
d. 테일러의 과학적 관리법에 근거하여 발전하였다.
e. 개인의 목표와 욕망이 어떻게 행동으로 연결되는가를 나타내 준다.

① b, e
② a, b
③ b, c
④ d, e

25 종업원의 동기부여 중 브룸의 기대이론에 근거한 설명으로 알맞은 것은?

① 높은 유의성과 높은 수단성 등을 통해 동기부여가 된다.
② 보상은 성과보다는 연공서열에 따라 책정되어야 한다.
③ 종업원이 요구하는 보상의 정도와 종류는 모두 같다.
④ 개인의 행동은 우연한 하나의 발상에서 시작한다.

26 다음 중 인지부조화이론을 기초로 자신의 공헌과 보상의 크기를 다른 사람과 비교함으로써 동기부여가 된다는 이론은?

① 브룸의 기대이론　　② 알더퍼의 ERG이론
③ 아담스의 공정성이론　　④ 맥클리랜드의 성취동기이론

27 다음 중 아담스의 공정성이론에 관한 설명으로 알맞지 않은 것은?

① 자신의 투입물과 타인의 산출물의 성과물을 비교한다.
② 타 종업원과의 사회적인 비교과정에서 동기부여가 된다.
③ 불공정이 지각되면 공정성을 회복하기 위해 긴장이 유발된다.
④ 투입과 산출은 객관적인 수치이며 일정한 기준을 제시할 수 있다.

28 다음 중 로크(Locke)의 목표설정이론에 대한 내용으로 알맞지 않은 것은?

① 종업원에게 실현가능한 목표를 준다.
② 목표 달성에 대한 적절한 보상은 성과 향상을 위한 필요조건이다.
③ 아담스의 공정성이론에 기초하고 있다.
④ 목표실행자의 목표설정과정 참여는 목표에 대한 이해도를 향상시켜 성과를 높일 수 있게 해 준다.

29 **다음 중 집단사고의 발생가능성이 큰 것은?**

① 집단응집성이 강할 때
② 집단의사결정형태가 완전연결형일 때
③ 집단의사결정형태가 위원회 형태일 때
④ 집단 내에서 갈등이 생길 때

30 **다음 중 의사결정에 관한 설명으로 알맞지 않은 것은?**

① 합리적인 의사결정모형은 의사결정자가 완전한 합리성에 기초하여 최적의 의사결정을 한다고 보는 규범적 의사결정모형이다.
② 의사결정이 이루어지는 과정은 문제의 인식, 대체안의 개발, 대체안의 선택, 선택의 실행, 결과의 평가로 이루어진다.
③ 집단의사결정에서는 많은 정보를 공유하지만 창의력과 정확성은 떨어진다.
④ 집단의사결정을 할 때 소수의 의견도 항상 존중하고 반드시 반영하게 된다.

31 **다음 중 집단의사결정기법에 관한 설명으로 알맞지 않은 것은?**

① 델파이법은 전문가들이 직접 만나서 서로 토의를 한 후 의사결정을 하는 방법이다.
② 참여적 기법은 위원회 등을 조직해 조직구성원을 의사결정에 참여시키는 방법이다.
③ 스토리보드법은 비판의 과정을 통해 아이디어를 평가하는 일종의 구조화된 브레인스토밍이다.
④ 변증법적 토의는 의사결정안의 장점과 단점에 대해서 충분히 토론한 후 최종결정을 내리는 의사결정기법이다.

32 **다음 중 개인의사결정보다 집단의사결정이 더 효과적인 경우는?**

① 창의적인 과업인 경우 더 효과적이다.
② 비구조화된 과업인 경우 더 효과적이다.
③ 정확한 의사결정이 요구되는 과업인 경우 더 효과적이다.
④ 신속한 의사결정이 요구되는 과업인 경우 더 효과적이다.

33 다음 중 집단응집성과 관련된 설명으로 알맞지 않은 것은?

① 집단응집성이 강할 경우에는 언제나 생산성 향상으로 이어진다.
② 집단 내 경쟁을 하게 되면 집단응집성은 약화된다.
③ 집단응집성이 강한 집단은 구성원의 만족도가 높은 편이다.
④ 다른 집단 간에 경쟁이 있으면 집단응집성이 강화된다.

34 다음에서 설명하는 집단의사결정 기법은?

> 일정한 주제에 관하여 회의형식을 채택하고 10명 내외의 구성원들의 자유발언을 통한 아이디어 제시를 요구하여 창의적인 발상을 찾아내려는 방법이다. 이 기법은 개인의 창조적 사고를 저해하는 구성원 상호 간의 동조현상을 극복하고 소수 의견이 무시되지 않으면서 또한 소수 구성원에 의한 지배도 불가능해진다. 그리고 다른 구성원의 아이디어를 알게 됨으로써 학습의 기회와 새로운 시각을 자극받을 수 있다.

① 팀빌딩 기법　　② 델파이 기법
③ 명목집단 기법　　④ 브레인스토밍 기법

35 다음 중 브레인스토밍에 대한 설명으로 옳지 않은 것은?

① 자유롭게 자신의 의견을 제시한다.
② 빠른 의견의 결정 시 사용한다.
③ 참가자는 다른 사람의 의견을 무시하거나 비판하지 않는다.
④ 아이디어의 질보다 양을 중시한다.

36 다음 중 명목집단법에 관한 설명으로 옳지 않은 것은?

① 상호 간에 대화나 토론이 활발하다.
② 한 번에 하나의 문제만 처리한다.
③ 브레인스토밍을 수정, 확장한 집단의사결정기법이다.
④ 타인에 영향을 받지 않고 독립적으로 의견을 낼 수 있다.

37 다음 중 델파이법에 대한 설명으로 옳지 않은 것은?

① 서로 만나서 토론한다.
② 의사결정과정에 시간이 많이 소요된다.
③ 전문가들을 이용하여 우편으로 의사결정을 한다.
④ 미국의 랜드연구소에서 개발한 집단의사결정기법으로 창의성의 개발방법으로도 이용 가능하다.

38 다음 중 창의성 개발기법에 대한 설명으로 알맞지 않은 것은?

① 창의성 개발기법에는 자유연상법, 분석적 기법, 강제적 관계기법 등이 있다.
② 브레인스토밍과 고든법은 둘 다 질을 중시하는 기법이다.
③ 강제적 기법은 정상적으로 관계가 없는 둘 이상의 물건이나 아이디어를 강제로 연관을 짓게 하는 방법이다.
④ 집단 내에서 창의적인 의사결정을 증진시키는 방법으로 델파이법과 명목집단법도 이 범주에 포함시킬 수 있다.

39 다음 중 창의성 측정방법으로 알맞은 것은?

① 고든법은 리더 혼자만 주제를 알고 장시간 동안 토론한다.
② 명목집단법은 구성원 간에 대화나 토론이 이루어지지 않는다.
③ 브레인스토밍은 각자의 의견을 자유롭게 제시하면서 토론한다.
④ 원격연상 검사법은 서로 유사한 요소들을 제시한 후 평가대상자에게 새로운 조합을 유도하거나 공통점을 찾게 한다.

40 다음 중 의사결정과 관련된 설명으로 알맞지 않은 것은?

① 집단사고(group think) 현상을 방지하기 위해서 지명반론자법을 적용한다.
② 명목집단법을 적용하여 의사결정을 할 때에는 타인의 영향력이 절대적이다.
③ 집단구성원의 응집력이 강하면 집단사고(group think) 현상이 발생할 가능성이 커진다.
④ 브레인스토밍 방법을 적용할 때에는 타인의 아이디어를 비판하지 말아야 한다.

41 다음 〈보기〉에서 설명하고 있는 집단의사결정 기법으로 알맞은 것은?

보기

a. 자기의 생각과 해결안을 가능한 한 많이 기록하며 참가자들은 돌아가면서 자신의 해결안을 집단을 대상으로 설명하며, 사회자는 칠판에 그 내용을 정리한다.
b. 발표가 끝나면 제시된 의견들의 우선순위를 묻는 비밀투표를 실시하여 최종적으로 해결안을 선택한다.

① 델파이법　② 명목집단법
③ 팀빌딩법　④ 브레인스토밍

42 다음 중 상향적 의사소통의 문제점을 개선하기 위한 방법으로 알맞지 않은 것은?

① 민원조사원　② 상담원정책
③ 그레이프바인법　④ 고충처리시스템

43 의사소통 유형 중 각각의 구성원 간 또는 부서 간의 갈등을 조정하는 역할은?

① 수직적 의사소통　② 수평적 의사소통
③ 상향적 의사소통　④ 하향적 의사소통

44 다음 중 의사소통 유형에 대한 설명으로 알맞지 않은 것은?

① 수레바퀴형은 구성원의 만족도가 낮다.
② Y형은 구성원의 만족도가 중간이다.
③ 쇠사슬형은 구성원에 대한 만족도가 높다.
④ 원형은 태스크 포스나 위원회에 많이 사용된다.

45 다음 중 완전연결형에 대한 설명으로 알맞은 것은?

① 수용도는 낮은 편이며 의사결정속도가 빠르다.

② 권한집중과 의사결정속도가 중간이다.

③ 의사결정의 수용도가 중간이다.

④ 리더 없이 구성원 스스로가 대화를 주도해 의사결정의 수용도가 아주 높고 의사결정의 속도가 빠른 의사소통 경로다.

46 다음 중 공식적인 작업을 수행하는 데 가장 이상적이라고 알려진 의사소통형태는?

① 쇠사슬형 ② Y형

③ 원형 ④ 수레바퀴형

47 다음 중 리더십 행동이론에 속하지 않는 것은?

① 아이오와 대학모형 : 민주적 리더의 유형이 가장 호의적이라고 하였다.

② 관리격자이론 : 대표적 리더십 이론을 인간과 생산에 대한 관심에 따라 5가지로 분류하였다.

③ 수명주기이론 : 부하의 성숙도에 따라 지시적, 설득적, 참여적, 위양적 리더로 분류하였다.

④ 미시간 대학모형 : 리더의 유형을 극단적으로 양분하여 직무 중심적 리더와 종업원 중심적 리더로 구분하였다.

48 리더십이론에 대한 설명으로 옳지 않은 것은?

① 리커트는 면접법을 통해 리더행동유형을 직무 중심적 리더와 종업원 중심적 리더로 구분하였다.

② 아이오와 리더십 연구에서는 리더의 유형을 민주형, 전제형, 자유방임형으로 분류하였다.

③ 하우스의 경로-목표이론은 브룸의 기대이론에 이론적인 근거를 두고 있다.

④ 관리격자이론에서 (1,1)형은 단합형으로 생산과 인간관계를 모두 중시한다.

49 다음 중 리더십이론에 대한 설명으로 틀린 것은?

① 리커트 교수는 리더행동유형 중 종업원 중심적 리더가 가장 이상적인 유형이라고 주장하였다.
② 피들러의 상황적응적 이론에서 LPC 점수가 낮을수록 과업지향적이다.
③ 관리격자이론에서는 단합형 리더가 가장 이상적이다.
④ 하우스의 경로-목표이론은 행동이론에 속한다.

50 블레이크와 머튼의 리더십 관리격자모델에서 인간에 대한 관심은 높고 과업에 대한 관심은 낮은 리더십 스타일은?

① 팀형
② 절충형
③ 컨트리클럽형
④ 과업형

51 다음 중 피들러의 상황이론(Contingency Model)에 대한 설명으로 알맞은 것은?

① 동기부여이론에서 브룸의 기대이론을 근거로 연구하였다.
② (9,9)형인 단합형 리더가 가장 이상적이라고 주장하였다.
③ 리더의 유형을 수단적 리더십, 후원적 리더십, 참여적 리더십, 성취지향적 리더십으로 구분하였다.
④ 주요 상황변수로 리더-구성원 관계, 과업구조, 리더의 직위권한을 제시하고 리더십의 유형을 과업지향적과 관계(종업원)지향적으로 구분한 리더십이론이다.

52 다음은 리더십에 관한 내용이다. 이 중 가장 옳지 않은 것은?

① PM이론에서 P형과 M형은 서로 독립적이라고 본다.
② 블레이크와 머튼은 단합형(9,9)의 리더가 가장 이상적인 리더라고 주장하고 있다.
③ 하우스와 에반스의 경로-목표이론에 따르면 결단형성 초기에는 성취지향적 리더가 효과적이지만 집단이 안정화되면 지시적 리더가 효과적이다.
④ 허쉬와 블랜차드는 배려와 구조주도의 모형에 기초하여 리더십이론을 전개하였다.

53 다음 중 리더십이론에 대한 설명으로 알맞지 않은 것은?

① 하우스의 경로－목표이론에 의하면 내재적 통제 위치를 갖고 있는 부하에게는 참여적 리더십이 적합하다.

② 허쉬와 블랜차드에 의하면 부하의 의지와 능력이 모두 높은 경우에는 위임형 리더십 스타일이 적절하다.

③ 블레이크와 머튼은 절충형 리더십이 가장 이상적이라고 하였다.

④ 허시와 블랜차드의 리더십 상황이론에서는 상사의 리더십 스타일을 관계행위와 과업행위로 구분하고 하급자의 성숙도는 능력과 의지로 측정하고 있다.

54 다음 중 변혁적 리더십에 대한 설명으로 거리가 먼 것은?

① 리더는 성공이나 성취에 대한 비전을 심어 주고 낙관적인 전망을 제시한다.

② 리더는 구성원 개개인의 니즈에 관심을 가지며 그들을 믿고 신뢰한다.

③ 리더는 구성원들이 과거의 문제해결 방식에서 벗어나 보다 혁신적이고 창의적으로 변화할 수 있도록 자극한다.

④ 리더와 하위직 간에 각자의 책임과 기대하는 바를 명확하게 제시한다.

55 다음 중 변혁적 리더십에 관한 설명으로 틀린 것은?

① 지도자가 부하들에게 기대되는 비전을 제시하고 그 비전 달성을 위해 함께 힘쓸 것을 호소하여 부하들의 가치관과 태도의 변화를 통해 성과를 이끌어 내려는 지도력에 관한 이론이다.

② 번스는 변혁적 리더십을 '리더와 부하가 상호 간 더 높은 도덕적 및 동기적 수준을 갖도록 만드는 과정'이라고 본다.

③ 리더가 부하들에게 장기적 비전을 제시하고 그 비전을 향해 매진하도록 부하들로 하여금 자신의 정서·가치관·행동규범 등을 바꾸어 목표달성을 위한 성취의지와 자신감을 고취시키는 과정으로 본다.

④ 거래적 리더십이론은 변혁적 리더십이론을 비판하면서 등장한 이론이다.

56 구성원 스스로가 자기 자신을 리드할 수 있는 역량과 기술을 갖도록 하는 지도나 통제보다 스스로 자율성 강화에 초점을 두는 리더십은 무엇인가?

① 카리스마리더십　　② 셀프 리더십

③ 변혁적 리더십　　④ 참여적 리더십

57 다음 〈보기〉는 무엇에 대한 설명인가?

보기

- 부하직원을 스스로의 판단 후에 행동할 수 있는 셀프 리더로 키우는 리더십이다.
- 부하직원이 능력과 역량을 최대한 발휘할 수 있도록 한다.

① 슈퍼리더십　② 변혁적 리더십
③ 카리스마리더십　④ 수단적 리더십

58 프렌치(French)와 레이븐(Raven)이 제시한 권력의 원천 중 개인적 권력으로 알맞은 것은?

① 보상적 권력(Reward Power)　② 강압적 권력(Coercive Power)
③ 합법적 권력(Legitimate Power)　④ 준거적 권력(Referent Power)

59 다음 집단 간의 갈등해결전략 중에서 장기적 전략으로 알맞지 않은 것은?

① 문제해결　② 갈등의 회피
③ 상위목표의 도입　④ 조직구조의 개편

60 다음 중 집단 간 갈등의 원인으로 알맞지 않은 것은?

① 집단응집성이 증가한다.　② 부서 간에 영역이 모호하다.
③ 의견에 불일치가 발생할 때 갈등이 생긴다.　④ 한정된 자원을 많은 조직원이 사용해야 한다.

61 다음 중 그레이프 바인이 의미하는 것은?

① 비공식적 커뮤니케이션 경로를 의미한다.　② 상향적 커뮤니케이션 경로를 의미한다.
③ 하향식 커뮤니케이션 경로를 의미한다.　④ 공식적 커뮤티케이션 경로를 의미한다.

62 공식적 집단과 비공식적 집단의 특징으로 알맞지 않은 것은?

① 공식적 집단은 능률의 원리다.
② 비공식적 집단은 자연발생적 집단이다.
③ 공식적 집단은 제도적으로 명문화된 조직이다.
④ 공식적 집단은 감정의 충족을 위하여 존재한다.

63 다음 중 조직문화에 대한 설명으로 알맞지 않은 것은?

① 조직에 대해 몰입을 유도한다.
② 조직의 행위를 유도하고 형성시킨다.
③ 조직구성원에게 정체성을 확립시켜 준다.
④ 외부환경변화에 쉽게 적응할 수 있도록 도와준다.

64 다음 중 비공식 조직에 적용하는 논리로 알맞지 않은 것은?

① 감정의 논리
② 수평적 관계
③ 효과성의 논리
④ 자연발생적 조직

65 다음 중 유기적 조직과 기계적 조직의 특성으로 알맞지 않은 것은?

① 유기적 조직은 조직의 공식화율이 높은 편이다.
② 유기적 조직은 동태적 환경에 적합한 조직이다.
③ 기계적 조직은 권한이 조직의 최고층에 집중되어 있다.
④ 기계적 조직은 안정적 환경에 알맞고 운영의 공식화 및 공식적 조정을 특징으로 한다.

66 다음 중 공식 조직의 논리로 가장 알맞은 것은?

① 감정의 논리
② 수평적 관계
③ 합리적 원리
④ 자연발생적 조직

67 다음 중 조직개발기법이 아닌 것은?

① 감수성훈련법
② 델파이법
③ 과정 자문법
④ 팀 구축법

68 다음 중 T-group 훈련에 대한 설명으로 알맞지 않은 것은?

① 개인적 · 사회적 통찰력을 높이는 것이 주된 목적이다.
② 직장 내 교육훈련을 뜻하는 것으로 일을 하면서 직속상사에게 실무상의 교육을 받는다.
③ 감수성 훈련이라고도 하며 사회적 고립 조건하에서 집단생활을 하여 참가자를 훈련시킨다.
④ 브레드포드에 의하여 개발된 것으로 인간관계의 능력과 조직의 유효성을 향상시키기 위한 조직개발기법이다.

69 다음 조직개발기법 중 관리격자훈련에 대한 설명으로 알맞은 것은?

① 아담스와 포터에 의해서 주장되었다.
② 인간관계에 대한 관심과 직무에 대한 관심을 모두 갖는 리더로 훈련시킨다.
③ 외부의 상담자를 통하여 문제를 해결한다.
④ 감수성훈련 상호작용을 통한 사회성 훈련 기법의 일종으로 상호 간의 영향력과 인지력을 평가하고 개발한다.

70 다음 중 집권화된 조직구조에 대한 설명으로 알맞지 않은 것은?

① 최고경영자의 노력이 많이 필요하다.
② 조직구성원의 자발적이고 창의적인 참여를 유발한다.
③ 조직의 활동을 조직의 목표와 일관되게 통제할 수 있다.
④ 경영환경 변화에 대응하는 의사결정 속도가 느리다.

71 다음 중 해빙, 변화, 재동결의 단계를 거쳐 이루어지는 레빈(Lewin)의 조직개발기법은?

① 감수성훈련 ② 그리드훈련
③ 팀 구축법 ④ 대면화합

72 다음 중 집권화와 분권화에 대한 설명으로 알맞지 않은 것은?

① 조직이 선택한 기술에 따라서 분권화가 달라진다.
② 이익에 의해 각 부서를 통제할 경우에 분권화가 촉진된다.
③ 조직이 처한 환경이 급격히 변화할 때 집권화가 촉진된다.
④ 업무수행 장소가 지역적으로 떨어져 있는 경우에 분권화가 촉진된다.

73 다음 중 직능식 조직에 대한 설명으로 알맞은 것은?

① 관리비용의 절감이 가능하다.
② 경영자의 창의성 발휘가 어렵다.
③ 전문화된 직능식 직장(職長)의 양성이 용이하다.
④ 명령일원화의 원칙이 잘 지켜지기 때문에 대기업에 적절하다.

74 다음 중 직계참모 조직에 대한 설명으로 알맞은 것은?

① 조직형태는 라인조직과 스태프 조직을 결합한 형태다.
② 특정임무의 수행을 위하여 임시로 형성된 조직이다.
③ 경영조직의 보강적 구조의 한 변형으로 회의조직이라고 불리는 위원회 조직이다.
④ 제품별, 지역별, 고객별 각 사업부의 본부장에게 생산, 구매, 판매 등 모든 부문에 걸쳐 대폭적인 권한이 부여되는 분권적 관리 형태다.

75 다음 중 사업부제 조직에 대한 설명으로 알맞지 않은 것은?

① 각 사업부는 각각 자체 내의 집행력과 추진력이 없다.
② 방대한 조직과 예산운영에서 오는 비효율성을 제거할 수 있다.
③ 각 사업부는 독립채산제와 이익중심점으로 운영된다.
④ 사업부 간의 과당경쟁으로 기업 전체의 이익이 희생될 수 있다.

76 다음 중 사업부제 조직이 이론적으로 가장 잘 어울리는 기업은?

① 직계식 또는 직선식 조직이며 관리자의 통제에 유리한 기업
② 외부환경의 변화, 기술의 변화, 소비자 선호의 변화가 거의 없는 기업
③ 관리자의 업무가 지나치게 많으며 각 부문 간의 유기적 조정이 곤란한 기업
④ 외부환경의 변화, 기술의 변화, 소비자 선호의 변화가 심하여 제품의 수명주기가 짧은 제품을 취급하는 기업

77 다음 중 매트릭스 조직에 대한 설명으로 올바르지 않은 것은?

① 대규모 조직이나 많은 제품을 생산하는 업체에 적합하다.
② 빈번한 회의와 조정과정으로 소모되는 시간이 많다.
③ 권력의 균형을 유지하는 데 많은 노력이 든다.
④ 프로젝트 조직과 기능적 조직을 절충한 조직 형태다.

78 다음 중 매트릭스 조직에 대한 특징으로 가장 적절한 것은?

① 구성원들의 이중 지위체계 때문에 구성원의 역할이 모호해지고 구성원들에게 스트레스가 발생할 수 있다는 단점이 있다.
② 분업과 위계구조를 강조하여 구성원의 행동이 공식적 규정과 절차에 의존하는 조직이다.
③ 다양한 의견을 조정하고 의사결정의 결과에 대한 책임을 분산시킬 필요가 있을 때 흔히 사용되는 조직이다.
④ 전략 · 계획 · 통제 등 핵심기능 위주로 합리화하고 부수적 생산기능은 아웃소싱을 활용하는 분권화된 공동조직이다.

79 다음 중 매트릭스 조직에 대한 설명으로 알맞은 것은?

① 이익중심점으로 구성된 신축성 있는 조직으로 자기통제의 팀워크가 특히 중요한 조직이다.
② 일종의 애드호크라시 조직이자 기능식 조직에 프로젝트 조직을 결합한 조직으로, 급변하는 시장 변화에 신속히 대응 가능한 조직이다.
③ 특정 프로젝트를 해결하기 위해 구성된 조직으로 프로젝트의 완료와 함께 해체되는 조직이다.
④ 다양한 의견을 조정하고 의사결정의 결과에 대한 책임을 분산시킬 필요가 있을 때 흔히 사용되는 조직이다.

80 다음 중 경영조직에 관한 설명으로 알맞지 않은 것은?

① 유기적 조직에서는 공식화 정도가 낮다.
② 기계적 조직은 정보가 한 곳에 집중되지 않고 상하 자유롭게 이동한다.
③ 매트릭스 조직에서는 역할갈등 현상이 나타날 수 있다.
④ 제품조직(사업부제 조직)에서는 기능부서별 규모의 경제를 상실할 가능성이 높다.

81 다음 중 특정한 목적을 일정한 시일과 비용으로 완성하기 위해 생긴 조직은?

① 참모식 조직
② 사업부제 조직
③ 프로젝트 조직
④ 매트릭스 조직

고시넷

코레일 경영학

빈출유형 기출 분석

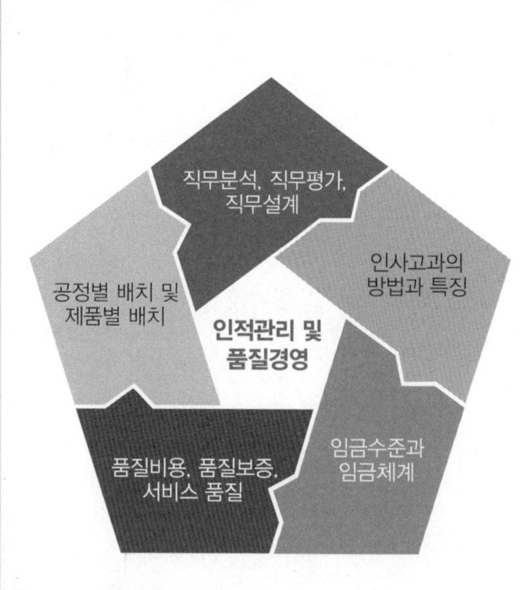

[합격전략]

인적자원관리는 조직행동의 응용분야에 해당한다고 할 수 있으므로 조직행위론을 확실하게 이해하고 있는 것이 좋다. 이 단원에서 가장 많이 출제되는 유형은 직무와 관련된 것으로 직무분석, 직무평가, 직무설계다. 직무분석에서는 기법과 의의를, 직무평가에서는 직무급 임금과의 관련성과 방법을, 직무설계에서는 직무를 통해 동기부여가 되도록 하는 직무설계 방법들을 반드시 기억해둬야 한다. 이 외에 인사평가 제도와 여러 가지 임금제도, 특히 임금수준 등은 반드시 학습해두어야 한다.

품질경영은 품질비용과 품질보증, 서비스 품질에 대한 정확한 이해가 필요하며, 전사적 품질경영(TQM), 통계적 품질관리(SQC), 서비스 품질도 중요한 개념이다. 더불어 제품별 배치와 공정별 배치를 중심으로 설비배치를 이해하고 있어야 한다. 생산능력의 분류에 관한 개념도 확실히 해두어야 한다. 또 적시생산방식(JIT)과 린 생산방식, MRP 부분에 대한 학습이 필요하며, 공급사슬관리에 대한 학습도 필요하다.

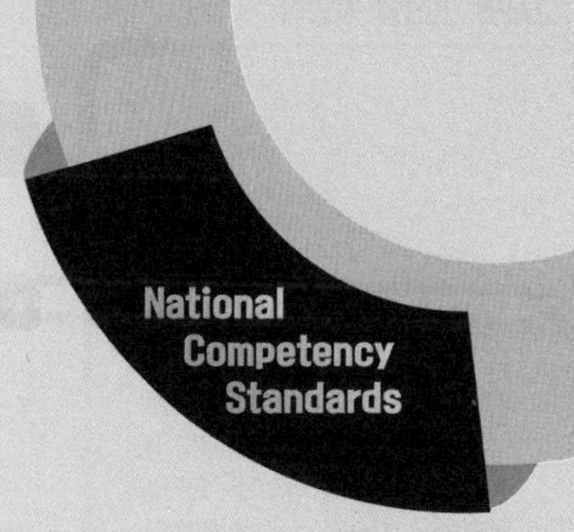

파트 3
인적관리 및 품질경영

✪ 테마 유형 학습

✪ 빈출 지문에서 뽑은 O/X

✪ 기출예상문제

테마 1 직무분석

직무분석이란 직무에 관한 정보를 수집하고 수집된 정보를 분석하여 직무의 내용을 파악한 다음 각 직무의 수행에 필요한 지식, 능력, 숙련, 책임 등의 모든 요건을 명확하게 기술하는 것을 말한다.

직무분석의 절차

1. 준비단계
   - 직무분석 목적의 결정 : 직무분석을 할 때 얻어진 자료를 어떤 목적에 활용할 것인가를 결정하고 그것에 적절한 분석방법을 동원해야 한다.
   - 분석자의 선정 : 직무분석은 직무의 실체를 파악하는 것이기 때문에 직무분석에 필요한 전문적 지식과 기능 및 관찰력과 판단력 등을 구비한 분석자가 선정되어야 한다.
2. 실시단계 : 직무분석의 핵심단계로 분석표를 작성하고 이것을 토대로 정보를 수집하고 수집된 정보를 분석하는 과정이다.
3. 정리단계 : 인사관리의 자료로서 사용하기 위하여 일목요연하게 종합·정리하는 단계이며, 직무분석의 최종 마무리 단계로서 직무기술서와 직무명세서가 작성된다.

1 직무분석의 개념

1. 직무분석의 의의

직무의 상대적 가치를 결정하는 직무평가를 위한 자료에 이용되고 근로자의 채용조건과 교육훈련에 필요하며 인사고과와 정원제의 확립, 의사결정, 안전위생관리 등에 유용한 기본자료를 제공한다.

2. 직무분석의 목적

(1) 조직의 합리화를 위한 기초 : 업무의 내용과 흐름을 파악하여 불필요한 내용과 절차를 개선하고 파악된 업무단위의 내용을 표준화한 뒤 사무처리의 방법을 표준화하여 사무처리의 방법을 합리화한다.

(2) 채용, 배치, 이동 등의 기준 : 종업원의 채용, 배치, 이동의 경우에 각 직무의 특성에 알맞은 자질을 갖춘 종업원을 선택하는 데 필요한 자료와 정보를 제공한다.

(3) 종업원의 훈련 및 개발의 기준 : 종업원을 위한 과학적인 교육훈련의 기초와 기준이 되는 자료를 제공한다.

(4) 직무평가자료의 획득 : 직무를 수행하는 데 필요한 지식, 능력, 숙련, 책임 등 직무의 내용과 특성을 파악하여 비교·평가할 수 있는 정보를 제공한다.

(5) 책임 및 권한의 명확화 자료 : 기업의 운영을 계획적, 능률적으로 수행하기 위해 개별 종업원의 직무와 직무 수행에 필요한 권한과 책임을 명확하게 하는 데 요구되는 자료를 제공한다.

(6) 인사고과의 기초 작업이 된다.

2 직무분석의 방법

구분	내용
면접법	• 직무분석자가 직무담당자와의 면접을 통하여 직무를 분석하는 방법 • 장점 : 직무에 관한 정확한 지식을 확보할 수 있음. • 단점 : 많은 직무를 분석할 경우 기간과 노력이 소요되어 광범위한 실시가 불가능
질문지법	• 질문지를 통하여 직무담당자가 기록하도록 해 정보를 얻는 방법 • 장점 : 신속하게 직무에 관한 사실을 수집 가능, 광범위한 자료 수집과 정리가 용이 • 단점 : 질문지의 설계 및 작성이 어렵고 완전한 사실을 얻을 수 없음.
관찰법	• 직무분석자가 특정 직무가 수행되고 있는 것을 직접 관찰하고 내용을 기록하는 방법으로 생산직이나 기능직에 적절한 방법 • 장점 : 다른 사람에게 폐를 끼치지 않고 분석대상자가 질문지에 적당히 기입하는 폐해를 방지 • 단점 : 정신·지적 활동은 관찰이 불가능하고 관찰자의 주관이 개입될 수 있음.
체험법 (경험법)	• 직무분석자가 직접 체험에 의해서 직무에 관한 정보를 얻는 방법 • 장점 : 사실을 실제로 체득함으로써 생생한 정보를 얻을 수 있음. • 단점 : 모든 직무활동을 직무분석자 자신이 직접 체험한다는 것은 실제로 불가능
중요사건기록법	직무과정에서 직무수행자가 보였던 특별히 효과적인 행동 또는 비효과적인 행동을 기록해 두었다가 분석하는 방법

임상적 방법	객관적이고 정확한 자료를 구할 수 있으나 시간과 경비가 많이 소요되고 절차가 복잡해 이용하기 어려움.
혼합병용법	2개 이상을 병용하는 방법으로 작업직과 사무직을 구분하여 작업직은 관찰법과 질문법을, 사무직은 질문법과 면접법을 병행하는 경우이며 실제로 가장 효과적인 방법으로 사용

3 직무기술서와 직무명세서

직무분석
관련 직무사실에 대한 모든 정보 획득

직무기술서
다음과 같은 사항을 포함하여 기술 :
직무명칭, 배치, 직무요지, 실무, 기계, 도구, 설비, 원료와 사용형태, 감독, 근로조건, 위험 등

직무명세서
직무수행에 필요한 인적 자격 :
교육, 경험, 훈련, 판단, 자발성, 신체적 노력, 기능, 책임, 전달기능, 정서적 특징, 감각적 요건 등

직무기술서와 직무명세서는 직무를 수행하거나 감독하게 될 사람이 그 직무가 지니고 있는 성격, 내용, 수행방법 등을 파악할 수 있도록 간략하고 일목요연하게 정리한 것이다.

직무기술서(직무요건에 중점)
직무분석의 결과로 얻어진 직무의 성격, 내용, 수행방법 등을 간략하게 정리하여 기록한 문서다.

직무명세서(직무의 인적 요건에 초점)
직무분석 결과를 바탕으로 직무수행에 필요한 종업원의 행동, 지능, 능력, 지식 등을 일정한 양식에 맞춰 기록한 문서로, 직무수행에 필요한 인적 특성을 결정하는 것이 목적이다.

기출문제

직무분석을 위한 직무정보의 수집방법에 대한 설명 중 관계가 가장 먼 것은?

① 관찰법은 관찰자의 주관이 개입될 수 있고 오랜 시간 관찰이 쉽지 않은 단점이 있다.
② 질문지법은 시간과 노력이 절약되나 해석상 차이로 인한 오류가 나타날 수 있다.
③ 중요사건기록법은 비교적 정밀하고 직무행동과 평가 간의 관계파악이 용이하다.
④ 임상적 방법은 비교적 정밀하고 객관적인 자료도출이 가능하나 절차가 복잡하다.

정답 ③

해설 중요사건기록법은 직무행동 중에서 보다 중요하거나 가치 있는 면에 대한 정보를 수집하여 직무의 내용과 성질을 분석하는 것을 말한다.

오답풀이

① 관찰법이란 직무를 수행하는 사람들을 현장에서 직접 관찰함으로써 직무 활동과 내용을 파악하는 것이다.
② 질문지법은 다른 방법보다 신속하게 자료 수집을 할 수 있으나 질문표 기입에 사용된 용어의 다의성 때문에 그 해석이 곤란하다.
④ 임상적 방법은 객관적이고 정확한 자료를 구할 수 있으나 시간과 경비가 많이 소요되고 절차가 복잡하여 이용하기에 용이하지 않다는 단점이 있다.

테마 2 직무평가

> 직무평가는 직무기술서 또는 직무명세서를 기초로 이루어진다.

1 직무평가의 개념

1. 직무평가의 의의

서로 다른 가치를 가진 직무에 대해 서로 다른 임금을 지급하기 위해서 조직 내의 여러 직무의 상대적인 가치를 결정하는 과정을 말하며 기업이나 기타 조직에 있어서 각 직무의 중요성, 곤란도, 위험도 등을 평가하여 타 직무와 비교한 직무의 상대적 가치를 정하는 체계적 방법이다.

> 직무평가의 요소
> 직무의 상대적 가치를 결정하는 기준이 되는 것이며 산업 특성 또는 산업구조의 정도에 따라 다를 수 있고 기업 내에서도 직종에 따라 달라질 수 있다.
> 1. 책임 요소 : 대인적(對人的) 책임, 대물적(對物的) 책임
> 2. 숙련 요소 : 지능적, 육체적 숙련
> 3. 노력 요소 : 정신적, 육체적 노력
> 4. 작업 조건 : 위험도, 불쾌도 등

2. 직무평가의 목적

(1) 각 직무의 질과 양을 평가하여 직무의 상대적 유용성 결정을 위한 자료 제공

(2) 공정 · 타당한 임금격차로 인해 종업원의 근로의욕을 증진 및 노사 간의 관계원활 도모

(3) 직계제도 내지 직제의 확립과 직무급 내지 직계급의 입안 등의 기초자료

(4) 동일노동 시간의 타 기업과 비교할 수 있는 임금구조설정에 대한 자료 제공

(5) 합리적인 임금지급의 기초가 되며 노동조합과의 교섭의 기초자료

2 직무평가 방법

비교기준 \ 비교대상	직무전반	구체적 직무요소
직무 대 직무	서열법 (Ranking method)	요소비교법 (Factor comparison method)
직무 대 기준	분류법 (Classification method)	점수법 (Point method)

> 서열법은 분류법과 같이 비계수적인 평가방법 중 하나다.

1. 서열법

(1) 서열법의 개념

① 평가자가 포괄적인 지식을 이용하여 직무의 중요성이나 장점에 따라서 서열을 매기는 평가 방법으로 가장 오래되고 가장 간단한 방법이다.

② 평가자가 종업원의 직무수행에 있어 요구되는 지식, 숙련도, 책임 등을 고려하여 상대적으로 가장 단순한 직무를 최하위에 배정하고 가장 중요하고 가치가 있는 직무는 최상위에 배정함으로써 순위를 결정하는 방법이다.

(2) 서열법의 장단점

장점	단점
• 간단명료 • 편하게 등급을 매길 수 있음.	• 평가기준 모호 • 결과에 대한 수용성 낮음.

> 분류법은 서열법에서 좀 더 발전된 방식으로 어떠한 기준을 따라 사전에 만들어 놓은 여러 등급으로 각 직무를 적절히 판정하는 평가방법이다.

2. 분류법

(1) 분류법의 개념

① 등급 분류는 직무의 수, 복잡도 등에 따라 달라진다.

② 강제적으로 배정하는 특성이 있으므로 정부기관에서 보편적으로 사용한다.

(2) 분류법의 장단점

장점	단점
• 간단명료 • 이해하기 쉬움.	• 분류된 등급기준의 신뢰도 낮음. • 직무수가 많으면 등급 분류가 곤란

3. 요소비교법

(1) 요소비교법의 개념

① 직무의 상대적 가치를 임금액으로 평가한다(임금액의 평가점수화).

② 기준직무의 정확성이 결여되거나 해당 내용에 변화가 생길 경우, 평가결과에 영향을 미치게 되므로 전체 특정 척도도 함께 변해야 한다.

(2) 요소비교법의 장단점

장점	단점
직무의 객관적 평가가 가능	• 기준직무 선정이 곤란 • 등급기준 설정이 곤란

요소비교법은 가장 중심이 되는 몇 개의 기준 직무를 선정하고 각 직무의 평가요소를 기준 직무의 평가요소와 결부시켜 비교함으로써 모든 직무의 상대적 가치를 결정하는 방법이다.

4. 점수법

(1) 점수법의 개념 : 평가요소를 등급화하며 평가요소는 숙련요소, 노력요소, 책임요소, 작업조건 요소 등이다.

(2) 점수법의 장단점

장점	단점
• 직무 간 서열과 수준을 파악할 수 있음. • 점수의 높은 신뢰성	• 평가척도의 구분이 어려움. • 절차가 복잡하여 시간과 비용이 많이 소요

점수법은 직무를 구성요소로 분해하여 각 요소별로 중요도에 따라 숫자로 점수를 부여한 후, 각 점수를 계산하여 각 직무별 가치를 평가하며 가장 많이 사용되는 방법이다.

기출문제

직무평가에 대한 다음 설명 중 가장 옳지 않은 것은?

① 직무평가는 수행업무와 수행요건 분석을 통해 누가 어떤 직무를 해야 하는가에 대한 평가다.

② 직무기술서와 직무명세서를 활용하며 직무평가의 결과는 직무급 산정의 기초자료가 된다.

③ 서열법은 직무의 수가 많고 직무의 내용이 복잡한 경우에는 적절하지 않은 평가방법이다.

④ 직무평가를 통하여 직무의 절대적 가치를 산출한다.

정답 ④

해설 직무평가란 직무의 분석결과에 나타난 정보자료(직무기술서 · 직무명세서)를 중심으로 각 직무의 중요성 · 복잡성 · 난이도 · 위험성 · 책임성 등을 종합적으로 평가하여 각 직무의 상대적 가치를 결정하고 등급을 분류하는 과정이다.

테마 3 직무설계

> 직무설계는 조직측면에서의 요청과 작업을 수행하는 인간의 요청을 상호 조화시킬 수 있도록 직무의 내용이나 작업방법을 결정하는 과정이다. 경영자가 조직구조에 대하여 내리는 첫 번째 의사결정은 조직 전체의 과업과 책임을 나누어 개인이나 집단의 직무를 정하는 것이다.

1 직무설계의 목표

직무설계는 작업의 생산성 향상, 종업원의 동기 향상, 원가절감과 시간절약, 이직과 훈련비용의 감소, 신기술에 대한 신속한 대응, 인간공학과 산업공학에의 공헌 등을 위하여 필요하다.

2 직무설계의 방법

> 직무확대란 작업자가 여러 가지 다양한 과업을 수행할 수 있도록 직무를 수평적으로 확대하는 것을 말한다.

1. 직무확대

(1) 직무확대의 개념

① 직무확대를 통한 직무설계에서는 직무수행에 요구되는 기술과 과업의 수를 증가시킴으로써 작업의 단조로움과 지루함을 극복하여 높은 수준의 직무 만족을 이끌어 갈 것으로 기대된다.

② 직무에 기술다양성을 추가하는 수평적 직무확대를 의미하며 계획, 통제, 의사결정과 같은 관리상의 능력을 추가로 요구하지는 않는다.

(2) 직무확대의 목적 : 과도한 단순화와 전문화의 역효과를 막고 작업자에게 작업전체를 수행할 수 있는 기회를 줌으로써 작업자가 흥미와 만족감을 느낄 수 있도록 하는 것이다.

> 직무순환이란 작업자로 하여금 일정기간마다 다른 종류의 직무를 수행하게 함으로써 다양성을 추가하는 것이다.

2. 직무순환

(1) 직무순환의 의의

① 직무순환이 가능하려면 작업자가 수행하는 직무끼리 상호 교환이 가능해야 하고 작업 흐름에 있어서 커다란 작업 중단 없이 직무 간의 원활한 교대가 전제되어야 한다.

② 직무순환을 실시하면 기업의 모든 활동에 대한 종업원의 이해가 증진되고 활동 간 조정이 보다 원활해진다.

(2) 직무순환의 장단점

① 장점

- 종업원들에게 광범위한 경험과 지식을 접할 수 있는 기회를 제공해 준다.
- 직무로부터 느끼게 되는 지루함과 단조로움을 감소시켜 준다.
- 조직 내의 다른 활동들에 대한 이해의 폭을 넓혀 상위 직무로의 승진에 필요한 직무통합 능력을 개발할 수 있게 된다.

② 직무순환의 단점

- 종업원을 새로운 직무에 배치해야 하므로 능률과 경제성을 기대할 수 없다. 따라서 비용이 증가하는 반면 생산성이 감소된다.
- 경험이 없는 종업원이 과업을 수행하게 되므로 의사결정상의 오류가 발생할 위험이 있다.
- 비자발적으로 강요된 직무순환은 종업원의 직무만족을 감소시키며 결근율을 증가시킨다.

> 직무충실화란 작업자가 자신의 작업을 계획하고 조직하고 통제하도록 직무를 수직적으로 확대하는 것이다.

3. 직무충실화

(1) 직무충실화의 의의

① 허즈버그(Frederick Herzberg)의 2요인이론에 기초한 방법으로, 수직적 직무확대라고도 한다.

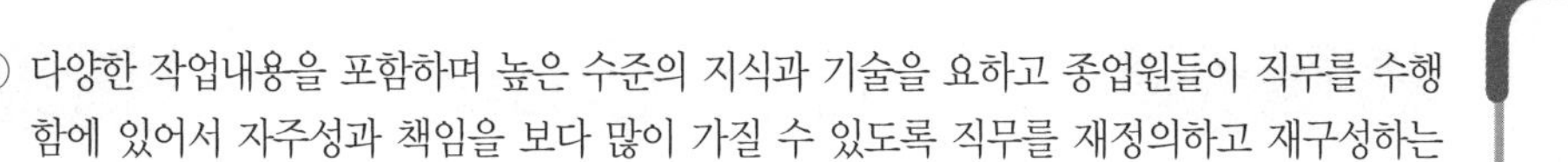

② 다양한 작업내용을 포함하며 높은 수준의 지식과 기술을 요하고 종업원들이 직무를 수행함에 있어서 자주성과 책임을 보다 많이 가질 수 있도록 직무를 재정의하고 재구성하는 것을 말한다.

(2) 직무충실화의 목적

① 직무를 보다 의미 있게 인식하게 하고 재량권 확대를 통한 직무수행자의 창의력을 개발한다.

② 제품공정의 작은 부분으로부터 수행의 범위를 넓혀 직무의 완성도를 증대시킨다.

③ 작업자의 피로도, 단조로움, 싫증 등을 감소시킨다.

④ 새로운 과업의 추가수행으로 인한 작업자의 능력신장을 기대한다.

4. 직무특성이론(JCM ; Job Characteristics Model)

(1) 직무특성이론의 의의 : 해크먼과 올드햄(Richard Hackman and Greg Oldham)이 제시했으며 핵심적 직무특성, 중요 심리상태, 결과(성과)의 세 가지 기본적인 요소로 구성되어 있다.

(2) 핵심 직무차원

기술다양성	상이한 기술이나 재능을 활용할 수 있도록 직무가 다양하고 상이한 활동을 요구하는 정도
과업정체성	과업이 하나의 단위로서 완성이 되어 있는 정도로 독자적인 작업의 범위가 확인될 수 있는 정도
과업중요성	직무가 다른 사람의 직무나 활동에 영향을 미칠 수 있는 정도
자율성	작업의 일정계획과 작업방법 및 작업절차를 결정 · 선택하는 경우, 작업자에게 허용된 자유, 독립성 및 재량권의 정도
피드백	직무 활동의 수행 결과에 관하여 직접적이고 명확한 정보를 얻을 수 있는 정도

5. 유연시간근무제

종업원 자신이 근무시간을 스스로 선택할 수 있도록 허용하는 직무일정계획 시스템으로, 근무시간의 유연함으로 인해 근무 중 생산성이 증가할 수 있다.

직무충실화의 방법

1. 작업의 방법, 순서 등의 결정에서 종업원들에게 자유를 부여한다.
2. 종업원들의 참여와 그들 간의 상호작용을 장려한다.
3. 직무에 대하여 개인적인 책임을 느끼도록 한다.
4. 직무가 기업의 제품과 복지에 어떻게 기여하고 있는지를 알려준다.
5. 직무성과를 환류시킨다.
6. 작업조건의 분석 · 변경에 참여시킨다.

직무특성이론에 따르면 경영자들이 종업원들의 직무를 맹목적으로 확대하거나 충실화해서는 안 되며 직무설계의 경우 변화에 대한 종업원 각자가 가진 개인차의 영향을 고려하고 직무특성 또는 직무범위가 종업원의 직무만족이나 동기부여에 관련이 있는지를 고려하여야 한다.

경영학 일반
조직행위론
인적관리 및 품질경영
마케팅
회계 및 재무관리
부록_실전모의고사

기출문제

다음 중 허즈버그(Herzberg)의 2요인이론을 근거로 한 직무설계방법은?

① 직무특성이론 ② 직무확대

③ 직무충실화 ④ 직무순환

정답 ③

해설 직무충실화는 허즈버그의 2요인이론에 기초한 방법으로, 수직적 직무확대로 이루어져 있다.

테마 4 인사고과

> 인사고과란 조직구성원들의 현재 또는 미래의 능력과 업적을 평가함으로써 각종 인사시책에 필요한 정보를 획득하고 활용하는 것이다. 전통적인 인사고과는 과거지향적이고 상벌목적 위주였으나 현재는 미래지향적이고 개발 목적 위주의 인사고과가 이루어지고 있다.

1 인사고과의 개념

1. 인사고과의 의미

조직구성원들의 현재 또는 미래의 능력과 업적을 평가함으로써 각종 인사시책에 필요한 정보를 획득하고 활용하는 것이다.

(1) 인사고과는 직무요건의 분석에 기초하고 있어야 한다.

(2) 인사고과를 실시하기 전 종업원들은 성과기준을 명확히 이해하고 있어야 한다.

(3) 모든 평가가 관찰가능하고 객관적 증거를 지니도록 성과차원은 행위에 근거하여 설정되어야 한다.

(4) 특성고과척도를 사용할 경우에는 관찰 가능한 행위로 정의하지 않는 한 충성심, 정직성 등 추상적 명칭은 피하여야 한다.

2. 인사고과의 목적

(1) 적정배치 : 종업원의 적성, 능력 등을 가능한 한 정확히 평가하여 적재적소 배치를 실시함에 따라 종업원의 효과적 활용을 꾀한다.

(2) 능력개발 : 종업원의 보유능력 및 잠재능력을 평가하여 기업의 요청 및 종업원 각자의 성장기회를 충족시킨다.

(3) 공정처우(성과측정 및 보상) : 종업원의 능력 및 업적을 평가하여 급여, 상여, 승격 · 승진 등에 반영함으로써 종업원의 적정한 처우를 실시하여 의욕의 향상이나 업무성적의 증진에 도움을 준다.

(4) 인력계획 및 인사기능의 타당성 측정 : 기업의 장 · 단기 인력개발 수립에 요청되는 양적 · 질적 자료를 제공한다.

(5) 조직개발 및 근로의욕증진 : 인사평가를 통해 직무담당자의 직무수행상 결함을 발견하고 개선할 계기를 찾는다.

2 인사고과의 구성요건

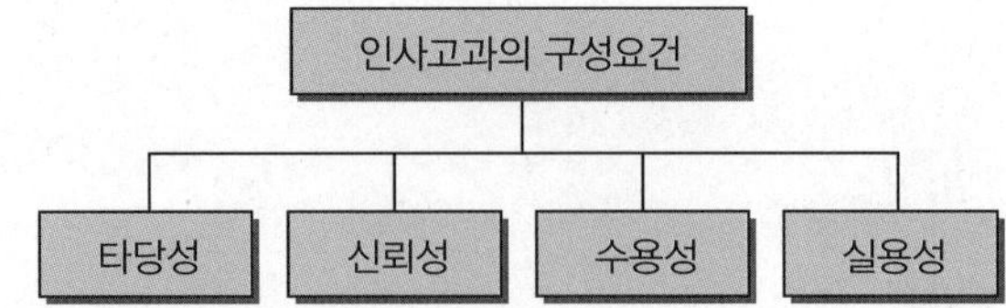

> 타당성이란 인사고과의 기준이나 절차가 얻고자 하는 목표를 제대로 달성할 수 있는지와 관련된다. 평가항목의 타당성은 평가항목의 구성 타당성과 평가자의 평가능력, 평가척도와 구성에 따라서 많은 영향을 받는다.

1. 타당성

(1) 저해요인 : 고과내용인 잠재능력, 성과, 적성 등을 모두 측정한 점수를 가지고 승진의사결정, 인센티브 결정 등 다목적으로 활용하는 경우 타당성이 훼손된다. 즉, 타당성 저해는 고과내용과 고과목적이 부적합할 때 발생한다.

(2) 극복방안 : 평가항목의 타당성을 높이기 위해서는 직무수행 내용과 과정을 반영하는 평가항목을 개발하여야 한다. 이를 위해 직무분석을 실시하여 직무수행상 필요한 자격요건을 추출한 뒤 평가항목으로 활용하여야 한다.

2. 신뢰성

(1) 저해요인 : 평가척도의 신뢰성 문제와 평가자의 오류 문제다.

(2) 극복방안

① 평가척도의 신뢰성을 제고하기 위해서는 평가항목을 일관성 있게 평가할 수 있도록 변별력을 높여야 한다.

② 평가자의 오류를 해소하기 위해서 평가담당자는 평가자별로 평가성향을 분석하여 잘못된 점을 지적해 주고 평가자 훈련에 반영하여 개선할 수 있는 지침을 제시해 주도록 한다.

> 신뢰성은 고과내용에 얼마나 정확하게 측정되어졌는지에 관한 것이다.

3. 수용성

(1) 저해요인 : 고과목적에 대한 피고과자들의 신뢰감 상실과 고과제도에 대한 정보부족 등이 있다.

(2) 극복방안 : 인사고과제도 개발 시 종업원 대표를 참여시키고 고과자 교육실시를 강화하며 고과목적과 필요성에 대한 종업원 교육을 실시한다.

> 수용성은 인사고과제도나 평가 방법에 대해 피고과자들이 적법성과 필요성을 인식하며, 고과결과가 활용되는 고과목적에 동의하는 정도를 말한다.

4. 실용성

인사고과는 종업원 간 성과 차이가 의미 있게 나타나야 하며 고과자가 쉽게 이해할 수 있고 고과에 소요되는 시간도 적절하며 비용보다는 편익을 가져다주어야 한다.

> 실용성이란 고과제도를 도입하는 것이 의미가 있는가라는 비용－편익에 관한 것이다.

기출문제

다음 중 효과적인 인사고과의 요건에 해당하지 않는 것은?

① 합리적인 평가기준을 설정하여야 한다.

② 구성원으로부터 요구되는 성과를 구체화하며 고과결과가 보상과의 상관성을 지녀야 한다.

③ 사람별로 세분화된 객관적이고 공정한 평가요소를 지녀야 한다.

④ 내재적 만족과 외재적 보상이 동기강화요인으로 작용할 수 있어야 한다.

정답 ③

해설 사람별로 세분되는 것이 아니라 모든 피고과자에게 공통적인 것이어야 한다. 즉 직무특성에 따라 업적, 능력, 태도 등의 고과요소가 다른 가중치를 가지고서 평가되어야 한다.

테마 5 인사평가의 방법

인사평가의 실시를 통하여 획득된 인적자원의 정보자료는 기업 내 종업원의 적정배치 및 이동, 승격, 승진, 이·퇴직 등 고용관리의 합리적 수행을 위한 기초자료 및 주요 기준으로 유효하게 활용된다.

서열법은 가장 간단한 평가제도로서 피평가자의 능력이나 업적의 정도를 평가자가 서로 비교하여 서열을 매기는 방법이다.

1 전통적 인사고과 방법

1. 서열법

(1) 서열법의 분류

① 단순서열법 : 평가자가 피평가자의 능력이나 업적을 총체적으로 비교하여 피평가자의 순서를 단순하게 결정하는 방법으로, 피평가자의 수가 적을 때에는 직관적으로 순서를 정할 수가 있지만 많을 경우에는 서열을 매기는 것이 쉽지 않다.

② 교대서열법 : 능력이나 성과가 가장 우수한 사람과 가장 못한 사람을 정하고, 나머지 중에서 그 다음으로 우수한 사람과 못한 사람을 정하는 방식으로 순차적으로 서열을 매겨 모든 피평가자의 서열을 정하는 방법이다.

③ 쌍대비교법 : 교대서열법보다 조금 더 정교하게 피평가자를 2명씩 짝지어 서로 비교한 결과를 토대로 전체 서열을 판정하는 방법이다.

(2) 서열법의 장단점

① 장점 : 일반적으로 평가가 용이하며 관대화 경향이나 중심화 경향과 같은 개인 간의 항상오차를 제거할 수 있다.

② 단점

- 평가대상자가 20 ~ 30명을 넘을 때에는 평정이 어려워지며 인원수가 너무 적을 때에는 순위를 매기더라도 별로 의미가 없다.
- 같은 직무의 범위에서만 적용할 수 있으며 부서 간의 상호 비교는 불가능하다.
- 평가가 순위만으로 표시되기 때문에 그 가치가 어느 정도 상이한가에 대한 양적 차이가 불명확하고 따라서 실제의 성적을 정확하게 표시할 수 없다.
- 평가가 구체적인 기준에 의하지 않고 있으므로 평가결과에 대하여 설득력이 부족하다.

평정척도법은 전형적인 인사고과 방법 중 하나로 종업원의 자질을 직무수행상 달성 정도에 따라 사전에 마련된 척도를 근거로 고과자가 체크할 수 있도록 하는 방법이다.

2. 평정척도법

서열법보다는 개선된 방법이지만 조건과 환경의 변화에 따라 다른 결과물이 나올 수 있기 때문에 사전에 준비된 척도로 인사고과를 평가하는 것은 불합리하다는 문제점이 있다.

3. 대조리스트

적당한 행동표준을 정해 놓고 피평가자를 평가하는 방법으로 신뢰성과 타당성이 높고 부서 간 상호비교가 가능하다.

강제할당법은 일정한 평가 단위에 속한 피평가자들의 평가 성적이나 등급을 사전에 정해진 비율에 따라 강제로 할당하는 방법이다. 예를 들면 수(10%), 우(20%), 미(40%), 양(20%), 가(10%)로 피평가자를 강제 할당하는 방법이다.

4. 강제할당법

(1) 피평가자들의 능력이나 업적이 강제 할당한 비율과 일치하지 않을 수도 있고 피평가자의 인원이 서로 다를 경우 할당 비율을 공정하게 지킬 수도 없다.

(2) 할당 비율을 반올림할 경우 평가단위 간의 할당이 불균등할 가능성이 높으므로, 소규모 평가단위를 대상으로 는 적용이 어렵다.

(3) 강제할당법은 평가자의 호의로 인해 정당한 평가가 방해받지 않기 위해 개발해 낸 방법이다.

2 현대적 인사고과 방법

1. 중요사건서술법(Critical incident appraisal)

(1) 장점

① 피평가자에게 피드백이 가능해 개발목적에 유용하며 피평가자의 직무태도와 업무수행능력을 개선하도록 유도하는 방법이다.

② 성과와 관련된 행동을 판단하고 어떠한 행동이 능력개발이나 승진 등에 중요하게 인정되는 행동인가를 명확히 해 준다.

(2) 단점

① 평가대상인 구성원의 중요행동을 기술하는 데 많은 시간이 소요되며 평가결과의 계량화가 곤란하기 때문에 비교와 서열화가 어렵다.

② 동료에 의한 기법보다는 감독자에 의한 기법으로 사용되고 이때 감독자는 평가보다는 보고인 역할을 한다.

2. 행동기준고과법(BARS ; Behaviorally Anchored Rating Scales)

(1) 평가방법의 개발이 복잡하고 많은 비용이 들기 때문에 소규모기업에는 맞지 않다.

(2) 평가기준으로 활용하는 행위 사례가 평가해야 할 내용을 모두 포함하기 어렵고 척도를 개발하는 과정에 주관적인 오류가 개입될 여지가 많다.

(3) 평가 시점에서 평가자가 판단하기보다는 일정 기간 피평가자의 근무행위를 지속적으로 관찰한 결과를 통해 평가하는 것이 바람직하지만 현실적으로 어렵기 때문에 평정상의 오류가 발생한다.

3. 목표관리법

(1) 목표관리법에서 목표는 실현가능한 것이어야 하며 목표관리에 의한 인사고과는 목표의 설정, 목표 달성 활동, 목표 달성에 대한 평가 등 크게 3단계로 이루어진다.

(2) 목표관리는 상사와 부하가 협조하여 목표를 설정하고 그러한 목표의 진척상황을 정기적으로 검토하여 진행시켜 나간 다음 목표의 달성 여부를 근거로 평가하는 제도를 의미한다.

4. 인적평정센터법

중간관리층을 최고경영층으로 승진시키기 위한 목적이며 다른 고과방법에 비해 가장 많은 비용과 시간이 소비된다.

> 중요사건서술법은 기업목표 달성의 성패에 미치는 영향이 큰 중요한 사실을 중점적으로 기록, 검토하여 피평가자의 직무태도와 업무수행능력을 개선하도록 유도하는 평가방법이다.

> 행동기준고과법
> 1. 목표달성의 유효한 행위를 구분해 주고 개발목표를 강조한다.
> 2. 직무수행의 과정과 성과를 담당할 능력이 있는 고과자가 필요하다.
> 3. 관찰 가능한 행위를 확인할 수 있으며 구체적인 직무에 관해 적용이 가능하다.

> 목표관리는 피터 드러커(Peter Drucker)가 소개한 이후 일종의 경영 철학으로 자리 잡고 있다.

기출문제

다음 인사고과에 대한 내용 중 가장 옳지 않은 것은?

① 서열법이란 사전에 정해 놓은 비율에 따라 피고과자를 강제로 할당하여 고과하는 방법이다.

② 자존적 편견이란 자존욕구로 인하여 성공한 것은 내적으로 귀인시키고 실패한 것은 외적으로 귀인시키려는 오류를 말한다.

③ 현혹효과란 고과자가 피고과자의 어느 한 면을 기준으로 다른 것까지 함께 평가해 버리는 경향을 의미한다.

④ 인사고과 시 강제할당법을 사용할 경우 규칙적 오류를 예방할 수 있다.

정답 ①

해설 ①은 강제할당법에 관한 설명이고 서열법은 피고과자의 능력과 업적에 대해 순위를 매기는 방법이다.

테마 6 인사평가상의 오류

1 오류의 유형

1. 현혹(후광)효과(Halo Effect)

한 분야의 피평가자에 대한 호의적 또는 비호의적인 인상이 다른 분야에서 그 피평가자에 대한 평가에 영향을 미치는 것이다. 이는 피평가자의 어느 특성에 대해 '대단히 우수하다'는 인상을 받게 되면 다른 특성들도 '대단히 우수하다'고 평가해 버리는 경향을 말한다.

2. 상동적 태도(Stereotyping)

피평가자들이 속한 집단의 한 가지 범주에 따라 판단할 때 나타날 수 있는 오류다. 즉, 그들이 속한 집단의 특성에 근거하여 사람을 판단하는 것을 말한다. 이에 반해 현혹효과는 피평가자 개인이 가진 하나의 특성에 근거한 것이다.

3. 관대화 경향(Leniency errors)

관대화 경향이 발생하는 원인은 상사–부하 간 부정적인 경과를 회피하기 위한 것과 평가자의 인상관리를 위한 것, 평가자의 개인적인 요인(심리상태 및 특성), 평가자와 피평가자 간의 관계 요인, 피평가자에 대한 책임정도 등에 따라 영향을 받는다.

> 관대화 경향은 피평가자의 실제 업적이나 능력보다 높게 평가하는 것으로 정의되며, 이와 반대로 실제보다 낮게 평가하는 것을 엄격화 경향이라고 한다.

4. 중심화 경향(Central tendency errors)

피평가자들을 모두 중간점수로 평가하려는 경향이다. 이 오류는 평가자가 잘 알지 못하는 평가 차원을 평가하는 경우, 중간점수를 부여함으로써 평가행위를 안전하게 하려는 의도에 의해 발생하는 오류라고 할 수 있다.

5. 논리적 오류(Logical errors)

평가자가 평소에 가진 논리적인 사고에 얽매여 임의적으로 평가해 버리는 경우다. 이는 각 평가요소 간 논리적인 상관관계가 있는 경우 비교적 높게 평가된 평가요소가 있으면 다른 요소도 높게 평가하는 경향을 말한다.

6. 근접 오류(Proximity errors)

인사평가표상에서 근접하고 있는 평가요소의 평가결과 혹은 특정 평가 시간 내에서의 평가요소 간의 평가결과가 유사하게 되는 경향이다. 시간적으로 근접해 있으면 앞의 결과에 영향을 받기 쉽다는 것이다.

7. 연공 오류(Seniority errors)

피평가자의 학력이나 근속연수, 연령 등 연공에 좌우되어서 발생하는 오류다. 예를 들어 학력이 대졸자와 중졸자가 있을 때, 전자를 더 높게 평가해 버리는 경향을 말한다. 연공오류는 특히 우리나라의 근무평정에 있어서 많이 발생하는 오류다.

8. 시간적 오류(Recency errors)

평가자가 피평가자를 평가함에 있어서 쉽게 기억할 수 있는 최근의 실적이나 능력중심으로 평가하려는 데서 생기는 오류다.

9. 이미지 평가 오류

부하에 대한 선입관이나 이미지로 평가해 버리는 경향을 말한다. 예를 들면 'A 씨는 원래 업무에 대한 지식이 풍부하기 때문에 이번에도 높은 실적을 올렸을 것이다'라고 평가해 버리는 오류다.

10. 극단화 오류

평가가 평가 단계의 최상위, 혹은 최하위에 집중해 버리는 오류다.

11. 대비 오류

직무 기준과 직무 능력 요건이 말한 절대기준이 아닌 자신에 기준을 두어 자신과 부하를 비교하는 경우다.

2 인사평가의 오류별 대처 방안

구분		내용	대처방안
신뢰성	평가자 신뢰성	평가자의 주관적 오류 : 관대화, 중심화 경향	강제할당법, 강제선택법 일부 적용, 오류가 적은 평가도구 개발, 고과자 훈련, 평가오류 제어 시스템 적용 등
	평가표 신뢰성	평가방법(척도법)의 평정오류	
타당성		개인자질 중심의 평가항목	직무분석 결과 활용, 기대직무행위, 핵심역량항목 개발
		평가항목의 점수와 비중	다중 회귀분석 등을 통한 비중 산출
절차의 공정성		승진중심, 입학방식 평가운영	보상결정 활용, 졸업방식 평가 운영
		오류가 많은 점수 조정 방법	조정 방법 개선
		2차, 3차 평가자 문제	1차 평가자 중심, 조정권 활용
		인사고과의 비공개	평가 결과의 공개, 이의제기 절차 확립
		평가자 훈련 부족	피평가자 면담 기술 확립

기출문제

신입사원들이 직장상사들 중에 자신에게 싫은 소리를 하지 않는 상사에게만 좋은 평가를 해 평가서를 본부에 제출하거나 직장상사가 자신에게 예의바르게 행동하는 직원들에게만 후한 인사평가를 하는 지각오류와 가장 관련이 있는 것은?

① 대조(대비)효과 ② 현혹(후광)효과
③ 자존적 편견 ④ 처음효과

정답 ②

해설 현혹(후광)효과 : 한 분야에 있어서의 피평가자에 대한 호의적 또는 비호의적인 인상이 다른 분야에 있어서의 그 피평가자에 대한 평가에 영향을 미치는 것을 말한다.

테마 7 인적자원의 모집

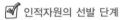

인적자원의 선발 단계

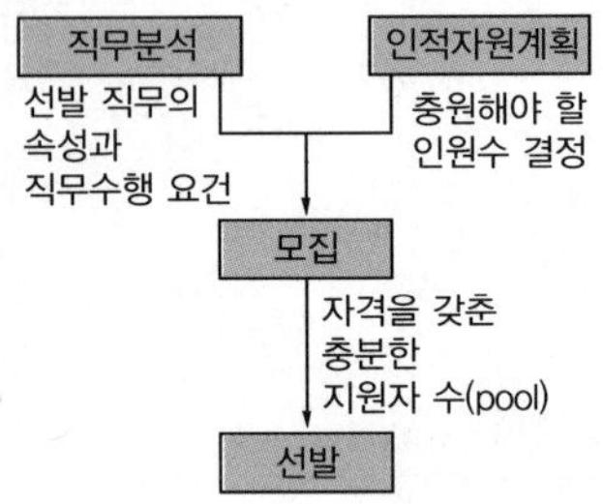

1 모집의 의의

모집 활동은 선발의 대상이 될 수 있는 자격을 갖춘 지원자를 발굴하고 유인하는 인적 자원 관리 과정이다. 기업이 필요로 하는 인적 자원이 내부의 공급원에 의해서 공급되는 것을 내부모집, 외부의 공급원에 의해서 공급되는 것을 외부모집이라고 한다.

2 모집에 영향을 미치는 요인

1. 기업의 이미지

기업의 복지정책, 사회적 공헌활동, 높은 시장점유율, 존경받는 최고경영자의 존재, 인기 있는 스포츠 팀의 존재 등이 있다.

2. 직무의 매력도

과거와는 달리 요즘 신입사원들은 실제로 맡게 될 직무의 매력도가 모집에 응하는 중요한 요소가 되고 있다.

3. 기업의 정책

직급파괴를 통한 수평조직, 능력위주의 성과급 실시 등 능력주의와 파격적 보상, 경력개발, 파격적 발탁승진 등이 있다.

3 내부모집과 외부모집

1. 내부모집

공석이 생겼을 때 기존의 내부직원이 승진, 부서이동, 직무이동을 통해 공석을 채울 수 있도록 제도화되어 있는 경우를 말하며 방법으로는 사내공모제도(job posting)가 있다.

2. 외부모집

공석이 생기면 기업 외부의 노동시장을 통해 적임자를 모집하여 공석을 채우는 방법을 말하며 매체광고, 고용 에이전시, 교육기관, 전문협회 및 학회를 통해 모집을 하는 경우가 많다.

3. 장단점 비교

구분	내부모집	외부모집
장점	• 승진기회 확대와 동기부여 • 모집에 드는 비용 저렴 • 모집에 소요되는 시간 단축 • 내부인력의 조직 및 직무지식 활용 가능 • 외부인력 채용의 리스크 제거 • 기존 인건비 수준 유지 가능 • 하급직 신규채용 수요 발생	• 인재선택의 폭이 넓어짐. • 외부로부터 인력이 유입되어 조직분위기 쇄신 가능 • 인력수요에 대한 양적 충족 가능 • 인력유입으로 새로운 지식, 경험 축적 가능 • 능력과 자격을 갖춘 자를 채용함으로써 교육훈련비 감소

단점	• 인재 선택의 폭이 좁아짐. • 조직의 폐쇄성 강화 • 부족한 업무능력 보충을 위한 교육훈련비 증가 • 능력주의와 배치되는 패거리문화 형성 • 인력수요를 양적으로 충족시키지 못함(내부승진으로 일정수의 인력 부족).	• 모집에 많은 비용 소요 • 모집에 장시간 소요 • 내부인력의 승진기회 축소 • 외부인력 채용으로 실망한 종업원들의 이직가능성 증가 • 조직분위기에 부정적 영향 • 외부인력 채용으로 리스크 발생 • 경력자 채용으로 인건비 증가

4 사원추천 모집제도

1. 사원추천 모집제도의 의의

종업원 공모제도라고도 하며 직장 내 공석이 생겼을 때 현직 종업원이 적임자를 추천하도록 하여 신규직원을 채용하는 제도다.

2. 사원추천 모집제도의 장단점

장점	단점
• 모집비용 절감을 통한 경제적 이익 • 직원들의 자질유지 가능 • 선발에 걸리는 시간 단축 • 이직률도 낮고 기업문화에 적응도 높음. • 기존 직원들의 동기부여와 사기 측면에서 긍정적	• 학맥, 인맥에 근거한 파벌 조성 • 채용에 있어 공정성 확보가 어려움. • 취업기회의 원천적 봉쇄 • 피추천 후보자가 채용면접에서 탈락하는 경우 추천자의 반발 및 사기 저하

기출문제

내부모집과 외부모집에 대한 내용 중 잘못된 것은?

① 내부모집 시 채용비용의 절감 효과가 있다.
② 내부모집 시 직원들에게 신선한 충격을 줄 수 있다.
③ 외부모집 시 인력개발의 비용을 절감할 수 있다.
④ 외부모집 시 부적격자 채용의 위험을 갖고 있다.

정답 ②

해설 외부모집의 경우에 조직 내부의 분위기에 신선한 충격을 줄 수 있다.

테마 8 인적자원의 선발

선발은 응모한 사람 가운데서 충원 요청에 따라 유자격자, 즉 직무요건 또는 직무명세서에 합치하는 사람을 채용하는 것이다. 이러한 선발 활동은 합리적인 절차에 따라 운용되어야 하며 선발의 기준에 신뢰성과 타당성이 있어야 한다. 모든 직종이나 직무에 대하여 동일한 기준과 방법을 적용하기보다는 직종이나 직무에 따라 서로 다른 선발기준과 방법을 동원하여야 한다.

1 선발 도구의 요건

기업에서 실시하는 선발이 합리적으로 운용되기 위해서는 선발방법의 신뢰성과 타당성이 유지되어야 한다.

1. 신뢰성

(1) 의의 : 동일한 사람이 동일한 환경에서 측정을 반복했을 때 그 측정결과가 동일한 정도를 의미하는 것으로 일관성을 나타낸다. 만약 선발도구가 신뢰하기 어렵다면 효과적인 선발을 기대할 수 없다.

(2) 신뢰성을 평가하기 위한 방법

① 시험-재시험방법 : 같은 사람에게 같은 내용의 측정을 시기를 달리하여 두 번 실행하고 두 번의 측정결과를 비교하여 신뢰성을 평가하는 방법이다.

② 대체형식방법 : 한 종류의 항목을 측정한 다음에 유사한 항목으로 다른 형태의 측정을 하여 두 측정 간의 상관관계를 살펴보는 것이다. 이때 두 항목은 난이도, 평균, 분산, 내용의 범위 등이 동등해야 하기 때문에 동일내용방법이라고도 불린다.

③ 양분법 : 측정 내용이나 문항을 반으로 나누어 측정한 후 양자의 결과를 비교하여 선발도구의 신뢰성을 평가하는 방법이다.

④ 내적일관성 : 동일한 측정을 위해 항목 간의 평균적인 관계에 근거한 신뢰도 측정방법은 내적일관성을 고려하는 것이다. 즉, 동일한 개념을 측정하기 위해 여러 개의 항목을 이용하는 경우 신뢰도를 저해하는 항목을 찾아내어 측정도구에서 제외시킴으로써 신뢰도를 높이는 Cronbach's alpha 계수를 이용한다.

⑤ 평가자 간 신뢰성 : 측정절차 중 그 대상이 사람일 때 우리는 그 일관성이나 신뢰성에 의심을 갖게 된다. 두 사람의 평가의 일관성을 어떻게 측정할 것인가? 라는 의문에 대한 답이 평가자 간 신뢰성이다.

2. 타당성

(1) 의의 : 측정도구가 당초에 측정하려고 의도하였던 것을 얼마나 정확히 측정하고 있는가를 밝히는 정도를 말한다.

(2) 타당성을 평가하기 위한 방법

① 기준관련타당성 : 예측치와 하나 또는 그 이상의 기준치를 비교함으로써 결정된다.

현재타당성	현직 종업원에 대하여 시험을 실시해서 그 시험성적과 그 종업원의 직무성과를 비교하여 타당성을 검사하는 것이다.
예측타당성	선발시험에 합격한 사람의 시험성적과 그들의 입사 후의 직무성과를 비교하여 타당성을 검사하는 방법이다.

② 내용타당성 : 측정하고자 하는 대상의 정의역을 측정도구가 얼마나 담고 있느냐를 나타내수는 척도다.

③ 구성타당성 : 추상적인 변인인 구성 개념의 측정과 관련된 것으로, 측정하려고 하는 구성 개념의 조작적 정의가 적절한가의 여부를 나타낸 것이다.

2 면접

1. 면접의 참가자 수에 따른 분류

구분	내용
집단면접	• 일대다로 진행하는 면접방식으로 집단별로 문제에 대해 자유토론하고, 면접자는 이를 관찰해 개인의 적격 여부 판정 • 다수의 응모자를 비교 · 평가 가능하며 시간을 절약할 수 있음.
위원회면접	• 다수의 면접자가 지원자에게 기자회견과 같은 방식으로 질문을 하여 진행 • 지원자의 심리적 부담으로 돌출적 행동의 가능성이 있음.

2. 면접의 일반적인 분류

구분	내용
정형적 면접	• 직무명세서를 기초로 미리 정해놓은 질문의 목록의 내용을 질문하는 방법 • 비정형적 면접은 질문의 목록 이외의 다양한 질문을 하는 방법
스트레스 면접	피면접자를 무시함으로써 피면접자를 평가하는 것으로 그 상황하에서 피면접자의 태도를 관찰하는 방법
집단토론 면접	면접관들이 다수의 지원자들에게 특정 주제를 주어 지원자들끼리 일정 시간 동안 토론을 하게 하고 면접관들은 토론 과정에서 지원자들의 토론을 벌이는 태도를 평가하는 방법
블라인드 면접	학력, 연령 등이 무시되고 능력이나 성과가 강조되면서 능력을 중심으로 선발하기 위한 방식
프레젠테이션 면접	지원자가 여러 개의 주제 중에서 하나를 골라 일정 시간 후 해당 주제에 대한 지원자의 견해를 서론, 본론, 결론으로 나누어 면접관에게 발표하는 면접
다차원 면접	지원자와 면접관이 회사 밖에서 하루 종일 함께 보내어 합숙생활이나 미션, 다양한 상황들을 지원자에게 주어 어울리는 과정을 평가하는 면접

☑ 면접은 대면하여 어떤 목적을 가지고 나누는 의미 있는 대화로 면접에 참여하는 사람들이 서로 수용하고 동의하는 어떤 특정한 의도적인 목적을 가진 대화다.

☑ 면접의 한계점

1. 현혹효과 : 면접자가 지원자의 어떤 특성에 과도하게 영향을 받을 경우, 모든 평가요소에 영향을 미치는 오류
2. 첫인상 : 최초의 대면에 의한 인상이 다른 요인에까지 영향을 미치는 오류
3. 일관성의 결여 : 면접자의 일관성이 결여된 질문에 의해 나타나는 오류
4. 편견 : 특정 학교 · 지역 · 종교 등에 대한 면접자가 가지고 있는 감정에 의한 오류
5. 부적절한 질문 : 직무와 관련 없는 질문을 함으로써 발생하게 되는 오류
6. 비구두적 커뮤니케이션 : 언어 이외 행동, 미소, 인상 등에 의한 평가 오류

기출문제

다음 중 면접에 관한 설명으로 알맞지 않은 것은?

① 집단 면접을 통해서 우열비교를 할 수 있다.
② 패널 면접은 다수의 면접자가 한 명의 피면접자를 평가하는 것이다.
③ 정형적 면접은 직무 명세서를 기초로 하는 것으로 미리 만들어 놓은 질문만 한다.
④ 스트레스 면접은 피평가자에게 편안하게 토론할 수 있는 분위기를 주어서 평가하는 방법이다.

정답 ④

해설 스트레스 면접은 압박 면접이라고도 하며, 평가자에게 무시를 당한다는 생각이 들 정도로 공격적인 질문을 해서 그 상황에서 피평가자의 위기 대처 능력과 인내심 등을 평가하는 면접방법이다.

> 교육훈련이란 기업이 추구하는 목적을 효과적으로 달성하기 위하여 종업원의 지식과 기능을 변화시켜 그들이 맡은 바 직무를 효과적으로 수행할 수 있도록 돕는 조직적 활동을 말한다.

테마 9 교육훈련

1 교육훈련의 종류

1. 직장 내 교육훈련(OJT)

(1) OJT의 내용

① 부여받은 직무를 수행하면서 직속상사와 선배사원이 담당하는 교육훈련이다.

② 훈련과 생산이 직결되어 있어 경제적이고 강의장 이동이 필요하지 않지만 작업수행에 지장을 받을 수 있다.

(2) OJT의 장단점

장점	단점
• 훈련이 추상적이지 않고 실용적임. • 훈련을 받으면서도 직무를 수행할 수 있는 것 • 고도의 기술·전문성을 요하는 직책의 훈련에 적합 • 종업원의 습득 정도나 능력에 맞춰 실행 • 상사와 동료 간의 이해와 협조 정신을 높일 수 있음.	• 넓은 이해력을 증진시키는 데 부적합함. • 훈련을 담당하는 상관이 무능하면 실효를 거두기 어려운 점 • 일과 훈련 병행의 심적 부담 • 훈련 내용이 통일되지 못할 수 있음. • 잘못된 관행의 전수가 생길 수 있음.

2. 직장 외 교육훈련(Off-JT)

(1) Off-JT의 내용 : 실무 또는 작업을 떠나서 교육훈련을 담당하는 전문가 또는 전문스태프가 집단적으로 교육훈련을 실시하는 것이다.

(2) Off-JT의 장단점

장점	단점
• 전문가가 지도 • 다수종업원의 통일적 교육 가능 • 훈련에 전념할 수 있음.	• 작업시간의 감소 • 경제적 부담이 큼. • 훈련결과를 현장에 바로 쓸 수 없음. • 교육이 추상적이고 이론적이어서 현장과 괴리될 수 있음.

> 정보제시기법
> 1. 강의법
> 2. 통신교육
> 3. 시청각교육
> 4. 컴퓨터학습법

2 교육훈련의 방법

1. 회의식 방법

주제에 관한 각자의 견해, 지식, 경험 등을 발표하고 문제점들에 대해 토론하는 것이다.

2. 사례연구

실제사례를 선정하여 훈련 참가자들에게 소개하고 토론하도록 함으로써 문제해결능력을 배양시키는 방법이다.

3. 역할연기(체험학습방법)

주제에 대하여 피훈련자로 하여금 실제로 경험하게 하는 훈련 방법이다.

4. 비즈니스 게임

모의 경영상태를 설정하고 게임을 통하여 경영상의 의사결정에 대한 훈련을 하는 방법이다.

5. 감수성훈련

대인관계 속에서 정신적인 갈등이나 대립의 해결과정을 통해 자기통찰, 감수성의 개발이 촉진되고 상황에 적합한 태도·행동을 취할 수 있도록 본인의 능력을 개발함을 목적으로 한다.

3 교육훈련 평가대상 및 방법

1. 평가단계의 내용

단계	분류	내용	평가방법
1	반응 : 교육훈련	자체의 평가훈련 프로그램의 내용과 프로세스	질문지, 면접, 간담회
2	학습 : 교육훈련	학습내용의 이해와 습득	테스트, 과제, 실습, 강사 및 상사의 의견서, 면접
3	행동 : 행동평가	태도 및 행동의 변화	실습보고서, 과제보고서, 실습개선보고서
4	결과수준 : 실적평가	실적의 향상	생산 및 실적자료 개선보고서, 간담회

2. 교육훈련평가의 4단계

(1) 반응 : 참가자가 그의 교육훈련을 어떻게 생각하는가?
(2) 학습 : 어떠한 원칙, 사실, 기술을 배웠는가?
(3) 행동 : 교육훈련을 통하여 직무수행상 어떠한 행동의 변화를 가져왔는가?
(4) 결과수준 : 교육훈련을 통하여 비용절감, 품질개선, 생산증대 등에 어떠한 결과를 가져왔는가?

기출문제

다음에서 설명하는 교육제도는 무엇인가?

업무시간 중에 실제 업무를 수행하면서 직속상사로부터 직무훈련을 받는 것으로 직무를 수행하면서 동시에 교육을 수행할 수 있다.

① 종업원지주교육 ② 업적관리
③ 직장 내 교육 ④ 직장 외 교육

정답 ③

해설 직장 내 교육 : 일상업무활동 중 상황에 따라 일하는 방식이나 업무 지식 등을 교육하고 단계적으로 능력계발을 행하여 인재를 육성하는 방법

테마 10 임금수준

임금수준은 종업원 1인에게 지급되는 임금의 평균 높이를 말하며 임금베이스라고도 한다.

1 임금수준의 의의

기업에서 지급되는 임금총액을 종업원 수로 나누면 1인당 평균노무비가 계산되는데 이것을 임금수준이라 한다.

2 임금수준 결정요인

1. 임금수준 결정요인의 프레임워크

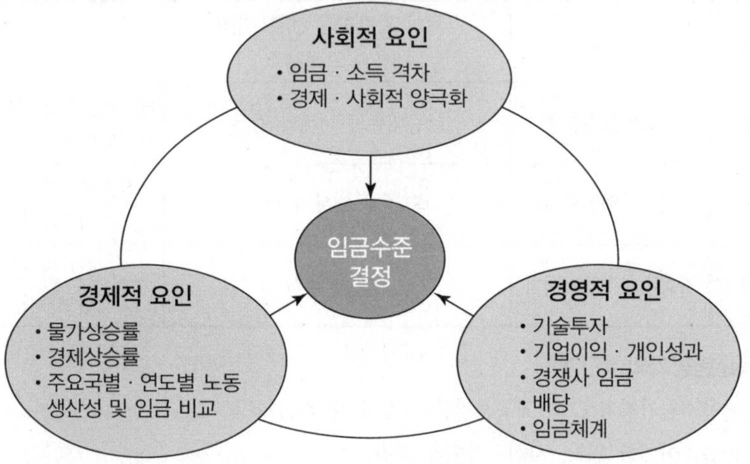

임금인상률의 높고 낮음의 범위를 평가할 때 '명목가치 기준 노동생산성과 임금인상률' 혹은 물가상승률을 반영한 '실질가치 기준 노동생산성과 임금인상률'을 주로 사용한다. 그리고 경제성장률을 나타내는 'GDP 증가율 대비 임금 인상률' 역시 자주 사용하는 지표다.

2. 임금수준의 결정요인

(1) 경제적 요인 : 경제성장률, 물가상승률, 노동생산성 등을 기초자료로 활용한다.

(2) 사회적 요인

① 기업내부의 미시적 차원에서는 임금 격차와 불평등, 나아가 사회 · 경제적 수준, 즉 거시적 수준에서는 소득 및 경제 불평등과 양극화와 관련되어 있다.

② 임금 격차 및 소득 · 경제 불평등이 사회적 효용성과 경제적 효용성 측면에서 정도에 따라 긍정적인 역할 혹은 부정적인 역할을 수행할 수 있다.

(3) 경영적 요인

① 기업의 지속가능성의 관점에서 중요하게 간주되는 변수들이 포함된다(예 미래발전을 위한 기술투자, 경쟁력 확보를 위한 원가 절감, 근로자들의 동기부여, 기업 가치와 투자유치를 향상시키는데 기여하는 배당 등).

② 최근에 중요성이 강조되고 있는 요인으로는 재무적 요인이라 할 수 있는 배당이 있다. 이익 중 배당으로 지출되는 부분이 커질수록 유보이익이 줄어들고 이는 외부 자본의 유입과 이자 비용 증가를 초래하고 이자 비용의 증가는 비용으로서 임금의 지출을 압박하는 요인이 된다.

③ 배당과 임금 간의 관계 : 역비례 관계에 있다고 볼 수 있으며 배당은 투자유치에 긍정적인 영향을 끼치기 때문에 기업의 존속과 고용 유지 및 증대가 가능하다.

(4) 생계비 수준 : 종업원의 생계를 유지하고 생활을 보장할 수 있는 수준이 되어야 하는데 측정 방법과 내용에 따라 실태생계비와 이론생계비로 나눌 수 있다.
 ① 실태생계비 : 가계조사에 의하여 실제로 생계비에 발생한 지출액으로, 실태생계비는 이론생계비보다 낮게 나타나기 때문에 기업 측에서는 이것을 기준으로 노조와 교섭하는 것이 일반적이다.
 ② 이론생계비 : 근로자가 생활을 유지하는 데 필요한 소비내용을 이론적으로 결정하고 그것에 각 품목의 적정가격을 곱하여 얻은 금액으로, 이론생계비는 실태생계비보다 높게 나타나며 노조 측에서 기업측과 임금교섭을 할 때 사용한다.

(5) 사회일반의 임금수준 : 같은 지역, 같은 업종, 동일규모의 업체와 임금수준에 있어 균형을 맞추어야 하며 낮은 임금수준을 유지한다면 종업원 획득이 어렵고 생산성 향상을 기대하기 어렵지만 기업의 지불능력과 관련하여 고려되어야 한다.

〈임금결정에 관한 경제학 이론과 지표〉

임금과 관련된 경제학 이론	경제적 지표
한계생산성 이론	• 산업별 · 연도별 생산성 대비 임금수준 • 국가별 · 산업별 생산성 대비 임금수준
생계비 이론	최저생계비(4인 가구 기준)
실업과 임금의 관계	실업률, 경제활동참가율
임금-인플레이션의 나선형 운동	물가지수 및 물가상승률
경제성장률과 임금 사이의 관계	• 연도별 1인당 GDP 상승률 • 주요국의 제조업 단위노동비용 관련 지표 증가율
단체교섭 및 노조효과	• 노사단체의 임금인상 제시율과 요구율 • 노동조합의 존재여부와 그에 따른 임금수준 • 노동조합 조직률

기출문제

기업의 임금수준을 결정할 때 고려해야 할 요소로 가장 거리가 먼 것은?

① 기업의 자본가동 능력 ② 경쟁자의 임금 수준
③ 근로자의 평균 근무연수 ④ 정부의 정책이나 법규

정답 ③

해설 임금수준(pay level)이란 사용자에 의해 종업원들에게 지급되는 평균임금률(임금액의 크기)를 말한다.

테마 11 임금체계 – 연공급과 직능급

✔ 임금이란 금전적 형태의 보상으로 사용자가 근로의 대가로 근로자에게 임금, 봉급, 그 밖의 어떠한 명칭으로든지 지급하는 일체의 금품을 말한다.

1 임금체계의 개념

1. 임금체계의 의의

임금체계란 임금이 결정 또는 조정되는 기준과 방식, 즉 임금결정체계를 말하며 흔히 호봉급, 직무급, 숙련급 등으로 부르는 것들이다. 넓게 보면 임금을 구성하는 항목들이 어떻게 전체 임금을 구성하고 있는지에 대한 임금구성체계도 임금체계에 포함될 수 있다. 따라서 임금체계라고 하면 임금결정체계와 임금구성체계를 합하여 부르는 것이 일반적이다.

2. 임금체계의 결정기준

임금체계 중에서 임금관리에 가장 큰 영향을 미치는 것이 기본급이므로 임금체계 결정기준은 기본급을 어떠한 기준으로 결정하는가이다.

구분	내용
필요기준	개별적인 임금결정이 연령, 학력, 근속 등과 같은 속인적 기준에 의해 임금이 결정되는 것
직무기준	직무가 지니고 있는 중요도, 책임도, 곤란도, 복잡도 등에 의하여 직무가치가 평가되고 이에 따라 임금을 결정하는 것
능력기준	직무를 수행하는 데 필요한 직무수행능력으로 직무수행능력의 크고 작음에 따라 임금이 결정되는 것
성과기준	같은 직무를 수행하더라도 개인별 생산능률에 따라 임금을 지급하는 것

2 연공급과 직능급

✔ 승급이란 일정한 재직 기간의 경과 혹은 달리 정해진 규정에 의해 현재의 호봉보다 높은 호봉으로 올라가는 것을 말한다.
정기승급은 일정한 기간이 경과하면 정기적으로 이루어지는 것이며, 특별 승급은 업무실적이 탁월하여 인사상 특전으로 이루어진다.

1. 연공급(호봉제)

(1) 연공급의 의미

① 근속이나 나이 등의 연공적 기준으로 승급하고 고정적인 상여를 지급하는 임금체계를 의미한다.

② 우리나라의 지배적인 임금체계이고 과거 일본 역시 연공급이 주된 임금체계였으나 미국, 유럽 등 서구에서는 찾아보기 어렵고 공공부문의 일부 직종 등 매우 제한적으로만 존재한다.

③ 임금인상이 주로 연공성(경력, 근속년수 등)에 따라 이루어지는 체계를 총칭하는 것으로 근속년수별 자동 호봉승급을 지칭하는 호봉급과는 구별될 수 있다. 또한 엄밀히 말하면 연공급은 임금의 기본적 부분을 결정하는 요인에 따른 분류인 임금결정체계라기보다는 임금을 조정(인상)하는 체계로 볼 수 있다. 그러나 우리나라의 연공급은 거의 호봉급 체계를 가지고 있으므로 편의상 같은 의미로 사용하기로 한다.

(2) 연공급의 장단점

장점	단점
• 생활보장으로 기업에 대한 귀속의식의 확대 • 연공존중의 유교문화적 풍토에서 질서확립과 사기 유지 • 폐쇄적 노동시장하에서 인력관리 용이 • 실시가 용이함. • 성과평가가 어려운 직무에의 적용이 용이함. • 임금인상이 근로자의 생계비 상승 속도와 친화적 • 단순명료하며 안정성이 매우 높음.	• 동일노동에 대한 동일임금실시가 곤란함. • 전문기술 인력의 확보가 곤란함. • 능력 있는 젊은 종업원의 사기저하 • 장기근속 근로자의 고임금화 현상으로 인건비 부담 가중 • 소극적인 근무태도

2. 직능급

(1) 직능급의 의미

① 일을 수행하기 위해서 필요한 특정 지식이나 기술 혹은 역량을 평가하여 보상을 결정하는 임금체계를 말한다.

② 종업원이 직무를 통하여 발휘하고 또 발휘할 것으로 기대되는 직무수행능력을 기준으로 결정하는 것이다(동일능력 동일임금).

(2) 직능급의 장단점

장점	단점
• 능력주의 임금관리 실현 • 유능한 인재를 계속 보유할 수 있음. • 종업원의 성장욕구 충족기회 제공 • 승진정체 완화 • 개인 간 경쟁 유발	• 직급이 높은 근로자의 고임금화 현상을 유발하여 임금 부담이 증가됨. • 능력평가가 형식적으로 이루어질 경우 연공급과 다를 바 없음. • 적용할 수 있는 직종이 제한적임(직능이 신장될 수 있는 직종에만 적용 가능). • 직무가 표준화되어 있어야 적용 가능 • 직능평가에 어려움이 있음.

✔ 직능급은 성장이 정체되고 승진 정체가 발생하기 시작한 기업 또는 개인의 능력 향상과 생산성 향상이 필요한 기업, 개별관리로 집단주의 문화를 변경할 필요가 있는 기업에서 도입하는 것이 바람직하다.

기출문제

다음 중 직능급의 단점으로 알맞지 않은 것은?

① 전문인력 확보에 어려움을 겪는다.
② 직무수행능력을 파악하기가 힘들다.
③ 능력개발에 치중한 나머지 업무를 소홀히 할 수 있다.
④ 능력에 따른 임금격차로 인해서 근로자가 의욕을 상실할 수 있다.

정답 ①

해설 전문인력 확보에 어려움을 겪는 것은 직능급이 아니라 연공급이다. 연공급은 고용안정의 장점을 가지고 있기 때문에 소극적 근무태도나 능력개발의 소홀로 인해서 전문인력의 확보에 곤란을 가질 수 있다.

테마 12 임금체계-직무급과 성과급

1 직무급

1. 직무급의 의미

(1) 개별 직무의 상대적 가치에 따라 직무 등급을 도출하고 직무 등급에 기반하여 기본급을 결정하는 임금체계를 말한다. 모든 직무의 내용과 중요도, 난이도 및 근무환경 조건 등을 측정하는 직무분석을 통해 직무평가로 상대적 가치를 평가하여 임금을 결정한다.

(2) 직무 단위로 임금을 결정하므로 같은 직무를 수행할 경우 어느 근로자가 수행하더라도 같은 임금을 지급하며 기본적으로 정기 승급제도가 없고 같은 일을 하고 있는 동안은 임금상승이 없다.

직무급은 시장임금가치를 반영하기 때문에 생산성을 초과하는 고비용이 발생할 가능성이 적으므로 고령화 정도가 심하거나 연공성으로 인한 인건비 부담이 많은 기업이 도입하기에 적합하다.

2. 직무급의 분류

(1) 단일직무급 : 직무나 직무등급의 임금 수준을 정하고 고정액을 지급하는 형태다.

(2) 범위직무급 : 유사한 가치를 지닌 직무를 그룹화하여 등급화하고 임금 구간을 정해 평가결과에 따라 차등 지급하는 형태로 일반적으로 가장 많이 쓰인다.

1. 과업 : 최소단위로서 근로자에게 배분되는 업무를 지칭하며 상호 밀접하게 연관되어 있는 과업을 묶은 것이다.
2. 직위 : 한 사람이 수행하는 모든 업무의 집합으로 근로자가 10명이면 직위도 10개다.
3. 직무 : 일의 내용과 수준이 비슷한 직위를 묶은 것이다.

3. 직무급의 장단점

장점	단점
• 능력주의 인사풍토 조성 • 인건비의 효율성 증대 • 개인별 임금격차 불만의 해소 • 동일노동에 대한 동일임금 실현 • 장기근속으로 고임금화되는 현상을 억제 • 직무성과 향상 • 단순명료하며 안정성이 매우 높음.	• 평가를 공정하게 실시하기 어려움. • 학력, 연공주의 풍토에서 오는 저항 • 임금수준이 낮을 때 적용이 어려움. • 노동의 자유이동이 수용되지 않는 사회에서의 적용이 제한적임. • 산업구조나 기술의 변화로 직무의 내용과 가치가 변할 경우 대응이 어려움. • 직무 이동 시마다 임금이 달라지기 때문에 다기능 인력 양성 곤란

2 성과급

1. 성과급의 의미

(1) 종업원이 달성한 성과의 크기를 기준으로 임금액을 결정하는 제도다. 그러나 순수하게 성과만을 기준으로 임금을 결정하는 경우는 현실적으로 별로 없기 때문에 성과급을 하나의 독자적인 임금결정체계로 보기는 어렵다.

(2) 성과급은 임금의 결정 측면보다는 조정 측면에서 활용되는 경우, 즉 임금조정(인상)을 성과에 따라 하는 경우가 일반적이다. 연공급, 직무급, 직능급, 역할급 등 다양한 임금체계하에서 임금조정 수단으로 성과급이 주로 또는 보완적으로 적용될 수 있는 것이다.

역할급
1. 역할급은 주로 일본에서 연공급 및 직능급의 대안으로 등장한 임금체계로서 직무와 성과를 강화한 것이다. 일본식 직무급으로 이해되고 있다.
2. 기본적으로 기업의 부가가치는 근로자의 역할과 성과에 의해 창출되는 것으로 보면서 우선적으로 역할등급을 정하고 역할등급별 임금구간을 설정한 후 역할에 대한 이행 정도, 즉 성과에 따라 임금이 최종 결정되는 체계다.

2. 성과급의 장단점

장점	단점
• 원가절감 • 동기유발 • 관리감독의 필요성 감소 • 생산활동 촉진, 장비의 효율적 활용 • 임금산정의 정확성	• 정신노동의 경우 성과측정이 어려움. • 결과(성과)만 기준하기에 상호 간 경쟁 • 성과측정 비용 • 노사 간 평가 마찰 • 개인의 불안정한 경제생활

3. 연봉제

(1) 사용자와 근로자가 계약에 의해 1년 단위로 봉급을 결정하는 제도로, 직무 중심으로 성과의 정도에 따라서 임금 수준을 결정하는 것이다.

(2) 연봉제는 성과급으로 조직 구성원의 능력과 성과에 따라서 차등 지불하는 탄력적인 임금체계이며 능력 위주의 인적 자원 확보에 용이하다.

〈기존의 임금제도와 연봉제 비교〉

기존 임금제도(연공서열제)		연봉제
사람 중심의 임금제도	➡	일 중심의 임금제도
연공에 의한 임금	➡	성과(공헌도)에 따른 임금
일의 양(노동시간) 기준 임금	➡	일의 질(성과) 기준 임금

장점	단점
• 성과주의 • 능력주의의 강화 • 경영자 의식의 배양 • 우수한 인재 확보 및 유지 가능 • 임금체계와 관리의 간소화 • 상하 간의 의사소통 원활화 • 평가의 공정성 제고	• 수입의 불안정으로 인한 불안감 증대 • 소속감, 충성심의 저하 • 결과 중시로 단기 업적 위주의 행동 증가 • 평가에 대한 신뢰성 문제 및 평가과정상 시간 소요 • 과도한 경쟁유발로 인한 조직 시너지 효과 감소

기출문제

임금과 복리후생제도에 대한 다음 설명 중 가장 옳지 않은 것은?

① 연봉제는 1년 단위로 개인의 실적, 공헌도 등을 평가하여 계약에 의해 연간 임금액을 결정하는 임금형태로 실적을 중시한다.

② 직무급은 담당자의 직무에 대한 태도와 직무적성, 직무성과에 따라 결정한다.

③ 순응임금제도는 물가, 판매가격 등 특정대상 기준을 정한 후 기준이 변함에 따라 자동적으로 임금률이 순응하여 변동하는 제도를 말한다.

④ 법정복리후생이란 종업원과 그들 가족의 사회보장을 위하여 법으로 보호해 주는 것을 의미한다.

정답 ②

해설 직무급은 직무의 난이도에 따라 보상이 결정되는 제도로 담당자의 직무에 대한 태도와 직무적성, 직무성과와 임금은 관계가 없다. 즉, 동일직무에 동일임금이다.

복리후생이란 종업원과 그 가족들의 경제적 안정과 생활의 질을 향상시키기 위해 임금이나 제수당, 그리고 상여금 이외에 제공되는 간접적인 제급부, 시설 및 제도 등을 의미한다. 이는 복지후생, 후생복리, 부가급여, 간접급여, 종업원복지, 비금전적 급여 등 여러 가지 명칭으로 불리고 있다.

테마 13 복리후생제도

1 복리후생의 개념

1. 복리후생의 의미

임금을 구성하고 있는 기본급과 수당, 성과급을 제외한 간접적인 모든 보상을 말한다. 종업원의 경제적인 안정과 그들의 생활의 질을 향상시키기 위한 간접적인 보상이다.

2. 복리후생 개념의 역사

(1) 복리후생에 대한 인식이나 실천은 인적 자원에 대한 시각과 더불어 변천해 왔다. 즉, 초기의 복리후생은 은혜적인 차원의 수혜로 여겨졌으나 최근에는 노사관계의 안정과 양호한 인간관계의 형성, 노동력 유지에 필수적인 것으로 여겨져 전체 보상에서 차지하는 비율도 점차로 증대하고 있다. 이제 복리후생은 노동의 조건과 밀접한 연관을 가지는 생활보조적인 기능을 하고 있다.

(2) 기업복리후생은 산업화의 산물이다. 과거 노동자들은 저임금, 장시간근로, 빈곤, 질병, 실업 등 열악한 근무환경 속에서 일했다. 로버트 오언(R. Owen)의 온정주의에 의한 경영이 기업복지의 초보적인 형태이며 오늘날은 사회보장의 일환으로 입법에 의한 법정제도의 성격을 가진다.

3. 복리후생과 임금의 비교

구별요소	임금	복리후생
보상형태	직접적 보상, 금전적 보상	간접적 보상, 비금전적 보상
보상체계	개별적 보상(차등지급)	집단적 보상(공동이용)
보상요구	필연적 요구	필요에 의한 요구
보상효과	• 기업 : 경제적 이윤 창출 • 종업원 : 소득, 효과	• 기업 : 사회적 이윤 창출(책임) • 종업원 : 심리적 만족감, 사회공동체의식 제고

2 복리후생의 체계

법정복리비	• 의료보험료 • 산재보험료 • 국민연금 • 고용보험료 • 퇴직금제도 • 임금채권보장기금 • 장애인고용촉진기금 • 건강검진 • 최저임금제 • 유급휴가(연월차) • 기타 법정복리비
법정외복리비	• 주거비용 • 의료보건비용 • 식사비용 • 문화, 체육 • 보험료지원 • 경조비지원 • 저축지원 • 학비보조비용 • 사내근로복지기금 • 보육비지원 • 근로자휴양비용 • 종업원지주제도 • 기타 법정외복리비 # 경제적지원 복리(공제, 금융, 융자, 육아 등), 보건위생지원복리(진료, 휴양, 상담 등), 생활안정지원복리(주택, 급식, 구매, 생활지도), 여가지원복리(여행, 휴가 등), 문화 · 체육지원복리(체육, 문화교양, 오락 등), 자기계발 · 교육지원복리(교육, 취미, 자원봉사 등), 기타 사회보장제도(집단보험, 사회보험 등)
현물급여	• 통근 정기승차권 • 회수권 • 자사제품 제공
모집비	• 신규채용비

교육훈련비	• 사내교육	• 사외교육	• 산업체 부설학교
기타노동비용	• 작업복	• 사보 발간	

3 선택적 복리후생제도

1. 선택적 복리후생제도의 개요

(1) 1963년 미국 캘리포니아대학 심리학자인 스탠리 낼리(Stanley M. Nealey)가 GE사를 대상으로 한 연구에서 처음 제시하였다(종업원 간 임금 복리후생의 선호도 차이 발생).

(2) 일반적으로 종업원 개인이 자신이 수혜받기를 원하는 복리후생의 내용이나 수혜정도를 선택할 수 있는 제도이다.

2. 선택적 복리후생제도의 도입배경

(1) 공공복지제도의 한계 : 사회보장 미흡

(2) 다양한 욕구충족 미흡 및 복지혜택 불균형 : 특정연령층이나 직급에 편중되는 경향

(3) 복리욕구의 선진화 : 의료서비스(안과, 치과서비스 등), 생명 · 상해보험

(4) 노령화와 새로운 복지수요 : 노후소득 보장(개인연금, 기업연금 등)

(5) 여성경제활동 참여증대 : 아동보육비용의 지원, 육아휴가 등

(6) 성과와 연계 필요성 : 임금과 복리후생 간의 경계 모호

(7) 본래 목적이 변질되거나 본연의 역할을 하지 못한 제도 수정 : 생활안정

(8) 생산적 복지의 실현 : 사회보험(국민기초 생활보장 : 건강보험, 실업보험, 산재보험 등)

(9) 생애위험에 기초한 보충적 복지 필요 : 재해(생명보험, 장기상해보험), 질병(추가 의료보험, 치과, 안과), 퇴직이후 생활(기업연금)

(10) 비용분담 필요 : 복리비용의 증대

3. 선택적 복리후생제도의 종류

모듈형	기업이 몇 개의 복리후생항목을 프로그램화하면 그중에서 하나를 선택
선택적 지출 계좌형	종업원 개인이 주어진 복리후생 예산범위 내에서 자유롭게 선택
선택항목 추가형	필수적인 것 외에 추가 항목의 선택을 주는 것

카페테리아식 복리후생제도는 선택적 복리후생제도로 자신에게 맞는 메뉴를 선택하는 새로운 복리후생제도다.

기출문제

다음 중 복리후생관리에 속하지 않는 것은?

① 임금　　② 각종보험금

③ 예금, 융자 등의 금융제도　　④ 교육비 지원

정답 ①

해설 복리후생이란 임금 이외의 간접적인 부가 혜택을 말한다.

테마 14 노사관계관리

노사관계란 임금을 지급받는 노동자와 사용자가 형성하는 관계로 오늘날 노사관계는 개별근로자가 아니라 노동조합이라는 집단과 경영자층과의 관계다.

1 노사관계의 기본구조

노사관계의 기본구조는 근로자(조합), 사용자, 정부가 상호영향을 주고받는 노 · 사 · 정 3자의 관계로 형성된다.

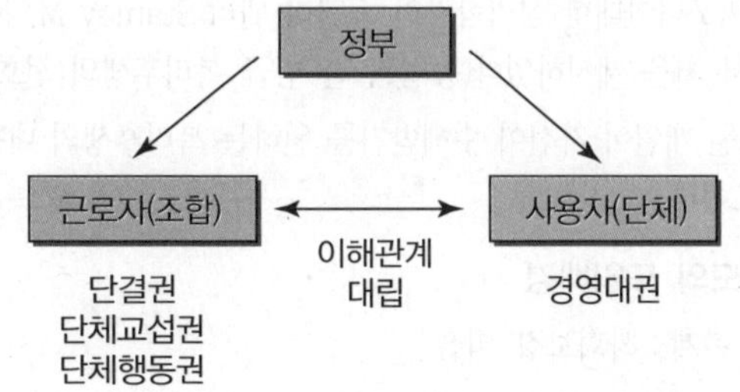

1. 사용자조직

기업체의 소유주, 조직에서 중간관리층이나 최고경영층에 종사하는 자, 사용자 조직의 이익을 도모하기 위한 각종 협회, 경제단체 등을 말한다.

2. 근로자조직(노동조합)

한국노총, 민주노총 산하에 수십 개의 산업별 노동조합 연맹과 단위노조가 있다.

3. 정부

노동문제와 관련이 있는 정부기관(노동 관련 각종 위원회)을 의미한다.

2 노사관계의 성격

노사관계는 대립적 관계와 협력적 관계의 양면성을 가지고 있으면서 수평적 관계와 수직적 관계가 복잡하게 얽혀 있는 속성을 지니고 있다.

1. 협조관계와 대립관계

(1) 생산과정에서 협조관계 : 생산과정에서 경영성과, 즉 파이를 키우는 일에 노사는 다같이 기업의 동반자로서 생산성 향상을 위하여 상호협력할 수밖에 없는 필연성을 지니고 있다.

(2) 성과분배에서 대립관계 : 분배과정에서 이루어 놓은 경영성과를 노사 간에 나누는 일로 '기여도에 따른 합리적 보상'의 적정성을 놓고 노사 간 대립하게 된다.

2. 종속관계와 대등관계

(1) 종업원은 근로자로서 종속관계 : 경영활동 속의 근로자 신분은 경영자와 종속관계로서 생산의 목적을 달성하기 위하여 근로자는 종업원으로서 경영자의 지휘 · 명령에 따라야 한다.

(2) 노동조합을 통한 대등관계 : 교섭 주체로서 노동조합신분은 사용자와 대등관계로 고용조건의 결정 · 운영 및 경영참여 등에서 대등한 관계가 법적으로 보장된다.

3. 경제적 관계와 사회적 관계

(1) 경제적 관계 : 노사가 경제적 목적을 달성하려는 점에서는 같다.

(2) 사회적 관계 : 구성원 간 친목과 협조를 통해 공동유대감을 형성한다.

3 노동조합

> 노동조합은 노동자가 자주적으로 단결하여 근로조건이나 작업조건 등에서 노동자의 경제적·사회적 지위의 향상을 도모함을 목적으로 조직하는 단체 또는 그 연합 단체다.

1. 노동조합의 기능

경제적 기능	가장 근본적인 기능으로 단체교섭, 경영참가 등
정치적 기능	압력단체로 정부정책 및 법류개정 등에 영향력 행사(노동시간, 사회보장 등을 구가 및 사회단체에 요구)
공제적 기능	조합원의 생활안정이 큰 목적으로 노동능력의 일시적인 또는 영구적인 상실에 대비하여 기금을 조성하고 그 기금으로 서로 돕는 상부상조 기능

2. 노동조합의 형태

직업별 노동조합	동일직종에 종사하는 노동자가 결성한 조합 형태
산업별 노동조합	노동 시장의 공급 통제를 목적으로 숙련, 미숙련을 불문하고 동종 산업의 모든 산업의 모든 노동자들을 하나로 조직하는 형태
기업별 노동조합	우리나라의 대표적인 노동조합 형태로 직능, 직종, 숙련도 등에 관계없이 기업에 고용된 근로자를 대상으로 조직하는 형태

3. 노동조합의 가입 방법

오픈 숍	• 노동조합에 가입된 조합원이나 가입하지 않은 비조합원 모두 채용 가능 • 노동조합의 가입여부는 노동자의 의사에 따라 결정
클로즈드 숍	조합원이 되어야만 고용 가능
유니온 숍	• 조합원, 비조합원 모두 채용 가능 • 일정 시간이 지나면 노동조합에 가입해야 함.
에이전시 숍	조합원, 비조합원 모두 노동조합에 조합비 납부를 요구
프레퍼렌셜 숍	우선 숍 제도라고도 하며 채용에 있어서 조합원에게 우선순위를 주는 제도
메인티넌스 숍	일단 단체협약이 체결되면 기존조합원은 물론 단체협약이 체결된 이후에 가입한 조합원도 협약이 유효한 기간 동안은 조합원자격을 유지해야 되는 제도

4. 조합비 징수 방법

우리나라의 대다수 노동조합에서 조합비 징수는 급여 계산 시 종업원의 월급에서 조합비를 공제하는 체크오프 시스템(check-off system)을 채택하고 있다.

기출문제

다음 중 클로즈드 숍(closed shop)에 대한 설명으로 알맞은 것은?

① 비조합원을 채용할 수 있다.
② 고용의 전제조건 중 하나가 반드시 조합원이여야 한다.
③ 회사에서 급여를 계산할 때 일괄적으로 조합비를 공제해서 지급한다.
④ 노동조합의 가입여부는 강요가 아니라 전적으로 노동자의 의사에 따라 결정한다.

정답 ②

해설 클로즈드 숍은 조합원만이 고용될 수 있다.

테마 15 단체교섭과 노동쟁의

단체교섭이란 노동조합과 사용자 또는 사용자단체가 노동자의 임금이나 노동시간, 그 밖의 노동조건에 관한 협약을 체결하기 위해 대표자를 통해 집단적 타협을 모색하고 협약을 관리하는 절차다.

1 단체교섭

1. 단체교섭의 의미

노동조합이 그의 조직을 토대로 하고 사용자 단체와 노동자의 임금이나 노동시간 등 기타 노동조건에 관한 협약의 체결을 위해 양측 대표자를 통해 집단적인 타협을 하고 체결된 협약을 이행하고 관리하는 절차다.

2. 단체협약

노동조합과 사용자 또는 사용자 단체가 임금 · 근로시간 및 기타 사항에 대하여 단체교섭 과정을 거쳐 합의한 사항을 서면으로 작성하여 체결한 협정이다.

노동쟁의는 노동조합과 사용자 또는 사용자단체 간에 임금 · 근로시간 · 복지 · 해고 기타 대우 등 근로조건의 결정에 관한 주장의 불일치로 인하여 발생한 분쟁 상태다.

2 노동쟁의의 유형

노동조합의 쟁의행위	사용자 측의 쟁의행위
시위, 파업, 태업, 근로자 측의 보이콧, 직장점거, 작업방해 등	직장폐쇄, 사용자 측의 보이콧

1. 노동조합의 쟁의행위

구분	내용
파업	근로자들이 단결하여 근로조건의 유지 · 개선이라는 목적을 달성하기 위하여 사용자에 대해서 집단적으로 노무의 제공을 거부할 것을 내용으로 하는 쟁의행위
태업	• 표면적으로는 작업을 하면서 집단적으로 작업능률을 저하시켜 사용자에게 손해를 주는 쟁의행위 • 외관상으로는 작업을 하지만 실제로는 작업을 하지 않거나 고의적으로 완만한 작업 또는 조잡한 작업을 하는 것
사보타주	태업의 적극적인 형태로서 단순한 태업에 그치지 않고 의식적으로 생산설비 등을 손상시키는 위법행위
준법투쟁	• 안전규정 등을 필요 이상으로 준수하거나 평소와는 다른 양태의 권리행사를 하여 기업운영의 능률을 떨어뜨리는 행위 • 국민은 법을 준수해야 하므로 준법 자체를 목적으로 하는 것은 정당하나 임금인상 등을 목적으로 법 규정의 형식적 준수를 주장하며 평소와 다른 노무제공을 하는 것은 태업에 해당 • 계약파업 경영진과 노조가 새로운 계약조건에 동의할 수 없어 발생
불매운동	• 소비자층이 특정 목적을 관철하기 위해 특정 상품의 구매를 거부하는 운동 • 노동조합의 불매운동은 불매동맹이라고도 하며 조합원이나 일반 시민에게 직접 쟁의의 상대가 되어 있는 사용주나 그와 거래관계에 있는 제3자의 상품구매를 거부하도록 호소하는 행위

직장폐쇄는 사용자가 자신의 주장을 관철시키기 위하여 근로자를 직장으로부터 집단적으로 차단하고 근로자가 제공하는 노무를 총괄적으로 거부하는 쟁의행위다.

2. 사용자의 쟁의 대항행위

(1) 직장폐쇄

① 직장폐쇄 조치는 노사 간에 분쟁이 있을 때에만 가능하며 사용자가 휴업수당 등을 지급하지 않으려고 직장폐쇄를 할 경우에는 인정되지 않는다.

② 직장폐쇄를 결정한 기업주는 즉시 관할 시 · 도와 노동위원회에 신고해야 하고 휴 · 폐업의 경우에는 관할 세무서에 신고하도록 되어 있다.

(2) 조업계속 : 근로계약관계에 있으면서 노동조합에 가입하지 않은 비조합원 근로자나 쟁의행위에 참가하지 않은 조합원 근로자 중에서 근로희망자를 활용하여 조업을 계속하는 것은 어느 규정에서도 금지하고 있지 않다.

(3) 외부근로자에 의한 대체근로 금지 : 사용자는 쟁의행위 기간에 중단된 업무를 당해 사업 내부의 근로희망 근로자로 대체하여 사용할 수 있으나 외부 근로자 또는 신규도급 및 하도급은 금지되고 있다

3. 노동쟁의 조정제도

(1) 조정 : 노동관계 당사자가 쟁의행위를 자주적으로 해결하도록 도와주고 주장의 차이를 좁힐 수 있도록 제안 · 추천 · 권고하는 조정절차로서 양 당사자에게 수락을 권고하는 방식을 취한다.

(2) 중재 : 조정과 달리 당사자를 구속하는 법률적 효력을 갖는다. 관계 당사자의 쌍방 또는 일방이 단체협약에 신청했을 때 그 절차가 개시되는 임의중재를 원칙으로 하고 있으나, 공익사업의 긴급조정의 경우에는 중앙노동위원회에 의한 강제중재를 결정할 수 있도록 규정하고 있다.

강제성을 띠는 것	강제성이 없는 것
• 긴급조정 : 쟁의행위가 국가나 국민에게 위험을 줄 수 있으면 노동부장관이 긴급조정을 할 수 있음. • 중재 : 당사자는 중재결과를 따라야 하며 중재 결정이 위법일 경우 중앙노동위원회에 재심을 청구 또는 행정소송 제기 가능	• 조정 : 노동위원회의 조정위원회에서 담당하며 조정안 수락을 권고하는 것 • 알선 : 분쟁당사자를 설득하여 관련 당사자 간의 토론에 의해 쟁의 조정을 하는 것

기출문제

다음 중 노동자 측의 쟁의행위에 해당하지 않는 것은?

① 파업 ② 태업
③ 불매운동 ④ 직장폐쇄

정답 ④

해설 직장폐쇄는 사용자가 근로자를 일시적으로 해고하는 것으로 사용자 측의 쟁의행위다.

테마 16 품질비용과 품질보증

조직 내의 각종 집단의 품질유지와 품질개선을 위한 노력을 통합·조정하는 일련의 계속적인 순환활동으로서 고객에게 만족을 줄 수 있는 품질의 제품을 가장 경제적으로 생산할 수 있도록 하는 것이 품질관리의 목적이다.

1 품질비용

1. 품질비용의 개념

제품 생산의 직접비용 이외에 불량 감소를 위한 품질관리와 활동비용을 기간 원가로 계산하여 관리하는 것을 말한다.

2. 품질비용의 종류

(1) 통제비용 : 불량을 제거하고 품질의 적합도를 높이기 위하여 발생하는 비용이다.

예방비용	재화나 서비스에 불량품질이 포함되는 것을 방지하기 위해 발생되는 비용(예 품질개선 프로그램, 훈련, 설계비용 등)
평가비용	재화나 서비스의 불량품을 제거하기 위한 검사비용(예 조사자, 검사장비, 검증 등)

(2) 실패비용 : 생산된 제품의 품질이 설계규격에 미달하거나 소비자의 만족감을 충족시키지 못했을 때 발생하는 비용이다.

내부실패비용	소비자에게 인도되기 이전에 발생하는 비용으로 폐기물 등에서 발생하는 비용(예 재작업비용, 문제해결, 작업 중단 등)
외부실패비용	소비자에게 인도되는 시점 이후에 발생하는 비용으로 제품 출하 후에 발생하는 비용(예 제품반송, 재작업비용, 벌금, 이미지 훼손 등)

2 품질보증

1. 품질보증의 의의

품질요구사항이 충족될 것이라는 신뢰를 제공하는 데 중점을 둔 품질경영(QM=QP+QC+QA+QI)의 일부로서 품질관리의 논리적 확장, 사전 예방(계획), 고객만족의 기본정신을 기본으로 한다.

2. 품질보증활동의 발전단계

검사중심 → 공정중심(on-line) → 설계중심(off-line) → 사회적 책임

검사에 의한 품질보증활동	⇨	• 전수 검사를 하여도 검사 미스 등으로 불량품 출하 • 전수 검사를 할 수 없는 것은 샘플링 검사
공정 관리에 의한 품질보증활동	⇨	• 품질은 제조공정에서 완전무결하게 만들어야 함. • 통계적 공정 관리 활동 • 자주 검사 활동
설계·개발 단계를 중요시하는 QA 활동	⇨	• 고객 Needs 파악 및 반영 • 품질 기능 전개, 설계 FMEA • 설계 심사
제조물 책임에 중점을 둔 QA 활동	⇨	• 결함 제품을 만들지 않기 위한 예방 활동 • 결함 발생 시 소송에 지지 않기 위한 방어 활동

3. 품질보증의 효과

고객 측면	• 소비자의 안전 확보 • 고객의 경제적 부담 감소 • 고객의 불만과 피해 감소 • 첫 구매 욕구에서 부담감을 줄여 줌. • 제품에 대한 바른 지식과 정보 제공 • 고객이 안심하고 제품 구매, 사용
생산자 측면	• 품질 부적합으로 인한 손실 감소 • 제품, 서비스 불만에 대한 품질개선 • 품질개선과 조직혁신, 경쟁력 증대 • 만족한 고객들의 반복구매, 신뢰도로 인한 경영목표 달성

4. 품질보증의 기능

(1) 품질방침의 설정과 전개

(2) 품질보증을 위한 방침과 보증기준 설정

(3) 품질보증 시스템의 구축과 운영

(4) 품질보증업무의 명확화

(5) 품질평가

(6) 설계품질 확보

(7) 생산 및 생산 후 단계에서의 품질보증

(8) 품질조사와 클레임 처리

(9) 품질정보의 수집과 해석, 활용

(10) 제조기간 중 품질보증활동의 총괄

품질관리

1. On-Line QC(라인 품질관리) : 공정 및 제품 관리(통계적 품질관리, 통제적 공정관리, 종합적 생산보전관리, 공정 모니터링 관리, 검사 및 측정)
2. Off-Line QC(라인 외 품질관리) : 공정 및 제품 설계(시스템 · 파라미터 · 허용차 설계), 실험계획법(DOE) 및 설계기법의 활용

기출문제

다음은 품질보증의 발전단계를 나타낸 것이다. (㉠)에 들어갈 내용으로 적절한 것은?

검사 중심 → (㉠) 중심 → 설계 중심 → 사회적 책임

① 제품관리　　② 공정관리

③ 구매관리　　④ 시장관리

정답 ②

해설 검사중심 → 공정관리 중심 → 설계 중심 → 사회적 책임

테마 17 전사적 품질경영

전사적 품질경영은 전략적 관점에서 기업 전체를 대상으로 기존 조직문화와 경영관행을 재구축함으로서 경영 전반과정의 품질향상을 통해 기업의 장기적인 경쟁우위를 확보하고자 하는 경영혁신기법이다.

1 전사적 품질경영(TQM ; Total Quality Management)의 개념

1. 전사적 품질경영의 의의

(1) 장기적인 전략적 품질관리를 하기 위한 관리원칙이다.

(2) 조직구성원의 광범위한 참여하에 조직의 과정 · 절차를 지속적으로 개선한다.

(3) 총체적 품질관리를 뜻하는 말로 고객만족을 서비스 질의 제1차적 목표로 삼는다.

2. 전사적 품질경영의 목적

(1) 과정 · 절차를 개선하도록 하고 직원에게 권한을 부여한다.

(2) 관리자에게 서비스의 질을 고객기준으로 평가하는 사고방식을 갖게 한다.

(3) 거시적 안목을 갖고 장기적 전략을 세우며 현상에 결코 만족하지 않도록 하는 심리적 압박을 가한다.

통계적 품질관리(SQC ; Statistical Quality Control) 생산부서 단위에서 각종 통계적 기법을 활용하여 제품의 균일성을 확보하고자 하는 기법

전사적 품질관리(TQC ; Total Quality Control) 사업부 단위에서 통계적 기법을 중심으로 카이젠을 통해 상품기획 · 개발부터 서비스까지 모든 부문에서 고객이 만족하는 품질과 서비스를 제공하고자 하는 기법

3. 전사적 품질경영의 특징

TQM은 환경적 격동성, 경쟁의 격화, 조직의 인간화, 탈관료화에 대한 요청, 소비자 존중의 요청 등 오늘날 우리가 경험하는 일련의 상황적 조건 · 추세에 부응 또는 대응한다.

2 TQM의 구성요소

1. 고객중심

모든 작업의 가치는 고객에 의해 결정된다. 고객이 품질을 평가하는 주체라는 사용자 중심의 인식이 퍼짐에 따라 품질의 현대적 정의는 고객기대의 충족 내지는 초과만족에 모아지고 있다.

2. 지속적 개선

고객의 요구 및 기대와 공정산출물의 차이를 개선하려는 노력이자 경영철학으로 기계, 자재, 생산방법 등에 있어서의 끊임없는 개선을 촉구한다.

3. 전원 참여

조직의 모든 계층 및 부문의 참여는 TQM을 성공적으로 실행하는 데 필요한 중요한 요소다. 모든 조직구성원이 적극적으로 참여함으로써 노력이 통합되며 문제해결과 품질개선에 기여하게 된다.

3 TQM을 통한 품질향상

1. 벤치마킹

특정 분야에서 우수한 상대를 표적 삼아 자기기업과의 성과 차이를 분석하고 이를 극복하기 위해 그들의 뛰어난 운영이나 프로세스를 배우고 이를 향상시켜 성공비결을 찾아내는 부단히 자기혁신을 추구하는 기법이다.

2. 공정설계

품질문제의 해결을 위해 새로운 기계장비의 도입 여부를 결정하고 동시공학이 설계자와 생산관리자가 초기단계에 생산요구와 공정능력을 동시화할 수 있다.

3. QFD(Quality Function Deployment)

(1) 고객의 요구를 제품과 서비스의 개발 및 생산의 각 단계에 적합한 기술적 요건으로 전환하는 수단이다.

(2) 품질기능전개 단계 : 고객의 요구 → 기술적 특성(제품계획) → 부품의 특성(부품설계) → 주요공정의 특성(공정계획) → 생산계획 및 통제방법(생산계획)

4. 구매 고려사항(공급자 품질관리)

결점이 없는 부품을 구매하기 위하여 공급자와 함께 작업하고 구매부서, 엔지니어링, 품질관리 및 다른 부서 간에 의사소통이 잘 되어야 한다.

5. 품질향상 도구

품질향상 분야를 찾아내기 위하여 자료를 조직화하고 표현하는 도구를 말한다.

(1) 체크리스트(checklist) : 제품 및 서비스의 품질과 관련된 특정 속성이 발생하는 빈도를 기록한다(예 질량, 지름).

(2) 도수분포표(histogram) : 연속 척도로 측정된 자료를 요약한 것이다.

(3) 파레토 차트(Pareto chart) : 소수의 핵심적인 요인을 찾아내는 방법으로 활용한다.

4 전사적 품질경영(TQM)과 전사적 품질관리(TQC) 비교

TQM	TQC
• 소비자 위주(고객 중심) • 시스템 중심, 경영전략차원 • 목표 : 장 · 단기 균형 • 고객 요구가 최우선 • 총체적 품질 향상을 통해 경영목표달성 • 프로세스 지향적(과정지향)	• 투자 수익률 극대화(공급자 위주) • 단위중심, 생산현장 중심 • 단기실적 강조 • 고객 요구가 최상의 순위는 아님. • 불량 감소 목표 • 제품지향적(결과 지향)

기출문제

다음 중 전사적 품질경영(TQM)에 대한 설명으로 틀린 것은?

① 고객 중심, 공정 개선, 전원 참가의 세 가지 원칙하에서 최고 경영자의 고객 만족을 위한 품질 방침에 따른 모든 부문의 활동이다.

② 고객의 관점에서 최고경영자와 전사원이 참여하여 품질 향상을 도모하는 전사적인 활동을 말한다.

③ 품질을 제품차원이 아니라 조직시스템 전체적인 차원에서 다룬다.

④ 공급자 위주의 품질관리로서 불량감소를 목표로 삼는다.

정답 ④

해설 공급자 위주의 품질관리는 전사적(종합적) 품질관리인 TQC에 대한 내용이다.

테마 18 통계적 품질관리

> **통계적 품질관리**
> 고객이 요구하는 모든 품질을 확보·유지하기 위하여 기업이 품질목표를 세우고 합리적, 경제적으로 달성할 수 있도록 생산의 모든 단계에 통계학적 원리와 기법을 원용한 품질관리방식이다.

1 표본검사법(표본추출검사법)

원자재, 재공품, 완성품에 대한 검사기능을 통하여 공정상태를 판단하는 정보를 수집하는 기법이다. 생산자에게는 검사비용의 절약기능을, 소비자에게는 불량품으로부터 보호기능을 수행한다.

1. 계수형 표본검사

(1) 1회 표본검사 : 크기 N의 로트로부터 표본크기 n의 표본을 1회 추출하여 검사한 후 그 결과로 로트의 합격·불합격 여부를 결정한다.

n=표본의 크기(n≤N) c=합격판정개수(acceptance number) x=표본에서 발견되는 불량품의 수	x≤c 면 합격 x>c 면 불합격

(2) 2회 표본검사법 및 다회 표본검사법

2. 계량형 표본검사

측정치가 연속적인 값을 갖는 경우에 행하는 방법으로 표본에 포함되는 모든 품목들의 품질특성치를 측정한 다음 이들의 평균치를 계산한다.

> **표본검사와 OC 곡선**
> 1. 표본의 크기와 판정기준에 따라 이해가 상반된다.
> 2. 로트에서 표본을 많이 뽑을수록 불량품이 섞여있을 가능성이 커지므로 로트가 합격될 기회는 적어진다(공급자 손해).
> 3. 표본을 적게 뽑으면 불량품이 섞여있을 가능성이 낮으므로 로트가 합격될 기회가 많아진다(소비자 손해).

3. 검사특성곡선(Operating Characteristic Curve)

(1) 표본 검사에서 로트의 품질에 따른 로트의 합격확률을 나타내는 곡선이다.

(2) 로트의 품질은 주로 불량률을 사용하여 나타내는데 일반적으로 샘플 크기 n과 합격판정 개수 c가 주어져 있을 때 여러 가지 상이한 불량률의 로트를 합격으로 판정할 확률을 나타내는 그래프다.

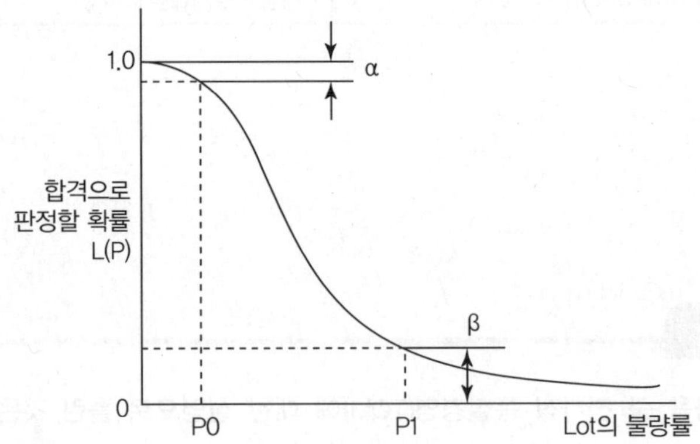

2 관리도

> 관리도란 생산공정으로부터 정기적으로 표본을 추출하여 얻은 자료치를 점으로 찍어가면서 이 점들의 위치 또는 움직임의 양상에 따라 공정의 이상유무를 판단하는 통계적 관리기법이다.

1. 관리도의 개념

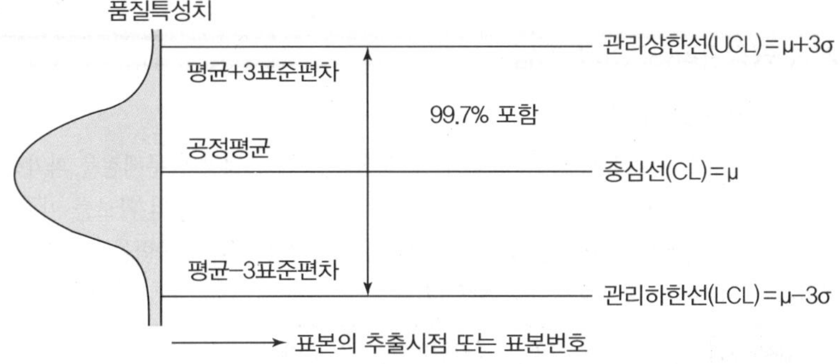

2. 품질의 변동 원인

(1) 우연원인 : 생산조건의 관리상태가 양호함에도 불구하고 발생하는 변동으로 불가피한 원인이다.

(2) 이상원인 : 작업자의 실수, 부주의, 불량 자재의 사용 등으로 발생하는 변동으로 제거 가능한 원인이다.

3. 품질의 변동

(1) 군내변동(White Noise) : 각 군 내에서 발생하는 변동으로 우연원인이며 통제가 불가능한 변동이다.

(2) 군간변동(Black Noise) : 군 사이에서 특성 값의 중심 값 변동으로 이상원인에 의한 변동이다.

(3) 합리적인 군(Rational Subgroup) : 데이터 종류와 관계없이 가능한 짧은 기간 동안에 이루어진 표본군이다.

4. 관리도의 종류

계량치 관리도	계수치 관리도
• 평균치와 범위 관리도 • 평균치와 표준편차 관리도 • 메디안과 범위 관리도 • 개개의 측정치와 이동범위 관리도 • 최대치와 최소치 관리도	• 부적합품수 관리도 • 부적합품률 관리도 • 부적합수 관리도 • 단위당 부적합수 관리도

기출문제

다음 중 관리도에 대한 설명으로 알맞지 않은 것은?

① 평균치 관리도와 범위관리도는 계량치 관리도다.
② 계량치 관리도는 이항분포 또는 포아송분포를 가정한다.
③ 결점률 관리도, 불량률 관리도 등은 계수치 관리도다.
④ P 관리도는 제품의 품질 측정과 공정이 조정되어야 할 때를 가르쳐준다.

정답 ②

해설 계량치 관리도는 정규분포를 가정하며 이항분포 또는 포아송분포를 가정하는 것은 계수치 관리도이다.

테마 19 통계적 공정관리

통계적 공정관리
TQC의 일환으로 공정에서 요구되는 품질이나 생산 목표를 달성하기 위하여 PDCA 사이클을 돌려가면서 통계적인 방법으로 공정을 효율적으로 운영해 나가는 관리방법이다.

1 통계적 공정관리(SPC)의 개념

1. 통계적 공정관리의 의의

생산라인의 공정에서 발생하는 데이터를 수집, 분석을 통해 공정상의 문제점을 파악하여 비능률적인 요소를 제거함으로써 품질에 대한 의식 제고와 더불어 공정품질의 확보를 이루며 Client-Server 시스템환경에서의 구축을 통해 정보의 공유와 품질관리의 효율화를 기하여 기업의 경쟁력 강화와 고객만족을 실현하는 시스템이다.

S(Statistical)	통계적 자료와 분석기법의 도움을 받아서
P(Process)	공정의 품질변동을 주는 원인과 공정의 능력상태를 파악하여
C(Control)	주어진 품질목표가 달성될 수 있도록 PDCA 사이클을 돌려가며 끊임없는 품질 개선이 이루어지도록 관리해 가는 활동

2. 통계적 공정관리의 구성도

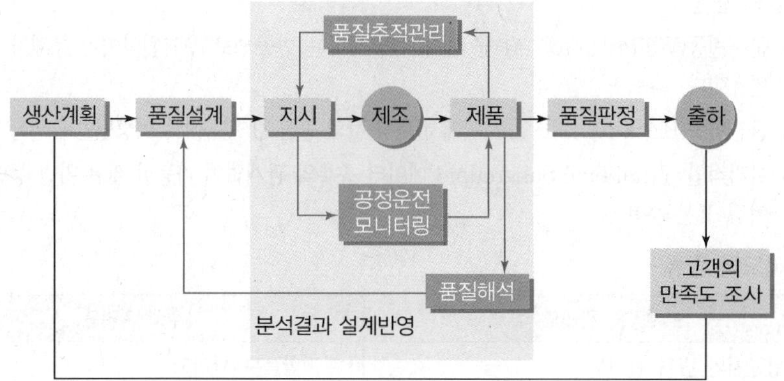

2 통계적 공정관리(SPC)의 목적

1. 통계적 공정관리의 목적

(1) 생산현장의 표준화된 데이터 관리 분석
  ① 기술 혁신으로 인한 제품의 복잡한 증가
  ② 원가 상승 및 비가격 경쟁적인 제품의 등장

(2) 기술 부문의 효율적인 데이터 관리 및 분석 도구 제공
  ① 다품종 소량 생산
  ② 라인 외 품질관리의 중요성 부각

2. 통계적 공정관리의 필요성

QM-4Rules	전통적 개념	현재 개념
1. 품질의 정의	양호성, 고객만족	요구조건에 적합
2. 품질경영의 시스템	사후평가, 검사에 의한 품질보증	사전예방

3. 품질의 달성기준	불량률 다소 허용	무결점
4. 품질의 측정	불량률, claim건수 등으로 추정	품질 비용으로 추정

3 통계적 공정관리(SPC)의 기능

1. 체계적인 공정품질관리

(1) 계측 데이터의 자동수집 : 공정에서 데이터를 자동으로 수집, 관계 데이터 베이스에 관리

(2) 계측 데이터의 Real Time 분석 · 경보 : 실시간에 데이터를 분석, 경보를 발생, 해당 제품을 Feedback시켜 시정조치를 수행할 수 있는 시스템 구축

(3) 데이터의 가공, Data Base 저장 및 관리

(4) 저장 데이터의 분석

① 관리도 : 생산 제품의 다양한 품질정보를 분석

② 분포도 : 통계함수를 사용, 데이터의 분포상황을 체크하고 품질규격을 검정 측정

③ CPK-TREND : 생산된 제품들의 경향분석

(5) 최적해의 도출 : 분석 기법을 이용하여 즉시 최적해 산출이 가능

(6) 전사적 품질 인프라 구축

2. 다양한 통계분석처리

(1) 평균 및 산포의 측도, 확률분포

(2) QC 7가지 도구, 신QC 7가지 도구

(3) 공정능력조사

(4) 통계적 추정 및 가설검정

(5) 상관분석, 회귀분석, 반응표면분석

(6) 실험계획법, 분산분석

(7) 신뢰성 기법

(8) 관리도에 의한 관리기법 제공

(9) 관리도의 자동(Real Time) 작성 및 관리이탈 판정

(10) 관리한계선의 적절한(자동/수동) 산출

(11) 공정능력 지수(Cp/Cpk) 분석처리 : 자동산출, 추이관리

(12) 불량발생확률 자동 산출, 측정시스템 안정도 평가

(13) 정규분포여부 감정, 유사 특성 간의 추이 비교

(14) 사용자 편리성 : 한눈에 보여지는 그래프처리, 다양한 Report Form 인쇄 가능, 보기 쉬운 화면구성 등

3. 경영정보시스템 지원

(1) Excel, Lotus로 Data Access 가능

(2) 품질의 장단기 변화정보 비교

(3) 개인, 기계, 자재, 시간별 품질정보제공

뛰어난 활용성

1. 생산 라인의 품질자동화
2. 품질정보 인프라 구축
3. 품질 및 품질인식 향상
4. 제조업 전 분야 활용 가능

테마 20 서비스 품질

서비스 품질은 '제공된 서비스의 수준이 고객의 기대 수준과 얼마나 잘 일치되는지'에 대한 측정치로 정의될 수 있다. 즉, 서비스 품질은 사용자의 인식에 의해 결정되는 것이다.

1 서비스 품질의 개념

1. 서비스 품질의 의의

서비스 품질이라고 하면 친절, 환한 웃음, 편안함과 같은 직감적인 것들을 연상하기 쉽지만 서비스 품질은 고객만족과 경영성과를 기준으로 한 종합적인 평가가 되어야 한다. 즉, 서비스 품질에 대한 평가는 고객만족수준의 잣대가 되며 이것은 기업 경영의 측면에서 고객과의 경영성과와 서비스기업의 경영성과 모두에 큰 영향을 미친다.

서비스 품질 = 실감서비스 − 기대서비스
(Service Quality) (Perceived service) (Expected service)

2. 서비스 품질의 측정

(1) 측정이 어려운 이유

① 주관적인 개념이 강하다.

② 서비스는 전달 이전에 테스트를 하기가 힘들다.

③ 고객으로부터 서비스 품질평가 데이터를 수집하기가 쉽지 않다.

④ 서비스자원이 고객과 함께 이동하므로 고객이 자원의 변화를 관찰해야 서비스평가를 할 수 있다.

⑤ 고객은 서비스생산 프로세스의 일부이며 변화가능성이 있는 요인이다.

(2) 서비스 품질 측정이유

① 개선, 향상, 재설계의 출발점이 측정이다.

② 경쟁우위 확보와 관련한 서비스 품질의 중요성이 증대되고 있다.

2 SERVQUAL 모형

파라슈라만, 자이타믈, 베리(Parasuraman, Zeithaml, Berry, 1988, 1991)는 올리버(Oliver, 1980)의 기대불일치 모형과 '서비스 품질은 기대한 서비스와 경험한 서비스에 의해 이루어진다.'라고 하는 그렌루스(Gronroos, 1984)의 연구를 기초로 하여 서브퀄(SERVQUAL)이라는 서비스 품질 모형을 마련하였고 이 모형은 PZB에 의해서 1985 ~ 1988년 사이에 미국마케팅협회에서 발표된 후 1990년 초반에 확립되었다.

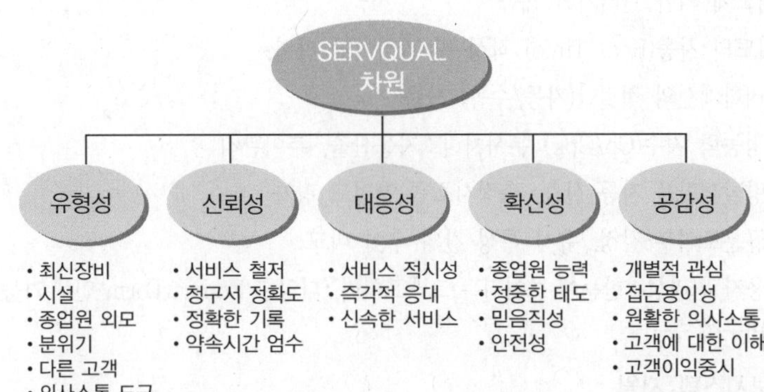

1. SERVQUAL 모형의 평가

제시된 5가지 차원에 대하여 22개의 항목으로 이루어진 다차원적 평가척도로 구성된다.

〈SERVQUAL 모형의 5가지 차원〉

영역	의미
신뢰성	약속한 서비스를 믿게 하며 정확하게 제공하는 능력
확신성	서비스 제공자들의 지식, 정중, 믿음, 신뢰 제공 능력
유형성	시설, 장비, 사람, 커뮤니케이션 도구 등의 외형
공감성	고객에게 개인적인 배려를 제공하는 능력
대응성	기꺼이 고객을 돕고 즉각 서비스를 제공하는 능력

2. SERVQUAL 모형의 유용성

(1) 고객의 서비스 품질에 대한 기대와 지각 간의 격차를 항목과 서비스차원별로 분석할 수 있다.

(2) 반복 시행하여 고객의 기대와 지각을 시계열적으로 비교할 수 있다.

(3) 경쟁기업에 대해 실시하여 자사와 경쟁사 간의 서비스 품질을 비교할 수 있다.

(4) 개인의 SERVQUAL 점수를 토대로 고객들의 서비스 품질 지각수준에 따라 고객 세분화를 위한 자료로 활용할 수 있다.

(5) SERVQUAL 설문의 내용을 수정하면 기업 내부의 부서 간 업무 협조도와 같은 기업 내부 서비스 품질의 측정이 가능하다.

기출문제

다음 중 서비스 품질평가 모델 중 SERVQUAL 모형에 대한 설명으로 알맞지 않은 것은?

① 서비스 품질의 핵심적인 요소로 서비스 품질 평가에 많이 이용된다.

② SERVQUAL은 똑같은 서비스를 제공받는다 하더라도 고객의 주관에 따라 달라질 수 있다.

③ SERVQUAL의 설문지는 체계적으로 구조화되어 있기 때문에 업종의 구분 없이 그대로 적용할 수 있다.

④ 서비스 기업의 접근 용이성, 원활한 의사소통, 고객에 대한 충분한 이해 등은 공감성 차원으로 분류한다.

정답 ③

해설 SERVQUAL 설문지는 업종을 구분하여 적용하여야 한다.

테마 21 생산관리

생산관리란 생산 활동을 합리적, 능률적으로 수행하기 위하여 생산에 관해 계획, 조직, 통제하는 것을 의미하는데 고객이 원하는 양질의 제품을 최적의 가격(가급적 낮은 제조 경비)으로 필요한 시기에 제공하기 위해 품질, 원가, 납기를 체계적이고 효율적인 방법으로 생산·관리하여 고객 만족을 추구하는 것이다(고객 만족=이익).

1 생산관리의 개념

1. 생산관리의 목표

(1) 품질 : 손실과 불량률을 최소화하는 것으로 연구개발부문에서 설계한 품질수준을 만족시키는 것이다.

(2) 원가 : 최소의 제조 경비로 양질의 제품을 생산하는 원가 절감 노력과 제조 공정을 단축시키는 것이다.

(3) 납기 : 정확한 시기, 즉 영업 부문에 필요한 시기에 제품을 공급하고 생산 및 재고 관리를 효율적으로 운영하여 물류의 합리화를 추구한다.

(4) 유연성 : 필요에 따라 즉각적으로 품목이나 수량을 바꿀 수 있도록 해야 한다.

2. 생산관리와 SCM의 이해

(1) 과거의 생산관리 : 공장을 중심으로 생산 부문에 국한한 정보와 소통에 관심을 두었다.

(2) SCM(Supply Chain Management, 공급 사슬 관리) : 컴퓨터로 고객의 주문부터 원·부자재의 공급, 생산, 재고 및 배송의 모든 과정을 일괄적이고 종합적으로 관리하는 방식을 의미한다.

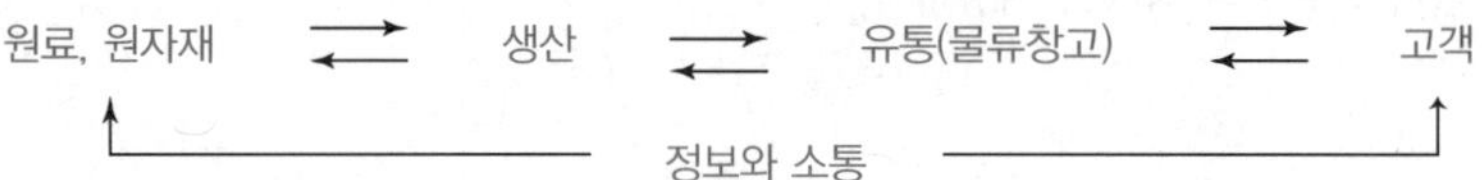

2 수요예측

1. 수요예측에 영향을 미치는 요인

외부적 요인	내부적 요인
• 일반적 경제 상황 • 정부의 조치 • 고객의 기호 • 제품에 대한 이미지 • 경쟁자의 행동 • 보완재의 비용과 제품가용성	• 제품이나 서비스의 설계 • 가격과 판촉 광고 • 포장 디자인 • 판매원 할당량 혹은 인센티브 • 판매 목표 지역의 확장과 축소 • 제품 구성 • 주문 적체 정책

2. 수요예측기법

(1) 시계열 분석 : 제품에 대한 과거의 수요량 변화를 파악하여 그 연장선상에서 제품의 수요를 예측하는 방법으로 시간의 경과에 따른 숫자의 변화로 추세나 경향을 분석하는 방법이다.

(2) 상관 분석 : 환경이나 내부 조건에 대한 수학적 인과관계를 나타내는 모델을 만들어 예측하는 방법이다.

(3) 의견 조사 방법 : 고객의 의견을 직접 또는 간접적인 방법으로 반영하는 방법이다.

(4) 주관적 분석 : 경험이 많은 전문가의 주관적 판단에 의한 방법이다.

3 생산계획

1. 생산계획의 정의

생산계획은 경영 목적 수행 과정의 기본적 직무능력(조달 · 생산 · 판매)의 하나인 생산의 여러 활동을 계획하는 것을 의미하며 구체적인 생산활동의 기본이 된다.

2. 생산활동의 4M

Man(사람), Machine(설비, 장비), Material(재료), Money(자금)

3. 생산계획 표준

(1) 적절한 산출량의 결정 : 생산량, 재료, 부품 등의 소요량을 결정한다.

(2) 적절한 투입량의 결정 : 인원이나 설비, 외주, 재고 등을 얼마만큼 투입하는가를 결정한다.

(3) 관리 로스의 발견과 대책 : 재료나 외주품 등의 납품 지연을 파악하기 위한 척도이다(작업을 예정대로 진행시키기 위한 기준).

4. 기준 생산계획 수립

(1) 기준 생산계획의 정의 : 예상되는 제조 또는 구매 스케줄이다.

(2) 대상과 주기 : 독립 수요(제품별)의 경우와 주 단위의 생산 스케줄이다.

(3) 내용 : 납기 예측을 지원하고 자재 계획 운영 시 입력 항목이 된다.

경영학 일반
조직행위론
인적관리 및 품질경영
마케팅
회계 및 재무관리
부록_실전모의고사

기출문제

다음 중 생산관리의 전형적인 주요 활동목표와 거리가 먼 것은?

① 원가 절감　　② 품질 향상

③ 납기 준수　　④ 추진 강화

정답 ④

해설 생산관리의 4대 목표

1. 원가(Cost) : 절감
2. 품질(Quality) : 향상
3. 납기(Delivery) : 속도, 정시성
4. 유연성(Flexibility) : 고객화, 수량유연성, 개발속도, 다양성

- 설비배치란 공장 또는 서비스 시설 내에서 부서의 위치와 설비의 배열을 결정하는 것을 말한다.

- 배치선택 시 고려요소
  1. 제품의 유형
  2. 생산공정의 유형
  3. 생산량

테마 22 설비배치

1 공정별 배치

설비와 장비를 동일한 기능을 갖는 것끼리 묶어 집단으로 배치하는 것이다.

1. 공정별 배치의 특징

(1) 유사한 기계설비나 기능을 한 곳에 모아 배치한다.

(2) 각 주문작업은 가공요건에 따라 필요한 작업장이나 부서를 찾아 이동하므로 작업흐름이 서로 다르고 혼잡하다.

(3) 단속생산이나 개별주문생산과 같이 다양한 제품이 소량으로 생산되고 각 제품의 작업흐름이 서로 다른 경우에 적합하다.

2. 공정별 배치의 장단점

(1) 장점

① 인적자원과 설비의 높은 이용률 때문에 기계고장으로 인한 생산중단이 적고 쉽게 극복할 수 있다.

② 고도의 기술과 경험을 적용하는 데서 오는 긍지를 가진다.

③ 일정하지 않은 작업속도에서 비롯되는 작업흐름의 상대적인 독립성은 직무만족과 동기를 부여해 준다.

④ 범용설비로 비교적 저렴하고 정비가 용이하다.

(2) 단점

① 각 주문마다 특별한 작업준비 및 공정처리 요건의 필요성으로 인하여 단위당 높은 생산원가가 든다.

② 로트(lot) 생산 시 대량의 재공품 재고가 발생할 수 있다.

③ 다양한 제품 형태, 크기 등에 따른 추가공간과 물량 이동에 필요한 통로, 융통성 있는 운반장비가 필요하다.

④ 생산일정계획 및 통제가 복잡하다.

⑤ 공정처리시간이 비교적 길고 설비이용률이 낮다.

2 제품별 배치

각 제품별로 제품이 만들어지는 생산라인(작업순서)에 따라 기계설비나 작업장을 배치하는 것을 말한다.

1. 제품별 배치의 특징

(1) 작업흐름은 직선적이거나 미리 정해진 패턴을 따라가며 각 작업장은 고도로 전문화된 하나의 작업만을 수행한다.

(2) 하나 또는 소수의 표준화된 제품을 대량으로 반복 생산하는 라인공정에 적합하다(예 자동차 조립라인, 전자제품 생산라인, 카페테리아 라인 등).

2. 제품별 배치의 장단점

(1) 장점

① 기계화 · 자동화로 자재취급시간과 비용이 절감된다.

② 원활하고 신속한 이동으로 공정 중 재고량이 감소한다.

③ 재공품 저장공간의 소요 및 고정된 이동통로 공간활용이 증대된다.

④ 생산일정계획 및 통제의 단순화가 도모된다.

(2) 단점

① 제품 및 공정특성의 변경이 곤란하고 융통성이 결여된다.

② 전용장비의 이용으로 고액의 설비투자가 필요하다.

③ 생산라인상의 한 기계가 고장나면 전체공정의 유휴로 고가의 지연과 높은 정비비용이 든다.

④ 단순화되고 반복적인 과업과 빠른 생산속도로 종업원의 사기가 저하될 수 있고 높은 결근율과 이직률이 발생할 수 있다.

3. 제품별 배치의 유형

(1) 고정위치배치

① 제품의 크기, 무게 및 기타 특성 때문에 제품 이동이 곤란한 경우에 생기는 배치 형태다.

② 제품은 한 장소에 고정되어 있고 자재 · 공구 · 장비 및 작업자가 제품이 있는 장소로 이동해서 작업을 수행한다.

(2) 혼합형 배치

① 설비배치의 세 가지 기본 유형이 혼합된 형태다.

② 공장 전체로는 제작→중간조립→최종조립의 순으로 제품별 배치를 취하더라도 제작공정은 공정별 배치를, 조립공정은 제품별 배치를 각각 취할 수 있다.

(3) 셀룰러 배치

① 제조셀을 이용한 제조를 셀룰러 제조라 하고, 제조셀에 의한 설비배치를 셀룰러 배치라고 한다.

② 기계 간에 부품의 이동거리와 대기 시간이 짧기 때문에 생산소요시간이 단축되고 재공품 재고가 감소한다.

③ 다양한 부품을 중 · 소량으로 생산하는 기업에 제품별 배치의 혜택을 제공한다.

제조셀
다수의 유사 부품이나 부품군의 생산에 필요한 서로 다른 기계들을 가공진행 순서에 따라 모아 놓은 것을 말한다.

경영학 일반 | 조직행위론 | 인적관리 및 품질경영 | 마케팅 | 회계 및 재무관리 | 부록_실전모의고사

기출문제

다음 중 제품별 배치의 특징으로 보기 어려운 것은?

① 각 작업장은 고도로 전문화된 하나의 작업만을 수행한다.

② 표준화된 제품을 대량으로 반복 생산하는 라인공정에 적합하다.

③ 재공품 저장공간의 소요 및 고정된 이동통로 공간활용이 증대된다.

④ 다양한 제품이나 서비스를 생산하여야 할 때 필요한 공정이다.

정답 ④

해설 다양한 제품이나 서비스를 생산하여야 할 때는 공정별 배치가 유리하다.

테마 23 생산능력

> 생산능력이란 작업자, 기계, 작업장, 공정, 공장, 또는 조직이 단위시간당 산출물을 생산할 수 있는 능력을 말한다.

1 생산능력의 개념

1. 생산규모는 주로 생산설비에 의해서 결정되는 것으로 설비의 능력적 관점에서 볼 때 설비의 생산능력으로 정의되며 구체적으로 설비나 시설의 능력이다.
2. 생산능력은 생산시스템(공정)이 정상적인 상태에서 일정 기간 내에 달성할 수 있는 부가가치활동의 최대수준을 말한다(최대생산량).

2 생산능력 분류

1. **설계생산능력(설계능력, design capacity)**
   (1) 현재의 제품설계, 제품혼합, 생산정책, 인력, 시설 및 장비를 가지고 공정에서 일정 기간 내에 달성할 수 있는 최대 생산량이다.
   (2) 제품 설계 시에 고안된 최적의 생산능력으로 이상적인 조건하에서 일정 기간 내에 달성할 수 있는 최대 생산량이다.
2. **유효생산능력(유효능력, effective capacity)**
   주어진 여건(제품혼합, 기계보전, 점심시간, 휴식시간, 일정계획의 어려움, 품질요소 등)하에서 일정 기간 내에 달성할 수 있는 최대 생산량을 의미하고 정상적으로 작업할 경우 달성할 수 있는 최대 생산량이다.
3. **실제생산능력(실제능력, actual capacity)**
   일정 기간 동안 실제로 달성한 생산량을 의미하고 생산시스템의 고장, 재료 부족 등을 고려한 실제 생산량으로 유효생산능력을 초과할 수 없다. 보통 장비고장, 결근, 원자재 부족, 품질문제 등 기타 생산운영관리자가 통제할 수 없는 요인들 때문에 유효생산능력보다 낮아진다.

> 설계능력은 하루 50대, 유효능력은 하루 40대, 실제능력은 하루 30대인 경우, 효율과 이용률은?
> ⇒ 이용률 = 30/50 = 0.6(60%)
> 효율 = 30/40 = 0.75(75%)

3 생산능력 측정방법

1. $\text{이용률}(\%) = \dfrac{\text{실제능력}}{\text{설계능력}} \times 100$
2. $\text{효율}(\%) = \dfrac{\text{실제능력}}{\text{유효능력}} \times 100$

4 생산능력 결정의 중요성

1. 생산능력은 제품 및 서비스에 대한 장래의 수요에 대처할 수 있는 조직의 잠재적인 역량과 직결된다.
2. 능력과 수요요건이 서로 부합되면 생산비를 최소화할 수 있다. 즉, 최적의 능력규모 선정은 생산원가의 중요한 결정인자가 된다.
3. 능력결정 결과는 생산성과에 장기간 영향을 미친다.

5 최적운영수준

1. 규모의 경제성

공장이 커지고 생산량이 증가할수록 단위 비용은 감소하는 현상으로, 전용 장비 및 지원 체계, 지원부서의 경제성은 높아진다. 고정비 항목은 생산량이 늘어남에 따라 비례하여 증가하지 않기 때문이다.

2. 규모의 비경제성

공장의 생산 능력이 일정 수준을 초과할 경우 단위 비용이 증가하는 현상으로 수요를 크게 초과하는 생산능력 보유 시 지속적인 가동을 위해서 초과 생산이 필요하고 따라서 높은 수준의 가격 할인, 과도한 재고 비용 등의 문제가 발생한다.

단위 생산 비용은 일반적으로 생산량이 증가함에 따라 감소하다가 일정 수준을 초과하면 증가하기 시작한다. 따라서 비용이 최소가 되는 지점이 최적 운영수준이 된다.

기출문제

기업의 생산능력과 관련한 〈보기〉의 설명 중 A～C에 들어갈 내용으로 가장 적절한 것은?

보기

- (A) : 제품 설계 시에 고안된 최적의 생산능력으로 이상적인 조건하에서 일정 기간 내에 달성할 수 있는 최대 생산량
- (B) : 주어진 여건하에서 정상적으로 작업할 경우 달성할 수 있는 최대 생산량
- (C) : 생산시스템의 고장, 재료 부족 등을 고려한 실제 생산량

	A	B	C
①	유효생산능력	설계생산능력	실제생산능력
②	실제생산능력	설계생산능력	유효생산능력
③	설계생산능력	유효생산능력	실제생산능력
④	실제생산능력	유효생산능력	설계생산능력

정답 ③

해설
- 설계생산능력 : 시스템이나 기계가 가장 이상적인 조건하에서 달성할 수 있는 최대 생산능력을 말한다.
- 유효생산능력 : 실질적으로 예상되는 시스템이나 기계의 생산 능력 비율을 말한다. 예상되는 생산능력을 설계생산능력으로 나누어 계산한다.
- 실제생산능력 : 일정 기간 동안 실제로 달성한 생산량을 말한다.

테마 24 재고관리

> 회계기간 중에 매입한 재고자산의 취득가격 합계가 그 기간의 상품매입액이고, 재고자산 가운데 회계기간 중에 판매된 부분이 매출원가를 구성하며 회계기간의 말일(기말 혹은 결산일)에 남아 있는 재고자산이 기말상품재고액이다.

1 재고관리의 필요성

1. 재고보유의 목적

(1) 안전재고 : 미래의 불확실성에 대처하기 위하여 필요하다.

(2) 주기재고 : 경제적 생산 및 구매를 위하여 필요하다.

(3) 예상재고 : 예상되는 수요나 공급의 변화에 대처하기 위하여 필요하다.

(4) 운송재고 : 운송을 위하여 필요하다.

(5) 비축재고 : 투기적인 기능을 위하여 필요하다.

2. 과다 재고보유의 피해

(1) 재고 보관비용이 과다하게 소요된다.

(2) 재고에 자금이 묶여 유동성 부족을 초래할 위험이 있다.

(3) 데드 스톡(dead stock)이 발생하기 쉽다.

(4) 상품에 따라 부패 · 변질 가능성이 존재한다.

(5) 상품에 따라 신속한 환경 변화에 대응하지 못해 구형화나 유행에 뒤떨어질 가능성이 높다.

3. 과소 재고보유의 피해

(1) 상품의 품절로 인해 구매자의 수요에 대응하지 못해 손해가 발생한다.

(2) 고객에게 상품의 구색과 구성에 궁색감을 줄 수 있다.

(3) 소량으로 빈번하게 매입해야 하므로 매입비용이 증가한다.

(4) 소량 매입으로 인해 매입처로부터 덜 중요한 고객이라는 취급을 당한다.

4. 재고의 최적주문량

(1) 재고유지비, 주문비, 재고부족비 등을 함께 고려하여 결정되며 비용항목을 합한 총 재고비용이 최소가 되는 점이 최적주문량이다.

(2) 경제적 주문량 공식으로 구할 수 있으며 이는 연간수요량, 주문비, 평균재고 유지비 및 재고품의 단위당 가치(가격)를 이용해 계산한다.

(3) 재고유지비에는 이자비용, 창고비용, 취급비용, 보험, 세금 및 제품의 진부화 등이 있다.

(4) 물류활동은 일반적으로 재고, 수송, 주문처리, 포장 및 하역 등으로 나누어지며 물류관리자는 각 물류활동과 관련된 일상적인 의사결정을 내린다.

2 ABC 재고관리

1. ABC 재고관리의 개념

(1) ABC 분석기법은 파레토(Pareto)의 80 : 20 법칙과 관련이 있으며 매출액 70%의 상위 품목을 A 라인, 추가적인 20%의 차상위 품목을 B 라인, 나머지 품목을 C 라인으로 구분한다.

(2) 주란(Juran)이 불량품 개선에 유용하다는 것을 밝혀냈고 디키(Dickie)가 재고관리에 적용하면서 널리 보급되기 시작하여 소매업체들이 기여도가 높은 상품 관리에 집중해야 한다는 관점하에 활용된다.

(3) 상품별 적정 재고수준을 파악하기 위하여 상품에 대한 등위를 매기는 방법으로 ABC 분석의 첫 단계는 한 가지 또는 몇 가지 기준을 사용하여 단품의 순위를 정하는 것이며 이때 가장 중요한 성과 측정기준의 하나로 공헌이익을 들 수 있다. 다음 단계는 상품을 구분하여 취급하기 위한 분류기준, 즉 수익 또는 판매량 차원의 수준을 결정하는 것이다.

(4) ABC 관리 방법은 재고관리나 자재관리뿐만 아니라 원가관리, 품질관리에도 이용할 수 있다. 특정 성과측정 기준으로 상품에 대한 등급을 설정하기 위한 보조수단으로 사용하기에 가장 적합한 방법이다.

(5) 상품의 수가 많아 모든 품목을 동일하게 관리하기 어려울 때 이용하는 방법으로 매출액(매출총이익액, 판매수량을 사용하는 경우도 있음) 순으로 A, B, C 3개의 그룹을 나눠서 중점 관리한다.

2. ABC 재고관리의 내용

(1) A 그룹 : 전체 재고량의 10% 정도, 금액 비중은 70% 정도로 신중하고 집중적인 재고관리를 실시한다.

(2) B 그룹 : 전체 재고량의 20% 정도, 금액 비중은 20% 정도로 보통 수준의 재고관리를 실시한다.

(3) C 그룹 : 전체 재고량의 70% 정도, 금액 비중은 10% 정도로 단순한 재고관리를 실시한다.

(4) D그룹 : D 그룹이 하나 추가될 수 있으며 매출이 전혀 발생되지 않은 상품군을 의미한다.

ABC 분석기법을 사용하고자 할 때에는 통상적으로 재고를 가치 기준으로 몇 개의 범주(등급)로 구분하여야 한다. 재고가 어떠한 등급(ABC)으로 분류되느냐에 따라 주문방법뿐만 아니라 재주문시점, 주문절차 등도 달라지므로 품절이 되어서는 안 되는 상품과 간헐적인 품절을 허용해도 관계없는 상품을 판단할 수 있게 한다.

Two－Bin 시스템

가장 오래된 재고관리기법 중에 하나로 가격이 저렴하고 사용빈도가 높으며, 조달기간이 짧은 자재에 대해 주로 적용하는 간편한 방식이다. 이 시스템은 ABC 분석의 C급 품목의 효과적인 관리방법 중 하나로 인식되고 있으며, Double Bin 시스템이라고도 불린다.

기출문제

ABC 재고관리법에서 품목을 분류할 때 가장 관련이 있는 분석기법은?

① 파레토 분석　　② 빈도 분석

③ 민감도 분석　　④ 비용편익 분석

정답 ①

해설 ABC 분석기법은 파레토(Pareto)의 80 : 20의 법칙과 관련이 있으며 매출액의 70%를 차지하는 상위 품목을 A 라인, 추가적인 20%를 차지하는 차상위 품목을 B 라인, 나머지 품목을 C 라인으로 구분한다.

테마 25 재고모형

재고 관련 비용
1. 품목비용(item cost) : 구매비용 또는 생산비용
2. 주문비용(ordering cost) : 물품 조달에 소요되는 고정비
3. 재고유지비용(holding cost) : 재고품목을 보관하는 것과 관련된 비용
4. 재고부족비용(shortage cost) : 재고가 없음으로 인해 발생하는 비용으로 품절비용

〈재고모형의 분류〉

확정적 모형	고정주문량 모형	경제적 주문량 모형(EOQ) 경제적 생산량 모형(EPQ)
	고정주문기간 모형	
확률적 모형	고정주문량 모형	
	고정주문기간 모형	

1 고정주문량 모형(정량발주모형)

1. 고정주문량 모형의 의의

현재의 재고수준이 특정한 재주문점(ROP ; reorder point)에 도달할 경우에 미리 정해진 주문량을 주문하는 모형으로 발주점법이라고도 부른다. 이 시스템은 주문량이 중심이 되므로 Q 시스템이라고 부르며 계속적인 실사를 통하여 재고수준을 체크하므로 연속실사방식이라고 부른다.

2. 고정주문량 모형의 적용

(1) 대형슈퍼나 백화점의 계산대는 재고통제시스템과 연결되어 있다. 판매되는 품목의 코드번호가 입력되면 컴퓨터는 자동적으로 재고수준을 계산하여 관리자는 그 제품의 재고수준이 재주문점에 도달하였는지 여부를 알 수 있다. 이것은 POS(Point of Sale)시스템의 한부분이다.

(2) 고가의 A 품목을 통제하는 데 이용하며 정확한 재고기록이 필요한 품목에 적합하므로 비교적 고가인 품목 등 재고자산관리가 용이한 품목에 많이 사용된다.

2 고정주문기간 모형(정기발주모형)

1. 고정주문기간 모형의 의의

(1) 일정 시점이 되면 정기적으로 적당한 양을 주문하는 방식이다. 주문시기 중심이므로 P 시스템이라고도 하며, 정기적으로 재고수준을 조사하므로 정기실사방식이라고도 부른다.

(2) 정기주문의 안전재고수준은 고정주문량의 경우보다 더 높다. 정기주문은 주문시기가 고정되어 있어 주문량으로 조정해야 하기 때문에 전 기간을 대비할 안전재고가 필요하다.

2. 고정주문기간 모형의 적용

(1) 조달기간이 짧거나 주기적으로 조달을 받는 품목에 유리하고 여러 품목을 동일한 업자로부터 구입하는 경우에 유용하다.

(2) 재고수준을 자동적으로 유지하지 못할 때나 정기적으로 주문할 시 공급자가 상당한 할인을 해 줄 때 및 물품을 FOB 조건으로 구입하여 자가트럭을 이용할 수 있을 때에 용이하다.

3. 고정주문기간 모형의 단점

조달기간 뿐만 아니라 다음 주문주기 동안의 재고부족을 방지하기 위하여 더 많은 안전재고를 유지해야 하므로 재고 유지비용이 높다.

4. P-모형(정기검사시스템)

어떤 품목의 재고 수준이 정기적으로 검사되고 새 발주 시기는 각 검사 마지막에 이루어진다.

3 고정주문량 모형과 고정주문기간 모형의 비교

구분	고정주문량 모형	고정주문기간 모형
재고모형	정량주문모형(=정량발주모형)	정기주문모형(=정기발주모형)
특징	Q(Quantity) 시스템	P(Period) 시스템
주문시기	부정기적 ⇒재고수준이 재주문점에 도달할 때	정기적 ⇒미리 정한 주문시점에 이르렀을 때
주문량	정량(경제적 주문량)	부정량(목표재고수준- 주문시점의 재고수준)
재고조사	계속 실사	정기 실사
적용품목	가격와 중요도가 낮은 품목	가격과 중요도가 높은 품목
안전재고	작다.	크다.

기출문제

다음 중 재고관리에 대한 설명으로 옳지 않은 것은?

① EOQ, EPQ 모형은 재고관련 비용의 최소화를 목적으로 하는 고정주문모형에 속한다.
② ABC 관리법은 재고를 가치나 중요도에 따라 구분하고 차별적으로 관리하는 기법이다.
③ 재고 품목의 중요도가 높을 경우에는 고정주문기간모형을 이용하는 것이 바람직하다.
④ MRP 기법은 독립수요품의 재고가 확정되어 있을 때 종속수요품의 재고관리 및 통제를 위한 기법이다.

정답 ①

해설 EOQ, EPQ 모형은 고정주문모형에 속한다.

테마 26 경제적 주문량과 경제적 생산량

경제적 주문량(EOQ)을 이용한 재고관리의 문제점은 전체 주문 사이클에 걸쳐서 볼 때 매일 실제 필요한 양보다 더 많은 재고를 유지해야 한다는 것이다.

1 EOQ(경제적 주문량, Economic Order Quantity)

1. EOQ의 개념

(1) 단위 기간당 발생하는 총 재고유지비용과 총 주문량을 최소화하는 1회 주문량을 의미한다.

(2) 경제적 주문량(EOQ) 공식은 간단한 수식으로 제조업체나 대형도매상에 의해 널리 사용되지만 소매업자들이 주문의사결정을 내리는 데는 큰 도움이 되지 못한다.

(3) 경제적 주문량(EOQ) 공식의 주요 구성요소인 주문비와 재고유지비는 항상 인도기간이나 수요가 일정하다는 가정하에서 성립한다.

(4) 최적주문량은 재고유지비, 주문비, 재고부족비 등을 함께 고려하여 결정되며 도표상 각 비용항목을 합한 총 재고비용이 최소가 되는 점이다.

(5) 최적주문량은 경제적 주문량공식을 사용하여 구할 수 있다. 경제적 주문량은 연간수요량, 주문비, 평균재고 유지비 및 재고품의 단위당 가치(가격)를 통해 구한다.

(6) 최적주문량에 영향을 미치는 요소로서 재고유지비 항목에는 이자비용, 창고비용, 취급비용, 보험, 세금 및 제품의 진부화 등이 있다.

2. EOQ 모형의 가정

(1) 해당 품목에 대한 단위 기간 중의 수요는 정확하게 예측할 수 있다.

(2) 주문품의 도착시간이 고정되어야 한다.

(3) 주문품을 끊이지 않고 계속 공급받을 수 있어야 한다.

(4) 재고의 사용량은 일정하다.

(5) 단위당 재고유지비용과 1회 주문비는 주문량에 관계없이 일정하다.

(6) 수량할인은 없다.

(7) 재고부족현상이나 추후에 납품되는 일은 발생하지 않는다.

3. EOQ 공식

(1) 연간주문비용$\left(\frac{C_O D}{Q}\right)$=(연간 주문횟수)×(1회 주문비용)

$$=\frac{\text{연간 수요량}(D)}{\text{1회 주문량}(Q)}\times \text{1회당 주문비용}(C_O D)$$

(2) 연간재고유지비=(평균재고)×(연간 단위당 재고유지비용)

① 단위당 재고유지비(C_h)를 알고 있을 때

$$\text{재고유지비}\left(\frac{C_h Q}{2}\right)=\text{평균재고량}\left(\frac{Q}{2}\right)\times \text{단위당 재고유지비}(C_h)$$

② 단위당 재고유지비 대신 연간 재고유지비율(i)을 알고 있을 때

$$\text{재고유지비}\left(\frac{QP_i}{2}\right)=\left(\frac{Q}{2}\right)\times \text{구매단가}(P)\times \text{연간재고유지비율}(i)$$

(3) 연간총비용(ATC)=연간재고 유지비용+연간 주문비용

$$=\frac{C_O D}{Q}+\frac{C_h Q}{2}$$

(4) 경제적 주문량 $Q^* = \sqrt{\dfrac{2C_O D}{C_h}}$ 또는 $\sqrt{\dfrac{2C_O D}{P_i}}$

2 EPQ(경제적 생산량 모형, Economic Production Quantity)

1. EPQ의 개념

일정량의 생산이 진행되는 동안 생산되는 제품을 재고에 추가함과 동시에 소비가 생겨 재고가 감소할 때 최적 1회 생산량을 결정하는 모형이다.

2. EPQ 모형의 가정

(1) 생산이 시작되고 뒤이어 수요가 이루어지며 수요량은 생산량보다 작다.

(2) 생산은 일정 기간 동안 점진적으로 쌓이고 어느 정도 재고수준에 이르면 생산을 중단한다.

(3) 생산이 중단되면 쌓였던 재고량은 일정량씩 없어지면서 바닥이 난다.

(4) 재고가 모두 없어지면 즉시 생산 작업이 되풀이된다.

(5) 재고유지비는 생산량의 크기에 정비례하여 발생한다.

(6) 생산단가는 생산량의 크기와 관계없이 일정하다.

3. EPQ 공식

(1) 연간 총 가동 준비비$\left(\dfrac{C_O D}{Q}\right) = \dfrac{\text{연간 수요량}(D)}{\text{1회 생산량}(Q)} \times$1회당 가동준비비용$(C_O D)$

(2) 연간 재고 유지비$\dfrac{C_h Q}{2}\left(\dfrac{P-D}{P}\right) =$평균재고량$\left(\dfrac{Q}{2}\right)\times$단위당 재고유지비$\left(C_h\left(\dfrac{P-D}{P}\right)\right)$

(3) 연간총비용$(ATC) = \dfrac{C_O}{Q} + \dfrac{C_h Q}{2}\left(\dfrac{P-D}{P}\right)$

(4) 경제적 생산량 $Q^* = \sqrt{\dfrac{C_O D}{C_h}} \times \sqrt{\dfrac{P}{P-D}}$

기출문제

다음 중 경제적 주문량에 대한 설명으로 알맞지 않은 것은?

① 재고유지비는 주문량에 비례한다.

② 재고주문비는 주문량에 비례한다.

③ 재고유지비용과 재고주문비용의 합을 최소화하는 1회 주문량을 결정한다.

④ 다른 조건이 일정할 때 연간 단위당 재고유지비용이 증가하면 EOQ는 감소한다.

정답 ②

해설 재고주문비는 주문량에 반비례하는 성향이 있다.

경영학 일반
조직행위론
인적관리 및 품질경영
마케팅
회계 및 재무관리
부록_실전모의고사

테마 27 자재소요계획 및 제조자원계획

자재소요계획은 경제적 주문량과 주문점 산정을 기초로 하는 전통적인 재고통제기법의 여러 약점을 보완하기 위하여 미국 IBM사의 올리키(J. Orlicky)에 의하여 개발된 자재관리 및 재고통제기법이다.

1 자재소요계획(MRP ; Material Requirements Planning)

1. MRP의 의의

(1) MRP의 가장 단순한 형태는 자재의 소요량을 구하고 그에 따른 발주계획을 수립하는 것이다. 그런데 생산능력소요계획이 MRP와 통합되어 MRP의 타당성을 검토하고 그 결과를 피드백하는 경우가 있는데, 이를 폐쇄형 자재소요계획(closed－loop MRP)이라고 한다.

(2) MRP의 범위를 더욱 확장하여 자금, 인력, 시설을 포함하는 모든 제조자원을 통합적으로 계획하고 통제하는 관리시스템이 등장하게 되었는데, 이를 MRP의 확장된 시스템이라는 의미로 MRP Ⅱ 혹은 제조자원계획(Manufacturing Resource Planning)이라 한다.

2. MRP의 내용

(1) MRP는 수요를 입력요소로 하여 발주시점과 발주량을 결정하는 기법으로 전자제품이나 자동차와 같은 수많은 부품들의 결합체로 이루어진 조립품의 경우처럼 독립수요에 따라 종속적으로 수요가 발생하는 부품들의 재고관리에 유용한 시스템이다.

(2) MRP를 활용함으로써 작업장에 안정적이고 정확하게 작업을 부과할 수 있고 경제적 주문량과 주문점 산정을 기초로 하는 전통적인 재고통제기법의 약점을 보완할 수 있다.

(3) 기업에서는 어떠한 제품이 기간별로 얼마만큼이나 팔릴 것인지를 예측한 자료를 활용하여 생산계획을 수립한다. 생산계획 단계에서는 제품 단위의 계획을 수립하기도 하지만 시장분석을 통해 예측에 따라 제품을 생산하고 시장에 판매하는 전통적 생산방식의 기업에서는 대개 제품군 단위로 생산계획을 수립하는 것이 일반적이다. 생산계획 활동에서는 생산 용량(기계 용량, 인력)의 조정까지를 계획 범위에 포함시키는 것이 일반적이다.

(4) 생산계획에 기준하여 제품의 주별 생산 계획량을 수립하는 활동이 기준계획수립(Master Production Scheduling)이며 기준계획을 수립하기 위해서는 제품별 수요예측치와 현 재고량에 대한 데이터가 필요하다. 기준계획은 일반적으로 최종 제품을 대상으로 수립되지만 필요에 따라 중간 제품을 계획의 대상에 포함시키기도 한다.

(5) MPS(Master Production Schedule)는 최종 제품에 대한 생산 계획(재고 계획)이기 때문에 제품을 구성하는 부품 단위의 생산 계획(또는 재고 계획 수립)이 필요하고 제품을 구성하는 제품(부품)의 종류 및 그 수량에 대한 정보를 가지고 있는 BOM(Bill of Material) 데이터, 제품(부품)별 주문 방법 및 주문량에 대한 정보를 가지고 있는 품목관리 데이터(Item Master Data), 각 부품 및 제품별 재고에 대한 정보를 가지고 있는 재고 데이터(Inventory Record)를 이용하여 각 부품별 소요량을 시점별로 계산할 수 있으며 이 결과는 MRP 레코드에 저장된다.

2 제조자원계획(MRP II ; Manufacturing Resource Planning)

1. MRPII의 등장 배경

(1) 자재소요계획은 두 가지 면을 강조한다. 우선, 자재소요계획은 주생산계획에서 필요로 하는 자재소요량에 초점을 맞추며 로트 규모와 안전재고에 대하여 알려 준다.

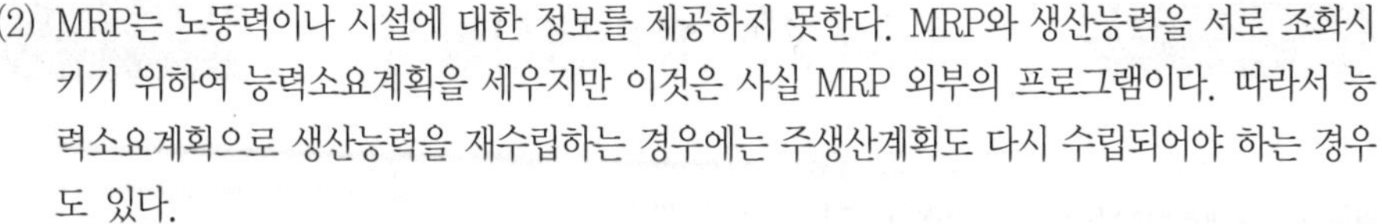

(2) MRP는 노동력이나 시설에 대한 정보를 제공하지 못한다. MRP와 생산능력을 서로 조화시키기 위하여 능력소요계획을 세우지만 이것은 사실 MRP 외부의 프로그램이다. 따라서 능력소요계획으로 생산능력을 재수립하는 경우에는 주생산계획도 다시 수립되어야 하는 경우도 있다.

(3) MRP는 주생산계획 및 능력소요계획과 통합되어야 하는데 이 경우의 MRP 컴퓨터 프로그램은 폐쇄루프의 특성을 가진다. 따라서 폐쇄적인 MRP를 확장하여 생산시스템에 다른 기능을 포함시킬 필요성이 대두되었다.

(4) MRP를 확장하여 사업계획과 각 부문별 계획을 연결시키도록 하는 계획을 MRP Ⅱ라고 부른다. MRP Ⅱ에서는 생산, 마케팅, 재무, 엔지니어링 등과 같은 기업자산을 함께 전반적으로 계획하고 통제하며 나아가서는 스스로의 시스템을 시뮬레이션한다.

2. JIT와 MRP

(1) JIT는 일본에서 개발되었으며 목표는 모든 사업 운영에서 낭비의 발생을 제거하는 것이다. 재고는 낭비로 간주되기 때문에 이 시스템은 재고 감소 이상의 의미를 가지는 도구다. JIT는 컴퓨터화 될 수도 있고 되지 않을 수도 있다.

(2) JIT의 원칙은 전사적 품질경영(TQM ; Total Quality Management)과 예방유지시스템을 잘 설치한 후에 기본 MRP에 부가될 수 있다. TQM은 JIT 없이 존재할 수 있지만 TQM 없이 JIT는 존재할 수 없다.

(3) JIT 또는 MRP가 효과적으로 작동하기 위해서는 좋은 부품이 매회 만들어져야 하며 필요할 때에는 생산시설이 언제나 이용될 수 있어야 한다.

(4) MRP는 종속수요의 품목을 주문 처리하기 위한 정보시스템으로 공장 현장에서의 개별적인 주문, 소요자재, 후방 스케쥴링과 무한능력계획에 사용하기 위하여 미국에서 개발되었다. 이 계획절차는 고객주문으로부터 시작하여 완성품의 완료시간과 수량을 나타내는 주생산에 사용된다.

(5) MRP와 JIT를 각각 효과적으로 운영하는 경우에도 제조기업은 커다란 이익을 얻는다. 그러나 두 시스템은 상호배타적이 아니며 통합적인 사용이 가능하다. 서로 다른 환경에서 개발되었지만 제조계획과 통제의 관점에서 특성을 가지고 있기 때문이다. 대체로 기업들은 운영을 통제하기 위한 기본 시스템으로 MRP를 사용한다.

기출문제

다음 자재소요계획(MRP)에 대한 설명 중 가장 옳지 않은 것은?

① 자재소요계획에서 재고수준이 낮더라도 제조상의 요구가 없는 경우에는 재고를 보충하지 않는다.
② 경제적 주문량과 주문점 산정을 기초로 하는 전통적인 재고통제기법의 약점을 보완하기 위해 개발된 것이다.
③ 생산 계획 활동에서는 생산 용량(기계 용량, 인력)의 조정까지를 계획 범위에 포함시키는 것이 일반적이다.
④ 자재소요계획을 활용함으로써 작업장에 안정적이고 정확하게 작업을 부과할 수 있다.

정답 ①

해설 자재소요계획(MRP)는 수요를 입력요소로 하여 발주시점과 발주량을 결정하는 기법이다.

테마 28 적시생산방식

✔ 적시생산방식이란 필요한 것을 필요한 때 필요한 만큼 만드는 생산방식으로, 제품생산에 요구되는 부품 등 자재를 필요한 시기에 필요한 수량만큼 조달하여 낭비적 요소를 근본적으로 제거하려는 생산시스템이다.

1 적시생산방식(JIT ; Just In Time)의 개념

1. JIT의 의의

(1) 재고를 쌓아 두지 않고서도 필요한 때 적기에 제품을 공급하는 생산방식이다.

(2) 다품종 소량 생산 체제의 구축 요구에 부응한다.

(3) 적은 비용으로 품질을 유지하여 적시에 제품을 인도하기 위한 생산 방식이다.

2. JIT의 특징

(1) 마지막으로 완성해 출고되는 제품의 양에 따라 필요한 모든 재료들이 결정되므로 생산통제는 당기기 방식(Pull system)이다.

(2) 생산이 소시장 수요를 따른다. 즉 계획을 일 단위로 세워 생산하는 것이다.

(3) 생산공정이 신축성을 요구한다. 신축성은 생산제품을 바꿀 때 필요한 설비, 공구의 교체 등에 소요되는 시간을 짧게 하는 것을 말한다.

(4) 현재 필요한 것만 만들고 더 이상은 생산하지 않으므로 큰 로트(lot) 규모가 필요 없으며 생산이 시장수요만을 따라가기 때문에 고속의 자동화는 필요하지 않다.

(5) 작은 로트 규모를 생산하기 위하여 매일 소량씩 원료 혹은 부품이 필요하므로 공급자와의 밀접한 관계가 요구된다.

2 적시생산방식의 기본원리

1. JIT의 기본요소

(1) 소규모 생산과 제조준비시간 단축 : JIT시스템은 자재의 재고를 최소화하는 데에 목표를 두고 있다. 재고의 최소화는 재고로 인하여 숨겨진 생산성의 문제점을 해결하기 위한 것으로 문제점에는 기계의 고장, 폐기물, 과다한 재공품, 검사의 지연 등이 포함된다.

(2) 생산의 평준화 : JIT시스템을 성공적으로 운영하기 위해서는 안정된 대생산일정계획(MPS)과 생산의 평준화가 이루어져야 한다. 생산의 평준화는 첫째, 생산계획 및 일정계획에 의하여 달성되고 둘째, 제조공정을 재설계하여 로트 크기와 제조준비시간을 단축함으로써 달성된다.

(3) 작업자의 다기능화 : JIT시스템을 적용하기 위해서는 작업자들이 다수의 기능을 보유해야 한다. 다수의 기능이란 몇 개의 상이한 기계를 운전하는 능력뿐만 아니라 이들 기계의 정비능력 및 작업준비를 위한 능력 등을 포함한다.

(4) 품질경영 : JIT시스템의 능력은 기업의 높은 품질수준을 유지하는 것이다. 즉 JIT시스템은 품질면에서 설계품질, 규격과 설계의 적합성, 신뢰성과 내구성, 기술적 탁월성을 제공해준다.

(5) 간판시스템의 운용 : JIT시스템에서는 생산지시와 자재의 이동을 가시적으로 통제하기 위한 방법으로 간판시스템을 사용한다. 간판시스템은 후속의 제조공정이 선행제조공정으로부터 부품 등 자재를 끌어가는 인출시스템이다.

(6) 기계설비의 셀화배치와 집중화공장 : 소규모 공장을 선호하는 이유는 첫째, 대규모 공장은 관리하기 어렵고 둘째, 소규모 공장을 대규모 공장보다 더욱 경제적으로 운영할 수 있기 때문이다.

(7) 공급자 관계 : JIT시스템에서 작업자가 변해야 하는 것처럼 부품이나 자재의 공급업체도 변해야 한다. JIT시스템에서는 공급자를 생산시스템 내 하나의 작업공정으로 간주한다.

2. JIT의 효과

(1) 재고의 감소 : 모든 구성품들이 완제품으로 조립되고 판매되기 위해 적시에 적량이 운반되고 생산되기 때문에 재고량이 줄어든다.

① 참고비용의 감소
② 재고관리를 위한 서류업무의 감소
③ 재고관리 인원의 감소
④ 진부화, 도난, 세금의 감소
⑤ 재고로 인한 이자비용의 감소

(2) 품질의 향상 : 로트의 규모가 작으므로 한 공정에서 생산된 부품의 불량여부가 다음 공정에서 바로 발견되어 문제의 원인을 조기에 발견하고 즉시 해결책을 강구할 수 있다.

① 인원의 절감
② 재작업의 감소
③ 자재낭비의 감소

(3) 생산성 향상 : 재고의 감소는 물론 제조기업의 모든 자원의 낭비를 제거하므로 생산성의 향상을 가지고 온다. 적시 생산은 보조 재료와 에너지를 제외하고는 거의 모든 생산시스템의 생산성에 영향을 주고 있다.

(4) 동기부여 : 작업자 각자가 책임감을 가지게 하며 상호협조적인 분위기를 조성한다. 한 작업자의 잘못으로 부품에 결함이 생기면 전체 공정이 지연 또는 중단될 위험에 직면하게 되므로 각 작업자들은 공통의 해결책을 모색하여 할당된 작업량을 수행하기 위해 거의 모든 생산시스템의 공동의 노력을 기울이게 된다.

경영학 일반
조직행위론
인적관리 및 품질경영
마케팅
회계 및 재무관리
부록_실전모의고사

기출문제

제품생산에 요구되는 부품 등 자재를 필요한 시기에 필요한 수량만큼 조달하여 낭비적 요소를 근본적으로 제거하려는 생산시스템은?

① POS　　② CIM
③ CAD　　④ JIT

정답 ④

해설 적시생산방식(JIT ; Just In Time)이란 필요한 것을 필요한 때 필요한 만큼 만드는 생산방식이다.

테마 29 린 생산방식

> 린 생산방식은 세계적 수준에 이른 1반복 공정으로서 시간을 중요시하는 새로운 반복공정 생산시스템이다. 제2차 세계대전 후 일본의 도요타자동차의 도요타와 오노가 린 생산의 개념을 가장 먼저 개척하였다. 그러나 린이란 말은 MIT의 연구진이 붙인 이름이다.

> 린 생산방식의 필요성
> 1. 관리 시스템 개선
>   - 경영위기의 극복 : 전사최적화 지향, 합리적인 구조 조정
>   - 통합물류체계 구축
>   - 유연성 향상
> 2. 생산환경 개선
>   - 고유의 생산체계 구축 : 제로 시간 단축, 생산성 제고, 물류 합리화
>   - 공장 배치 최적화
> 3. 소비자 요구품질 다양화
>   - 제품의 수명주기 단축
>   - 제품 차별화 · 개성화
>   - 고품질, 저비용, 빠른 배송 요구

1 린 생산방식(Lean Production)의 개념

1. 린 생산방식의 의의

(1) 린 생산방식은 대량생산과 단속 공정의 단점을 극복하고 양쪽의 장점을 규합한 생산 시스템으로 단속 공정의 높은 비용과 대량생산의 비탄력성을 제거하고자 한다.

(2) 린(lean)이 사전적으로 '여윈', '마른'이라는 뜻을 지니고 있듯이 린 생산은 아주 간결하고 최소한도의 필요한 자원만을 이용해 생산하는 시스템이다. 따라서 린 생산은 과거의 대량생산에 비해 훨씬 적은 노동력, 공간, 공구, 엔지니어링, 재고를 필요로 한다.

2. 재공재고 감축

(1) 조직 과정의 모든 부문에서 재고를 최소화함으로써 조직의 효율성 극대화를 지향한다.

(2) 소인화와 인당 생산성 향상 : 노동력을 신중히 채용하고 채용된 노동력에는 밀도 높은 사회화와 교육훈련을 통한 조직 내 통합을 기한다.

(3) 눈으로 보는 관리 : 현재 진행되고 있는 일의 상태가 정상인지 비정상인지에 대한 판단을 현장 종업원 모두가 신속히 할 수 있도록 하여 신속한 대책으로 연결시킨다.

2 린 생산방식의 특성

1. 조직

린 생산방식은 기계와 결합하여 여러 수준의 기능도를 가진 다양하고 숙련된 종업원이 팀을 이루어서 생산을 하는 방식이다. 팀은 현장에 있는 작업자들로 구성되며 팀 리더는 직장이 아닌 작업자 중에서 선발된다. 팀에게는 청소, 간단한 기계수리, 품질검사 그리고 의사결정권한이 부여된다.

2. 제품설계

제품설계 초기에 관련 있는 모든 사람들을 참여시키므로 제품개발시간이 상당히 짧다.

3. 작업자

작업자들은 훈련을 잘 받은 숙련공들로 과거 대량생산시스템에서 볼 수 있었던 미숙련공들은 전부 숙련공으로 대체된다.

4. 기계작동준비

기계작동준비를 전문가가 아닌 작업자가 직접 하므로 기계작동준비가 빠르다.

5. 자동화

기계설비가 상당히 고도로 자동화되어 있으며 자동화된 기계설비는 과거의 자동화와는 달리 다양한 품목들을 생산할 수 있다.

6. 배치

(1) 작업공간이 작으므로 종업원 간의 의사소통이 원활하다.

(2) 통로가 대체적으로 좁고 재공품 재고를 보관하는 공간이 없다.

7. 구매

(1) 제품설계의 초기단계에서부터 공급업자를 참여시켜 공급업자와 많은 정보를 교환한다.

(2) 장기계약을 맺고 윈윈(win-win)의 관계를 목표로 한다.

(3) 비용과 가격을 서로 합의하여 결정한다.

3 린 생산방식의 성과와 한계

1. 린 생산방식의 성과

(1) 부가가치를 창출하지 않는 자재취급, 재고, 검사, 재작업과 같은 업무들을 전부 제거함으로써 비용을 절감시킨다.

(2) 지속적으로 직무 설계를 개선하고 작업자들의 참여를 권장하며 계속적인 훈련과 교육을 실시해 노동력의 질을 향상시킨다.

(3) 종업원들의 권한과 책임을 강화시키고 자율권을 강화시킴으로써 종업원들의 사기를 상승시킨다.

(4) 품질이 향상되어 불량품이 감소한다.

(5) 다양한 유형의 제품을 고객에게 제공하고 고객의 다양한 욕구를 신속하게 만족시킨다.

2. 린 생산방식의 한계

(1) 현장작업자들의 참여가 중시되고 있지만 생산과정의 문제해결과 불량률 축소라는 좁은 영역에 제한되고 있다.

(2) 노동의 인간화와 조직의 민주화는 거의 고려되지 않고 있다. 생산성과 효율성의 논리가 지배함에 따라 인간화와 민주화는 부차적인 것이 되고 있다.

(3) 초합리화에 의한 효율성 달성만을 강조하여 조직 성원들의 희생을 강요하게 된다.

경영학 일반
조직행위론
인적관리 및 품질경영
마케팅
회계 및 재무관리
부록_실전모의고사

기출문제

린 생산방식(Lean Production)에 관한 설명 중 옳지 않은 것은?

① 린 생산방식은 JIT를 미국식 환경에 맞추어서 재정립한 것으로 JIT의 주요 구성요소가 린 생산방식에서도 그대로 적용된다.

② 린 생산방식에서 린(lean)은 낭비 없는 생산(wasteless production)을 의미하며 생산과정에서 발생하는 어떤 유형의 낭비도 철저히 제거하자는 것이 린 생산의 핵심이다.

③ 린 생산방식에서 과잉재고의 보유는 작업장의 품질문제를 숨기는 것으로 인식되고 있다.

④ 린 생산방식에서 기계 및 설비가 고장 나기 이전에 예방보전을 하는 것은 자원의 낭비라고 판단하여 기계가 고장난 이후 수리를 실시하는 고장수리를 보다 강조한다.

정답 ④

해설 기계가 고장난 이후 수리를 실시하는 고장수리를 강조하는 것은 전통적 방식이다. 린 생산방식은 예방적 유지보수를 강조한다.

테마 30 공급사슬관리

> 공급사슬관리는 공급자부터 최종 소비자에게 상품이 도달되는 모든 과정으로 제품, 정보, 재정의 흐름을 통합하고 관리하는 것을 말한다.

> SCM의 목적
> 1. 운영과 재고통제력의 효율적인 관리
> 2. 신상품 출시와 제조 사이클의 최소화
> 3. 사업 가치의 높은 부가가치 창출
> 4. 불확실한 낭비 요소 제거
> 5. 고객 만족의 극대화
> 6. 기업 간 프로세스의 유기적 통합
> 7. 공급사슬의 전체의 이익 창출
> 8. 비용관리를 통한 이익의 최대화
> 9. 높은 부가가치 창출

1 공급사슬관리(SCM ; Supply Chain Management)의 개념

1. SCM의 의의

(1) 제조, 물류, 유통업체 등 유통 공급망에 참여하는 전 기업들이 협력을 바탕으로 양질의 상품 및 서비스를 소비자에게 전달하고 소비자는 극대의 만족과 효용을 얻는 것을 목적으로 한다.

(2) 효율적인 SCM은 필요할 때 언제든지 제품을 쓸 수 있다는 전제하에 재고를 줄이는 것이다.

(3) 소비자의 수요를 효과적으로 충족시켜 주기 위하여 신제품 출시, 판촉, 머천다이징 그리고 상표 보충 등의 부문에서 원재료 공급업체, 제조업체, 도소매업체 등이 서로 협력하는 것이다.

(4) SCM은 제품, 정보, 재정의 세 가지 주요 흐름으로 나눌 수 있는데 제품 흐름은 공급자로부터 고객으로의 상품 이동은 물론 어떤 고객의 물품 반환이나 사후 서비스 등이 모두 포함된다. 정보 흐름은 주문의 전달과 배송 상환의 갱신 등이 수반된다. 재정 흐름은 신용 조건, 지불 계획, 위탁 판매 그리고 소유권 합의 등으로 이루어진다.

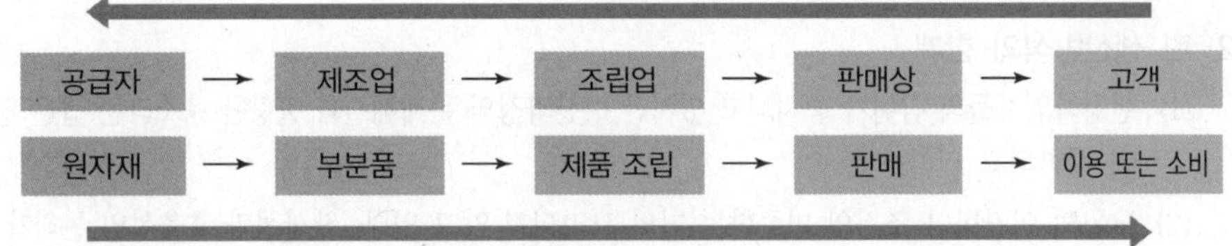

2. SCM의 종류

(1) SCP(Supply Chain Planning) : 수요예측, 글로벌 생산 계획, 수·배송 계획, 분배 할당 등 공급망의 일상적 운영에 대해 최적화된 계획을 수립한다.

(2) SCE(Supply Chain Excution) : 창고, 수·배송 관리 등 현장물류의 효율화와 바코드(Bar code) 등 정보도구의 인터페이스에 기초해 현장 물류 관리를 한다.

3. 공급사슬관리와 전통적 방식의 차이점

(1) 공급사슬관리는 시간적으로 장기지향적인데 반해 전통적 방식은 단기지향성이 강하다.

(2) 공급사슬관리는 프로세스 자체에 대한 통제를 요구하고 전통적 방식은 현 거래의 요구에 국한되는 경향이 있다.

(3) 공급사슬관리는 장기적 위험을 공유하는 경향이 강한 반면 전통적 방식은 장기적 위험공유의 필요성이 존재하지 않는다.

2 SCM의 효과와 특징

1. SCM의 효과

(1) EDI를 통한 유통업체의 운영비용 절감 및 생산 계획의 합리화 증가

(2) 수주 처리기간의 단축과 공급업체에 자재를 품목별로 분리하여 주문 가능

(3) 재고의 감소와 생산성 향상, 조달의 불확실성 감소

(4) 제조업체의 생산계획이 가시화되어 공급업체의 자재재고 축소 가능

(5) 자동 수·발주 및 검품, 업무 절차의 간소화

(6) 정보의 적시 제공과 공유 (7) 수익성의 증가, 고객 만족도 증가

(8) 업무 처리시간의 최소화 (9) 납기 만족에 의한 생산의 효율화

(10) 유통정보기술을 통한 재고관리의 효율화

2. SCM의 특징

(1) 구매, 생산, 배송, 판매 등을 단편적인 책임으로 보는 것이 아니라 하나의 단일체로서 인식하므로 '기획-생산-유통'의 모든 단계를 포괄한다.

(2) 공급자, 유통업자, 제3자 서비스 공급자 및 고객 간의 협력과 통합을 포괄한다.

(3) SCM은 물류의 흐름을 고객에게 전달되는 가치의 개념에 기초하여 접근하고 주문 사이클의 소요시간을 단축한다.

(4) 단순한 인터페이스 개념이 아닌 통합의 개념으로 정보시스템에 대한 새로운 접근을 한다.

(5) SCM 구축을 위한 통신기술로는 구내 정보 통신망(LAN ; Local Area Network)이 가장 적합하다.

〈전통적 방식과 공급사슬관리의 비교〉

구분	전통적 방식	공급사슬관리
재고관리	개별적, 독립적	전체 동시 관리
비용분석	개별 비용절감	전체 비용 최소화
시간적 요인	단기	장기
정보공유	정보공유 제한	계획, 검사과정에 필요한 정보도 공유
결속력	거래에 기반을 둠.	지속적인 관계
경영방침	비슷할 필요 없음.	핵심적 관계에 있어서 비슷해야 함.
위험과 보상의 공유	개별회사 각자 책임	장기에 걸쳐 공유됨.
정보체계	독립적	회사들 사이 공유
공급자의 범위	위험 분산을 위해 커야 함.	기업 간 조정을 위해 작아야 함.

균형성과표(BSC ; Balanced Score Card)

1. 조직의 비전과 경영목표를 각 사업 부문과 개인의 성과측정지표로 전환해 전략적 실행을 최적화하는 경영관리기법으로 하버드 비즈니스 스쿨의 카플란(Kaplan) 교수와 경영 컨설턴트인 노튼(Norton)이 공동으로 개발하여 1992년에 최초로 제시했다.
2. 기존의 재무성과 중심의 측정도구의 한계를 극복하기 위해 개발되었다. 재무, 고객, 내부프로세스, 학습·성장 등 네 분야에 대해 측정지표를 선정해 평가한 뒤 가중치를 적용해 산출한다.
3. 비재무적 성과까지 고려하고 성과를 만들어 낸 동인(動因)을 찾아내 관리하는 것이 특징이며 이런 점에서 재무적 성과에 치우친 EVA(경제적 부가가치), ROI(투자수익률) 등의 한계를 극복할 수 있다.

경영학 일반 조직행위론 인적관리 및 품질경영 마케팅 회계 및 재무관리 부록_실전모의고사

기출문제

다음 중 공급사슬관리와 전통적 구매방식의 차이점을 비교한 것으로 알맞지 않은 것은?

① 공급사슬관리는 시간적으로 장기지향적인 데 반해 전통적 방식은 단기지향성이 강하다.

② 공급사슬관리는 경로리더십이 불필요한 반면 전통적 방식은 경로리더십이 중요하게 요구된다.

③ 공급사슬관리는 프로세스 자체에 대한 통제를 요구하고 전통적 방식은 현 거래의 요구에 국한되는 경향이 있다.

④ 공급사슬관리는 장기적 위험을 공유하는 경향이 강한 반면 전통적 방식은 장기적 위험공유의 필요성이 존재하지 않는다.

정답 ②

해설 전통적 방식은 경로리더십이 불필요한 반면 공급사슬관리는 경로리더십이 중요하게 요구된다.

테마 31 품질관리

1 품질(Quality)

1. 품질의 정의

품질이란 용도에 대한 적합성, 제품이 그 사용목적을 수행하기 위하여 갖추고 있어야 할 특성을 의미한다.

2. 품질의 종류

(1) 시장품질(Quality of Market) : 소비자가 요구하는 품질을 말하며 사용품질(Quality of Use)이라고도 한다.

(2) 설계품질(Quality of Design) : 목표로 하는 품질, 시장품질, 생산능력, 경쟁회사의 제품의 품질, 가격 등을 종합적으로 고려하여 제조 가능하다고 정한 품질을 의미한다.

(3) 제조품질(Quality of Conformance) : 생산현장에서 생산된 제품의 품질이 어느 정도 설계 시방에 적합하게 제조되었는지를 제조품질 또는 적합품질이라고 한다.

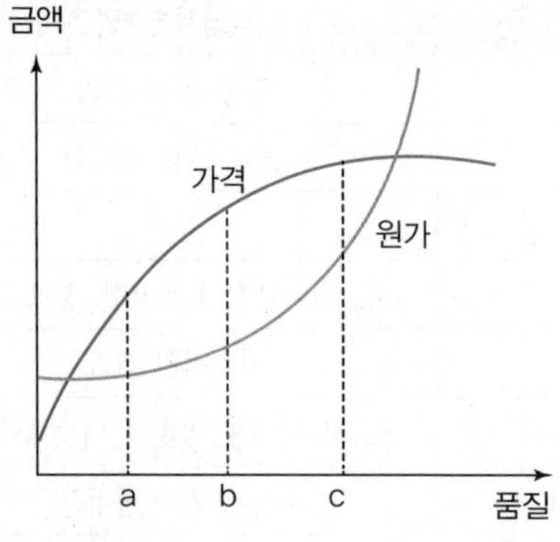

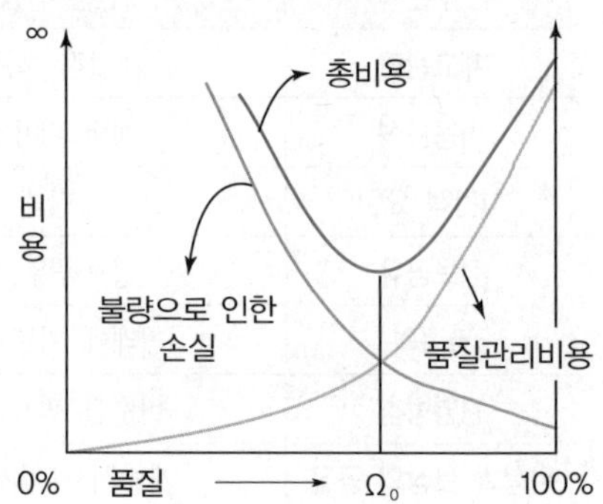

3. 품질비용(Quality Cost)

(1) 예방비용(P-cost ; Prevention Cost)

① 품질시스템의 설계, 도입 및 유지활동에 관련되어 발생하는 비용이다.

② 실패를 사전에 예방하기 위해 소요되는 경비이다.

(2) 평가비용(A-cost ; Appraisal Cost)

① 품질표준 및 성능상의 요구조건에 대한 적합성을 보장하기 위해 제품, 부품, 구입자재에 대해 실시되는 측정, 평가 및 감사행위에 수반하여 발생하는 비용이다.

② 결함을 제거하기 위해 검사하는 데 소요되는 경비이다.

(3) 실패비용(F-cost ; Failure Cost)

① 내부 실패비용(IF-cost ; Internal Failure) : 품질상의 요구조건에 맞지 않기 때문에 제조공정에서 손실을 가져오는 불량제품, 부품 및 자재에 수반하여 발생하는 비용, 제품 출하 전 품질(업무품질, 제품품질) 결함으로 인해 발생하는 비용이다.

② 외부 실패비용(EF-cost ; External Failure) : 불량제품을 소비자에게 출하했기 때문에 발생하는 비용, 품질 결함으로 인해 제품 출하 후 발생하는 비용이다.

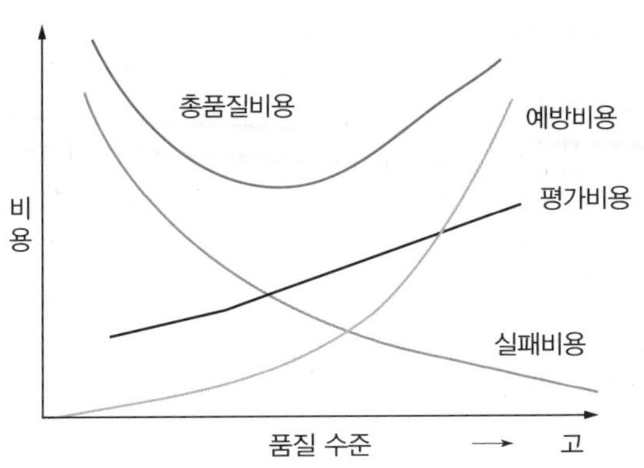

4. 관리(Control)

(1) 목표나 표준을 설정하고 활동해 가면서 목표에서 벗어날 시 시정조치를 취하는 것이다.

(2) PDCA 사이클 : Plan – Do – Check – Action

2 품질관리(QC ; Quality Control)

1. 품질관리의 개념

(1) 품질관리의 정의

① 소비자의 요구에 적합한 품질의 제품과 서비스를 경제적으로 생산할 수 있도록 조직 내의 여러 부문이 품질을 유지 개선하는 관리적 활동의 체계를 의미한다.

② 한국공업규격(KS) : 수요자의 요구에 맞는 품질의 제품을 경제적으로 만들어 내기 위한 모든 수단의 체계다. 근대적인 품질관리는 통계적인 수단을 채택하고 있으므로 특히 통계적 품질관리(Statistical Quality Control)이라고 부른다.

(2) 품질관리의 목표 : 소비자의 욕구품질을 가장 경제적으로 생산, 제공하는 것이다.

(3) 품질관리의 기능

① 품질의 설계

② 공정의 관리

③ 품질의 보증(QA ; Quality Assurance)

④ 품질의 조사, 개선

2. 통계적 품질관리(SQC ; Statistical Quality Control)

유용하고 시장성 있는 제품을 가장 경제적으로 생산할 수 있도록 생산의 모든 단계에 통계적 원리와 기법을 응용하는 것이다.

3. 전사적 품질관리(TQC ; Total Quality Control)

소비자가 만족할 수 있는 품질의 제품을 가장 경제적으로 생산 내지 서비스할 수 있도록 사내 각 부분의 품질개발, 품질유지, 품질개선 노력을 종합하는 효과적인 시스템이다.

4. 전사적 품질경영(TQM ; Total Quality Management)

(1) ISO, 품질을 중심으로 하는 모든 구성원의 참여와 고객만족을 통한 장기적 성공지향을 기본으로 하며 조직의 모든 구성원과 사회에 이익을 제공하는 조직의 경영적 접근을 의미한다.

(2) QM(품질경영)과 TQC(종합적 품질관리) 바탕에 기업문화의 혁신을 통한 구성원의 의식과 태도 등을 둔다.

> 품질보증은 품질요구사항이 충족될 것이라는 신뢰를 제공하는 데 중점을 둔 품질경영의 일부로 품질관리의 논리적 확장, 사전 예방(계획), 고객만족의 정신을 기본으로 한다.

3 품질보증과 제조물 책임

1. 품질보증(QA ; Quality Assurance)의 의의

(1) ISO, 제품이나 서비스가 품질요구사항을 충족시킬 것이라는 적절한 확신을 주기 위하여 품질시스템에서 실시되고 필요에 따라 실증되는 모든 계획적이고 조직적인 활동이다.

(2) 제품책임의 문제와 대책

① 제품책임(PL ; Product Liability) : 상품의 결함으로 야기된 손해에 대해서 생산자 내지 판매자가 소비자나 사용자에게 배상할 의무를 부담하는 것으로 제조자책임 또는 제조물 책임이라고도 한다.

② 제품책임대책

- 소송에 지지 않기 위한 방어(PLD ; Product Liability Defence)
- 결함제품을 만들지 않기 위한 예방(PLP ; Product Liability Prevention)

2. 품질보증 활동의 단계

단계	내용
제품기획 단계	제품개발 계획 및 정의를 하기 위하여 고객의 요구 및 기대를 결정하는 단계(경영자 지원)
↓	
제품 설계 및 개발 단계	설계의 형상 및 특성이 거의 최종 형태로 개발되는 단계, 공정에서 발생 가능한 잠재적 문제를 평가하고 파악, 합리적 표준 설정의 방법 고려
↓	
공정 설계 및 개발 단계	제조시스템의 개발과 이와 관련된 관리계획 수립

> 제조물 책임은 제조물의 결함에 의하여 소비자에게 발생한 손해에 대해 제조업자 등이 지게 되는 배상 책임을 말한다.

3. 제조물 책임(PL ; Product Liability) 제도

(1) 제조물 책임의 의의

① 제조물 : 제조 또는 가공된 동산을 말하며 부동산이나 가공되지 않은 농수산물은 제외된다.

② 결함 : 제조, 설계, 표시상의 결함을 말하며 제조물 책임의 원인으로 통상 갖추어야 할 안전성이 결여된 것을 의미한다.

③ 손해 : 소비자, 이용자 또는 제3자의 생명, 신체 또는 재산상의 손해로서 정신적 손해를 포함한다.

④ 배상 : 민사상 손해배상책임으로서 제조자가 소비자에게 직접 손해를 배상한다.

⑤ 제조업자 : 제조, 부품, 가공, 유통, 수입업자 또는 자신을 제조업자(제조, 부품, 가공, 유통, 수입하는 자)로 표시한 자, 즉 표시 제조업자 및 오인 표시 제조업자를 말한다. 그러나 판매업자는 제조업자로 보지 않는다.

> 제조물 책임의 등장배경
> 1. 산업구조의 복잡화와 소비 경제 생활의 변화
> 2. 소비자 운동의 활성화
> 3. 제조물 책임에 한 국제적인 균형 촉진

(2) 결함에 대한 책임의 변천 : 매수인 책임 원칙 → 매도인 책임 원칙 → 제조자 책임 원칙

(3) 품질보증 단계별 PL대책

기획 · 설계 단계	판매 및 서비스 단계
• 사용자의 안전을 충분히 고려한 설계 추진 • 사용환경 요소의 검토 • 사용 설명서 및 경고 표시의 개발 • 안전에 대한 종합 확인	• 생산자와 고객의 대화 역할 －고객의견 수집 및 피드백 －판매직원에 한 안전 및 제품 교육 • 카탈로그, 취급설명서의 적절성 검토

(4) 결함의 구분

① 제조물 자체의 결함

설계상 결함	합리적인 대체설계를 사용하여 위험을 줄이거나 피할 수 있었음에도 대체설계를 채용하지 않아 안전하지 못하게 된 경우다.
제조상 결함	제조물이 원래 의도한 설계와 다르게 제조 · 가공됨으로써 안전하지 못하게 된 경우다.

② 경고, 표시상의 결함

취급설명서 및 경고라벨의 결함	합리적인 설명 · 지시 · 경고 등의 표시를 하였더라면 피해나 위험을 줄이거나 피할 수 있었음에도 이를 하지 않은 경우다.
광고, 선전, 영업사원 설명 등의 결함	

(5) 면책사유

① 제조업자가 당해제조물을 공급하지 아니한 사실

② 과학 · 기술 수준으로 결여의 존재를 발견할 수 없다는 사실(동종업계 기술 수준)

③ 제조물을 공급할 당시의 법령이 정하는 기준을 준수했음에도 불구하고 발생한 사실

④ 제조물 제조업자의 설계 및 제작에 관한 지시로 결함이 발생하였다는 사실

(6) 소멸시효

① 제조업자는 자신이 공급한 제조물에 대하여 10년간 제조물 책임을 부담한다.

② 소비자(피해자 또는 그 법정리인)는 손해배상책임을 지는 지를 파악한 날로부터 3년 내에 배상을 요구하지 않으면 배상책임은 소멸한다.

경영학 일반
조직행위론
인적관리 및 품질경영
마케팅
회계 및 재무관리
부록_실전모의고사

기출문제

다음 중 품질비용의 종류가 아닌 것은?

① 예방비용　② 평가비용

③ 실패비용　④ 설계비용

정답 ④

해설 품질비용에는 예방비용, 평가비용, 실패비용(사내 실패비용, 사외 실패비용)이 있다.

빈출 지문에서 뽑은 O/X

01 분류법은 평가요소로 구분하여 각 요소별로 그 중요도에 따른 점수를 준다. (O/ ×)

02 경험법은 직무분석자가 직접 직무를 수행함으로써 실증자료를 얻는 방법으로 가장 우수한 방법이나 현실적으로 사용하기 힘들다. (O/ ×)

03 질문지법은 직무의 모든 측면을 파악할 수 있는 질문서를 작성하여 직무수행자로 하여금 기입하도록 하여 직무를 분석하는 방법이다. (O/ ×)

04 관찰법은 직무분석자가 직무수행자 또는 작업자 집단이 실제로 직무를 수행하는 것을 관찰하여 특정한 과업을 수행하는 목적과 방법 등을 기록하는 방법이다. (O/ ×)

05 관찰법은 관찰자의 주관이 개입될 수 있고, 오랜 시간 관찰이 쉽지 않은 단점이 있다. (O/ ×)

06 질문지법은 시간과 노력이 절약되나 해석상 차이로 인한 오류가 나타날 수 있다. (O/ ×)

07 중요사건법은 비교적 정밀하고 직무행동과 평가 간의 관계파악이 용이하다. (O/ ×)

08 임상적 방법은 비교적 정밀하고 객관적인 자료도출이 가능하나 절차가 복잡하다. (O/ ×)

09 체험법은 분석자가 직접 체득함으로써 생생한 직무자료를 얻을 수 있다. (O/ ×)

10 직무명세서는 직무의 인적 요건에 중심을 두고 있다. (O/ ×)

11 직무기술서는 직무명세서의 내용을 기초로 하여 정리하였다. (O/ ×)

12 직무명세서는 직무의 형태와 책임 상황 등을 명시한 문서로 직무에 관한 개괄적 자료를 제공하며, 직무내용과 직무요건을 동일한 비중으로 한다. (O/ ×)

13 직무평가는 직무의 상대적 가치를 정하는 체계적인 방법이다. (O/ ×)

14 직무평가에서 직무의 곤란도, 위험도, 수익성을 평가하지는 않는다. (O/ ×)

15 직무설계는 직무기술서를 작성하는데 도움을 준다. (O/ ×)

16 직무충실화는 동기요인보다는 위생요인에 더 중점을 둔다. (O/ ×)

17 구성원의 작업활동을 다양화하기 위해서 직무순환은 하지 않는다. (O/ ×)

18 직무확대란 직무의 다양성을 높이기 위해서 직무를 수평적으로 확대시키는 것이다. (O/ ×)

19 허즈버그(Herzberg)의 2요인 이론을 근거로 한 직무설계방법은 직무특성이론이다. (O/ ×)

20 효과적인 인사고과의 요건은 사람별로 세분화된 객관적이고 공정한 평가요소를 지녀야 한다. (O/ ×)

21 서열법이란 사전에 정해 놓은 비율에 따라 피고과자를 강제로 할당하여 고과하는 방법이다. (O/ ×)

22 시간적 오류는 평가자가 피평가자를 평가함에 있어 쉽게 기억할 수 있는 최근 업적이나 능력을 중심으로 평가하려는 데서 나타나는 오류다. (O/ ×)

[정답과 해설]

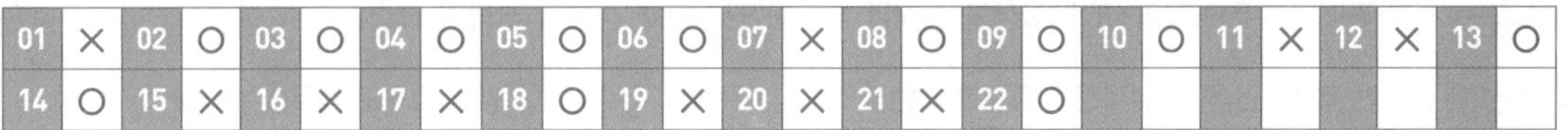

01	X	02	O	03	O	04	O	05	O	06	O	07	X	08	O	09	O	10	O	11	X	12	X	13	O
14	O	15	X	16	X	17	X	18	O	19	X	20	X	21	X	22	O								

01 분류법은 어떠한 기준으로 사전에 만들어 놓은 등급에 맞추어 넣는 평가방법이다.

02 경험법은 직무분석자가 직접 직무를 수행함으로써 실증자료를 얻는 방법으로 가장 우수한 방법이나 현실적으로 사용하기 힘들다.

03 질문지법이란 직무분석방법에 대한 내용으로 직무의 모든 측면을 파악할 수 있는 질문서를 작성하여 직무수행자로 하여금 기입하도록 하여 직무를 분석하는 방법이다.

04 관찰법은 작업 활동의 범위가 한정되어 있고 작업 방법이 정형화되어 있으며 작업 과정이 쉽게 관찰될 수 있는 직무의 분석에 적합하다.

05 관찰법이란 직무를 수행하는 사람들을 현장에서 직접 관찰함으로써 직무 활동과 내용을 파악하는 것이다.

06 질문지법은 다른 방법보다 신속하게 자료 수집을 할 수 있으나, 질문표 기입에 사용된 용어의 다의성 때문에 그 해석이 곤란하다.

07 중요사건법은 직무행동 중에서 보다 중요하거나 가치 있는 면에 대한 정보를 수집하여 직무의 내용과 성질을 분석하는 것을 말한다.

08 임상적 방법은 객관적이고 정확한 자료를 구할 수 있으나 시간과 경비가 많이 소요되고 절차가 복잡하여 이용하기에 용이하지 않다는 단점이 있다.

09 체험법은 직무분석자 자신이 직무활동을 직접 체험하고 자기의 체험을 바탕으로 직무에 관한 사실을 파악하는 방법이다.

10 직무명세서는 직무의 인적 요건에 중심을 두고 있다.

11 직무기술서는 직무분석의 결과를 정리하여 기록한 문서이며, 직무명세서는 직무기술서의 내용에 기초하여 직무수행에 필요한 요건 중에서 인적 요건에 큰 비중을 두어서 기록한 것이다.

12 직무기술서에 대한 내용으로 직무에 관한 사실이나 정보를 모든 사람이 이해하기 쉽도록 간략하게 정리한 것이며 직무내용과 직무요건이 동일한 비중으로 한다.

13 직무평가는 직무의 중요성, 곤란도, 위험도 등을 평가해 타 직무와 비교한 직무의 상대적 가치를 정하는 방법이다.

14 직무평가의 평가요소는 직무의 상대적 가치를 결정하는 기준이 되는 것이며 그 기준은 객관성 · 합리성이 있어야 하기 때문에 산업특성이라든가 산업구조의 정도에 따라 다를 수 있고 기업 내에서도 직종에 따라 달라질 수도 있다.

15 직무기술서와 직무명세서가 마련되면 이러한 정보를 활용하여 직무를 설계하거나 재설계한다.

16 위생요인으로는 조직의 정책과 행정, 감독, 보수, 대인관계, 작업조건 등이 있으며 동기요인으로는 직무상의 성취, 직무성취에 대한 인정, 직무내용, 책임, 승진, 개인적 성장 또는 발전 등이 있다. 직무충실화는 직무성과가 직무수행에 따른 경제적 보상보다는 개개인의 심리적인 만족에 달려 있다는 전제하에 직무수행 내용과 환경을 재설계하려는 방법으로 위생요인보다는 동기요인에 더 중점을 둔다.

17 직무순환이란 조직 구성원에게 돌아가면서 여러 가지 직무를 수행하게 하는 것을 말하며 조직 구성원의 직무활동을 다양화함으로써 지루함이나 싫증을 감소시켜 준다.

18 직무확대란 한 직무에서 수행되는 과업의 수를 증가시키는 것을 말하며 이를 통해서 작업의 단조로움과 지루함을 극복하여 높은 수준의 직무만족으로 이끌어 갈 것을 기대한다.

19 직무충실화는 허즈버그의 2요인이론에 기초한 방법으로 수직적 직무확대로 이루어져 있다.

20 사람별로 세분되는 것이 아니라 모든 피고과자에게 공통적인 것이어야 한다. 즉 직무특성에 따라 업적, 능력, 태도 등의 고과요소가 다른 가중치를 가지고서 평가되어야 할 것이다.

21 서열법은 피고과자의 능력과 업적에 대해 순위를 매기는 방법이다.

22 시간적 오류는 근무성적평정을 할 때 평가기간 전체의 실적이 아니라 최초 또는 최근의 실적이나 능력을 중심으로 평가함으로써 발생하는 오류를 말한다.

23 평가자가 관련성이 없는 평가항목들 간에 높은 상관성을 인지하고 동일하게 평가하는 것은 선택적 지각(Selective Perception)이다. (O/ ×)

24 OJT는 작업 현장에서 직장 상사 또는 직장 선배가 부하직원에게 실무 또는 기능을 교육하는 것으로 훈련받은 내용을 바로 활용할 수 있지만 잘못된 관행이 전수될 수 있다. (O/ ×)

25 OJT는 부하직원의 실무 능력이 크게 향상되나 작업 시간이 감소되고 경제적 부담이 크다. (O/ ×)

26 직장 내 교육은 업무시간 중에 실제 업무를 수행하면서 직속상사로부터 직무훈련을 받는 것으로 직무를 수행하면서 동시에 교육을 수행할 수 있다. (O/ ×)

27 기업의 임금수준을 결정할 때 최우선적으로 고려해야 할 요소는 근로자의 평균 근무연수다. (O/ ×)

28 성과급은 종업원의 임금을 성과나 능력에 따라 다르게 지급한다. (O/ ×)

29 직무급은 담당자의 직무에 대한 태도와 직무적성, 직무성과에 따라 결정한다. (O/ ×)

30 원가절감을 위해서는 설비가동률의 최소화를 통한 규모의 경제(Economies of Scale)를 달성해야 한다. (O/ ×)

31 제품개발시간의 단축을 위해서는 지도카(Jidoka) 및 안돈(Andon)의 도입을 통한 제품개발 프로세스 개선과 고객중심설계를 적용해야 한다. (O/ ×)

32 제품믹스의 유연성을 강화하기 위해서는 작업준비시간의 단축 및 차별화지연 등을 활용해야 한다. (O/ ×)

33 품질향상을 위해서는 식스 시그마(Six Sigma)의 적용을 통한 프로세스 변동성을 최대화해야 한다. (O/ ×)

34 흐름시간(flow/throughput time)의 단축을 위해서는 프로세스 개선을 통한 재공품 재고 및 주기시간을 최대화해야 한다. (O/ ×)

35 유효생산능력(Effective Capacity)은 설계생산능력(Design Capacity)을 초과할 수 없다. (O/ ×)

36 실제산출률(실제생산능력)은 유효생산능력을 초과할 수 없다. (O/ ×)

37 생산능력이용률(Utilization)은 생산능력효율(Efficiency)을 초과할 수 없다. (O/ ×)

38 설계생산능력이 고정된 상태에서 실제산출률이 증가하면 생산능력이용률은 향상된다. (O/ ×)

39 효과적인 생산관리활동(제품 및 공정설계, 품질관리 등)을 통해 실제산출률은 증가하지만 유효생산능력은 변하지 않는다. (O/ ×)

40 EOQ는 연간 발주비와 재고유지비의 연간합을 최대로 하는 주문량의 크기를 결정하는 것이다. (O/ ×)

41 고객의 공간편의성 제공요구가 클수록 유통경로의 단계 수는 증가해야 한다. (O/ ×)

42 고객의 상품정보제공에 대한 요구가 클수록 유통경로의 단계 수는 증가해야 한다. (O/ ×)

43 고객의 배달기간에 대한 서비스요구가 클수록 유통경로의 단계 수는 증가해야 한다. (O/ ×)

44 외부실패비용은 생산과정 중에 발견된 결함이 있는 제품을 폐기하거나 재작업으로 드는 비용이다. (O/ ×)

45 고객에게 인도된 이후의 품질결함에 따른 비용은 고객의 불만에 따른 이탈과 기업신뢰도 하락과 같은 미래 손실까지 포함하는 것으로 볼 수 없다. (O/ ×)

[정답과 해설]

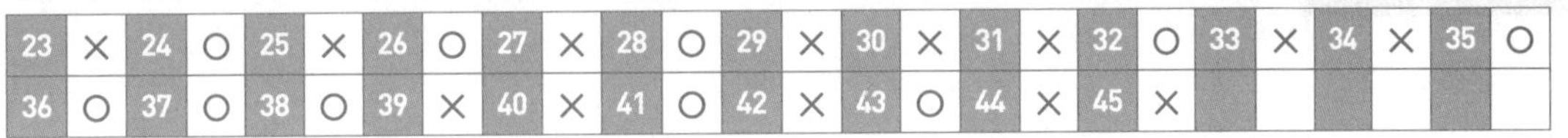

23	×	24	○	25	×	26	○	27	×	28	○	29	×	30	×	31	×	32	○	33	×	34	×	35	○
36	○	37	○	38	○	39	×	40	×	41	○	42	×	43	○	44	×	45	×						

23 평가자가 관련성이 없는 평가항목들 간에 높은 상관성을 인지하고 동일하게 평가하는 것은 상관편견이고 선택적 지각은 외부 정보를 객관적으로 받아들이지 않고 자신의 기존 인지 체계와 일치하거나 자신에게 유리한 것을 선택하여 지각하는 것이다.

24 OJT(On the job training)는 직장 내 교육훈련으로 작업현장에서 직접 실무자에게 배우는 실무중심의 교육으로 Off JT에 비해서 비용이 적게 드는 장점이 있다.

25 OJT는 신입 직원 또는 피훈련자가 실제직위에서 직무를 정상적으로 수행하면서 상관으로부터 지도와 훈련을 받는 것으로 비용이 적은 장점이 있다.

26 직장 내 교육은 일상업무 활동 중 상황에 따라 일하는 방식이나 업무 지식 등을 교육하고 단계적으로 능력계발을 행하여 인재를 육성하는 방법이다.

27 임금수준(pay level)이란 사용자에 의해 종업원들에게 지급되는 평균임금률(임금액의 크기)을 말하며, 임금수준은 한계생산성, 생계비, 실업과 임금의 관계, 경제성장률 등을 고려하여야 한다.

28 성과급은 동일직무라도 종업원들의 임금을 성과나 능력에 따라 지급을 하며 개인이 달성한 업적을 기준으로 하여 임금액이 결정되는 체계를 가진 급여를 말한다.

29 직무급은 직무의 난이도에 따라 보상이 결정되는 제도로 담당자의 직무에 대한 태도와 직무적성, 직무성과와 임금은 관계가 없다. 즉 동일직무에 동일임금이다.

30 원가절감을 위해서는 설비가동률을 최대화하여 규모의 경제(Economies of Scale)를 달성하는 것이 유리하다.

31 제품개발시간의 단축을 위해서는 동시설계 · 동시공학을 활용하는 것이 더 유리하다. 지도카(Jidoka) 및 안돈(Andon)의 도입은 품질관리와 관련된 것이다.

32 제품믹스의 유연성 강화란 제품의 다양성 측면에서 특정 제품의 작업준비시간을 단축할 경우 유연성이 강화될 수 있다는 것이고 차별화지연이라는 개념은 기업의 유연성을 확보하고 대량고객화를 이루기 위한 전제조건이다.

33 품질향상을 위해서는 식스 시그마(Six Sigma)의 적용을 통해 프로세스 변동성을 최소화하여야 한다. 프로세스 변동성의 최대화한다면 변동성이 늘어남으로 품질이 나빠지고 품질의 일관성이 저해될 수 있다.

34 흐름시간(flow/throughput time)의 단축을 위해서는 프로세스 개선을 통한 재공품 재고 및 주기시간을 최소화해야 한다. 흐름시간의 단축은 프로세스 개선을 통한 재공품 재고를 줄일 수 있고 동일한 흐름시간 내에서 주기시간이 늘어나면 특정 공정에서의 시간이 길어져 재공품의 재고는 감소한다.

35 설계생산능력은 일정한 기간에 생산할 수 있는 최대의 생산율을 말하고 유효생산능력은 정상적인 작업조건이 주어졌을 때 달성 가능한 가장 높은 생산율이다.

36 실제산출율(실제생산능력)은 실제로 달성할 수 있는 생산율을 의미하므로 실제산출률(실제생산능력)은 유효생산능력을 초과할 수 없다.

37 생산능력이용률(Utilization)은 생산능력효율(Efficiency)을 초과할 수 없다.

38 설계생산능력이 고정된 상태에서 실제산출률이 증가하면 생산능력이용률은 향상된다.

39 효과적인 생산관리 활동(제품 및 공정설계, 품질관리 등)을 통해 유효생산능력은 증가하지만 실제생산능력이 증가한다고는 단정할 수 없다.

40 EOQ는 연간 발주비와 연간 재고유지비의 합을 최소로 하는 주문량의 크기를 정하는 것이다.

41 고객의 공간편의성 제공요구가 크다는 것은 멀리 있으면 고객이 찾아갈 의사가 없다는 것으로 유통단계를 늘려야 한다.

42 고객의 상품정보제공에 대한 요구가 크다는 것은 고객이 제품이나 서비스에 대한 상세한 정보를 원하는 것으로 이런 경우는 유통단계를 줄이는 것이 유리하다.

43 고객의 배달기간에 대한 서비스요구가 크다는 것은 고객이 오래 기다릴 수 없다는 의미이므로 고객의 집 근처에서 바로 받아가게 해야 한다.

44 생산과정 중에서 발견된 결함이 있는 제품을 폐기하거나 재작업하는데 드는 비용을 내부실패비용이라고 한다.

45 고객에게 인도된 이후의 품질결함에 따른 비용은 고객의 불만에 따른 이탈과 기업신뢰도 하락과 같은 미래손실까지 모두 포함해서 본다.

▶ 정답과 해설 28쪽

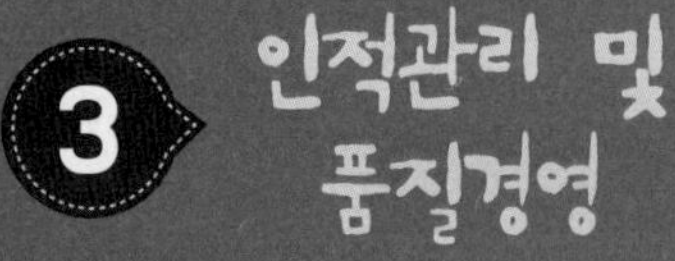

기출예상 문제

01 다음 중 직무분석에서 파악할 내용으로 알맞지 않은 것은?

① 직무평가　② 직무내용
③ 작업방법　④ 작업장소

02 다음 중 직무분석의 목적으로 알맞지 않은 것은?

① 직무분석의 자료는 인적 자원계획 수립을 위한 기초 자료로 활용된다.
② 직무분석을 통해 얻어진 정보는 특정 직무에 대한 보상평가기준으로 사용할 수 없다.
③ 직무분석을 통해 얻어진 정보는 직무 요건 및 직무 간 관계를 명확히 해 줌으로써 직무의 중복을 최소화 시킨다.
④ 직무분석 자료는 인적 자원의 수요 및 공급을 예측하고 교육훈련계획, 전직계획, 승진계획 등 여러 가지 계획에 사용된다.

03 다음 중 직무분석에 대한 설명으로 알맞지 않은 것은?

① 직무기술서와 직무명세서의 기초가 된다.
② 직무분석의 방법으로는 상동적 태도, 현혹효과가 있다.
③ 직무에 관련된 정보를 체계적으로 수집, 분석, 정리하는 과정이다.
④ 직무를 수행할 사람들이 갖추어야 할 요건을 체계적으로 수집하고 정리하는 과정이다.

04 다음 중 직무분석의 절차로 알맞은 것은?

① 배경정보의 수집－대표직위 선정－직무정보 획득－직무기술서 작성－직무명세서 작성
② 배경정보의 수집－직무정보 획득－직무기술서 작성－대표직위 선정－직무명세서 작성
③ 배경정보의 수집－직무명세서 작성－직무정보 획득－직무기술서 작성－대표직위 선정
④ 배경정보의 수집－직무기술서 작성－직무정보 획득－대표직위 선정－직무명세서 작성

05 훈련된 직무분석자가 직무수행자를 직접 관찰하는 것으로, 생산직이나 기능직과 같은 단순 · 반복적인 직무분석에 적합한 것은?

① 관찰법 ② 면접법
③ 질문지법 ④ 중요사건기록법

06 다음 중 면접법에 대한 설명으로 옳지 않은 것은?

① 다른 사람이 직무를 수행하는 것을 직접 관찰하기 어려울 경우 사용한다.
② 직무분석 담당자가 특정한 직무를 직접 수행해 보는 것이 불가능할 경우 사용한다.
③ 각 직무에 종사하고 있는 사람들을 면담하여 정보를 수집하는 방법이다.
④ 직무분석 담당자가 분석대상 직무를 직접 수행해 봄으로써 직무의 내용과 직무가 요구하는 특성 등을 분석하는 방법이다.

07 다음 설명 중 알맞지 않은 것은?

① 직무명세서는 직무의 인적 요건에 중심을 두고 있다.
② 직무분석의 방법으로는 요소비교법, 관찰법, 면접법 등이 있다.
③ 직무는 작업의 종류와 수준이 유사한 직위들의 집단을 말한다.
④ 직무분석이란 직무에 관련된 정보를 체계적으로 수집 · 분석 · 정리하는 과정이다.

08 다음 〈보기〉는 어떤 직무정보 수집방법에 대한 설명인가?

보기

• 다수 작업자 관찰 필요
• 관찰자의 주관이 개입
• 내면 관찰 불가
• 장시간 관찰 불가

① 면접법 ② 관찰법
③ 질문지법 ④ 경험법

09 다음 중 직무기술서에 대한 설명으로 알맞은 것은?

① 고용, 훈련, 승진, 전직에 기초자료를 제공한다.
② 직무의 능률화를 목적으로 작성되며 직무내용과 직무요건 중 직무내용에 더 많은 비중을 둔다.
③ 직무의 능률화를 목적으로 작성되며 직무내용과 직무요건 중 직무요건에 더 많은 비중을 둔다.
④ 모집과 배치의 적정화, 직무의 능률화를 목적으로 작성되며 직무내용과 직무요건에 동일한 비중을 두고 작성된다.

10 다음 중 직무기술서에 포함되는 내용으로 알맞지 않은 것은?

① 직무내용을 일정한 양식에 적어 둔다.
② 직무개요를 일정한 양식에 적어 둔다.
③ 직무요건을 일정한 양식에 적어 둔다.
④ 직무수행에 필요한 인적 특성을 자세히 적어 둔다.

11 다음 중 직무기술서에 대한 설명으로 알맞은 것은?

① 직무요건만을 분리하여 구체적으로 기록한 문서다.
② 직무분석의 결과를 정리할 때 인적 특성을 중심으로 기록되는 문서로, 인적 요건에 초점을 맞추고 있다.
③ 직무를 만족스럽게 수행하는 데 필요한 종업원의 행동, 기능, 능력, 지식 등을 일정한 형식에 맞게 기술한 문서다.
④ 직무의 성격, 내용, 이행 방법 등과 직무의 능률적인 수행을 위하여 직무에서 기대되는 결과 등을 간략하게 정리해 놓은 문서다.

12 다음 중 직무명세서에 대한 설명으로 틀린 것은?

① 수행되어야 할 과업에 초점을 두며 직무내용과 직무요건이 동일한 비중이다.
② 직무요건인 인적 요건에 큰 비중을 두고 있다.
③ 작업자들의 적성이나 기능 또는 지식과 능력 등이 일정한 양식으로 기록되어 있다.
④ 고용이나 훈련, 승진 등에 기초자료가 된다.

13 다음 중 직무명세서와 직무기술서의 설명으로 알맞은 것은?

① 직무명세서는 인적 요건에 큰 비중을 두고 있다.
② 직무기술서는 직무수행자나 자격요건을 구체적으로 기술해 놓은 문서다.
③ 직무명세서는 직무내용과 직무요건이 동일한 비중이다.
④ 직무기술서의 내용에 포함되는 것은 종업원의 행동, 지식, 능력 등이 있다.

14 다음 중 직무명세서를 작성할 때 포함되어야 할 것은?

① 직무가 수행되는 장소
② 직무를 수행하는 작업조건
③ 종업원의 행동이나 기능 또는 능력, 지식
④ 직무를 효과적으로 수행하는 데 필요한 도구

15 다음 중 직무평가에 대한 설명으로 가장 적절한 것은?

① 타 직무와 비교하여 직무의 상대적 가치를 정하는 체계적인 방법이다.
② 직무평가 요소의 선정은 회사마다 차이가 있을 수 있으나 일반적으로 기능(Skill), 노력(Effect), 책임(Responsibililty), 작업 조건(Job Requirement)으로 선정한다.
③ 서열법은 직무를 종합적 가치에 따라 평가해서 서열을 정하는 방법으로 간단하고 신속하게 평가할 수 있으나 직무의 수가 많거나 유사직무가 많은 경우에는 사용하기 곤란하다.
④ 분류법은 등급법이라고도 하며 평가요소를 등급화하여 구분하는 방법으로 실시과정이 간단하고 용이하지만 평가척도의 구분이 어려운 단점이 있다.

16 다음 중 직무평가에 대한 설명으로 알맞지 않은 것은?

① 직무평가를 통하여 직무의 상대적 가치를 산출한다.
② 직무평가의 방법으로는 분류법, 서열법, 질문지법 등이 있다.
③ 직무기술서와 직무명세서를 활용하며 직무평가의 결과는 직무급 산정의 기초자료가 된다.
④ 서열법은 직무의 수가 많고 내용이 복잡한 경우에 적절한 평가방법이 아니다.

17 다음 〈보기〉가 설명하고 있는 것은?

보기

기준직무를 미리 정해 놓고 각 직무의 평가요소와 기준직무의 평가요소를 비교, 분석하는 직무평가방법이다.

① 서열법
② 분류법
③ 점수법
④ 요소비교법

18 직무평가 방법 중 요소비교법의 단점으로 알맞은 것은?

① 등급의 일정기준이 없다.
② 내용이 복잡하여 시간이 많이 소요된다.
③ 평가요소별 가중치 결정에 어려움이 있다.
④ 직무의 수가 많을 경우 적용이 어렵다.

19 다음 중 직무평가의 비량적 방법들로만 묶인 것은?

① 점수법, 분류법
② 점수법, 요소비교법
③ 서열법, 요소비교법
④ 서열법, 분류법

20 다음 중 직무평가에서 비량적 방법에 대한 설명으로 알맞은 것은?

① 점수법과 요소비교법이 있다.
② 양적으로 계측하는 분석적 판단이다.
③ 중소기업의 직무평가에 많이 사용된다.
④ 직무를 조건으로 분석하거나 기초적 요소로 분석한다.

21 다음 중 분류법에 대한 설명으로 알맞은 것은?

① 각각의 직무를 상호교차하여 그 순위를 결정한다.
② 평가요소별로 점수를 배정하고 평가하는 방법이다.
③ 각 직무의 평가요소를 기준직무의 평가요소와 비교한다.
④ 사전에 직무등급을 결정해 놓고 각 직무를 적절히 판정하여 해당 등급에 맞추어 넣는 직무평가 방법이다.

22 다음 중 직무평가의 방법으로 알맞지 않은 것은?

① 서열법
② 관찰법
③ 점수법
④ 요소비교법

23 다음 중 서열법에 대한 설명으로 알맞지 않은 것은?

① 양적 방법에 속한다.
② 각 요소에 순위를 매겨야 한다.
③ 중소기업의 직무평가에 많이 활용된다.
④ 신속, 간편하게 할 수 있는 것이 장점이다.

24 다음 중 요소비교법에 대한 설명으로 알맞은 것은?

① 표준화된 질문지를 통하여 직무담당자가 해당 항목을 평가하는 방법이다.
② 직무행동 중에서 보다 중요한 혹은 가치 있는 면에 대한 정보를 수집하는 방법이다.
③ 직무분석자가 직무수행자를 직접 · 집중적으로 관찰함으로써 정보를 수집하는 방법으로, 생산직이나 기능직에 어울린다.
④ 기준직무를 미리 정하고 기준직무의 평가요소와 각 직무의 평가요소를 비교하여 직무의 순위를 결정하는 방법이다.

25 다음 중 해크먼과 올드햄의 직무특성이론에 대한 설명으로 알맞지 않은 것은?

① 직무충실화 개념을 응용하고 있다.
② 직무설계를 할 때 작업자의 관계욕구를 고려해야 한다.
③ 직무성과를 내는데 있어서 작업자의 심리상태가 중요한 요소라는 점을 강조하고 있다.
④ 과업중요성(task significance)이란 조직 내 · 외부에 있 는 다른 사람의 작업이나 생활에 미치는 영향의 정도를 의미한다.

26 다음 중 해크먼과 올드햄의 직무특성이론에서 핵심 직무특성과 직무수행자의 심리적 상태에 관한 설명으로 알맞은 것은?

① 기술다양성은 업무수행에 요구되는 기술이 얼마나 여러 가지인가를 뜻하며, 다양성이 낮을수록 수행자는 책임감을 느끼게 된다.
② 과업정체성이 높은 직무에서 수행자는 수행결과에 대해서 의미감을 가진다.
③ 과업중요성은 수행업무가 조직 내 · 외에서 타인의 삶과 일에 얼마나 큰 영향을 미치는가에 관한 것으로, 과업중요성이 큰 직무에서 수행자는 업무에 대한 지식을 배운다.
④ 피드백은 업무자체가 주는 수행성과에 대한 정보의 유무를 뜻하며, 수행자가 인지하는 상황에 혼란을 일으킨다.

27 다음 중 직무설계(Job Design)에 대한 설명으로 옳지 않은 것은?

① 직무특성이론을 발전시킨 것이 직무충실화이론이다.
② 직무확대는 수평적 직무확대이고 직무충실화는 수직적 직무확대다.
③ 직무확대는 작업자의 직무를 다양하게 해서 권태감이나 단조로움을 줄이는 데에 목적이 있다.
④ 직무순환이란 종업원을 현재의 직무와는 다른 성격의 직무로 이동시키는 것이다.

28 다음 중 직무설계에 대한 설명으로 알맞은 것은?

① 개인목표와 만족은 전혀 고려하지 않는다.
② 직무확대란 직무의 다양성을 증대시키기 위해 직무를 수직적으로 확대시키는 방안을 말한다.
③ 유연시간근무제는 근무시간의 유연함이 종업원의 나태함으로 이어져 근무 중 생산성이 떨어질 수 있다.
④ 직무순환이 가능하려면 작업자가 수행하는 직무끼리 상호 교환이 가능해야 하고 작업 흐름에 있어서 커다란 작업 중단 없이 직무 간 원활한 교대가 전제되어야 한다.

29 다음 중 직무설계에 대한 설명으로 알맞지 않은 것은?

① 통합적 작업팀은 직무확대를 집단수준에 적용한 직무설계 방법이다.
② 직무순환이 가능하려면 상호 교환이 가능해야 한다.
③ 직무확대는 직무의 다양성을 증대시켜 단조로움을 없앤다.
④ 직무충실화는 개인차를 인정하며 직무가 동기요인보다는 위생요인을 충족시키도록 재구성되어야 한다는 이론이다.

30 다음 〈보기〉 중 직무충실화에 대한 설명으로 알맞은 것을 모두 고르면?

보기

a. 허즈버그의 2요인에 기초한 수직적 직무확대다.
b. 과업의 수를 증가시킴으로써 단조로움과 지루함을 줄일 수 있다.
c. 높은 수준의 지식과 기술이 필요하다.
d. 직무설계의 전통적 접근방법이다.

① a, b
② a, c
③ a, d
④ b, c

31 다음 중 직무충실화에 대한 설명으로 옳지 않은 것은?

① 직무의 기술수준이 높고 과업종류가 다양할수록 높은 성과를 얻을 수 있다.
② 직원의 자율성과 책임, 의사결정 권한을 증대시킨다.
③ 매슬로우의 욕구단계이론 등이 이론적 기반이다.
④ 직무를 보다 다양하고 흥미롭게 하여 직무만족도를 높이는 것으로, 수행해야 할 업무와 기술의 수를 증대시킨다.

32 다음 중 인사고과에 대한 설명으로 알맞지 않은 것은?

① 직무평가와 인사고과는 상대적인 개념이다.
② 직무평가는 인사고과를 위한 선행조건이다.
③ 직무평가와 인사고과는 직무 자체의 가치만 평가한다.
④ 인사고과의 기준은 객관성을 높이기 위하여 특정 목적에 적합하도록 조정되는 경향이 있다.

33 다음 중 현대적 인사고과의 특징으로 알맞은 것은?

① 평가자 중심의 인사고과
② 주관적이고 추상적인 인사고과
③ 미래지향적이고 개발목적 위주의 인사고과
④ 직무중심적인 임금과 승진 관리를 위한 인사고과

34 다음 중 평정척도법에 관한 내용으로 틀린 것은?

① 고과자로 하여금 종업원의 자질을 직무수행상 달성한 정도에 따라 사전에 마련된 척도를 근거로 하여 체크할 수 있도록 하는 방법이다.
② 행위자 지향적 접근방법을 취한다.
③ 고과오류 발생 개연성이 높다.
④ 작성하기가 비교적 복잡하다.

35 다음 〈보기〉가 설명하고 있는 인사고과 방법은?

> 보기
>
> 사전에 평가의 범위와 수를 결정해 놓고 피고과자를 일정한 비율에 따라 할당하는 인사고과 방법이다.

① 서열법　② 대조법
③ 자기신고법　④ 강제할당법

36 다음 중 중간관리층을 더 높은 직급으로 성장시키기 위한 방법은?

① 자유서술법　② 행위기준고과법
③ 인적평정센터법　④ 중요사건서술법

37 다음 중 행위기준고과법에 대한 설명으로 알맞지 않은 것은?

① 관찰 가능한 행위를 기준으로 평가한다.
② 개발된 척도를 피평가자들에게 공개한다.
③ 종업원에게 원활한 의사소통의 기회를 제공한다.
④ 피평가자들을 참여시키지 않는다는 점에서 비판받기도 한다.

38 다음 중 인사고과와 관련된 설명으로 알맞지 않은 것은?

① 현대적 인사고과는 업적과 평가자 중심의 인사고과다.
② 행위기준고과법은 평정척도법과 중요사건서술법을 보완하여 결합한 방법이다.
③ 인적평정센터법은 주로 중간관리층의 성공잠재력을 평가하는 데 적합한 방법이다.
④ 평정척도법은 조건과 환경의 변화에 따라 평가자의 주관에 따른 관대화 경향이 나타나 평정결과가 현저하게 달라질 수 있다는 결점이 있다.

39 다음 중 행위기준고과법의 특징으로 알맞지 않은 것은?

① 전통적 인사고과의 방법이다.
② 구체적인 행동을 척도수준에 맞춤으로써 고과오류를 줄여준다.
③ 구체적인 행동이 수집됨으로써 교육훈련과 인수인계를 토대를 마련한다.
④ 직능별, 직급별 특성에 맞추어 설계되므로 바람직한 행위에 대한 정보를 개인에게 제시해 준다.

40 다음 〈보기〉가 설명하고 있는 인사고과 방법은?

보기

피평가자의 업적과 능력을 평가요소별 연속척도 및 비연속척도에 의해 평가하는 것으로 분석적 고과를 하기 때문에 신뢰도가 높다.

① 대조법　② 서열법
③ 평정척도법　④ 강제할당법

41 다음 〈보기〉가 설명하고 있는 인사고과 방법은?

보기

피평가자의 행위를 관찰하면서 중요한 사건을 평가자가 기록하였다가 이 기록을 근거로 평가하는 인사고과 방법이다.

① 서열법　② 자기신고법
③ 인적자원회계　④ 중요사건서술법

42 다음 중 자유서술법에 대한 설명으로 알맞은 것은?

① 인사고과의 오류에 대한 설명이다.
② 자기평가를 자유롭게 기술하는 방법이다.
③ 평가내용의 차이가 클수록 객관적이라는 증거다.
④ 직무수행의 업적과 능력에 따라 순서대로 서열을 매긴다.

43 다음 중 행위기준고과법에 대한 설명으로 알맞지 않은 것은?

① 관찰 가능한 행위를 기준으로 한다.
② 많은 시간과 비용이 소요되며 주로 소규모기업에 적용된다.
③ 평정척도고과법과 중요사건서술법을 결합한 것이다.
④ 관찰 가능한 행위를 확인할 수 있으며 구체적인 직무에 적용이 가능하다.

44 다음 인사고과 방법 중에서 가장 오래되고 가장 널리 사용되는 방법은?

① 종업원의 구체적인 행위를 기록 · 관찰하였다가 그 기록을 근거로 평가하는 방법
② 전체를 몇 가지 등급으로 나누고 각 등급의 종업원을 정규분포에 가깝도록 할당하는 방법
③ 해당 종업원이 상사와 협의하여 작업목표량을 결정하고 이에 대한 성과를 부하와 상사가 같이 측정하고 평가하는 방법
④ 고과자로 하여금 종업원의 자질을 직무수행상 달성 정도에 따라 사전에 마련된 척도를 근거로 하여 체크할 수 있도록 하는 방법

45 다음 중 현대적인 인사고과방법으로 알맞지 않은 것은?

① 서술법
② 목표관리
③ 성과기준고과법
④ 자기고과법

46 다음 중 가장 우수한 사람과 가장 우수하지 못한 사람을 선정한 후 남은 사람 중에서 다시 가장 우수한 사람과 가장 우수하지 못한 사람을 선정하여 순위를 매기는 인사고과는?

① 대조법
② 쌍대비교법
③ 교대서열법
④ 표준인물비교법

47 다음 중 중심화 경향의 오류를 개선하기 위한 인사고과기법으로 알맞은 것은?

① 강제할당법
② 서베이법
③ 자기고과법
④ 등급할당법

48 다음 중 인사고과에 관한 설명으로 알맞지 않은 것은?

① 평정척도법은 가장 오래되고 널리 사용되는 기법이다.
② 강제할당법은 자기평가를 자유롭게 기술하는 것이다.
③ 자기신고법은 피고과자의 능력과 희망을 토대로 평가가 이루어진다.
④ 행위기준고과법은 평정척도법과 중요사건서술법을 결합한 방법이다.

49 다음 중 관대화 경향에 대한 설명으로 알맞은 것은?

① 사람에 대한 경직적 편견을 말한다.
② 개인의 전반적 인상을 구체적 특성으로 평가하는 것을 말한다.
③ 평가할 때 가급적이면 후하게 평가하는 것을 말한다.
④ 편견과 경향에 치우쳐져 타인을 평가하는 것을 말한다.

50 다음 중 인사고과를 할 때 평가자 자신의 감정이나 경향을 피평가자의 능력을 평가하는 데 귀속시키거나 전가하는 오류는?

① 현혹효과　　② 논리적 오류
③ 관대화 경향　　④ 주관의 객관화

51 다음 중 인사고과 과정의 오류에 관한 설명으로 알맞은 것은?

① 대비효과는 자신이 보고 싶지 않은 것을 외면해 버리는 오류다.
② 지각적 방어는 피평가자의 특성을 평가자 자신의 특성과 비교하는 오류다.
③ 상동적 태도는 타인이 속한 사회적 집단에 대한 지각을 기초로 평가를 내리는 오류다.
④ 중심화 경향은 한 부분에서 형성된 인상이 전혀 다른 분야의 평가에도 영향을 주는 오류다.

52 다음 중 자신의 성공은 능력이나 노력과 같은 내재적 요인으로 귀인하고 실패에 대해서는 다른 이유나 운이 나쁜 탓이라고 귀인하는 경향은?

① 귀인의 특이성
② 귀인의 일관성
③ 귀인의 기본적 오류
④ 귀인의 이기적 편견

53 다음 중 평가가 평가 단계의 최상위 혹은 최하위에 집중되는 오류는?

① 극단화 오류
② 대비 오류
③ 관대화 경향
④ 연공 오류

54 다음 중 어떤 대상이나 사람에 대한 일반적인 견해가 그 대상이나 사람의 구체적인 특성을 평가하는 데 영향을 미치는 현상은?

① 후광효과
② 중립화 경향
③ 시간적 오류
④ 관대화 경향

55 다음 중 사람을 평가할 때 실제의 업무와는 관계없이 자신이 호감을 가지고 있는 사람이기 때문에 능력이 있는 사람으로 판단해 버리는 인사고과상의 오류는?

① 현혹효과
② 가혹화 경향
③ 상동적 태도
④ 관대화 경향

56 다음 중 내부모집의 장점으로 틀린 것은?

① 채용비용의 절감 효과가 있다.
② 내부 지원자들의 정확한 평가가 가능하다.
③ 외부모집보다 신속하게 진행될 수 있다.
④ 내부인들의 사기를 떨어뜨린다.

57 **다음 중 인사평가 시 발생할 수 있는 오류에 대한 설명으로 가장 옳지 않은 것은?**

① 평가자가 관련성이 없는 평가항목들 간에 높은 상관성을 인지하고 동일하게 평가하는 것은 선택적 지각(Selective Perception)이다.

② 피평가자가 속한 사회적 집단 또는 계층을 기초로 피평가자를 평가하는 것은 상동적 태도(Stereotyping)다.

③ 쉽게 기억할 수 있는 최근의 업적이나 업무수행능력을 중심으로 평가하는 것은 시간적 오류(Recency Error)다.

④ 피평가자의 실제 능력이나 실적보다도 더 높게 평가하는 것은 관대화 경향(Leniency Tendency)이다.

58 **다음 중 외부모집의 효과에 대한 내용으로 옳지 않은 것은?**

① 모집범위가 넓어서 유능한 인재 영입이 가능하다.

② 내부 인력의 사기가 저하될 수 있다.

③ 교육훈련비 등 인재개발비용이 증가한다.

④ 조직에 활력을 줄 수 있다.

59 **다음 중 외부에서 인력을 모집할 때의 장점으로 알맞은 것은?**

① 채용비용 절약의 효과가 있다.

② 조직 구성원들에게 동기유발을 준다.

③ 조직의 변화를 촉진하며 많은 선택의 가능성을 준다.

④ 조직 구성원들의 기능과 능력 등을 자세히 분석할 수 있는 계기를 준다.

60 **다음 중 인적자원의 선발 시에 행해지는 면접에 대한 설명으로 알맞지 않은 것은?**

① 면접은 종업원의 능력과 동기를 평가하는 과정이다.

② 정형적 면접은 미리 정해 놓은 대로 질문하는 방법이다.

③ 비정형적 면접은 다양한 질문을 하는 방법이다.

④ 집단 면접은 다수의 면접자가 한 명의 피면접자를 평가하는 방법이다.

61 다음 중 선발과 모집에 관련된 설명으로 알맞지 않은 것은?

① 외부모집을 통하여 조직에 새로운 관점과 시각을 가진 인력을 선발할 수 있다.
② 외부인력원천에 비해서 내부인력원천은 비교적 정확한 평가가 가능하다.
③ 외부모집 방식에서는 모집단위가 제한되고 승진을 위한 과다경쟁이 생길 수 있다.
④ 내부모집을 통하여 사원들에게 동기부여를 제공한다.

62 다음 중 OJT에 대한 설명으로 알맞지 않은 것은?

① 종업원의 습득 정도에 따라 실행할 수 있다.
② 특별한 훈련계획을 갖고 있지 않다.
③ 상관이 무능하면 실효를 거두기 어렵다.
④ 외부에서 전문가를 초빙하여 배운다.

63 다음 중 OJT에 대한 설명으로 적절하지 않은 것은?

① 업무와 관련된 실질적인 훈련으로 훈련과 직무가 바로 연결된다.
② 직장의 직속상사가 직무수행관련 교육을 수행한다.
③ 직장 외 교육훈련으로 연수원이나 교육원 등과 같은 곳에서 받는 집합교육을 말하며 많은 종업원에게 훈련을 시킬 수 있다.
④ 경제적이고 강의장 이동이 필요치 않지만 작업수행에 지장을 받는다.

64 다음 중 직장 내 교육훈련(OJT)에 관한 설명으로 알맞지 않은 것은?

① 훈련실시가 쉽게 이루어진다.
② 훈련비용이 저렴하다.
③ 훈련결과를 현장에 바로 쓸 수는 없다.
④ 일과 훈련의 병행으로 심적 부담이 생길 수 있다.

65 다음 중 직장 외 교육훈련에 대한 설명으로 알맞은 것은?

① 고도의 전문성을 요하는 직책의 훈련에 적합하다.
② 훈련과 생산이 직결되어 있어 경제적이다.
③ 연수원이나 교육원 등과 같은 곳에서 받는 집합교육이다.
④ 상사와 동료 간의 이해와 협조 정신을 높일 수 있다.

66 다음 중 직장 외 교육훈련의 내용으로 가장 이질적인 것은?

① 노동교육(Labor Training)
② TWI(Training Within Industry)
③ 도제훈련(Apprentice Training)
④ 직업학교훈련(Public Vocational School)

67 다음 중 Off-JT에 대한 설명으로 알맞은 것은?

① 전문가나 스태프의 지원을 받아서 본인 중심으로 실시되는 교육훈련방식이다.
② 통일된 내용의 훈련이 불가능하다.
③ 원재료의 낭비를 초래하는 경향이 있다.
④ 많은 종업원의 동시 교육이 불가능하다.

68 다음 중 임금관리와 관련된 설명으로 알맞지 않은 것은?

① 직능급을 도입할 경우 전문인력확보에 어려움이 있다.
② 근속연수에 따라 숙련도가 향상되는 경우에는 연공급이 적합하다.
③ 성과급은 작업자의 노력과 생산량 간의 관계가 명확할 경우에 적합하다.
④ 임금수준은 생계비와 기업의 지불능력 사이에서 사회 일반이나 경쟁기업의 임금수준을 고려하여 결정한다.

69 다음 중 기준 외 임금산정에 고려되는 것은?

① 근속연수
② 직무의 중요성
③ 직무의 난이도
④ 초과근무시간

70 다음 중 임금수준을 결정하는 요인으로 알맞지 않은 것은?

① 기업의 지급능력
② 이종타사의 임금수준
③ 노동생산성
④ 종업원의 생계유지비

71 다음 중 기준임금체계의 분류로 알맞지 않은 것은?

① 직무급
② 연공급
③ 직능급
④ 상여금

72 다음 중 공정성 원칙이 지켜져야 하는 것과 가장 관련이 높은 것은?

① 임금관리
② 임금은행
③ 임금체계
④ 임금형태

73 다음 성과급에 대한 설명으로 바르지 않은 것은?

① 조직구성원이 달성한 성과에 따라 보상을 차등적으로 제공하는 보수 제도를 말한다.
② 개인이나 집단이 수행한 작업성과나 능률을 평가해 그 결과에 따라 지급하는 보수 제도로 업적급 · 능률급이라 부르기도 한다.
③ 성과급은 작업의 안정성을 높이는 데 주된 목적이 있다.
④ 성과급은 개개인의 작업량이나 성과에 관계없이 업무에 종사한 시간을 단위로 하여 정액으로 지급하는 고정급과 대비된다.

74 다음 중 성과급제 종류가 아닌 것은?

① 할증급
② 단순성과급
③ 복률성과급
④ 단순시간급

75 다음 중 임금체계에 대한 설명으로 알맞지 않은 것은?

① 자격급은 근로의욕 향상을 가져오는 장점이 있다.
② 직능급은 연공급과 직무급을 절충한 임금체계다.
③ 연공급은 개인이 달성한 업적을 기준으로 임금을 결정한다.
④ 직무급은 직무분석과 직무평가를 기초로 하여 직무의 상대적 가치에 따라 개별 임금을 결정한다.

76 다음 중 시간급제보다 성과급제를 적용하는 것이 더 알맞은 경우는?

① 제품의 품질이 중요한 경우
② 작업자가 생산량을 통제할 수 없는 경우
③ 정신적 노동을 주로 하여 노동능률(생산단위)의 파악이 힘든 경우
④ 생산량을 쉽게 측정할 수 있는 단순 반복적인 작업이나 대규모 기업의 경우

77 다음 중 연봉제에 대한 설명으로 알맞지 않은 것은?

① 종업원 간 경쟁을 제고한다.
② 근무기간이 길어질수록 연봉수준이 높아진다.
③ 종업원이 회사를 위해 더욱 노력하도록 하는 인센티브 제도다.
④ 종업원의 능력에 따라 보상수준을 결정하는 능력급의 일종이다.

78 다음 〈보기〉에서 설명하는 복리후생제도는?

보기

- 선택적 복리후생 프로그램이다.
- 선택항목 추가형, 모듈형, 선택적 지출계좌형의 세 유형이 있다.
- 종업원의 요구를 반영할 수 있으므로 동기부여에 효과적이다.

① 카페테리아 복리후생　　② 프렌치 시스템
③ 성과급제　　④ 럭커 플랜

79 다음 중 복리후생관리에 대한 설명으로 알맞지 않은 것은?

① 종업원들의 생활수준을 향상시킨다.
② 법정복리후생과 법정외복리후생으로 나뉜다.
③ 복리후생관리 원칙은 합리성, 협력성, 적정성이다.
④ 건강보험, 실업급여, 연금보험 등은 경제적 복리후생에 포함된다.

80 다음 중 임금과 복리후생제도에 대한 설명으로 가장 옳지 않은 것은?

① 연봉제는 계약에 의해 1년 단위로 임금액을 결정하는 제도로, 직무 중심으로 성과 정도에 따라서 임금 수준을 결정하는 것이다.
② 직무급은 종업원이 달성한 성과의 크기를 기준으로 임금액을 결정한다.
③ 역할급은 역할등급별 임금구간을 설정한 후 역할에 대한 이행 정도에 따라 임금이 결정되는 제도를 말한다.
④ 복리후생이란 종업원의 경제적인 안정과 그들의 생활의 질을 향상시키기 위한 간접적인 보상을 말한다.

81 다음 중 노동조합의 기능으로 알맞지 않은 것은?

① 경제적 기능
② 공제적 기능
③ 정치적 기능
④ 경영적 기능

82 다음 〈보기〉 중에서 노조의 지배력이 약한 것부터 나열한 것은?

보기
a. 클로즈드 숍(closed shop) b. 오픈 숍(open shop) c. 유니온 숍(union shop)

① a－b－c
② b－c－a
③ c－b－a
④ a－c－b

83 다음 중 노동조합의 가입 방법에 대한 설명으로 바르지 않은 것은?

① 유니온 숍(union shop) : 채용 후 일정 기간이 지나면 노동조합에 가입해야만 한다.
② 오픈 숍(open shop) : 노동조합 가입에 상관없이 채용할 수 있다.
③ 에이전시 숍(agency shop) : 모든 종업원에게 회비를 징수한다.
④ 클로즈드 숍(closed shop) : 비조합원도 고용될 수 있다.

84 다음 〈보기〉에서 설명하는 노동조합의 형태로 알맞은 것은?

보기

조합원이 되면 협약이 유효한 기간 동안은 조합원 자격을 유지해야 하는 제도로 가입 후 일정기간 내에 탈퇴가 가능하나 일단 협약이 체결되면 탈퇴가 불가능하다.

① 메인티넌스 숍(maintenance shop)
② 에이전시 숍(agency shop)
③ 클로즈드 숍(closed shop)
④ 프레퍼렌셜 숍(preferential shop)

85 노동조합의 형태 중 체크오프 시스템에 대한 설명으로 알맞은 것은?

① 노동조합의 조합원만을 고용할 수 있는 제도다.
② 회사의 급여 계산 시 조합비를 일괄적으로 공제하는 제도다.
③ 채용에 있어서 조합원에게 우선순위를 두는 제도다.
④ 노동조합의 가입여부에 상관없이 모든 사람들에게 조합비를 공제하는 제도다.

86 다음 〈보기〉 중 강제성을 띠고 있는 노동쟁의 조정방법은?

보기

a. 알선
b. 중재
c. 조정
d. 긴급조정

① a, b
② a, c
③ b, c
④ b, d

87 다음 설명 중 알맞지 않은 것은?

① 태업은 노조에 속한 근로자 전원이 결근을 하여 작업을 하지 않는 것이다.
② 계약파업은 경영진과 노조가 새로운 계약조건에 동의할 수 없을 때 발생하는 파업이다.
③ 단체교섭은 노조대표자들이 모든 종업원들에게 적용될 고용조건을 사용자 측과 협상하는 과정이다.
④ 단체협약은 노동조합과 사용자 간 임금 및 근로조건에 관한 사항 등에 관하여 문서로 체결된 협정을 말한다.

88 다음 중 사용자의 쟁의행위로 알맞은 것은?

① 직장폐쇄
② 직장점거
③ 시위
④ 작업방해

89 다음 중 노동자들이 자신들의 요구를 실현시키기 위해 집단적으로 업무나 생산활동을 중단시키는 쟁의행위는?

① 파업
② 사보타주
③ 불매운동
④ 일시해고

90 다음 중 품질비용에 관한 설명으로 알맞지 않은 것은?

① 소비자에게 인도되는 시점 이후의 실패비용을 내부실패비용이라 한다.
② 실패비용은 품질 수준이 높을수록 감소한다.
③ 통제비용은 품질 수준이 높을수록 증가한다.
④ 통제비용은 불량품을 제거하는 것과 관련된 비용이다.

91 다음 중 품질비용과 관련된 설명으로 알맞지 않은 것은?

① 적합도(fitness)가 높으면 통제비용은 줄어들고 실패비용은 늘어나게 된다.
② 실패비용은 품질이 일정 수준에 미달함으로써 발생하는 비용이다.
③ 통제비용은 예방비용과 평가비용으로 나뉜다.
④ 실패비용은 내부실패비용과 외부실패비용으로 나뉜다.

92 다음 중 TQM에 대한 설명으로 틀린 것은?

① TQM은 고객만족을 서비스 질의 제1차적 목표로 삼고 있다.
② 장기적인 전략적 품질관리를 하기 위한 관리 원칙이다.
③ 모든 조직구성원이 적극적으로 참여하여 문제해결과 품질개선에 기여한다.
④ 공급자 위주의 품질관리로서 결과지향적이다.

93 다음 중 TQM과 6시그마에 대한 설명으로 알맞지 않은 것은?

① TQM은 종합적 품질 경영을 뜻한다.
② 통계적 기법과 품질개선운동이 결합하여 탄생한 것이 6시그마 운동이다.
③ TQM은 고객중심, 공정개선, 전원참가의 세 가지 원칙하에 진행되는 특징이 있다.
④ 6시그마는 주관적인 통계수치를 얻을 수 있으므로 서로 업종이 다르더라도 비교할 수 있다.

94 다음 중 통계적 품질관리에 관한 설명으로 알맞지 않은 것은?

① P－관리도는 품질을 측정하는 수단만 제공한다.
② 관리도는 표본조사의 결과를 표시한 도표다.
③ R－관리도는 프로세스의 변동성이 사전에 설정한 관리상한선과 관리하한선 사이에 있는가를 판별하기 위해 사용된다.
④ 프로세스 능력비율은 공정이 규격을 얼마큼 충족시킬 수 있는지 알아보는 데 사용한다.

95 다음 중 전수 검사(Total Inspection)와 샘플링 검사(Sampling Inspection)에 관한 설명으로 옳지 않은 것은?

① 제품을 파괴하여 검사해야 할 경우 샘플링 검사가 많이 이용된다.
② 생산자에게 품질향상 자극을 주고 싶을 때는 전수 검사를 실시한다.
③ 샘플링 검사는 나쁜 품질의 로트(Lot)를 합격시킬 위험을 배제할 수 없다.
④ 불량품이 출하되었을 때 막대한 손실을 초래할 경우에는 전수 검사를 실시한다.

96 다음 중 고객의 서비스 품질 평가에 관한 지금까지의 연구 결과로 알맞지 않은 것은?

① 서비스 품질 투자는 재무적으로 측정될 수 없다.
② 고객은 특별한 사건이나 순간을 중심으로 서비스 품질을 평가한다.
③ 고객은 기대한 품질과 인지된 품질을 비교하여 서비스 품질을 평가한다.
④ 고객의 서비스 품질 평가는 유형성, 신뢰성, 응답성, 확신성, 공감성 등 다섯 가지 차원을 중심으로 측정할 수 있다.

97 다음 중 품질경영과 관련된 설명으로 알맞지 않은 것은?

① 품질비용에는 예방비용, 평가비용, 실패비용이 있다.
② SERVQUAL은 기업이 제공하는 서비스가 기업의 입장에서 볼 때 얼마나 자체품질기준에 부합되는가를 측정하는 도구다.
③ 현대의 품질경영은 기업조직 전체가 소비자가 요구하는 제품과 서비스의 기준을 능가할 수 있도록 경영하는 것이다.
④ 발췌검사에서는 크기가 다른 로트들에 대해서 동일한 검사특성곡선을 갖도록 표본의 크기와 합격판정 개수를 정해야 한다.

98 다음 중 기존의 프로세스를 처음부터 다시 생각하고 최신의 기술과 지식을 바탕으로 프로세스를 재설계하는 방법은?

① BPR ② TQM
③ ABC ④ ERP

99 **다음 중 ERP에 대한 설명으로 알맞지 않은 것은?**

① MRP가 보다 정교하게 발전된 개념이다.

② 기업으로 하여금 글로벌 환경에 쉽게 대응할 수 있게 한다.

③ ERP를 전개하기 전에 BPR을 먼저 전개한 후 변화관리를 수행해야 한다.

④ 기업의 인사, 세무, 물류 등 전 기능분야의 효과적인 관리를 위한 통합정보시스템이다.

100 **다음 중 미국에서 유래한 경영혁신기법으로 프로세스별로 기업의 업무를 고객만족의 관점에서 재설계하는 방법은?**

① TQM(Total Quality Management)

② BPR(Business Process Reengineering)

③ BM(Benchmarking)

④ ERP(Enterprise Resource Planning)

101 **다음 중 생산에 관련된 설명으로 알맞지 않은 것은?**

① 모듈러생산은 가장 최대 종류의 부품으로 최소 종류의 제품을 생산하는 방식이다.

② 유연생산시스템은 개별생산의 유연성과 대량생산의 생산성을 동시에 달성하고자 하는 방법이다.

③ 집중화생산은 각 공정이나 설비에 특수한 고객집단을 위하여 한정된 생산과업만을 부여하는 것이다.

④ 총괄생산계획은 판매예측이나 판매계획을 가지고 생산 방법, 장소, 일정 등에 가장 경제적이고 효율적인 가정을 세우는 것을 말한다.

102 **다음 〈보기〉에서 설명하는 작업측정기법은?**

보기
조립작업이나 기계작업과 같은 반복적이고 연속적인 현장작업에 알맞은 작업측정기법 중에 하나다.

① MTM법　　② 견적법

③ WS법　　④ 시간연구법

103 다음 중 SCM용 솔루션에 대한 설명으로 알맞지 않은 것은?

① 기업 내의 ERP 시스템과 연동되면 제품의 생산계획 및 판매에도 영향을 미친다.
② 기업 간의 정보교류를 위해서 개발된 것으로 기업 간 정보시스템의 특성을 가진다.
③ 인터넷상에서 구현되는 경우가 많기 때문에 누구나 시스템의 정보들을 이용할 수 있는 개방형 시스템이다.
④ 조직 내 · 외부의 정보화가 동시에 추진되며 총괄적 의사 결정을 지원하기 위해서 계획관리 중심으로 운영된다.

104 다음 중 경제적 주문량(EOQ) 모형에 대한 설명으로 알맞지 않은 것은?

① 다른 조건이 일정할 때 주문비용이 감소하면 EOQ는 감소한다.
② 다른 조건이 일정할 때 연간수요가 증가하면 EOQ는 증가한다.
③ 다른 조건이 일정할 때 연간 단위당 재고유지비용이 증가하면 EOQ는 감소한다.
④ EOQ는 연간 발주비와 연간 재고유지비의 합을 최대로 하는 주문량의 크기를 결정하는 것이다.

105 상품 성과 분석 방법 중 하나인 ABC 분석에 대한 설명으로 알맞지 않은 것은?

① 가장 중요한 성과 측정치는 공헌이익이다.
② 재고 결정을 위해 상품에 등위를 매기는 방법이다.
③ 단품 수준에서는 적용이 가능하나 상품 부문에서는 적용이 불가능하다.
④ 전체 매출에서 차지하는 비중이 높은 품목은 안전재고 수준을 높게 유지해야 한다.

106 다음 중 안전재고에 관한 설명으로 알맞지 않은 것은?

① 조달기간이 짧을수록 안전재고의 수준은 높아진다.
② 안전재고가 0이여도 조달기간 중 품절률이 항상 100%는 아니다.
③ 수요의 표준편차가 클수록 안전재고를 많이 보유해야 한다.
④ 서비스 수준을 높이기 위해서는 안전재고의 수준을 높여야 한다.

107 다음 중 적정 재고량을 결정하기 위한 고려사항으로 알맞지 않은 것은?

① 수요변동
② 상품회전율
③ 재고비용
④ 제품수익성

108 다음 중 상품의 구색을 재고회전율 위주로 구성하였을 때, 높은 회전율의 장점으로 알맞지 않은 것은?

① 빠른 회전율은 판매원의 사기증진에 도움이 된다.
② 회전율이 높으면 진부화의 위험에서 벗어날 수 있다.
③ 신선한 상품은 오래되고 낡은 상품에 비해 잘 팔리기 때문에 높은 재고회전율은 매출량을 증대시킨다.
④ 회전율이 높은 상품의 경우 빈번한 주문처리비용을 줄이기 위해 카테고리의 수와 단품의 수를 줄여 소량으로 자주 구매한다.

109 다음 중 연속생산공정의 특징에 해당하지 않는 것은?

① 표준화 정도가 높다.
② 재고관리, 품질관리가 쉽다.
③ 다른 생산공정보다 원가가 낮고 균일한 제품을 신속하게 납품할 수 있다.
④ 과업의 형태가 비반복적이다.

110 다음 〈보기〉에 대한 설명으로 알맞은 것은?

보기

적시관리 혹은 무재고시스템으로 적시에 적량의 부품이 생산에 공급되도록 함으로써 비용요인인 재고를 최소화하거나 아예 없애도록 한다.

① ABC 재고분류시스템
② 적시생산(Just In Time)시스템
③ EOQ(Economic Order Quantity) 모델
④ MRP(Material Requirement Planning)기법

111 다음 중 집단관리기법(GT)에 대한 설명으로 알맞지 않은 것은?

① 생산준비시간이 길어지지만 생산작업의 관리는 수월하다.
② 다품종 소량생산시스템의 단점을 보완하기 위한 방식으로 대량생산에서와 같은 작업과정과 생산비의 혜택이 가능하여 원가가 절감된다.
③ 다양한 수요를 충족시키면서 경제성을 달성하려는 것이다.
④ 가공의 유사성에 따라 부품을 집단화함으로써 생산효율을 향상시키려는 방식이다.

112 다음 중 JIT시스템에 대한 내용으로 가장 옳지 않은 것은?

① JIT시스템은 생산활동에서 낭비적인 요인을 제거하는 것이 궁극적인 목표다.
② JIT시스템을 운영하기 위해서는 신뢰할 수 있는 공급자의 확보가 필수적이다.
③ JIT시스템은 안정적인 생산을 위해 생산준비시간을 충분히 확보하여 불량을 예방하는 것을 중요하게 여긴다.
④ JIT시스템을 효과적으로 운영하기 위해서는 생산의 평준화가 이루어져야 한다.

113 유연성을 제고시키는 공장자동화와 가장 거리가 먼 개념은?

① CIM　　② JIT
③ FMS　　④ CAD

114 다음 중 최적주문량에 대한 설명으로 알맞지 않은 것은?

① 최적주문량에 영향을 미치는 요소인 재고유지비항목에는 이자비용, 창고비용, 취급비용, 보험, 세금 및 제품의 진부화 등이 있다.
② 경제적 주문량은 단순한 공식을 통해 간단하게 계산이 가능하므로 제조업자나 대형도매상뿐만 아니라 소규모 도·소매업자들도 유용하게 활용한다.
③ 최적주문량은 경제적 주문량공식을 사용하여 구할 수 있다. 경제적 주문량은 연간수요량, 주문비, 평균재고 유지비 및 재고품의 단위당 가치(가격)를 통해 구한다.
④ 최적주문량은 재고유지비, 주문비, 재고부족비 등을 함께 고려하여 결정되며 도표상 각 비용항목을 합한 총재고비용이 최소가 되는 점이 바로 최적주문량이다.

115 다음 중 공급사슬관리의 성과측정에 활용되는 균형성과표에 대한 설명으로 알맞지 않은 것은?

① 측정지표를 선정해 평가한 뒤 각 지표별로 가중치를 적용해 산출한다.
② 노튼과 사이먼에 의해 제안된 평가도구다.
③ 주요 성과지표로는 재무, 고객, 내부프로세스, 성장과 학습 등이 있다.
④ 기존의 재무성과 중심의 측정도구의 한계를 극복하기 위해 개발되었다.

116 다음 중 공급사슬관리(Supply Chain Management)에 관한 설명으로 알맞지 않은 것은?

① 정보와 물류의 생산 시간이 길수록 공급사슬 내의 채찍효과로 인한 현상은 증가한다.
② 공급사슬의 효과적인 설계와 운영을 위해 제품의 수요와 공급에 관한 여러 특성들을 고려하는 것이 바람직하다.
③ 다른 모든 조건이 동일하다면 수요의 불확실성이 높고 제품의 수명주기가 짧은 제품일수록 신속한 공급보다 적기 공급이 더 중요하게 강조되어야 한다.
④ 공급사슬에 속한 기업들 간의 기본적 관계는 공급자와 구매자 간의 관계로, 공급사슬은 공급자와 구매자 간의 관계가 연달아 이어지는 관계의 사슬이라고도 볼 수 있다.

117 다음 중 공급사슬에 대한 설명으로 알맞지 않은 것은?

① 공급사슬의 하류는 원재료 공급업체와 그 공급업체들로 구성된다.
② 공급사슬은 원자재 공급업체, 제조업체, 유통업체, 고객 등을 연결한다.
③ 공급사슬상에서 재화 및 자금은 일방향인 반면 정보는 양방향으로 흐른다.
④ 공급사슬은 원자재 획득, 원자재를 반자재 및 완성재로 변환하고 유통시키는 역할을 수행하는 네트워크다.

118 다음 중 정보기술로 인한 공급사슬관리의 개선에 대한 설명으로 알맞지 않은 것은?

① 안전재고량 감소
② 채찍효과의 감소
③ 정보의 가시성 감소
④ 수요와 공급의 불확실성 감소

119 다음 중 품질경영에 대한 설명으로 알맞지 않은 것은?

① 지속적 개선을 위한 목표를 세울 때 벤치마킹을 이용하는 것도 좋은 방법이다.
② ISO 14000시리즈에는 유해물질의 생성, 처리, 처분에 관한 자료를 지속적으로 추적하는 것도 포함된다.
③ 통계적 프로세스 관리에 있어 품질 측정치들이 안정적인 확률분포를 보이는 경우 그 프로세스는 통제 상태에 있는 것으로 본다.
④ 종합적 품질관리(TQC)은 고객지향, 종업원 참여, 지속적 개선을 중점적으로 강조하는 개념이다.

120 품질불량비용과 관련된 설명으로 알맞은 것은?

① 외부실패비용은 생산과정 중에 발견된 결함이 있는 제품을 폐기하거나 재작업하는 데 따른 비용이다.
② 외부실패비용은 완제품의 출하 또는 인도 직전의 최종적인 검사에서 발견되는 품질결함과 관련된 비용이다.
③ 품질향상을 위해 원자재나 부품의 공급업자와 협력하는 데 필요한 비용은 예방비용의 범주에 속한다.
④ 고객에게 인도된 이후의 품질결함에 따른 비용은 고객의 불만에 따른 이탈과 기업신뢰도 하락과 같은 미래손실까지 포함하는 것으로 볼 수 없다.

고시넷

코레일 경영학

빈출유형 기출 분석

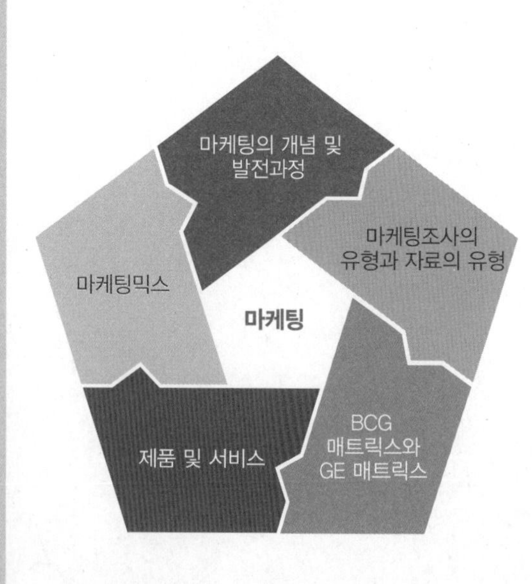

[합격전략]

마케팅에서 자주 출제되는 분야는 제품과 서비스 분야로 제품의 분류와 서비스의 특징을 정확히 공부해야 한다. 또한 제품 및 서비스와 관련하여 산업재와 소비재의 특성, 제품수명주기(PLC)를 학습해둬야 한다. 그 다음으로 중요한 부분은 소비자행동영역으로 관여도, 구매의사결정, 소비자의 구매후 행동, 소비자의 태도에 대한 분야에서 출제되고 있다. 그리고 브랜드의 종류, 브랜드 개발 등 브랜드에 관한 이론을 공부해야 하며 BCG 매트릭스와 GE 매트릭스에 대해서 충분한 이해가 필요하다. 유통과 관련된 부분에서는 유통의 특징, 유통경로 설계, 경로갈등과 계열화 등의 분야에서, 촉진과 관련된 부분에서는 광고와 관련된 주제가 가장 많이 출제되었다.

파트 4 마케팅

✪ 테마 유형 학습

✪ 빈출 지문에서 뽑은 O/X

✪ 기출예상문제

테마 1 마케팅의 본질

> 마케팅 관리란 장기적인 기업성장을 위한 마케팅 관리자의 의사결정과정에 초점을 두면서 통제 불가능한 마케팅환경(소비자의 욕구 변화 등)에 대응하며 통제 가능한 변수를 조작하는 것을 의미한다.

1 마케팅의 개념

1. 마케팅의 정의

(1) 필립 코틀러(Philip Kotler)의 정의 : 거래에 참여한 쌍방의 만족을 극대화하려는 생산자와 구매자 사이의 교환을 강조하면서 마케팅을 '교환과정을 통해 욕구와 필요를 충족시키려는 인간활동'이라고 정의하였다.

(2) 미국마케팅학회(AMA ; American Marketing Association)의 정의 : 마케팅이란 고객, 거래처, 파트너 그리고 사회 전체에 가치 있는 제공물을 창조하고 이를 커뮤니케이션 및 전달, 교환하는 활동과 일련의 제도 및 과정이다.

(3) 맥커시(J. McCarthy)의 정의 : 고객을 만족키기 위해 제품, 가격, 유통경로, 촉진과 같은 통제 가능한 변수들을 잘 조절(mix)하여 기업으로서 통제 불가능한 요소인 마케팅 환경에 창조적으로 적응하는 것이다.

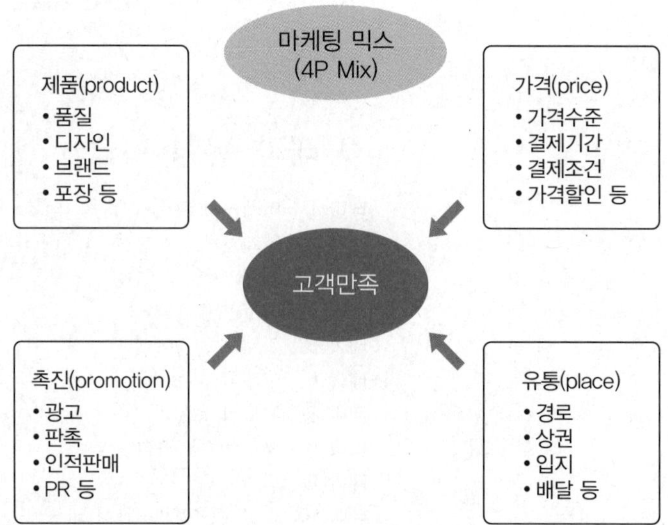

2. 마케팅의 핵심개념

(1) 필요와 욕구 : 마케팅 활동의 출발에는 소비자의 다양한 필요와 욕구가 존재하고 있다.

(2) 수요 : 특정 제품이나 서비스에 대한 욕구가 구매력 및 구매의지를 동반하고 있을 때다.

(3) 가치 : 소비자가 구매한 제품으로 인해 얻는 편익과 제품을 획득하는 데 소요된 비용의 비율이다. 편익과 비용은 소비자의 주관적 · 객관적 요인을 모두 포함한 개념이다.

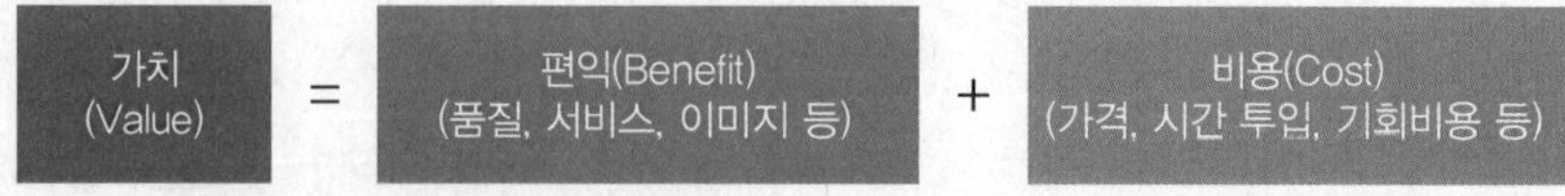

(4) 제품 : 인간의 필요나 욕구를 충족시키기 위한 교환의 구체적 대상물이다.

(5) 마케터와 고객(시장) : 마케팅은 교환의 조건으로 둘 이상의 교환 주체가 필요하다. 교환의 한쪽에는 마케터가 있고, 그 반대쪽에는 고객 또는 시장이 있다.

2 마케팅연구의 접근방법

상품별 접근방법 (commodity approach)	모든 제품과 서비스를 범주화(농산물, 광산물, 의약품 등)하고 구체적인 범주에 대해 효과적인 제품계획 및 유통시스템을 연구한다.
기능적 접근방법 (functional approach)	구매, 판매, 수송, 보관, 금융, 촉진 등 기본적인 마케팅기능들이 여러 가지 제품시장과 마케팅기관에서 어떻게 수행되는지를 연구한다.
기관적 접근방법 (institutional approach)	마케팅 시스템 내의 독립적인 기관(소매상 또는 도매상 등)의 성격, 발전과정, 기능을 집중적으로 연구한다.
관리적 접근방법 (managerial approach)	마케팅관리자의 의사결정과정에 초점을 두면서 마케팅분석, 계획, 조직, 수행, 통제의 활동을 연구한다.
시스템적 접근방법 (systems approach)	마케팅을 전체기업의 기능적 구성요소로 파악한다.
사회적 접근방법 (social approach)	거시적 관점에서 마케팅을 파악하여 여러 가지 마케팅활동과 기관에 의한 사회적 기여와 비용(시장효율성, 광고의 진실성, 마케팅의 생태학적 영향 등)을 연구한다.

마케팅관리의 목표

1. 소비 극대화 : 상대방의 욕구와 필요를 충분히 고려하지 않은 채 일방적으로 수용(소비)을 극대화
2. 장기적 이윤의 극대화 : 고객만족의 결과로서 얻어지는 장기적 이윤의 극대화
3. 생활수준의 향상을 통한 장기적 이윤의 극대화

기출문제

잠재고객인 구매자나 소비자의 필요와 욕구를 파악하고 그들의 기대를 충족시키는 재화와 서비스를 제공하는 과정을 무엇이라고 하는가?

① 제품기획 ② 시장조사
③ 판매 ④ 마케팅

정답 ④

해설 마케팅은 소비자의 욕구를 파악하고 그들의 요구에 맞는 제품이나 서비스를 제공하는 과정이다.

테마 2 마케팅개념의 발전

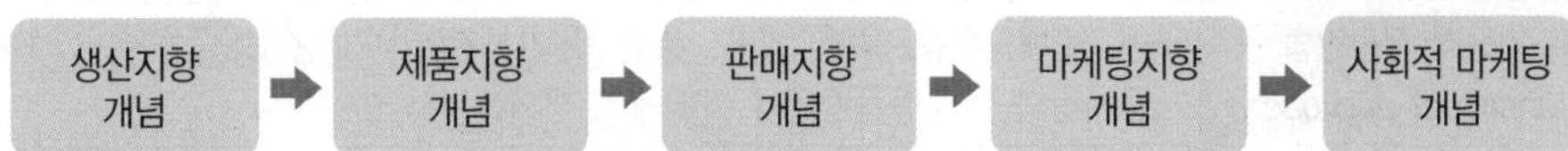

1 생산지향개념

1. 19세기 후반 제품에 대한 수요가 공급을 초과하던 시대에 나타난 마케팅사고 단계다. 이 시대에는 기업의 관심은 판매보다 생산에 집중되었고 고객에 대한 관심은 부차적이었다.
2. 테일러(Taylor)와 포드(Ford) 등의 과학적 관리법을 통한 대량생산도 이러한 시대적 요구의 결과라 할 수 있다. 이 단계에서 고객의 욕구는 중요하게 취급되지 못하고 기업이 시장주도권을 가진 판매자시장(seller's market)이 된다.

2 제품(품질)지향개념

1. 제품공급의 증가로 재고가 남아도는 상황에서 경영자들은 다른 제조업자보다 더 좋은 품질의 제품을 시장에 출시하면 소비자가 자사의 제품을 당연히 구매할 것이라는 생각을 하게 되었다.
2. 제품지향적 관리자들은 구매자들이 제품(품질)만 좋으면 충분히 만족할 것이라고 기대하였다. 여기서 좋은 품질이 소비자 입장이라기보다는 제조업자 입장에서의 좋은 품질이라는 데에 문제가 있었다.

3 판매지향개념

> 판매지향개념은 대량생산된 제품을 판매하는 과정에서 나타난 비정상적인 공격적 판매와 비도덕적인 판매방법들로 인해 판매를 부정적으로 평가하게 된 시기다. 이러한 마케팅을 고압적 마케팅(high pressure marketing)이라고도 한다.

1. 생산능력과 유통능력의 지속적인 발전으로 소비자들의 선택권이 확대되어 다양한 제품을 선택할 수 있게 되었고 시장의 주도권이 생산자에서 소비자에게 넘어오는 구매자시장(buyer's market)으로 바뀌게 되었다.
2. 기업들은 재고부담의 원인을 비효율적인 판매방식 때문이라 인식하면서 판매에 대해 큰 관심을 가지게 되었으며 더 많은 설득과 이를 위한 효율적인 촉진도구를 이용하여 소비자를 설득하려는 마케팅 단계가 나타났다.
3. 이 단계에서는 소비자를 맥그리거(McGregor)의 X이론에 근거하여 판단능력이 떨어지는 수동적인 존재로 가정하고 있으며 기업은 판매할 수 있는 제품을 만드는 것(market in)이 아니라 이미 만들어진 제품을 판매하는 것(product out)으로 여겼다.

4 마케팅지향개념

1. 소비자의 구매 선택권이 강화되면서 기업은 고객의 필요와 욕구에 대해 깊은 관심을 가지게 되었으며 진정한 소비자의 욕구를 충족시키는 마케팅지향개념, 즉 저압적 마케팅(low pressure marketing)이 등장하게 되었다.
2. 판매와 마케팅의 가장 기본적인 차이는 판매가 기업 욕구를 중심으로 내부 지향적인 반면, 마케팅은 고객 및 시장 욕구를 중심으로 외부 지향적이라는 것이다.

판매	마케팅
제품강조(판매자 욕구 강조)	고객 욕구 강조
제품생산 후 판매방법 강구	고객 욕구의 확인 후 고객 욕구를 만족시킬 제품과 유통방법 결정
판매량 증대에 따른 이익	고객만족을 통한 이익
단기적 계획 및 성과(시장점유율)	장기적 판매 및 성과(이익률)

5 사회적 마케팅 개념

1. 시간적 관점의 확대 : 마케터는 즉각적인 만족뿐만 아니라 장기적인 소비자의 편익을 고려한 바람직한 제품을 마케팅해야 한다.
2. 사회적 마케팅은 팔릴 것을 만들어 파는 단계를 넘어서 만들어도 좋을 제품을 생산하여 판매함으로써 궁극적으로는 고객의 장기적 복지와 사회 전반적 공헌을 통해 기업이익을 달성하려는 마케팅이다.

〈사회지향적 관점에서의 제품 분류〉

장기적 소비자 편익 \ 즉각적 만족	낮음	높음
높음	유익한 제품(salutary product) (좌석벨트, 에어백)	바람직한 제품(desirable product) (맛있고 영양있는 아침식사 대용)
낮음	불충분한 제품(deficient product) (쓰거나 효과가 부족한 약)	기분 좋은 제품(pleasing product) (담배)

사회적 마케팅 개념
기업은 사회 전체의 복지향상, 예를 들면 환경오염, 자원부족, 인구문제, 기아 및 빈곤 등의 문제를 고려하여 마케팅을 해야 한다는 것으로 만족대상의 확대를 담고 있다.

기출문제

주로 수요가 공급보다 더 많은 상황에서 강조되는 마케팅 개념은?

① 생산개념 마케팅 ② 제품개념 마케팅
③ 판매개념 마케팅 ④ 관계 마케팅

정답 ①

해설 생산개념 마케팅 : 제품 및 서비스의 생산과 유통을 강조하여 그 효율성을 개선시키는 데 중점을 둔 것으로, 소비자들이 주어진 제품들 중 폭넓게 이용할 수 있고 가격이 싼 제품을 선호한다고 보는 개념이다. 생산개념은 수요가 공급을 초과하는 상황에서 많이 시행되었다.

테마 3 관계마케팅과 CRM

✔ 베리(L. Berry)는 관계마케팅을 '소비자와의 관계를 형성·유지하고 강화하는 마케팅 활동'이라고 정의하였다. 즉 관계마케팅은 기업에 이익이 되는 고객과의 결속을 바탕으로 관계를 유지하여 장기적이고 안정적인 기업이익을 창출하는 마케팅 활동이다.

1 관계마케팅(relationship marketing)

1. 관계마케팅의 중요성

기업이 새로운 고객을 획득하는 데 드는 비용이 기존고객을 유지하는 데 드는 비용보다 다섯 배나 높다는 연구결과가 정도의 차이는 있지만 설득력 있는 사실로 받아들여지고 있다. 과거의 마케팅 이론은 새로운 고객을 확보하는 기법에 집중하고 있었으나 현재는 고객관계를 강조하는 쪽으로 마케팅의 흐름이 변하였으며, 특히 고객충성도를 통한 고객유지가 기업의 마케팅 성과에 있어 중요한 부분으로 작용하고 있다.

2. 관계마케팅의 개념요소

(1) 마케팅은 소비자, 종업원, 공급업자, 정부나 금융기관과 같은 영향력을 가진 이해관계자와 영향을 주고받는다는 인식을 바탕으로 한다.

(2) 고객과의 상호관계는 일시적인 거래가 아닌 지속적인 관계로 초점이 변하고 있다.

(3) 관계마케팅을 실천하기 위해서는 다량소비자인 핵심고객이 중요하다.

(4) 단기적 이윤극대화를 위한 일회성 교환의 추구보다는 장기적 관계형성을 통한 장기적 이윤의 확보가 관계마케팅 성과 추구의 중요한 목표다.

(5) 마케팅활동을 일방적 교환모델이 아니라 관련된 사람과의 상대적인 관계로 보므로 마케팅 활동과 관련된 주요 이해집단과의 관계 형성·유지가 중요한 마케팅 수단이 된다.

3. 거래마케팅과 관계마케팅의 비교

구분	거래마케팅	관계마케팅
마케팅 목표	교환이 마케팅 목표	교환은 마케팅 활동의 결과
마케팅 수단	마케팅믹스 전략 중심	고객과의 파트너십 관리
소비자	신규 소비자의 창출	기존 소비자의 관리
초점	판매	고객유지
성과지표	시장점유율	고객점유율
경쟁자 인식	경쟁관계	경쟁자와 협력관계
소비자 인식	불특정다수	특정 목표고객
시간적 개념	단기	장기

2 CRM(고객관계관리, Customer Relationship Management)

✔ 기업환경 변화의 위협 속에서 경쟁력을 유지하며 고객만족을 이루고 매출을 승대시키기 위해서는 충성도가 높은 고객관계를 지속적으로 구축해 나가야 한다.

1. CRM의 개념

기업이 보유하고 있는 고객과 잠재고객에 대한 데이터를 분석하고 이를 유용한 마케팅 정보로 가공하여 고객행동을 분석·예측하기 위한 효과적인 마케팅 프로그램과 전략을 개발하는 일련의 과정이다.

2. CRM의 전개과정

다양한 원천으로부터 수집된 정보를 통합 · 분석하며 고객과의 긴밀한 관계를 구축하기 위해 분석결과를 활용하는 과정이 필요한데, 이는 정교한 소프트웨어와 분석적 도구와 결과의 평가 및 피드백 과정이 필요하다.

(1) CRM 목표수립 : CRM 구축의 목적과 그에 따른 기업가치 증대 내용을 구체적으로 파악하고 고객이 어떤 방법으로 상품 · 서비스를 구입하는가를 통합적으로 이해한다.

(2) 고객분석과 마케팅 프로그램 개발 : 목표고객을 선정하여 구축된 고객 통합 데이터베이스를 대상으로 고객의 특성을 분석하고 마케팅 프로그램을 개발한다.

(3) 마케팅 프로그램의 실행 : 최고의 잠재적 수익성과 영향력을 지닌 고객군을 상대로 마케팅 프로그램을 적용하여 실질적인 마케팅 성과를 창출한다.

(4) 평가 및 피드백 : 마케팅 프로그램 및 전략의 수행결과 나타난 고객의 직 · 간접적 반응을 기록하고 분석하여 고객행동에 대한 정확한 이해와 프로그램의 효율성을 측정한다.

3. CRM의 효과

(1) 가치 있는 고객을 파악하고 이들과 긍정적인 관계를 유지하여 장기적으로 고객과 1 : 1 관계를 구축하면서 고객의 평생가치를 극대화하여 기업의 수익성을 높일 수 있다.

(2) 고객의 충성도 강화는 고객의 거래건수, 거래단가, 거래기간 등을 증대시키며 매출 대비 마케팅 비용의 감축효과를 가져오기 때문에 기업가치가 증대될 수 있다.

경영학 일반
조직행위론
인적관리 및 품질경영
마케팅
회계 및 재무관리
부록_실전모의고사

기출문제

다음 중 고객관계관리(CRM)와 거리가 먼 것은?

① CRM는 시장 점유율보다 고객 점유율이 중요하다.
② Cross selling, Up selling 등 대상품과 연계 판매가 가능하다.
③ 고객 획득보다는 고객유치에 중점을 둔다.
④ 모든 소비자를 대상으로 대량 유통 및 대량 촉진 정책을 중요 전략으로 한다.

정답 ④

해설 CRM은 고객에 대한 매우 구체적인 정보를 바탕으로 개개인에게 적합하고 차별적인 제품 및 서비스를 제공하는 것이다. 이를 통해 고객과의 개인적인 관계를 지속적으로 유지하고 단골고객과 1 : 1 커뮤니케이션을 가능하게 해 주는 것이다.

테마 4 다양한 마케팅 개념

맥커시는 마케팅 관리자의 프레임워크(marketing manager's framework)를 '고객을 만족시키기 위해 제품(product), 가격(price), 유통경로(place), 촉진(promotion)과 같은 통제 가능한 변수들을 잘 조절하여 기업으로서 통제 불가능한 요소인 마케팅 환경(경제적, 정치적, 기술적 환경 등)에 창조적으로 적응하는 것'이라 설명한다.

1 PPL 마케팅(Product Placement Marketing)

1. 대가를 받고 특정 기업, 제품을 영화나 드라마에 노출시키는 마케팅 전략이다.
2. 드라마 속 주인공이 입고 나오는 의상과 가방, 타고 다니는 차, 사용하는 핸드폰 등이 모두 PPL에 해당한다.

2 노이즈 마케팅(Noise Marketing)

1. 의도적으로 구설수를 일으켜 소비자의 이목을 집중시키는 마케팅 전략이다.
2. 노이즈 마케팅의 예로 중저가 화장품 브랜드 OO기업은 고가의 수입화장품과 제품으로 경쟁하겠다며 법정 다툼을 벌여 손해를 입었지만 대외적으로는 OO기업의 에센스가 출시 3개월 만에 40만 개가 넘게 팔리는 높은 매출을 기록하였다.

3 니치 마케팅(Niche Marketing)

1. '틈새시장'이라는 뜻으로, 시장의 빈틈을 공략하는 새로운 상품을 잇따라 시장에 내놓음으로써 다른 특별한 제품 없이도 시장점유율을 유지해 가는 판매전략이다.
2. 대량생산, 대량유통, 대량판매와는 대립되는 마케팅 개념이다.
3. 니치 마케팅의 예로 2005년 창립한 제주항공은 타 항공사 대비 70 ~ 80% 수준의 저렴한 가격 정책을 선보이며 서울 ~ 제주 노선에 이어 부산, 청주 등의 국내선 운항 편수를 지속적으로 늘렸고 2012년 대한민국 LCC 최초 누적 탑승객 1천만 명을 돌파하였다.

4 코즈 마케팅(Cause Marketing)

1. 코즈는 대의, 즉 사람으로서 마땅히 해야 할 도리를 뜻하는 것으로 기업이 사회 구성원으로서 마땅히 해야 할 책임을 다함으로써 이를 마케팅에 활용하는 전략이다.
2. 코즈 마케팅의 예로 고객이 신발 한 켤레를 구매할 때마다 신발이 필요한 아이들에게도 한 켤레씩 전달하는 'One for One' 기부 활동을 펼치고 있는 탐스는 고객들로부터 많은 사랑을 받았고 약 1천만 켤레의 신발을 아이들에게 전달하였다.

5 바이럴 마케팅(Viral Marketing)

1. 소비자들이 자발적으로 이메일, 페이스북, 블로그, 트위터 등에 상품에 대한 긍정적인 입소문을 내게 하는 마케팅 기법으로 최근 SNS가 보편화되면서 확산속도가 빨라졌다.
2. 바이럴 마케팅의 예로 프린트 제조기업 HP는 브라질에서 매해 열리는 페스티벌 콘서트를 활용해 바이럴 마케팅에 성공했다.

6 디마케팅(Demarketing)

1. 기업들이 자사의 상품 판매를 의도적으로 줄이려는 마케팅 활동이다.
2. 수익에 도움이 안 되는 고객을 밀어내는 마케팅으로 돈 안 되는 고객을 의도적으로 줄여 판촉비용 부담을 덜고 특정 고객들의 충성도(기업 수익에 대한 기여도)를 강화시키는 '선택과 집중' 판매 방식이다.

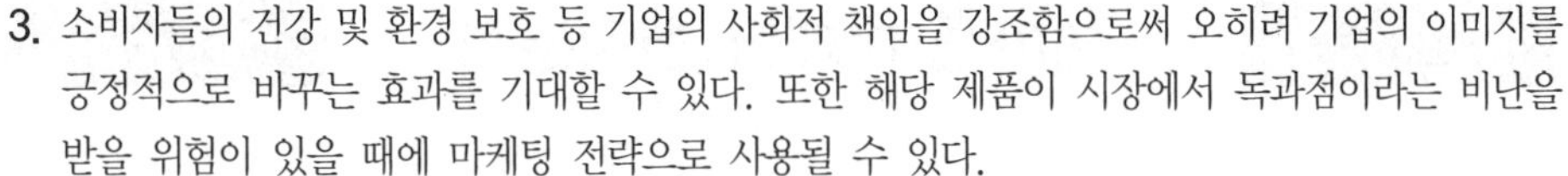

3. 소비자들의 건강 및 환경 보호 등 기업의 사회적 책임을 강조함으로써 오히려 기업의 이미지를 긍정적으로 바꾸는 효과를 기대할 수 있다. 또한 해당 제품이 시장에서 독과점이라는 비난을 받을 위험이 있을 때에 마케팅 전략으로 사용될 수 있다.

7 데이터베이스 마케팅(DB 마케팅 ; Database Marketing)

1. 정보 기술을 이용하여 고객에 대한 다양한 정보를 데이터베이스(DB)로 구축하고 이를 바탕으로 고객 개개인과의 장기적인 관계 수립을 위한 마케팅전략을 수립, 집행하는 활동이다.
2. 고객 정보를 과학적으로 분석, 고객 중심 및 수익성 중심의 효율적인 마케팅활동을 수행하고 고객에 대한 방대한 자료를 바탕으로 경영전반에 걸쳐 신속, 정확하게 의사를 결정함으로써 기업의 경쟁력을 높이는 데 목적이 있다.
3. DB 마케팅은 카탈로그를 이용한 통신판매업체들에 의해 도입되기 시작했으며 이후 개별 고객의 중요성에 대한 인식 증대와 정보 기술의 발달에 따라 소매 금융 제조 통신업 등으로 급속히 확산되었다.

내부 마케팅(Internal Marketing)

내부 마케팅은 기업내부의 종업원들을 최초 고객으로 보고 종업원이 고객지향적 사고를 실행할 수 있게 하여 외부고객을 만족시키도록 동기를 부여하는 활동이다. 내부 마케팅의 실행 시 중요한 점은 종업원들이 마케팅 지향적 요원으로서 행동하게끔 동기를 부여하는 것인데 이는 종업원들과의 커뮤니케이션, 보상제도, 교육 등의 수단을 통해 이루어진다.

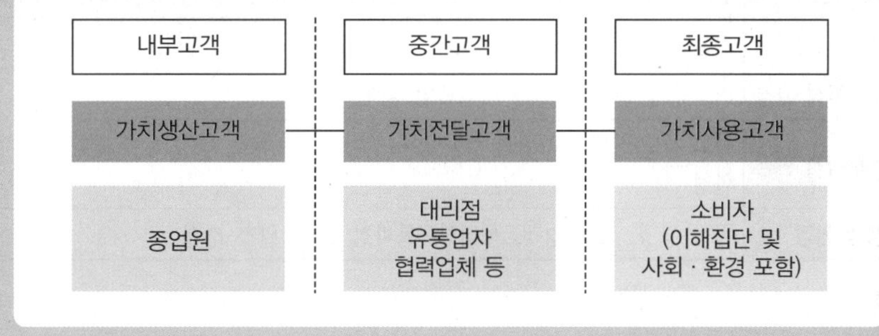

기출문제

수요자의 소비성향을 둔화시키거나 소비를 원천적으로 봉쇄하는 것으로 최근 은행권에서 주로 수익에 도움이 안 되는 고객을 밀어내는 방식으로 활용하는 마케팅 전략은?

① 다각화 ② 차별화
③ 디마케팅 ④ 리포지셔닝

정답 ③

해설 ① 다각화 : 한 기업이 다수의 분야에 걸쳐서 사업을 전개하려는 전략
② 차별화 : 기업이 제공하는 제품이나 서비스를 다른 제품이나 서비스와 구분되게 함으로써 경쟁적 우위를 달성하는 전략
④ 리포지셔닝 : 소비자의 욕구나 경쟁 환경의 변화에 따라 새로운 콘셉트로 기존 제품의 인식을 새롭게 조정하는 활동

테마 5 마케팅 환경분석

마케팅 환경이란 기업의 마케팅 관리 기능 외부에 존재하면서 표적소비자의 성공적인 교환과 거래관리를 개발하고 유지시키기 위한 마케팅 관리 능력에 영향을 주는 요인들을 말한다.

1 마케팅 환경의 유형

1. 미시환경(Micro Environment)

기업이 속한 산업 내에 존재하는 마케팅 환경 주체들을 의미한다.

(1) 기업의 내부환경 : 주주와 노동자

(2) 기업의 외부환경

① 공급업자

② 마케팅 중간업자 : 중간상, 물적 유통 전문기업, 마케팅 서비스 대행사, 금융 중간업자

③ 고객 : 소비자시장, 사업시장, 재판매업자 시장, 정부시장, 국제시장

④ 경쟁자 : 욕구별 경쟁, 품종 경쟁, 제품형태별 경쟁, 상표별 경쟁

⑤ 공중 : 금융, 매체, 정부, 시민운동, 지역, 일반, 내부 공중

2. 거시환경(Macro Environment)

구분	내용
인구통계적 환경	연령구조와 가정의 변화, 인구의 지역적 이동, 교육 증대, 사무직 인구 증가, 인종·종족 다양성 증가
경제적 환경	소득의 변화, 소비자의 지출패턴의 변화, 경제순환주기
자연환경	원료 부족 고갈, 에너지비용 상승, 환경오염과 관련시설, 환경에 대한 정부 개입
기술적 환경	기술변화 가속화, R&D 예산의 증대, 제품의 기능적 개선, 규제의 증가
정치·법률적 환경	기업규제 법률, 윤리와 사회책임 증대
사회·문화적 환경	사회 제도나 기타 사회적 영향력이 가치, 지각, 선호, 행동 등에 영향을 미치는 환경
경쟁 환경	독점 경쟁, 과점 경쟁, 독점적·독과점 경쟁, 완전 경쟁

3. 시장환경

(1) 시장의 매력도 파악

(2) 환경 요인 중 시장(구매자의 집합)과 밀접하게 연관되는 요인들

2 분석기법

1. 거시환경 분석기법

(1) 추세분석방법

① 과거와 현재의 환경추세를 그대로 연장시켜 미래의 환경을 예측하는 방법을 말한다.

② 환경변화에 유효하게 사용 가능하다.

③ 과거와 현재의 변화추세가 불확실하고 변수가 복잡한 경우 유효성이 제한된다.

(2) 분해분석방법 : 특정 환경부문을 분석, 예측하는 데 있어서 그 환경부문을 여러 부문으로 분해하여 부문별 예측을 하고 이를 종합하여 미래환경을 예측하는 방법이다.

(3) 시나리오방법 : 미래환경에 대한 2 ~ 4개의 예측을 간단히 서술하고 이를 중심으로 관리자나 전략전문가들의 토의와 분석을 거쳐서 미래환경에 대한 기본전제와 전개방향을 정리하는 기법이다.

(4) 델파이방법 : 미래환경에 대한 시나리오를 설문형태로 작성하여 전문가들에게 의견을 수집하고 의견을 종합한 뒤 다시 피드백하여 전문가들에게 수정할 기회를 준다. 끝으로 수정된 의견을 종합하여 미래환경에 대한 최종적인 예측을 작성하는 기법이다.

(5) 쟁점관리 : 특정한 쟁점의 분석과 이에 적절한 대응전략을 마련하기 위한 조직을 개발하고 인원을 충원하는 행위를 의미한다.

2. 3C 분석

기업은 이윤 극대화를 위해 시장환경을 분석하는데, 3C 분석은 일반적으로 기업 성장을 위해 분석하는 방법 중 하나로 자사(Company), 고객(Customer), 경쟁사(Competitor)를 분석하는 것을 의미한다.

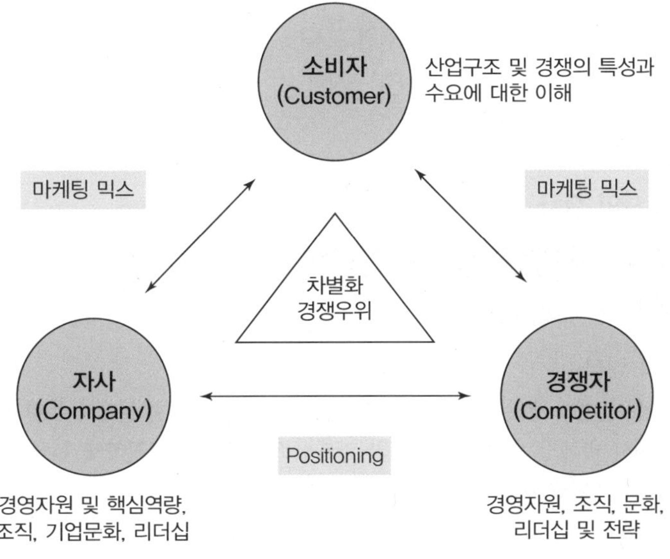

경영학 일반
조직행위론
인적관리 및 품질경영
마케팅
회계 및 재무관리
부록_실전모의고사

기출문제

다음 중 기업이 마케팅환경을 연구하는 이유로 가장 알맞은 것은?

① 신규 고객을 만들기 위해서다.
② 효과적인 시장세분화와 신제품 개발을 위해서다.
③ 마케팅 조직과 판매원들의 시장에 대한 예측력을 강화하기 위해서다.
④ 마케팅 의사결정에 영향을 주는 기회요인과 위험요인을 파악하기 위해서다.

정답 ④

해설 복잡하고 변동적인 환경의 동향에 적절히 대응하지 못하면 기업의 목표달성이 어려워지므로 관련 변수에 대한 분석과 평가를 통하여 능동적으로 적응하면서 지속적인 경쟁우위를 구축하기 위한 활동을 계획하고 결정해야 하기 때문이다.

테마 6 마케팅조사

마케팅조사란 마케터에게 마케팅 활동에 필요한 정보를 정확하고 체계적으로 제공함으로써 의사결정의 성공확률을 높여 주는 과정이다.

1 마케팅조사의 개념

1. 마케팅조사의 고려 사항

(1) 마케팅조사 자체가 의사결정의 성공을 보장하는 것이 아니라 성공확률을 높여 주는 과정이다.

(2) 의사결정의 성공확률을 높이기 위해서는 정보의 성격에 정확성, 최근성, 적절성이 확보되어야 한다.

2. 마케팅 전략 수립과정에서 마케팅조사의 역할

(1) 기업의 목표 및 사업 포트폴리오의 분석에서 활용되는 기업 전략의 수립과 관련한 정보를 제공한다.

(2) 제품 또는 브랜드에 대한 마케팅 전략 수립과 관련된 조사로서 흔히 시장세분화 – 표적시장 선정 – 포지셔닝 전략 수립과 관련된 조사다.

(3) 마케팅믹스의 개발 및 관리를 위한 조사다.

(4) 기업의 성과 분석을 위한 조사다.

2 마케팅조사의 절차

1. 조사문제의 인식

마케팅조사는 문제를 정확히 정의하는 것이다. 현재 기업이 처한 문제가 무엇인지를 명확히 밝혀내기 위해서 마케팅 의사결정 문제와 마케팅조사 문제를 명확하게 설정해야 한다.

2. 조사 설계

설계 단계는 가설을 설정하고 가설검증을 위해 어떻게 조사를 할 것인가를 결정하는 단계이며 효과적인 마케팅조사를 실시하기 위해서 매우 중요한 단계라고 할 수 있다.

3. 자료 수집

조사의 유형이 결정되면 절차에 따라서 객관적이고 정확한 자료를 수집해야 한다. 즉 어떤 유형의 자료를 어떻게 수집할 것인지를 결정해야 한다.

4. 자료 분석 및 해석

자료를 수집한 후 조사결과를 도출하고 해석해야 한다. 자료를 도표화하며 도수분포를 작성하고 주요 변수를 기준으로 평균과 편차의 측정치를 계산한다.

5. 조사결과 보고

조사의 개요와 절차 및 발견사항들을 포함해야 하며 보고서 사용자들의 욕구와 기대에 맞춰서 공식적인 보고서를 작성해야 한다.

3 마케팅조사의 유형

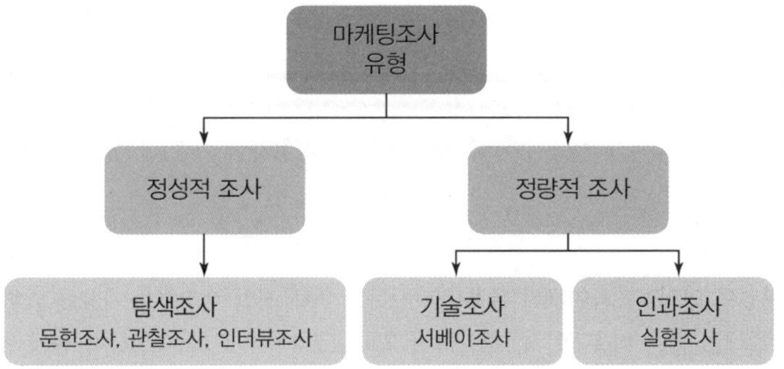

1. 탐색조사(exploratory study)

(1) 마케팅 프로젝트를 진행할 만큼 조사 문제를 충분히 이해하지 못한 상황에서 현재 기업이 처한 문제점을 명확히 파악하기 위해 수행하는 조사를 의미한다.

(2) 특정 조사 설계를 확정하기 전에 시행하는 예비적인 성격을 띠고 있는 만큼 탄력성 있게 실시하여야 하며 필요에 따라 절차를 수정할 수 있다.

2. 기술조사(descriptive study)

(1) 경쟁상황이나 소비자의 변화와 같은 전반적 시장상황을 분석하기 위해 수행되는 조사로, 가장 널리 이용되고 있다.

(2) 탐색조사와는 달리 설문지와 같은 표준화된 측정도구를 이용하고 실험적 조작 없이 비교적 객관적으로 자료를 수집 · 분석한다.

(3) 횡단조사와 종단조사로 분류된다.

3. 인과조사(casual study)

(1) 2개 이상의 변수들 간에 인과관계를 밝히는 것을 목적으로 시행되는 조사다.

(2) 서베이, 관찰 등을 통해서도 인과관계를 어느 정도 알 수 있지만 인과관계를 밝히는 데 가장 적합한 조사방법은 실험이다.

(3) 인과조사를 위한 원인변수(독립변수)와 결과변수(종속변수)는 이론적으로 동반 발생해야 하며 순차적으로 발생되어야 하고 대체 가능한 설명(외생변수)이 없어야 한다는 조건을 충족시켜야 한다.

횡단조사
모집단에서 추출된 표본으로 단 1회의 조사를 통하여 마케팅 정보를 수집하는 방법으로, 어떤 한 시점에서의 다양한 소비자들의 구매행태를 측정하여 시장의 전반적 상황을 파악하는 조사가 그 예다.

종단조사
동일한 표본을 대상으로 일정한 시간 간격을 두고 반복적인 조사를 통하여 관심 마케팅변수의 변화추세를 보는 트렌드 조사로, 시간의 변화에 따른 마케팅변수에 대한 소비자의 반응을 측정할 수 있다. 종단조사에는 패널 조사가 있다.

경영학 일반 | 조직행위론 | 인적관리 및 품질경영 | 마케팅 | 회계 및 재무관리 | 부록_실전모의고사

기출문제

마케팅조사방법 중 탐색적 조사에 속하는 것은?

① 패널조사 ② 시계열조사
③ 횡단조사 ④ 전문가 의견조사

정답 ④

해설 전문가 의견조사는 탐색법에 속하는 것으로 문헌조사, 사례조사, 표적집단 면접법, 개인면접법이 있다.

오답풀이
①, ②, ③은 마케팅조사방법 중 기술조사에 속한다.

테마 7 자료의 유형과 척도

✔ 마케팅조사에서 수집되는 자료는 2차 자료(secondary data)와 1차 자료(primary data)로 구분된다. 2차 자료는 지금 행하고 있는 조사가 아닌 다른 조사를 목적으로 이미 수집해 놓은 자료이고, 1차 자료는 현재의 문제를 해결하기 위한 조사를 목적으로 수집하는 자료다. 2차 자료는 1차 자료에 비하여 저렴하고 신속하게 수집할 수 있다는 장점이 있지만 관련성, 정확성, 신뢰성 측면에서 문제의 소지가 있다.

1 자료의 유형

2차 자료를 이용하여 탐색적 연구 수행 후 연구문제를 정의(가설 설정)한 후 1차 자료 수집을 통한 가설검정이 일반적이다.

1. 1차 자료

(1) 1차 자료의 의의 : 조사연구의 목적을 달성하기 위해 직접 수집하는 자료를 말한다. 1차 자료의 수집에는 많은 비용, 인력, 시간이 소요되므로 1차 자료를 수집하기 전에 연구목적에 적합한 2차 자료가 존재하는지의 여부와 사용가능한지의 여부를 확인하고 연구목적에 부합되는 2차 자료가 없을 경우에 한하여 1차 자료를 수집하는 것이 바람직하다.

(2) 1차 자료의 장단점

구분	내용
장점	• 조사 목적에 적합한 정확도, 타당도, 신뢰도 등의 평가 가능 • 수집된 자료를 의사결정에 필요한 시기에 적절히 이용 가능
단점	많은 비용, 인력, 시간이 소요

2. 2차 자료

(1) 2차 자료의 의의 : 다른 조사자에 의해 수집되어 공개된 자료를 말한다. 수행 중인 조사에 도움을 줄 수 있는 기존의 자료로 조사자가 현재의 조사 목적을 위하여 직접 수집하거나 작성한 1차 자료를 제외한 모든 자료를 말한다. 다른 연구자가 학술연구를 위하여 수집한 자료, 기업체, 정부기관, 신문기사 그리고 각종 조사기관의 간행물에 이르기까지 다양하다.

(2) 2차 자료의 특징

① 기성자료(ready-made data) : 기존 자료를 구입하면 1차 자료의 수집에 투입되는 비용, 시간, 노력을 절약할 수 있다.

② 자료의 수집 및 분류과정을 통제할 수 없는 유형의 자료다.

③ 자료수집 과정에서 시간적, 공간적 제약을 받지 않는다.

(3) 2차 자료의 유형

구분	내용
내부 자료	기업 내부에 보유하고 있는 자료로서 일상 업무와 관련하여 발생하는 각종 기록과 보고 자료와 이전에 실시된 마케팅조사 자료, 그 외 마케팅 첩보나 POS와 데이터베이스 시스템에 저장되어 있는 자료
외부 자료	기업 외부에 있는 개인이나 조직이 보유하고 있는 자료로서 크게 공공기관에서 발행한 각종 센서스 및 통계자료, 개인이나 각종 조직에서 발행한 연구보고서 및 정기간행물, 전문조사기관에서 상업적 판매를 하는 자료로 대별된다.

(4) 2차 자료의 장단점

구분	내용
장점	• 1차 자료에 비해 수집이 쉽고, 수집비용이 저렴하다. • 계속적인 수집이 가능하다(공공기관에서 정기적으로 발간하는 시계열자료의 수집).
단점	자료수집 목적, 측정단위, 조작적 정의 등이 현재 행하는 조사와 일치하지 않는 경우가 많다.

3. 1차 자료와 2차 자료의 비교

구분	수집목적	수집과정	수집비용	수집시간
1차 자료	현 조사문제 해결	많은 노력과 복잡	높음.	많은 시간 소요
2차 자료	여타조사 문제해결	빠르고 쉬움.	낮음.	짧은 시간 소요

2 척도

1. 명목 척도(nominal scale)

단순히 구분할 목적으로 연구대상에 임의의 숫자를 부여하는 것으로 측정대상을 구분하기 위한 숫자다.

2. 서열 척도(ordinal scale)

연구대상의 특성에 대한 상대적 정도를 나타내는 수치로 순서의 의미를 가지고 있으나, 수치 간 차이는 의미가 없다. 명목 척도의 구분에서 순서가 포함된 의미의 척도라 할 수 있다.

3. 등간 척도(interval scale)

서열 척도에 포함된 정보 외에 측정대상들 간의 속성의 차이비교를 가능하게 한다. 즉 구분된 수치들 간의 간격이 동일하다는 의미로서 이는 사칙연산이 가능하다.

4. 비율 척도(ratio scale)

등간 척도가 갖는 특성뿐만 아니라 등간 척도가 갖지 못하는 절대 0점이 존재하는 척도로, 사칙연산이 가능한 고급 척도다.

척도 유형	순서	절대값	척도 특성	적합한 분석방법	예
명목 척도	×	×	기초적 분류, 범주간의 상호배타성	최빈값, 빈도, 교차분석, 비모수통계	주민등록번호, 성별, 거주지역, 인종
서열 척도	○	×	등급에 따라 대소를 순위에 의하여 나열	중앙값, 비모수 통계, 서열상관관계	거리번호, 학교석차, 사회계층, 브랜드선호도
등간 척도	○	×	동일간격	평균, 편차, 상관계수, 모수통계	온도, 주가지수, 물가지수, 관여도
비율 척도	○	○	절대적 영(零)의 존재, 비율적 비교가능	기하평균, 모수통계	소득, 교육년수, 투표율, 신장, 매출액

✔ 개념적 정의와 조작적 정의
조사자는 측정하고자 하는 변수에 대한 명확한 개념적 정의(사전적 정의)를 확인하여, 이를 바탕으로 구체적으로 측정이 가능한 조작적 정의를 함으로써 변수에 대한 측정을 시도한다.

✔ 조작적 정의란 어떤 개념에 대해 응답자가 구체적인 수치를 부여할 수 있도록 내린 정의를 말한다.

✔ 측정은 측정대상의 추상적인 구성 개념 혹은 변수의 값을 정해진 규칙에 따라 수치나 기호로 할당하는 과정으로, 수치나 기호를 어떤 연속적 체계에 위치시켜야 하는데 이 연속적 체계가 바로 척도다. 즉, 측정하는 도구가 바로 척도라 할 수 있다.

기출문제

Q 마케팅 조사의 척도 중 서열 척도로 알맞은 것은?

① 상품유형분류조사　　② 회사직위, 상품선호순위
③ 시장점유율, 매출액조사　　④ 성별분류

정답 ②

해설 서열척도는 서열상관관계에 의한 것으로 순위를 정할 때 적합하다.

테마 8 1차 자료의 수집 방법

> 표적시장 내의 모든 소비자를 대상으로 하는 설문조사는 사실상 불가능하기에 조사대상의 일부를 표본으로 추출하여 조사함으로써 비용과 시간을 줄일 수 있다.
> 1. 표본단위(sample unit) : 조사대상자에 대한 결정으로서 표본추출의 대상이 되는 표적 모집단을 결정하는 것
> 2. 표본의 크기(sample size) : 조사결과의 신뢰도와 비용을 고려하여 결정하며, 표본의 크기가 클수록 보통 신뢰도가 높을 것으로 기대되지만 비용이 많이 든다.

1 표본 조사(Sample Survey)

전체 모집단 중 부분집단을 과학적인 추출방법에 따라 추출하여 그 추출된 일부분을 대상으로 조사하여 얻어진 정보를 토대로 전체 모집단에 대한 특성을 추정하는 것을 말한다.

표본 추출 방법	비확률 표본추출 방법	표본프레임이 없어 모집단 내의 대상들이 선택될 확률을 사전에 모르는 상태에서 표본이 선정되는 방법 • 편의표본추출법 : 임의로 선정한 지역과 시간대에 조사자가 원하는 사람들을 표본으로 선택하는 방법 • 할당표본추출법 : 정해진 분류기준에 의해 전체 표본을 여러 집단으로 구분하고 각 집단별로 필요한 대상을 추출하는 방법 • 판단표본추출법 : 조사 문제를 잘 알고 있거나 모집단의 의견을 반영할 수 있을 것으로 판단되는 특정 집단을 표본으로 선정하는 방법
	확률 표본추출 방법	조사대상의 명단이 수록된 표본프레임이 있기에 특정 조사대상이 뽑힐 확률에 대한 사전계산이 가능하며, 이에 따라 표본추출과정에서 발생하는 오류의 정도에 대한 추정이 가능한 방법 • 단순무작위 표본추출법 : 표본프레임 내의 각 표본들에 대해 일련번호를 부여하고 이를 이용해 일정 수의 표본을 무작위로 추출하는 방법 • 층화표본추출법 : 모집단을 어떤 기준에 따라 서로 상이한 소집단으로 나누고 이들 각 소집단들로부터 표본을 무작위로 추출하는 방법 • 군집표본추출법 : 모집단들을 소집단 또는 군집들로 나누고 일정 수의 소집단을 무작위로 표본 추출한 다음, 추출된 소집단 내의 구성원들을 모두 조사하는 방법

> 서베이법은 대상자에게 질문하여 자료를 얻는, 즉 설문지를 통해 정보를 수집하는 방법으로, 광범위한 정보를 수집할 수 있고 많은 정보를 짧은 시간에 저렴하게 수집할 수 있는 장점이 있다.

2 서베이(Survey Method)

1. 대인면접법

가장 융통성 있는 방법으로, 면접자는 많은 질문을 할 수 있으며 가장 비용이 많이 소요되는 방법이다.

2. 우편질문법

개인적인 면접을 허락하지 않거나 접촉하기에 멀리 떨어져 있는 피면접자를 조사하는데 가장 좋은 방법으로, 면접자에 의해 왜곡되거나 편견이 주어지지 않는 방법이다.

3. 전화면접법

신속하게 정보를 입수하는 가장 좋은 방법으로, 면접자는 피면접자가 이해하지 못하는 질문을 명확히 설명할 수가 있다.

4. 온라인 조사법

비용이 저렴하고 빠른 응답이 가능하다는 큰 이점이 있으나, 적절한 표본추출이 어렵고 신뢰성이 떨어지는 단점이 있다.

3 관찰(Observation Method)

정확한 자료를 수집할 수 있으며 조사대상자가 응답을 거부하는 경우나 회피하는 경우에도 필요한 정보를 획득할 수 있으나, 조사대상자의 내면적인 것을 파악할 수 없기 때문에 다른 자료 수집방법과 함께 사용하기도 한다.

> 관찰법은 소비자의 행동이나 기타 조사대상을 직접 혹은 기계를 이용하여 관찰함으로써 자료를 수집하는 방법이다.

4 인터뷰(Interview)

> 인터뷰는 정보를 갖고 있는 응답자와 조사 문제에 정통한 능력을 가진 진행자가 면담을 진행하면서 정보를 수집하는 방법이다.

1. **심층면접법**(In-depth Interview)

   한 명의 응답자와 한명의 진행자가 1:1 면접을 통하여 집중적인 면담을 하여 자료를 수집하는 방법이다.

2. **표적집단면접법**(FGI ; Focus-Group Interview)

   보통 8명 내외의 면접대상자들을 한자리에 모이도록 한 다음 어떤 주제를 제시하여 그 주제와 관련된 토론을 하도록 함으로써 자료를 수집하는 방법이다.

5 실험법(Experimental Method)

인과관계를 밝히는 것이 주목적인 조사로서 자연적 혹은 인위적 환경에서 실험자가 어떤 변수를 변화시키고, 그 변화가 다른 변수에 어떤 영향을 미치는지를 측정하는 것이다.

기출문제

마케팅조사를 할 때, 특정 상표를 소비하는 전체 모집단에 대해 구매량을 중심으로 빈번히 구매하는 사람(heavy users)과 가끔 구매하는 사람(light users)으로 분류하고, 각각의 집단에서 무작위로 일정한 수의 표본을 추출하는 표본추출방식을 일컫는 말은?

① 할당 표본추출 ② 주관적 표본추출
③ 체계적 표본추출 ④ 층화 표본추출

정답 ④

해설 층화 표본추출법은 모집단을 어떤 기준에 따라 상이한 소집단으로 나누고 이들 각각 소집단들로부터 표본을 무작위로 추출한다.

테마 9 관여도

1 관여도(Involvement)의 개념

특정 상황에 있어 자극을 받아 유발됨에 따라 지각되는 개인적인 중요성이나 관심도의 수준을 말한다. 소비자행동에서 관여도가 중요한 이유는 관여도에 따라 소비자행동이 크게 달라질 수 있기 때문이다.

고관여(High Involvement)	개인적인 중요도나 관심도가 높은 경우
저관여(Low Involvement)	개인적인 중요도나 관심도가 낮은 경우

2 관여도의 결정요인

1. 상황적 요인

(1) 물리적 환경 : 소비자행동에 영향을 미치는 모든 형태의 비인적 상황변수로, 점포위치, 인테리어, 향기, 음악, 상품진열 등을 의미한다.

(2) 사회적 환경 : 소비자행동에 영향을 미치는 인적 상황 변수로, 타인과의 상호작용, 역할 혼잡도 등을 의미한다.

(3) 시간 : 시간과 관련된 상황 변수로, 자신에게 주어진 시간, 소요시간, 시점 등을 의미한다.

(4) 과업 정의 : 과업을 소비자가 어떻게 정의하느냐에 기초하는데, 예로 들어 제품의 구입 목적이 소비자의 사용인 경우와 선물용인 경우에 그 제품에 대한 관여도는 달라진다.

(5) 선행 상태 : 소비자 행동 발생 전 또는 발생 중 소비자의 생리적 · 인지적 · 감정적 상태에 따라 달라진다.

2. 제품 요인

일반적으로 소비자는 자신에게 중요한 욕구나 가치를 충족시켜 주는 제품 또는 즐거움이나 쾌락적 가치를 주는 제품에 관여도가 높다. 그리고 제품과 관련하여 지각된 위험을 가질 때에도 관여도가 높아지는데, 지각된 위험이란 해당 제품을 구매하고 사용함으로 인해 초래될 결과에 대하여 소비자가 갖는 불안감을 의미한다.

(1) 심리적 위험 : 선택한 제품이 자신의 자아 이미지에 부정적인 영향을 미칠 것에 대한 염려를 의미한다.

(2) 신체적 위험 : 선택한 제품이 자신의 신체에 해를 입힐 것에 대한 염려를 의미한다.

(3) 성능 위험 : 선택한 제품이 제 성능을 발휘하지 못할 것에 대한 염려를 의미한다.

(4) 사회적 위험 : 준거집단 등의 타인으로부터 해당 선택에 대하여 부정적인 평가를 받을 것에 대한 염려를 의미한다.

(5) 재무적 위험 : 가처분 소득에 비하여 제품 가격이 너무 높을 때 가지게 되는 염려를 의미한다.

(6) 시간적 손실 위험 : 제품 구매가 잘못된 경우 이를 해결하기 위해 필요한 시간손실에 대한 염려를 의미한다.

3 관여도의 측정

1. 로랑과 카프페레의 측정방법(관여도 측정에 필요한 네 가지 차원)

(1) 부정적 결과의 중요성 : 제품의 중요성과 잘못된 제품선택에 의한 부정적 결과가 얼마나 중요한가에 대한 개인의 지각을 평가하는 것이다.

(2) 잘못 선택할 가능성 : 잘못된 선택을 할 확률에 대한 개인의 지각을 측정하는 것이다.

(3) 쾌락적 가치 : 제품의 구매와 사용이 개인에게 즐거움을 줄 수 있는 능력의 정도를 측정하는 것이다.

(4) 상징적 가치 : 제품의 구매와 사용에 대하여 소비자가 부여하는 상징성의 표출 정도를 측정하는 것이다.

2. 자이코스키의 측정방법(PII ; Personal－Involvement Inventory)

제품의 중요성 차원에서만 측정한 관여도 측정방법이다.

4 관여도와 소비자 행동 유형

1. 복잡한 의사결정 유형(고관여+구매 의사결정 과정을 거침)

소비자가 행동 전에 생각한다는 가정의 행동 유형으로, 적극적으로 정보를 탐색하며 평가 기준을 이용해 상표를 평가하고 인지적 학습을 하는 특징을 보인다.

2. 상표충성도 유형(고관여+습관적 구매 과정을 거침)

과거 경험에 비추어 가장 만족스러웠던 특정 상표를 구매하는 유형으로, 정보 탐색이나 상표 평가를 하기보다는 만족에 의해 재구매를 반복하는 행동을 보이는 것이 특징이다.

3. 관성 유형(저관여+습관적 구매 과정을 거침)

저관여의 대표적인 유형으로 습관에 의한 구매가 일어난다. 쉽게 상표 전환(brand switching)이 일어나며 중요도나 관심도가 떨어지는 제품을 구매할 때 보이는 구매 행동이다.

4. 제한적 의사결정 유형(저관여+구매 의사결정 과정을 거침)

저관여 상황에서 최소한의 의사 결정을 하는 유형으로, 신제품이 출시되었을 경우 적극적인 정보탐색이나 상표 평가보다는 단순히 새로운 것을 구매하는 특징을 가진다.

기출문제

소비자 관여도에 대한 설명으로 알맞지 않은 것은?

① 관여도는 크기에 따라서 고관여도와 저관여도로 나뉠 수 있다.
② 관여도에 영향을 줄 수 있는 변수로는 재무적 위험, 심리적 위험, 사회적 위험 등이 있다.
③ 습관적 구매는 저관여 수준하에서 몰입 없이 한 브랜드를 반복적으로 구매하는 것을 말한다.
④ 소비자의 제품에 대한 관여도의 크기는 항상 절대적인 것으로 같은 종류의 제품에 대해서는 항상 똑같다.

정답 ④

해설 소비자의 제품에 대한 관여도의 크기는 상대적인 개념으로서 개인마다 다르고 제품마다 다르며 상황에 따라서도 달라진다.

테마 10 소비자 구매의사결정 과정

1 문제인식

구매와 관련된 소비자의 문제인식은 소비자의 실제적 상태와 이상적 상태의 차이가 충분히 클 때 발생한다. 문제인식은 욕구의 결핍이나 미충족 상태를 말하며 소비자의 욕구는 배고픔 등의 생리적 욕구뿐만 아니라 사회적 성공이나 개인의 성취와 같은 사회·심리적 욕구를 포함한다.

소비자가 제품을 구매할 때, 문제를 인식한 소비자들은 자신의 욕구를 충족시킬 수 있는 여러 대안들을 탐색하고 탐색된 여러 대안들 중에서 가장 큰 만족을 실현시켜 줄 수 있는 대안을 평가·선택한 다음 구매를 하게 된다. 소비자의 개인 특성이나 과거의 소비경험 또는 구매시점의 상황 등에 따라서 단계를 뛰어넘거나 순서가 뒤바뀌는 경우도 있다.

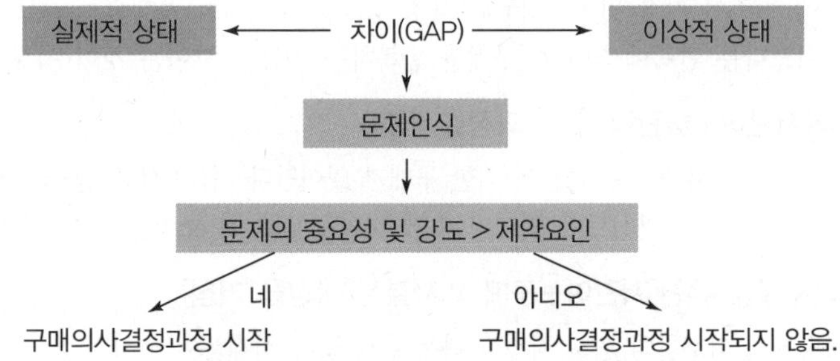

2 정보탐색

소비자의 경험과 기억에 의존하는 내적 정보탐색은 빠르고 자신의 가치관이 반영되어 있다는 장점이 있지만 정보의 양과 질이 제한적이라는 단점이 있다. 만약 내적 정보탐색에 의하여 의사결정에 필요한 충분한 정보를 획득할 수 있으면 대안평가와 구매결정이 신속하게 진행된다. 그러나 충분한 정보가 기억 속에 존재하지 않거나 즉각적으로 회상할 수 없다면 외적 정보탐색이 필요하게 된다.

소비자가 어떤 문제를 인식하고 그 문제의 크기와 중요성이 금전적 및 비금전적 비용과 사회적 규범 등의 제약요인을 극복할 만큼 충분히 크다면 구매를 목적으로 정보탐색을 하게 된다.

구분	내용
내적 정보탐색	• 문제 해결을 위해 먼저 자신의 과거 경험으로부터의 정보를 회상함. • 내적 탐색의 결과가 만족스러우면 더 이상 정보 탐색은 하지 않고 대안을 평가하는 단계로 나아갈 수 있음.
외적 정보탐색	• 외부로부터 여러 가지 정보를 수집함. • 허위 또는 과장된 정보나 부정확한 정보가 있을 수 있으므로 사실 여부에 대하여 확인해 보아야 함.

3 대안평가

정보탐색을 통해 여러 대체안이 수집되면 소비자는 수집된 대체안 중 자신의 욕구를 최적으로 만족시킬 수 있는 대체안을 선택한다. 소비자가 여러 대안을 평가하는 데 사용하는 평가기준은 개인적 특성이나 대상제품, 상황에 따라서 달라지며 고관여 제품일수록 평가기준의 수가 증가한다. 평가기준은 상황에 따라서도 달라지는데, 같은 제품군이라도 소비자 본인이 사용하려는 상황과 선물을 위한 상황에서의 평가기준이나 기준의 수는 달라질 가능성이 높다.

대안평가는 평가기준과 평가방식의 결정으로부터 시작된다. 평가 기준이란 대안들을 비교하고 평가하는 데 사용되는 속성을 말하고, 평가방식이란 소비자가 선택된 평가기준을 통합하고 처리하는 방법을 말한다.

4 구매결정

1. 대안평가 단계에서 소비자는 구체적 상표를 구매할 것을 결정하게 된다. 구매과정에서 소비자들은 특정상표에 대한 구매뿐 아니라 그 상표를 구매할 구체적인 점포를 선택하여야 한다.
2. 구매과정에서 마케터는 소비자의 구매행동에 영향을 미칠 수 있는 여러 상황들을 고려하여야 한다.

5 구매 후 행동

1. **인지부조화(cognitive dissonance)**

   소비자가 제품 구매 이후 만족 또는 불만족을 느끼기에 앞서 자신의 선택이 과연 옳은 것이었는가에 대한 불안감을 갖는 경우를 구매 후 부조화(post-purchase dissonance)라고 한다.

2. **만족도 평가**

만족	같은 구매를 다시 하게 된다면 정보탐색이나 대안평가 없이 바로 선택할 수 있다.
불만족	환불, 교환, 수리를 요구하거나 다음 구매에서 다른 상품을 사기 위해 정보 탐색 단계부터 다시 의사 결정 과정을 거치게 된다.

구매 후 부조화 해소 방법
1. 선택한 대안의 장점을 강화하고 단점을 약화시킨다.
2. 선택하지 않은 대안의 장점을 약화하고 단점을 강화시킨다.
3. 자신의 선택안을 지지하는 정보를 탐색하고 일치하지 않는 정보를 회피한다.
4. 의사결정 자체를 중요하지 않은 것으로 여긴다.

기출문제

소비자의 인지부조화(cognitive dissonance)는 소비자 구매행동과정 중에서 어느 단계와 가장 밀접한 관련이 있는가?

① 문제인식단계 ② 대안평가단계
③ 구매실행단계 ④ 구매 후 평가단계

정답 ④

해설 소비자의 인지부조화는 소비자가 구매 후에 그 결정을 다시 생각하면서 스스로가 그의 방침이나 상표의 선택이 올바른 것이었는지를 다시 점검하게 하며 소비자의 미래 구매전략을 다시 조정하게 하는 피드백의 역할을 한다.

테마 11 소비자의 정보처리과정

> 소비자의 정보처리과정이란 소비자가 자극물(제품, 점포, 광고)의 정보에 노출되고 주의를 기울이고 이해하는 과정을 말한다. 정보처리결과의 산출물인 자극물에 대한 지식(인지, 속성신념)과 평가(태도)는 의사결정에 바로 영향을 미치거나 기억에 저장되어 차후 관련 의사결정에 영향을 미친다.

> 노출이란 소비자가 마케팅자극에 물리적으로 접근하여 감각기관이 활성화될 준비가 된 상태를 말한다.

1 노출과 감각

1. 노출의 유형

(1) 의도적 노출(intentional exposure)

① 목표지향적 노출이라고도 하며 소비자가 외적탐색을 통해 문제를 해결하기 위해 자신을 의도적으로 마케팅 정보에 노출시키는 것으로, 의사결정에 높게 관여되었을 때 발생한다.

② 의사결정과 무관하게 제품관여도가 높아 평상시에 관련제품 정보를 탐색하는 경우다.

(2) 우연적 노출(accidental exposure)

① 소비자가 의도하지 않은 상태에서 정보에 노출되는 경우다.

② 지하철이나 TV에서 광고를 보고 구매욕구가 생기는 경우다.

③ 우연적 노출에 의해 처리된 정보는 장기기억에 저장되었다가 차후의 의사결정에 영향을 미칠 수 있다.

(3) 선택적 노출(selective exposure)

① 자신이 원하지 않는 정보에의 노출은 스스로 회피하고 원하는 정보에만 의식적으로 노출되려는 성향이다.

② TV시청 중에 광고가 나오면 리모컨을 이용하여 다른 채널로 돌리는 경우다.

2. 감각의 유형

(1) 절대적 식역(absolute threshold)

① 감각기관이 자극을 감지할 수 있기 위한 최소한의 자극에너지 강도다.

② 자극강도가 절대적 식역에 도달해야만 소비자는 감지할 수 있다. 즉, 자극에 노출되었다고 할 수 있다.

(2) 차이 식역(differential threshold)

① 초기자극의 변화를 감지하는 것과 관련된 개념으로, 두 개의 자극이 지각적으로 구분될 수 있는 최소한의 차이를 말한다.

② 베버(Weber)의 법칙에 의하면 차이식역에 도달하기 위해 필요한 자극의 최소 변화치는 초기자극의 강도에 비례한다.

(3) 식역하 지각(subliminal perception) : 자극의 정도가 미약하여 절대적 식역 수준에 미치지 못하는 경우에도 소비자가 그 자극을 무의식 중 감지하는 것을 말한다.

> 주의란 특정 자극에 정보처리능력을 집중시키는 것을 말한다.

2 주의

1. 고관여상태의 주의

(1) 강화된 주의(heightened attention) : 지속적 관여, 상황적 관여 시 정보에 우연적 노출이 되어 주의 수준이 높아진다.

(2) 자발적 주의(voluntary attention) : 정보탐색에 대한 필요성을 강하게 느끼면 적극적이고 능동적으로 정보를 찾아 주의 수준이 높아진다.

2. 저관여상태의 주의

(1) 동일한 정보에 반복적으로 노출되면 일부 정보가 장기 기억 속의 관련 인지적 구조에 저장되어 후에 회상될 수 있다.

(2) 특별히 잘 만들어진 광고를 보면 그 자체를 즐기기 위해 자연스럽게 주의 수준이 높아질 수 있다.

3 이해

1. 지각적 조직화

(1) 조직화란 소비자가 정보처리 대상의 여러 요소들을 통합하는 메커니즘을 말한다.

(2) 조직화의 원리

① 단순화 : 자극의 요소들을 통합하여 가급적 단순한 형태로 이해하는 경향

② 완결 : 자극이 불완전할 때 불완전한 부분을 채워 완전한 전체로서 지각하는 경향

③ 집단화 : 근접성, 유사성, 연속성

2. 지각적 해석

(1) 지각적 범주화

① 자극에 노출되면 그 자극을 기억 속에 가지고 있던 기존 스키마와 관련지음으로써 자신의 방식으로 이해하는 것이다.

② 스키마(Schema) : 한 대상에 대한 지식 단위들로서 구성되는 네트워크를 말한다.

(2) 지각적 추론 : 한 대상을 평가할 때 직접적으로 평가하지 않고 다른 것으로부터 추리하는 것을 말한다.

이해란 유입된 정보의 내용을 조직화하고 그 정보의 의미를 해석하는 것을 말하며 지각적 조직화와 지각적 해석의 단계로 구성된다.

지각적 조직화와 해석은 동시에 일어날 만큼 순간적으로 이루어지며, 유입정보와 장기기억 속에 저장되어 있던 관련 정보(지식)가 인출되어 작용한다.

기출문제

소비자 정보처리과정에 관한 설명으로 가장 적절하지 않은 것은?

① 스팸성 광고물의 내용을 열어보지 않고 삭제해 버리는 것은 선택적 노출(selective exposure)의 예라 할 수 있다.

② 정보 내용들이 차례로 제시된 경우 처음에 제시된 부분에 많은 비중을 두어 지각하는 것을 초기효과(primacy effect)라 한다.

③ 절대적 식역(absolute threshold)은 두 개의 자극이 지각적으로 구분될 수 있는 최소한의 차이를 말하며, JND(just noticeable difference)라고도 한다.

④ 평소에 20도 소주를 마시던 소비자가 19도로 낮아진 소주는 구분 못하지만 18도로 낮아진 소주를 구분하는 것은 차이 식역(differential threshold)으로 설명될 수 있다.

정답 ③

해설 절대적 식역(absolute threshold)은 감각기관이 감지할 수 있는 최소한의 강도를 의미하며, 두 개의 자극이 지각적으로 구분될 수 있는 최소한의 차이는 차이 식역(differential threshold)이라고 한다. JND(just noticeable difference)는 최소한의 구분 가능 차이로 차이 식역에 해당한다.

테마 12 사업 포트폴리오 분석–BCG 매트릭스

각 사업부의 매력도 분석과 전략 수립, 자원배분 등을 목적으로 가장 많이 사용되어지는 도구 중에 하나가 사업 포트폴리오 분석(business portfolio analysis)이며, 대표적인 사업 포트폴리오 분석 도구로는 BCG 매트릭스, 맥킨지가 개발한 GE 매트릭스가 있다.

1 BCG 매트릭스의 개념

1. BCG 매트릭스의 의의

(1) 1970년대 초에 보스턴 컨설팅 그룹(BCG ; Boston Consulting Group)에 의해 개발된 기법으로서 성장–점유율 분석이라고도 한다.

(2) 기업은 BCG 매트릭스가 제공하는 두 가지 기준에 의해 자사의 전략적 사업단위(SBU ; Strategic Business Unit) 혹은 제품의 전략적 위치를 분류하고 분류된 위치를 기준으로 미래의 전략방향과 자원배분 방안을 결정하는 분석방법이다.

(3) 분석의 대상이 되는 사업부나 제품을 시장성장률이나 시장점유율에 따라 해당되는 분면에 위치시키는 방법으로, 해당 사업부나 제품의 전략적 위치를 파악한다. 원의 크기를 달리함으로써 해당 사업의 매출규모를 표시할 수도 있고 미래에 목표로 하는 전략적 방향을 설정할 수도 있다.

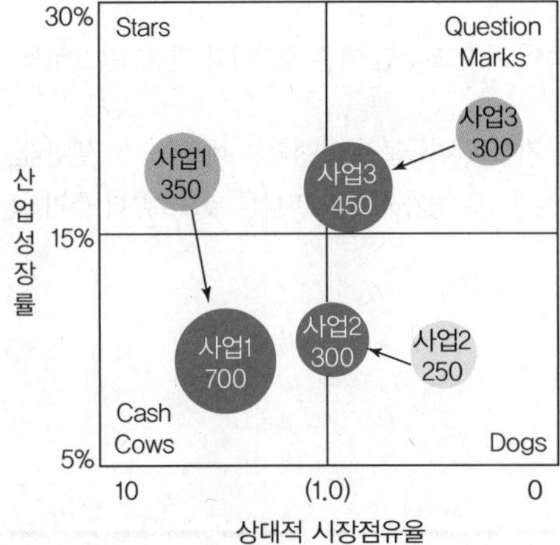

구분		사업1	사업2	사업3
과거	매출액	350	250	300
	상대적 시장점유율	8	0.5	0.3
목표	매출액	700	300	450
	상대적 시장점유율	5	1.0	0.9

2. BCG 매트릭스의 기준

BCG 매트릭스의 두 가지 기준은 상대적 시장점유율과 시장(산업)성장률이며, 기준의 높고 낮음에 따라 매트릭스가 생성된다.

2 해당 사분면별 특징

1. 물음표(Question Mark)

(1) 시장점유율은 낮으나 산업성장률이 높은 사업부로서 문제아 사업부라고도 한다.

(2) 제품수명주기상 도입기에 해당되는 경우가 많으며 통상적으로 수익보다 비용이 더 많으므로 음(–)의 현금흐름이 발생한다.

(3) 사업부가 전략적 가치 또는 수익성이 있다고 판단하면 지속적으로 투자하여야 하지만 그렇지 않다면 수확이나 철수 전략을 고려하여야 한다.

(4) 투자를 선택한다면 브랜드 강화나 가격 및 시장 선점 전략 등을 통해 시장에서의 지배력을 창출하는 데 초점을 두어야 한다.

2. 별(Star)

(1) 높은 시장점유율과 높은 산업성장률에 해당하는 사업부이며 성장하는 시장에서의 경쟁과 사업확장을 위해 많은 자금이 필요한 경우가 많다.

(2) 수익과 비용 측면에서 균형을 이루거나 약한 음(-)의 현금흐름이 발생된다.

(3) 별 사업부의 전략적 목표는 시장점유율 유지나 향상이며 이를 위해서 적극적인 투자와 공격적인 마케팅 전략이 필요하다.

3. 황금젖소(Cash Cow)

(1) 낮은 성장률과 높은 시장점유율의 사업부로서 성숙기 산업에서 유리한 시장지위를 구축한 경우다.

(2) 높은 점유율과 높은 매출로 인해 유입되는 현금이 많으며 저렴한 원가구조를 달성한 경우가 많고 설비투자 요구도 많지 않다.

(3) 고객충성도가 높기 때문에 마케팅 비용이 많지 않으므로 강한 양(+)의 현금흐름을 갖게 된다.

(4) 황금젖소 사업부에서 창출된 현금흐름은 더 많은 자원을 필요로 하는 물음표 사업부나 별 사업부를 지원하는 데 사용될 수 있다.

(5) 황금젖소 사업부의 전략적 목표는 시장점유율을 방어하는 것이다.

4. 개(Dog)

(1) 낮은 성장률과 낮은 시장점유율을 갖는 사업부이며 더 이상의 성장과 수익개선을 기대하기 힘든 경우가 많으므로 신규 투자는 신중하게 하는 것이 좋다.

(2) 개 사업부를 위한 마케팅 전략은 지출을 최소화함으로써 잠재적인 이익을 최대화하려는 수확 전략이나 손실 최소화를 위한 신속한 철수 전략이 적절하다.

(3) 쇠퇴 산업이기는 하지만 일정 수준의 매출이 지속적으로 발생될 가능성이 있다면 경쟁자를 조기에 퇴출시킴으로써 시장지배력을 강화하는 전략을 실행할 수도 있다.

1. 향상(Build) : 점유율 등을 향상시키기 위해 사업단위에 더 많은 투자를 함.
2. 유지(Hold) : 현재 수준의 시장점유율을 유지할 만큼의 투자를 함.
3. 수확(Harvest) : 장기적 관점과 관계없이 단기적으로 현금흐름을 높이려는 것(milking short-term cash flow)
4. 철수(Divest) : 사업단위를 매각하거나 단계적으로 축소하여 다른 부분에 자원을 사용함.

기출문제

다음 BCG 매트릭스에 대한 설명 중 가장 옳지 않은 것은?

① 상대적 시장점유율과 시장성장률을 양대 축으로 하여 표시한 매트릭스다.

② 상대적 시장점유율이 높을수록 회사는 경험효과로 인하여 많은 자금유입이 가능하게 된다.

③ 기업의 전략을 너무 단순하게 파악하였고 자금의 외부조달 가능성을 고려하지 않았다는 한계가 있다.

④ 물음표(Question Mark) 중 시장점유율 확대에 성공한 사업부는 곧바로 황금젖소(Cash Cow)로 이동하게 된다.

정답 ④

해설 물음표(Question Mark) 단계에서 적극적 투자를 통해 별(Star) 영역으로 키울지, 사업을 접을지를 결정해야 한다. 별(Star)을 잘 키워 안정궤도에 올리면 나중에 황금젖소(Cash Cow)가 될 수 있다.

테마 13 GE 매트릭스와 제품-시장성장 매트릭스

BCG 매트릭스는 사업부나 제품의 생존여부를 어떻게 시장성장률과 시장점유율만으로 결정할 수 있는가 하는 비판을 받아 왔으며 이러한 문제를 보완하기 위해 개발된 기법이 컨설팅 기업인 맥킨지(McKinsey)가 개발한 GE 매트릭스다.

1 GE 매트릭스

1. GE 매트릭스의 개념

(1) GE 매트릭스의 두 가지 축은 시장매력도와 기업의 경쟁적 위치다.

(2) 시장매력도는 시장성장률, 시장규모, 시장진입의 어려움 정도, 경쟁자의 수와 유형, 기술적 요구사항, 이익률 등의 요인이 포함되며 경쟁적 지위는 시장점유율, 사업부의 크기, 차별적 우위의 강도, 연구개발 능력, 생산 능력, 원가통제, 경영자 전문성 등을 포함한다.

(3) GE 매트릭스는 시장매력도와 경쟁적 위치를 기준으로 3×3 매트릭스로 표현되며 분석의 대상이 되는 사업부는 계산된 점수에 따라 높음, 중간, 낮음 등으로 분류된다.

〈GE 매트릭스 분석〉

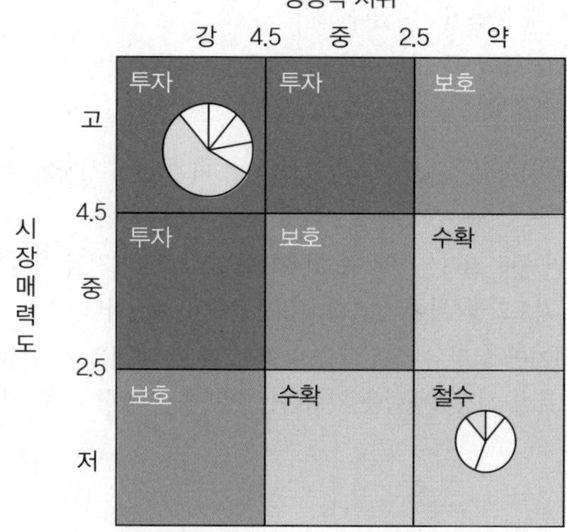

2. GE 매트릭스의 위치별 특성

(1) 투자 전략(invest strategy)

① 시장매력도도 높고 경쟁적 지위도 높은 경우 즉, GE 매트릭스의 왼쪽 상단 세 개의 셀에 해당하는 사업부가 사용할 수 있는 전략이다.

② 높은 전략적 지위를 활용하기 위하여 과감하고 충분한 자금 투자와 공격적인 마케팅 전략을 수행한다.

(2) 선택적 투자 전략(selectivity/earnings strategy)

① 왼쪽 하단에서 오른쪽 상단의 대각선상에 있는 중간 정도의 매력도와 시장 지위를 가진 사업부가 사용하는 전략이다.

② 경영자들은 가능성이 높은 사업에는 지속적 투자를, 가능성이 낮은 사업부에는 투자를 축소하거나 유지하여 현금흐름을 증가시키는 전략을 사용한다.

(3) 수확 전략(harvest strategy)

① 매트릭스의 우측 하단 중간과 우측 중간에 위치해 있는 시장매력도와 경쟁적 지위가 약한 사업부가 사용하는 전략이다.

② 시장 전망이 어둡거나 경쟁력이 약하므로 최소한의 투자만 하고 수익을 극대화하는 것이 좋다.

(4) 철수 전략(divest strategy) : 오른쪽 맨 밑의 사업부를 위한 전략 대안은 거의 없다. 음(-)의 현금흐름을 발생시킬 가능성이 높고 개선가능성도 낮은 경우가 많기 때문이다.

2 제품-시장성장 매트릭스(사업성장 전략의 결정)

시장	제품	
	기존제품	신제품
기존시장	시장침투 전략	제품개발 전략
신시장	시장개발 전략	다각화 전략

앤소프(I. Ansoff)가 제시한 제품-시장성장 매트릭스(product-market growth matrix)에 의하면 기업은 크게 제품과 시장의 두 가지 측면에서 4개의 성장대안을 가질 수 있다.

1. 시장침투(market penetration)

기존시장에 기존제품을 더 많이 판매함으로써 성장을 추구하는 전략으로, 이미 익숙한 시장과 제품이라는 점 때문에 가장 일반적으로 사용되는 방법이다.

2. 시장개발(market development)

새로운 시장에 기존제품을판매함으로써 성장을 추구하는 전략으로, 수출 등의 방법으로 새로운 지역 또는 새로운 세분시장에 진출하는 방법이 있다.

3. 제품개발(product development)

기존시장에 신제품을 개발 · 판매하여 성장을 추구하는 전략으로, 제품라인의 확장, 새로운 기능의 부가, 차세대 신제품 개발 등의 방법을 이용할 수 있다.

4. 다각화(diversification)

새로운 시장에서 신제품을 개발 · 판매하여 성장하려는 전략으로, 제품과 시장 모두 생소하기 때문에 상대적으로 위험이 높은 전략이다.

경영학 일반
조직행위론
인적관리 및 품질경영
마케팅
회계 및 재무관리
부록_실전모의고사

기출문제

BCG 매트릭스와 GE 매트릭스에 관한 설명으로 알맞지 않은 것은?

① GE 매트릭스는 BCG 매트릭스에 다른 요인을 추가하여 설명하고 있다.
② GE 매트릭스에서 투자 전략은 시장매력도도 높고 경쟁적 지위도 높은 경우다.
③ GE 매트릭스는 고, 중, 저의 삼등분으로 구분되어 총 9개 구역으로 표시된다.
④ GE 매트릭스는 시장성장률에 의해서 사업의 우선순위를 결정하는 방법이다.

정답 ④

해설 GE 매트릭스의 두 가지 축은 시장매력도와 기업의 경쟁적 위치다.

테마 14 시장세분화

시장세분화란 전체 시장을 구성하는 잠재고객들을 다양한 욕구에 따라 동질적인 하위시장들로 분류하는 과정을 말하며 이러한 하위시장들을 전체 시장과 구분하기 위하여 세분시장이라고 부른다.

1 시장세분화(marketing segmentation)의 개념

1. 시장세분화의 의미

한 기업이 시장을 일정한 기준에 따라서 몇 개의 동질적인 소비자 집단으로 나누는 것을 말한다. 즉, 마케팅 목표와 기업의 성격에 맞도록 전체시장을 몇 개의 작은 동질적 시장으로 나누는 것을 시장세분화라고 하며 이렇게 나누어진 각각의 시장을 세분시장(market segment)이라 한다.

2. 시장세분화의 이점

(1) 소비자들의 욕구 충족 : 세분시장별로 고객 욕구와 제공되고 있는 제품을 대응시켜 욕구에 맞는 제품을 개발하게 되면 해당 시장을 주도할 수 있고 소비자들의 욕구를 더 정확히 충족시킬 수 있다.

(2) 경쟁 우위를 확보 : 전체시장을 대상으로 한 대량 마케팅보다는 세분시장에 맞는 마케팅 프로그램이 더 효과적이기 때문에 경쟁 우위를 확보할 수 있다.

(3) 변화하는 시장수요에 능동적 대처 : 전체시장보다는 세분시장을 대상으로 할 때 시장의 변화와 요구를 잘 파악할 수 있으며 신속하고 능동적으로 시장 변화에 대응할 수 있다.

2 세분시장의 전제 조건

1. 측정가능성

각각의 세분시장은 크기와 구매력을 측정할 수 있어야 한다.

2. 접근가능성

세분시장은 자사의 선별적인 마케팅 수단(중간상, 광고매체, 회사의 판매원 등)의 접근이 용이하여야 한다.

3. 실질성(충분성)

각각의 세분시장은 이익을 낼 수 있을 만큼 충분히 커야 한다. 적정규모 이상이 되어야 수익을 낼 수 있기 때문에 작은 세분시장에 대한 차별적 마케팅활동은 비효율적이다.

4. 이질성

세분시장 간에 소비자 욕구는 이질적이어야 한다. 모든 소비자들의 욕구가 동질적이라면 시장을 나눌 필요가 없다.

5. 실행가능성

세분시장별로 소비자 욕구를 충족시킬 수 있는 별도의 마케팅 전략이 실행가능해야 한다.

3 소비자시장의 세분화

1. 지리적 세분화

생활 지역이나 기후와 같은 자연환경을 기준으로 세분화하는 것이다. 세분화 작업이 용이하고 적은 비용으로 세분시장에 접근할 수 있다는 장점이 있다.

2. 인구통계적 세분화

나이, 성별, 가족, 수명주기, 소득, 직업 등의 인구통계적 변수를 기준으로 세분화하는 것이다. 수요와 연관되어 있고 상대적으로 측정하기 쉽다는 장점이 있다.

3. 심리분석적 세분화

(1) 의의

① 구매의사결정과 관련된 소비자의 생각, 느낌, 행동과 같은 소비자 심리변수는 중요한 세분화 변수가 된다. 대표적인 심리분석적 세분변수로 라이프 스타일을 들 수 있다.

② 심리분석적 변수는 독립적으로 사용되기보다는 지리적 세분변수나 인구통계적 세분변수를 보완해 주는 보조지표로 이용되는 경우가 많다.

(2) 장점 : 심리분석적 세분화는 고객에 관한 풍부한 정보를 제공해 준다.

(3) 단점

① 변수의 정확한 측정이 힘들다.

② 소비자의 심리는 구매시점 전후의 상황이나 매장의 물리적 환경 등에 의해 수시로 변화한다.

③ 심리적으로 구분된 세분시장을 판별하고 접근하기 어려울 때가 많다.

4. 행위적 세분화

행위적 세분변수는 특정제품에 대한 소비자의 구매행위를 기준으로 시장을 설명하려는 것으로, 소비자들이 제품으로부터 추구하는 효익, 사용량, 구매상황, 상표충성도 등이 있다.

(1) 추구 효익 : 소비자가 특정 제품을 통해 획득하려는 효익과 관련하여 시장을 세분화하는 것이다.

(2) 사용량 : 사용량을 기준으로 소비자를 비사용자, 소량 사용자, 보통 사용자, 다량 사용자 등으로 구분할 수 있다.

(3) 구매 또는 사용상황 : 소비자가 제품구매를 생각하는 시기, 구매하는 시기 혹은 사용하는 시기를 기준으로 시장을 세분화할 수도 있다.

(4) 브랜드충성도 : 상표충성도라고도 하며 소비자가 어떤 특정상표를 일관성 있게 구매하는 정도를 말한다.

4 표적시장의 선정

기업이 만족시키고자 하는 공통된 욕구와 특징을 공유하는 구매자의 집합을 의미한다. 표적시장은 세분화를 통해 도출된 여러 개의 세분시장들 중에서 가장 자사에 적합한 시장이어야 한다.

> 라이프 스타일(life style)은 사람의 살아가는 방식을 의미하는 것으로 AIO로 불리는 활동(Activity), 관심(Interest), 의견(Opinion) 등을 기준으로 측정된다.

> 기업은 세분시장 중 어떤 시장에 마케팅 초점을 맞출 것인지, 몇 개의 세분시장을 선택할 것인지를 결정하여야 하는데, 이러한 일련의 과정을 표적시장의 선정이라고 한다.

기출문제

시장세분화에 대한 설명 중 옳지 않은 것은?

① 효과적인 시장세분화를 위해서는 세분시장의 규모가 측정 가능하여야 한다.

② 시장세분화를 통해 소비자들의 다양한 욕구를 보다 정확하게 파악할 수 있다.

③ 동일한 세분시장 내에 있는 소비자들은 이질성이 극대화되며 세분시장 간에는 동질성이 존재한다.

④ 시장을 욕구가 비슷하거나 동일한 일부를 묶어서 세분화한 것으로 소비자들의 다양한 욕구를 충족시키기에 적합하다.

정답 ③

해설 시장세분화 시 동일한 세분시장 내에 있는 소비자들은 동질성이 극대화되도록 해야 하며 세분시장 간 소비자들은 이질성이 극대화되어야 한다.

테마 15 포지셔닝

시장세분화와 표적시장의 선정이 끝나면 세분시장의 고객들에게 자사의 제품과 서비스 혹은 기업 자체를 경쟁자와 차별적으로 인식시킬 수 있는 방안, 즉 포지셔닝 전략을 세워야 한다.

1 포지셔닝(positioning)의 개념

1. 포지셔닝의 의미

자사의 제품이 경쟁사와 차별화되어 소비자의 마음속에 경쟁적 위치를 차지할 수 있도록 인지시키는 전략을 말한다. 여기서 포지션(position)은 소비자들의 인식 속에 자사나 제품이 경쟁자 혹은 경쟁 제품과 차별화되어 형성하고 있는 상대적 위치다.

2. 포지셔닝 맵(positioning map)

(1) 관찰 불가능한 포지션을 이해하기 위한 마케팅 도구로, 고객의 머릿속에 형성된 기업이나 제품에 대한 포지션을 2차원이나 3차원 그래프로 표시한 것이며 인지도(지각도, perceptual map)라고도 한다.

(2) 자사 제품이 소비자에 어떻게 인식되고 있는지, 경쟁 제품은 무엇이고 몇 개나 있는지, 경쟁 제품과 자사 제품이 관계가 있는지를 알 수 있다.

(3) 가장 중요한 것은 지표(기준 1, 기준 2)의 적절성으로, 지표는 마케터의 인식이 아닌 고객의 인식을 기준으로 선정되어야 한다.

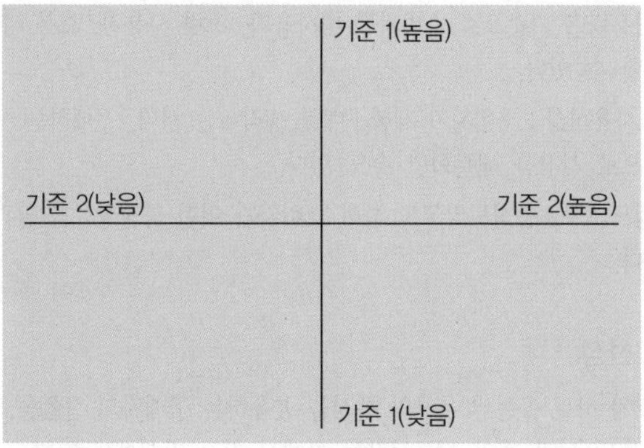

2 포지셔닝 전략 유형

1. 제품 속성에 의한 포지셔닝

(1) 자사제품이 경쟁기업의 제품과 다르게 가지고 있는 기능적, 감각적 편익이나 속성 같은 차별점을 소비자에게 인식시키는 방법이다.

(2) 가장 흔히 사용되는 방법으로 기존 자사제품의 약점에 대한 개선을 인식시키거나 강점을 다시 부각시키기도 하고 경쟁제품에는 없는 속성이나 약점을 부각시켜 포지셔닝한다.

2. 경쟁 제품에 의한 포지셔닝

(1) 자사 제품과 경쟁 제품을 직 · 간접적으로 비교해서 자사 제품의 우위를 소비자들에게 인식시키는 방법이다.

(2) 경쟁 제품에 의한 포지셔닝은 시장선도 기업과 도전 기업 모두에게 적합한 전략으로 알려져 있다.

(3) 시장선도 기업의 이미지를 자사의 포지션과 연관시킴으로써 그 효과를 증대시킬 수 있어 선도 기업을 추격하는 도전 기업들도 이 전략을 많이 사용한다.

3. 제품군에 의한 포지셔닝

소비자들이 특정 제품군에 대해 긍정적으로 평가하고 있는 경우에는 자사의 제품을 그 제품군과 동일하게 포지셔닝하고 소비자들이 특정 제품군을 부정적으로 평가할 경우 그 제품군과 다르게 포지셔닝하는 방법이다.

4. 제품 사용자에 의한 포지셔닝

자사제품이 특정 사용자 계층에 적합하다고 소비자에게 인식시키는 방법이다. 즉, 제품을 사용하는 사용자 특성을 차별적으로 인식시키는 방법이다.

5. 리포지셔닝(repositioning)

(1) 리포지셔닝의 개념

① 소비자들의 욕구나 경쟁포지션이 변화함에 따라 기존 제품의 포지션을 새롭게 전환시키는 활동이다.

② 소비자들이 가지고 있던 인식이 깊이 뿌리박혀 있기 때문에 다소 어렵지만 기존의 제품으로 시장을 확대할 수 있다는 장점이 있다.

(2) 리포지셔닝이 필요한 경우

① 현재의 포지셔닝이 소비자의 트렌드 변화에 의해 경쟁력을 상실했을 경우에 필요하다.

② 해당시장의 규모나 수익성이 낮아 신규시장으로 이동해야 할 경우에 필요하다.

6. 기타 포지셔닝

이미지	제품의 추상적인 면을 소비자에게 강조하는 방법
혜택	제품이 경쟁제품과 다른 혜택을 지녔다는 점을 소비자에게 인식시키는 방법
품질 · 가격	제품이 최고의 품질에 가장 낮은 가격을 가졌음을 소비자에게 인식시키는 방법
사용 상황	제품이 사용될 수 있는 상황을 제시하여 소비자에게 인식시키는 방법

기출문제

다음 중 제품의 구매나 사용이 사회적 관계 속에서 특정 사용자 계층에 적절한 포지셔닝 유형은?

① 제품 속성에 의한 포지셔닝　② 제품군에 의한 포지셔닝
③ 제품 가격에 의한 포지셔닝　④ 제품 사용자에 의한 포지셔닝

정답 ④

해설 제품 사용자에 의한 포지셔닝은 제품이 표적시장 내의 특정 사용자 계층에 적합하다고 소비자에게 인식시키는 유형이다.

테마 16 제품

1 제품의 수준

핵심제품	• 핵심 편익이나 서비스를 가리키는 것 • 구매자가 진정으로 구매하는 것은 무엇인가에 대한 응답
유형(실체)제품	• 보통 사람들이 일반적으로 상품이라고 하며, 구체적으로 드러난 물리적인 속성 차원의 상품 • 특성, 상표, 디자인, 포장, 브랜드네임(Brand Name), 품질, 특징, 스타일링이 포함
확장제품	• 유형제품의 효용 가치를 증가시키는 부가 서비스 차원의 상품 • 유형제품에 보증, 반품, 배달, 설치, A/S, 사용법 교육, 신용, 상담 등의 서비스를 추가하여 상품의 효용 가치를 증대시키는 것

〈제품 구성의 3단계〉

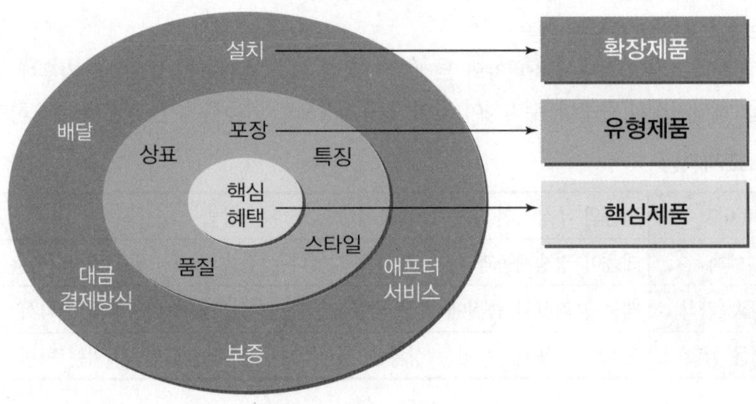

2 제품의 분류

1. 소비재의 분류

(1) 편의품(Convenience Goods)

① 소비자가 자주 구입하며 물건을 고르는 데 특별한 노력을 기울이지 않고 최소한의 대안 비교와 구매노력으로 구매하는 제품이다(일상생활 필수품).

② 편의품은 생필품, 충동제품, 긴급제품으로 나누어지며 긴급제품은 소비자 욕구가 긴급하기 때문에 즉시 구입하는 제품이다. 비 오는 날의 우산, 앰뷸런스, 눈 오는 날의 자동차 스노우 타이어 등이 그 예다.

(2) 선매품(Shopping Goods)

① 많은 점포에서 다양한 제품을 보고 가격, 품질, 스타일, 색상 등을 비교한 후에 구입하게 되는 제품이다(패션의류, 가구, 중고차, 호텔과 항공 서비스).

② 편의품보다 가격이 비싸며 드물게 불규칙적으로 구입하는 제품이다.

③ 소비자들은 여러 판매점의 상품을 비교한 후에 상품을 구입한다.

(3) 전문품(Specialty Goods)

① 유일한 특성을 지니고 있기 때문에 관여도가 매우 높고 소비자가 자신이 찾는 품목에 대해 잘 알고 있으며 구매하기 위해 많은 노력을 기울인다(고급 승용차, 최고급 시계 등).

② 전문품 소비자는 무엇을 원하는가를 잘 알고 있으며 이를 얻기 위하여 시간과 돈을 투자한다.

〈소비재의 분류와 마케팅전략〉

구분	편의품	선매품	전문품
구매빈도	높음.	낮음.	매우 낮음.
구매관여 수준	낮은 관여수준	비교적 높은 관여수준	매우 높은 관여수준
문제해결방식	습관적 구매	복잡한 의사결정에 의한 구매	상표애호도에 의한 구매
마케팅전략	• 저가격 • 광범위한 유통 • 낮은 제품차별성 • 빈번한 판매촉진 • 높은 광고비 지출 • 빈번한 이미지 광고	• 고가격 • 선택적 유통 • 제품차별성 강조 • 제품특징을 강조하는 광고 • 인적판매의 중요성	• 매우 높은 가격 • 독점적(전속적) 유통 • 높은 상표 독특성 • 구매자의 지위를 강조하는 광고 • 인적판매의 중요성

2. 산업재의 분류

산업재는 추가적인 가공을 하기 위해 혹은 사업상의 용도로 구매하는 제품과 서비스이다.

원자재와 부품	제품 제작에 필요한 모든 자연생산물
소모품	업무용 소모품(종이, 연필 등), 수선·유지 소모품(페인트, 나사 등)
자본재	기업의 생산활동에 도움을 주는 설비와 부속장비 등

3. 서비스

(1) 무형의 제공물로서 소유권 이전이 발생하지 않는다.

(2) 무형성, 비분리성, 이질성, 소멸성의 특징이 있다.

기출문제

다음 제품의 수준 중 유형제품에 해당하지 않는 것은?

① 디자인 ② 브랜드

③ 설치 ④ 포장

정답 ③

해설 유형제품은 핵심제품이 형상화된 것이라고 할 수 있으며 이는 품질수준, 특징, 스타일, 상표명, 포장 등의 요소로 이루어져 있다. 그 예로 삼성 갤럭시 스마트폰, 샤넬 립스틱, 제네시스 자동차 등이 있다.

테마 17 신제품의 개발

1 신제품(new product)의 개념

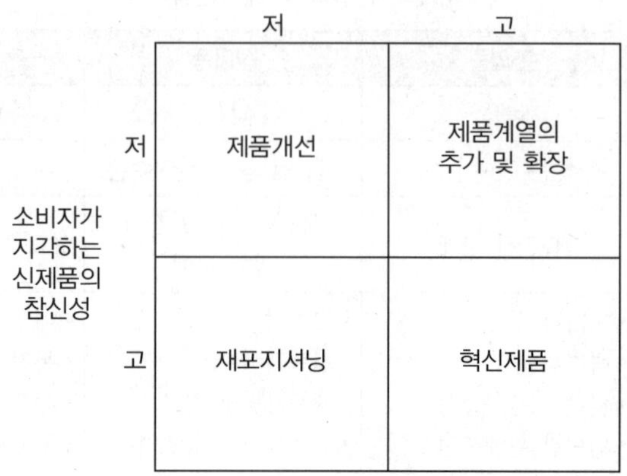

1. 혁신제품

시장에 최초로 나타난 혁신적 신제품으로 기업과 소비자 모두에게 참신성이 높은 제품을 말한다.

2. 대체품(제품개선)

모양, 기능, 편익 등이 기존의 제품과 유사하거나 상당히 다를 수 있는 제품으로 기업과 소비자가 모두 참신성이 낮다고 생각하는 신제품이다.

3. 모방제품(제품계열의 추가 및 확장)

시장에는 널리 알려진 상품이 이미 존재하지만 자사의 입장에서는 타사의 제품을 모방한 새로운 제품이 이에 속한다.

4. 재포지셔닝

기존 상품을 새로운 사용자나 용도에 이용되도록 하는 제품으로 기업에게는 참신성이 낮지만 소비자에게는 참신성이 높은 신제품이다.

2 신제품 개발과정

〈신제품 개발과정〉

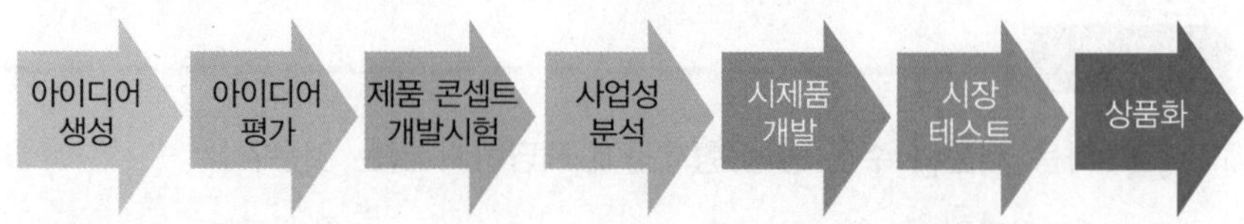

1. 아이디어 생성

(1) 신상품 아이디어의 원천

① 외부적 원천 : 고객에 대한 조사를 통해 아이디어를 개발, 경쟁기업의 상품을 분석하는 과정에서 아이디어를 발견

② 내부적 원천 : 영업사원이나 판매원들을 통해 아이디어를 수집

✔ 신제품이라는 용어는 다양한 의미로 사용되고 있지만 소비자와 기업 관점에서의 새로움의 정도에 따라 기존 제품과 다른 새로운 제품을 말한다. 좁게는 기술 혁신의 결과 지금까지 시장에 존재하지 않았던 혁신 제품을 말하며 넓게는 기능을 개선한 제품, 경쟁사 제품을 모방하여 새로 생산한 제품, 다른 회사로부터 제품 품목이나 제품 계열을 인수하여 새로 생산하는 제품과 같이 기업으로서 처음으로 생산하는 제품을 모두 포함한다.

✔ 신상품 개발의 실패원인

1. 소비자 욕구·기호의 파악과 충족의 실패로 기존 상품과 차별화된 독특한 편익을 소비자에게 제공하지 못하는 경우
2. 잘못된 마케팅으로 부적합한 표적시장과 포지셔닝의 선택
3. 불충분한 마케팅커뮤니케이션·유통 지원으로 광고, 판촉, 유통의 부족한 지원
4. 사내 조직과 관련된 요인들로 부서 간의 의사소통 부족과 이견 조정 실패

✔ 아이디어 창출기법

1. 대표성을 띤 소비자 표본을 선정하여 표적집단면접을 실시
2. 소비자들이 어떻게 상품을 사용하고 그 사용과정에서 어떤 문제점을 경험하는지 분석·관찰

(2) 창조적 집단의 활용 및 개방형 혁신의 도입 : 소수의 인원으로 구성된 창의적 집단을 활용하거나 외부인 활용

2. 아이디어 평가

아이디어의 수를 줄이기 위한 목적으로 좋은 아이디어를 선별하고 수익성 없는 아이디어를 제거하는 것이다.

3. 제품 콘셉트 개발과 시험

제품 아이디어를 선별한 후 기업은 채택된 아이디어들을 제품 콘셉트로 개발하고 표적시장에 해당 제품이 적합한지를 시험해 보아야 한다.

4. 사업성 분석

신상품의 매출액, 비용, 이익 등에 대한 추정치를 토대로 매력도를 평가하여 신제품이 개발되었을 때 수익성이 있는지를 확인하여야 한다.

5. 시제품 개발

제품 아이디어가 실제 사용가능한 제품으로 발전할 수 있음을 보증하기 위해서 제품 컨셉트를 물리적인 형태의 제품으로 개발한다.

6. 시장테스트

시장테스트의 목표는 다양한 가격 수준에서의 판매결과를 예측하는 것이고, 실제 시장 환경에서 제품이 수익성 있게 팔릴 수 있는지에 관한 최종 의사결정을 하는 것이다.

7. 상품화(상업화) – 출시

시험마케팅이 성공적이라는 결론이 나면 신상품 출시시기와 출시지역을 선정하는 것이다.

☑ 시장테스트란 기업에서 새로운 제품을 출시하기에 앞서 제품 패키지와 마케팅 기획을 테스트하는 것을 말한다.

경영학 일반
조직행위론
인적관리 및 품질경영
마케팅
회계 및 재무관리
부록_실전모의고사

기출문제

신제품 개발과정에 관한 다음의 내용 중에서 올바른 것을 모두 고르면?

a. 아이디어 창출단계에서는 많은 수의 아이디어 창출에 중점을 둔다.
b. 사업성분석은 제품콘셉트 테스트 다음에 이루어진다.
c. 제품 콘셉트 개발단계에서 시제품(prototype)을 만든다.
d. 시장테스트(market test)는 제품 출시(시판) 후에 소규모로 실시된다.

① a, b　　② a, d
③ b, c　　④ b, d

정답 ①

해설 c. 제품 콘셉트 개발단계에서 시제품을 만드는 것이 아니라 상품 아이디어를 소비자가 사용하는 단어로 전환하는 것이다.
d. 시장 테스트를 거쳐 제품을 대규모로 출시한다.

테마 18 신제품 수용과 확산

신제품의 수용과 확산과정에 대한 이해는 신제품을 시장에 성공적으로 정착시키는 데 있어서 매우 중요하다.

1 신제품의 수용(adoption)과 확산과정(diffusion process)

1. 신제품의 수용과 확산의 개념

(1) 수용과정은 개인 또는 조직이 신제품을 알게 된 시점에서 최종적으로 그것을 받아들이는 시점에 이르기까지 행하게 되는 심리적인 결정 과정을 말한다.

(2) 확산과정은 신제품이 시간이 지남에 따라 사회에 퍼져 나가는 과정을 말한다.

2. 신제품의 수용과정

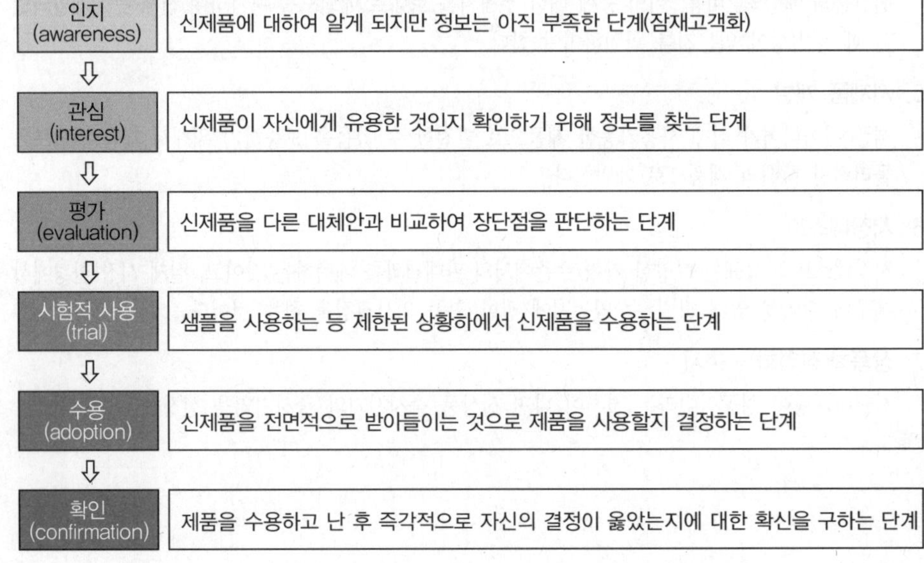

인지 (awareness)
신제품에 대하여 알게 되지만 정보는 아직 부족한 단계(잠재고객화)
관심 (interest)
신제품이 자신에게 유용한 것인지 확인하기 위해 정보를 찾는 단계
평가 (evaluation)
신제품을 다른 대체안과 비교하여 장단점을 판단하는 단계
시험적 사용 (trial)
샘플을 사용하는 등 제한된 상황하에서 신제품을 수용하는 단계
수용 (adoption)
신제품을 전면적으로 받아들이는 것으로 제품을 사용할지 결정하는 단계
확인 (confirmation)
제품을 수용하고 난 후 즉각적으로 자신의 결정이 옳았는지에 대한 확신을 구하는 단계

2 수용자의 유형

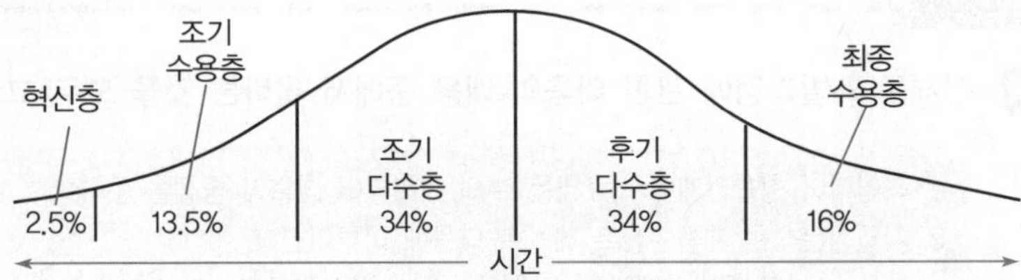

1. 혁신층(innovators)

(1) 비교적 젊고 사회적 지위가 높으며 부유한 계층의 소비자들이 많다.

(2) 지역적으로는 한 지역 내에서의 제한적 관계보다 지역 외의 다양한 집단과 폭넓은 관계를 유지하고 있는 소비자다.

(3) 정보의 획득에 민감하므로 판매원과 같은 인적 정보에 의지하기보다는 광고와 같은 비인적 정보원을 선호하는 경향이 있다.

2. 조기수용층(early adopters)

(1) 지역 내에서 사회적으로 긴밀한 관계를 유지하고 있는 계층으로서 사회에서 존경받고 있다.

(2) 의견선도자의 역할을 하고 있으며 판매원에 의존하는 바가 크다.

3. 조기다수층(early majority)

(1) 매우 신중한 소비자로 사회적 또는 경제적으로 평균을 약간 상회하는 수준을 유지하고 있으며, 의견선도자는 아니지만 지역사회의 적극적인 성원으로 활약한다.

(2) 조기수용층의 소비 형태를 모방함으로써 평균보다 앞서 신제품을 구매한다.

4. 후기다수층(late majority)

(1) 신제품에 대하여 항상 소극적인 자세를 취하는 의심이 많은 소비자로, 신제품에 대하여 회의적인 시각을 가지고 있어서 많은 사람들이 제품을 사용하고 난 뒤 구입한다.

(2) 제품을 구입할 때 경제적인 동기가 가장 큰 영향을 미치며 주위 동료들의 분위기에 마지못해 구매하는 경우가 많다.

(3) 광고나 판매원보다 구전이 효과적이며 가격인하, 쿠폰 등과 같은 판매촉진이 바람직하다.

5. 최종수용층(laggards)

(1) 신제품을 제일 마지막으로 수용하는 계층으로, 신제품에 대하여 매우 회의적이며 보수적인 구매성향을 보인다.

(2) 최종수용층에 속하는 소비자들이 신제품을 수용하고 나면 이 제품은 이미 신제품으로서의 의미가 없으며 혁신층은 또 다시 새로운 개념의 제품을 수용하려고 한다.

(3) 전형적으로 나이가 많고 사회적, 경제적으로 하위계층에 속하는 사람이 많다.

6. 비수용자(non-adopters)

신제품을 결코 수용하지 않는 비수용자도 상당수 있다.

경영학 일반
조직행위론
인적관리 및 품질경영
마케팅
회계 및 재무관리
부록_실전모의고사

기출문제

다음 설명 중 혁신층(innovators) 소비자에 관한 것이 아닌 것은?

① 혁신층의 속성은 비교적 젊고, 사회적 지위가 높다.

② 지역적으로는 지역 외의 다양한 집단과 폭넓은 관계를 유지하고 있는 소비자다.

③ 혁신층은 인적 정보에 의지하기보다는 광고와 같은 비인적 정보원을 선호하는 경향이 있다.

④ 광고나 판매원보다 구전이 효과적이며 가격인하, 쿠폰 등과 같은 판매촉진이 바람직하다.

정답 ④

해설 후기다수층(late majority)에 관한 설명으로 신제품에 대하여 항상 소극적인 자세를 취하는 의심이 많은 소비자로 주위 동료들의 분위기에 마지못해 구매하는 경우가 많다.

테마 19 제품 수명주기

☑ 제품 수명주기
효과적인 마케팅 전략을 세우려면 PLC의 각 단계들을 이해하고 시장과 자사의 제품이 PLC상에서 어느 위치에 있는지, 앞으로의 방향은 어떻게 될 것인지를 가늠해 볼 수 있어야 한다. PLC는 '도입-성장-성숙-쇠퇴'의 단계를 거치게 되며 단계마다 다른 전략을 적용해야 한다.

1 제품 수명주기(PLC ; Product Life Cycle)의 개념

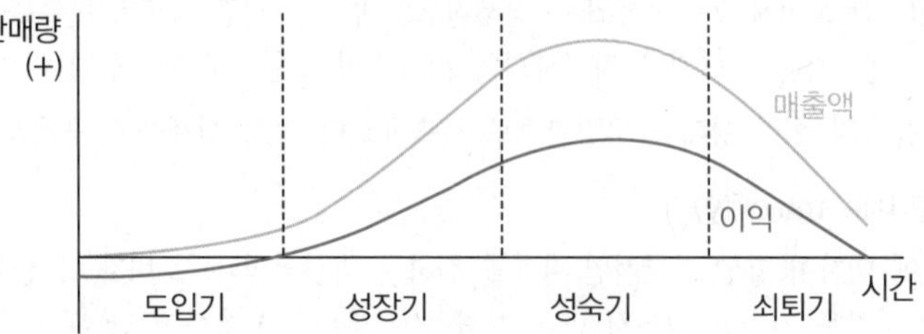

1. 제품 수명주기의 의의

하나의 제품이 시장에 도입되어 폐기되기까지의 과정으로, 수명의 길고 짧음은 제품의 성격에 따라 다르지만 대체로 도입기-성장기-성숙기-쇠퇴기의 단계로 진행된다.

2. 제품 수명주기의 특징

(1) 신제품 개발이나 기존 제품의 개량 등에 관한 적절한 시기와 방향을 제시해 준다.

(2) 기술혁신의 진전에 따라 더 좋은 제품이 나오기 때문에 제품 수명주기가 짧아진다.

(3) 기업은 성장을 위해서 언제나 성장기에 있을 만한 제품을 라인에 끼워 두고 신제품 개발이나 경영의 다각화를 시도하여야 한다.

2 제품 수명주기별 특징

1. 도입기

(1) 제품 도입의 초기에는 상품개발을 위한 투자비와 홍보비용이 많이 소요되므로 매출액이 매우 적으며 매출액 증가속도가 느리다.

(2) 도입기는 판매량이 낮으며 원가가 높아 이익이 거의 발생하지 않고 오히려 손실을 보는 경우가 많다.

(3) 도입기의 고객은 대부분 혁신층이며 경쟁자는 소수다.

(4) 마케팅 전략의 목표는 시장의 주도권을 확보하는 것이므로 4P 전략 중 촉진 전략과 가격 전략이 중요하다.

2. 성장기

(1) 수요량이 급증하고 이익이 많아지는 단계로 품질개선을 통해 새로운 시장을 탐색하는 등 시장에서의 우위를 유지하기 위한 마케팅 전략이 필요하다.

(2) 매출액과 이익이 급격하게 상승하고 경쟁자 수도 점차 증가하기 때문에 제품차별화정책이 필요하므로 제품 확대, 서비스 보증 제공 등을 해야 한다.

3. 성숙기

(1) 경쟁이 심화되고 수요는 포화상태에 이르기 때문에 매출량은 가장 많지만 경쟁이 가장 치열하여 매출액이 서서히 감소하는 단계다.

(2) 신제품의 개발전략이 요구되고 기존고객의 유지가 중요하며 수요를 유지하기 위해서 리마케팅이 필요하다.

4. 쇠퇴기

(1) 판매와 이익이 급속하게 감소하는 단계로 제품의 생산축소와 폐기를 고려해야 한다.

(2) 새로운 대체품의 등장과 소비자의 욕구와 기호의 변화로 인해서 시장수요가 감소하는 단계다.

〈제품 수명주기별 특징과 마케팅 전략〉

구분		도입기	성장기	성숙기	쇠퇴기
특징	매출액	낮음.	급속한 성장	매출액 최대	감소
	이익	적자	급속증대	최대 후 감소	감소
	경쟁자	거의 없음.	점차 증대	최대 후 점차 감소	감소
	고객	혁신층	조기수용층 조기다수층	조기다수층 후기다수층	최종수용층
마케팅전략	마케팅 목표	제품인지와 사용증대, 시장개발	시장점유율 극대화	이익 최대화와 시장점유율 방어	비용절감과 수확 또는 철수
	제품	기본제품 제공 및 제품 결함 파악	제품계열 연장, 품질 보증 및 서비스의 확대	제품의 개량 및 모델의 다양화	취약제품의 폐기
	가격	고가격 또는 원가가산 가격	시장침투가격	경쟁사 대응 가격	가격인하
	유통	선택적 유통	개방적 유통	개방적 유통	선택적 유통
	광고	정보전달적 광고	설득적 광고	차별적 광고	최소한의 광고
	판매 촉진	사용 유도형 판촉활동	수요확대에 따른 판촉활동의 감소	상표전환·방어를 위한 판촉활동 강화	최저 수준의 판촉활동

경영학 일반 / 조직행위론 / 인적관리 및 품질경영 / 마케팅 / 회계 및 재무관리 / 부록_실전모의고사

기출문제

다음 중 제품수명주기상 성장기의 특징에 해당하지 않는 것은?

① 마케팅 목표는 시장점유율극대화 전략을 사용한다.
② 가격전략으로는 시장침투가격 전략을 사용한다.
③ 시장세분화가 극대화된다.
④ 주요 고객층은 조기수용층이다.

정답 ③

해설 시장세분화가 극대화되는 것은 성장기가 아니라 성숙기다. 성숙기는 제품수명주기에서 시장이 포화상태에 있고 신규고객의 수가 감소하여 경쟁이 가장 치열한 단계다.

테마 20 브랜드

> 미국마케팅협회(AMA)는 브랜드를 '판매업자가 자신의 제품이나 서비스를 식별시키고 경쟁업자의 제품이나 서비스와 차별화할 목적으로 사용하는 이름, 용어, 기호, 상징, 디자인 혹은 이들 모두의 결합체'라고 정의한다.

1 브랜드(brand)의 개념

1. 브랜드의 정의

제품이나 서비스를 소비자에게 식별시키고 경쟁자들과 차별화하기 위해 사용되는 독특한 이름과 로고, 디자인 등 상징물의 결합체다. 브랜드는 유사제품을 판매하는 경쟁사들로부터 소비자와 생산자를 보호하고, 기업 간의 기술격차가 없어지면서 브랜드만이 경쟁사들과 차별화할 수 있는 도구가 된다.

2. 브랜드 구성요소 선택의 평가기준

(1) 기억용이성 : 구매 · 소비상황에서 쉽게 눈에 띄거나 회상될 수 있는 브랜드명, 심벌, 로고

(2) 유의미성 : 브랜드요소의 제품군, 브랜드 속성, 편익 전달 가능성

(3) 전이성 : 브랜드요소의 지리적 범위 확대 가능성과 다른 제품으로의 확장 가능성

(4) 적응가능성 : 시장환경 변화에 대한 적응 가능성

(5) 보호가능성 : 법적 보호 가능성

> 브랜드와 상표
> 1. 브랜드와 상표의 가장 큰 차이는 사용 용도다. 브랜드가 마케팅 용어라면 상표는 법률 용어라고 할 수 있다.
> 2. 브랜드(brand)는 판매자가 자신의 상품을 다른 상품과 구별하기 위하여 붙인 이름, 문자, 기호, 도형 또는 이들의 결합을 가리키지만 상표(trademart)는 브랜드 사용에 대한 독점 배타권이 부여되고 민 · 형사상 보호를 받을 수 있게 특허청에 등록된 것이다.

3. 일반 상품과 브랜드 제품

(1) 일반 상품이란 속명(generic name)으로 불리는 일반 기능 표시의 상품과 브랜드 네임이 있더라도 브랜드 이미지가 형성되지 못한 상품을 일컫는다. 일반 상품은 경쟁 상품과 차별화가 거의 불가능하지만 브랜드 제품은 브랜드로 차별화가 쉬워진다.

(2) 브랜드 제품은 경쟁 브랜드와 차별성이 있고 그 브랜드만이 갖고 있는 특별한 이미지가 형성되어 있는 제품으로 마케팅 기능과 효과뿐만 아니라 가격과 이익도 큰 차이가 있다.

일반 상품명	브랜드명
맥주	하이트
자동차	GENESIS

4. 브랜드의 역할

소비자	기업
• 제품 출처 확인 • 제품 생산자에 대한 책임 부여 • 제품 선택의 위험이 감소 • 탐색비용이 절감 • 제품 생산자와의 약속, 보증, 계약 • 상징적 도구 • 품질표시	• 제품 취급이나 관리를 간편하게 하는 확인 수단 • 제품 고유의 특징을 법적으로 보호하는 수단 • 소비자를 만족시키는 품질 수준 표지 • 제품에 독특한 연상을 부여하는 수단 • 경쟁우위의 원천 • 재무적 이익의 원천

2 브랜드 계층구조에 의한 분류

한 기업이 판매하는 여러 제품들에 적용되는 브랜드명 유형들 간의 서열을 보여 주는 것이다.

1. 기업 브랜드 : 기업명이 브랜드 역할을 하는 것으로 기업의 모든 활동, 기업의 비전, 기업의 책임, 기업의 정체성을 기업의 이름으로 커뮤니케이션하는 브랜드다.
2. 패밀리 브랜드 : 기업 브랜드의 하위 브랜드로 제품카테고리를 대표하여 여러 가지 상품에 부착되는 브랜드다.
3. 개별 브랜드
   (1) 한 가지 상품에 부착되는 브랜드로 모든 제품마다 각각의 고유브랜드를 붙이는 경우를 말한다.
   (2) 장점 : 소비자들에게 브랜드마다 각각의 신선한 이미지와 소비자 효익을 직접 전달한다.
   (3) 단점 : 제품 개발 때마다 개별 브랜드를 개발하고 마케팅을 하는 등 많은 비용이 발생한다.
4. 브랜드 수식어 : 구형 모델과 구분하기 위하여 붙이는 숫자나 수식어를 말한다.

기출문제

브랜드에 관한 다음 설명 중 적합하지 않은 것은?

① 소비자가 상품을 게쉬탈트(gestalt), 즉 전체적으로 떠오르는 이미지로 인식하는 데 도움을 준다.
② 자산(equity)으로서 가치를 가질 수 있다.
③ 소비자의 충성도(loyalty)를 높이는 중요한 요소다.
④ 소비자가 구매의 대상이 되는 상품들을 평가하는 사고비용(thinking cost)을 증가시킨다.

정답 ④

해설 소비자의 마음 속에 브랜드 이미지가 자리잡게 되면 소비자가 구매의 대상이 되는 상품들을 평가하는 사고비용(thinking cost)이 줄어든다.

테마 21 브랜드 종류

현대적인 의미에서의 브랜드는 어떤 조직이나 개인이 자신의 제품이나 서비스에 정체성을 부여하고 경쟁사들과 차별화시키기 위해 사용하는 다양한 구성 요소들(identity)을 통해 소비자들에게 믿음을 주는 상징적 의미 체계이며, 소비자와 함께 공유하는 문화이고 소비자와 어떠한 관계를 만들어 주는 것이다.

1 제조업자 브랜드(NB ; National Brand)

1. 제조업자가 브랜드를 개발 · 소유 · 관리하여 브랜드 가치를 키우는 브랜드다.
2. 재무상태가 좋고 관리가 잘 되고 있는 우량기업들이 주로 사용한다.
3. 전국을 대상으로 대량생산과 대중매체를 이용한 대량광고를 하므로 상품의 지명도와 신뢰도가 매우 높은 편이다.
4. 제조업체가 유통 및 촉진, 가격 결정에 많은 관여를 할 가능성이 크다.

2 유통업자 브랜드(PB ; Private Brand, PL ; Private Label)

1. 유통업자가 자체적으로 기획한 브랜드로서 도 · 소매점이 스스로 위험을 가지면서 기획한 제품에 부착하는 브랜드다.

2. **PB 상품의 이점**
   (1) 중간 마진폭이 제거되고 점포의 이미지로 판매하는 경향이 크므로 별도의 촉진비용이 들지 않는다. 따라서 동일한 품질의 제조업자 브랜드 부착제품에 비해 높은 이익을 확보할 수 있고 소비자는 보다 저렴한 가격으로 제품을 구입할 수 있다.
   (2) 점포 내에서 PB 상품을 가장 좋은 위치에 진열할 수 있어 이익이 많은 PB 상품을 더욱 많이 판매할 수 있다.
   (3) NB와 유사한 품질의 상품을 보다 낮은 가격으로 팔 수 있기 때문에 점포의 이미지를 상승시킬 수 있다.

3. **PB 상품의 한계**
   (1) NB에 비해 인지도가 낮기 때문에 제조업자 브랜드의 가격 할인행사가 이루어지면 매출액이 떨어진다.
   (2) PB로 개발할 수 있는 제품은 주로 저관여 제품 중심이다.

3 무 브랜드(Generic Brand)

1. 무 브랜드는 포장에 단순히 제품의 카테고리만을 표시하고 가능한 기업명이나 확인 가능한 용어를 표시하지 않는다(예 화장지, 김).
2. 대개 NB와 PB에 비해 매우 낮은 가격으로 판매되어 가격에 민감한 소비자들이 주로 구매한다.
3. 제조업자는 품질의 최저기준을 정하고 안심하고 사용할 수 있는 신뢰도 높은 상품을 NB나 PB보다 저가로 제공한다는 콘셉트로 상품기획을 하여야 한다.

4 PNB(Private National Brand)

1. PNB는 NB와 PB의 중간 형태로 제조업체가 특정 유통업체의 특성에 맞게 생산하고 이를 특정 유통업체에만 독점 판매하는 방식이다.
2. 브랜드에 대한 소유권이 제조업체에게 있다는 점에서는 NB와 유사한 반면 해당 유통업체에서만 구매할 수 있다는 점은 PB와 비슷하다.

5 SPA(Specialty store retailer of Private label Apparel) 브랜드

1. SPA 브랜드의 의의

(1) 한 업체가 기획과 생산, 유통을 수직적으로 통합하고 과정 전부를 총괄함으로써 효율성을 높이는 방식으로 운영하는 브랜드 업체를 말한다.

(2) 1～2주 만에 트렌드(유행)에 맞게 저렴한 가격을 앞세워 빠른 상품회전율을 추구하는 의류라는 의미에서 패스트 패션(fast fashion)이라고도 부른다.

2. SPA 브랜드의 특징

제조사가 정책 결정의 주체가 되어 대량생산 방식을 통해 효율성을 추구하여 제조원가를 낮추고, 유통단계를 축소시켜 저렴한 가격에 빠른 상품회전을 하는 것을 특징으로 한다.

3. SPA 브랜드의 장단점

구분	내용
장점	• 유통 · 판매 비용절감으로 제품을 저렴한 가격에 공급 가능 • 짧은 생산주기로 인하여 최신 트렌드를 즉각 반영 • 다품종 소량생산이므로 구입한 의류가 희소성을 가질 수도 있음.
단점	최신 트렌드에 초점을 맞추어 한 시즌도 못 입고 버려지는 경우도 생김.

기출문제

다음에서 설명하는 브랜드의 종류는?

기획 · 디자인, 생산 · 제조, 유통 · 판매의 전 과정을 운영하는 의류 전문 소매업을 의미한다. 이것은 대량생산 방식을 통해 제조원가를 낮추고 대형 직영 매장을 운영해 싼 가격에 상품을 공급한다. 또한 계절별로 신상품을 내놓는 일반 의류업체와 달리 최신 트렌드를 반영한 신상품을 1～2주 단위로 출시한다. 빠른 회전율이 주요 전략이기 때문에 이들을 패스트 패션이라 부르기도 한다.

① 공동브랜드 ② SPA 브랜드
③ 유통업자 브랜드 ④ 내셔널 브랜드

정답 ②

해설 SPA 브랜드 : 자사의 기획브랜드 상품을 직접 제조하여 유통까지 하는 브랜드로 대량생산 방식을 통해 효율성을 추구하여 제조원가를 낮추고, 유통 단계를 축소시켜 저렴한 가격에 빠른 상품 회전을 하는 것이 특징이다.

오답풀이

① 공동브랜드 : 여러 기업들이 공동으로 개발하여 사용하는 단일 브랜드다.
③ 유통업자 브랜드 : 유통업자가 자체적으로 기획한 브랜드다.
④ 내셔널 브랜드 : 전국적인 시장수용성을 가지는 제조업자의 브랜드다.

테마 22 브랜드 개발

기업은 브랜드 개발과 관련하여 제품에 어떤 브랜드를 사용할 것인가에 대해 4가지 대안, 즉 라인확장, 카테고리확장, 복수브랜드, 새로운 브랜드를 고려할 수 있다.

〈4가지 브랜드 개발 전략〉

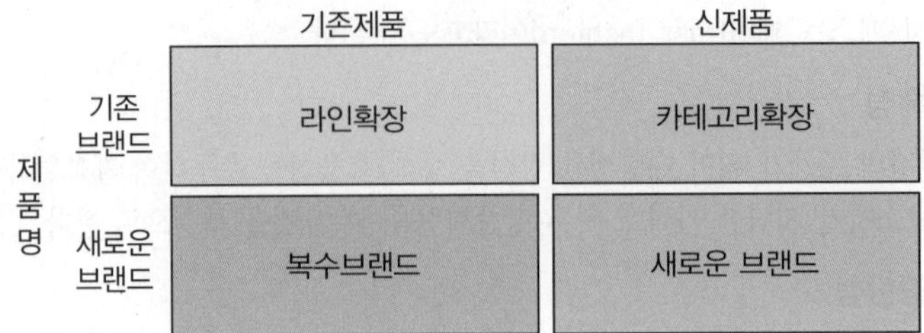

1 라인확장(Line Extensions)

1. 기존의 제품 카테고리 내에서 형태, 성분, 포장 크기 등을 변경한 변형제품에 동일한 브랜드를 부여하는 전략을 말한다.
2. 기존 세분시장에 새로운 패키지를 등장시킴으로써 기존고객들의 사용량을 증가시키기 위한 목적으로 이루어진다.
3. 후발 브랜드의 공격을 방어하기 위한 방법으로도 활용된다.
4. 브랜드의 재활성화를 목적으로 활용되기도 한다. 노후화된 브랜드의 이미지를 개선하기 위해 새로운 제품 라인으로 브랜드를 재활성화시키는 것이다.

〈라인확장의 장점과 위험〉

구분	내용
장점	• 낮은 비용으로 매출 및 수익성 증대 효과 • 브랜드에 대한 태도가 긍정적으로 바뀔 수 있음(긍정적인 반향효과).
위험	• 신상품의 특성을 잘 나타내지 못할 가능성 • 부정적인 반향효과가 발생할 가능성 • 하향확장의 경우 희석효과와 자기잠식의 위험 • 상향확장의 경우 프리미엄 이미지 구축에 실패할 가능성

2 카테고리확장(Category Extension)

1. 서로 다른 제품군 간에 기존의 브랜드명을 동일하게 사용하는 것을 의미한다.
2. 기존 브랜드의 차별적인 스타일, 성분 또는 구성요소를 도입하여 새로운 범주로 확장하는 경우, 기본 브랜드명을 보완제품에 사용하는 경우, 동일 고객 프랜차이즈와 관련된 제품으로 확장하는 경우, 기존 제품의 핵심역량을 이용하여 확장하는 경우 등 다양한 방법이 존재한다.

〈카테고리 확장의 장점과 위험〉

구분	내용
장점	• 낮은 비용으로 성공 가능성 높아짐. • 긍정적인 반향효과 기대
위험	• 두 상품 범주 간에 유사성이 낮은 경우 실패할 위험 • 기존 브랜드가 어떤 상품 범주와 밀접하게 연결되어 있는 경우 실패할 위험 • 부정적인 반향효과가 발생할 가능성

3 복수브랜드(Multibrand)

기존의 제품 카테고리에 여러 개의 브랜드를 운영하는 전략으로 마케팅 자원을 분산시키고 자사 제품들끼리 경쟁을 하는 상황이 발생할 수 있다.

장점	• 각 세분시장에 맞는 상표의 개발을 통해 더 많은 고객의 흡수 • 소매점에서 진열공간의 확보 수단 • 상표전환고객으로 하여금 자사제품의 다른 상표를 구매하도록 유도 • 상표관리자 상호간에 매출액 증대를 위한 경쟁 유발
위험	• 자기시장 잠식현상의 유발 가능성 • 마케팅자원의 분산

4 새로운 브랜드(New Brand)

새로운 제품 카테고리에 새로운 브랜드를 도입하는 전략이다.

기출문제

아기 기저귀를 판매하는 A사가 A라는 자사 브랜드로 전국 대도시에 10여 개의 A 어린이집을 운영하고자 한다. 이때 사용한 브랜드 전략은?

① 공동브랜드(Co-Brand)
② 라인확장(Line Extension)
③ 리포지셔닝(Repositioning)
④ 카테고리확장(Category Extention)

정답 ④

해설 카테고리확장(Category Extention) : 현재의 브랜드명을 새로운 제품범주의 신제품으로 확장하는 것이다.

오답풀이

① 공동브랜드(Co-Brand) : 한 제품에 두 가지 이상의 유명브랜드를 함께 사용하는 것이다.
② 라인확장(Line Extension) : 제품범주 내에서 새로운 형태, 사이즈, 색깔 등의 신제품에 기존 브랜드명을 함께 사용하는 것이다.
③ 리포지셔닝(Repositioning) : 기존 제품이 그동안 가지고 있던 시장 내 위치나 소비자 의식 속에 인지되고 있는 상태를 변경시키는 것이다.

테마 23 브랜드 자산

✅ 브랜드 자산은 '브랜드명이나 브랜드마크와 연결되어 기업 및 기업의 고객을 위한 제품이나 서비스에 부가된 브랜드 자산과 부채의 총합'으로 정의할 수 있다.

✅ 브랜드 자산의 원천

1. 브랜드 자산은 브랜드 인지도와 브랜드 이미지로 구성되어 있다. 브랜드 이미지가 형성되기 위해서는 먼저 브랜드를 인지시켜야 한다.
2. 브랜드 인지도는 브랜드 자산의 충분조건이지 필요조건은 아니다.
3. 브랜드 이미지는 유리하고 독특하고 강력해야 한다.

1 브랜드 자산(Brand Equity)의 구성

1. 브랜드 인지도

소비자가 특정한 제품 카테고리에 속한 특정 브랜드를 인지할 수 있는 정도를 말한다.

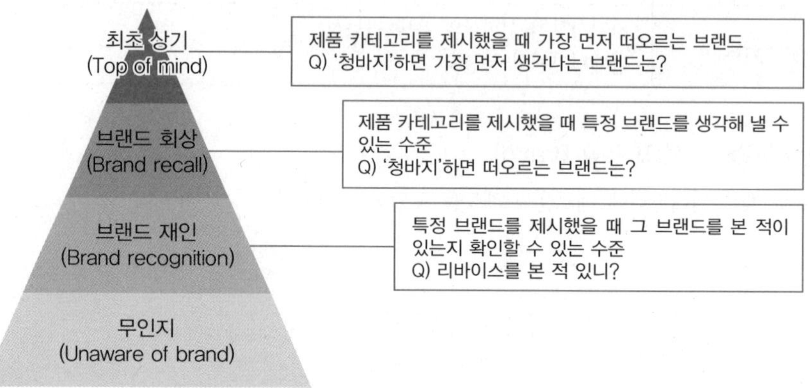

(1) 브랜드 재인 : 다양한 제품 브랜드들이 제시된 상태에서 소비자가 특정 브랜드를 알고 있는지를 통해 측정

(2) 브랜드 회상 : 특정 카테고리의 다양한 브랜드를 보지 않고도 특정 제품의 브랜드를 인지할 수 있는 단계의 인지도

(3) 최초상기 : 특정한 제품 카테고리의 다양한 브랜드 중 제일 먼저 독보적으로 떠오르는 특정 브랜드

2. 브랜드 연상 및 이미지

브랜드 연상이란 감정, 이미지, 생각 등 브랜드와 관련하여 떠오르는 모든 것을 말하고 브랜드 이미지란 이러한 연상들이 조직적으로 결합되어 소비자가 브랜드에 대해 가지는 전체적인 인상을 말한다.

2 브랜드 자산의 효과

1. 고객 측면

강력한 브랜드 자산은 우수한 품질을 보증할 뿐만 아니라 사회적 자기표현의 수단이 됨으로써 고객의 구매를 유도한다.

2. 기업 측면

(1) 브랜드 가치사슬(Brand Value Chain)에 따르면 기업의 마케팅 프로그램은 브랜드에 대한 고객의 우호적인 태도를 형성하고, 이는 기업성과로 연결되어 시장에서의 기업가치를 극대화하는 구조를 형성한다.

(2) 강력한 브랜드 자산은 기업의 마케팅활동에 대한 고객의 수용성을 높이고 브랜드 충성도가 높은 고객의 확보에 기여하며, 가격 프리미엄을 통한 수익증대 및 진입장벽 구축을 통한 점유율 확대로 이어져 기업가치를 증대시킨다.

3. 브랜드 자산이 기업가치에 미치는 영향

(1) 탁월한 재무성과를 기반으로 브랜드 자산이 높은 기업들의 주식수익률은 시장평균을 압도하는 성과를 보인다.

(2) 강력한 브랜드 자산은 기업가치를 높이는 것뿐 아니라, 기업가치의 변동성(위험)을 낮추는 것에도 기여한다.

3 브랜드 자산 측정 모델

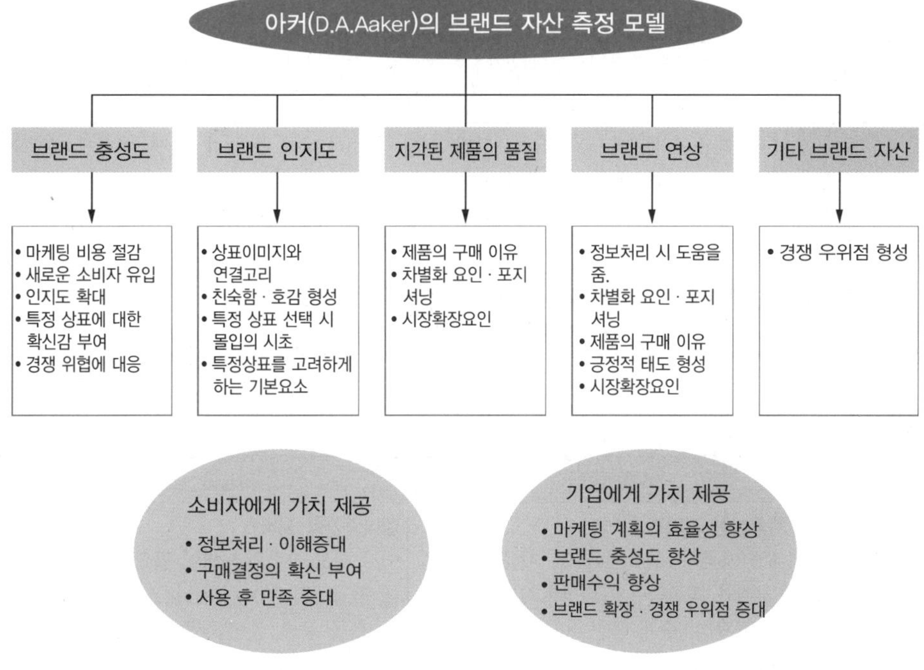

자산규모가 비슷할 때 재무성과는 브랜드 자산이 높은 기업이 브랜드 자산이 낮은 기업보다 우수하다. 이는 강력한 브랜드 자산이 고객충성도를 높이고 가격 프리미엄 등 높은 수익의 실현에 기여했기 때문이다.

브랜드 자산가치 측정 방법

1. 마케팅적 접근 : 비교를 통한 측정, 컨조인트 분석에 의한 측정, 초과가치 분석을 통한 측정
2. 재무적 접근 : 취득원가에 기초한 측정, 매출액 배수를 이용한 측정, 무형자산의 가치추정을 통한 측정
3. 통합적 접근 : Interbrand의 측정(브랜드 강도에 브랜드 이익을 곱하여 측정)

기출문제

다음 중 브랜드 자산(Brand Equity)에 대한 설명으로 알맞지 않은 것은?

① 높은 브랜드 인지도는 브랜드 자산의 필요조건이자 충분조건이다.

② 기존 브랜드와 다른 상품범주에 속하는 신상품에 기존 브랜드를 붙이는 것을 브랜드 확장이라고 한다.

③ 라인확장된 신상품이 기존 브랜드의 이미지 또는 브랜드 자산을 약화시키는 것을 희석효과라 한다.

④ 독특하거나 강한 브랜드 이미지가 있어야 브랜드 자산이 형성된다.

정답 ①

해설 브랜드 자산이 되기 위해서 높은 인지도가 있어야 하나 높은 인지도가 있다고 브랜드가 모두 자산으로 되지는 않기 때문에 높은 인지도가 충분조건이지 필요조건은 아니다.

> 미국마케팅학회(AMA)에 따르면 서비스란 판매목적으로 제공되거나 또는 상품판매와 연계되어 제공되는 모든 활동, 효익 및 만족이라고 한다.

테마 24 서비스

1 서비스의 특징

무형성	• 실체가 없기 때문에 보거나 만질 수 없으며 쉽게 전시되거나 전달할 수도 없음. • 견본이 없으므로 경험 전까지는 그 내용과 질을 판단하는 것이 매우 어려워서 사용자의 능력과 신뢰감이 중요한 요인이 됨.
비분리성 (생산과 소비의 동시성)	• 대부분 생산과 동시에 소비되는 특징을 가지고 있기 때문에 수요와 공급을 맞추기가 어려우며 서비스는 반품할 수 없음. • 유형제품은 일반적으로 대량생산이 가능한 반면 서비스는 대량생산이 어려우며 고객 접촉 요원의 선발 및 훈련이 중요함.
이질성	• 서비스를 제공하는 사람이나 고객, 시간, 장소에 따라 즉 누가, 언제, 어떻게 제공하느냐에 따라 내용과 질에 차이가 발생함. • 개인적 선호경향을 기초로 기대감이 형성되며 개별적인 감성 차이 때문에 서비스의 품질에 대한 평가가 다름.
소멸성	판매되지 않은 서비스는 사라지므로 서비스는 일시적으로 제공되는 편익으로서 생산되고 그 성과를 저장하거나 다시 판매할 수 없음.

2 서비스 유형

구분	사람 중심	제공물 중심
유형성	**신체중심형 서비스 :** 서비스 자체가 주로 서비스를 제공받는 사람의 신체와 직접적인 관련성이 있는 서비스 예 건강관리, 승객 운송, 미용, 식당 등	**설비중심형 서비스 :** 어느 정도 사람의 노력이 필요하지만 서비스를 제공하기 위한 설비가 요구되는 것 예 화물 운송, 수리, 세탁 서비스 등
무형성	**심리중심형 서비스 :** 서비스를 제공받는 사람의 정신 또는 감정적 변화를 유발시킬 수 있는 서비스 예 방송, 공연, 음악회, 교육 등	**정보중심형 서비스 :** 서비스의 정보적 가치를 중요시하며 초기를 제외하고는 서비스 제공자와 서비스 수용자 간의 직접적인 접촉이 필요하지 않는 서비스 예 법률자문, 정보처리, 자산관리 등

3 서비스 마케팅 믹스

서비스를 판매하기 위해서는 전통적인 마케팅믹스 변수인 4P's에 3가지 변수를 추가하여 마케팅전략을 수립하는 것이 일반적이다. 이에 서비스 마케팅믹스 변수는 7P's로 구성되며 3가지 추가적인 믹스변수로는 사람, 물적증거, 전달과정이 포함된다.

4 서비스 품질 결정요소

1988년 PZB(Parasuraman, Zeithaml, Berry)에 의해 개발되었으며 표적집단인터뷰를 통해 고객이 서비스 품질을 평가하는 기준을 제시한다.

1. **유형성**

서비스기업의 외부환경, 종업원의 외양 등 다양한 요소로 구성되며 시설과 장비, 종업원과 커뮤니케이션의 2가지 차원으로 설명된다.

2. **신뢰성**

서비스 제공자가 약속한 서비스를 시종일관 정확하게 수행하는 능력을 의미한다.

3. **응대성**

서비스를 즉각적으로 제공하겠다는 서비스기업의 의지와 준비성을 뜻한다.

4. **확신성**

기업의 능력, 소비자에게 베푸는 예절, 운영상의 안전성 등을 뜻한다.

능력	서비스를 수행함에 있어서 드러나는 기업의 지식과 기술을 의미한다.
예절	정중함, 친근함, 소비자의 소유물품에 대한 배려를 의미한다.
안전성	금전적인 위험이 없고 사생활이 보호되는 것에 대한 확신을 의미한다.

5. **공감성**

소비자의 니즈를 이해하고 개별화된 서비스를 제공하려는 노력을 말한다.

기출문제

다음 중 PZB(Parasuraman, Zeithaml, Berry)의 서비스 품질 5차원에 대한 설명으로 올바르지 않은 것은?

① 응대성은 고객을 돕고 즉각적으로 서비스를 제공하려는 의지를 말한다.
② 공감성은 보살핌, 고객에게 주어지는 개별적 관심을 말한다.
③ 확신성은 약속한 서비스를 정확하게 수행하는 능력을 말한다.
④ 유형성은 물리적 시설의 외양, 장비, 인력, 서류 등을 말한다.

정답 ③

해설 약속한 서비스를 정확하게 수행하는 능력은 신뢰성이다.

〈서비스 품질 결정요소〉

유형성	물리적 시설, 장비, 직원들의 외모 등 물적 요소의 외형
신뢰성	약속한 서비스를 정확하게 수행할 수 있는 능력
응대성	기꺼이 고객들을 도와주고 신속한 서비스를 제공
확신성	고객에게 믿음과 확신 제공
공감성	고객을 잘 이해하고 개인화된 관심 제공

테마 25 제품 가격

가격이란 '제품 한 단위와 교환되는 화폐의 단위 수 즉, 구매자가 기업이 생산·판매하는 제품 또는 서비스를 획득하는 대가로 지불해야 하는 화폐액'을 일컫는다. 가격은 일반적인 제품가격 이외에 여러 가지 형태나 명칭으로도 표현된다.

1 가격결정 시 고려 사항

1. 준거가격(reference price)

(1) 구매자가 가격이 비싼지 싼지 판단하는 데 기준으로 삼는 가격을 말한다.

(2) 구매자의 과거 구매경험이나 현재 갖고 있는 가격정보를 기초로 형성되므로 구매자에 따라 달라진다.

(3) 빈번한 가격 인하는 준거가격을 낮출 위험을 안고 있다.

2. 유보가격(reservation price)

(1) 구매자가 어떤 상품에 대하여 지불할 용의가 있는 최고가격을 말한다. 즉, 그 상품의 가격이 유보가격 이하이면 구매를 하지만 유보가격을 넘어서면 너무 비싸다고 생각해서 구매를 유보하게 된다.

(2) 준거가격과 마찬가지로 구매자의 경험이나 정보에 의해서도 형성되지만 무엇보다도 구매자가 해당 상품에 대하여 주관적으로 느끼는 효용과 지불능력에 많은 영향을 받는다.

3. 최저수용가격(lowest acceptable price)

어느 수준 이하로 내려가면 오히려 상품의 품질을 의심하게 되는 가격을 말한다.

4. 로스어버전(loss aversion, 손실회피성)

가격인하보다는 가격인상에 더 민감하게 반응하는 현상을 말한다. 즉, 사람들은 손해를 회피하려는 경향이 강하기 때문에 자신에게 손해가 되는 경우와 이득이 되는 경우 중에서 손해가 되는 경우에 더 민감하게 반응한다는 것이다.

5. 베버의 법칙(Weber's Law)과 JND(Just Noticeable Difference)

(1) 기업이 일정한 범위 내에서는 가격을 인상 또는 인하하더라도 구매자가 느끼지 못할 수 있다는 것이다.

(2) 낮은 가격의 상품은 가격이 조금만 올라도 구매자가 가격인상을 알아차리지만 높은 가격의 상품은 가격이 어느 정도 오르더라도 구매자가 가격인상을 알아차리지 못하는 현상을 발견할 수 있는데, 이것을 베버의 법칙으로 설명할 수 있다.

> 베버의 법칙
>
> $k=(S_2-S_1)/S_1$
>
> k=주관적으로 느낀 가격변화의 크기
>
> S_1= 원래의 가격, S_2= 변화된 가격

(3) 원래의 가격이 높으면 높을수록 가격이 크게 올라야만 구매자가 가격인상을 느낄 수 있다.

(4) JND란 구매자가 가격변화를 느끼게 만드는 최소의 가격변화폭을 의미한다.

6. 가격-품질연상(price-quality association)

(1) 구매자들이 품질을 평가할 수 있는 단서가 없을 때에는 가격에 의존하여 품질을 평가한다.

(2) 구매자들이 가격이 높은 상품일수록 품질도 높을 것이라고 기대하기 때문에 오히려 비싼 것이 더 잘 팔리는 경우를 말한다.

(3) 이러한 경향은 보편적인 것이 아니라 구매하기 전에 품질을 평가하기 어려운 향수나 보석 등과 같은 상품들에서 주로 발견된다.

7. **의사결정자**

구매의사결정자가 값을 지불하지 않을 때에는 가격에 대하여 둔감해지는 경향이 있다.

2 가격결정의 영향요인

1. **제품원가**

가격의 하한선을 결정하는 핵심적인 요소이기 때문에 반드시 고려되어야 할 요인이다. 기업은 제품의 생산, 유통, 판매 등에 소요되는 비용을 충당하고 적정이익이 보장되는 수준에서 가격을 결정하려 한다.

2. **소비자 수요**

가격을 결정하기 위해 기업은 제품의 총수요를 예측해야 하는데 이를 위해 먼저 소비자들이 기대하는 가격이 존재하는가를 살펴보고 상이한 가격대에서 매출변화의 추이를 추정하는 단계로 이루어진다.

3. **경쟁자 반응**

신제품의 차별적 우위는 시장에 경쟁자가 진입하게 되면 점점 더 감소한다. 시장진입장벽이 낮거나 기대이익이 크다고 판단될 경우 잠재적인 경쟁자의 위협은 증가한다.

4. **기타 마케팅믹스 요소**

기준가격은 마케팅믹스의 다른 요소 즉 유통, 촉진 등에 의해서도 상당한 영향을 받는다.

기출문제

다음의 현상을 가장 적절하게 설명할 수 있는 것은?

1,000원의 가격인상이 10,000원인 제품에서는 크게 느껴지는 반면 100,000원짜리 제품에 대해서는 작게 느껴진다.

① 베버의 법칙(Weber's law)
② JND(Just Noticeable Difference)
③ 유보가격(Reservation Price)
④ 가격－품질 연상(Price－Quality Association)

정답 ①

해설 베버의 법칙(Weber's law) : 소비자가 가격변화에 대하여 주관적으로 느끼는 크기로, 낮은 가격의 상품은 조금만 올라도 구매자가 가격인상을 느끼지만 높은 가격의 상품은 어느 정도 오르더라도 구매자가 가격인상을 느끼지 못하는 현상이다.

오답풀이

② JND(Just Noticeable Difference) : 가격변화를 느끼게 만드는 최소의 가격변화폭
③ 유보가격 : 구매자가 어떤 상품을 구매 시 지불 가능한 최고금액
④ 가격－품질연상효과(Price－Quality Association) : 가격인상이 품질향상이란 인식을 유발시키는 것

테마 26 가격결정

1 가격결정 방법

1. 원가가산법

간단하고 계산하기 쉬워서 제품가격을 결정할 때 흔히 사용되는 방법으로, 단위당 원가에 단위당 희망이익을 더한 금액으로 가격을 책정하는 것이다.

- $\text{단위당 원가} = \text{단위당 변동비} + \dfrac{\text{고정비}}{\text{예상 판매량}}$
- $\text{판매가격} = \dfrac{\text{단위당 원가}}{1 - \text{마진율}}$

2. 손익분기점 분석법

시장수요와 비용 모두를 고려하여 가격을 결정하는 방법으로 손익분기점에 따라 가격을 결정하게 된다.

$$\text{손익분기점} = \frac{\text{총고정비}}{\text{간접비에 대한 단위당 공헌액}} + \frac{\text{총고정비}}{\text{판매가} - \text{단위당 평균변동비}}$$

> **한계수입(marginal revenue)**
> 제품을 한 단위 더 판매할 때 추가적으로 발생하는 수입을 의미하고, 평균수입이란 주어진 매출액 수준에서의 단위당 가격을 말하며 총수입을 판매 수량으로 나눈 값이 된다.

3. 한계분석법

이익극대화를 위한 가격결정 시 수요와 원가 모두를 고려하는 방법이다. 한계분석을 사용하기 위해서는 한계수입의 개념을 이해해야 한다.

4. 경쟁기준 가격결정법

(1) 경쟁자대응 가격결정 : 다수의 공급자가 존재하는 시장에서 기업은 일반적으로 통용되는 가격이 얼마인지를 확인하고 중간상의 관습적인 이폭율을 고려한 후 자사의 판매가격을 결정하게 된다.

(2) 상대적 저가 가격결정 : 주요 경쟁자에 비해 가격을 낮게 설정하는 것이다.

(3) 상대적 고가 가격결정 : 시장에서 형성된 가격보다 높은 가격으로 진입하는 것이다.

5. 가치중심적 가격결정법

제품원가보다는 고객이 지각하는 가치에 따라 제품가격을 설정하는 것이다. 즉 소비자의 욕구와 가치에 대한 고객의 지각을 분석하는 것으로 시작하여 소비자가 지각하는 가치에 부합하는 가격을 설정하게 된다.

2 최종가격 결정

신제품을 개발해 시장에 진입하려고 할 때 마케터는 스키밍가격전략(초기고가전략)을 사용할 것인지 아니면 시장침투가격전략을 사용할 것인지를 결정해야 한다.

1. 스키밍가격(Skimming Pricing)전략

(1) 스키밍가격전략의 의의 : 신제품이 출시된 초기에 고가정책을 취함으로써 높은 가격을 지불할 의사를 가진 소비자로부터 큰 이익을 흡수한 뒤 제품 시장의 성장에 따라 가격을 조정해 가는 방법이다.

(2) 스키밍가격전략의 조건

① 고가를 설정한 만큼 품질이 고가에 적합해야 한다.

② 시장에 낮은 가격으로 들어올 수 있는 진입자가 없어야 한다.

(3) 스키밍가격전략의 특징

① 신제품에 비교적 높은 가격을 책정하여 시장에 진입하는 것으로, 가격은 대개 표적시장의 기대가격 범위보다 높게 설정된다.

② 관여도가 높고 가격민감도가 낮은 혁신수용자들이 지불할 수 있을 정도로 신제품의 가격을 가능한 높게 책정하는 것이다.

③ 수익성이 높기 때문에 투자비용을 조기에 회수할 목적이나, 소비자에게 품질이 우수하다는 인식을 심어주기 위한 목적으로 사용될 수 있다.

④ 기업의 생산능력을 초과하지 않을 정도로 수요를 조절할 수 있으며 시장변화에 유연하게 대처할 수 있다.

2. 시장침투가격(Market Penetration Pricing)전략

(1) 신제품 가격을 상대적으로 낮게 책정하여 시장에 진입하는 것으로, 가격은 표적시장의 기대가격 범위보다 낮다.

(2) 시장에 신속히 침투하기 위한 것이 목적이며 단기간에 높은 매출액과 시장점유율을 창출할 수 있다.

(3) 경쟁기업이 시장에 진입하는 것을 억제하는 효과도 있다.

가격결정 단계에서 가격의 범위가 결정되면 기업은 이를 근거로 최종적으로 소비자에게 제시하는 가격을 결정하게 된다.

스키밍가격전략이 적합한 경우

1. 신제품이 소비자가 열망하는 명백한 특성을 갖추고 있으며 잠재고객의 수가 다수일 경우
2. 수요의 탄력성이 매우 낮아 가격인하가 총수익 증대에 별다른 영향을 미치지 못할 경우
3. 신제품이 특허와 같은 하나 이상의 진입장벽에 의해 경쟁으로부터 보호받는 경우
4. 제품의 생산 및 마케팅 비용에 관해 많이 알려지지 않은 경우

시장침투가격전략이 적합한 경우

1. 제품에 대한 대량수요가 존재할 경우
2. 수요에 대한 가격탄력성이 높을 경우
3. 규모의 경제로 상당한 비용절감을 달성할 수 있을 경우
4. 제품에 대한 치열한 경쟁이 이미 존재하거나 예상될 경우

기출문제

경쟁이 별로 없는 상황에서 기업이 이익을 극대화하기 위하여 신제품의 출시 초기에 높은 가격을 책정했다가 시일이 경과함에 따라 점진적으로 가격을 낮추는 전략은?

① 스키밍가격전략 ② 묶음가격전략

③ 침투가격전략 ④ 단수가격전략

정답 ①

해설 스키밍가격전략은 신제품에 비교적 높은 가격을 책정하여 시장에 진입하는 것으로, 가격은 대개 표적시장의 기대가격 범위보다 높게 설정된다.

테마 27 가격전략

1 심리 · 원가기준 가격결정법

심리기준 가격결정법	명성가격결정, 촉진가격결정, 단수가격결정, 관습가격결정
원가기준 가격결정법	• 원가기준에 의한 가격결정은 단순히 제품의 원가를 산정하여 적정마진을 감안한 제품 가격을 정하는 것 • 장점은 매우 간단한 방법이라는 점 • 단점은 원가를 정확하게 계산하기 어려운 경우는 부적절하다는 점(목표가격 설정)

2 가격전략의 종류

1. 시장침투가격전략

(1) 대중적인 제품이나 수요의 가격 탄력성이 높은 제품에 많이 이용된다.

(2) 수요의 가격 탄력성이 커서 저가격이 충분히 수요를 자극할 수 있어야 하며 경쟁자는 아직 규모의 경제를 실현할 수 없어 시장진입이 어려운 상태에 있어야 한다.

(3) 신제품 가격을 상대적으로 낮게 책정하여 시장에 진입하는 것으로 표적시장의 기대가격 범위보다 낮다.

(4) 이 전략은 시장에 신속히 침투하기 위한 것이 목적이며 단기간에 높은 매출액과 시장점유율을 창출할 수 있으며 경쟁기업이 시장에 진입하는 것을 억제하는 효과도 있다.

2. 명성가격(긍지가격)전략

(1) 제품가격을 고가로 책정함으로써 소비자들이 제품을 고품질, 높은 신분, 고가치를 인식하도록 하는 전략을 말한다.

(2) 수요와 공급의 법칙, 즉 가격이 낮아지면 수요가 증가하고 가격이 인상되면 수요가 감소하는 것과는 반대의 현상이 나타나는 제품의 경우에 적용 가능하다.

3. 관습가격

(1) 소비자들이 일반적으로 인정하는 수준에서 가격을 결정하는 방법을 말한다.

(2) 관습가격의 지배를 받는 제품들은 가격을 인상하면 수요가 급격히 줄어들고 가격을 낮추어도 수요가 증가하지 않는 특성을 갖고 있다.

4. 포획제품가격(종속제품가격)전략

(1) 제품을 싸게 판 다음 그 제품에 필요한 소모품이나 부품을 비싸게 파는 정책으로, 주제품에 대해서는 저가격을 설정하고 부속품에 대해서는 고가격을 설정하여 기업의 이익을 확보하는 가격정책이라 할 수 있다.

(2) 공기청정기나 면도기, 프린터의 경우 본체에 대한 가격은 낮게 책정하고 정기적으로 교체가 필요한 본체에 부속된 소모품에 대해서는 상대적으로 높은 마진을 부과한다.

5. 프로스펙트 이론

(1) 소비자가 의사결정을 내릴 때에 어떤 대안의 가치와 확률에 주관성이 개입되므로 선택되는 대안이 달라진다는 이론이다.

(2) 취득효용 : 제품가치와 지불가격의 비교에 의해 결정되는 일반적 의미의 효용이다.

(3) 거래효용

① 지불가격을 어떤 준거가격과 비교하여 느끼게 되는 상대적 의미의 효용이다.

② 소비자들은 지불가격이 자신의 준거가격보다 저렴한 경우에는 취득효용 외에 추가적인 거래효용 또는 즐거움을 느끼게 되므로 그 제품의 구매확률이 높아지게 된다.

③ 같은 지불가격이라 할지라도 만일 지불가격이 준거가격보다 비쌀 경우에는 불쾌감을 느끼게 되어 거래효용을 감소시키게 된다.

6. 묶음가격(Price Bundling)전략

(1) 두 개 이상의 상품을 하나로 묶어서 판매하는 방식으로 관련성 있는 상품을 패키지 형태로 판매하는 가격정책이다.

(2) 개별제품에 대한 구매 욕구가 없는 소비자를 유인하여 제품판매를 향상시킬 수 있지만, 묶음가격이 효과적이기 위해서는 개별 제품을 각각 구매하는 것보다 묶어서 구매하는 것이 더 이익이라는 사실을 인식시켜야 한다.

(3) 예를 들어 패스트푸드점에서 감자와 햄버거, 콜라를 한 가격으로 묶어 판매하는 전략이 있다. 이처럼 묶음가격은 대체관계에 있는 상품들보다 보완관계에 있는 상품들을 묶어서 책정하는 경우가 일반적이다.

7. 단수가격(Odd Price)전략

(1) 심리적 가격 전략으로 소매업에서 흔히 사용하는 전략으로, 단수가격은 천 단위 또는 만 단위로 정확하게 끝나는 것보다 19,900원, 29,800원 등과 같이 그 수준에서 약간 모자란 금액으로 가격을 설정하는 것이다.

(2) 소비자에게 가격이 낮게 설정되었다는 인식을 줌으로써 더 많은 매출을 올릴 수 있다는 것에 이론적 근거가 있다.

(3) 저가격을 강조하는 기업에게 효과적인 전략이 될 수 있으며 TV 홈쇼핑과 같은 소매업체에서 자주 활용되고 있다.

기출문제

묶음가격(price bundling)에 관한 다음 설명 중 옳지 않은 것은?

① 다른 종류의 상품을 몇 개씩 묶어 하나로 상품화하고 여기에 부여한 가격을 말한다.

② 묶음가격은 개별상품에 대해 소비자가 평가하는 가치가 동질적일 때 더 효과적이다.

③ 묶음가격은 제품뿐 아니라 서비스에서도 적용된다.

④ 기업은 묶음가격을 통하여 매출과 이익을 증대시킬 수 있다.

정답 ②

해설 묶음 가격은 소비자가 평가하는 가치가 이질적일 때 더 효과적이다.

테마 28 유통경로

> 일반적으로 생산 단계에서 산출된 재화(財貨)가 최종의 소비자에게 전달되기까지의 과정을 유통경로라고 하며, 이러한 과정을 정태적 상태에서 바라보는 것을 유통이라고 한다.

> 제품이나 서비스는 다양한 경로를 거쳐 최종고객에게 전달되거나 소비되고 있는데 이 경로를 유통경로라 한다. 따라서 유통경로란 어떤 상품을 최종구매자가 쉽게 구입할 수 있도록 만들어 주는 과정이다.

1 유통경로의 개념

1. 유통경로의 의의

(1) 광의의 유통은 화폐 · 선물 · 금 · 은 등의 경제 주체들 사이에서 사회적으로 이전하는 것을 말하며, 협의의 유통이라고 하는 것은 재화(상품)의 유통을 말한다. 더 넓은 의미로는 통상도 · 소매업(상적 유통)과 운수 · 창고업(물적 유통)을 지칭한다.

(2) 광의의 유통산업은 위의 2분류법에 덧붙여서 정보처리업 및 광고통신업(정보유통)과 각종 금융업(금융유통)을 포함한다. 유통은 상업이나 마케팅과는 구분되는 내용으로 유통의 본원적인 기능은 상품 및 서비스를 생산자로부터 소비자에게 이동시키는 것이다.

2. 유통경로의 기능

(1) 가장 기본적인 기능은 생산자로부터 소비자까지 상품과 서비스를 인격적으로 이전시켜 적합하게 하는 경제적 활동과 그 과정이다.

(2) 기본적인 기능을 바탕으로 하여 교환촉진기능, 제품구색의 불일치 완화기능, 거래의 표준화 기능, 소비자와 메이커 간의 연결기능, 고객에 대한 서비스 기능 등으로 나눌 수 있다.

2 유통의 시대적 사명

1. 다양한 사회적 욕구에 부응

(1) 소비자 만족 증대 : 상품의 안정성 보장 및 소비자 불만처리 제도의 강화가 필요하다.

(2) 도시개발문제에 대응 : 신도시 개발, 도심재개발 시 도시의 활기와 풍요를 창출할 수 있도록 유통업의 역할 확대가 필요하다.

(3) 환경에 대응 : 도시폐기물처리 문제, 점포주변 교통정체, 소음 등 환경문제를 고려한 유통시스템 구축(환경조화형 상품조달, 포장 간소화, 폐기물 재활용 등)이 필요하다.

(4) 쾌적한 노동환경 실현 : 근로시간, 근로환경의 개선으로 우수인력 확보가 필요하며 파트타이머의 고용활성화 및 여성인력의 효과적 채용을 위한 각종 제도 정비, 전문 인력 양성 및 능력 · 업적주의 임금체계 도입 등이 필요하다.

2. 경제사회 발전에 기여

(1) 유통시장의 확대로 고용창출 : 종합할인점, 카테고리킬러 등 신업태의 성장 및 기타 다양한 업태의 발전, 대형점의 지방네트워크화 및 다양한 점포개발로 고용 인구를 확대할 필요가 있다.

(2) 물가안정과 소비자의 실질소득증가 예상 : 중산층의 확대에 따른 소비자의 의식구조 합리화와 라이프스타일 변화로 할인업태는 계속 확대될 것이며, 이에 따른 파격적인 가격하락은 소비자의 실질소득 증가와 국민의 생활수준을 향상시키는 효과를 가져오며 물가안정에도 크게 기여할 것이다.

3. 유통구조의 개선 및 효율화

지금까지 유통업체가 영세성과 전근대성을 면하지 못한 상태에서 상품의 가격 결정권을 제조업체가 지배하는 구조였으나 앞으로는 유통업이 가격을 선도하는 구조 내지는 공존공영의 유통구조로 변화할 것이다.

4. 제조업의 경쟁력 강화 촉진

(1) 개방화, 국제화가 진전되면서 대외경쟁력 강화를 위해 업종, 규모에 관계없이 모든 민간기업이 가격인하를 강요받고 있으며, 이러한 환경하에서 한발 앞서 가격을 인하하는 기업은 단기간 내에 새로운 고객을 끌어 모으고 있다.

(2) 기업 간의 가격경쟁은 한층 치열해질 것이며, 개방화에 따른 외국의 고품질 · 저가격 상품과의 경쟁을 위해 제조업의 비용절감을 통한 경쟁력 확보 노력은 갈수록 확산될 수밖에 없다. 따라서 좋은 품질 · 저가격의 상품에 대한 수요가 증가할수록 제조업체는 가격경쟁의 우위를 점하기 위한 노력을 집중하게 될 것이다.

5. 사회적 비용의 절감

(1) 할인점은 도심이 아닌 교외지역에서도 충분한 경쟁력을 발휘할 수 있는 업태로서 국가적 차원에서는 도심교통난 완화 및 유휴토지의 효율적 활용이 가능하며, 박스 단위의 대량판매로 제조업체의 물류비 절감효과와 환경보호에도 기여한다.

(2) 소비자 입장에서는 일괄구매로 절약된 쇼핑시간을 다른 생산적인 부문에 투자할 수 있어 부가적 이득을 누릴 수 있다.

인터넷 유통

1. 최근에는 인터넷을 활용한 새로운 유통시스템이 급성장하고 있다. 이는 제조업자나 도 · 소매도 인터넷을 통해 소비자와 직접 연결되어 거래를 할 수 있는 시스템이다.
2. 이전처럼 '제조업자 → 도매 → 소매' 같은 유통이 아니라 소비자와 직결된 제조업자가 유통을 조직화하기 때문에, 어떻게 개별 소비자와 상호 교류할 수 있는지가 중요해진다. 즉, 개별 소비자의 특성을 파악할 수 있는 유통이 그려진다.

경영학 일반
조직행위론
인적관리 및 품질경영
마케팅
회계 및 재무관리
부록_실전모의고사

기출문제

다음 중 유통경로의 기능에 대한 설명 중 올바른 것은?

① 교환과정의 단순화를 통해 거래의 비효율성을 낮추게 된다.
② 제조기업의 대고객 서비스를 향상시키는 데 걸림돌이 될 수 있다.
③ 제조업자에게 목표 잠재고객들을 직접 관리하게 되는 계기를 마련해 준다.
④ 유통경로는 생산자부터 소비자까지의 전 과정을 중계과정 단계로 구분한다.

정답 ①

해설 유통경로 기능의 가장 기본적인 역할은 생산자로부터 소비자까지 상품과 서비스를 인격적으로 이전시켜 적합하게 하는 경제적 활동과 그 과정이라고 말할 수 있으며, 교환과정의 단순화를 통해 거래의 비효율성을 낮추게 된다.

테마 29 유통전략

1 성장전략 대안모델

1. 해당 소매업체가 기존 (소매)업태를 활용하여 자신의 표적시장 내에서 신규고객을 창출하거나 기존고객들의 충성도를 높이기 위하여 마케팅을 더욱 강화하는 전략을 시장침투전략이라고 한다.
2. 교차판매전략의 실행방안의 하나로 한 가지 종류의 상품을 구매한 고객에게 다른 종류의 상품구매를 유도하여 매출상승을 추구하는 방식을 들 수 있다.
3. 다각화 전략의 하나인 수직적 통합의 예로서 소매업체가 도매업체 또는 제조업체에 투자하는 경우를 들 수 있다.
4. 동일한 표적시장의 고객에게 지금까지와 다른 소매믹스를 가지고 새로운 소매업태를 제공하는 것을 소매업태 개발전략이라 한다.
5. 대형마트같은 대형유통업체들이 SSM(기업형 슈퍼마켓)이라는 새로운 업태를 창출하여 기존의 사업 이외에 새로운 사업을 통해 다각화를 추진하는 것이 대표적인 예다.

2 본원적 경쟁전략

1. 원가우위 전략은 재화나 서비스를 경쟁기업보다 더 낮은 원가로 소비자에게 제공하는 것이 중요한 목표다.
2. 차별화 전략은 경쟁기업과 차별화된 재화나 서비스를 소비자에게 제공하는 것이 중요한 목표다.
3. 포터(M. Porter)는 원가우위와 차별화우위를 동시에 추구하는 전략은 중간에 걸치는 전략이므로 잘못된 전략이라고 보았다.

3 푸시(push) 전략과 풀(pull) 전략

1. 푸시 전략

(1) 생산자가 유통경로를 통하여 최종소비자에게 제품을 밀어 넣는 것으로 생산자는 유통경로 구성원들을 상대로 인적판매나 중간상 판촉 등과 같은 촉진활동을 수행한다.

(2) 푸시 마케팅을 하는 제조업체는 유통가격을 결정하는 데 있어 풀 브랜드만큼의 주도권을 가질 수 없다.

(3) 푸시 전략을 쓸 경우 비용이 대체로 변동비 성격을 갖는다. 즉 마케팅비용이 판매물량과 거래하는 소매매장의 수와 비례한다.

(4) 특화된 (전문)소매업체가 이미 소규모의 특수고객집단을 목표로 하고 있는 경우 푸시 전략이 더욱 유리하다.

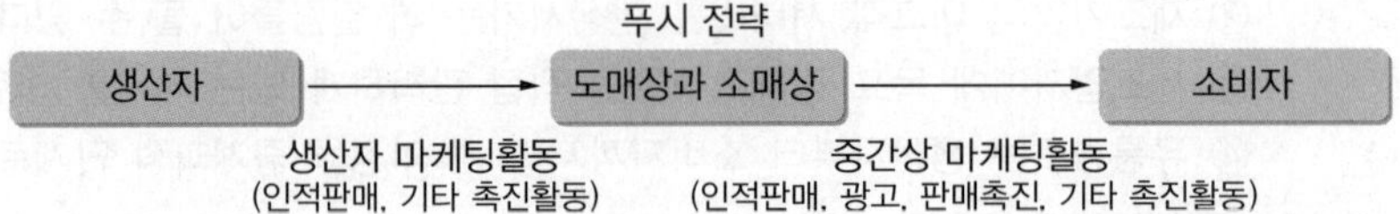

2. 풀 전략

(1) 생산자가 광고 등과 같은 마케팅활동을 최종 소비자들에게 직접적으로 수행하는 것으로 소비자들이 제품을 구매하도록 유도하기 위한 활동이다.

(2) 막대한 광고와 매스마케팅을 위한 고정비용이 유발됨으로 대형브랜드에 더욱 적합하다. 푸시전략은 지속적으로 판매되는 상품을 판매하는 유통업체에 더욱 유리하다.

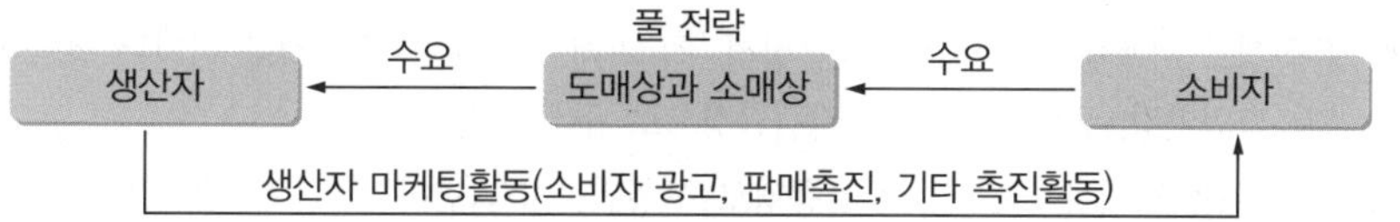

4 BPM(Business Process Management)

1. 업무프로세스를 표준화 · 간소화하고 비정형화된 업무구성을 시스템화해 임무와 책임을 명확히 하고자 하는 경영방법으로 소매기업의 단순한 정보의 통합을 넘어 프로세스의 통합, 지원, 관리 등을 의미한다.
2. 기능적으로 프로세스를 한눈에 파악할 수 있으므로 관리자는 팀원들이 수행하는 업무와 그 상황을 실시간으로 파악할 수 있고 프로세스 변경이 미치는 혼란을 최소화할 수 있다.
3. 효과적 측면에서 BPM은 계획, 실행, 통제 등 단계별 업무체계의 수평적 통합과 수직적 통합을 동시에 실현하여 실시간 전략수립을 지원하고 업무효율을 높여 준다.
4. 최적화된 업무프로세스와 IT 기반을 통합하여 업무프로세스의 신규생성, 수정작업에 대한 생산성 향상과 함께 비용절감에도 기여할 수 있다.
5. 업무수행 정보를 실시간으로 공유해 업무처리 속도를 향상시킬 수 있으며 리스크를 빠르게 감지, 대응할 수 있게 한다.

기출문제

풀 전략과 푸시 전략에 대한 설명으로 알맞은 것은?

① 풀 전략은 인적 판매의 방식을 집중적으로 활용한다.
② 풀 전략은 실현성이 없는 전략이다.
③ 푸시 전략은 인적 판매에 해당한다.
④ 푸시 전략은 소비자가 스스로 자사의 물건을 선택하게 한다.

정답 ③

해설 인적 판매는 푸시 전략에 속하는 것으로 설득력이 강하다.

테마 30 유통경로 환경

유통경로를 둘러싸고 있는 내적·외적 힘과 영향 있는 단체들의 총합을 유통경로의 환경이라 지칭한다. 거래 쌍방과 이를 둘러싼 외부환경요소에 의하여 하나의 유통경로 시스템이 구성된다.

1 유통경로 환경의 개념

1. 유통경로 환경의 의의

(1) 유통경로 시스템의 외부환경은 근접성, 즉 거래 쌍방에 직접 영향을 미치는 정도에 의하여 1차 과업환경, 2차 과업환경, 거시환경으로 구성된다.

(2) 제조업자, 도매상, 소매상 등 유통경로 구성원들이 직면하고 있는 유통경로 환경은 소비자의 인구통계학, 소비자의 라이프스타일, 경로경쟁, 경제적 상황, 법적인 규제, 기술 등으로 구성되어 있으며 이러한 환경요소들은 급격히 변화하고 있다는 것이 환경요인이다.

2. 유통경로 환경의 유형

(1) 1차 과업환경(Primary task environment) : 거래 쌍방의 1차 공급자와 고객으로 구성된다. 일부 경로에 있어서는 규제기관과 경쟁사가 거래 쌍방 간의 교환에 직접 개입하기 때문에 1차 과업환경요소로 분류되기도 한다.

(2) 2차 과업환경(Secondary task environment) : 2차 공급자(1차 공급자에게 제품을 공급하는 공급자)와 2차 고객(1차 고객으로부터 제품을 구매하는 고객), 규제기관, 이해집단, 경쟁사 등으로 구성된다.

(3) 거시환경(Macro environment) : 1차 과업환경과 2차 과업환경에 영향을 미치는 사회, 경제, 정치, 기술, 환경 등을 말한다.

2 유통경로 갈등의 유형

1. 수평적 갈등

유통경로의 동일한 위치나 단계에 있는 경로 구성원 간의 갈등을 말하는 것으로, 백화점과 백화점 간, 도매상과 도매상 간, 제조업자와 제조업자 간의 갈등을 들 수 있다.

2. 수직적 갈등

유통경로의 다른 단계에 있는 경로 구성원들 간의 갈등을 말한다. 예를 들면 화장품의 도매상이 대규모로 소매상에 공급하는 생산자와 경쟁할 수 있다. 최근 대규모 소매상의 급성장으로 제조업자가 도매상을 통하지 않고 소매상에게 직접 공급하는 경향이 뚜렷이 나타나고 있는 예가 대표적이다.

3. 업태 간 갈등

경로상 같은 단계이지만 다른 유형의 경로 구성원들 간의 갈등을 말하는 것으로 최근 백화점과 할인점 간의 갈등이 대표적이다. 제조업자는 종종 그들의 판매를 극대화하기 위하여 다양한 유형의 소매상을 통해 판매할 수 있는데, 예를 들어 삼성전자의 벽걸이 TV를 백화점을 통해서 판매할 수도 있고 할인점을 통해서 판매할 수도 있다. 이러한 경우 흔히 가격경쟁으로 인해 이 두 업태 간의 경쟁이 가속화될 수도 있다.

3 수직적 마케팅 시스템(VMS ; Vertical Marketing System)

〈수직적 마케팅시스템의 유형〉

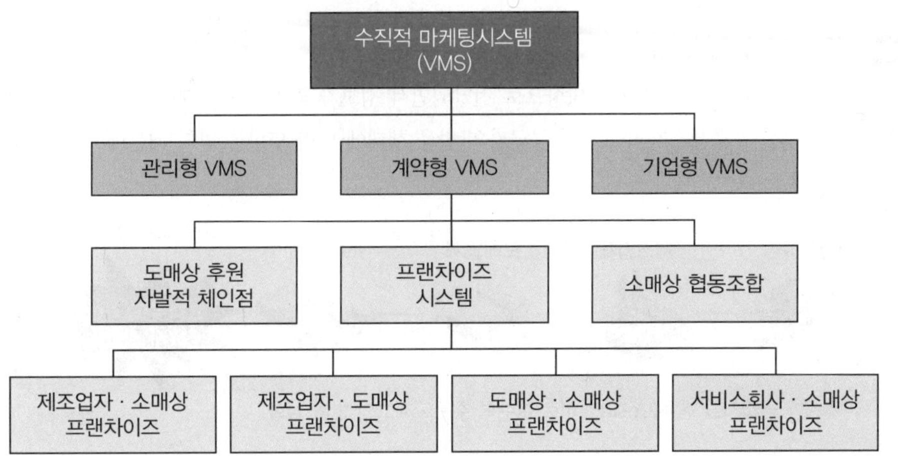

1. 기업형 VMS(corporate VMS)

(1) 생산과 유통의 연속적인 단계를 하나의 소유권이나 자본참여를 통하여 결합하는 형태다.

(2) 경로구성원 간의 역할과 갈등을 공식적인 규정에 따라 내부적으로 조정할 수 있다.

2. 계약형 VMS(contractual VMS)

(1) 공식적인 계약을 근거로 생산과 유통의 연속적인 단계에 참여하는 경로구성원들을 결합하는 형태다. 규모의 경제와 마케팅 노력의 상호조정을 목표로 하지만 관리형의 경우에서처럼 각 경로구성원은 독립적인 기관들임에 유의해야 한다.

(2) 대표적인 형태로 도매상후원의 자발적인 연쇄점형태와 소메상협동조합, 프랜차이즈시스템을 들 수 있다.

3. 관리형 VMS(administered VMS)

(1) 경로구성원들 중에서 가장 규모가 크거나 시장영향력이 큰 구성원(경로지도자, channel captain)이 다른 구성원들에게 비공식적으로 영향을 미쳐 생산이나 유통활동을 조정하는 형태다.

(2) 관리형 VMS의 근거는 소유나 자본참여가 아니라 규모나 시장에 대한 영향력이며 비공식적으로 작용하는 것이 특징이다. 수직적 마케팅시스템 유형 중 경로구성원들의 활동에 대한 통제 정도가 가장 낮다.

수직적 마케팅시스템은 '운영상의 경제성과 시장에 대한 최대한의 향력을 획득하기 위해 전문적으로 관리되는 본부에 의해 설계된 네트워크 형태의 경로조직'을 말한다. 이 시스템은 생산에서 구매까지의 유통과정에서 각 경로구성원이 수행해야 할 마케팅 기능을 통제하여 규모의 경제를 달성할 수 있게 한다.

수직적 마케팅시스템의 한 형태로서 본부의 통제력을 기준으로 보면 통제 정도가 낮은 시스템으로 경로구성원들 간의 상호이익을 바탕으로 맺어진 협력시스템이라고 볼 수 있으며 명시적인 계약에 의하여 형성된 협력관계라기보다는 묵시적인 협력관계로 형성된 시스템이라고 볼 수 있다.

기출문제

다음 중 수직적 마케팅 시스템의 3가지 형태분류에 속하지 않는 것은?

① 기업형 VMS ② 전통형 VMS
③ 관리형 VMS ④ 계약형 VMS

정답 ②

해설 수직적 마케팅 시스템형태에는 기업형 VMS, 관리형 VMS, 계약형 VMS가 있다.

테마 31 채찍효과

채찍효과란 소를 몰 때 긴 채찍을 사용하면 손잡이 부분에서 작은 힘이 가해져도 끝부분에서는 큰 힘이 생기는 데에서 붙여진 것으로, 고객의 수요량 변동이 상부단계(소매상 → 도매상 → 제조업체)로 유통채널을 거슬러 올라갈수록 증폭되는 현상을 말한다. 예를 들어 소비자가 가게의 특정 상품이나 브랜드를 10개 주문하면 그 주문이 소매상, 도매상을 거쳐 생산자에게 도달했을 땐 주문량이 50개 또는 100개 정도로 증대되는 것을 말한다.

1 채찍효과의 의의

1. 하류의 고객 주문 정보가 상류방향으로 전달되면서 정보가 왜곡되고 확대되는 현상을 말한다.
2. 기업의 생산 프로세스가 수요자와 공급자의 반응 행태에 따라 영향을 받기 때문에 생기는 낭비요인이다.

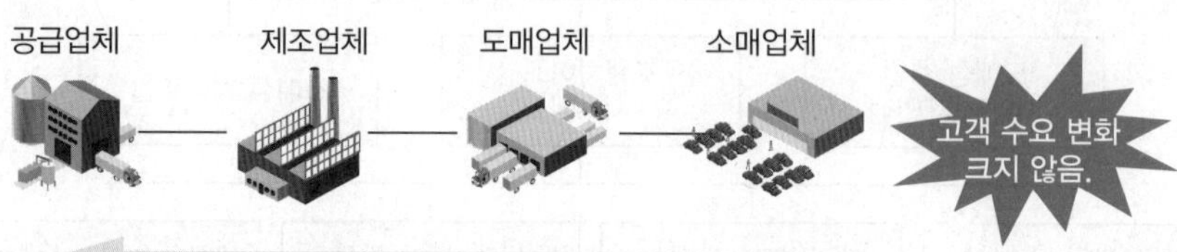

2 채찍효과의 원인

1. 전통적인 수요예측의 문제

시장에서 재고 관리는 소비자들의 실제 수요에 근거를 하지 않으며 과거 방식대로 자사에 들어온 예전 주문량을 근거로 수요예측이 이루어진다.

2. 긴 리드타임

리드타임(제품의 제조 시간)이 길면 그 리드타임 안에 어떤 변동 요인이 작용될지 모르므로, 리드타임이 길어질수록 변동요인에 대비하기 위해서 안전재고를 더 많이 두게 된다.

3. 일괄주문

평소에는 수요가 없다가 일정 시점에 수요가 집중되는 일괄주문현상도 원인이 된다.

4. 가격변동

가격이 낮을 때 재고를 더 많이 확보하려는 성향이 있다.

5. 과잉주문

제품을 사려고 하는 수요가 공급에 비해 많아져서 제품 품절이 발생하게 되는 경우 과잉주문이 발생한다. 이미 한번 품절을 경험하게 되면 소매업체에서는 원래의 수요보다 과장된 주문을 할 수 있다.

3 채찍효과의 해결 방안

1. 수요정보의 집중화(SCM, 전산화)

(1) 수요정보의 공유와 집중화를 통해 공급사슬상의 불확실성을 감소시킨다.
(2) 공급사슬의 모든 단계들이 실제 고객수요에 대한 정보를 공유한다.
(3) 각 단계가 동일한 수요데이터를 이용하더라도 서로 다른 예측기법을 사용하거나 서로 다른 구매관행이나 기법을 가지고 있다면 채찍효과가 발생할 수 있다.

2. 가격의 변동성 감소

(1) EDLP(Every Day Low Pricing ; 경쟁사와 비교해 최저가 유지하는 전략) 방식과 같은 수요관리 전략을 통해서 고객의 수요 변동을 막을 수 있다.

(2) 공급사슬의 상류에 위치하는 도매업체나 제조업체에 대한 수요의 변동을 감소시키는 데 기여한다.

3. 전략적 파트너십

(1) 제조업체와 소매업체의 매점 간의 전략적 파트너십을 통해서 재고 조절을 더 완벽하게 할 수 있다.

(2) 수요정보의 중앙집중화도 공급사슬의 상류 단계에서 관찰되는 변동을 획기적으로 감소시킬 수 있다.

(3) 소매업체는 고객수요정보를 공급사슬의 나머지 단계에게 제공하고 상류업체는 소매업체에게 인센티브를 제공하는 전략적 파트너십의 형성을 통해 상호 편익을 얻을 수 있다.

4. 리드타임의 단축

(1) 리드타임에는 제품의 생산과 인도에 소요되는 주문리드타임과 주문처리에 소요되는 정보리드타임이 포함된다.

(2) 주문리드타임은 크로스도킹(cross-docking)의 도입을 통해, 정보리드타임은 적절한 정보시스템의 도입을 통해 효과적으로 감소시킬 수 있다.

기출문제

다음 중 최종소비자의 작은 수요량 변동이 소매상, 도매상, 제조업체로 유통채널을 거슬러 올라갈수록 증폭되는 현상은?

① 기대효과 ② 승수효과
③ 스놉효과 ④ 채찍효과

정답 ④

해설 채찍효과(Bullwhip Effect) : 고객의 수요가 상부단계 방향으로 전달될수록 각 단계별 수요의 변동성이 증가하는 현상이다.

오답풀이

① 기대효과 : 타인이나 자신의 성취에 대해 갖는 기대가 성취에 미치는 효과
② 승수효과 : 독립적인 투자, 정부 지출, 수출 등으로 인한 독립적인 지출이 증가할 때 소득이 독립적인 지출증가분의 몇 배의 승수로 나타나는 효과
③ 스놉효과 : 특정 제품에 대한 소비가 증가하게 되면 그 제품의 수요가 줄어드는 현상

테마 32 촉진믹스

촉진믹스의 구성
1. 광고 : 기업 등의 스폰서가 제품, 서비스 또는 아이디어를 제시하거나 촉진하기 위해 비용을 지불하는 비개인적 형태의 커뮤니케이션
2. 판매촉진 : 제품이나 서비스의 구매를 촉진하기 위한 단기적인 동기 부여수단
3. PR(Public Relation) : 기업이 자사의 이미지를 제고하거나 호의적인 평판을 얻거나 비호의적인 평판을 제거·완화시키려는 커뮤니케이션
4. 인적판매 : 제품이나 서비스의 판매를 목적으로 하는 기존 또는 잠재 고객에 대한 판매 프리젠테이션이나 대화 등의 개인적 커뮤니케이션

1 촉진의 의의

제품이나 서비스를 판매하거나 아이디어를 활성화하기 위해 정보나 설득경로를 구축할 목적으로 판매자들이 주체적으로 기울이는 모든 노력의 조정으로, 촉진믹스(Promotion Mix)는 광고, 판매촉진, PR, 인적판매로 구성된다.

2 광고(Advertising)

1. 광고의 정의

다양한 매체를 통하여 명시된 광고주의 제품에 관해 통상적으로 유료이며 설득적인 정보의 조직적이고 체계화된 비대인적 커뮤니케이션이다.

2. 광고의 기능

(1) 경제적 기능 : 광고에 의하여 생기게 된 유효수요에 따라 소비성향이 높아짐으로써 경제성장에 기여하고 유통효율을 향상시킨다.

(2) 커뮤니케이션 기능 : 기업은 광고를 통한 고객 설득으로 새로운 고객의 획득뿐만 아니라 기존 고객의 유지 및 강화를 하는 데 영향을 줄 수 있다.

(3) 교육적 기능 : 소비자들은 양질의 상품을 보다 값싸게, 쉽게 구매하는 방법을 배우고 판매인이나 광고로부터 속지 않는 방법, 또는 보상받는 방법 등을 알 수 있다.

(4) 사회적 기능 : 광고가 생활수준을 개선하는 가장 강력한 힘으로 작용하며, 생활의 평준화를 도모하고 대중문화를 형성시키는 기능을 한다. 하지만 때로는 과장광고, 기만광고 등의 윤리적 문제와 물질만능주의의 확대, 정보공해 등의 반사회적인 기능을 일으키기도 한다.

3. 광고목표 설정

구분	내용
정보전달적 광고	• 신제품을 시장에 소개할 때 주로 사용되는 방법 • 광고목표 : 기본적 수요를 구축
설득적 광고	• 소비자에게 자사의 제품구매를 불러일으키고자 설득하는 방법 • 광고목표 : 선택적 수요를 구축
상기광고	• 소비자를 설득하려 하기보다는 단지 제품을 소비자의 기억 속에서 사라지지 않게 하기 위하여 사용하는 방법(성숙기 단계) • 광고목표 : 소비자 설득

4. 광고매체전략

(1) 매체 목표

① 도달범위 : 일정 기간 동안 특정 광고 메시지에 최소한 한 번 이상 노출된 개인이 나 가구의 비율

② 빈도 : 일정 기간 동안 광고메시지가 예상고객 1인당 몇 번 정도 노출되는가를 나타내는 개념

③ 총평점(GRP ; Gross Rating Point) : 도달률×빈도로 많은 사람에게 노출될 뿐만 아니라 노출된 이들에게 얼마나 많은 빈도로 노출되는가를 나타내는 개념

④ 1,000명당 비용(CPM ; Cost Per Mille) : 위의 3가지 개념에 비용의 개념이 더해진 것으로 특정 매체의 메시지가 1,000명의 사람(또는 가구)에 도달하는 비용으로 측정

(2) 광고 일정계획(매체 스케줄링)

① 연속형태(Continuity) : 일정 기간 동안 주어진 광고예산을 균등히 배분하여 끊어지는 기간 없이 연속적으로 광고를 실시하는 전략

② 집중형태(Flighting) : 광고 활동을 일정 기간 동안 집중했다가 일정 기간은 광고 활동을 전혀 하지 않는 일정계획 방법

③ 파동형태(Pulsing) : 캠페인 기간 동안 지속적으로 광고를 하되 광고량에 변화를 주는 방법

(3) 광고매체 유형

ATL(Above The Line)	TV, 라디오, 신문, 잡지를 이용한 광고
BTL(Below The Line)	위성채널, 종합편성, 케이블, 뉴미디어, 기타 등의 광고

3 PR(Public Relations)

1. PR의 의의

기업에 대한 호의적인 이미지를 개발 및 유지하고 기업에 대한 비호의적인 소문, 이야기, 사건 등을 소비자의 기억 속에서 희석시키려는 활동을 말한다.

2. PR의 중요성

(1) 기업이미지 관리가 중요해짐에 따라 비상업적 메시지의 중요성이 강조되고, 이에 영향을 줄 수 있는 언론관계 활동이 필요해졌다.

(2) 기업이 직면할 수 있는 위기사건의 빈도가 증가하였다.

(3) 다양한 이익단체가 등장하고 그 영향력이 증대되었다.

(4) 통합적 마케팅 커뮤니케이션의 필요성이 대두되었다.

(5) 인터넷, 모바일 등의 새로운 기술의 발달로 인하여 기업과 공중들 간의 지속적인 커뮤니케이션의 필요성이 증대되었다.

홍보

1. 의의 : 비용을 들이지 않고 기업이나 제품을 매체의 기사나 뉴스로 소비자들에게 알리는 활동을 말한다.
2. 특징
   - 진실성 : 대중매체에 전해지는 뉴스는 대체로 객관적이며 정확성이 높다고 인식한다.
   - 고객의 경계심 완화 : 광고나 판매원을 통해 접근하는 것과 달리 신문이나 방송을 통해 고객에게 다가가는 것이 더욱 친밀하게 느껴진다.
   - 내용통제의 어려움 : 언론매체에서 내용을 편집하기 때문에 기업이 원하는 방향대로 통제할 수 없다.

기출문제

다음 〈보기〉에서 촉진믹스에 해당하는 것을 모두 고르면?

보기

a. 제품 b. 광고 c. 인적판매 d. PR

① a, b, d ② b, c, d
③ b, c ④ b, d

정답 ②

해설 촉진믹스(Promotion mix) : 촉진관리는 쉽게 말하면 TV 광고와 같이 제품의 판매를 촉진시키는 관리를 하는 것으로, 촉진믹스는 광고, 판매촉진, PR, 인적판매로 구성된다.

빈출 지문에서 뽑은 O/X

01 잠재고객인 구매자나 소비자의 필요와 욕구를 파악하고, 그들의 기대를 충족시키는 재화와 서비스를 제공하는 과정을 시장조사라고 한다. (O/ ×)

02 마케팅의 관리이념은 '생산개념－제품개념－판매개념－마케팅개념－사회지향적 마케팅개념'으로 변천하였다. (O/ ×)

03 주로 수요가 공급보다 더 많은 상황에서 강조되는 마케팅개념은 판매개념 마케팅이다. (O/ ×)

04 니치마케팅은 특정한 성격을 가진 소규모의 소비자를 대상으로 판매목표를 설정하는 전략이다. (O/ ×)

05 인터넷 마케팅은 인터넷의 사이버 공간에서 이루어지는 마케팅 전략이다. (O/ ×)

06 디마케팅은 고객들의 구매를 의도적으로 줄임으로써 적절한 수요를 창출하는 전략이다. (O/ ×)

07 전사적 마케팅은 기업은 각 부서가 독립되어 있기 때문에 각자가 속한 부서의 일만 집중하여 업무 실적을 향상시키는 전략을 말한다. (O/ ×)

08 소비자의 포괄적 구매의사결정 과정은 '정보탐색 → 문제인식 → 대안평가 → 구매 → 구매 후 평가'의 순서다. (O/ ×)

09 부정적 수요일 때는 유지 마케팅전략을 사용한다. (O/ ×)

10 초과수요일 때에는 대항적 마케팅전략을 사용한다. (O/ ×)

11 완전수요일 때에는 개발적 마케팅전략을 사용한다. (O/ ×)

12 잠재적 수요일 때에는 재성장 마케팅전략을 사용한다. (O/ ×)

13 BCG 매트릭스에서 황금젖소 사업부는 철수해야 한다. (O/ ×)

14 BCG 매트릭스에서 별 사업부는 구축전략을 써야 한다. (O/ ×)

15 BCG 매트릭스에서 물음표 사업부는 구축 또는 수확전략을 사용해야 한다. (O/ ×)

16 BCG 매트릭스에서 개 사업부에 속하는 제품은 성숙기에 속한다. (O/ ×)

17 BCG 매트릭스는 시장점유율과 시장성장률을 대응시켜 전사적 전략을 수립하는 방법이다. (O/ ×)

18 BCG 매트릭스에 따르면 황금젖소에서 나오는 자금으로 물음표에 투자한다. (O/ ×)

19 동일한 세분시장 내에 있는 소비자들은 이질성이 극대화되며 세분시장 간에는 동질성이 존재한다. (O/ ×)

20 시장세분화는 소비자의 특성에 따라 시장을 몇 개씩 세분화하여 표적 시장을 명확히 설정한다. (O/ ×)

21 시장세분화의 적격 조건으로 측정가능성, 접근가능성, 유지가능성, 실행가능성이 있다. (O/ ×)

22 세분화된 시장의 차이를 무시하고 한 제품으로 전체시장을 공략하는 것은 집중적 마케팅에 해당한다. (O/ ×)

23 목표시장이 여러 개일 때 이들 모두에 마케팅 노력을 기울이는 경우는 차별화 마케팅 전략에 해당한다. (O/ ×)

[정답과 해설]

01	×	02	O	03	×	04	O	05	O	06	O	07	×	08	×	09	×	10	×	11	×	12	×	13	×
14	O	15	O	16	×	17	O	18	O	19	×	20	O	21	O	22	×	23	O						

01 소비자의 욕구를 파악하고 그들의 요구에 맞는 제품이나 서비스를 제공하는 과정은 마케팅이다.

02 마케팅 관리이념의 발전과정은 생산개념(기업은 생산량의 증가에만 관심) → 제품개념(기업은 생산성보다는 제품 자체의 특성, 품질 등에 관심) → 판매개념(공급이 수요를 초과하였고 기업은 구매유도, 판매조직 형성에 관심) → 마케팅개념(고객욕구에 초점) → 사회지향적 마케팅개념(윤리적, 사회적 측면을 고려)으로 변천하였다.

03 생산개념 마케팅은 수요가 공급을 초과하는 상황에서 많이 시행되며 제품 및 서비스의 생산과 유통을 강조하여 그 효율성을 개선시키는 데 중점을 둔 것으로, 소비자들이 주어진 제품들 중 폭넓게 이용할 수 있고 가격이 싼 제품을 선호한다고 보는 개념이다.

04 니치란 빈틈 또는 틈새로 해석되며 특정한 성격을 가진 소규모의 소비자를 대상으로 판매목표를 설정하는 것으로, 마치 틈새를 비집고 들어가는 것과 같다는 뜻에서 붙여진 이름이다.

05 인터넷 마케팅을 전자상거래라고도 하며, 전통적인 상거래와는 달리 컴퓨터를 이용해 온라인상에서 상품을 사고파는 행위를 일컫는다. 또한 컴퓨터와 네트워크 등 정보통신기술을 기반으로 전자화된 데이터의 형태로 상업적인 활동을 지칭하기도 한다.

06 기업들이 자사의 상품을 많이 판매하기보다는 오히려 고객들의 구매를 의도적으로 줄임으로써 적절한 수요를 창출하고 장기적으로는 수익의 극대화를 꾀하는 마케팅전략을 말한다.

07 기업이 능률적 · 효율적으로 기업 목표를 달성하려면 고객지향적 경영철학 및 사회지향적 관리 철학만으로 달성할 수 없다. 서로 다른 각 부문 기능 사이에 협조와 조화가 있어야 가능하다. 이러한 유기체적 경영을 전사적 마케팅(total marketing)이라고 할 수 있다.

08 소비자의 구매의사결정단계는 '문제인식 → 정보탐색 → 대안평가 → 구매결정 → 구매 후 행동'의 단계의 순서를 거치게 된다.

09 부정적 수요는 전환적 마케팅을 사용하여 신념과 태도를 전환시키는 것이 필요하다.

10 초과수요는 능력이상의 수요자가 생겼을 때 수요를 줄이는 방법인 억제 마케팅을 사용해야 한다.

11 완전수요일 경우 유지적 마케팅을 사용하여 현재 수준을 유지해야 한다.

12 잠재적 수요일 경우 개발적 마케팅을 사용하여 잠재된 욕구와 수요를 발견하여 충족시킬 수 있게 해야 한다.

13 황금젖소 사업부에 속하는 제품들은 제품수명 주기상에 성숙기에 속하며 마케팅 전략으로는 유지와 수확이 적합하다.

14 별 사업부는 물음표 사업이 성공하면 되는 것으로 별 사업이 이익이 되면 미래의 황금젖소가 되며 마케팅 전략으로는 구축이 있다.

15 물음표 사업부는 제품수명 주기상 도입기에 해당하며 전략으로는 구축, 수확이 있다.

16 개 사업부에 속하는 제품은 제품수명주기상 쇠퇴기에 속한다.

17 BCG 매트릭스 또는 성장-점유율 매트릭스(growth-share matrix)란 기업수준에서 각 사업단위가 속해 있는 시장의 성장률과 각 사업단위가 그 시장 내에서 차지하는 상대적 시장점유율을 기준으로 사업포트폴리오를 평가하는 분석기법이다.

18 황금젖소의 사업단위들은 자금확보의 주원천으로 배당금이나 새로운 기업인수자금 그리고 어린 별과 문제아 사업단위들이 요구하는 투자자금을 제공하는 역할을 한다.

19 시장세분화 시 동일한 세분시장 내에 있는 소비자들은 동질성이 극대화되도록 해야 하며, 세분시장 간에 있는 소비자들은 이질성이 극대화되어야 한다.

20 시장세분화는 다양한 소비자의 욕구를 파악해 이들의 요구를 보다 잘 충족시켜 준다.

21 효과적 세분화를 위해서는 측정가능성, 접근가능성, 집행력 등의 요건이 갖추어져야 한다.

22 무차별적 마케팅에 대한 설명이다. 집중적 마케팅이란 전체의 시장을 공략하는 것이 아니라 세분화된 시장의 한 부분의 시장점유율을 높여 이윤을 창출하겠다는 마케팅 방법이다.

23 차별화 마케팅이란 다수의 표적시장을 선정하고 그 시장에 맞는 마케팅 전략을 수립, 개발, 홍보하는 마케팅 방법이다.

24 제품수명 주기상 도입기에는 비차별적 마케팅 전략을 활용하는 것이 일반적이다. (O/ ×)

25 제품개념 중 유형 제품에는 디자인, 브랜드, 설치, 포장, 품질 등이 해당된다. (O/ ×)

26 제품수명 주기상 성숙기에는 경쟁이 차차 증가한다. (O/ ×)

27 제품수명 주기상 성장기에는 수요가 급속히 늘어나는 현상이 보인다. (O/ ×)

28 제품수명 주기상 쇠퇴기는 새로운 대체 상품이 나타나는 시기다. (O/ ×)

29 제품수명 주기상 도입기는 인지도가 낮으며 촉진비가 많이 소요되는 시기다. (O/ ×)

30 사적 브랜드(Private Brand)는 유통업자가 자체 상표를 제품에 붙이는 것을 말한다. (O/ ×)

31 라인확장(Line Extension)으로 브랜드 희석효과(Dilution Effect)가 발생할 가능성이 더 높은 것은 상향 라인 확장이다. (O/ ×)

32 제약회사 등에서 각 제품마다 다른 브랜드를 적용하는 전략은 개별브랜드(Individual Brand) 전략이다. (O/ ×)

33 기존 제품과 전혀 다른 범주의 다른 영역에 동일한 브랜드를 사용하는 것은 범주 확장(Category Extension)이다. (O/ ×)

34 복수브랜드(Multi Brand) 전략은 경쟁자의 시장진입을 방해하는 효과가 있다. (O/ ×)

35 PZB(Parasuraman, Zeithaml, Berry)에서 확신성(Assurance)이란 약속한 서비스를 정확하게 수행하는 능력을 말한다. (O/ ×)

36 신상품이 처음 나왔을 때 아주 낮은 가격을 매긴 다음, 시간이 흐름에 따라 점차 가격을 올리는 가격정책을 침투가격이라 한다. (O/ ×)

37 구매자들은 가격인상보다는 가격인하에 더 민감하게 반응하는 경향이 있으며 이것을 심리학에서는 손실회피(Loss Aversion)라 부른다. (O/ ×)

38 여러 가지 상품을 묶어서 판매하는 가격정책을 종속제품 가격책정(Captive Product Pricing)이라 한다. (O/ ×)

39 신제품에 대하여 시장도입초기 높은 가격을 책정한 후 시간이 지남에 따라 점차적으로 가격을 낮추는 전략을 포획가격전략이라고 한다. (O/ ×)

[정답과 해설]

24	O	25	O	26	×	27	O	28	O	29	O	30	O	31	×	32	O	33	O	34	O	35	×	36	O
37	×	38	×	39	×																				

24 제품수명 주기상 도입기나 성장기에는 비차별적 마케팅 전략을 활용한다.

25 유형 제품(actual product) 또는 실제 제품은 핵심 제품이 형상화된 것이라고 할 수 있으며 이는 품질수준, 특징, 스타일, 상표명, 포장 등의 요소로 이루어져 있다.

26 성숙기에는 경쟁제품이 시장에 출현하여 경쟁이 가장 치열한 시기로 매출량은 가장 많지만 매출액이 서서히 감소하는 시기다.

27 성장기에는 수요가 급속히 늘어나 실질적인 이익이 창출되는 시기다.

28 쇠퇴기는 새로운 대체 상품이 시장에 나타남에 따라 판매와 이익이 급속하게 감소하게 되는 시기다.

29 도입기는 인지도가 낮으며 경쟁상대가 없다. 초기에 제품개발을 위한 투자비가 많이 들고 제품을 홍보하기 위한 촉진비가 많이 소요되는 시기다.

30 PL(Private Label)로도 불리고 있는 유통업자 브랜드(PB)는 유통업자가 자체적으로 기획한 브랜드로서 도·소매점이 스스로 위험을 가지면서 기획한 제품에 부착하는 브랜드다.

31 하향 라인확장의 경우 모브랜드의 고급 이미지를 희석시켜서 결국에는 브랜드 자산을 약화시키는 부정적인 반향효과의 위험이 크다. 이와 같이 브랜드확장이 모브랜드에 미치는 부정적인 효과를 희석효과(Dilution Effect)라고 한다.

32 개별브랜드 전략이란 하나의 제품계열에 속해 있는 제품들에 각각의 브랜드를 개별적으로 부여하는 전략을 말한다.

33 범주 확장(Category Extension)이란 현재의 브랜드명을 기존 제품과 전혀 다른 범주의 신제품으로 확장하는 것이다.

34 복수브랜드는 기존의 제품 카테고리에 여러 개의 브랜드를 운영하는 전략을 말한다.

35 확신성이란 고객에게 믿음과 확신을 제공하는 것이고, 약속한 서비스를 정확하게 수행하는 능력은 신뢰성이다.

36 침투가격이란 신제품 가격을 상대적으로 낮게 책정하여 시장에 진입하는 것으로, 표적시장의 기대가격 범위보다 낮다.

37 구매자들의 가격인하보다는 가격인상에 더 민감하게 반응하는 경향이 있으며 이것을 심리학에서는 손실회피라고 한다.

38 여러 가지 상품을 묶어서 판매하는 가격정책을 묶음가격이라고 한다.

39 신제품에 대하여 시장도입초기 높은 가격을 책정한 후 시간이 지남에 따라 점차적으로 가격을 낮추는 전략을 스키밍 가격전략이라고 한다.

기출예상 문제

01 마케팅에 대한 설명 중 가장 옳지 않은 것은?

① 내부마케팅이란 종업원에 대한 마케팅 활동을 의미하며 외부마케팅이란 고객에 대한 마케팅 활동을 말한다.
② 기업의 마케팅 순서는 외부마케팅을 먼저 하고 내부마케팅을 나중에 해야 한다.
③ 고객생애가치란 고객으로부터 얻게 되는 현금흐름의 총합을 의미하는 것으로 고객이 평생 동안 창출해 줄 수 있는 현금흐름의 합계를 의미한다.
④ 자극적 마케팅이란 잠재적 시장에서 전혀 관심이나 수요가 없는 무수요를 환경의 변화나 제품에 관한 정보를 유도하여 관심을 불러일으키는 마케팅이다.

02 다음 중 마케팅 활동의 궁극적인 목표로 가장 적절하지 않은 것은?

① 소비자의 요구만족
② 경쟁시장에서의 우위
③ 기업의 이윤극대화
④ 사회정의의 실현

03 다음 중 현대적 마케팅에 대한 설명으로 옳은 것은?

① 현대적 마케팅의 특징으로 선형 마케팅을 들 수 있다.
② 생산 활동과 제품을 강조하여 기업이 생산 가능한 제품을 생산하여 시장에 출시하는 체제였다.
③ 소비자 위주의 선행적 마케팅으로 전사적 마케팅이다.
④ 기업이 생산한 제품을 소비자에게 강압적으로 구매시키는 마케팅이다.

04 다음 중 마케팅 개념의 발달 과정 순서로 올바른 것은?

① 생산 콘셉트 → 제품(품질) 콘셉트 → 판매 콘셉트 → 마케팅 콘셉트 → 사회지향적 콘셉트
② 제품(품질) 콘셉트 → 판매 콘셉트 → 생산 콘셉트 → 사회지향적 콘셉트 → 마케팅 콘셉트
③ 제품(품질) 콘셉트 → 생산 콘셉트 → 판매 콘셉트 → 사회지향적 콘셉트 → 마케팅 콘셉트
④ 생산 콘셉트 → 판매 콘셉트 → 제품(품질) 콘셉트 → 사회지향적 콘셉트 → 마케팅 콘셉트

05 다음 중 고객관계관리(CRM)에 대한 설명으로 적절하지 않은 것은?

① 상거래관계를 통한 고객과의 신뢰 형성을 강조한다.
② 단기적인 영업성과 향상보다 중·장기적인 마케팅 성과 향상에 중점을 둔다.
③ 시장점유율 향상을 목표로 하기보다 고객 점유율 향상을 위해 총력을 기울이고자 한다.
④ 기존고객에 대한 만족도 향상 및 지속적인 관계 형성에 대한 관리도 중요하지만 성장을 위한 신규고객의 확보에 더욱 중요성을 둔다.

06 다음 중 성공적인 CRM(Customer Relationship Management)을 위한 전략적 행동으로 알맞지 않은 것은?

① 고객 서비스에 충실한 CRM을 시행한다.
② 철저하게 고객의 입장에서 고객의 경험을 관리한다.
③ 고객이 CRM활동을 직접적으로 느끼지 못하게 시도한다.
④ CRM을 중심으로 고객과 적극적으로 커뮤니케이션한다.

07 다음 중 고객이 제품을 구매한 후 느낄 수 있는 인지부조화 또는 불안함 등을 방지하기 위하여 하는 마케팅 활동은?

① 내부 마케팅
② 애프터 마케팅
③ 감성 마케팅
④ 후행적 마케팅

08 다음 〈보기〉는 무엇에 관한 설명인가?

보기
점차 전문화되고 있는 산업구조와 기업 간에 경쟁과 협력이 동시에 요구되고 있는 상황하에서 여러 기업들이 마케팅 자원을 공동으로 활용하거나 마케팅 프로그램을 공동으로 수행하고 있다.

① 코즈 마케팅
② 공생적 마케팅
③ 니치 마케팅
④ 사회 마케팅

09 다음 중 수요가 공급을 초과하는 상태에서의 마케팅 과업은?

① 대항 마케팅(Counter-Marketing)
② 디마케팅(Demarketing)
③ 유지 마케팅(Maintenance Marketing)
④ 자극 마케팅(Stimulational Marketing)

10 다음 중 불규칙한 수요상태를 해결하기 위해 도입할 수 있는 마케팅은?

① 역마케팅(Demarketing)
② 동시화 마케팅(Synchro Marketing)
③ 재마케팅(Remarketing)
④ 전환 마케팅(Conversional Marketing)

11 다음 중 기존의 마케팅믹스(4P's)에 정책과 여론을 추가하여 마케팅믹스를 활용하는 마케팅은?

① 메가 마케팅
② 관계 마케팅
③ 노이즈 마케팅
④ 니치 마케팅

12 다음 〈보기〉의 사례들과 가장 밀접한 관련이 있는 것은?

보기

- '루이비통'의 파리 본점에서 여행객이 제품을 구입하게 되면 여권번호를 컴퓨터에 입력하고 1년에 한 품목만 구입하도록 제한하는 판매방식
- 은행의 자동화코너는 객장 바깥에, 입출금 등 단순 업무 창구는 출입문과 가까운 쪽에, 대출과 프라이빗 뱅킹 등 우대고객용 창구는 객장 안쪽에 각각 배치하는 방식
- 서울시로 진입하는 도시고속도로의 심각한 교통정체를 해소하기 위해 통근자들이 대중교통을 이용하도록 독려하는 웹사이트를 설치 · 운영
- 비우량고객에 대한 마케팅 투자를 최소화함으로써 우량고객집단의 고객만족을 증대시킬 수 있는 기회로 활용하는 것, 즉 고객차별화로 우량고객 중심의 사업구조를 유지하고자 하는 마케팅 활동

① 디마케팅
② 럭셔리 마케팅
③ 프로슈머
④ 프레스티지

13 다음 중 자원의 부족문제, 공해문제, 사회복지문제가 대두되면서 자연환경보전이나 생태계 균형 등을 중시하는 마케팅은?

① 그린 마케팅
② 국제 마케팅
③ 심바이오틱 마케팅
④ 사회 마케팅

14 다음 중 옴니 마케팅에 대한 설명으로 알맞은 것은?

① 규제를 교묘히 피하는 마케팅 기법을 말한다.
② 고객이익, 사회복리, 기업이익이라는 3자를 조화시키려는 마케팅을 뜻한다.
③ 기업이 학자, 전문가, 정부와 협력체제를 맺어서 공동으로 펼치는 마케팅을 뜻한다.
④ 소비자의 아이디어를 수용하여 기업이 신제품을 개발하는 마케팅을 뜻한다.

15 다음 중 미시적 환경에 속하는 마케팅 환경 요소로만 묶인 것은?

① 공급업자, 고객, 경쟁자, 대중
② 공급업자, 고객, 경쟁자, 공해
③ 고객, 중간상, 정부, 기술적 요소
④ 공급업자, 중간상, 국민소득, 법

16 다음 중 생산의 전단계에 속하는 마케팅 활동은?

① 마케팅 조사활동
② 경로결정
③ 가격결정
④ 물적 유통활동

17 다음 중 마케팅조사설계(Marketing Research Design)에 대한 설명으로 가장 알맞은 것은?

① 조사설계 없이 조사할 때의 비용을 절감할 수 있는 기본지침
② 구분이 불가능한 조사의 일관적 체계를 수립하기 위한 기본지침
③ 마케팅조사 목적을 달성하기 위한 정보 자료의 수집과 분석을 위한 기본지침
④ 마케팅조사 계획과정보다 실행과정에서 최적의 대안을 선별하고 실행하기 위한 기본지침

18 다음 중 소비자의 구매 의도를 조사하고자 할 때, 설문항목이 많을 경우 가장 적합한 조사 방식은?

① 전화조사법
② 관찰조사법
③ 개인면접법
④ 우편질문법

19 다음 중 탐색조사에 대한 설명으로 알맞지 않은 것은?

① 공식적 조사
② 전문가 의견조사
③ 문헌조사
④ 목표집단의 면접

20 다음 중 비율척도에 대한 설명으로 알맞은 것은?

① 측정대상자 간의 순위를 파악하는 것이다.
② 측정대상에 순위를 부여하면서 그 간격은 일정하다.
③ 측정대상을 확인할 목적으로 숫자를 부여하는 것이다.
④ 절대 영점이 존재하는 가장 높은 형태의 척도로 등간척도의 특성에 추가적으로 비율계산이 가능하다.

21 다음 중 고관여 제품과 저관여 제품에 대한 광고 전략 특성으로 알맞지 않은 것은?

① 동기가 전혀 부여되지 않은 소비자의 경우 메시지를 전달하는 데 TV가 보다 효과적이다.
② 동기가 부여된 소비자의 경우 메시지를 전달하는 데 인쇄광고가 더욱 효과적이다.
③ 고관여 제품의 광고는 폭넓은 정보 캠페인에 집중하는 것이 중요한 데 반해, 저관여 제품의 경우는 몇 가지 중요한 요점에 집중하는 것이 중요하다.
④ 고관여 제품들의 경우 저관여 제품들에 비해 실질적인 브랜드 차이가 상대적으로 적은 제품들이므로 차별화의 중요 수단인 광고를 통하여 경쟁사의 제품과 차별성을 갖게 하는 것이 더욱 중요하다.

22 다음 중 단일 제품을 전체 시장에 생산, 판매하고자 하는 마케팅 전략은?

① 집중적 마케팅
② 차별적 마케팅
③ 비차별적 마케팅
④ 목표 마케팅

23 다음 〈보기〉는 마케팅 전략의 수립과정에서 마케팅 전략개발의 내용에 대한 설명이다. ㉠ ~ ㉢에 들어갈 알맞은 말을 가장 바르게 나열한 것은?

보기

- 마케팅 전략의 수립과정에서 (㉠)은(는) 전체 시장을 기업이 제공하는 마케팅믹스에 대하여 유사한 반응을 할 것으로 추정되는 동질적 고객집단으로 나누는 과정이다.
- (㉡)은(는) 여러 개의 세분시장들 중에서 경쟁제품보다 고객의 욕구를 더 잘 충족시킬 수 있는 세분시장을 선정하는 것이다.
- (㉢)은(는) 소비자의 마음속에 경쟁상표와 비교하여 경쟁우위를 제공하는 위치에 자사상표를 구축하려는 노력을 말한다.

	㉠	㉡	㉢
①	시장세분화	제품의 위치 결정	목표시장 선정
②	제품의 위치 결정	목표시장 선정	시장세분화
③	제품의 위치 결정	시장세분화	목표시장 선정
④	시장세분화	목표시장 선정	제품의 위치 결정

24 다음 중 심리형태적 세분화 변수에 해당하지 않는 것은?

① 사회계층
② 개성
③ 라이프스타일
④ 결혼유무

25 다음 중 BCG 매트릭스에 대한 설명으로 틀린 것은?

① 별(Star) : 사업 성장률과 시장 점유율이 높아 계속적으로 투자를 해야 하기 때문에 지금 현재는 이윤을 많이 내지 않는 업종으로 장기적으로 보면 이윤을 적게 내어 퇴조할 업종이다.

② 황금젖소(Cash Cow) : 기업 자금 확보의 주원천으로 배당금이나 새로운 투자자금의 주된 공급원 역할을 하는 사업단위다.

③ 물음표(Question Mark) : 제품수명주기상 주로 도입기에 해당되며 통상적으로 수익보다 비용이 더 많아 음(−)의 현금흐름이 발생한다.

④ 개(Dog) : 업종이 수명을 다하여 시장 성장률과 점유율 확대가 기대되지 않는 업종으로, 이러한 업종이라면 무리한 투자를 하기 보다는 손을 떼는 것이 적합하다.

26 **다음 중 BCG 매트릭스의 최적 현금흐름의 방향으로 적절한 것은?**

① 황금젖소 → 별
② 개 → 물음표
③ 물음표 → 황금젖소
④ 황금젖소 → 물음표

27 **다음 중 BCG 매트릭스에서 수익주종사업에 대한 설명으로 알맞은 것은?**

① 사업성장률이 낮고 시장점유율도 낮은 경우다.
② 사업성장률이 낮고 시장점유율은 높은 경우다.
③ 사업성장률이 높고 시장점유율은 낮은 경우다.
④ 사업성장률이 높고 시장점유율도 높은 경우다.

28 **다음 중 BCG 매트릭스에 대한 설명으로 알맞지 않은 것은?**

① BCG 매트릭스는 해당제품의 시장 성장률과 상대적 시장 점유율을 토대로 작성하게 된다.
② BCG 매트릭스에서 별에 해당하는 제품은 지속적인 투자전략을 구사할 것을 의미한다.
③ 기업이 취급하고 있는 사업을 전략적 사업단위로 파악하여 성장 · 포기 등의 전략결정에 유용하다.
④ BCG 매트릭스에서 물음표에 해당하는 제품은 미래성장성이 불확실한 제품을 의미하며, 이로 인해 우선적으로 관망 혹은 포기하는 전략을 선택하는 것이 최적이다.

29 **다음 중 BCG 매트릭스에 대한 설명으로 알맞지 않은 것은?**

① 별 사업부를 수익주종사업이라고도 한다.
② 개발사업부에 속하는 제품들은 도입기에 속한다.
③ 개 사업부는 제품수명주기상에서는 쇠퇴기에 속한다.
④ 황금젖소 사업부에 속하는 제품들은 성숙기에 속한다.

30 다음 중 대상고객 선정을 위한 효과적인 시장세분화의 기준으로 적합하지 않은 것은?

① 세분시장은 크기, 구매력 등에 대해 측정 가능해야 한다.
② 세분시장은 마케팅 활동을 통해 접근 가능해야 한다.
③ 세분시장이 너무 작으면 안 된다.
④ 세분시장 내에 있는 고객들은 서로 이질적이어야 한다.

31 다음 〈보기〉 중 시장세분화의 장점으로만 모두 묶은 것은?

보기

가. 소비자의 다양한 요구를 충족시키며 매출액의 증대를 꾀할 수 있다.
나. 시장세분화를 통하여 마케팅 기회를 탐지할 수 있다.
다. 시장세분화를 통하여 규모의 경제가 발생한다.
라. 제품 및 마케팅 활동이 목표시장의 요구에 적합하도록 조정할 수 있다.

① 가, 나, 다
② 가, 나, 라
③ 가, 다, 라
④ 나, 다, 라

32 다음 중 시장세분화를 위한 중요한 기준의 하나로 활용되는 라이프스타일을 특징짓는 요소로 알맞지 않은 것은?

① 활동(activity)
② 흥미(interest)
③ 의견(opinion)
④ 꿈(dream)

33 다음 중 시장세분화의 목적으로 알맞지 않은 것은?

① 다양한 소비자의 욕구 충족
② 목표시장의 명확화
③ 불필요한 경쟁 방지
④ 마케팅 자원의 확보

34 다음 중 시장세분화에 대한 설명으로 알맞지 않은 것은?

① 시장세분화가 이루어지면서 표적시장을 설정하기가 어렵다.

② 마케팅 관점에서 보면 개별세분시장에 알맞은 제품과 마케팅 프로그램을 개발, 실행할 수 있을 경우에만 시장세분화의 의의가 존재한다.

③ 시장세분화의 변수로 구매자의 행동 변수, 지리적 변수, 인구통계학적 변수 등이 있다.

④ 고객의 욕구와 선호 면에서 동질성과 이질성이라는 개념들을 사용하여 고객그룹을 분류한 후 차별화된 구매집단을 발견하고 규명하는 작업이다.

35 다음 중 시장세분화를 할 때 인구통계학적 변수에 속하지 않는 것은?

① 소득
② 종교
③ 수명주기
④ 사는 지역

36 다음 중 시장세분화에 대한 설명으로 알맞지 않은 것은?

① 목표소비자에게 제품에 대한 지식을 전달할 수 있어야 한다.

② 혁신적인 신상품이 있다면 무조건 시장세분화를 해야 한다.

③ 잘못된 시장세분화는 비용을 증가시킬 수 있다.

④ 효과적으로 시장세분화를 이루기 위해서는 서로 비슷한 고객끼리 세분화하는 것이 좋다.

37 다음 중 잠재시장을 서로 다른 요구집단으로 나누기 위한 세분화 기준과 예를 바르게 연결하지 못한 것은?

① 인구통계적 세분화－교육수준
② 심리분석적 세분화－가치관
③ 행동적 세분화－구매연도
④ 인구통계적 세분화－인구밀도

38 ○○전자는 TV시장을 디자인추구시장, 가격추구시장, 기능추구시장으로 세분화했다. 이와 같은 시장 세분화는 다음 중 어떤 기준을 적용한 것인가?

① 행동적 세분화－사용상황
② 행동적 세분화－효용
③ 인구통계학적 세분화－생활양식
④ 인구통계학적 세분화－효용

39 다음 중 목표시장 선정에 관한 설명으로 알맞지 않은 것은?

① 단일 세분시장 집중화는 여러 개의 세분시장에 집중적으로 진출하는 방법이다.
② 제품특화는 한 가지 또는 특정상품만을 생산하여 다양한 세분시장에 진출하는 표적시장 선정방법이다.
③ 시장특화란 여러 특정 소비자 집단의 욕구를 충족하기 위해 여러 제품을 생산, 판매하는 전략이다.
④ 선택적 특화는 수익성, 성장성 등의 관점에서 매력성이 높은 여러 개의 세분시장에 진출하여 위험을 분산시키는 다세분시장 진출 전략이다.

40 다음 〈보기〉에서 목표 시장 선정방법에 대한 설명으로 옳은 것을 모두 고르면?

보기

㉠ 세분화된 시장의 차이를 무시하고 한 제품으로 전체시장을 공략하는 것은 집중적 마케팅에 해당한다.
㉡ 목표시장이 여러 개일 때 이들 모두에 마케팅 노력을 기울이는 경우는 차별화 마케팅 전략에 해당한다.
㉢ 제품수명주기상 도입기에는 비차별적 마케팅 전략을 활용하는 것이 일반적이다.

① ㉡　　② ㉠, ㉡
③ ㉠, ㉢　　④ ㉡, ㉢

41 다음 중 시장위치 선정의 순서로 알맞은 것은?

① 소비자 분석 및 경쟁자 확인－경쟁제품의 포지션 분석－자사제품의 포지션 개발－포지션의 확인 및 재포지셔닝
② 소비자 분석 및 경쟁자 확인－자사제품의 포지션 개발－경쟁제품의 포지션 분석－포지션의 확인 및 재포지셔닝
③ 소비자 분석 및 경쟁자 확인－경쟁제품의 포지션 분석－포지션의 확인 및 재포지셔닝－자사제품의 포지션 개발
④ 경쟁제품의 포지션 분석－소비자 분석 및 경쟁자 확인－자사제품의 포지션 개발－포지션의 확인 및 재포지셔닝

42 경쟁우위 달성을 목적으로 경쟁제품과 차별성이 고객에게 인식되도록 마케팅믹스를 이용하는 전략은?

① 유지 전략　　② 성장 전략
③ 유통 전략　　④ 포지셔닝 전략

43 다음 중 제품정책의 측면에서 물류서비스가 속해 있는 제품의 수준차원은?

① 핵심제품 ② 유형제품
③ 확장제품 ④ 기본제품

44 다음 〈보기〉는 무엇에 관한 설명인가?

보기
가장 기초수준에서 인식되는 제품개념으로 제품이 주는 혜택 그 자체를 의미한다.

① 핵심제품 ② 유형제품
③ 확장제품 ④ 실체제품

45 다음 중 유형제품에 대한 관리로 볼 수 없는 것은?

① 제품스타일의 개발
② 제품 상표명에 대한 결정
③ 표적 소비자집단이 제품에 기대하는 혜택과 추가적인 서비스를 정립 파악
④ 제품품질에 영향을 미칠 수 있는 요소들에 대한 결정

46 다음 중 제품에 대한 설명이 바르지 않은 것은?

① 선매품은 예약을 통하여 구매하는 제품을 말한다.
② 편의품은 고객이 보통 수시로 또한 최소의 노력으로 구매하는 소비용품을 말한다.
③ 전문품은 상당한 수의 구매자집단이 특징적으로 애착심을 가지며 특수한 구매노력을 하고자 하는 소비용품이다.
④ 필수품은 일상생활에 없어서는 안 되는 반드시 필요한 물건이다.

47 다음 〈보기〉의 내용과 가장 관계가 깊은 제품수명주기 단계는?

보기

• 가격전략은 시장침투가격을 사용한다.
• 제품과 서비스를 확대한다.
• 시장점유율 극대화를 목표로 한다.
• 고객층은 조기수용중이다.

① 도입기
② 성장기
③ 포화기
④ 성숙기

48 다음 중 제품 성숙기의 마케팅 방법으로 알맞지 않은 것은?

① 신제품 개발관리를 해야 한다.
② 시장 세분화, 극대화가 되었다.
③ 품질관리에 중점을 두어야 한다.
④ 수요를 유지하기 위해서 마케팅을 수정해야 한다.

49 다음 중 제품수명주기에 대한 설명으로 알맞지 않은 것은?

① 성장기는 시장점유율 확대가 마케팅 목표다.
② 쇠퇴기는 비용통제와 제품철수의 시기로 역세분화를 실시하는 단계다.
③ 쇠퇴기에는 주로 혁신고객층을 대상으로 기업 활동을 전개한다.
④ 성장기에 시장세분화를 실시한다.

50 다음 중 상품수명주기모델에 있어서 성숙기 및 성숙기 상품의 특성으로 알맞은 것은?

① 성숙기의 제품은 매출액이 낮고 이익이 감소한다.
② 성숙기의 제품은 매출액이 급신장하는 제품으로 소매상에게 가장 매력적인 제품이라고 할 수 있다.
③ 성숙기에 있는 상품도입은 소매상 입장에서는 높은 위험을 감수해야 하지만 고객에게 혁신적인 이미지를 줄 수도 있다.
④ 성숙기의 상품은 치열한 경쟁으로 인해 이익이나 매출은 급신장하지 않으나 지속적으로 소비자들이 찾는 상품이므로 상품믹스에 포함시켜야 한다.

51 다음 중 제품의 수명주기 순서로 알맞은 것은?

① 도입기－성장기－성숙기－쇠퇴기
② 도입기－성숙기－성장기－쇠퇴기
③ 도입기－성장기－쇠퇴기－성숙기
④ 도입기－쇠퇴기－성장기－성숙기

52 다음 〈보기〉의 설명에 해당하는 제품수명주기 단계는?

보기

• 매출액이 낮으며 경쟁자가 거의 없다.
• 원가가산가격전략을 쓰며 광고에 많은 투자를 한다.

① 도입기
② 성장기
③ 성숙기
④ 쇠퇴기

53 다음 중 제품수명주기 모형에 대한 설명으로 알맞지 않은 것은?

① 성숙기 : 신제품의 개발전략이 요구된다.
② 성장기 : 시장점유율의 극대를 마케팅 목표로 한다.
③ 도입기 : 주요 고객은 고소득층이나 혁신층을 목표시장으로 한다.
④ 쇠퇴기 : 상품의 다양화와 광고와 유통경로의 확충에 많은 투자를 한다.

54 〈보기〉의 내용들은 제품수명주기의 어느 단계에서 주로 이루어지는 정책들인가?

보기

• 마케팅목표 : 시장점유율 확대
• 가격정책 : 시장침투가격(저가격)
• 유통정책 : 집중적 유통
• 촉진정책 : 보다 다양한 소비자들에게 인지도 강화

① 도입기
② 성장기
③ 성숙기
④ 쇠퇴기

55 다음 중 제품수명주기가 형성되는 이유로 알맞지 않은 것은?

① 기업의 마케팅 전략에 의해서
② 정부가 정책적으로 지원을 많이 해주기 때문에
③ 경쟁기업이 더 나은 제품을 개발하기 때문에
④ 소득이 증가함에 따라 소비자들의 욕구가 다양해지기 때문에

56 다음 중 제품수명주기에 관한 설명으로 알맞지 않은 것은?

① 성숙기에 판매 극대점에 도달한다.
② 도입기보다 성장기에 경쟁수준이 높다.
③ 고객의 다수가 혁신자인 제품수명주기는 성숙기다.
④ 제품수명주기는 크게 도입기, 성장기, 성숙기, 쇠퇴기로 구분할 수 있다.

57 다음 중 제품수명주기의 단계인 도입기에 대한 설명으로 알맞지 않은 것은?

① 경쟁자가 거의 없다.
② 주요고객층은 혁신층이다.
③ 제품가격은 원가가산가격이다.
④ 수요량이 급증하고 이익이 많아지는 시기다.

58 다음 〈보기〉의 내용과 가장 관계가 깊은 제품수명주기상의 단계는?

보기

• 주고객은 조기수용층이다. • 시장점유율을 높이고자 한다. • 시장침투가격을 설정한다.

① 도입기
② 성장기
③ 성숙기
④ 쇠퇴기

59 다음 중 제품 및 브랜드전략에 대한 설명으로 관계가 가장 먼 것은?

① 상품 간 유사성이 높을 경우에는 카테고리 확장이 성공할 가능성이 높다.
② 개별브랜드전략은 각 제품에 대하여 한 상표가 시장에서 실패하더라도 다른 상표에 영향을 주지 않는다.
③ 라인 확장된 신상품이 기존 브랜드의 이미지 또는 브랜드 자산을 약화시키는 것을 희석효과라 한다.
④ 기존 브랜드와 다른 상품범주에 속하는 신상품에 기존 브랜드를 붙이는 것을 라인확장이라고 한다.

60 다음 중 공동브랜드전략에 대한 설명으로 옳지 않은 것은?

① 여러 기업들이 공동으로 개발하여 사용하는 단일브랜드를 말한다.
② 마케팅비용의 감소와 제품원가 절감을 통해 품질향상에 기여할 수 있다.
③ 전략적 제휴를 통해 신제품에 두 개의 브랜드를 공동으로 표기하거나 시장지위가 확고한 중소업체들이 공동으로 개발하여 사용하는 브랜드를 말한다.
④ 협력사 간에 기술과 마케팅, 시장정보 등을 공유할 수 있다.

61 다음 중 브랜드에 대한 설명으로 알맞지 않은 것은?

① 강력한 상표는 상표인지도와 충성도를 가지게 한다.
② 상표주는 제조업자 상표, 사적 상표, 라이센스 상표, 협동 상표의 4가지가 있다.
③ 복수상표전략이란 새로운 범주의 제품을 출시할 경우 새로운 상표를 창조하는 상표전략이다.
④ 경쟁자들에게 남용되지 않게 하기 위해서 상표를 등록해야 한다.

62 다음 중 선도 제조업체 브랜드의 상호 자체에 대한 모방이 아니라, 상호나 상품특성을 매우 흡사하게 모방하고 제조업체 브랜드가 아니라는 것을 명확히 하는 유통업체의 브랜딩을 의미하는 용어로 알맞은 것은?

① 모방 브랜딩(copycat branding)
② 유사 브랜딩(parallel branding)
③ 저가 브랜딩(bargain branding)
④ 고품격 프리미엄 브랜딩(premium branding)

63 다음 중 글로벌 브랜드가 가지는 규모의 경제(Economies of scale)에 관한 설명으로 알맞지 않은 것은?

① 촉진의 측면에서 더 넓은 마케팅 기회를 포착할 수 있다.
② 규모의 경제는 개발비용, 생산, 유통, 촉진 등에서 두루 나타난다.
③ 글로벌 브랜드가 로컬 브랜드보다 기업의 성장전략 추구에 있어 유리하다.
④ 글로벌 브랜드는 구매선택과 관련하여 소비자의 지각된 위험을 증가시킨다.

64 다음 중 브랜드 자산가치를 측정하는 방법으로 가장 거리가 먼 것은?

① 매출액 배수를 이용한 측정
② 초과가치 분석을 통한 측정
③ 무형자산의 가치추정을 통한 측정
④ 브랜드 플랫폼 분석을 통한 측정

65 다음 중 서비스의 특징으로 적절하지 않은 것은?

① 서비스의 무형성이란 실체를 보거나 만질 수 없음을 의미한다.
② 탐색속성이란 서비스 구매 이전에 원하는 정보를 찾아봄으로 평가되는 속성을 의미한다.
③ 서비스의 품질평가는 제품의 품질평가보다 쉽다.
④ 생산과 소비의 동시성은 제공과 동시에 소비가 된다는 의미다.

66 다음 중 서비스의 특징으로 가장 옳지 않은 것은?

① 서비스는 경험 전까지는 그 내용과 질을 판단하기 어려우므로 사용자의 능력이 아주 중요하다.
② 서비스는 대량생산이 어렵다.
③ 서비스는 유형의 제품에 비하여 생태적으로 품질관리가 쉽다.
④ 서비스는 생산자와 고객 간의 상호작용이 생산공정에 반영된다.

67 다음 중 서비스 이질성을 극복하기 위해서 요구되는 마케팅활동은?

① 지역적 차별성을 극복하기 위하여 서비스 제공시스템을 지역별로 개별화한다.
② 서비스제공을 단계적으로 분석 · 파악하여 단계별 최적의 물리적 환경을 강조한다.
③ 고객예약 시스템을 활용하여 대기시간을 제거함으로써 서비스수요와 공급을 동시화한다.
④ 서비스제공과정을 표준화하고 매스마케팅보다는 고객화를 강조하는 활동을 수행한다.

68 다음 중 약속된 서비스를 믿을 수 있고 정확하게 수행할 수 있는 서비스 품질 결정요소는?

① 신뢰성
② 확신성
③ 공감성
④ 유형성

69 다음 〈보기〉는 서비스의 특징 중 무엇에 대한 설명인가?

보기

서비스를 제공하는 사람이나 고객, 장소, 서비스 시간 등에 따라서 내용과 질에 차이가 발생하는 것으로 서비스의 품질에 대한 평가가 다르다.

① 무형성
② 이질성
③ 소멸성
④ 비분리성

70 다음 중 서비스마케팅이 제품마케팅과 다른 점으로 알맞지 않은 것은?

① 서비스를 계획하고 촉진하는 데 있어 컨트롤이 용이하다.
② 제품에 대한 특허권과 달리 서비스는 특허권을 낼 수 없다.
③ 종업원이 서비스 결과에 크게 영향을 준다.
④ 고객이 거래과정에 직접적으로 참여할 뿐만 아니라 상당한 영향을 미친다.

71 다음 중 상호 연결이 올바르지 않은 것은?

① 무형성－서비스는 쉽게 전시되거나 전달될 수 없다.
② 이질성－서비스를 제공하는 사람에 따라 질에 차이가 있다.
③ 소멸성－수요와 공급을 맞추기가 어려우며 서비스는 반품될 수 없다.
④ 동시성－고객이 거래에 참여하고 영향을 미치며 또한 대량생산이 어렵다.

72 다음 중 서비스마케팅 전략 수립에 필요한 내용으로 알맞지 않은 것은?

① 관계마케팅이란 시장점유율보다는 고객점유율을 높이기 위하여 고객데이터베이스를 이용하여 기존 고객과의 상호작용을 강화하려는 마케팅 활동이다.
② 고객에게 서비스를 판매하기 위하여 종업원을 훈련시키고 동기를 부여하는 것을 서비스마케팅 활동 중 내부마케팅 활동에 속한다.
③ 서비스를 제품개념으로 볼 때 서비스는 탐색적 속성, 경험적 속성, 신뢰적 속성 중에서 신뢰적 속성이 강한 제품에 속한다.
④ 서비스는 유형제품에 비하여 가격차별화가 용이하기 때문에 가격차별화를 통하여 이익을 올릴 수 있는 가능성이 상대적으로 높다.

73 다음 중 서비스 구매에 관한 소비자 행동모델이 유형 제품 구매에 관한 모델보다 상대적으로 복잡한 이유로 알맞은 것은?

① 종류가 많다.
② 상대적으로 고가다.
③ 준거집단의 영향력이 상대적으로 크기 때문이다.
④ 서비스의 특성인 동시성에 의해서 소비와 구매가 동시에 이루어진다.

74 다음 중 심리기준 가격결정방법이 아닌 것은?

① 명성가격결정
② 촉진(손실유도)가격결정
③ 관습가격결정
④ 목표가격결정

75 다음 중 가격정책에 관한 내용으로 가장 옳지 않은 것은?

① 유보가격이란 구매자가 이떤 상품에 대해 지불할 용의가 있는 최대가격을 말한다.
② 베버의 법칙(Weber's law)이란 소비자가 가격변화에 대하여 느끼는 정도가 가격수준에 따라 모두 동일하다는 것을 의미한다.
③ 가격 인상 시에는 JND 범위 내에서 인상하고, 인하 시에는 JND 범위 밖으로 인하한다.
④ 관습가격이란 일반적인 사회관습상 용인된 가격을 의미한다.

76 다음 중 가격관련 정책에 대한 설명으로 알맞지 않은 것은?

① 시간별 차이, 장소별 차이, 이미지에 따른 차이 등은 가치가격정책에 속한다.
② 고품질이나 품위를 나타내는 상품이나 서비스를 제공하고자 하는 마케터들이 행하는 수요에 기초한 가격책정방식으로 품위가격정책을 들 수 있다.
③ 고객의 가격민감도를 이용하여 서비스의 수요를 가격으로 조절하는 방법으로 일치가격정책을 들 수 있다.
④ 상품 및 서비스를 얻기 위하여 높은 가격을 기꺼이 지불하려는 구매자층이 없을 경우 또는 신상품 및 서비스의 도입 직후 강한 잠재 경쟁자의 위협에 직면하고 있을 경우 침투가격정책이 적합하다.

77 다음 중 제품의 가격을 고가로 책정함으로써 제품을 고품질, 높은 신분, 고가치로 인식하도록 하는 심리적 가격결정법으로 알맞은 것은?

① 명성가격결정 ② 촉진가격결정
③ 목표가격결정 ④ 단수가격결정

78 다음 중 소비자의 심리를 고려하는 것과 가장 관련이 없는 가격결정 방법은?

① 지대가격(Zone Pricing) ② 단수가격(Odd Pricing)
③ 명성가격(Prestige Pricing) ④ 관습가격(Customary Pricing)

79 다음 중 가격결정의 유형에 대한 설명으로 알맞지 않은 것은?

① 상층흡수가격정책은 제품의 도입기에 고가의 가격설정으로 투자액의 조기회수를 가능하게 하려는 가격 결정 방법이다.

② 손실유도가격결정은 특정제품의 가격을 대폭 인상하여 다른 품목의 수익성을 확보하기 위한 일종의 심리가격 결정이다.

③ 침투가격결정은 시장성장률 확대를 위하여 저가의 가격을 설정하는 방법으로 수요의 가격탄력성이 높은 제품에 많이 이용된다.

④ 종속제품가격결정은 주요 제품과 함께 사용하는 종속 제품을 동시에 생산하는 경우 기본제품은 낮은 가격으로, 종속제품은 높은 가격으로 설정하는 방법이다.

80 다음 중 동일한 제품이나 서비스에 대하여 고객별로 상이한 가격을 결정짓는 마케팅 가격전략은?

① 유보가격
② 침투가격
③ 고객별 차별가격
④ 심리가격

81 다음 중 제품의 동질성이 높아서 차별화가 어려울 경우 시장에 형성된 가격을 따르는 것은?

① 명성가격
② 단수가격
③ 모방가격
④ 지각가치자격

82 다음 중 가격전략에 관한 설명으로 알맞지 않은 것은?

① 가격차별이란 유보가격이 높은 세분시장에서 낮은 가격을 받고, 가격민감도가 높은 세분시장에서는 높은 가격을 받는 것을 말한다.

② 프린터를 싸게 판 다음, 잉크토너 등 관련 소모품을 비싸게 파는 가격정책을 포획제품가격전략이라 한다.

③ 준거가격은 구매자가 가격이 비싼지 싼지를 판단하는 기준으로 삼는 가격으로 구매자에 따라 달라질 수 있다.

④ 두 개 이상의 상품을 하나로 묶어 파는 것을 묶음 가격이라 한다.

83 여성 가방류 가격대를 저가, 중가, 고가 등으로 분류하여 저가 가방류는 10만 원에서 15만 원 사이, 중가 가방류는 18만 원에서 30만 원 사이, 고가 가방류는 35만 원에서 60만 원 사이의 가격을 책정한다고 할 때, 특정 기업이 중가 가방류를 판매하기로 하고 각 제품의 가격을 18만 원, 21만 원, 25만 원, 30만 원으로 결정했다. 다음 중 이러한 가격결정에 해당하는 것은?

① 심리적가격　　② 시장침투가격
③ 가격차별화　　④ 가격계열화

84 다음 중 프린터의 가격은 낮은 마진을 적용하고 카트리지의 가격은 높은 가격을 적용하는 가격결정 방식으로 알맞은 것은?

① 제품라인 가격책정　　② 부산물 가격책정
③ 종속제품 가격책정　　④ 옵션(선택사양)제품 가격책정

85 다음 중 묶음가격에 대한 설명으로 알맞지 않은 것은?

① 규모의 경제효과나 범위의 경제효과가 있을 때 사용한다.
② 두 가지 이상의 제품이나 서비스를 패키지로 묶어서 가격을 책정하는 것을 말한다.
③ 보완관계에 있는 상품들보다 대체관계에 있는 상품들을 묶어서 책정하는 경우가 일반적이다.
④ 개별 제품에 대하여 단독으로는 판매되지 않는 순수묶음제와 개별 제품에 대한 단독판매와 묶음판매 모두 가능한 혼합묶음제로 분류할 수 있다.

86 다음 중 스키밍가격전략(Skimming Pricing)으로 알맞지 않은 것은?

① 한계원가　　② 신제품의 가격
③ 수요의 가격탄력성　　④ 경쟁 제품의 가격

87 다음 〈보기〉와 같은 상황에 가장 알맞은 가격전략은?

보기

- 서비스의 매출량이 가격에 매우 민감할 때 특히 도입 초기단계
- 대규모 작업으로 인하여 단위당 비용면에서 규모의 경제 달성이 가능할 때
- 신상품 및 서비스의 도입 직후 강한 잠재경쟁자의 위협에 직면하고 있을 때

① 묶음가격
② 관습가격
③ 침투가격
④ 세분시장가격

88 다음 중 구매자가 판매자로부터 구매자가 있는 지점까지 상품운송에 소요되는 실질운임액을 지불하도록 하는 가격 책정 방법은?

① 공장도 인수가격
② 명성가격
③ 단수가격
④ 기점가격

89 다음 중 신제품의 가격 책정 방법으로 스키밍가격결정을 채택하기에 부적절한 상황은?

① 제품시장의 가격경쟁이 심할 때
② 법령에 의해 신제품의 독점판매권이 보장될 때
③ 신제품의 확산속도가 매우 느릴 것으로 예상될 때
④ 표적시장의 규모가 작아 규모의 경제 실현이 어렵다고 예상될 때

90 다음 중 유통에 관한 설명으로 알맞지 않은 것은?

① 경로구성원 간의 목표 불일치는 경로갈등의 원인이 된다.
② 소매상은 상품을 최종 구매자에게 직접 판매하는 활동을 수행하는 상인이다.
③ 상권분석을 위해 사용되는 허프(Huff)모형에서 점포의 크기는 점포선택에 영향을 미친다.
④ 도매상이나 소매상을 브로커라 한다.

91 다음 중 유통에 관한 내용으로 가장 옳지 않은 것은?

① 중간상인이 있으면 총 거래수가 최소화되며 생산자와 소비자 간 시공간의 제약이 극복된다는 장점이 있다.
② 물적 유통관리는 소유효용을 창출하므로 수요량 증대의 효과를 얻게 된다.
③ POS시스템이란 판매시설에서 자료를 수집, 처리하여 그 결과를 의사결정에 활용하는 시스템을 의미한다.
④ 편의품의 경우 개방적 유통경로를 사용하는 것이 일반적이다.

92 다음 중 유통정책에 관한 설명으로 가장 옳지 않은 것은?

① 물적유통관리의 목적은 고객 서비스의 목표수준을 만족하는 범위 내에서 물류비용을 최소화하는 데 있다.
② 분업의 원리는 생산부문뿐만 아니라 유통부문에서도 적용될 수 있다.
③ 피기백(Piggyback) 방식은 트럭이나 트레일러 자체를 화물열차에 실어 배송하는 수송방식이다.
④ 채찍효과(Bullwhip Effect)란 수요가 예상보다 적게 발생할 경우 수요를 푸시하기 위하여 제조업자가 유통상을 압박하는 것을 의미한다.

93 다음 중 일반적으로 유통경로의 단계수가 증가하는 경우가 아닌 것은?

① 고객이 최소판매단위에 대한 유통서비스 요구가 클수록
② 고객의 공간편의성 제공요구가 클수록
③ 고객의 상품정보제공에 대한 요구가 클수록
④ 고객의 배달기간에 대한 서비스 요구가 클수록

94 다음 중 유통경로구조의 설계 및 관리에 대한 설명으로 알맞지 않은 것은?

① 관리형 수직적 경로구조의 구성원들은 자율적인 상호이해와 협력에 의존하지만 협력해야 할 계약이나 소유권에 구속을 받지 않는다.
② 경로구성원 간에 정보밀집성이 존재할 때 수직적 통합은 기회주의를 감소시켜 거래비용을 줄일 수 있다.
③ 프랜차이즈 시스템은 계약형 수직적 경로구조로서 주로 정부에 의해 운영된다.
④ 인적 판매는 전형적인 푸시전략이다.

95 다음 중 유통경로상 수평적 갈등에 해당하지 않는 것은?

① 편의점과 슈퍼마켓의 갈등
② 백화점과 할인점의 갈등
③ 상인도매상과 전문점의 갈등
④ 전문점과 전문할인점의 갈등

96 다음 중 물적 유통관리의 설명으로 알맞지 않은 것은?

① 운송, 보관, 포장, 재고관리 등의 활동이 포함된다.
② 재화에 있어 생산단계부터 소비단계까지의 이동 및 취급과정을 말한다.
③ 물적 유통관리의 목적은 고객에 대한 욕구충족 및 유통비용의 상승에 있다.
④ 물적 유통활동 중 가장 비중이 높은 것은 마케팅 병참관리라고도 하는 수송이다.

97 다음 중 유통계열화의 유형에서 연결이 알맞은 것은?

① 관리적 VMS－수평적 관계
② 기업적 VMS－수평적 관계
③ 계약적 VMS－수평적 관계
④ 공생적 VMS－수평적 관계

98 다음 중 프랜차이즈 시스템에 관한 설명으로 알맞지 않은 것은?

① 모든 수직적 유통경로 시스템의 한 형태다.
② 본부의 투자위험을 줄일 수 있을 뿐만 아니라 자본투자를 한 가맹점들이 직접 점포를 소유 · 운영하기 때문에 적극적으로 영업활동을 하도록 하는 장점이 있다.
③ 프랜차이즈 시스템은 전통적 유통경로나 관리형 VMS(Vertical Marketing System), 자발적 연쇄점 및 소매상 협동조합보다 유연성이 뛰어난 장점을 가지고 있다.
④ 프랜차이즈 시스템의 유형을 나누어 보면 제조업자－소매상 프랜차이즈, 제조업자－도매상 프랜차이즈, 도매상－소매상 프랜차이즈 및 서비스회사－소매상 프랜차이즈로 크게 나눌 수 있다.

99 다음 중 프랜차이즈 시스템의 긍정적 효과로 알맞지 않은 것은?

① 경영지식이 풍부하지 않은 개인들이 독립기업인으로서의 시장진입을 원활하게 도와준다.
② 완전히 통합된 수직적인 체인에 비해 가맹점으로 분산된 대안을 제공해 줌으로써 경제적 집중을 감소시킨다.
③ 자본이 풍부하지 않은 프랜차이즈 본부가 자본에 대한 직접투자 없이 가맹점을 통하여 사업을 확장할 수 있는 시스템이다.
④ 특히 경영경험이 많은 가맹점주에게 그의 경험에서 얻은 능력을 발휘하도록 하는 효율성이 높은 시스템으로 입증되고 있다.

100 다음 중 프랜차이즈에 대한 설명으로 알맞은 것은?

① 공생적 마케팅 시스템이라고도 한다.
② 수직적 마케팅 시스템에 속하며 계약형 VMS의 대표적인 형태다.
③ 동일한 두 개 이상의 기업이 서로 대등한 입장에서 연맹체를 구성하는 형태다.
④ 각 기업이 단독으로 효과적인 마케팅 활동을 수행하는 데 필요한 자본, 노하우, 마케팅 자원 등을 보유하고 있지 않을 때 수평적 통합을 통해 시너지 효과를 얻을 수 있게 한다.

101 다음 중 전·후방 통합의 정도나 통제의 정도가 가장 강한 형태에 해당하는 유형은?

① 관리형 VMS
② 기업형 VMS
③ 프랜차이즈형 VMS
④ 협동조합형 VMS

102 다음 중 공급사슬상에서 최종소비자로부터 생산자 방향, 즉 공급체인을 거슬러 올라갈수록 수요의 변동성이 증폭되어 나타나는 현상을 뜻하는 말은?

① 채찍효과
② 가치밀도효과
③ 프로세스지연효과
④ 물류고려설계효과

103 다음 중 채찍효과를 줄일 수 있는 방법으로 알맞지 않은 것은?

① 공급망에 걸쳐 있는 중복 수요의 예측을 가급적 삼가야 한다.
② 가급적 대량의 배치주문을 해야 한다.
③ 공급 부족 등의 상황이 발생하지 않도록 리드타임을 단축해야 한다.
④ 공급 경로 간에 강력한 파트너십을 구축해야 한다.

104 다음 중 촉진믹스에 해당하지 않는 것은?

① 광고 ② 인적판매
③ 제품 ④ PR

105 다음 중 촉진믹스의 개발 및 관리에 대한 설명으로 알맞지 않은 것은?

① 산업재를 판매하는 기업은 촉진활동을 인적 판매에 의존하는 경향이 강하다.
② 인적 판매는 메시지가 사람 대 사람으로 전달된다.
③ 촉진 메시지의 구조를 결정할 경우 장점만 말하는 것이 더 효과적이다.
④ 인적 판매는 광고보다 많은 사람들에게 빠른 전달을 가능하게 하지만 설득력이 떨어진다.

106 다음 중 소비재 제조업체의 촉진전략에서 중요성이 가장 높은 촉진방법은?

① 광고 ② PR
③ 인적 판매 ④ 홍보

107 다음 중 인적 판매에 관한 설명으로 알맞지 않은 것은?

① 인적 판매는 산업재 시장에서 촉진예상의 가장 높은 비중을 차지한다.
② 인적 판매는 전형적인 푸시전략이다.
③ 인적 판매는 혁신적인 신제품 도입에 효과적인 촉진수단이다.
④ 인적 판매는 고객 1인당 비용이 광고보다 훨씬 저렴하여 불특정다수에게 판매한다.

108 다음 중 마케팅 로지스틱스 시스템이라 불리며, 적절한 제품을 적당량만큼 제품수요지에 도달시키는 것은?

① 유통
② 물적 유통
③ 마케팅 커뮤니케이션
④ 마케팅 시스템

109 다음 중 양판할인점의 장점으로 알맞지 않은 것은?

① 차별할인가격의 구입정책을 사용하고 있다.
② 차별화된 서비스에 의한 고객만족을 이루고 있다.
③ 대량판매에 의한 높은 상품회전율을 보이고 있다.
④ 최소한의 서비스에 의한 경비절감이 이루어지고 있다.

110 다음 중 홍보(PR) 활동과 거리가 먼 것은?

① 퍼블리시티
② PPL
③ 샘플링
④ 후원 및 협찬

111 다음 중 홍보에 대한 설명으로 알맞은 것은?

① 소비자들에게 할인권 제공, 상품권 제공 등을 한다.
② 구매자들과 직접 만나 자사제품의 구매를 권유한다.
③ 기업이 확인될 수 있는 광고주가 되어 광고대금을 지불하고 그들의 아이디어나 제품 또는 서비스에 대한 메시지를 비개인적 매체를 통해 소비자에게 제시하는 모든 활동을 의미한다.
④ 광고주가 대금을 지불하지 않으면서도 라디오, 텔레비전 또는 신문과 같은 대량 매체를 통하여 제품이나 서비스 또는 기업체에 관하여 상업적으로 의미 있는 정보를 제공하는 것을 말한다.

112 다음 중 제조업체와 소매유통업체 사이의 두 가지 극단적인 관계인 풀(pull) 전략과 푸시(push) 전략에 관한 설명으로 알맞은 것은?

① 유통업체의 경제성 측면, 즉 마진율은 푸시 채널전략의 경우가 풀 채널전략의 경우보다 상대적으로 낮다.
② 제조업체가 자사신규제품에 대한 시장 창출을 소매유통업체에게 주로 의존하는 것은 푸시 전략에 가깝다.
③ 소비자가 제품의 브랜드 명성을 보고 판매매장으로 찾아오도록 소비자의 등을 미는 것을 푸시 마케팅(push marketing)이라고 한다.
④ 잘 알려지지 않은 브랜드의 제품을 손님이 많이 드나드는 매장에 전시함으로써 고객들을 끌어당기는 것을 풀 마케팅(pull marketing)이라고 한다.

고시넷

코레일 경영학

빈출유형 기출 분석

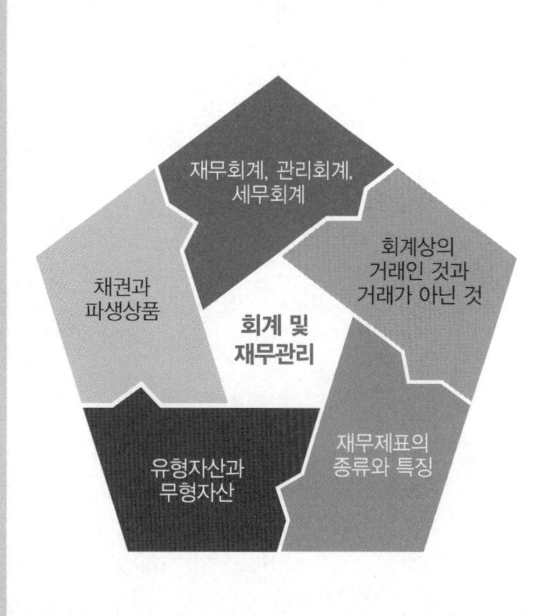

[합격전략]

회계 및 재무관리는 개념의 정의와 기본원리를 철저히 이해하여야 한다. 회계의 이론에서는 회계정보 이용자의 구분, 재무회계와 관리회계의 차이점, 회계정보의 질적 특성의 정의를 학습해야 한다. 그리고 회계상 거래에 해당되는 것과 해당되지 않는 것, 재무제표는 어떤 종류가 있고 각 재무제표들은 어떤 관계를 갖는지를 학습하여 재무제표의 구성요소, 자본의 개념, 자본변동표와 현금흐름표의 유용성을 이해해야 한다. 유형자산과 무형자산의 종류, 유형자산의 감가상각, 무형자산에 해당하는 계정과목, 부채와 자산의 비교 등은 개념정의와 항목을 자세히 공부해야 한다. 또한 재무비율분석의 계산식과 의미도 학습해야 하는데, 문제와 함께 학습하면 도움이 된다. 채권과 관련된 용어, 파생상품의 종류도 정확하게 구분할 정도로 학습해야 하며, 채권과 파생상품은 언론에서 다루는 주제를 깊이 학습하여 두면 유리하다.

파트 5 회계 및 재무관리

✪ 테마 유형 학습

✪ 빈출 지문에서 뽑은 O/X

✪ 기출예상문제

테마 1 회계의 개념과 분류

> 회계란 기업 실체와 이해 관계를 갖는 정보이용자(투자자, 채권자, 경영자, 정보중개인, 조세당국, 감독 규제기관 등)에게 자원 분배에 대한 합리적인 의사 결정을 할 수 있도록 기업의 경제적 활동을 측정하여 정리된 재무제표 등을 전달하는 과정이다.

1 회계의 개념

1. 회계의 목적

투자자와 채권자에게 합리적인 의사결정을 하는 데 유용한 정보를 제공하는 것이다.

(1) 외부 보고 목적 : 외부 이해관계자에게 보고 자료를 제공하는 목적이다.

(2) 내부 보고 목적 : 경영자를 위한 기업경영 지침을 제공하는 목적이다.

2. 재무회계의 목적

회계정보의 이용자에게 기업 실체와 관련하여 합리적인 의사결정을 할 수 있도록 재무상의 자료를 일반적인 회계원칙에 따라 처리해 얻은 유용하고 적정한 정보를 제공하는 것이다.

3. 회계정보 이용자

(1) 내부 이해관계자 : 기업의 경영활동에 참여하면서 회계 정보를 이용하는 경영자와 종업원을 말한다.

(2) 외부 이해관계자 : 기업의 경영활동에는 참여하지 않지만 현재 또는 미래에 기업과 재무적 이해관계를 가지는 채권자와 투자자 등의 직접적인 이해관계자 집단과 소비자, 정부 등과 같은 간접적인 이해관계자 집단을 의미한다.

2 회계의 분류

1. 재무회계(financial accounting)

(1) 투자자, 채권자 등과 같은 외부 이용자에게 경제적 의사결정에 유용한 정보를 제공할 목적으로 이루어지는 외부 보고 목적의 회계다.

(2) 재무제표를 통해 기업의 재무상태와 성장도 등을 나타내며 주주, 경영자, 종업원, 채권자, 노동조합, 고객, 공급자, 정부기관, 일반 대중 등 누구에게나 제공된다.

2. 관리회계(managerial accounting)

(1) 내부 정보이용자인 경영자에게 합리적으로 조직의 내부자원을 관리하고 의사결정을 하기 위한 정보와 분석을 제공할 목적으로 이루어지는 내부 보고 목적의 회계다.

(2) 관리회계에서 나오는 재무정보나 분석은 조직 내부관계자를 위한 것이라는 점에서 재무회계와는 서로 다르며 재무회계보다 더욱 다양하고 깊은 내용을 담고 있지만 특별한 형식을 가지고 있지는 않다.

(3) 생산, 마케팅, 통제 등 경영 활동을 하는 데 필요한 모든 회계정보다.

3. 세무회계(tax accounting)

(1) 정부기관이 세금을 부과하는 데 기초가 되는 과세소득을 계산하는 목적의 회계다.

(2) 기업에서 작성한 재무회계와 법인세법과의 차이를 조정하는 방식으로 계산한다.

구분	재무회계	관리회계	세무회계
주된 보고 대상	채권자, 투자자 등의 기업 외부 이해관계자	경영자, 종업원 등의 기업 내부 이해관계자	정부(세무서 등의 과세 당국) 등의 기업 외부 이해관계자
보고 내용	기업의 재무상태, 경영성과 현금흐름 및 자본변동에 관한 회계 정보	기업경영의 의사 결정에 적합한 회계 정보	과세 소득 산정에 필요한 정보
보고 양식	재무제표 및 부속 명세서	제한 없음.	세무 신고서(소득세 신고서 등의 각종 서식)
보고 형식	기업회계기준에 따른 일정한 기준과 형식	일정한 기준 및 형식 없음.	세법에 따른 일정한 기준과 형식
보고 시기	정기 보고 (반기 보고, 분기 보고)	수시 보고	각 조세의 정해진 시기 보고
정보 성격	과거 활동에 대한 객관적 회계 정보	미래지향적 예측과 주관적 회계 정보가 많음.	과거 활동에 대한 과세 자료에 대한 회계 정보

4. 부기와 회계의 차이점

(1) 부기 : 장부기입의 약칭으로 기업 재산의 증감 변화를 일정한 원리와 방법에 따라 기록 · 계산 · 정리하여 그 증감 원인과 결과를 명백히 밝히는 기술적인 절차를 말한다.

(2) 회계 : 그러한 과정을 통하여 산출된 정보를 기업 내부와 외부의 정보이용자들에게 전달하여 합리적인 의사결정을 할 수 있도록 하는 과정으로 이론적 · 과학적인 측면이 강하다.

기출문제

다음 중 재무회계와 관리회계의 차이점으로 알맞지 않은 것은?

① 재무회계는 회계기간이 있는 정보이고, 관리회계는 회계기간이 없다.
② 재무회계는 화폐적 정보를 제공하고, 관리회계는 화폐적 · 비화폐적 정보를 제공한다.
③ 재무회계는 경영자가 주로 이용하고, 관리회계는 투자자가 주로 이용한다.
④ 재무회계는 법적 강제가 있고, 관리회계는 법적 강제가 없다.

정답 ③

해설 재무회계는 기업 외부의 이해관계자에게 제공하기 위한 회계이며 관리회계는 내부의 이해관계자에게 보고하기 위한 회계로서, 경영자는 내부 이해관계자이고 투자자는 외부 이해관계자다.

테마 2 회계정보의 질적 특성

1 회계의 공준(가정)

회계기준 정립에 따르는 여러 가지 제약을 극복하기 위한 기본적인 전제나 가정을 회계 공준이라 하며 기업 실체, 계속기업, 기간별 보고, 화폐 평가의 공준이 있다.

1. 기업 실체의 공준

기업을 소유주와 독립적으로 존재하는 회계단위로 간주하고 이 회계 단위의 관점에서 그 경제활동에 대한 재무정보를 측정, 보고하는 것이다.

2. 계속기업의 공준

(1) 경영진은 재무제표를 작성할 때 계속기업(going concern)으로서의 존속가능성을 평가해야 한다.

(2) 경영진이 기업을 청산하거나 경영활동을 중단할 의도를 가지고 있지 않거나 청산 또는 경영활동의 중단 외에 다른 현실적 대안이 없는 경우가 아니면 계속기업을 전제로 재무제표를 작성한다.

(3) 재무제표가 계속기업의 가정하에 작성되지 않는 경우에는 그 사실과 함께 재무제표가 작성된 기준 및 그 기업을 계속기업으로 보지 않는 이유를 공시해야 한다.

3. 기간별 보고의 공준

기업 실체의 존속기간을 일정한 기간 단위로 분할하여 각 기간별로 재무제표를 작성해야 한다.

4. 회계기간의 가정

기업이 계속기업을 인위적으로 구분한 6개월 또는 1년의 기간을 회계연도 또는 회계기간이라고 한다. 회계연도의 시작점은 '기초', 종료점은 '기말'이라고 하고 회계연도 중에서 이번 회계연도를 '당기', 앞 회계연도는 '전기', 다음 회계연도는 '차기'라고 한다.

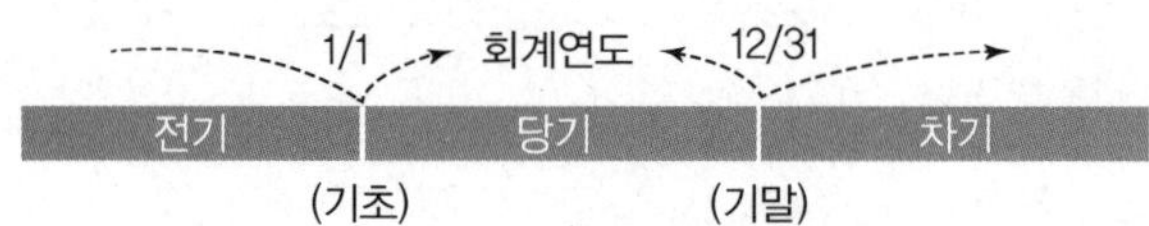

5. 화폐 평가의 공준

기업 실체에서 발생하는 거래는 객관적인 교환 가치를 나타낼 수 있는 화폐 단위로 표시해야 하며 이 화폐 가치는 일정해야 한다.

2 회계정보의 질적 특성

유용한 재무정보의 근본적 질적 특성은 목적적합성과 신뢰성이다.

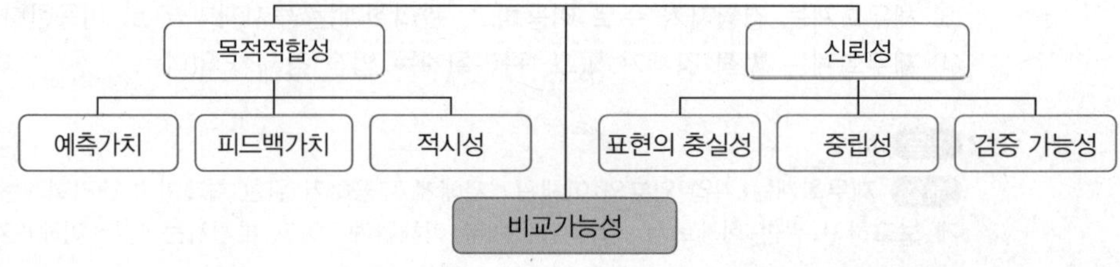

재무보고의 목적
1. 투자자와 채권자가 합리적인 투자의사 결정과 신용의사 결정을 하는 데 유용한 정보를 제공
2. 투자자와 채권자가 투자 또는 자금대여 등으로부터 받게 될 미래 현금의 크기, 시기 및 불확실성을 평가하는 데 유용한 정보를 제공
3. 기업 실체의 재무상태, 경영성과, 현금흐름 및 자본변동에 관한 정보를 제공
4. 재무제표를 통하여 경영자의 수탁책임 이행 등을 평가할 수 있는 정보를 제공

회계정보의 질적 특성
1. 근본적 질적 특성
   - 목적적합성 : 예측가치, 확인가치, 중요성
   - 표현의 충실성 : , 완전성, 중립성, 오류의 부재
2. 보강적 질적 특성
   - 비교가능성
   - 검증가능성
   - 적시성
   - 이해가능성

1. 목적적합성

회계정보는 이해관계자가 의도하고 있는 의사결정 목적과 관련이 있어야 한다. 목적적합성이 있는 회계정보는 의사결정 시점에 이용 가능하도록 적시에 제공되어야 하고 예측가치 또는 피드백가치를 가져야 한다.

(1) 예측가치 : 회계정보이용자가 기업 실체의 미래 재무상태, 경영성과, 현금흐름 등을 예측하는 데에 그 정보가 활용될 수 있는 속성을 의미한다. 정보이용자들이 미래 결과를 예측하기 위해 사용하는 절차의 투입요소로 재무정보가 사용될 수 있다면, 그 재무정보는 예측가치를 갖는다.

(2) 피드백가치 : 제공되는 회계정보가 기업 실체의 미래 재무상태, 경영성과, 순현금흐름, 자본변동 등에 대한 회계정보이용자의 당초 예측치(기대치)를 확인하거나 수정할 수 있게 하는 속성을 의미한다.

(3) 적시성 : 회계정보가 정보이용자에게 유용하기 위해서는 그 정보가 의사결정에 반영될 수 있도록 적시에 제공되어야 한다. 일반적으로 정보는 오래될수록 유용성이 낮아진다. 그러나 일부 정보는 보고기간 말 후에도 오랫동안 적시성이 있을 수 있다.

2. 신뢰성

회계정보가 정보이용자의 의사결정에 유용하기 위해서는 신뢰할 수 있는 정보여야 한다. 회계정보의 신뢰성은 나타내고자 하는 대상을 충실히 표현하고 있어야 하고 객관적으로 검증 가능하여야 하며 중립적이어야 한다.

(1) 표현의 충실성 : 재무정보가 신뢰성을 갖기 위해서는 그 정보가 나타내고자 하는 대상, 즉 기업 실체의 경제적 자원과 의무 그리고 이들의 변동을 초래하는 거래나 현상을 충실하게 표현해야 한다.

(2) 검증 가능성 : 동일한 경제적 사건이나 거래에 대하여 독립된 다른 측정자가 동일한 방법으로 측정했을 경우 유사한 결론에 도달할 수 있어야 한다.

(3) 중립성 : 특정 집단이나 개인의 이해 관계와 관련하여 편향된 정보를 전달해서는 안 되며 기업 실체의 객관적인 재무상태와 경영성과를 측정하고 보고함으로써 정보이용자의 의사결정이나 판단에 영향을 미치지 않도록 중립적이어야 한다.

3. 비교 가능성

기업실체의 재무상태, 경영성과, 현금흐름 및 자본변동의 추세 분석과 기업실체 간의 상대적 평가를 위하여 회계정보는 기간별 비교가 가능해야 하고 기업실체 간의 비교가능성도 확보해야 한다.

경영학 일반
조직행위론
인적관리 및 품질경영
마케팅
회계 및 재무관리
부록_실전모의고사

기출문제

의사결정에 영향을 미칠 수 있도록 의사결정자가 정보를 제때에 이용할 수 있게 하는 것을 의미하는 회계정보의 특성은?

① 안전성 ② 중립성
③ 비교가능성 ④ 적시성

정답 ④

해설 적시성은 의사결정에 영향을 미칠 수 있도록 의사결정자가 정보를 제때에 이용할 수 있게 하는 것을 의미한다.

테마 3 회계의 순환과정

회계의 순환과정
회계의 목적을 수행하기 위하여 거래를 인식하고 이를 기록 · 계산 · 정리하여 재무제표를 작성하기까지의 모든 과정을 말하며, 기업이 존속하는 한 계속적으로 반복된다.

거래의 인식 ➡ 분개 ➡ 전기 ➡ 결산 ➡ 재무제표의 작성

1 회계상 거래

1. 거래의 의의

기업의 경영활동에서 발생하는 자산, 부채, 자본의 증감 변화를 가져오는 모든 사항을 말한다.

2. 회계상 거래요건

회계상의 거래인 것		회계상 거래가 아닌 것
• 화재, 도난, 분실, 파손 • 건물 · 비품 등의 감가상각 • 채권의 회수 불능(대손) • 자산을 기증받음. • 채무를 면제받음 등	• 상품의 매입과 매출 • 현금의 수입과 지출 • 비용의 지급 • 수익의 수입 • 자산의 구입과 처분 • 종업원 급여 및 퇴직급 지급 • 채권, 채무의 증가와 감소 등	• 상품의 주문 • 토지나 건물의 임대차 계약 • 물품의 보관 • 상품매입 위탁 • 종업원의 채용 • 담보 설정 등
일상생활에서 거래가 아닌 것	일상생활에서 거래인 것	

(1) 자산, 부채, 자본의 증감 변화가 나타나야 한다.

(2) 증감 변화를 화폐가치로 측정 가능해야 한다.

(3) 위의 두 가지 요건이 충족되어야 장부에 기재되는 회계상 거래다.

3. 거래의 8요소와 결합관계

기업에서 발생되는 모든 거래는 자산의 증가, 자산의 감소, 부채의 증가, 부채의 감소, 자본의 증가, 자본의 감소, 비용의 발생, 수익의 발생이라는 8개의 요소로 구성되는데 이를 거래의 8요소라고 한다.

〈거래의 8요소와 결합관계〉

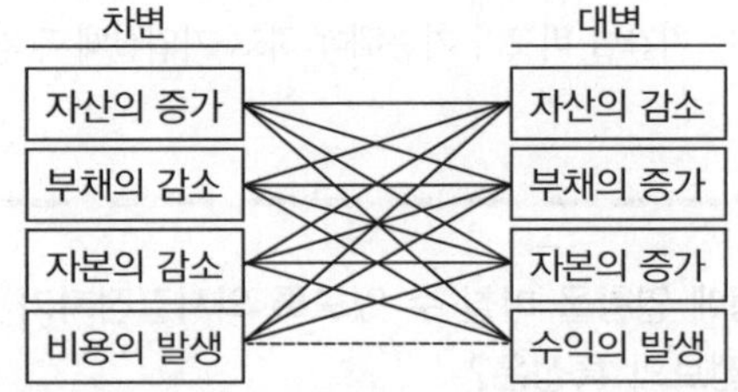

4. 거래의 이중성

회계상의 모든 거래는 차변요소와 대변요소가 결합되어 이루어지며 이때 차변요소 금액과 대변요소 금액도 같아진다. 이것을 거래의 이중성이라고 하며 복식부기의 특징 중 하나다.

2 거래의 종류

1. 교환거래

차변과 대변의 양쪽 거래 총액에서 자산, 부채, 자본이 증감 · 변동하지만 수익이나 비용이 발생하지 않는 거래를 말한다.

〈교환 거래의 결합 관계〉

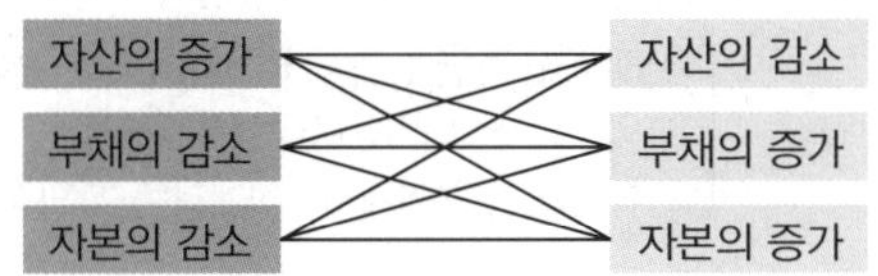

2. 손익거래

차변과 대변 중 어느 한쪽의 거래 총액에서 수익과 비용의 발생이나 소멸이 생김과 동시에 상대쪽은 자산, 부채, 자본의 증감이 결합하는 거래를 말한다.

〈손익 거래의 결합 관계〉

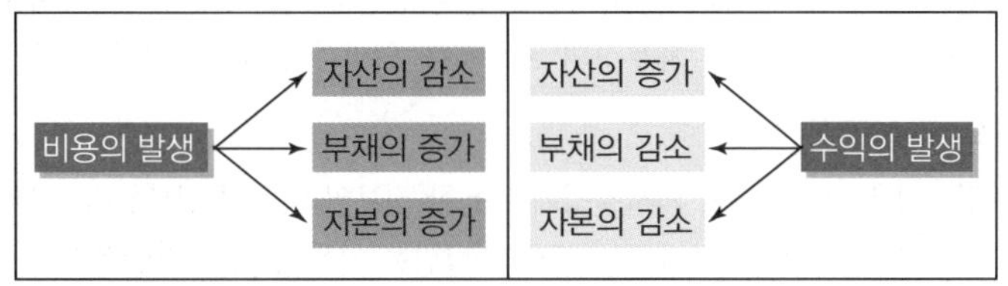

3. 혼합거래

하나의 거래에서 교환거래와 손익거래가 동시에 발생하는 거래를 말한다.

〈혼합 거래의 결합 관계〉

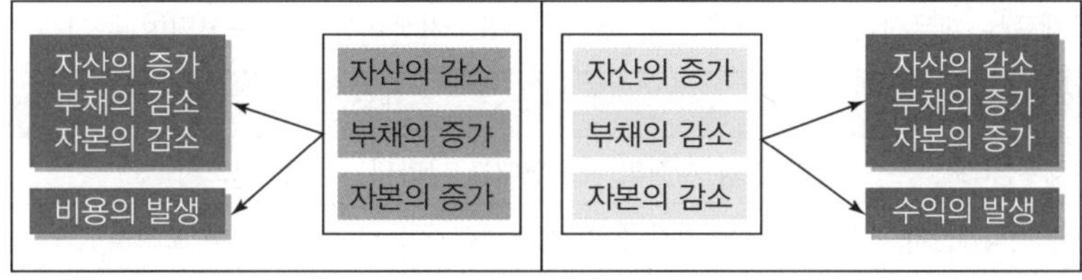

기출문제

다음 중 회계상 거래가 아닌 것은?

① 화재로 점포가 소실되었다.
② 변호사와 법률고문계약을 체결하였다.
③ 현금을 지불하고 전화기를 구입하였다.
④ 12월분 급여를 아직 지급하지 못하였다.

정답 ②

해설 회계상 거래란 회사재산상의 증감을 가져오는 사건을 의미하며 이는 객관적인 측정이 가능하여 화폐금액으로 기록할 수 있어야 한다. 즉, 토지나 건물을 임대차하는 계약을 맺은 경우는 일상생활에서의 거래에 해당하지만 회계상에서는 자산 · 부채 · 자본의 증감이 발생하지 않았으므로 거래가 되지 않는다.

테마 4 재무제표

재무제표는 기업의 경영활동을 일반적으로 인정된 회계 원칙(GAAP)에 따라 간결하게 요약한 재무보고서다. 재무제표는 기업 외부의 다양한 이해관계자가 경제적 의사결정을 하는 데 도움이 될 수 있도록 경영자가 기업실체의 경제적 자원과 의무, 경영성과 등에 관한 재무정보를 제공하고자 하는 데 그 목적이 있다.

1 재무제표(Financial Statement)의 개념

〈재무제표의 체계〉

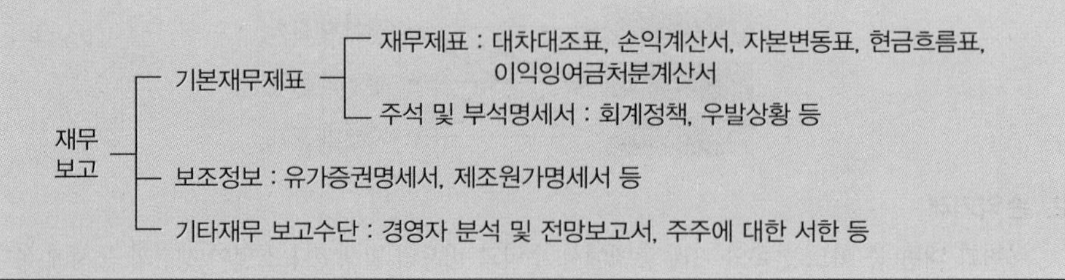

1. 재무제표의 의의

기업이 일정 시점의 재무상태와 일정 기간 동안의 경영성과를 명백히 파악하여 이를 이해관계자에게 보고하기 위해 작성하는 재무상의 보고서를 의미하며 결산보고서라고도 한다.

2. 재무제표의 작성목적

광범위한 정보이용자의 경제적 의사결정에 유용한 정보인 기업의 재무상태, 성과 및 재무상태변동 등을 제공하는 것이다. 재무제표는 또한 위탁받은 자원에 대한 경영진의 수탁책임이나 회계책임의 결과를 보여 준다.

2 재무제표의 구성과 작성방법

1. 재무제표의 구성

재무제표는 재무상태표, 손익계산서, 현금흐름표, 자본변동표로 구성되며 주석을 포함한다.

재무제표의 종류	내용
재무상태표	기업의 일정 시점의 재무상태를 나타내는 재무 보고서
(포괄)손익계산서	기업의 일정 기간 동안의 경영성과를 나타내는 재무 보고서
현금흐름표	기업의 일정 기간 동안의 현금흐름(유입과 유출)을 나타내는 재무 보고서
자본변동표	기업의 일정 기간 동안의 자본(자본금, 자본잉여금, 자본조정, 기타포괄손익누계액, 이익잉여금 또는 결손금) 크기와 그 변동에 관한 포괄적인 정보를 제공하는 재무 보고서
주석	재무제표상의 해당 과목 또는 금액에 기호나 번호를 붙이고 그 쪽수의 밑(난외)이나 별지에 동일한 기호나 번호를 사용하여 그 내용을 보충 설명하는 것

2. 재무제표 작성의 일반원칙

(1) 계속기업 전제 : 경영진은 재무제표를 작성할 때 계속기업의 존속 가능성을 평가해야 하고 계속기업을 전제로 재무제표를 작성하여야 한다.

(2) 공정한 표시 : 재무제표는 경제적 사실과 거래의 실질을 반영하여 기업의 재무상태, 경영성과, 현금흐름 및 자본변동을 공정하게 표시하여야 한다.

(3) 비교 재무제표의 작성 : 재무제표는 당해 회계연도분과 직전 회계연도분을 비교하는 형식으로 작성하여야 한다.

(4) 항목의 작성

① 통합과 구분 : 기업회계기준에서 정한 과목 중 성질이나 금액이 중요하지 아니한 것은 유사한 과목에 통합하여 기재할 수 있고 기업회계기준에서 정하지 않은 과목 중 성질이나 금액이 중요한 것은 구분하여 기재한다.

② 계속성 : 재무제표의 기간별 비교가능성을 제고하기 위하여 재무제표 항목의 표시와 분류는 매기 동일하여야 한다.

(5) 재무제표의 보고양식

① 재무제표는 이해하기 쉽도록 간단하고 명료하게 표시되어야 하고 재무상태표 · 손익계산서 · 현금흐름표 · 자본변동표 및 주석으로 구분하여 작성한다.

② 각 재무제표의 명칭과 함께 기업명, 보고기간종료일 또는 회계기간, 보고 통하 및 금액 단위를 기재한다.

③ 회사의 규모가 크고 이용자에게 오해를 줄 염려가 없다고 인정되는 경우에는 금액 단위를 천 원 또는 백만 원 등으로 기재할 수 있다.

경영학 일반
조직행위론
인적관리 및 품질경영
마케팅
회계 및 재무관리
부록_실전모의고사

기출문제

다음 중 재무제표에 포함되지 않는 것은?

① 현금흐름표 ② 손익계산서
③ 자본변동표 ④ 잔액시산표

정답 ④

해설 재무제표는 재무상태표, 손익계산서, 현금흐름표, 자본변동표로 구성되며 주석을 포함한다. 잔액시산표는 일정한 기간 내 계정과목에 해당하는 잔액을 기록한 서식을 뜻한다.

테마 5 재무상태표(대차대조표)

재무상태표는 일정 시점 현재에 기업실체가 보유하고 있는 경제적 자원인 자산과 경제적 의무인 부채 그리고 자본에 대한 정보를 제공하는 재무보고서다. 재무상태표에 나타난 자산과 부채로 기업의 가치를 직접적으로 평가할 수 있는 것은 아니지만 다른 재무제표와 함께 기업가치 평가에 유용한 정보를 제공해 준다.

1 재무상태표의 개념

1. 재무상태표의 내용

(1) 회계정보 이용자들이 기업의 유동성, 재무적 탄력성, 수익성과 위험 등을 평가하는 데 유용한 정보를 제공한다.

(2) 항목의 구분과 통합 표시 : 자산, 부채, 자본 중 중요한 항목은 재무상태표 본문에 별도 항목으로 구분하여 표시한다. 중요하지 않은 항목은 성격 또는 기능이 유사한 항목에 통합하여 표시할 수 있으며 통합할 적절한 항목이 없는 경우에는 기타 항목으로 통합할 수 있다.

(3) 자산과 부채의 총액 표시 : 자산과 부채는 원칙적으로 상계하여 표시하지 않는다.

자산 = 부채+자본

2. 재무상태표의 작성방법

기업회계기준에서는 계정식과 보고식의 두 가지 방법을 모두 허용하고 있으며 일반적으로 자산, 부채 및 자본을 동시에 파악할 수 있는 계정식을 주로 사용하고 있다. 기업회계기준에서는 대차대조표를 당해연도와 전년도를 비교하는 형식으로 보고하고 있다.

(1) 재무상태표의 작성기준

① 구분표시원칙 : 자산, 부채, 자본 항목으로 구분하고 자산은 유동자산, 비유동자산으로 부채는 유동부채, 비유동부채로 자본은 자본금, 자본잉여금, 자본조정, 기타포괄손익누계액, 이익잉여금으로 구분하여 표시한다.

② 자산, 부채, 자본 항목은 각각 총액으로 보고하는 것을 원칙으로 한다. 자산, 부채, 자본 항목을 상계함으로써 그 전부 또는 일부를 재무상태표에서 제외하여서는 안 된다.

③ 자산과 부채는 1년을 기준으로 유동자산, 비유동자산, 유동부채, 비유동부채로 구분하는 것을 원칙으로 한다.

④ 유동성배열법 : 자산과 부채는 유동성이 높은 계정부터 배열한다.

⑤ 잉여금구분원칙 : 자본거래에서 발생한 자본잉여금과 손익거래에서 발생한 이익잉여금을 구분하여 표시한다.

⑥ 가지급금이나 가수금 등 미결산항목과 비망계정은 그 내용을 나타내는 적절한 계정으로 표시하여 자산 또는 부채항목으로 표시하지 않도록 한다.

(2) 계정식 : 중앙을 중심으로 좌측에는 자산을, 우측에는 부채와 자본을 보고하는 방법이다.

〈계정식 대차대조표〉

대차대조표

제X(당)기 20XX년 XX월 XX일 현재
제X(당)기 20XX년 XX월 XX일 현재

㈜ XX (단위 : 원)

	당기	전기		당기	전기
자산	XXX	XXX	**부채**	XXX	XXX
유동자산	XXX	XXX	유동부채	XXX	XXX
당좌자산	XXX	XXX	비유동부채	XXX	XXX
재고자산	XXX	XXX	**자본**	XXX	XXX
비유동자산	XXX	XXX	자본금	XXX	XXX
투자자산	XXX	XXX	자본잉여금	XXX	XXX
유형자산	XXX	XXX	자본조정	XXX	XXX
무형자산	XXX	XXX	기타포괄손익누계액	XXX	XXX
기타비유동자산	XXX	XXX	이익잉여금	XXX	XXX
자산총계	XXX	XXX	**부채와 자본총계**	XXX	XXX

(3) 보고식 : 좌우의 구별 없이 재무상태표 상단으로부터 자산, 부채 그리고 자본의 순서대로 연속표시하여 보고하는 방법이다.

재무상태표

제5기 2017년 12월 31일 현재
제4기 2016년 12월 31일 현재

㈜ XX (단위 : 원)

과목	당기	전기
자산		
유동자산	XXX	XXX
당좌자산	XXX	XXX
재고자산	XXX	XXX
비유동자산	XXX	XXX
투자자산	XXX	XXX
유형자산	XXX	XXX
무형자산	XXX	XXX
기타비유동자산	XXX	XXX
자산총계	XXX	XXX
부채		
유동부채	XXX	XXX
비유동부채	XXX	XXX
부채총계	XXX	XXX
자본		
자본금	XXX	XXX
자본잉여금	XXX	XXX
자본조정	XXX	XXX
기타포괄손익누계액	XXX	XXX
이익잉여금	XXX	XXX
자본총계	XXX	XXX
부채 및 자본 총계	XXX	XXX

재무상태표의 유용성

1. 기업의 경제적 자원인 자산과 경제적 의무인 부채 그리고 소유주지분에 대한 정보를 제공해 준다.
2. 기업의 유동성에 따라 장·단기 부채의 상환 능력에 대한 정보를 제공해 준다.
3. 기업의 재무구조 건전성에 대한 정보를 제공해 준다.
4. 기업의 장·단기 계획 등에 대한 정보를 제공해 준다.

재무상태표의 한계점

1. 기업의 정확한 실질가치를 반영하지 못하기 때문에 잘못된 정보의 제공으로 잘못된 의사결정을 도울 수 있다.
2. 비계량적인 정보인 능력 있는 경영자, 우수한 연구인력 등의 인적자원, 브랜드의 가치 측정 등을 평가하는 데 어려움이 있다.
3. 회계기준에 따른 대체적 회계처리방법을 이용한 측정과 원가배분에 있어서 경영자의 주관적인 판단이 개입할 가능성이 존재한다.
4. 기업의 재무구조가 부실할 경우, 이를 은폐하기 위하여 가공의 자산을 증가하거나 부채를 숨기는 부외부채의 위험이 존재한다.

2 재무상태표의 구성

재무상태표는 자산, 부채, 자본으로 구성되어 있다.

자산이란 기업이 소유하고 있는 경제적 자원으로 과거 거래나 사건의 결과로 기업이 보유하고 있다고 기대되는 자원이며 미래의 경제적 효익 또는 용역의 잠재력을 의미한다. 자산은 1년을 기준으로 유동자산과 비유동자산으로 구분한다.

1. 자산(assets)

(1) 유동자산(current assets) : 결산일로부터 1년 이내에 현금으로의 전환이 가능한 자산으로, 그 형태에 따라서 당좌자산과 재고자산으로 세분된다.

① 당좌자산 : 1년 이내에 판매의 과정을 거치지 않고 현금화할 수 있는 자산을 말한다.

② 재고자산 : 1년 이내에 제조 또는 판매의 과정을 거쳐 현금화할 수 있는 자산을 말한다.

(2) 비유동자산(non-current assets) : 투자목적 또는 영업활동에 사용하기 위하여 보유하고 있는 장기(1년 이상) 자산으로 투자자산, 유형자산 및 무형자산으로 구분된다.

① 투자자산 : 여유자금의 증식 또는 다른 회사의 지배 · 통제를 위해 장기간 투자한 자산을 말한다.

② 유형자산 : 영업활동에 장기간 사용할 목적으로 보유하고 있는 실물자산을 말한다.

③ 무형자산 : 영업활동에 장기간 사용할 목적으로 보유하는 형태가 없는 자산을 말한다.

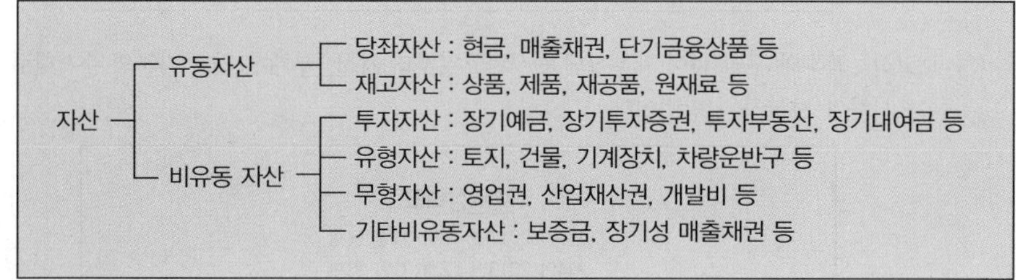

부채란 기업이 출자자 이외의 자로부터 빌리고 있는 자금으로 타인자본이라고도 한다. 부채는 재무상태표상에서 결산시점을 기준으로 1년 이내에 지급의무가 발생하는 유동부채와 1년이 지나서 지급의무가 발생하는 비유동부채로 구분된다.

2. 부채(liabilities)

(1) 유동부채(current liabilities) : 결산일로부터 1년 이내에 만기일이 도래하는 부채를 의미한다.

(2) 비유동부채(non-current liabilities) : 결산일로부터 1년 이후에 만기일이 도래하는 부채를 의미한다.

부채
- 유동부채 : 매입채무, 미지급금, 단기차입금, 미지급비용 등
- 비유동 부채 : 사채, 장기차입금, 퇴직급여충당부채 등

자본은 기업실체의 자산총액에서 부채총액을 차감한 잔여액 또는 순자산으로 자산에 대한 소유주의 잔여청구권을 말한다. 자본은 주주의 출자지분으로 주주 또는 출자자가 납입한 납입자본(액면금액×총발행주식수)과 경영활동의 결과로 생겨난 이익의 유보금액 합계액이다.

3. 자본(stockholder's equity)

자본
- 자본금 : 보통주자본금, 우선주자본금
- 자본잉여금 : 주식발행초과금, 감자차익, 기타자본잉여금 등
- 자본조정 : 주식할인발행차금, 배당건설이자, 자기주식, 미교부주식배당금 등
- 기타포괄손익누계액 : 매도가능증권평가손익, 해외사업환산대 등
- 이익잉여금 : 이익준비금, 기타법정적립금, 임의적립금, 차기이월이익잉여금 등

(1) 자본금 : 기업이 유지하여야 할 최소한의 자본으로, 이를 법정자본금이라고 하며 발행 주식의 액면금액에 해당되는 금액이다. 자본금은 보통주자본금과 우선주자본금으로 나누어진다.

① 보통주자본금=보통주 발행주식수×보통주 액면가

② 우선주자본금=우선주 발행주식수×우선주 액면가

(2) 자본잉여금 : 자본적 거래인 증자활동이나 감자활동 등 주주와의 거래에서 발생하여 자본을 증가시키는 잉여금을 말한다. 자본잉여금은 주주들에게 배당을 할 수 없고 자본의 전입이나 손실의 보전에만 사용할 수 있다.

(3) 자본조정 : 자본거래 등에서 발생하였으나 자본금, 자본잉여금, 이익잉여금 중 어느 항목에도 속하지 않는 임시적인 항목을 말한다.

(4) 기타포괄손익누계액 : 보고기간 종료일 현재의 매도가능증권평가손익 등의 잔액이다.

(5) 이익잉여금(또는 결손금) : 손익계산서에 보고된 손익과 다른 자본항목에서 이입된 금액의 합계액에서 주주에 대한 배당, 자본금으로의 전입 및 자본조정 항목의 상각 등으로 처분된 금액을 차감한 잔액이다.

기출문제

재무상태표 상 자본과 가장 관련이 없는 것은?

① 이익잉여금 ② 기타포괄손익누계

③ 감자차익 ④ 감채기금

정답 ④

해설 감채기금이란 공채나 사채 등을 기업 내부에 유보해 두는 일정액의 자금으로, 자본과 가장 관련이 없는 계정이다.

테마 6 (포괄)손익계산서

손익계산서는 일정 기간 동안 사업 활동을 수행한 기업의 경영성과에 대한 정보를 제공하는 재무보고서다. 손익계산서는 동태적 재무제표이고 재무상태표는 일정 시점의 재무상태를 나타내고 있는 정태적 재무제표다.

1 손익계산서의 개념

손익계산서에서 손익이라는 용어는 손실(損失)과 이익(利益)의 준말로, 사업에 있어서 손익을 계산해 본다는 것은 그 사업을 통해 벌어들이는 수입과 그에 따른 비용을 제대로 계산해 본다는 말이다.

수익 − 비용 = 순이익(순손실)

손익계산서는 당해 회계기간의 경영성과를 나타낼 뿐만 아니라 기업의 미래 현금흐름과 수익 창출 능력 등의 예측에 유용한 정보를 제공한다.

2 손익계산서의 구성과 원리

수익이란 상품이나 제품의 판매 및 용역의 제공 등 해당 기업의 목적 사업인 일반적인 상거래에서 발생한 순자산의 증가분으로, 매출과 용역수익이 포함된다.

1. 수익(revenues)

(1) 수익의 의의 : 일정 기간 동안에 기업이 경영활동을 통해 창출한 재화의 판매나 용역을 제공한 가치의 총계를 화폐금액으로 표시한 것이다.

(2) 수익의 구성

수익
- 매출액 : 주된 영업활동인 제품, 상품, 용역 등
- 영업외수익 : 이자수익, 배당금수익, 임대료수익, 단기매매처분이익, 매도가능증권 처분이익, 유형자산처분이익, 전기오류수정이익 등

비용이란 상품이나 제품을 판매하거나 용역을 제공하는 등 해당 기업의 목적 사업 수행과정에서 발생한 순자산의 감소분이다.

2. 비용(expenses)

(1) 비용의 의미 : 수익을 얻기 위해서 기업이 소비한 재화 또는 용역으로 소멸된 원가를 말하는 것으로, 결국 수익을 얻기 위해 소비한 자산이며 기업의 자본을 감소시키는 원인이 된다.

(2) 비용의 분류

비용
- 매출원가 : 제조원가 또는 매입원가
- 판매비와 관리비 : 판매원 및 관리사원의 급여, 감가상각비, 광고선전비, 여비교통비 등
- 영업외비용 : 이자비용, 단기매매증권처분손실, 매도가능증권처분손실, 유형자산처분손실, 전기오류수정손실 등
- 법인세비용 : 법인세비용

일정 기간 동안 특정 기업의 수익 및 이득에서 비용과 손실을 차감한 금액을 순이익이라 하고 수익과 이득보다 비용과 손실이 큰 경우의 그 차액을 순손실이라 한다.

3. 순손익

특정 회계기간의 순이익이나 순손실을 당기순이익 또는 당기순손실이라 한다. 따라서 당기순손익에는 당해 기업이 일정 기간 동안 창출한 영업활동에 의한 성과와 영업 외 활동에 의한 성과가 모두 포함된다.

3 손익계산서의 유용성과 한계점

1. 손익계산서의 유용성

(1) 기업의 영업활동과 그 외의 활동에 대한 경영성과를 평가하기 위한 정보를 제공해 준다.

(2) 기업의 수익성(이익창출능력)과 미래현금흐름을 예측하는 데 유용한 정보를 제공해 준다.

(3) 기업의 성과로 인하여 소유주인 주주들이 받을 수 있는 배당가능이익에 관한 정보와 경영자의 업적평가에 중요한 정보를 제공해 준다.

2. 손익계산서의 한계점

(1) 발생주의에 기초를 둔 수익과 비용을 계상하므로 현금흐름에 차이가 발생할 수 있다.

(2) 수익 · 비용대응의 원칙에 경영자의 주관적인 판단이 개입할 소지가 있다.

(3) 물가를 반영하지 못하기 때문에 현행의 수익이 과거의 원가와 대응하여 왜곡된 손익이 발생할 가능성이 있다.

기출문제

일정 기간 동안 발생한 모든 수익과 비용을 즉, 경영성과를 보고하는 재무보고서는?

① 투자성과표 ② 재무상태표
③ 손익계산서 ④ 현금흐름표

정답 ③

해설 손익계산서는 일정 기간 동안 사업 활동을 수행한 기업의 경영성과에 대한 정보를 제공하는 재무보고서다.

테마 7 자본변동표와 현금흐름표

자본변동표는 한 회계 기간 동안 발생한 소유주지분인 자본의 변동을 표시한다. 따라서 자본변동표는 자본을 구성하고 있는 자본금, 자본잉여금, 자본조정, 기타포괄손익누계액, 이익잉여금(결손금) 각각의 변동을 나타낸다.

자본변동표의 유용성
1. 자본의 변동내용에 대한 포괄적인 정보 제공
2. 재무제표 간 연계성 제고 및 재무제표의 이해 가능성 증진
3. 포괄적인 경영성과에 대한 정보 제공

1 자본변동표

1. 자본변동표의 개념

일정 기간 동안 재무상태표상 자본의 변동에 관한 자세한 내용을 나타내는 재무보고서가 자본변동표다. 자본은 주주들과의 거래로 인하여 변화하거나 영업활동에 따라 발생하는 손익에 의해 변화한다.

2. 자본변동표의 구성항목

(1) 자본금 : 자본금 변동은 기중에 유상증자(감자), 무상증자(감자)와 주식배당 등이 있을 경우에 발생한다. 만약 기업이 우선주를 발행하였다면 보통주자본금과 우선주자본금을 구분하여 표시하여야 한다.

(2) 자본잉여금 : 자본잉여금은 유·무상증자 또는 결손금의 처리 등에 의하여 발생한다. 구체적으로는 주식발행초과금, 감자차익, 기타자본잉여금의 변동이 있다.

(3) 이익잉여금 : 자본변동표상의 이익잉여금은 이익잉여금전체의 변동에 관한 내용을 표시해 준다.

(4) 자본조정의 변동 : 자본조정 항목은 자기주식, 주식할인발행차금 등 여러 가지가 있다.

(5) 기타 포괄손익누계액의 변동 : 포괄손익이란 일정 기간 동안 주주와의 자본거래를 제외한 모든 거래나 사건에서 인식한 자본의 변동을 말하는 것으로, 매도가능증권평가손익, 해외사업환산손익 등이 있다.

현금흐름표는 기업의 현금흐름을 나타내는 표로 현금의 변동내용을 명확하게 보고하기 위하여 당해 회계기간에 속하는 현금의 유입과 유출 내용을 적정하게 표시하여야 한다. 여기에서 현금이라 함은 현금 및 현금등가물(통화 및 통화대용증권, 당좌예금·보통예금과 같은 요구불예금)이다.

2 현금흐름표

1. 현금흐름표의 유용성

(1) 미래 현금흐름의 예측과 평가에 유용한 정보를 제공한다.

(2) 배당지급능력·부채상환능력과 자금조달의 필요성에 대한 정보를 제공한다.

(3) 투자 및 재무활동에 대한 정보를 제공한다.

(4) 당기순이익에 대한 보완 정보를 제공한다.

2. 현금흐름표의 구분

(1) 영업활동으로 인한 현금흐름 : 일반적으로 제품의 생산과 상품 및 용역의 구매·판매활동을 말하며 투자활동과 재무활동에 속하지 않는 거래를 말한다.

현금 유입	현금 유출
제품 등의 판매(매출채권 회수포함), 이자수익과 배당금수익	원재료·상품 등의 구입(매입채무의 결제), 공급자와 종업원에 대한 지출, 법인세 및 이자의 지급

(2) 투자활동으로 인한 현금흐름 : 현금의 대여와 회수활동, 유가증권·투자자산·유형자산 및 무형자산의 취득과 처분과 같이 영업활동과 관련이 없는 자산의 증가·감소거래를 말한다.

현금 유입	현금 유출
대여금의 회수, 금융상품(유가증권 · 투자자산)의 처분, 유형자산의 처분	대여금(현금)의 대여, 금융상품(유가증권 · 투자자산)의 취득, 유형자산의 취득

(3) 재무활동으로 인한 현금흐름 : 현금의 차입 및 상환활동, 신주발행이나 배당금의 지급활동 등과 같이 부채 및 자본계정에 영향을 미치는 거래로 영업활동과 관련이 없는 부채 및 자본의 증가 · 감소 거래다.

현금 유입	현금 유출
현금(단기 · 장기차입금)의 차입, 어음 · 사채의 발행, 주식의 발행, 자기주식의 매각	차입금의 상환, 배당금의 지급, 유상감자 및 자기주식의 취득

기출문제

다음 중 현금흐름표를 통해 확인할 수 있는 내용으로 보기 어려운 것은?

① 기업이 이미 얻은 수익의 발생 원천에 관한 정보

② 부채와 배당금의 지급능력에 대한 정보

③ 기업의 현금성 자산의 구성요소에 대한 정보

④ 기업이 도산하거나 부실화되는 것을 예측할 수 있는 정보

정답 ①

해설 현금흐름표의 유용성

1. 미래 현금흐름의 예측과 평가에 유용한 정보 제공
2. 배당지급능력 · 부채상환능력과 자금조달의 필요성에 대한 정보 제공
3. 투자 및 재무활동에 대한 정보 제공
4. 당기순이익에 대한 보완 정보 제공

테마 8 재고자산

> 기업의 정상적인 영업활동 과정에서 판매를 목적으로 보유하거나 판매할 제품의 생산을 위하여 사용 또는 소비될 자산을 재고자산이라 한다. 재고자산의 종류로는 상품, 제품, 반제품, 재공품, 원재료, 저장품 등이 있다.

1 재고자산의 의의

1. 재고자산의 정의

(1) 판매를 목적으로 소유하고 있는 자산 : 상품, 제품, 반제품

(2) 판매를 목적으로 생산과정에 있는 자산 : 재공품, 반제품

(3) 제품의 생산이나 서비스의 제공과정에서 직접 또는 간접적으로 투입될 자산 : 원재료, 저장품

2. 재고자산의 매입과 매출

(1) 취득원가

① 재고자산은 외부로부터 매입하는 상품, 원재료 등과 자가제조하는 제품, 재공품 등으로 구분할 수 있다.

구분	취득원가
외부매입	매입금액+매입부대비용
자가제조	직접재료비+직접노무비+제조간접비

② 재고자산의 매입금액이란 총 매입가액에서 매입할인액, 매입에누리액 및 매입환출액을 차감한 순매입액을 말한다.

③ 매입부대비용이란 매입운임, 매입수수료, 하역비, 보험료 등으로 취득과 관련하여 발생하는 비용이며 취득원가에 가산한다. 매입부대비용을 판매자가 부담하는 경우라면 취득원가에 가산할 수 없고 판매자의 판매비와 관리비(비용)로 처리한다.

④ 재고자산의 취득원가

> 취득원가 = 매입가액+매입부대비용 − 매입환출 − 매입에누리 − 매입할인

(2) 순매입액의 계산

① 총 매입액에서 매입환출, 매입에누리 및 매입할인을 차감하여 순매입액을 구한다.

② 매입에누리와 매입환출액 및 매입할인은 모두 매입액에서 차감하여야 하며 차감한 잔액을 순매입액이라 한다.

구분	내용
매입환출	매입한 재고자산을 반품한 것
매입에누리	매입한 재고자산의 파손이나 하자를 이유로 값을 깎은 것
매입할인	재고자산의 구입 대금을 조기에 지급할 때 상대방이 깎아 준 것

③ 순매입액

> 순매입액(취득원가) = 매입가액 − 매입환출 − 매입에누리 − 매입할인

(3) 매출원가의 계산 : 상품은 도 · 소매업으로 완성된 상품을 구입하여 마진을 붙여 판매하는 것을 말하고 제품은 회사가 직접 원재료와 노무비 등 각종 제조간접비를 통해 제품을 완성하여 판매하는 것을 의미한다.

구분	매출원가
상품매출원가	기초상품재고액+당기매입액−기말상품재고액−타계정대체액
제품매출원가	기초제품재고액+당기제품제조원가−기말제품재고액−타계정대체액

(4) 매출총이익의 계산 : 매출총이익은 순매출액에서 매출원가를 차감하여 구한다. 순매출액은 일정 기간 동안 판매한 모든 상품의 판매가격인 총 매출액에서 매출에누리와 환입액 및 매출할인액을 차감하여 계산한다.

> 매출액(순매출액) = 매출액 − 매출에누리 − 매출환입 − 매출할인

2 재고자산의 수량(Q) 파악

> 매출원가 = 매출된 재고자산의 수량 × 단위당 가격
> 기말재고자산 = 기말재고수량 × 단위당 가격

1. 계속기록법(perpetual inventory system)

(1) 의의

① 재고자산의 입고 및 판매 시마다 계속적으로 금액과 수량을 장부(상품재고장)에 기록하여 기말 결산 시 장부상에서 기말재고수량과 금액을 직접 파악하는 방법이다.

② 수시로 재고자산의 금액과 매출원가를 파악할 수 있으며 재고실사법과 병행하면 장부상의 수량과 실제재고수량을 비교함으로써 재고부족의 유무를 알 수 있고 동시에 그 원인을 찾아낼 수 있다.

(2) 계산방법

> 계속기록법 : 기초상품+당기매입 − 매출원가 = 기말상품

(3) 특징

① 재고관리에 용이한 방법이다.

② 재고실사법과 함께 적용하면 감모손실 파악에 용이하다.

③ 회계업무량이 과다하고 감모손실을 파악하지 않으면 재고자산이 과대계상될 가능성이 있다.

2. 실지재고조사법(periodic inventory system)

(1) 의의

① 결산 시에 재고조사를 실시하여 기말재고수량을 파악한 후 이 수량에 재고자산의 단위당 원가를 곱하여 재고자산의 금액을 결정하는 방법이다.

② 회계기간 중에는 입고수량(매입수량)만을 기록할 뿐 회계기간 중의 출고수량(판매수량)에 관한 기록은 하지 않는다.

(2) 계산방법

> 실지재고조사법 : 기초상품+당기매입 − 기말상품 = 매출원가

(3) 특징

① 재고관리를 효과적으로 할 수 없고 감모손실 파악이 곤란하다.

② 회계업무량이 적은 방법이다.

재고자산	
기초	매출원가
당기	
	기말
합계	합계

계속기록법 ↓ ↑ 실지재고조사법

3 기말재고자산의 단가(P) 결정

1. 재고자산의 원가흐름에 대한 가정

매입단가가 계속하여 변동하는 경우에 판매되는 재고자산의 원가를 어떻게 결정할 것인가를 가정한 것을 말한다.

2. 개별법(specific identification method)

(1) 의의 : 상품을 매입할 때마다 금액을 개별적으로 식별해 두었다가 판매할 때 판매상품의 매입원가를 확인하여 그 가액을 출고단가로 하는 방법이다.

(2) 특징

① 실제수익에 실제원가를 개별적으로 대응시켜 원가흐름과 실제흐름이 일치하게 한다.

② 경영자가 매입상품을 임의로 선택, 판매하여 이익을 조작할 가능성이 있다.

③ 개별성이 강한 고가품(골동품 등)에 적용할 수 있다.

3. 선입선출법(FiFo ; First-in, First-out method)

(1) 의의 : 매입한 순서대로 판매(출고)된다고 가정하는 방법이다.

(2) 특징

① 실제의 물량흐름에 따라 재고자산의 원가를 결정하며 개별법과 유사하나 재고자산을 개별적으로 식별하지 않는다는 점이 다르다.

② 물가가 상승하는 경우 현행수익에 과거원가가 대응되므로 순이익이 과대 계상되는 문제가 있다.

4. 가중평균법(weighted average cost method)

(1) 총평균법(total average method)

① 의의 : 상품의 매입은 수량 · 단가 · 금액을 기입하고 인도와 잔액란은 수량만 기입한 후, 월말에 총 평균단가를 구하여 총 평균단가로 재고자산의 단가를 결정하는 방법이다.

② 단가계산식

$$\text{총평균단가} = \frac{\text{기초상품금액} + \text{당기순매입액}}{\text{기초상품수량} + \text{당시순매임수량}}$$

③ 특징 : 일정 기간 상품의 출고단가가 균일하지만 기간 말이 되어야 단가계산이 가능하다는 문제점이 있다.

(2) 이동평균법(moving average method)

① 의의 : 상품의 잔액란 단가와 매입단가가 다를 때마다 이동평균단가를 구하여 기말재고자산의 단가를 결정하는 방법이다.

② 단가계산식

$$\text{이동평균단가} = \frac{\text{전일재고액} + \text{당일매입액}}{\text{전일재고수량} + \text{당일매입수량}}$$

③ 특징 : 재고자산의 입고 시마다 평균단가가 신속하게 계산되고 객관적이며 이익조작의 여지가 없으나 평균단가의 계산과정이 복잡하다.

5. 후입선출법(LiFo ; Last-in, First-out)

(1) 의의 : 선입선출법과 반대로 나중에 매입 또는 생산된 재고항목이 먼저 판매되는 것으로 가정하여 재고자산의 출고단가를 계산하는 방법이다.

(2) 특징

① 물가가 상승하는 경우 현행수익에 현행원가가 대응되어 순이익을 적절히 계상할 수 있다.

② 계속기록법과 실지재고조사법을 적용 시 기말재고자산의 평가액이 달라진다.

③ 한국채택국제회계기준(K-IFRS)에서 적용하고 있지 않는 방법이다.

6. 각 방법의 비교

재고자산의 가격이 지속적으로 상승하는 인플레이션 시에 이익과 기말재고자산 금액의 크기는 선입선출법, 이동평균법, 총평균법, 후입선출법의 순서로 크고 매출원가는 반대로 후입선출법이 가장 크게 나타난다.

기출문제

재고자산 원가결정방법 중에서 현행 한국채택국제회계기준(K-IFRS)이 적용하지 않고 있는 방법은?

① 가중평균원가법 ② 개별법

③ 선입선출법 ④ 후입선출법

정답 ④

해설 후입선출법 : 맨 나중(최근)에 입고된 재고자산부터 먼저 판매된다고 가정하는 방법으로 K-IFRS 에서 인정하지 않고 있다.

오답풀이

① 가중평균원가법 : 기존의 재고자산 단가의 가중평균을 적용하는 방법이다.

② 개별법 : 재고자산의 원가흐름에 대해서 인위적인 가정을 하는 것이 아니라 실물의 흐름을 파악하여 그에 따라 매출원가와 기말재고상품을 결정하는 방법이다.

③ 선입선출법 : 먼저 입고된 상품부터 먼저 판매된다고 가정하는 방법이다.

테마 9 유형자산

<table>
<tr><td rowspan="4">유동자산
(1년 이내에 현금화할 수 있는 자산)</td><td rowspan="2">당좌자산</td><td>판매 과정 없이 보고기간 종료일로부터 1년 이내에 현금화가 가능한 자산</td></tr>
<tr><td>현금 및 현금성 자산(현금, 당좌예금, 보통예금, 현금성자산 등), 단기투자자산(단기예금, 단기매매증권, 단기대여금 등), 매출채권(외상매출금, 받을어음), 미수금, 미수수익, 선급금, 선급비용 등</td></tr>
<tr><td rowspan="2">재고자산</td><td>판매 과정을 통해 보고기간 종료일로부터 1년 이내에 현금화가 가능한 자산, 생산 과정에 있는 자산, 생산 과정에 투입될 원재료나 소모품의 형태로 존재하는 자산</td></tr>
<tr><td>상품, 저장품(소모품), 원재료, 제공품 등</td></tr>
<tr><td rowspan="8">비유동자산
(1년 이내에 현금화가 어렵거나 현금화할 의도가 없는 자산)</td><td rowspan="2">투자자산</td><td>기업이 장기간(1년 이상) 투자 수익이나 타기업 지배 목적 등의 부수적인 기업 활동의 결과로 보유하는 자산</td></tr>
<tr><td>장기예금, 장기투자증권(매도가능증권, 만기보유증권), 장기대여금, 투자부동산 등</td></tr>
<tr><td rowspan="2">유형자산</td><td>기업이 장기간(1년 이상) 업무용으로 사용할 목적으로 소유한 물리적인 형체(형태)가 있는 자산</td></tr>
<tr><td>토지, 건물, 건설중인자산, 차량운반구, 비품, 기계장치 등</td></tr>
<tr><td rowspan="2">무형자산</td><td>장기간(1년 이상)에 걸쳐 경제적 효과가 예상되는 물리적인 실체가 없는 자산</td></tr>
<tr><td>영업권, 산업재산권(특허권, 실용실안권, 디자인권, 상표권), 라이선스, 프랜차이즈, 저작권, 컴퓨터소프트웨어, 개발비, 임차권리금, 광업권, 어업권</td></tr>
<tr><td rowspan="2">기타
비유동자산</td><td>투자자산, 유형자산, 무형자산에 속하지 않는 비유동자산</td></tr>
<tr><td>임차보증금, 장기매출채권, 장기미수금, 장기선급비용, 장기선급금</td></tr>
</table>

판매를 목적으로 보유하는 자산은 재고자산이고 사용할 목적으로 보유하며 물리적 형태가 없는 자산은 무형자산으로 분류한다. 반면에 사용할 목적으로 보유하며 물리적 형태가 있는 자산은 유형자산이다.

1 유형자산의 개념

1. 유형자산의 의의

재화의 생산이나 용역의 제공, 타인에 대한 임대 또는 자체적으로 사용할 목적으로 보유하고 있으며 물리적 형태가 있는 자산으로 1년을 초과하여 사용할 것이 예상되는 자산을 말한다.

2. 유형자산의 종류

구분	내용
토지	대지, 임야, 전답, 잡종지 등으로 이는 감가상각 대상 자산이 아니다.
건물	건물이나 공장 · 창고 · 및 냉난방 · 조명 · 통품 및 기타의 건물부속설비 등을 말한다.
구축물	토지 위에 건설한 건축물 이외의 설비로 교량, 궤도, 저수지, 갱도, 정원설비, 침전지, 상하수도, 터널, 전주, 지하도관, 신호장치, 정원 등을 말한다.
기계장치	기계장치와 운송설비(콘베어, 호이스트, 기중기 등) 및 기타의 부속설비를 포함한다.
차량운반구	영업활동에 사용되는 승용차, 트럭 등 육상운반구를 말한다.

비품	사업을 위하여 사용하는 일반적인 집기, 비품 등을 구입한 경우에 처리하는 계정과목으로 내용연수가 1년 이상인 것이다.
건설 중인 자산	유형자산을 건설하기 위하여 지출한 금액으로 아직 건설이 완료되지 않은 경우 완공시까지 임시로 처리하는 계정이다. 이는 건설이 완료되는 때에 해당 계정인 건물, 구축물 등으로 대체된다.

2 유형자산의 인식과 취득금액

1. 유형자산의 인식조건

유형자산으로 인식되기 위해서는 다음의 인식조건을 모두 충족하여야 한다.

(1) 자산으로부터 발생하는 미래 경제적 효익이 기업에 유입될 가능성이 매우 높다.

(2) 자산의 원가를 신뢰성 있게 측정할 수 있다.

2. 유형자산의 취득금액의 결정

구분	취득금액
외부구입	매입금액+부대비용
자가건설	제작원가+부대비용
무상취득	그 자산의 공정가치
교화취득	• 동종자산 : 제공한 자산의 장부금액 • 이종자산 : 제공한 자산의 공정가치

기출문제

다음 〈보기〉에 해당하는 자산 계정은?

보기

구체적인 형태가 있는 자산으로 판매 목적이 아닌 영업활동에 있어서 장기간 사용하기 위하여 소유하고 있는 자산

① 비품 ② 상품

③ 제품 ④ 영업비

정답 ①

해설 사용할 목적으로 장기간 보유하는 것으로 물리적 형태가 있는 자산은 유형자산이고 장기간 사용하기 위한 것은 비품이다.

테마 10 유형자산의 감가상각

감가상각이란 유형자산의 감가상각대상금액을 경제적 효익이 발생하는 기간에 걸쳐 체계적이고 합리적인 방법으로 배분하는 과정이다. 감가상각대상금액은 취득원가에서 잔존가치를 차감하여 구한다.

1 감가상각의 개념

1. 감가상각의 기본요소

감가상각을 결정하는 기본요소는 취득원가, 잔존가치 그리고 내용연수다.

2. 감가상각의 회계처리

감가상각비의 회계처리는 직접법과 간접법이 있는데, 유형자산의 감가상각은 간접법에 의하여 회계처리하고 재무상태표에는 감가상각누계액을 해당 유형자산에서 차감하는 형식으로 표시하여야 한다.

2 감가상각비의 계산방법

1. 정액법

감가상각 대상금액(취득원가−잔존가치)을 내용연수에 걸쳐 균등하게 배분하는 방법으로 계산과정이 간편하며 균등액상각법 또는 직선법이라고도 한다.

$$연간\ 감가상각비 = \frac{취득원가 - 잔존가치}{내용연수}$$

2. 정률법

(1) 유형자산의 취득원가에서 감가상각누계액을 차감한 미상각잔액(장부금액)에 매기 동일한 상각률을 적용하여 계산한다.

(2) 내용연수 초기에 많은 금액을 상각하고 기간(내용연수)이 경과함에 따라 점차 감가상각비를 적게 인식하는 방법이다. 취득원가에서 감가상각누계액을 차감한 금액을 장부금액 또는 미상각잔액이라고 하는데, 정률법을 미상각잔액법이라고도 한다.

$$연간\ 감가상각비 = (취득원가 - 감가상각누계액) \times 상각률(정률)$$

〈정액법과 정률법의 비교〉

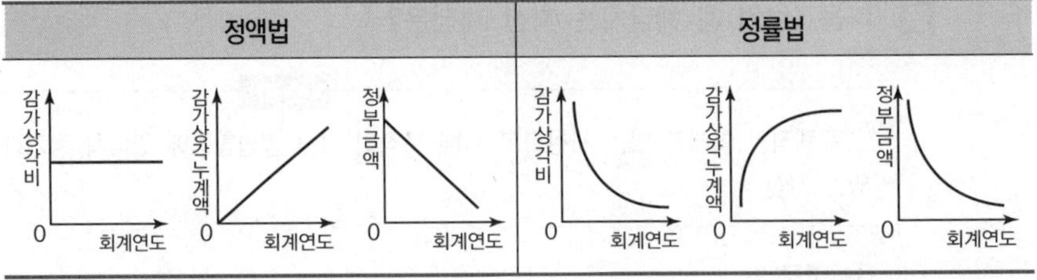

3. 연수합계법

정률법, 이중체감법과 함께 초기에 감가상각을 많이 계상하는 가속상각법의 한 종류다. 감가상각비의 계산은 감가상각대상액에 내용연수합계에 대한 내용연수연차의 역순의 비율을 곱하여 구한다.

$$감가상각비 = (취득원가 - 잔존가치) \times \frac{연수의\ 역순}{내용연수의\ 합계}$$

4. 생산량비례법

감가상각대상액을 생산량이나 채굴량에 비례하여 감가상각비를 계산하는 방법으로 산림, 유전, 광산 등 천연자원의 감가상각비 계산에 많이 사용한다.

$$감가상각비 = (취득원가 - 잔존가치) \times \frac{당기생산량}{예상총생산량}$$

3 감가상각비의 회계처리 방법

1. 직접법

(1) 당기분의 감가상각액을 감가상각비 계정의 차변과 해당되는 유형자산 계정의 대변에 기입하여 유형자산의 장부금액을 직접 차감하는 방법이다.

(2) 기간이 경과하면 취득원가를 알 수 없다는 단점이 있다.

2. 간접법

(1) 당기분의 감가상각액을 감가상각비 계정의 차변과 해당하는 유형자산 계정에 대한 차감적 평가계정인 감가상가누계액 계정의 대변에 기입하여 유형자산의 장부금액을 간접적으로 차감하는 방법이다.

(2) 취득원가와 감가상각누계액을 동시에 알 수 있다는 장점이 있다.

기출문제

다음 중 감가상각에 대한 설명으로 옳지 않은 것은?

① 정액법은 매년 같은 금액으로 감가상각을 하는 방법이다.
② 감가상각의 3요소는 내용연수, 취득원가, 잔존가치다.
③ 모든 유형자산은 감가상각의 대상이 된다.
④ 유형자산의 감가상각은 간접법으로 회계처리한다.

정답 ③

해설 토지와 건설중인 건물은 감가상각 대상이 아니다.

테마 11 무형자산

무형자산은 재화의 생산이나 용역의 제공, 타인에 대한 임대 또는 관리에 사용할 목적으로 기업이 보유하고 있는 물리적 형체가 없는 자산이다. 이러한 무형자산은 비화폐성자산으로 취득원가의 측정이 가능하고 기업이 통제하고 있는 식별가능한 자원으로 미래의 경제적 효익이 있어야 한다. 무형자산은 영업권, 산업재산권, 개발비, 기타로 구분하여 재무상태표에 표시한다.

1 무형자산의 종류

종류		정의
영업권		합병, 영업양수 등의 경우에 유상으로 취득한 것으로 합병 등의 대가가 합병 등으로 취득하는 순자산의 공정가치를 초과하는 금액
산업재산권	특허권	특허 발명을 특허법에 등록하여 일정기간 독점적 · 배타적으로 사용할 수 있는 권리
	실용신안권	물건의 모양이나 구조 등의 실용적인 고안을 관계 법률로 등록하여 일정 기간 독점적 · 배타적으로 사용할 수 있는 권리
	디자인권	물품의 형상, 색상을 개량하고 관계 법률에 등록하여 일정 기간 독점적 · 배타적으로 사용할 수 있는 권리
	상표권	특정 상표를 관계 법률에 의하여 등록하여 일정 기간 독점적 · 배타적으로 사용할 수 있는 권리
개발비		기업에서 신제품 · 신기술 등의 개발과 관련하여 발생한 비용으로 개별적으로 식별 가능하고 미래의 경제적 효익을 확실하게 기대할 수 있는 것
프랜차이즈		특정 체인사업의 가맹점에서 특정 상품, 상호 등을 독점적으로 사용할 수 있는 권리
저작권		저작자가 자기 저작물을 복제, 번역, 방송 등에 독점적 · 배타적으로 이용할 수 있는 권리
컴퓨터소프트웨어		판매되고 있는 소프트웨어를 구입하여 이용할 수 있는 권리
라이선스		다른 기업이 등록한 제품을 독점적으로 사용할 수 있는 권리
임차권리금		토지나 건물을 빌릴 때 보증금을 제외하고 그 부동산의 특수 장소에 대한 권리를 인정하여 추가로 지급하고 토지나 건물을 이용할 수 있는 권리
광업권		일정한 광산에 있는 광물을 채굴할 수 있는 권리
어업권		일정한 수면에서 독점적 · 배타적으로 어업을 할 수 있는 권리

2 무형자산의 회계처리

1. 무형자산의 취득원가

(1) 외부구입(매수 등에 의한 취득) : 외부구입에 의한 무형자산의 취득원가는 매입금액에 등록비, 제세공과금 등의 부대비용을 더한 금액으로 한다.

(2) 내부적으로 창출한 무형자산

① 내부적으로 창출한 무형자산이 인식기준에 부합하는지를 평가하기 위하여 무형자산의 창출과정을 연구단계와 개발단계로 구분한다.

② 무형자산을 창출하기 위한 내부 프로젝트를 연구단계와 개발단계로 구분할 수 없는 경우에 그 프로젝트에서 발생한 지출은 모두 연구단계에서 발생한 것으로 본다.

③ 연구단계에서 발생한 지출은 무형자산으로 인식할 수 없으며 발생한 기간의 비용으로 인식한다.

④ 개발단계에서 발생한 지출은 기업회계기준에서 정하는 일정한 조건을 모두 충족하는 경우에만 무형자산으로 인식하고 그 외의 경우에는 발생한 기간의 경상개발비(비용)으로 인식한다.

2. 취득시점 및 취득 후 지출의 회계처리

(1) 개별 취득하는 무형자산의 취득원가는 구입가격에 자산을 의도한 목적에 사용할 수 있도록 준비하는 데 직접 관련된 원가를 포함한다.

(2) 취득원가=구입가격−(매입할인+리베이트)+수입관세와 환급받을 수 없는 제세금

무형자산의 취득원가에 포함시키는 지출	• 그 자산을 사용 가능한 상태로 만드는 데 직접적으로 발생하는 종업원급여 • 그 자산을 사용 가능한 상태로 만드는 데 직접적으로 발생하는 전문가수수료 • 그 자산이 적절하게 기능을 발휘하는지 검사하는 데 발생하는 원가
무형자산의 취득원가에 제외시키는 지출	• 새로운 제품이나 용역의 홍보원가(광고와 판매촉진활동원가를 포함) • 새로운 지역 · 계층 고객대상으로 한 사업에 발생하는 원가(교육훈련비 포함) • 관리원가와 기타 일반경비원가

(3) 무형자산은 외부로부터 취득할 수도 있고 내부적으로 창출될 수도 있다.

① 내부적으로 창출되는 무형자산은 대부분 연구활동과 개발활동을 거쳐 창출된다.

② 내부적으로 창출한 영업권과 브랜드, 제호, 출판표제, 고객목록 및 이와 실질이 유사한 항목은 무형자산으로 인식하지 않는다.

(4) 무형자산 관련지출 중 무형자산의 취득원가기준을 충족시키지 못하는 경우는 발생시점에 비용으로 인식한다.

(5) 최초에 비용으로 인식한 무형항목에 대한 지출은 그 이후에 무형자산의 취득원가로 인식할 수 없다.

3. 무형자산의 상각(amortization)

상각이란 무형자산의 원가배분 시 사용되는 용어다.

(1) 상각대상금액을 그 자산의 추정 내용연수 동안 체계적인 방법에 의하여 비용으로 배분한다.

(2) 무형자산상각 시 정액법 · 체감잔액법 · 생산량비례법 등 자산의 경제적 효익이 소비되는 행태를 반영한 합리적인 방법을 사용한다. 합리적인 상각방법을 정할 수 없는 경우에는 정액법을 사용한다.

(3) 무형자산의 잔존가치는 없는 것을 원칙으로 한다.

무형자산의 보고
재무상태표에 무형자산을 보고하는 방법으로는 상각 후 잔액만을 보고하는 방법인 직접법이 주로 쓰인다. 그러나 유형자산과 마찬가지로 무형자산에서도 상각누계액을 차감하는 형식인 간접법을 적용할 수 있다.

기출문제

다음 중 무형자산에 해당하는 계정과목은?

① 임차료　　② 선수금
③ 개발비　　④ 임대료

정답 ③

해설 무형자산 : 영업활동에 사용할 목적으로 실체가 없는 자산을 일컫는데 대표적으로 특허권, 상표권, 개발비, 어업권 등이 있다.

테마 12 부채

부채는 과거 사건이나 거래의 결과 현재 부담하여야 하는 경제적 의무로 미래에 현금, 상품 등의 경제적 효익을 희생하여야 할 것을 말한다. 부채 중에서 결산일로부터 1년 또는 정상영업주기 이내에 상환할 채무를 유동부채라 하고 그 이후에 상환할 부채는 비유동부채라 한다.

1 유동부채와 비유동부채

구분	계정과목
유동부채	단기차입금, 매입채무, 당기법인세부채, 미지급법인세 미지급금, 미지급비용, 선수금, 선수수익, 예수금, 유동성장기부채
비유동부채	사채, 신주인수권부사채, 전환사채, 장기차입금, 장기매입재무, 충당부채(퇴직급여충당부채, 장기제품보증충당부채 등), 이연법인세부채

2 유동부채

1. 단기차입금

상환기일이 보고기간 말부터 1년 이내인 차입금을 단기차입금이라 한다. 자금을 차입하면 단기차입금계정 대변에 기입하고 상환하면 단기차입금계정 차변에 기입한다. 단기 차입금에는 어음차입금, 관계회사차입금, 주주임원종업원에 대한 차입금이 포함된다.

2. 미지급금

상품, 원재료 등 이외의 자산을 취득하고 대금을 외상으로 하면 부채계정인 미지급금 계정 대변에 기입하고 상품 원재료 등 이외의 자산의 취득에 대한 외상대금을 지급하면 미지급금계정 차변에 기입한다.

3. 선수금

상품, 제품 등을 주문받고 매출하기 전에 착수금이나 계약금 등으로 상품대금을 미리 받으면 부채인 선수금계정 대변에 기입하고 상품 등을 판매(인도)하면 매출대금과 상계하기 위하여 선수금계정 차변에 기입한다.

4. 예수금

제3자에게 지급할 목적으로 거래처나 종업원의 자금을 일시적으로 보관하고 있는 경우에 사용하는 부채계정이다. 종업원의 급여를 지급할 때에 공제하는 소득세, 건강보험료, 국민연금, 고용보험료 등을 예수금계정 대변에 기입하고 소득세, 건강 보험료, 국민연금, 고용보험료 등을 납부하면 예수금계정 차변에 기입한다.

5. 미지급비용

일정 기간 계속 발생하는 비용으로 당기에 발생하였으나 아직 지급 기일이 도래하지 않아 지급되지 않고 있는 비용이다. 따라서 지급기일이 도래하였으나 지급하지 않고 있는 미지급금과는 구분되며 결산 시에만 발생한다.

6. 선수수익

이미 입금된 수익 중에서 당기분이 아닌 차기분에 해당하는 수익을 말한다. 선수수익은 부채이기는 하지만 금전으로 변제하는 것이 아니라 계속적인 용역제공을 통하여 변제되는 부채로서 선급비용에 대응되는 개념이다.

7. 가수금

금전의 수입이 있으나 그 내용이나 금액이 확정되지 않았을 때 일시적으로 처리하는 부채계정으로 금전을 수입하면 가수금계정 대변에 기입하고 그 내용이나 금액이 확정되면 해당 계정으로 처리하면서 가수금계정 차변에 기입한다.

3 비유동부채

1. 사채

주식회사가 장기자금을 조달할 목적으로 일정한 이자를 지급하고 일정한 시기에 원금을 상환할 것을 약정한 채무증권을 발행하고 일반 대중으로부터 자금을 차입한 비유동부채를 말한다. 자금 조달을 위하여 사채를 발행한 회사의 입장에서는 금융부채이지만 투자를 위하여 구입한 회사의 입장에서는 금융자산이 된다.

2. 장기차입금

은행 등으로부터 1년 이상의 기간 동안 돈을 빌린 경우 이를 장기차입금이라고 한다.

3. 퇴직급여충당부채

근로기준법이나 회사의 사규에 따라 종업원의 퇴직 시에 지급할 퇴직금에 충당하기 위하여 설정하는 부채다. 결산일에 전 종업원의 퇴직을 가정하여 산출한 퇴직금 추계액에서 현재 설정되어 있는 퇴직급여충당부채를 차감한 금액으로 설정한다. 그리고 실제 퇴직금을 지급하는 때에는 퇴직급여충당부채와 상계하여야 한다.

4. 기타 비유동부채

구분	내용
이연법인세부채	기업회계와 세법의 일시적 차이(유보)로 인하여 법인세비용이 법인세법에 따라 납부할 금액을 초과하는 경우, 그 초과하는 금액
장기매입채무	매입금액을 지급하기로 한 시기가 1년 이상 남은 매입채무

기출문제

다음 중 부채로만 짝지어진 것은?

① 선급금, 선수금
② 미지급금, 미수금
③ 선급금, 미수금
④ 선수금, 미지급금

정답 ④

해설 선수금 · 미지급금은 유동부채이고 선급금 · 미수금은 자산이다.

테마 13 유동성

〈재무비율분석의 분류〉

구분		내용
유동성	유동성비율	단기채무 상환능력, 자금사정
	레버리지비율	채권보전의 안전도, 원리금 상환능력, 안정성
수익성	수익성비율	투하자본에 대한 경영성과, 이익창출능력
효율성	활성동비율	특정자산의 이용효율성, 현금화속도, 자산투자의 적절성
성장성	성장성비율	기업외형, 수익력의 향상 정도
산업평균비율		분석대상 기업과 동일한 산업에 속해 있는 기업들의 평균비율 ㉠ 한국은행의 '기업경영분석'에 수록

✔ 유동성은 기업의 단기간 지급능력을 평가하는 데 사용되는 비율로 유동비율과 당좌비율 그리고 현금비율 등이 있다. 이러한 유동성은 기업에 자금을 제공하는 금융기관이나 투자자 그리고 공급자(원자재를 납품하는 납품업자)에게 중요한 판단지표를 제공한다.

1 유동성(liquidity)의 개념

1. 유동성의 의미

기업의 유동성이 좋다는 것은 단기채무를 변제할 상환능력이 좋다는 것을 의미하므로 자금이나 물품을 제공하는 투자자나 공급자의 입장에서는 채무불이행(물건 값을 못 받을 위험)의 위험이 낮아 안전하다는 의미다.

2. 유동성 측정지표

유동성을 측정하는 여러 가지 지표들은 기업이 보유하고 있는 자산 중 유동자산이 자산 전체에서 차지하는 정도, 단기채무의 정도 그리고 실질적으로 재고자산의 증가유무에 따른 단기 현금화가 가능한 자산의 정도 등을 추가로 고려하여 종합적으로 판단하여야 한다.

2 유동비율(current ratio)과 당좌비율(quick ratio)

1. 유동비율

(1) 계산식

$$유동비율(\%) = \frac{유동자산}{유동부채} \times 100$$

☞ 일반적으로 200% 이상이면 양호한 상태로 평가

✔ 일반적으로 유동비율은 최소한 100% 이상, 금융기관에서는 200% 이상이 건전하다고 평가한다.

(2) 유동비율의 의미

① 유동자산을 유동부채로 나눈 비율로, 보유하고 있는 유동자산이 단기채무인 유동부채를 얼마나 감당할 수 있는가를 나타내는 지표다.

② 유동비율이 높다는 것은 자산을 쉽게 현금화할 수 있다는 것으로 갑작스러운 재무위험에 유동적으로 대응할 수 있다는 것이다.

③ 유동비율은 일반적으로 은행 대출 시에 채무자의 변제능력을 판단하는 자료로 많이 활용된다.

④ 현금성 유동자산의 증가로 유동비율이 높아질 수 있지만 예외적인 판매부진으로 인한 재고 및 원자재의 증가(재고자산의 증가), 혹은 많은 미수금(매출채권의 증가)이 발생할 경우에도 유동비율이 높아질 수 있기 때문에 종합적으로 판단하여야 한다.

2. 당좌비율

(1) 계산식

$$당좌비율(\%) = \frac{당좌자산}{유동부채} \times 100 = \frac{유동자산 - 재고자산}{유동부채} \times 100$$

☞ 일반적으로 200% 이상이면 양호한 상태로 평가

(2) 당좌비율의 의미

① 당좌비율은 재고자산에 의존하지 않고서도 단기 채무를 변제할 수 있는 능력을 측정하는 것으로 보통 100%가 적정수준이다. 유동비율에는 기말 재고자산이 포함되어 있으므로 현금화되는 속도를 알 수 있는 지표로 활용된다.

② 당좌비율은 재고자산을 제외한 현금성 자산이 단기 채무를 상환할 능력이 얼마나 되는가를 측정하고 있기 때문에 실질적으로 유동비율보다 더 직접적인 유동성을 나타내 주는 지표다.

당좌비율은 유동자산 중에서 재고자산을 제외한 당좌자산만을 이용하여 단기채무인 유동부채로 나눈 것을 말한다.

현금비율(%)

$$= \frac{현금+예금}{유동부채} \times 100$$

참고

순운전자본비율

1. 계산식

- $순운전자본비율(\%) = \frac{순운전자본}{총자본} \times 100$
- 순운전자본 = 유동자산 − 유동부채

2. 순운전자본비율의 의미 : 순운전자본을 총자산으로 나눈 값을 말한다. 순운전자본이란 유동자산에서 유동부채를 차감한 것으로 단기채무를 변제하고도 유동자산이 얼마나 여유 있는지를 알아보기 위한 것이다.

기출문제

다음 중 재고자산에 의존하지 않고서도 단기 채무를 변제할 수 있는 능력을 측정하는 것을 구하는 식은?

① $\frac{현금+예금}{유동부채} \times 100$ ② $\frac{유동자산-재고자산}{유동부채} \times 100$

③ $\frac{순운전자본}{총자본} \times 100$ ④ $\frac{유동자산}{유동부채} \times 100$

정답 ②

해설 발문에 제시된 것은 당좌비율을 말하는 것으로 ②와 같이 계산한다.

테마 14 레버리지비율

레버리지는 고정비용 때문에 손익이 확대되는 지렛대효과를 뜻한다.

레버리지 비율
부채성비율이라고도 부르며 대차대조표 항목간의 관계를 설명하는 정태비율이다. 장기 지급 능력과 장기 안정성 측정 비율로 기업이 타인자본에 의존하고 있는 정도를 나타내며 특히 장기부채의 상환능력을 측정하는 데 이용된다.

1 타인자본의존도

1. 부채비율

(1) 계산식

$$부채비율(\%) = \frac{부채}{자기자본} \times 100$$

(2) 부채비율의 의미 : 재무구조를 측정하는 가장 대표적인 비율로서 부채를 자기자본으로 나누어 계산한다. 은행이나 채권자는 원리금의 안전한 회수를 위하여 부채비율이 낮은 기업을 선호하며 일반적으로 100% 이하를 표준비율로 본다.

2. 자기자본비율

(1) 계산식

$$자기자본비율(\%) = \frac{자기자본}{총자본} \times 100$$

(2) 자기자본비율의 의미 : 부채비율에 상대되는 지표로서 총자본 중에 자기자본이 차지하는 비중이다. 자기자본비율이 높을수록 기업의 안전성이 높다.

3. 자기자본승수(Equity multiplier)

(1) 계산식

$$자기자본승수 = \frac{총자산}{자기자본} = \frac{총부채+자기자본}{자기자본} = 1 + \frac{총부채}{자기자본}$$

(2) 자기자본승수의 의미 : 총자산이 자기자본의 몇 배인가를 나타내는 것으로, 부채비율이 높을수록 자기자본승수는 높다.

2 이자보상비율

1. 계산식

$$이자보상비율(\%) = \frac{영업이익}{이자비용} \times 100$$

2. 이자보상비율의 의미

(1) 영업이익을 이자비용으로 나누어 계산하는 것으로 기업의 이자부담 능력을 평가하여 이 비율이 높을수록 기업의 건전성은 좋아진다.

(2) 기업과 금융기관의 차입금 약정에 일정한 한도의 이자보상비율을 정하여 기업이 이를 위반할 경우 즉시 차입금 상환을 요구하는 기준이 된다.

(3) 기업의 재무구조와 유동성 등을 평가하는 지표로 사용된다. 기업이 부담을 느끼지 않는 선의 적정한 부채는 자본수익률 상승을 위해서 필요하다.

3 고정비율(fixed ratio)

1. 계산식

$$고정비율(\%) = \frac{고정자산}{자기자본} \times 100$$

2. 고정비율의 의미

(1) 고정자산을 자기자본으로 나눈 비율로, 고정비율은 낮을수록 좋으며 100% 이하일 때 양호한 것으로 판단되지만 산업에 따라 차이가 있다.

(2) 고정비율은 기계설비를 많이 필요로 하는 산업에서 높게 나타나는 반면, 지적 재산이나 서비스를 많이 필요로 하는 산업에서는 낮게 나타난다.

(3) 고정비율이 100%를 상회한다는 것은 자기자본을 모두 투여하고 모자라는 자금은 차입하였음을 나타낸다.

(4) 일반적으로 성장단계에 있는 기업은 고정자산의 투자가 증가하여 고정비율이 높게 나타나지만 성숙단계에서는 하향세를 가져온다.

4 고정장기적합률

1. 계산식

$$고정장기적합률(\%) = \frac{고정자산}{자기자본+고정부채} \times 100$$

2. 고정장기적합률의 의미

(1) 자기자본 및 고정부채가 고정자산에 어느 정도 투입되어 운용되고 있는가를 나타내는 지표로 기업의 안정성을 측정함에 있어 고정비율의 보조지표로 활용된다.

(2) 거액의 설비투자를 필요로 하는 산업에 있어서 부족한 자금을 일부 타인자본으로 충당하더라도 비교적 안정성이 높은 장기부채로 조달하는 것이 바람직하다는 의미에서 이 비율은 100% 이하를 표준비율로 본다.

기출문제

레버리지와 관련된 재무비율은?

① 자기자본비율 ② 영업이익률
③ 당좌비율 ④ 유통비율

정답 ①

해설 레버리지는 타인으로부터 빌린 자본을 지렛대 삼아 자기자본이익률을 높이는 것을 말하며 지렛대효과라고도 한다.

테마 15 재무관리

재무관리에서는 기업활동에 필요한 자금을 조달하고 이를 운용하는 데 관련된 의사결정문제를 주된 연구대상으로 삼는다. 재무관리에서의 목표는 이러한 의사결정을 통해 기업가치를 극대화하는 데 있으며 기업과 관련된 현금흐름이 중요한 분석대상이 된다.

1 재무관리의 개념

1. 재무관리의 의의

재무관리는 기업이 필요로 하는 자금을 효율적으로 조달하고 이를 효율적으로 운용하는 것과 관련된 이론 및 기법을 연구하는 학문이다.

2. 재무관리의 내용

(1) 자본예산정책(어느 정도 투자해야 하는가?)

① 자본예산이란 실물자산의 투자와 관련된 예산을 수립하는 과정으로 투자안의 개발, 투자안의 경제성 분석, 투자안의 선택, 투자안의 조달계획 수립, 예산편성 등의 과정을 포함한다.

② 어떤 산업에 진출할 것이며 어느 정도의 규모로 사업을 시작해야 하며 어떤 유형의 설비와 기계장치를 구입할 것인지를 결정한다.

(2) 자본구조정책(어떤 비율로 유지해야 하는가?)

① 자본구조란 비유동부채와 자기자본을 어떤 비율로 유지해야 기업가치가 극대화될 수 있을까에 관한 것으로 투자활동에서 요구되는 자본을 어떤 금융수단을 통하여 조달할 것인가를 결정하는 과정이다.

② 유동부채는 정상적인 생산 및 영업활동을 지원하기 위하여 일시적으로 보유해야 하는 유동성 자산인 유동자산에 투자하는 단기자금을 말한다.

③ 비유동부채와 자기자본은 수익성 자산인 비유동자산에 투자되는 장기성 자본을 말한다.

(3) 배당정책

① 경영활동을 통하여 벌어들인 현금흐름을 어떤 비율의 이자와 배당으로 채권자와 주주들에게 지급할 것인가를 결정하는 과정이다.

② 기업이 벌어들인 현금흐름 중 투자자에게 배분되는 현금흐름으로 배당지급의 규모, 배당지급 결정요인, 최적의 배당수준 등을 결정한다.

(4) 운전자본정책

① 운전자본은 정상적인 생산 및 영업활동을 지원하기 위해 보유해야 하는 일시적인 자본(순운전자본=유동자산−유동부채)을 말한다.

② 매출채권의 회수, 매입채무의 상환, 판매비와 일반관리비의 지출, 단기자금의 조달 등과 같은 일상적인 재무활동을 어떻게 관리할 것인가를 결정한다.

(5) 재무자료분석 : 재무자료 분석은 기업의 회계 및 재무자료를 수집 · 분석하여 정보이용자에게 필요한 정보를 제공하는 기능을 말한다.

이윤의 극대화가 재무의사결정의 기준으로 부적합한 이유

1. 이윤의 개념에 대한 불명확성 : 매출총이익, 영업이익, 순이익, 주당순이익 등
2. 이윤의 실현시기에 따라 차이가 존재 : 화폐의 시간적 가치 고려
3. 이윤은 불확실성의 정도에 따라 차이가 존재 : 위험의 존재

2 재무관리의 목표

1. 기업가치의 극대화

(1) 재무관리의 목표는 기업의 가치를 극대화시키는 데 있다. 여기서 기업가치란 대차대조표의 차변에서 기업의 총 자산가치를 의미하는 것이다.

(2) 대차대조표의 대변을 보면 기업가치는 부채와 자기자본의 합계로 구성된다. 이처럼 기업가치를 극대화시킨다는 목표는 기업의 소유주를 채권자와 주주로 보는 시각으로서 손익계산서상 영업이익(이자지급전)이 분석대상인 현금흐름이 된다.

2. 자기자본가치의 극대화

(1) 채권자의 권리인 부채는 대개 미리 약정된 이자와 원금을 받는 것이기 때문에 그 가치는 영업성과와 상관없이 일정한 값을 갖게 된다.

(2) 기업가치는 부채와 자기자본의 합계로 이루어지는데 부채의 가치가 일정한 상수값을 가진다면 기업가치의 극대화는 결국 자기자본가치의 극대화로 귀결된다.

자기자본의 가치는 주가와 발행주식 수의 곱으로 산출되는데, 발행주식 수가 일정한 상황에서는 주가를 극대화시키는 것이 곧 자기자본을 극대화시키는 것이고 이는 동시에 기업가치를 극대화시키는 것이라고 할 수 있다.

3 재무적 경영의 목표와 재무관리의 기능

1. 재무적 경영의 목표

이윤 극대화	• 기업의 이윤 극대화 목표는 기업이 본질적으로 영리추구를 설립동기로 하고 있다는 점에서 오랫동안 주장됨. • 그러나 오늘날에는 기업활동에 있어 장래에 대한 불확실성과 시간적 요인이 중시되면서 단기적 이윤 극대화보다는 기업의 부 또는 가치의 극대화가 기업목표라는 입장이 받아들여지고 있음.
주주의 부의 극대화	기업목표로서 이윤극대화 목표의 개념상 문제점을 극복하여 현대 기업론에서 기업의 목표로 정립된 것이 주주의 부(富)의 극대화 목표임.
화폐의 시간적 가치	대부분 기업의 재무적 의사결정은 현시점에서 이루어지며 여기에서 얻어지는 투자에 대한 수익은 미래시점에서 실현된다는 점에서 볼 때 '화폐의 시간가치' 개념은 재무관리에서 매우 중요한 개념임.

2. 재무관리의 기능

자본조달 기능	자산취득에 필요한 자금을 어디에서 어느 정도의 비율로 조달할 것인지를 결정하는 기능
투자결정 기능	조달된 자본을 어떻게 운용할 것인지를 결정하는 기능으로 기업의 미래 수익성과 성장성을 결정
배당결정 기능	주주들의 부의 극대화라는 차원에서 기업의 배당정책을 결정하는 기능
재무분석 기능	투자와 자본조달 및 배당결정을 비롯하여 기업의 제반 의사결정에 필요한 정보를 제공하기 위하여 기업의 회계 및 재무관계를 분석하는 가장 기초적인 기능

기출문제

재무관리의 주요활동이라고 보기 어려운 것은?

① 기업의 재무상태 및 경영성과가 어떤 상황이고 어떻게 변화될 것인가?
② 벌어들인 이익을 채무자, 배당, 유보에 어떻게 배분할 것인가?
③ 재무담당 임원의 권한과 책임을 어떻게 설정할 것인가?
④ 자금을 언제, 어디서, 얼마만큼 조달해 언제, 어디에, 얼마만큼 사용할 것인가?

정답 ③

해설 재무 관리의 의의 : 기업의 자금 흐름과 관련하여 기업 경영 활동에 소요되는 자금의 조달과 운용에 관한 활동을 계획, 조정, 통제함으로써 기업 목표를 달성하려는 일련의 활동을 말한다.

테마 16 채권

> 채권은 정부, 공공기관, 특수법인과 민간기업이 불특정 다수로부터 비교적 장기로 거액의 자금을 조달하기 위하여 정해진 이자와 원금의 지급을 약속하면서 발행하는 유가증권으로 일종의 차용증서다. 채권표면에는 미리 확정된 이자가 표시되고 채권을 보유한 자에게 돈을 돌려주어야 할 기간도 1년, 3년 등으로 정해져 채권 표면에 기재된다.

1 채권의 개념

1. 채권의 의미

(1) 채권의 의의

① 채권을 발행할 수 있는 주체가 법률로 정해져 있다. 일반적으로 정부, 공공기관, 특수법인과 상법상의 주식회사 등이 채권을 발행할 수 있다.

② 발행자격이 있더라도 정부는 국회의 동의를 받아야 하고 회사가 공모할 경우 금융위원회에 등록한 후 금융감독원에 유가증권신고서를 미리 제출하여야 한다.

③ 채권은 어음, 수표 등과 달리 유통시장에서 자유로운 거래가 가능하다.

(2) 채권의 거래 : 채권은 주식과 달리 90% 이상 장외시장에서 주로 거래된다. 이때 증권회사는 중개기관이 되어 다양한 종류의 채권에 대하여 매매가능수량과 적정가격에 대한 정보를 제공하는 기능을 한다.

> 발행주체에 따른 분류
> 발행주체별로 우리나라의 경우 정부가 발행하는 국채, 지방자치단체가 발행하는 지방채, 정부투자기관 및 공기업 등이 발행하는 특수채, 일반 주식회사가 발행하는 회사채 등으로 구분되는데, 특히 금융기관이 발행하는 채권을 금융채라고 한다.

2. 채권의 종류

(1) 이자지급 방식에 따른 분류

① 할인채

- 통상 선이자가 적용되는 채권이다.
- 할인채는 이자를 먼저 지급하는 것이므로 만기가 길면 액면금액에 비해 실제 조달하는 자금규모가 작아진다. 따라서 통상 1년 이내의 단기채에 채택되는 방식인 통화안정증권이 대표적이다.

② 이표채

- 분기나 반기 등 일정한 주기에 따라 금리를 지급받을 수 있는 채권이다.
- 장기채는 거의 대부분 이표채 방식을 채택하게 되는데 이자가 정기적으로 지급되므로 만기상환부담이 줄고 투자자로서는 이자를 생활비에 충당할 수 있다는 장점이 있다.

③ 복리채

- 만기에 일시 지급하는 채권이다.
- 누적된 이자를 만기에 원금과 함께 지급하기 때문에 만기가 너무 길면 원리금을 일시에 상환해야 하는 부담이 커지고 투자자 입장에서도 상환불능 위험이 커지므로 3년 내외의 만기가 적당하다.

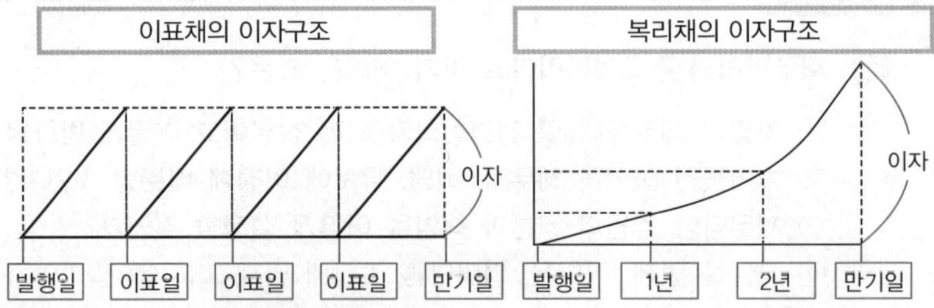

(2) 채권과 주식의 차이 : 채권과 주식은 여러 가지 면에서 차이가 있다. 주식은 그 소유자가 주주총회 등에서 주주로서 의사결정에 참여할 수 있으나 채권소유자는 회사경영의 의사결정에 참여할 수 없다. 주식의 발행은 자본금의 증가를 수반하지만 채권은 부채의 증가를 수반한다.

또한 채권은 회사의 해산 시 주식에 우선하여 원리금을 지급받을 권리가 있다.

〈채권과 주식의 차이점〉

구분	채권	주식
발행자	정부, 지방자치단체, 특수법인, 주식회사	주식회사
자본조달형태	대부증권	출자증권
조달자금의 성격	타인자본(부채)	자기자본
증권의 존속기간	한시적	영구적
조달원금	만기 시 원금상환	상환의무 없음.
증권소유자의 지위	채권자	주주
경영참가권	없음.	있음.
소유 시 권리	• 회사 정리절차 등에서 채권단 참여 • 확정부 이자 수취 • 주식에 우선하여 재산분배권 가짐.	• 의결권 • 배당금 수취 • 잔여재산 분배권

2 채권투자

1. 채권투자분석

(1) 채권투자의 매력

① 채권은 기본적으로 금융기관의 예금상품보다 금리가 높고(수익성) 주식에 비해서는 투자위험이 매우 낮은 데다(안정성) 유동성도 어느 정도 확보된 투자대상이라는 점에서 투자선택기준의 3요소를 고루 만족시킨다.

② 채권에는 다양한 종목이 있으므로 자금운용 성격에 따라 적당한 투자종목을 선택할 수 있다.

③ 국공채는 정부 또는 공공기관이 발행하고 보증사채도 금융기관이 원리금지급을 보증하므로 안전성을 추구하는 투자자에게 적당한 투자수단이 된다.

④ 회사채 가운데에는 만기와 신용등급에 따라 높은 금리를 받을 수 있는 종목도 많다. 확정이자수익 외에 채권시장에서 채권을 매입한 후 수익률이 하락하여 다시 매각하는 경우 상당한 시세차익을 얻을 수도 있다.

(2) 채권수익률의 개념

① 이율은 액면에 대한 이자의 비율이고 수익률은 투자원본에 대한 수익의 비율로, 통상 만기수익률을 의미하며 투자자가 최종 상환일까지 채권을 보유한 경우 받게 되는 1년당 전체 수익을 투자원본으로 환산하였을 때의 비율을 말한다.

② 채권투자에서 얻어지는 현금흐름의 현재가치와 채권의 시장가격을 일치시켜 주는 할인율로, 채권에 투자했을 때 일정 기간에 발생된 투자수익을 투자원본으로 나누어 투자기간으로 환산하는 것을 말한다.

③ 채권수익률은 예금이자율과 같은 개념으로 생각할 수 있다. 따라서 채권수익률은 표면이자율, 잔존기간, 시장가격이 서로 다른 채권을 비교하는 기준으로 이용되고 있다.

④ 채권수익률이란 투자원금에 대한 1년 단위의 수익률을 말하며 표면수익률, 최종수익률, 보유기간수익률, 실효수익률 등이 있다.

할인율은 미래의 가치를 현재가치화한 것이며 수익률은 현재의 현금 투자액에 대해 장래에 생기는 수익의 비율을 의미한다. 즉 할인율과 수익률은 동일한 이자율의 개념으로 미래와 현재의 양면에서 본 것이다.

듀레이션(duration)

1. 채권에서 발생하는 현금흐름의 가중평균만기다. 이는 채권투자액의 현재가치 1원이 회수되는 데 걸리는 평균회수기간을 의미한다.
2. 만기 이전에 현금흐름이 발생하는 이표채권의 듀레이션은 항상 채권의 발행만기보다 짧다.
3. 듀레이션은 일종의 만기 개념이므로 만기에 비례하여 증가한다.
4. 채권의 표면금리가 낮을수록 듀레이션은 길어진다.
5. 만기수익률이 낮아지면 듀레이션은 길어진다.
6. 발행만기가 다른 채권이라도 듀레이션이 동일하면 이자율 변동에 따른 채권가격의 변동률도 동일하다.

(3) 채권수익률의 종류와 계산방법

① 표면수익률(표면이율) : 채권의 표면에 기재된 수익률로 재투자 개념이 없고 단리로 총수령하는 이자의 연이자율을 말한다.

$$\text{표면수익률} = \frac{\text{1년간 총지급이자}}{\text{액면가액}} \times 100$$

② 발행수익률 : 발행시장에서 채권이 발행되어 처음 매출될 때 매출가액으로 매입하는 경우 이 매입가격으로 산출된 채권수익률로 매출에 응모하는 사람이 얻을 수 있는 수익률이란 뜻에서 이를 응모자 수익률이라고도 한다.

> ㉬ 산업금융채권 3년 할인채의 발행수익률은?
>
> 발행조건
> - 표면이율 : 9.61%
> - 매출가액 : 7,117원{(10,000－(961×3)}
> - 만기상환액 : 10,000원
>
> $$\text{발행수익률}(r) = \left(\sqrt[3]{\frac{10,000}{7,117}} - 1\right) \times 100 = 12.0\%$$

③ 유통수익률(만기수익률, 내부수익률, 시장수익률)

- 채권시장에서 대표되는 수익률로, 발행된 채권이 유통시장에서 계속 매매되면서 시장의 여건에 따라 형성되는 수익률이다.
- 자본이득이나 자본손실은 물론 이자의 재투자 수익까지도 감안하여 산출되는 채권의 예상수익율인 만기수익률이다.

> ㉬ 산업금융채권 복리 5년채
>
> 발행조건
> - 표면이율 : 11.7%
> - 매출가액 : 10,000원
> - 만기상환액 : 17,800원

④ 실효수익률

- 채권의 수익을 측정하는 데 있어서 채권의 원금, 표면이자, 재투자수익 등 세 가지 모두를 계산하여 투자수익의 증가율을 나타내 주는 지표다.
- 이 지표는 일정투자기간 중에 실제로 실현된 이자수입, 이자의 재투자수입과 자본수익의 합계액인 실현 총이익에 대한 매입가격의 비율을 의미한다.

$$\text{실효수익률} = \frac{(\text{표면이자수입} + \text{중도이자의 재투자수익}) - \text{채권매입비용}}{\text{채권매입비용}} \times \frac{365}{\text{보유일수}}$$

⑤ 세전수익률 : 일정 기간 동안의 채권투자로 얻은 수익에서 보유기간 동안의 경과이자에 대한 세금을 공제하기 전의 수익률을 말한다.

⑥ 세후수익률 : 이자에 대한 세금을 공제한 후의 수익률을 말한다.

$$\text{세후수익률}(\%) = \frac{\text{세후수익}}{\text{원금}} \times 100$$

2. 채권수익률의 결정요인

(1) 채권수익률에 가장 큰 영향을 미치는 외적 요인으로는 채권의 수급이 있다. 기업의 투자계획에 의하여 결정되는 채권의 공급은 단기간에 변동하기 어려우므로 개별 채권 또는 유형별 채권에 대한 수요가 결정적인 수익률 변동요인이 된다.

(2) 채권시장 내의 전체 채권수요는 시중자금사정과 밀접히 연관되어 있는데 시중자금사정이 풍부하면 채권수요가 증가하기 때문에 채권가격이 상승하면 채권수익률도 하락할 수밖에 없으며 장기적으로 정부 또는 중앙은행의 재정정책이나 통화정책에도 영향을 미친다.

(3) 경기가 상승국면이라면 기업의 투자수요 증대로 채권공급이 늘어나게 되고 물가가 오르면 실질소득의 하락을 보전하기 위하여 채권에서도 높은 수익률을 기대하게 되므로 두 경우 모두 채권수익률이 오르게 된다.

(4) 채권의 내적 요인을 보면 채권의 잔존만기가 길수록 수익률이 높아지는 것이 일반적이다. 즉 만기까지의 기간이 길수록 채권가격의 변동위험이 크고 유동성이 떨어지기 때문에 이를 보상하기 위하여 수익률이 올라가는 구조를 갖게 된다.

(5) 이밖에 채무불이행위험이 높거나 쉽게 현금화하기 어려워 유동성이 낮을수록 프리미엄이 필요하므로 채권수익률은 높아진다.

채권은 유통시장에서 매일매일 가격이 변하고 있는데 시중금리, 경제상황과 같은 외적요인과 채권의 만기, 발행주체의 지급불능위험과 같은 내적요인이 복합적으로 작용한다. 채권에 투자하는 투자자는 채권 내적 요인인 만기, 표면이자율, 상환조건, 과세문제를 비롯하여 채권가격에 영향을 주는 경기동향, 정부의 재정금융정책, 채권의 수요와 공급, 금융시장의 계절적 변동 등 전반적인 경제여건에 대한 기본적인 이해가 필요하다.

발행가격에 따른 채권의 분류

(1) 액면채권(par bond) : 만기수익률 = 쿠폰율 ⇒ 액면가 = 채권가격
(2) 할인채권(discount bond) : 만기수익률 > 쿠폰율 ⇒ 액면가 > 채권가격(가치)
(3) 할증채권(premium bond) : 만기수익률 < 쿠폰율 ⇒ 액면가 < 채권가격(가치)
※ 쿠폰율(coupon rate) = 액면이자율

기출문제

채권에 대한 다음 설명 중 옳지 않은 것은? (단, 채권의 채무불이행 위험은 없다고 가정한다)

① 만기수익률과 쿠폰율이 같은 채권을 액면채권(par bond)이라 한다.
② 만기수익률보다 쿠폰율이 낮은 채권을 할증채권(premium bond)이라 한다.
③ 만기수익률보다 쿠폰율이 높은 채권을 할인채권(discount bond)이라 한다.
④ 일반적으로 단기채권이 장기채권에 비해 이자율 위험에 크게 노출되어 있다.

정답 ④

해설 만기가 긴 채권이 만기가 짧은 채권에 비해 이자율 위험에 노출되어 있다.

테마 17 자본자산가격결정모형

자본자산가격결정모형은 시장의 균형상태하에서 자본자산들의 가격이 어떻게 결정되는가를 설명하는 모형이다. 자본자산이란 투자자가 미래에 수익을 얻을 수 있는 권리를 갖는 자산으로 주식, 사채 등의 유가증권을 말하며 시장의 균형상태란 시장에서 거래되는 모든 증권의 수요와 공급이 일치된 상태를 의미한다.

1 자본자산결정모형(CAPM)의 개념

1. 자본자산결정모형의 의의

(1) 증권의 수요와 공급은 해당증권의 기대수익률과 위험정도에 따라 결정되므로 증권의 위험정도에 따라 해당증권의 적절한 기대수익률이 결정될 때 시장은 균형상태를 이룬다고 할 수 있으며 이때 형성된 각 증권의 가격을 균형가격이라고 한다.

(2) 마코위츠의 포트폴리오 이론은 투자자가 자신의 효용을 극대화하기 위하여 위험증권만으로 구성된 포트폴리오 중 어떤 포트폴리오에 투자하여야만 하는가를 설명하는 규범적 모형이다.

(3) CAPM은 투자자들이 마코위츠의 이론에 따라 행동할 때 자본시장이 균형인 상태에서 자본자산의 가격이 어떻게 결정되는가를 설명하는 가격결정의 메커니즘을 설명하는 이론이다.

2. CAPM의 가정

(1) 모든 투자자들은 위험증권에 투자할 경우 최적포트폴리오에 투자한다.

(2) 모든 투자자들은 자본자산의 기대수익률과 분산에 대하여 동질적인 예측을 한다.

(3) 무위험 자산이 존재하며 투자자들은 무위험 이자율로 투자자금을 얼마든지 빌려 쓰거나 빌려줄 수 있다.

(4) 모든 투자자들은 동일한 단일 투자기간을 가지고 있으며 모든 자본자산은 무한히 분할 가능하다.

(5) 증권시장은 완전시장이다. 즉 증권거래에 따른 세금과 거래비용이 존재하지 않으며 이자율의 상승과 인플레이션이 없다.

(6) 증권시장은 균형상태다. 즉 증권시장에서 거래되는 모든 증권은 수요와 공급이 일치하는 수준에서 각 증권의 가격이 형성된다.

2 자본시장선(CML ; Capital Market Line)과 증권시장선

자본시장선은 무위험자산이 존재하는 경우, 균형상태의 자본시장에서 효율적 포트폴리오의 기대수익과 위험의 선형관계를 나타내는 선이다.

1. 자본시장선

$$CML : E(R_p) = R_f + \left[\frac{E(R_m - R_f)}{\sigma_m}\right] \cdot \sigma_p$$

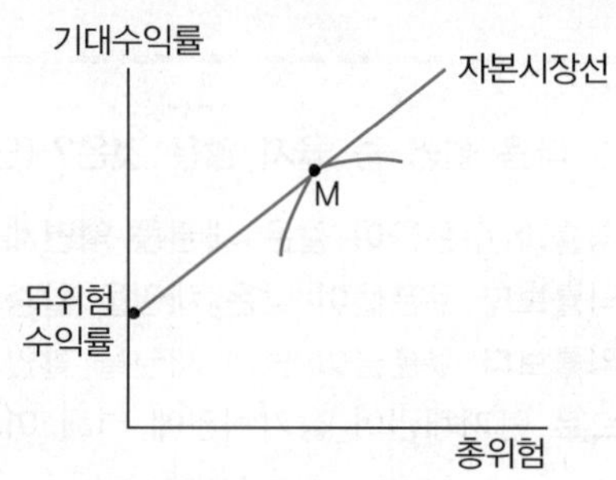

(1) 자본시장선상의 포트폴리오들은 무위험자산이 존재할 때 다른 자산에 지배당하지 않는 가장 효율적인 포트폴리오다. 또한 자본시장선상의 포트폴리오들은 무위험자산과 시장포트폴리

오로만 구성되므로 비체계적 위험이 완전히 제거된 포트폴리오다. 따라서 자본 시장선은 완전분산투자가 이루어진 효율적 포트폴리오만을 평가대상으로 한다.

(2) 자본시장선은 효율적 포트폴리오의 위험에 상응하는 균형수익률을 제시해 준다.

(3) 균형수익률은 무위험이자율과 표준편차에 상응하는 위험프리미엄의 합으로 구성된다.

2. 증권시장선

> 완전 시장하에서 자본 시장이 균형을 이루고 투자자들이 평균 · 분산기준에 의해 행동한다고 가정하면 어떤 주식 또는 포트폴리오의 기대수익과 체계적 위험 사이의 선형관계가 성립한다.

$$SML : E(R_i) = R_f + [E(R_m) - R_f] \cdot \beta_i$$

($E(R_i)$: 주식 또는 포트폴리오 i의 기대수익률, $E(R_m)$: 시장포트폴리오 m의 기대수익률, R_f : 무위험이자율, β_i : 주식 또는 포트폴리오 i의 체계적 위험)

(1) 위의 식을 증권시장선이라 하며 $[E(R_m) - R_f]$는 시장포트폴리오의 기대수익률에서 무위험이자율을 초과하는 부분으로, 시장포트폴리오의 초과수익률 또는 시장의 위험프리미엄을 의미한다.

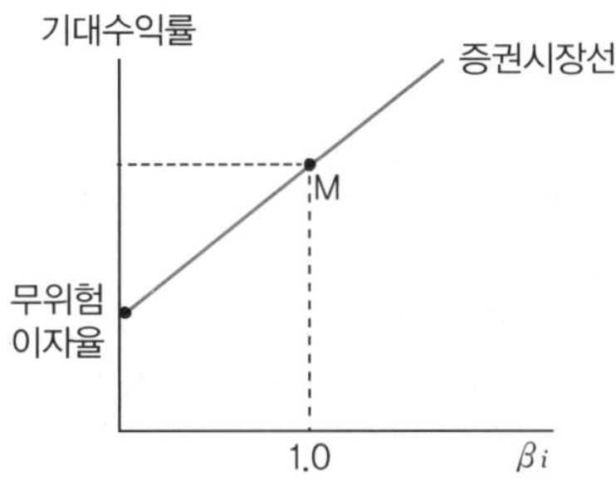

(2) 증권시장선은 효율적 포트폴리오뿐만 아니라 비효율적인 포트폴리오와 개별자산을 포함한 모든 자산을 평가대상으로 한다.

(3) 증권시장선은 어떤 자산의 체계적 위험에 상응하는 균형수익률을 제시해 준다. 즉 어떤 자산이 갖고 있는 비체계적 위험은 분산투자를 통하여 제거가 가능하므로 보상의 대상이 되는 위험은 제거가 불가능한 체계적 위험뿐이다.

(4) 어떤 자산의 균형수익률은 무위험이자율과 체계적 위험에 상응하는 위험프리미엄의 합으로 구성된다.

기출문제

다음 중 자본자산가격결정모형(CAPM)에 대한 가정으로 가장 옳지 않은 것은?

① 단일기간모형이다.

② 완전자본시장을 가정하므로 세금이나 거래비용 등 마찰적 요소가 존재하지 않는다.

③ 모든 투자자들은 위험중립자이고 기대효용을 극대화한다.

④ 모든 투자자들은 자산의 기대수익률과 분산에 대해서 동질적 기대를 한다.

정답 ③

해설 CAPM의 상황에서는 무위험자산이 존재하며 무위험이자율로 얼마든지 차입 또는 대출이 가능하다.

테마 18 파생상품시장

파생금융상품
1. 통화, 채권, 주식 등 기초금융자산의 가치변동에 의해 결정되는 금융계약 즉, 투자에서 발생하는 현금흐름과 가치가 기초자산의 가치에 의존하여 파생되는(derived) 금융상품이다.
2. 계약형태에 따라 크게 선도계약, 선물, 옵션, 스와프 등으로 구분한다.
3. 자본시장과 금융투자업에 관한 법률에서는 장내파생상품과 장외파생상품으로 구분한다.

1 파생금융상품(financial derivatives)의 종류

1. 선도계약(forward contracts)과 선물(futures)

(1) 기초금융자산을 미래 특정시점에 특정가격으로 사고팔기로 약정하는 계약을 말한다.

(2) 선도계약은 장외시장에서 거래당사자 간에 직접 거래되거나 딜러나 브로커를 통해 거래가 이루어지는 반면, 선물계약은 정형화된 거래소를 통해 거래가 이루어진다는 점에서 차이가 있다.

2 옵션(option)

(1) 기초자산(underlying asset)을 미래의 특정시점 또는 특정기간 동안 특정 행사가격으로 매입하거나 매각할 수 있는 권리를 사고파는 계약을 말한다.

(2) 기초자산 가격의 변화에 대해 비대칭적 손익구조를 가진다.

3. 스와프(swap)

일반적으로 두 개의 금융자산 또는 부채에서 파생되는 미래의 현금흐름을 교환하기로 하는 계약으로 통화스와프와 금리스와프가 있다.

(1) 통화스와프 : 서로 다른 통화표시 채무의 원리금 상환을 교환하기로 약정한다. 상대국에 자국의 통화를 맡겨 두고 달러와 같이 상대적으로 안정적인 통화를 빌려 와서 외환시세의 안정을 도모하기 위해 약정하는 것이다.

(2) 금리스와프 : 변동금리채무와 고정금리채무간의 이자지급을 교환하기로 약정한다.

〈파생금융상품의 종류〉

구분	장내거래	장외거래
통화관련	• 통화선물(currency futures) • 통화선물옵션(currency futures option)	• 선물환(forward exchange) • 통화스와프(currency swap) • 통화옵션(currency option)
금리관련	• 금리선물(interest rate futures) • 금리선물옵션(interest rate futures option)	• 선도금리계약(forward rate agreement) • 금리스와프(interest rate swap) • 금리옵션(interest rate option) • 스왑션(swaption)
주식관련	• 주식옵션(equity option) • 주가지수옵션(index futures) • 주가지수옵션(index option) • 주가지수선물옵션(index futures option)	• 주식옵션(equity option) • 주식스와프(equity swap)
신용관련	–	• 신용파산스와프(credit default swap) • 총스웝스와프(total return swap) • 신용연계증권(credit linked note) • 합성부채담보부증권(synthetic collateralized debt obligation)

2 신용파생상품(credit derivatives)

1. 신용파산스와프(CDS ; Credit Default Swaps)

(1) 모든 신용파생상품의 근간을 이루는 상품으로 그 성격은 원금지급보증과 유사하다.

(2) 거래에서 보장매입자는 보장매도자에게 정기적으로 일정한 프리미엄을 지급하고 그 대신 계약 기간 기초자산에 신용사건이 발생할 경우 보장매도자로부터 손실액 또는 사전에 합의한 일정금액을 보상받거나 문제가 된 채권을 넘기고 채권원금을 받는다.

(3) 기초자산에 신용사건이 발생하지 않으면 보장매입자는 프리미엄만 지급한다.

(4) 신용사건이 발생하게 되면 보장매입자는 마지막으로 프리미엄을 지급하고 실물인도 또는 현금결제에 의하여 신용파산스와프이 정산된다.

2. 총수익스와프(TRS ; Total Return Swaps)

(1) 기초자산에서 발생하는 총수익과 일정한 약정이자(통상 Libor+α)를 교환하는 계약이다.

(2) 총수익에는 채권이표, 스와프기간 동안의 자본이득이나 자본손실 등이 포함된다.

3. 신용연계증권(CLN ; Credit Linked Notes)

(1) 신용파생상품을 증권화한 형태다.

(2) 보장매입자는 기초자산의 신용상태와 연계된 증권을 발행하고 약정된 방식으로 이자를 지급한다.

(3) 보장매도자는 높은 약정이자를 받는 대신 신용사건이 발생하는 경우 기초자산의 손실을 부담한다.

(4) 증권발행에 있어서는 기초자산을 보유한 금융기관이 직접 발행하는 방식과 특수목적회사(SPV ; Special Purpose Vehicle)를 통하여 발행하는 방식이 있다.

4. 합성담보부증권(합성DO ; Synthetic Collateralized Debt Obligations)

(1) 다수의 대출, 채권 등 기초자산에 내재된 신용위험을 이전받아 이를 기초로 발행한 선 · 후순위 채권이다.

(2) 기초자산이 대출인 경우 CLO(Collateralized Loan Obligations)와 채권인 경우 CBO(Collateralized Bond Obligations)를 통칭하여 CDO로 한다.

☑ 신용파생상품
대출금, 채권 등과 같이 차입자 또는 발행자의 신용에 따라 가치가 변동하는 기초자산의 신용위험(credit risk)을 분리하여 이를 다른 거래 상대방에게 이전하고 그 대가로 프리미엄(수수료)을 지급하는 금융상품이다.

☑ 신용파산스와프의 프리미엄은 기초자산의 신용위험에 대한 가격을 수치화한 것으로 연율로 표시된다.

기출문제

일정 기간 정해진 원금에 대해 한 당사자는 고정금리이자를 지급하고 다른 당사자는 변동 금리이자를 지급함으로써 미래에 정기적으로 현금흐름을 교환하는 계약은?

① 금리스와프(interest rate swap)　② 통화스와프(currency swap)
③ 주식스와프(equity swap)　④ 자산스와프(asset swap)

정답 ①

해설 금리스와프 : 금융시장에서 두 채무자가 금융차입비용을 절감하기 위해 일정 기간 동안 원금은 바꾸지 않은 채 동일 통화의 이자지급 의무만을 서로 바꾸는 거래다.

1. 수익－비용＝이익
⇒ 수익＝비용＋이익
2. 원가를 변동비와 고정비로 분리할 수 있다고 가정
⇒ 매출액＝변동비＋고정비＋이익

테마 19 CVP분석

1 CVP분석의 기본개념

1. 개념

원가–조업도–이익 분석(CVP분석 ; cost–volume–profit analysis)이란 판매량 등 조업도의 변화가 기업의 원가, 수익, 이익에 미치는 영향을 분석하는 기법이다.

2. 공헌이익(contribution margin)

매출액에서 변동비를 차감한 금액을 말하며 매출액 중에서 고정비를 회수하고 이익을 획득하는 데 공헌하는 금액을 의미한다.

$$\text{공헌이익} = \text{매출액} - \text{변동비}$$

3. 단위당 공헌이익(unit contribution margin)

단위당 판매가격에서 단위당 변동비를 차감한 금액으로 판매한 제품 1단위가 고정비를 회수하고 이익을 획득하는 데 얼마나 공헌하였는가를 나타낸다.

$$\text{단위당 공헌이익} = \text{단위당 판매가격} - \text{단위당 변동비}$$

4. 공헌이익률(contribution margin ratio)

매출액에 대한 공헌이익의 비율을 말하며 매출액 중에서 몇 %가 고정비를 회수하고 이익을 획득하는 데 공헌하는가를 나타낸다.

$$\text{공헌이익률} = \frac{\text{공헌이익}}{\text{매출액}} = \frac{\text{단위당 공헌이익}}{\text{단위당 판매가격}}$$

5. 변동비율(variable cost ratio)

매출액에 대한 변동비의 비율로서 매출액 중에서 몇 %가 변동비인가를 나타낸다.

$$\text{변동비율} = \frac{\text{변동비}}{\text{매출액}} = \frac{\text{단위당 변동비}}{\text{단위당 판매가격}}$$

6. 공헌이익률과 변동비율 관계

$$\text{공헌이익률} + \text{변동비율} = 1$$

2 손익분기점(BEP ; Break–Even Point)

1. 개념

(1) 일정기간내의 생산량과 매출액(조업도)이 그 생산 또는 매출을 실현하기 위하여 지출된 총비용과 수익이 일치되는 점에서의 생산량 또는 매출액이다(조업도).

(2) 손익분기점에서는 '총수익＝총비용'이므로 '영업이익＝0'이 된다.

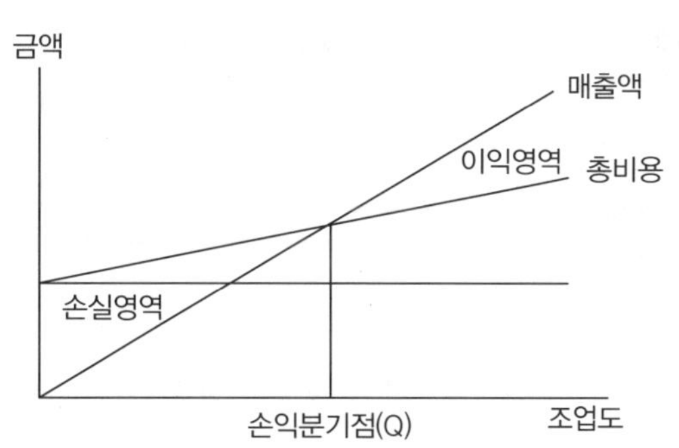

2. 손익분기점의 계산

- 매출액－변동원가－고정원가＝순이익
- (단위당 판매가격－단위당 변동원가)×매출량－고정원가＝순이익

〈손익분기점 매출량〉

- 매출액－변동원가＝고정원가
- 손익분기점 매출량×(단위당 판매가격－단위당 변동원가)＝고정원가
- 손익분기점 매출량＝$\dfrac{\text{고정원가}}{\text{단위당 공헌이익}}$

〈손익분기점 매출액〉

- 손익분기점 매출액＝손익분기점 매출량×단위당 판매가격
- 손익분기점 매출액＝$\dfrac{\text{고정원가}}{\text{단위당 공헌이익}}$×단위당 판매가격

$$=\frac{\text{고정원가}}{\left(\dfrac{\text{단위당 공헌이익}}{\text{단위당 판매가격}}\right)}=\frac{\text{고정원가}}{\text{공헌이익률}}$$

기출문제

작년 매출액은 500만 원이고, 생산량은 2,500단위, 단위당 변동비 1,600원, 월간총고정비 50만 원인 회사의 손익분기점에 해당하는 연간 매출은?

① 120만 원　② 180만 원

③ 200만 원　④ 250만 원

정답 ④

해설 손익분기점 판매량＝총고정비/단위당 공헌이익＝50만/400＝1,250 단위

단위당 공헌이익＝단위당 판매가격－단위당 변동비＝2,000(500만/2,500)－1,600＝400

단위당 판매가격＝매출액÷생산량＝500만÷2,500＝2,000

손익분기점 판매액＝손익분기점 판매량×단위당 판매가격＝1,250 단위×2,000＝250만 원

테마 20 경영통제

> ✔ 통제는 경영의 관리기능인 계획, 조직, 지휘 등 일련의 과정에서 설정한 경영계획과 경영성과가 일치되도록 하는 관리행위다.

> ✔ 통제의 필요성
> 1. 경영환경의 변화 : 경영내부 및 외부환경의 변화에 적절히 대응하여 경영목표를 실현시키고 경영활동의 효율성을 높이는 데 기여한다.
> 2. 기업규모의 확대 : 기업규모의 확대에 따라 부문 간 업무마찰, 구성원의 갈등에 대한 체계적 파악과 적절한 시정조치를 통한 성과 향상에 기여한다.
> 3. 실수에 대한 예방 : 통제조직의 형성을 통하여 조직원의 실수나 오류가 업무시행 이전에 발견되어 시정할 수 있다.
> 4. 권한위양의 증대 : 기업규모의 확대에 따른 권한위양이 경영효율의 제고로 이어지도록 적절한 통제가 필요하다.

1 경영통제의 본질

1. 통제의 본질

(1) 통제기능

① 감시기능 : 목표수준을 달성할 수 있도록 현조직의 재활동을 감시하는 기능이다.

② 비교기능 : 실제성과와 성과표준 간에 일치정도를 활동시점과 활동시점을 떠나서 비교하는 기능(자료의 수집, 평가, 정보전파, 보고기능 포함)이다.

③ 편차의 수정 : 현재의 성과에 영향을 미치는 편차의 수정과 관련된 즉각적 수정행동과 미래의 성과에 영향을 미치는 기본적인 수정행동 기능이다.

④ 피드백기능 : 미래 의사결정을 위한 피드백 기능이다.

(2) 계획과 통제의 관계

① 계획은 목표달성 경로와 성과평가의 기준이며 통제는 계획의 진척정도를 평가하여 이행상의 문제점을 진단한다.

② 경영계획과 통제 간에는 일관성과 체계성이 있어야 한다.

2. 통제의 영역

(1) 업무통제 : 조직목표의 달성을 위한 인적 · 물적 그리고 정보자원의 활용에 기초한 업무수행과정 및 그 실적을 통제하는 것이다.

(2) 물적자원통제 : 물적자원의 계획과 실행에 대한 통제로 제품의 품질과 물적 유통에 대한 통제 등이 있다.

(3) 인적자원통제(human resources control) : 조직구성원이 해당분야에 대하여 적절한 지식과 업무수행능력을 가지고 맡은 바 업무를 적절히 수행하였는지 평가하는 것이다.

(4) 정보자원통제(information resources control) : 사전에 설정된 정보체계의 기능과 그 목표를 충분히 수행하고 있는가를 점검한다.

(5) 재무자원통제(financial resources control) : 기업활동에 필요한 운전자본과 시설자본을 경영계획에 의해 결정하고 경영활동의 진행에 따라 이러한 소요자본을 적절한 시기에 조달할 수 있는가의 여부를 평가한다.

2 경영통제의 유형

1. 통제의 유형

(1) 관리적 재량권에 따른 분류

① 사이버네틱스 통제

- 조직활동 중에 발생하는 편차를 자동적으로 수정할 수 있는 내재적 장치(자기활동, 자기규제시스템)에 의한 통제다.
- 자동화 공장(표준화 통제), 과업과 과업수행 절차가 명확하게 정형화되어 있는 경우에 유용하다.

② 비사이버네틱스 통제

- 표준화되어 있지 않은 통제시스템으로 경영자의 자유재량권에 의한 통제다.
- 과업이 비일상적이고 비정형화되어 있거나 독창적인 경우에 적합한 통제시스템이다.

(2) 통제시기에 따른 분류

① 사전통제

- 경영활동이 시작되기 전에 실행되는 통제로 경영목표의 적합성, 투입자원의 준비에 대한 사전 검토를 한다.
- 관리적 차원 : 투입방법의 선택, 예상되는 문제점 해결을 위한 정책, 전략의 개발에 대해서 통제한다.
- 전략적 차원 : 장기적 조직목표 달성에 영향을 미치는 환경요인의 변화 여부를 점검하여 계획을 사전에 조정하는 통제기능이다.

② 동시통제

- 업무나 작업의 진행 과정상의 통제로 업무단위 또는 기간단위에 따라 수시로 통제한다.
- 관리적 차원 : 작업이 적합하게 수행되는지 혹은 계획대로 진행되는지를 통제한다.
- 전략적 차원 : 경영환경 변화에 입각하여 진행과정을 감독하고 필요한 조정을 실시하는 통제기능이다.

③ 사후통제

- 모든 업무활동이 종료된 뒤에 행해지는 통제로 일정기간이 만료된 후 경영성과를 측정 · 분석하고 편차에 대한 인과관계를 규명하여 각 조직단위의 책임과 권한관계를 명백히 하여 미래의 계획수립에 필요한 근거자료를 제공한다.
- 관리적 차원 : 관리 조직단위의 효율성 평가정보를 제공해 조직구성원의 평가기준과 보상기준으로 활용한다.
- 전략적 차원 : 경영성과의 인과관계를 분석함으로써 최고경영자에게 경영계획의 조정과 경영환경의 변화에 대응하는 전략수립에 필요한 정보를 제공한다.

④ 내부통제 : 경영활동을 일정한 시스템을 통해 주로 계수적인 방식으로 통제 내지 관리하는 종합적 관리방식이다.

2. 효과적인 통제시스템

(1) 계획과 집행과정에 종업원의 직접 참여와 목표 또는 성과의 기준설정 등에 종업원과의 합의가 필요하다.

(2) 계수적 편차에 지나치게 치중할 것이 아니라 상황요인도 함께 고려한다.

기출문제

종업원 교육을 통해 언제 만들어도 동일한 품질의 산출물이 나올 수 있도록 하는 경영통제는?

① 사전통제 ② 진행통제
③ 사후통제 ④ 내부통제

정답 ①

해설 사전통제 : 경영 활동이 이루어지기 전이나 문제 발생 전 그것이 발생하는 것을 피하기 위한 예방적 조치로, 예방 통제라고도 한다.

빈출 지문에서 뽑은 O/X

01 관리회계는 일반적으로 인정된 회계원칙(GAAP)에 따라 작성한다. (O/ ×)

02 재무정보가 정보이용자에게 유용하기 위해 갖춰야 할 재무제표의 질적 특성 중 근본적 질적 특성은 목적적합성과 이해가능성이다. (O/ ×)

03 손익계산서는 기업경영의 성과를 밝히기 위하여 일정 기간 내에 발생한 모든 수익과 비용을 대비시켜 당해 기간의 순이익을 계산 · 확정하는 보고서다. (O/ ×)

04 기업회계기준에서는 계정식을 원칙으로 하고 있다. (O/ ×)

05 손익계산서는 기업의 목적달성 정도를 측정하는 기준이며 경영정책의 수립과 방향 설정에 있어 가장 중요한 자료가 된다. (O/ ×)

06 물가가 지속적으로 하락하는 경우, 매출원가의 크기는 후입선출법>총평균법>선입선출법 순이다. (O/ ×)

07 물가가 지속적으로 하락하는 경우, 후입선출법에서는 재고자산과 순이익이 상대적으로 모두 낮게 평가된다. (O/ ×)

08 물가가 지속적으로 하락하는 경우, 선입선출법에 의하면 재고자산은 상대적으로 높게 평가되고 순이익은 상대적으로 낮게 나타난다. (O/ ×)

09 건물을 신축하기 위하여 사용 중인 기존 건물을 철거하는 경우, 그 건물의 장부가액은 제거하여 처분손실로 반영하고 철거비용은 전액 취득원가에 포함한다. (O/ ×)

10 감가상각방법 중 비례법은 유형자산의 취득원가에서 잔존가액을 차감한 것을 내용연수로 나누어 계산한다. (O/ ×)

11 원가는 어떠한 목적으로 소비된 경제 가치를 화폐액으로 표시한 것을 말한다. (O/ ×)

12 원가의 3요소는 재료비, 노무비, 경비로 구성된다. (O/ ×)

13 재무회계를 목적으로 하는 경우에 원가는 장부계상 시의 원가로 측정된다. (O/ ×)

14 직접비에 제조에 소요된 간접비를 포함한 것을 제조원가라고 한다. (O/ ×)

15 일정한 이자율 변동에 액면이자가 낮을수록 채권가격 변동폭이 작다. (O/ ×)

16 이자율 기간구조상에서 만기가 긴 채권의 만기수익률은 만기가 짧은 채권의 만기수익률보다 항상 높다. (O/ ×)

17 다른 조건이 동일하다면, 유동성위험이 큰 채권의 만기수익률은 유동성위험이 낮은 채권의 만기수익률보다 낮다. (O/ ×)

18 자본자산가격결정모형(CAPM)에서는 무위험자산이 존재하지 않기 때문에 무위험이자율로 차입과 대출이 불가능하다고 가정한다. (O/ ×)

19 포트폴리오는 둘 이상의 자산 또는 증권에 분산투자할 경우의 투자대상을 말한다. (O/ ×)

20 개별증권들 간에 상관관계가 클수록 포트폴리오효과가 크게 나타난다. (O/ ×)

21 무위험이자율이 증가하면 풋옵션 가격은 하락한다. (O/ ×)

22 기초자산에 대한 배당이 많을수록 풋옵션 가격은 상승한다. (O/ ×)

[정답과 해설]

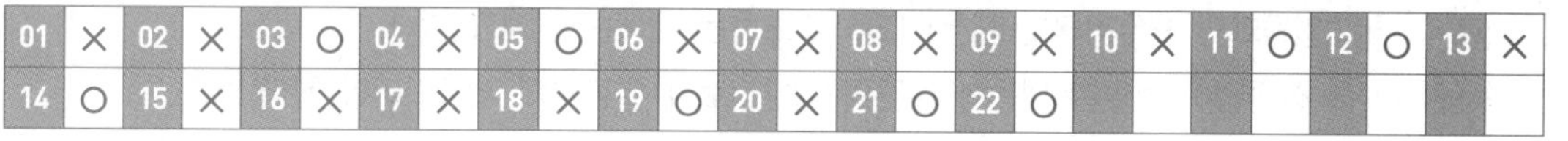

01	×	02	×	03	○	04	×	05	○	06	×	07	×	08	×	09	×	10	×	11	○	12	○	13	×
14	○	15	×	16	×	17	×	18	×	19	○	20	×	21	○	22	○								

01 관리회계는 기업회계의 한 분야로 경영자가 경영관리활동에 도움을 주는 것을 목적으로 한 내부보고회계이며 관리회계는 관리자가 요구하는 대로 보고서를 작성한다.

02 유용한 재무정보의 질적 특성 중 근본적 질적 특성은 목적적 합성과 충실한 표현이고, 유용한 재무정보의 질적 특성 중 보강적 질적 특성은 비교가능성, 검증가능성, 적시성, 이해가능성이다.

03 손익계산서는 일정 기간 소유주와의 자본거래를 제외한 모든 원천에서 순자산이 증가하거나 감소한 정도 그리고 그 내역에 대한 정보를 제공하는 재무보고서다.

04 손익계산서의 양식에는 계정식과 보고식이 있는데, 기업회계기준에서는 보고식을 원칙으로 하고 있다.

05 손익계산서는 한 회계기간에 속하는 수익과 이에 대응하는 비용 및 차익과 차손을 적정하게 표시하기 위한 재무보고서다. 손익계산서는 당해 회계기간의 경영성과를 나타낼 뿐만 아니라 기업의 미래현금흐름과 수익창출능력 등의 예측에 유용한 정보를 제공한다.

06 매출원가 크기는 선입선출법>이동평균법>총평균법>후입선출법 순이다.

07 후입선출법에 의하면 재고자산과 순이익은 상대적으로 높게 평가된다.

08 물가가 지속적으로 하락하는 경우 선입선출법에 의하면 재고자산과 순이익은 상대적으로 낮게 평가된다.

09 건물을 신축하기 위하여 사용 중인 기존건물을 철거하는 경우 철거비용은 취득원가에 포함하는 것이 아니고 비용으로 회계처리된다.

10 정액법에 대한 설명으로, 직선법 또는 균등상각법이라고 불리며 유형자산의 취득원가에서 잔존가액을 차감한 것을 내용연수로 나누어 계산한다.

11 원가란 기업이 특정한 목적을 달성하기 위하여 소비한 재화나 용역을 화폐액으로 측정한 것을 말한다.

12 재료비, 노무비, 제조경비를 원가의 3요소라고 한다.

13 재무회계를 목적으로 하는 경우 원가는 취득원가 기준, 즉 급부 조달시점에서의 지급대가로 측정된다.

14 제조원가란 직접비에 간접비를 가산한 것으로서, 제품의 제조과정에서 발생하는 원가요소 전부를 포함한다. 이 제조원가는 원가의 발생 시 제품이라는 자산으로 회계처리하며 제품이 판매될 때 매출원가라는 비용으로 회계처리한다.

15 일정한 이자율 변동에 액면이자가 낮을수록 채권가격 변동폭이 크다.

16 항상 정해져 있는 것이 아니라 상황에 따라서 다양한 양상을 보일 수 있다. 그러므로 채권의 만기수익률이 더 높을 수도 있고 낮을 수도 있다.

17 다른 조건이 동일하다면 유동성위험이 큰 채권의 만기수익률은 유동성위험이 낮은 채권의 만기수익률보다 높다.

18 무위험자산이 존재하고 무위험이자율로 차입과 대출이 가능하다고 가정한다.

19 포트폴리오는 둘 이상의 자산의 조합을 뜻하는 것으로 여러 자산에 나누어 분산투자를 한다.

20 상관관계가 적을수록 포트폴리오 위험이 줄어들기 때문에 포트폴리오의 효과도 크게 나타난다.

21 무위험이자율이 증가하면 행사가격의 현재가치를 감소시켜 풋옵션 가격은 하락한다.

22 배당금이 지급되면 배당일에 주식의 가격은 배당금만큼 하락하게 되기 때문에 배당이 많을수록 풋옵션의 가격은 상승한다.

▶ 정답과 해설 64쪽

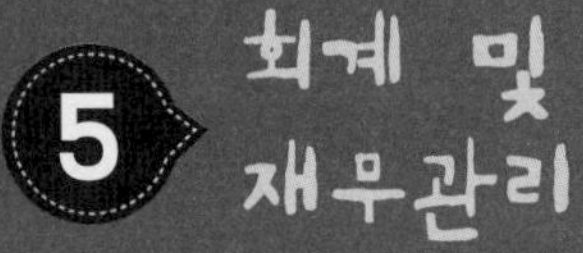

기출예상 문제

01 다음 중 조직의 재무활동을 수집 · 기록 · 분류 · 요약 · 보고 · 분석하는 경영활동에 대한 설명으로 옳은 것은?

① 서로 다른 기업들과의 재무상태와 재무성과를 비교하는 데에는 한계가 있다.
② 이해관계자에 상관없이 동일한 내용과 수준의 재무정보가 일관되게 제공되어야 한다.
③ 경영활동에 대한 과거성과, 현재 재무건전상태, 미래의 성과를 살필 수 있는 틀을 제공한다.
④ 기업, 정부, 비영리법인, 글로벌 조직 등 각각의 전통과 자율성을 토대로 재무정보를 관리 · 기록한다.

02 다음 중 회계에 대한 설명으로 옳지 않은 것은?

① 회계는 자사 정보이용자들에게 합리적 의사결정에 도움을 주는 유용한 정보를 제공하는 것을 목적으로 한다.
② 관리회계는 일반적으로 인정된 회계원칙(GAAP)에 의하여 작성한다.
③ 세무회계는 과세정보를 상세하게 보고하게 된다.
④ 기업이 제공하는 재무제표가 신뢰성을 얻기 위해서는 회계기준에 의하여 작성하고, 제3자인 공인회계사 등 전문가에게 감사를 받아야 한다.

03 다음 중 관리회계와 재무회계에 대한 설명으로 옳지 않은 것은?

	재무회계	관리회계
①	법적강제 있음.	법적 강제 없음.
②	외부 보고가 목적	내부 보고가 목적
③	회계기간은 규정 없음.	회계기간은 보통 1년
④	보고대상은 외부정보 이용자	보고대상은 내부정보 이용자

04 다음 중 회계의 순환과정으로 알맞은 것은?

① 거래의 식별－분개－전기－수정전시산표－결산수정분개 －수정후시산표
② 거래의 식별－전기－분개－수정전시산표－결산수정분개 －수정후시산표
③ 거래의 식별－분개－전기－결산수정분개－수정전시산표 －수정후시산표
④ 거래의 식별－분개－수전전시산표－전기－결산수정분개 －수정후시산표

05 다음 중 비용의 발생과 자산의 감소에 해당하는 거래는?

① 거래처에 현금 2,000만 원을 대여한다.
② 여비교통비 15만 원을 현금으로 지급한다.
③ 현금 2억 원을 출자하여 영업을 개시한다.
④ 정기예금에 대한 이자 120만 원을 현금으로 받는다.

06 다음 중 회계상의 거래에 해당하는 것은?

① 상품 500,000원의 주문을 받았다.
② 종업원을 월 2,000,000원으로 채용하였다.
③ 재고자산(시가 400,000원)이 화재로 소실되었다.
④ 월 2,000,000원으로 건물의 임대차 계약을 맺었다.

07 다음 중 재무제표의 작성과 표시를 위한 개념체계에 대한 설명으로 옳지 않은 것은?

① 한국채택국제회계기준 개념체계는 질적 특성을 근본적 질적 특성과 보강적 질적 특성으로 구분하고 있다.
② 중요성은 개별 기업 재무보고서 관점에서 해당 정보와 관련된 항목의 성격이나 규모 또는 이 둘 모두에 근거하며 해당 기업에 특유한 측면의 목적적합성을 의미한다.
③ 재고자산은 취득원가와 순실현가능가치 중 큰 금액으로 측정한다.
④ 한국채택국제회계기준 개념체계는 계속기업을 기본가정으로 하고 있다.

08 다음 중 재무보고를 위한 개념체계와 관련한 설명으로 옳지 않은 것은?

① 자산은 과거 사건의 결과로 기업이 통제하고 있고 미래경제적 효익이 유입될 것으로 기대되는 권리다.
② 수익은 특정 회계기간 동안에 발생한 경제적 효익의 증가로서 자산의 증가 또는 부채의 감소를 통해 자본의 증가를 초래한다.
③ 자본은 기업의 자산에서 모든 부채를 차감한 후의 잔여지분이다.
④ 재무정보가 정보이용자에게 유용하기 위해 갖춰야 할 재무제표의 질적 특성 중 근본적 질적 특성은 목적적합성과 이해가능성이다.

09 재무제표의 종류 중 기업의 이익처분에 관한 내용을 나타내는 재무보고서로 옳은 것은?

① 재무상태표 ② 손익계산서
③ 현금흐름표 ④ 이익잉여금처분계산서

10 다음 중 대차대조표 계정과목을 옳게 연결한 것은?

① 당좌자산 – 외상매출금, 선수금, 선수비용, 부가세대급금, 전도금,
② 유형자산 – 건물, 구축물, 차량운반구, 공구와 기구, 비품, 시설장치
③ 비유동부채 – 퇴직급여충당금, 주 · 임 · 종 · 단기채권, 장기임대보증금
④ 유동부채 – 외상매입금, 미지급금, 부가세예수금, 선급금

11 다음 중 재무상태표 작성기준에 대한 설명으로 옳지 않은 것은?

① 재무상태표에 기재하는 자산과 부채의 항목배열은 유동성배열법을 원칙으로 한다.
② 자산과 부채는 1년을 기준으로 하여 유동자산 또는 비유동자산, 유동부채 또는 비유동부채로 구분하는 것을 원칙으로 한다.
③ 가지급금 및 가수금 등의 미결산항목은 그 내용을 나타내는 적절한 과목으로 표시하고 재무상태표의 자산 및 부채 항목으로 표시하여야 한다.
④ 자산, 부채 및 자본은 총액에 의하여 기재함을 원칙으로 하고 자산의 항목과 부채 또는 자본의 항목을 상계함으로써 그 전부 또는 일부를 재무상태표에서 제외해서는 안 된다.

12 다음 중 빈칸에 들어갈 내용이 순서대로 나열된 것은?

보기

자산은 재무상태표 작성일로부터 1년을 기준으로 (　)과 (　)으로 구분한다. (　)은 1년 이내에 현금화할 수 있는 자산을 의미하며 다시 (　) 과 (　)으로 분류한다.

① 유형자산－무형자산－유형자산－투자자산－당좌자산
② 유형자산－무형자산－유형자산－당좌자산－재고자산
③ 유동자산－비유동자산－유동자산－투자자산－당좌자산
④ 유동자산－비유동자산－유동자산－당좌자산－재고자산

13 다음 중 재무상태표에서 기업회계기준서가 제시하고 있는 기타포괄손익누계액의 구분표시항목으로 옳지 않은 것은?

① 자기주식처분이익
② 해외사업환산손익
③ 매도가능증권평가손익
④ 현금흐름위험회피 파생상품평가손익

14 다음 중 재무상태표를 작성할 때 기업회계기준상 자본잉여금만으로 나열된 것은?

① 주식할인발행차금, 자기주식처분손실
② 배당평균적립금, 자기주식처분이익
③ 해외사업환산이익, 자기주식
④ 주식발행초과금, 감자차익

15 다음 중 손익계산서에 관한 내용으로 틀린 것은?

① 기업경영의 성과를 밝히기 위하여 일정 기간 내에 발생한 모든 수익과 비용을 대비시켜 당해 기간의 순이익을 계산 · 확정하는 보고서다.
② 기업회계기준에서는 계정식을 원칙으로 하고 있다.
③ 손익계산서는 기업의 목적달성 정도를 측정하는 기준이며 경영정책의 수립과 방향 설정에 있어 가장 중요한 자료가 된다.
④ 기업의 수익창출능력 등의 예측에 유용한 정보를 제공한다.

16 다음 중 포괄손익계산서 당기순손익과 총포괄손익 간에 차이를 발생시키는 항목은 모두 몇 개인가?

㉠ 매도가능금융자산평가이익	㉡ 자기주식처분이익
㉢ 재평가이익	㉣ 현금흐름위험회피 파생상품평가손익
㉤ 주식할인발행차금	

① 1개
② 2개
③ 3개
④ 4개

17 다음 〈보기〉를 참고하여 구한 자본변동액은?

보기

• 당기순이익 10,000	• 유상증자 3,000
• 무상증자 2,000	• 현금배당 4,200

① 1,200
② 3,500
③ 3,900
④ 8,800

18 다음 중 현금흐름표에 대한 설명으로 옳지 않은 것은?

① 손익계산서와 마찬가지로 발생주의로 작성한다.
② 현금흐름표의 작성방법으로는 직접법과 간접법이 있다.
③ 기업의 배당금지급능력과 채무상환능력을 평가할 수 있다.
④ 일정 기간의 현금흐름을 영업활동, 투자활동, 재무활동으로 나누어 표시하는 보고서다.

19 다음 중 회사의 영업이 속해 있는 산업에서 지속적으로 물가가 상승하는 경우 매출원가가 가장 높게 나타나는 재고자산에 대한 원가흐름의 가정은?

① 선입선출법
② 후입선출법
③ 총평균법
④ 이동평균법

20 다음 중 먼저 입고된 재고자산이 먼저 출고된다는 가정하에 매출원가와 기말재고 단가를 결정하는 것은?

① 개별법
② 평균법
③ 선입선출법
④ 후입선출법

21 다음 중 재고자산이 아닌 것은?

① 비품
② 원재료
③ 부동산 매매업자의 판매를 목적으로 한 토지나 건물
④ 기업 내부에서 판매를 목적으로 제조한 생산품

22 다음 중 상품재고장 작성 시 주의할 점으로 옳지 않은 것은?

① 매출액은 매입원가로 인도란에 기입한다.
② 매입액은 매입원가로 인수란에 기입한다.
③ 매출에누리, 매출할인은 기입하지 않는다.
④ 매입환출과 매입에누리액은 인도란에 기입한다.

23 다음 중 각 재고자산방법에 대한 설명으로 옳지 않은 것은?

① 후입선출법은 당기순이익이 적게 계상되는 단점이 있다.
② 후입선출법은 고가이며 소량인 재고자산에 쉽게 적용할 수 있다.
③ 평균법은 실무적으로 적용하기 편리하며 이익 조작의 가능성이 적다.
④ 개별법은 실제원가와 실제수익에 대응되므로 대응원칙에 가장 충실하다.

24 다음 중 재무상태표의 재고자산가액이 현행원가에 가장 근접하는 재고자산 평가방법은?

① 총평균법 ② 후입선출법
③ 이동평균법 ④ 선입선출법

25 다음 중 실지재고조사법(실사법)하에서만 이용 가능한 재고조사 평가방법은?

① 선입선출법 ② 후입선출법
③ 총평균법 ④ 이동평균법

26 다음 중 물가가 지속적으로 하락하는 경우, 재고자산의 평가방법이 자산평가와 이익측정에 미치는 효과로 옳은 것은?

① 매출원가의 크기는 후입선출법>총평균법>선입선출법 순이다.
② 후입선출법에서는 재고자산과 순이익이 상대적으로 모두 낮게 평가된다.
③ 선입선출법에 의하면 재고자산은 상대적으로 높게 평가되고 순이익은 상대적으로 낮게 나타난다.
④ 총평균법에 의한 재고자산과 매출원가의 금액은 선입선출법에 의한 금액과 후입선출법에 의한 금액 사이에서 결정된다.

27 다음 중 재고자산평가손실에 대한 설명으로 옳지 않은 것은?

① 재고자산에 대한 저가법 적용은 원칙적으로 종목별 기준을 사용한다.
② 재고자산평가손실은 성격에 따라 매출원가 또는 영업외비용으로 계상한다.
③ 원재료의 경우 원재료를 투입하여 완성될 제품의 시가가 원가보다 높을 때에는 원재료에 대하여 저가법을 적용하지 않는다.
④ 재고자산평가손실을 초래했던 상황이 해소되어 새로운 시가가 장부가액보다 상승한 경우에는 최초의 장부가액을 초과하지 않는 범위 내에서 평가손실을 환입한다.

28 A사의 유형자산과 B사의 유형자산을 서로 교환하였고 각 유형자산에 대한 가격정보가 다음과 같다. 이 교환거래에 상업적 실질이 있을 경우, 다음 중 B 회사가 인식할 유형자산처분손익은? (단, B사는 현금 3만 원을 추가로 제공하였다)

구분	A사 유형자산	B사 유형자산
장부가격	420,000원	300,000원
공정가치	380,000원	350,000원

① 0원
② 20,000원
③ 30,000원
④ 40,000원

29 다음 중 기업회계기준상의 유형자산취득원가에 대한 설명으로 옳지 않은 것은?

① 건물을 신축하기 위하여 토지와 건물을 구입한 경우 기존 건물의 철거비용은 전액 토지의 취득원가에 포함한다.
② 건물을 신축하기 위하여 사용 중인 기존 건물을 철거하는 경우 그 건물의 장부가액은 제거하여 처분손실로 반영하고 철거비용은 전액 취득원가에 포함한다.
③ 유형자산의 취득에 있어서 국 · 공채 등을 불가피하게 매입한 경우 국 · 공채의 매입가액과 공정가액의 차액을 취득부대비용으로 보아 당해 유형자산의 취득원가에 산입한다.
④ 주식발행을 통해 유형자산을 취득한 경우 취득한 자산의 공정가액과 발행한 주식의 공정가액 중 보다 명확한 것을 유형자산의 취득원가로 한다.

30 다음 중 비례법에 대한 설명으로 옳은 것은?

① 직선법 또는 균등상각법이라고 불린다.
② 자산의 이용 정도에 비례하여 감가상각비를 계산하는 것으로 생산량비례법과 작업시간비례법이 있다.
③ 유형자산의 취득원가에서 잔존가액을 차감한 것을 내용연수로 나누어 계산한다.
④ 유형자산의 장부가액에 일정의 상각률을 곱하여 얻은 금액을 각 연도의 상각액으로 하는 방법이다.

31 다음 중 감가상각비 절세효과가 적은 것은?

① 정률법　② 정액법
③ 비례법　④ 생산량비례법

32 다음 중 무형자산만으로 이루어진 것은?

① 토지, 건물, 영업권　② 토지, 건물, 구축물
③ 영업권, 광업권, 산업재산권　④ 영업권, 사채발행비, 건설 중인 자산, 건물

33 다음 중 사채의 자기사채의 취득(자전거래)에 대한 회계처리로 옳은 것은?

① 자기사채의 취득은 회계상의 거래가 아니므로 회계처리하지 않는다.
② 자기사채의 취득은 사채의 매입상환에 해당되므로 사채상환손익을 인식한다.
③ 자기사채를 취득한 경우, 취득가액이 장부가액보다 적을 경우에만 사채상환손익을 인식한다.
④ 자기사채를 취득한 경우, 소각을 목적으로 할 경우에는 사채에서 직접 차감하여 사채상환손익을 인식한다.

34 다음 중 사채를 발행하는 과정에서 발생한 사채발행비에 관한 설명으로 옳지 않은 것은?

① 사채발행비는 유효이자율을 낮춘다.
② 사채발행비는 사채발행수수료 및 사채발행을 위해 직접 발생한 기타의 비용을 말한다.
③ 사채발행비가 발생하면 발행가액에서 사채발행비를 차감한 금액을 기초로 유효이자율을 계산한다.
④ 사채발행비는 사채할인발행차금에 가산하거나 사채할증발행차금에 차감하고 상각을 통해 이자비용에 반영한다.

35 다음 중 유동부채가 아닌 것은?

① 매입채무 ② 선수수익
③ 미지급비용 ④ 장기성매입채무

36 다음 중 부채에 대한 설명으로 옳지 않은 것은?

① 부채는 특정기업실체가 과거의 거래나 사건으로부터 발생하여 현재시점에서 부담하는 경제적 의무다.
② 충당부채와 우발부채는 현재의 의무로, 이를 이행하기 위해서는 자원 유출 가능성이 높아지므로 부채로 인식한다.
③ 기업실체가 자산을 이미 인수하였거나 자산을 취득하겠다는 취소불능계약을 체결한 경우 현재의 의무가 발생한다.
④ 손실부담계약은 당해 계약상의 의무에 따라 발생하는 회피불가능한 비용이 그 계약에 따라 받을 것으로 기대되는 효익을 초과하는 계약으로, 그러한 계약에 의한 현재의 의무는 충당부채로 인식한다.

37 다음 중 유동부채에 대한 설명으로 옳은 것은?

① 사채, 신주인수권부사채, 전환사채 등이 포함된다.
② 단기차입금, 매입채무, 이연법인세부채 등이 포함된다.
③ 부채 중 재무상태표일로부터 1년 후에 만기가 도래하는 부채다.
④ 부채 중 재무상태표일로부터 1년 이내에 만기가 도래하는 부채다.

38 다음 중 유동비율의 계산식으로 옳은 것은?

① 유동자산 × 유동부채 ② 유동자산 ÷ 유동부채
③ 유동부채 ÷ 유동자산 ④ 당좌자산 ÷ 당좌부채

39 다음 중 기업의 단기채무 지급능력을 나타내는 지표로 사용되는 것은?

① 유동비율　② 생산성비율
③ 레버리지비율　④ 수익성비율

40 다음 중 재무보고의 근본적 질적 특성이 아닌 것은?

① 검증가능성　② 중립성
③ 예측가치　④ 확인가치

41 다음 중 회계적 이익의 극대화가 재무관리의 목표로서 적당하지 않은 이유로 옳지 않은 것은?

① 회계적 이익은 기회비용을 고려하지 않는다.
② 회계적 이익은 미래수익의 시간성을 무시한다.
③ 회계적 이익은 경영자의 이해를 반영하지 않는다.
④ 회계적 이익은 미래수익의 불확실성을 고려하지 않는다.

42 다음 〈보기〉는 무엇에 대한 설명인가?

보기

기업이 고정영업비용을 부담하고 있을 때 고정영업비용이 지렛대 역할을 하여 매출액의 변화율보다 영업이익의 변화율이 더 커지는 효과다.

① 결합레버리지효과　② 재무레버리지효과
③ 영업레버리지효과　④ 투자레버리지효과

43 다음 중 채권투자에 관한 설명으로 옳지 않은 것은?

① 수익률곡선타기전략은 수익률곡선이 하향 이동하는 경우에만 효과적인 전략이다.
② 채권수익률 하락이 예상되면 장기채와 쿠폰금리(액면이자율)가 낮은 채권에 대한 투자를 증가시킨다.
③ 이표채의 듀레이션은 만기에 정비례하지 않고 만기가 같은 경우에는 쿠폰금리가 높은 채권의 듀레이션이 짧다.
④ 채권수익률 기간구조이론 중 불편기대가설이 성립하는 경우, 정부 발행 5년 만기 할인채에 투자하는 장기투자 전략과 정부 발행 1년 만기 할인채에 5년 동안 반복 투자하는 롤오버전략의 사전적인 투자성과는 같으나 사후적 성과는 알 수 없다.

44 다음 중 채권가격의 특성에 대한 설명으로 옳은 것은?

① 채권가격과 시장이자율은 서로 정비례 관계에 있다.
② 액면이자율과 시장이자율은 별개의 개념이다.
③ 일정한 이자율 변동에 액면이자가 낮을수록 채권가격 변동폭이 작다.
④ 일정한 이자율 변동에 만기가 짧은 채권일수록 채권가격 변동폭이 크다.

45 다음 중 채권에 대한 설명으로 옳은 것은?

① 일반적으로 채권의 가격위험은 채권의 만기와 관련이 있다.
② 이자율 기간구조상에서 만기가 긴 채권의 만기수익률은 만기가 짧은 채권의 만기수익률보다 항상 높다.
③ 다른 조건이 동일하다면 유동성위험이 큰 채권의 만기수익률은 유동성위험이 낮은 채권의 만기수익률보다 낮다.
④ 다른 조건이 동일하다면 수의상환조건이 있는 채권의 만기수익률은 수의상환조건이 없는 채권의 만기수익률보다 낮다.

46 다음 중 소극적 채권투자전략에 해당하지 않는 것은?

① 수익률 곡선타기전략
② 채권지수 펀드투자전략
③ 현금흐름 대응전략
④ 목표시기 면역전략

47 다음 중 자본자산가격결정모형(CAPM)과 관련된 설명으로 옳지 않은 것은?

① 모든 투자자는 단일의 투자기간을 가지며 미래증권수익률의 확률분포에 대해 동질적 기대를 가지는 것으로 가정한다.
② 개별투자자가 분산투자를 통하여 위험을 감소시켜서 자산의 가치를 증가시키려는 노력은 소용이 없다.
③ 증권시장의 기울기는 β값에 따라 달라진다.
④ 자본시장에 대해서 모든 투자자가 동일한 정보를 가지고 있다면 모든 투자자들은 항상 동일한 위험자산 포트폴리오, 즉 시장포트폴리오를 선택한다.

48 다음 중 자본자산가격결정모형(CAPM)의 결론으로 옳지 않은 것은?

① 자본시장선상에 있는 포트폴리오와 시장포트폴리오의 상관계수는 1이다.
② 무위험자산이 존재하지 않기 때문에 무위험이자율로 차입과 대출이 불가능하다고 가정한다.
③ 자본시장선에서 무위험자산과 시장포트폴리오에 대한 투자가중치와 시장포트폴리오에 대한 투자비율은 둘 다 주관적이다.
④ 증권시장선의 기울기는 β값에 상관없이 항상 일정한 값을 가진다.

49 다음의 〈보기〉의 SML 자료로 (주)○○물산의 균형수익률을 계산하면?

보기

a. 무위험자산의 수익률은 30%이다.
b. 시장포트폴리오의 기대수익률은 35%이다.
c. 체계적 위험(주식의 베타)은 3이다.

① 10%　　② 15%
③ 20%　　④ 45%

50 무위험자산의 수익률은 2%이며 시장포트폴리오 기대수익률은 12%라고 가정할 때 CAPM이 성립한다면 시장베타가 1.5인 A 주식의 기대수익률은?

① 9%
② 12%
③ 15%
④ 17%

51 다음 중 장내파생상품과 장외파생상품을 비교한 설명으로 옳지 않은 것은?

① 장내파생상품은 거래의 이행을 거래소가 보증하지만 장외파생상품은 별도의 보증기관이 없어 당사자 간에 신용도에 의존한다.
② 장내파생상품은 거래소가 규정한 시간에만 거래가 가능하지만 장외파생상품은 언제든지 거래가 가능하다.
③ 장내파생상품은 계약조건이 비정형화되어 있지만 장외파생상품은 계약조건이 정형화되어 있다.
④ 장내파생상품의 종류에는 선물, 옵션 등이 있고 장외파생상품에는 선도, 옵션, 스와프 등이 있다.

고시넷

코레일 경영학

주요 공기업 경영학 기출문제를 바탕으로 최근 출제 경향과 유사하게 모의고사를 구성하였습니다.

채용직렬	직업기초능력평가 [25문항]	직무수행능력평가(전공시험) [25문항]
사무영업	NCS 공통영역 (의사소통능력, 수리능력, 문제해결능력)	(일반, 수송) 경영학 (IT) 컴퓨터일반(*정보보호개론 포함)

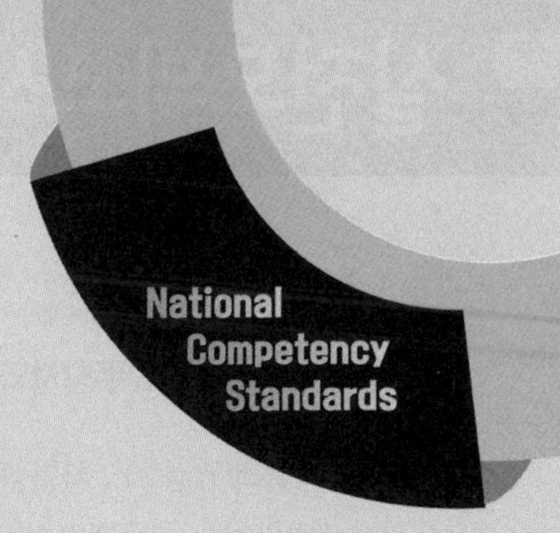

부록_실전모의고사

실전모의고사 1회

문항수 : 25문항

▶ 정답과 해설 74쪽

01 경영이론의 주창자와 그 내용이 옳지 않은 것은?

① 테일러(Taylor) : 차별성과급제
② 메이요(Mayo) : 비공식적 조직의 중시
③ 베버(Weber) : 규칙과 절차의 중시
④ 포드(Ford) : 고임금 고가격의 원칙

02 브랜드관리에 관한 설명으로 적절한 것을 〈보기〉에서 모두 고르면?

보기

㉠ 기존 브랜드와 다른 제품 범주에 속하는 신제품에 기존 브랜드를 붙이는 것은 라인확장(Line Extension)이다.
㉡ 라인확장을 할 때 자기잠식(Cannibalization)의 위험성은 하향 확장보다 상향 확장이 더 높다.

① ㉠
② ㉡
③ ㉠, ㉡
④ 없음.

03 조직구조와 조직설계에 관한 연결로 가장 적절하지 않은 것은?

① 매트릭스 조직(Matrix Structure) : 이중적인 보고체계로 인하여 보고담당자가 역할갈등을 느낄 수 있다.
② 부문별 조직(Divisional Structure) : 시장과 고객의 요구에 대응할 수 있으나 각 사업부 내에서 규모의 경제를 달성하기가 쉽지 않다.
③ 기능별 조직(Functional Structure) : 기능별 전문성을 확보할 수 있으나 기능 부서들 간의 조정이 어렵고 시장의 변화에 즉각적으로 대응하기가 쉽지 않다.
④ 통제의 범위(Span of Control) : 부문 간의 협업에 필요한 업무담당자의 자율권을 보장해 줄 수 있도록 하는 부서별 권한과 책임의 범위를 말한다.

04 지각, 귀인, 의사결정에 관한 설명으로 가장 옳지 않은 것은?

① 10명의 후보자가 평가위원과 일대일 최종 면접을 볼 때 피평가자의 면접순서는 최근효과 및 대비효과를 유발할 수 있다.

② 집단 사고는 지나치게 이질적인 집단이 그 이질성으로 인해 지나치게 비합리적인 의사결정을 하는 경우를 말한다.

③ 사람들은 자신의 행동에 대한 원인을 찾을 때와 타인의 행동에 대한 원인을 찾을 때 서로 다른 경향을 보인다.

④ 제한된 합리성 하에서 개인은 만족할 만한 수준의 대안을 찾는 의사결정을 한다.

05 다음은 무엇에 대한 설명인가?

> 스마트폰에 신용카드 등의 금융정보를 담아 10cm 이내의 근거리에서 결제를 가능하게 하는 무선통신기술

① 텔레매틱스(Telematics)

② GPS(Global Positioning System)

③ NFC(Near Field Communication)

④ IoT(Internet of Things)

06 신제품의 가격 책정 방법에 대한 설명으로 옳지 않은 것은?

① 신제품 출시 초기 높은 가격에도 잠재 수요가 충분히 형성되어 있는 경우 스키밍 가격전략(Skimming Pricing)이 효과적이다.

② 목표 소비자들의 가격 민감도가 높은 경우 시장침투 가격전략(Market Penetration Pricing)이 효과적이다.

③ 시장 진입장벽이 높아 경쟁자의 진입이 어려운 경우 시장침투 가격전략(Market Penetration Pricing)이 많이 활용된다.

④ 특허기술 등의 이유로 제품이 보호되는 경우 스키밍 가격전략(Skimming Pricing)이 많이 활용된다.

07 유통관리에 관한 설명으로 적절하지 않은 것은?

① 구매자가 요구하는 서비스 수준이 높은 경우에는 통합적 유통경로를 갖게 될 가능성이 높아진다.
② 방문판매는 영업사원에 의해 판매되는 무점포형 소매상이고, 다단계판매도 무점포 판매의 한 형태이다.
③ 한정 서비스 도매상은 상품을 소유한 상태에서 소수의 서비스만을 취급한다.
④ 전문품에 적합한 경로 커버리지는 집약적 유통이다.

08 품질경영에 관한 설명으로 가장 적절하지 않은 것은?

① QC써클은 품질, 생산성, 원가 등과 관련된 문제를 해결하기 위해 모이는 작업자 그룹이다.
② ZD(Zero Defect)프로그램에서는 불량이 발생되지 않도록 통계적 품질관리의 적용이 강조된다.
③ 품질비용은 일반적으로 통제비용과 실패비용의 합으로 계산된다.
④ 6시그마 품질수준은 공정평균이 규격의 중심에서 '1.5×공정표준편차'만큼 벗어났다고 가정하였을 때 100만개당 3.4개 정도의 불량이 발생하는 수준을 의미한다.

09 수직적 마케팅시스템 중 소유권의 정도와 통제력이 강한 유형에 해당하는 것은?

① 계약형 VMS
② 기업형 VMS
③ 관리형 VMS
④ 협력형 VMS

10 서비스 단계별 '고객의 행동, 종업원의 행동, 종업원 지원 프로세스'를 가시선을 기준으로 나누어서 제시하는 플로우 차트는?

① 피쉬본 다이어그램(Fishbone Diagram)
② LOB(Line of Balance)
③ 간트 차트(Gant Chart)
④ 서비스 청사진(Service Blueprint)

11 자본시장선(CML)에 관한 설명으로 옳은 것을 〈보기〉에서 모두 고르면?

보기

ㄱ. 위험자산과 무위험자산을 둘 다 고려할 경우의 효율적 투자기회선이다.
ㄴ. 자본시장선 아래에 위치하는 주식은 주가가 과소평가된 주식이다.
ㄷ. 효율적 포트폴리오의 균형가격을 산출하는 데 필요한 할인율을 제공한다.

① ㄱ ② ㄴ
③ ㄱ, ㄷ ④ ㄴ, ㄷ

12 생산수량과 일정을 토대로 필요한 자재소요계획을 수립하는 관리시스템은?

① TQM ② FMS
③ MRP ④ SCM

13 동기부여이론에 대한 설명으로 가장 옳지 않은 것은?

① 허즈버그(Herzberg)의 2요인이론에서 위생요인에는 임금, 안정된 직업, 작업조건, 지위, 경영방침, 관리, 대인관계 등이 있고, 동기요인에는 성취감, 인정, 책임감, 성장, 발전, 보람있는 직무내용, 존경 등이 있다.
② 강화이론에서 벌과 소거는 바람직하지 못한 행동의 빈도를 감소시키지만 부정적 강화와 긍정적 강화는 바람직한 행동의 빈도를 증가시킨다.
③ 브룸(Vroom)의 기대이론에 따르면 과업성취에 대한 기대, 보상의 유의성 및 수단성이 클수록 동기부여의 강도도 커지게 된다.
④ 매슬로우(Maslow)의 욕구이론에 따르면 생리 욕구–친교 욕구–안전 욕구–성장 욕구–자아실현 욕구의 순서로 욕구가 충족된다.

14 리더십이론에 관한 설명으로 가장 옳은 것은?

① 리더-부하 교환이론(LMX ; Leader-Member Exchange Theory)에서는 리더와 부하의 관계 질에 따라서 부하를 내집단과 외집단으로 구분한다.
② 허쉬(Hersey)와 블랜차드(Blanchard)의 상황이론에 따르면 설득형 리더십 스타일의 리더보다 참여형 리더십 스타일의 리더가 과업지향적 행동을 더 많이 한다.
③ 피들러(Fiedler)의 상황이론에 따르면 개인의 리더십 스타일이 고정되어 있지 않다는 가정 하에 리더는 상황이 변할 때마다 자신의 리더십 스타일을 바꾸어 상황에 적응한다.
④ 블레이크(Blake)와 머튼(Mouton)의 관리격자이론은 리더십의 상황이론에 해당된다.

15 시장세분화에 관한 설명으로 옳지 않은 것은?

① 세분화된 시장 내에서는 이질성이 극대화되도록 해야 한다.
② 효과적인 시장세분화를 위해서는 시장의 규모가 측정 가능해야 한다.
③ 나이, 성별, 소득은 인구통계학적 세분화 기준에 속한다.
④ 제품사용 상황, 추구편익은 행동적 세분화 기준에 속한다.

16 생산공정 및 설비배치에 관한 설명으로 가장 적절한 것은?

① 제품이 다양하고 배치 크기(Batch Size)가 작을수록 라인공정보다는 잡숍공정(Job Shop Process)이 선호된다.
② 주문생산공정은 다품종 소량생산하기 때문에 계획생산공정보다 유연성이 높고 생산량이 적다.
③ 제품별 배치에서는 공정별 배치에 비해 설비의 고장이나 작업자의 결근 등이 발생할 경우 생산시스템 전체가 중단될 가능성이 낮으며 노동 및 설비의 이용률이 높다.
④ 그룹테크놀로지(GT)를 이용하여 설계된 셀룰러 배치는 공정별 배치에 비해 가동준비시간과 재공품 재고가 감소되는 등의 장점이 있다.

17 주식배당과 주식분할에 대한 설명으로 옳지 않은 것은? (단, 주식배당과 주식분할 전후 순이익은 변화가 없다)

① 주식분할 후 주당 순이익이 감소한다.
② 주식배당 후 주식의 액면가는 변화가 없지만 주식분할 후 주식의 액면가는 감소한다.
③ 주식배당 후 주당 순이익은 변화가 없다.
④ 주식배당 후 이익잉여금은 감소하지만 주식분할 후 이익 잉여금은 변화가 없다.

18 다음 설명에 해당하는 직무설계는?

• 직무성과가 경제적 보상보다는 개인의 심리적 만족에 있다고 전제한다.
• 종업원에게 직무의 정체성과 중요성을 높여주고 일의 보람과 성취감을 느끼게 한다.
• 종업원에게 많은 자율성과 책임을 부여하여 직무경험의 기회를 제공한다.

① 직무 충실화
② 직무 전문화
③ 직무 순환
④ 수평적 직무확대

19 종업원 선발을 위한 면접에 관한 설명으로 옳은 것은?

① 구조화 면접은 표준화된 질문지를 사용한다.
② 스트레스 면접은 여러 시기에 걸쳐 여러 사람이 면접하는 방식이다.
③ 면접의 신뢰성과 타당성을 높이기 위해 면접 내용 개발 단계에서 면접관이나 경영진을 배제한다.
④ 위원회 면접은 한 명의 면접자가 여러 명의 피면접자를 평가하는 방식이다.

20 비용의 분류에 대한 설명으로 옳지 않은 것은?

① 비용은 빈도, 손익의 발생가능성 및 예측가능성의 측면에서 서로 다를 수 있는 재무성과의 구성요소를 강조하기 위해 세분류로 표시한다.

② 비용을 성격별로 분류하면 기능별 분류로 배분할 필요가 없어 적용이 간단하고 배분의 주관적 판단을 배제할 수 있다.

③ 비용을 기능별로 분류하면 재무제표 이용자에게 더욱 목적 적합한 정보를 제공할 수 있지만 비용을 기능별로 배분하는 데 자의적 판단이 개입될 수 있다.

④ 비용을 성격별로 분류하는 기업은 감가상각비, 종업원급여비용 등을 포함하여 비용의 기능별 분류에 대한 추가 정보를 제공한다.

21 자본 항목에 해당하는 것은?

① 이익잉여금
② 사채
③ 영업권
④ 미수수익

22 금융자산 및 기업 간 투자에 대한 설명으로 옳은 것은?

① 관계기업투자주식을 보유한 기업이 피투자회사로부터 배당금을 받는 경우 관계기업투자주식의 장부가액은 증가한다.

② 타회사가 발행한 채무증권의 취득 금액이 해당 기업의 보통주 가격의 20% 이상이 되는 경우, 해당 기업의 경영에 유의적인 영향력을 미칠 수 있기에 관계기업투자로 분류한다.

③ 금융기관이 가지고 있는 단기매매금융자산은 기말에 공정가치 평가손익을 포괄손익계산서에서 기타포괄손익으로 표시한다.

④ 만기가 고정된 비파생금융자산인 채무증권을 취득한 후 해당 증권을 만기까지 보유할 적극적인 의도와 능력이 있는 경우 만기보유 금융자산으로 분류한다.

23 **사채의 발행에 관한 설명으로 옳지 않은 것은?**

① 할인발행은 유효이자율이 표시이자율보다 큰 경우이다.

② 할증발행의 경우 발행연도의 현금지급이자는 사채이자비용보다 크다.

③ 할인발행의 경우 만기가 가까워질수록 사채의 이자비용이 감소한다.

④ 할증발행과 할인발행은 사채의 만기금액이 동일하다.

24 **직무급의 특징에 관한 설명으로 옳지 않은 것은?**

① 직무의 상대적 가치에 따라 개별임금이 결정된다.

② 능력주의 인사풍토 조성에 유리하다.

③ 동일노동 동일임금 실현이 가능해진다.

④ 시행절차가 간단하고 적용이 용이하다.

25 **재무제표의 작성과 표시를 위한 개념체계에 대한 설명으로 옳은 것은?**

① 자산과 부채를 표시함에 있어 계정과목은 유동과 비유동으로 구분한 다음 유동성이 큰 순서대로 표시한다.

② 부채로 인식하기 위해서는 부채 인식 당시에 상환금액 및 상환시기를 확정할 수 있어야 한다.

③ 주석에는 '적용한 유의적인 회계정책의 요약'보다는 '한국채택국제회계기준을 준수하였다는 사실'을 먼저 표시하는 것이 일반적이다.

④ 현금흐름표 작성 시 배당금 수취는 영업 또는 투자활동으로 분류할 수 있으나 배당금 지급은 재무활동으로 분류하여 표시해야 한다.

실전모의고사 2회

문항수 : 25문항

▶ 정답과 해설 78쪽

01 경영이론에 대한 설명으로 옳은 것은?

① 테일러(F. Taylor)의 과학적 관리론에서는 고정적 성과급제를 통한 조직관리를 강조하였다.
② 페이욜(H. Fayol)은 중요한 관리활동으로 계획수립, 조직화, 지휘, 조정, 통제 등을 제시하였다.
③ 바나드(C. Barnard)의 학습조직이론에서는 인간을 제한된 합리성을 갖는 의사결정자로 보았다.
④ 호손 실험을 계기로 활발하게 전개된 인간관계론은 공식적 작업 집단만이 작업자의 생산성에 큰 영향을 미친다고 주장하였다.

02 해크먼(Hackman)과 올드햄(Oldham)의 직무특성이론에 관한 설명으로 옳지 않은 것은?

① 다양한 기술이 필요하도록 직무를 설계함으로써 직무수행자가 해당 직무에서 의미감을 경험하게 한다.
② 자율성을 부여함으로써 직무수행자가 해당 직무에서 책임감을 경험하게 한다.
③ 도전적인 목표를 제시함으로써 직무수행자가 해당 직무에서 성장욕구와 성취감을 경험하게 한다.
④ 직무수행과정에서 피드백을 제공함으로서 직무수행자가 해당 직무에서 직무수행 결과에 대한 지식을 가지게 한다.

03 신제품 확산과 제품수명주기에 관한 설명으로 옳은 것을 〈보기〉에서 모두 고르면?

보기

A. 후기 다수 수용자(late majority)는 조기 수용자(early adopters) 바로 다음에 신제품을 수용하는 소비자 집단이다.
B. 단순성(simplicity)은 신제품의 이해나 사용상의 용이한 정도를 의미하며 신제품 수용에 영향을 미치는 요인들 중의 하나이다.
C. 시장규모는 성숙기보다 성장기에서 더 크고, 제품원가는 도입기보다 성장기에서 더 높다.

① A　　② B
③ C　　④ A, B

04 공정성능을 나타내는 지표들에 관한 설명으로 옳은 것은?

① 주기시간(Cycle Time)의 변동없이 처리시간(Flow Time)을 감소시키면 재공품재고도 감소되는 경향이 있다.
② 병목공정(Bottleneck Process)의 이용률은 비병목공정의 이용률보다 낮다.
③ 생산능력이 증가하면 이용률이 증가하는 경향이 있다.
④ 생산능력이 감소하면 주기시간이 짧아지는 경향이 있다.

05 소비자 의사결정과정에 관한 설명으로 옳지 않은 것은?

① 상기상표군(Evoked Set)은 외적 정보탐색과 관련이 있다.
② 사전편집식(Lexicographic Rule)은 비보완적 대안평가방식이다.
③ 결합식(Conjunctive Rule)은 비보완적 대안평가방식이다.
④ 특정 브랜드에 대해 호의적 태도를 가지고 반복 구매하는 것은 브랜드충성도와 관련이 있다.

06 장기적인 생산능력의 측정과 평가에 대한 설명으로 옳지 않은 것은?

① 유효생산능력(Effective Capacity)은 설계생산능력(Design Capacity)을 초과할 수 없다.
② 실제산출률(실제생산능력)은 유효생산능력을 초과할 수 없다.
③ 생산능력 이용률은 생산능력 효율을 초과할 수 없다.
④ 효과적인 생산관리 활동(제품 및 공정설계, 품질관리 등)을 통해 실제 산출률은 증가하지만 유효생산능력은 변하지 않는다.

07 테일러(F. Taylor)의 과학적 관리법에 대한 설명으로 옳지 않은 것은?

① 시간 및 동작 연구
② 기능적 직장제도
③ 집단중심의 보상
④ 고임금 저노무비 지향

08 아담스(J. S. Adams)의 공정성이론에서 조직구성원들이 개인적 불공정성을 시정하기 위한 방법이 아닌 것은?

① 투입의 변경
② 산출의 변경
③ 투입과 산출의 인지적 왜곡
④ 준거인물 유지

09 모집 방법 중 사내공모제(Job Posting System)의 특징에 관한 설명으로 옳지 않은 것은?

① 종업원의 상위직급 승진 기회가 제한된다.
② 외부 인력의 영입이 차단되어 조직이 정체될 가능성이 있다.
③ 지원자의 소속부서 상사와의 인간관계가 훼손될 수 있다.
④ 선발과정에서 여러 번 탈락되었을 때 지원자의 심리적 위축감이 고조된다.

10 직무만족 및 불만족에 대한 설명으로 옳은 것은?

① 직무불만족을 증가시키는 개인적 성향은 긍정적 정서와 긍정적 자기평가이다.
② 역할 모호성, 역할 갈등, 역할 과다를 경험한 사람들의 직무 만족이 높다.
③ 직무만족이란 직무를 통해 그 가치를 느끼고 업무 성취감을 느끼는 긍정적 감정 상태를 말한다.
④ 종업원과 상사 사이의 공유된 가치관은 직무만족을 감소시킨다.

11 소비자 심리에 근거한 가격결정 방법으로 옳지 않은 것은?

① 종속가격(Captive Pricing)
② 단수가격(Odd Pricing)
③ 준거가격(Reference Pricing)
④ 관습가격(Customary Pricing)

12 임금 및 보상에 관한 설명으로 옳지 않은 것은?

① 직무급은 해당기업에 존재하는 직무들을 평가하여 상대적 가치에 따라 임금을 결정하는 방식이다.
② 기업의 지불능력, 종업원의 생계비 수준, 노동시장에서의 수요와 공급 등은 기업의 임금수준을 결정하는 요인이다.
③ 내재적 보상이 클수록 임금의 내부공정성이 높아지고, 외재적 보상이 클수록 임금의 외부공정성이 높아진다.
④ 직능급은 종업원의 보유하고 있는 직무수행능력을 고려하여 임금을 결정하는 방식이다.

13 브랜드 전략에 관한 설명으로 옳은 것을 〈보기〉에서 모두 고르면?

보기

A. 희석효과(Dilution Effect)가 발생할 가능성은 상향 확장보다 하향 확장에서 더 높다.
B. 복수브랜드 전략은 새로운 제품 범주에서 출시하고자 하는 신제품을 대상으로 새로운 브랜드를 개발하는 경우이다.
C. 브랜드 확장 시, 두 제품 범주 간의 유사성은 브랜드 확장의 성공에 긍정적인 영향을 미치는 반면에 브랜드이미지와 제품 간의 유사성은 브랜드 확장의 성패에 영향을 미치지 않는다.

① A
② B
③ C
④ A, B

14 경쟁자 분석에 관한 설명으로 옳은 것을 〈보기〉에서 모두 고르면?

보기

a. 제품/시장 매트릭스(Product/Market Matrix)를 이용한 경쟁자 파악 방법은 잠재적인 경쟁자들을 파악해 준다는 장점과 관리자의 주관적인 판단에 의존한다는 단점을 갖고 있다.
b. 상표전환 매트릭스(Brand Switching Matrix)를 이용한 경쟁자 파악 방법은 두 브랜드를 1 : 1로 비교하기 때문에 두 브랜드 간의 경쟁관계 발생 유무와 경쟁관계 발생 원인을 설명해준다.
c. 사용상황별 대체(Substitution In-Use)를 이용한 경쟁자 파악 방법은 경쟁의 범위를 폭넓게 파악하는 데 도움이 된다.

① a
② b
③ c
④ a, c

15 공급사슬관리(SCM)에 관한 설명으로 옳지 않은 것은?

① 수요 변동이 있는 경우에 창고의 수를 줄여 재고를 집중하면 수요처별로 여러 창고에 분산하는 경우에 비해 리스크 풀링(Risk Pooling) 효과로 인하여 전체 안전재고는 감소한다.
② 공급사슬의 성과척도인 재고자산회전율을 높이기 위해서는 재고공급일수가 커져야 한다.
③ 지연차별화(Delayed Differentiation)는 최종 제품으로 차별화하는 단계를 지연시키는 것으로 대량 고객화의 전략으로 활용될 수 있다.
④ 묶음단위 배치주문(Order Batching)과 수량할인으로 인한 선구매(Forward Buying)는 공급사슬의 채찍효과를 초래하는 원인이 된다.

16 인사고과의 오류 중 피고과자가 속한 사회적 집단에 대한 평가에 기초하여 판단하는 것은?

① 상동적 태도(Stereotyping)
② 논리적 오류(Logical Errors)
③ 대비오류(Contrast Errors)
④ 근접오류(Proximity Errors)

17 상사 A에 대한 나의 태도를 기술한 것이다. 다음에 해당하는 태도의 구성요소를 옳게 연결한 것은?

> ㄱ. 나의 상사 A는 권위적이다.
> ㄴ. 나는 상사 A가 권위적이어서 좋아하지 않는다.
> ㄷ. 나는 권위적인 상사 A의 지시를 따르지 않겠다.

	ㄱ	ㄴ	ㄷ
①	감정적 요소	인지적 요소	행동적 요소
②	감정적 요소	행동적 요소	인지적 요소
③	인지적 요소	행동적 요소	감정적 요소
④	인지적 요소	감정적 요소	행동적 요소

18 잠재된 수요 상태에 있는 잠재고객들이 원하는 바를 충족시키는 것을 목적으로 하는 마케팅관리 기법은?

① 전환적 마케팅(Conversional Marketing)
② 동시화 마케팅(Synchro Marketing)
③ 자극적 마케팅(Stimulative Marketing)
④ 개발 마케팅(Developmental Marketing)

19 (주)한국의 자기자본 시장가치와 타인자본 시장가치는 각각 5억 원이다. 자기자본비용은 16%이고, 세전타인자본비용은 12%이다. 법인세율이 50%일 때 (주)한국의 가중평균자본비용(WACC)은?

① 6% ② 8%
③ 11% ④ 13%

20 MRP(자재소요계획)에 관한 설명 중 옳은 것을 〈보기〉에서 모두 고르면?

보기

a. MRP를 위해서는 재고기록, MPS(기준생산계획), BOM(자재명세서)의 입력 자료가 필요하다.
b. 각 품목의 발주시점은 그 품목에 대한 리드타임을 고려하여 정한다.
c. MRP는 BOM의 나무구조(Tree Structure)상 하위품목에서 시작하여 상위품목 방향으로 순차적으로 작성한다.
d. MRP를 위해서는 BOM에 표시된 하위품목에 대한 별도의 수요예측(Forecasting) 과정이 필요하다.

① a, b
② a, c
③ b, c
④ b, d

21 강화계획(Schedules of Reinforcement) 중 불규칙한 횟수의 바람직한 행동 후 강화요인을 제공하는 기법은?

① 고정간격법
② 변동간격법
③ 고정비율법
④ 변동비율법

22 집단의사결정의 특징에 관한 설명으로 옳지 않은 것은?

① 차선책을 채택하는 오류가 발생하지 않는다.
② 의사결정에 참여한 구성원들의 교육효과가 높게 나타난다.
③ 구성원의 합의에 의한 것이므로 수용도와 응집력이 높아진다.
④ 서로의 의견에 비판없이 동의하는 경향이 있다.

23 포괄손익계산서의 계정에 해당하지 않는 것은?

① 감가상각비
② 광고비
③ 매출원가
④ 자기주식처분이익

24 기타포괄손익 항목 중 재분류조정과 관련하여 성격이 다른 것은?

① 재평가잉여금
② 매도가능금융자산평가손익
③ 해외사업환산손익
④ 현금흐름위험회피 파생상품평가손익 중 위험회피에 효과적인 부분

25 유동비율 = $\frac{(A)}{유동부채}$ ×100, 자기자본수익률(ROE)=(1+부채비율)×(B)일 때, A와 B에 들어갈 내용이 바르게 짝지어진 것은?

① A : 유동자산, B : 총자본순이익률
② A : 유동자산, B : 매출액순이익률
③ A : 유동자산, B : 총자본회전율
④ A : 유형자산, B : 총자본회전율

고시넷 직업기초능력

3대출제유형 1-2

모듈형 문제집

■ 764쪽　　■ 정가_25,000원

저마다의 일생에는,
특히 그 일생이 동터 오르는 여명기에는
모든 것을 결정짓는 한 순간이 있다.
그 순간을 다시 찾아내는 것은 어렵다.
그것은 다른 수많은 순간들의 퇴적 속에
깊이 묻혀있다.

– 장 그르니에, 섬 LES ILES

NCS 지름길 찾기

고시넷

전공시험 [직무수행 능력평가]

한국철도공사

코레일 경영학

빈출테마/최신기출

사무영업 일반·수송

- 시험에 자주 나오는 테마 123개 선정
- 기출문제를 분석하여 만든 기출예상문제
- 최신 출제 경향을 반영한 실전모의고사 2회분

정답과 해설

gosinet
(주)고시넷

NCS 지름길 찾기

고시넷

전공시험 [직무수행 능력평가]

한국철도공사

코레일 경영학

빈출테마/최신기출

사무영업 일반·수송

- ✔ 시험에 자주 나오는 테마 123개 선정
- ✔ 기출문제를 분석하여 만든 기출예상문제
- ✔ 최신 출제 경향을 반영한 실전모의고사 2회분

정답과 해설

gosinet
(주)고시넷

파트1 경영학 일반

기출예상문제								문제 56쪽	
01	④	02	①	03	②	04	①	05	①
06	②	07	②	08	③	09	④	10	①
11	③	12	③	13	①	14	④	15	①
16	③	17	③	18	④	19	①	20	①
21	①	22	④	23	③	24	①	25	③
26	①	27	③	28	①	29	④	30	③
31	③	32	④	33	③	34	④	35	①
36	④	37	①	38	③	39	④	40	①
41	③	42	④	43	②	44	①	45	②
46	②	47	②	48	②	49	③	50	②
51	②	52	①	53	②	54	③	55	③
56	③	57	③	58	④	59	②	60	③
61	④	62	①	63	①	64	②	65	④
66	③	67	③	68	①	69	②	70	④

01

| 정답 | ④

| 해설 | 포드 시스템은 봉사주의와 저가격 · 고임금 원리를 중심으로 경영이념을 가진다.

02

| 정답 | ①

| 해설 | 테일러는 저노무비를 유지하면서도 노조의 고임금 요구를 만족시킬 수 있는 방법을 연구했고 시간연구와 동작연구를 통해 표준작업량을 정하고 근로자가 행하는 요소별 작업 시간과 동작을 정확히 산출했다. 과학적 방법에 의해 산출된 1일 작업량을 달성하지 못한 사람에게는 손해를 주고 이를 성공적으로 달성한 사람에게는 고임금을 주었다.

| 오답풀이 |

②, ③, ④ 포드 시스템에 대한 설명이다.

테일러(F. Taylor) 시스템>

원칙	고임금-저노무비
명칭	과업관리, 테일러리즘(Taylorism)
특징	개별생산공장의 생산성 향상
내용	시간연구와 동작연구, 직능별 직장제도, 차별적 성과급제도, 작업지도표제도
기준	미달성 시 책임 추궁, 달성 시 고임금, 과학적 1일 작업량 설정, 작업의 과학적 측정과 표준화

03

| 정답 | ②

| 해설 | ①, ③ 포드 시스템에 관한 설명이다.

④ 페이욜의 관리과정론 중 관리활동론에 대한 설명이다.

테일러 시스템의 기본이념

1903 ~ 1911년 사이는 자본주의 체제가 위협받던 시대였다. 노동조합이 건설되면서 임금인상을 요구하기 시작하였고 열악한 작업환경에 항의하는 의도적 직무태만이 경영자들을 위협하였다. 이에 대하여 노동 관리에 과학적인 분석을 가하고 제도를 개선하여 대응하려 한 것이 테일러의 과학적 관리법이었다. 테일러 시스템은 계획적 관리로 노동생산성을 높이고 조직적 태업을 방지하며 임금 문제해결을 위하여 과학적 · 객관적인 표준작업량을 설정하여 고임금 · 저노무비를 이루어 노사 쌍방이 만족하도록 하는 것이었다. 과업제도는 공평한 1일의 작업량을 합리적으로 결정하고 그에 의하여 근로자의 작업표준을 결정한다.

04

| 정답 | ①

| 해설 | 포드 시스템은 컨베이어 시스템을 도입하여 대량생산을 통해 원가를 절감하게 하였다.

05

| 정답 | ①

| 해설 | 포드 시스템의 내용은 과학적 관리론을 보완 · 발전시킨 것으로 컨베이어 시스템을 도입하여 대량생산을 통해 원가를 절감하게 하였다.

06

| 정답 | ②

| 해설 | 테일러 시스템의 목적은 고임금 · 저노무비이며 포드 시스템의 목적은 저가격 · 고임금이다.

테일러 시스템과 포드 시스템의 비교

구분	테일러 시스템	포드 시스템
명칭	• 과업 관리 • 테일러리즘(Taylorism)	• 동시 관리 • 포디즘(Fordism)
원칙	고임금 - 저노무비	저가격 - 고임금
기준	• 달성 시 고임금 • 미달성 시 책임 추궁 • 과학적 1일 과업량 설정 • 작업의 과학적 측정과 표준화	• 경영 공동체관 강조 • 경영관리의 독립 강조 • 기업은 사회적 봉사기관
내용	• 작업지도표제도 • 직능별 직장제도 • 차별적 성과급제도 • 시간연구와 동작연구	• 일급제(일당제도) • 대량생산 - 대량 소비 가능 • 컨베이어 시스템(이동조립법) • 생산의 표준화(3S + 공장의 전문화)
특징	개별생산공장의 생산성 향상	연속 생산의 능률과 생산성 향상

07

| 정답 | ②

| 해설 | 관리과정은 계획 – 조직 – 명령 – 조정 – 통제 순으로 진행한다.

페이욜의 관리원칙

1. 분업의 원칙
2. 권한, 책임 명확화의 원칙
3. 규율유지의 원칙
4. 명령통일의 원칙
5. 지휘일원화의 원칙
6. 전체이익 우선의 원칙
7. 보수 적합화의 원칙
8. 집중화의 원칙
9. 계층화의 원칙
10. 질서유지의 원칙
11. 공정의 원칙
12. 고용안정의 원칙
13. 창조성의 원칙
14. 협동 · 단결의 원칙

08

| 정답 | ③

| 해설 | 통제에 대한 설명이며 조정은 각 조직 및 개인의 업무를 조정하는 것이다.

페이욜의 관리 5요소

계획	미래를 연구하여 활동계획을 입안하는 것
조직	경영의 물적 조직 및 사회적 조직으로서 사회체계를 구성하는 것
명령	각 개인으로 하여금 자신의 직능을 수행하도록 지시하는 것
조정	각 조직 및 개인의 업무를 조정하는 것
통제	정해진 기준이나 명령에 따라서 업무가 수행되도록 감시하는 것

09

| 정답 | ④

| 해설 | 적정한 작업량과 과업은 과학적 관리론을 말한다.

| 오답풀이 |

①, ②, ③ 인간관계론은 관리경제학의 폐단을 보완하면서 발전하였으며 인간요소를 단순한 노동력으로만 취급하지 않고 감정이 종업원의 행동에 큰 영향을 미친다고 보았다.

10

| 정답 | ①

| 해설 | 공식조직에 대한 설명으로 인간관계론에서는 비공식적구조를 중시하였다.

11

| 정답 | ③

| 해설 | 전통적 과학적 관리론에 해당한다.

인간관계론(메이요, 뢰스리스버거)

1. 현실의 인간은 보다 복잡한 전인적 존재임이 인식되면서 욕구의 충족이나 동기부여 문제에 점차 초점을 두게 되었다. 이러한 연구의 발단이 된 것이 메이요(G. E. Mayo)와 뢰스리스버거(F. J. Roethlisberger)에 의한 호손 실험(Hawthorne Experiment)으로, 노동자의 작업능률과 그것에 영향을 미치는 여러 조건과의 관계를 규명하기 위한 대규모적인 조사와 실험을 전개했다.

경영학 일반 / 조직행위론 / 인적관리 및 품질경영 / 마케팅 / 회계 및 재무관리 / 부록_실전모의고사

2. 호손 실험 연구결과
   ㉠ 비공식적 조직이 존재한다.
   ㉡ 집단 규범의 중요성이 밝혀졌다.
   ㉢ 인간관계의 중요성을 발견하였다.
   ㉣ 물리적 작업조건과 생산성 간에는 관계가 없다.
   ㉤ 감정적 · 심리적 요인과 생산성 간에는 서로 관련이 있다.

12

| 정답 | ③

| 해설 | 호손 실험은 메이요와 뢰스리스버거에 의한 노동자의 작업능률과 그것에 영향을 미치는 여러 조건 간의 관계를 규명하려고 한 대규모적인 조사와 실험이다.

〈호손 공장 실험 연구 결과〉

구분	실험내용	실험 결과
제1단계 실험	조명도 실험	물리적 작업 조건과 생산성 간에는 관계가 없음.
제2단계 실험	계전기 조립 작업 실험	감정적 · 심리적 요인과 생산성은 관계가 있음.
제3단계 실험	면접 실험	인간관계의 중요성 발견
제4단계 실험	뱅크선 작업 실험	비공식적 조직의 존재, 집단규범의 중요성 발견

13

| 정답 | ①

| 해설 | 인간관계론이 과학적 관리론과 달리 인간을 보다 전인적인 존재로 인식하게 되면서 인간의 심리와 욕구에 관한 연구가 전개되었는데, 이러한 연구의 발단이 된 것이 메이요(G. E. Mayo)의 호손 실험이다. 이 실험의 결과로 인간 관계의 중요성과 비공식조직의 존재, 집단 규범의 중요성 등을 발견하였다.

14

| 정답 | ④

| 해설 | 인간은 기본적으로 야망이 없고 책임지기 싫어한다는 내용은 맥그리거의 X이론에 해당한다.

맥그리거의 X이론과 Y이론

X이론	Y이론
• 인간은 태어날 때부터 일하기 싫어함. • 강제 · 명령 · 처벌만이 목적 달성에 효과적임. • 인간은 야망이 없고 책임지기 싫어함. • 타인에 의한 통제가 필요 • 인간의 부정적 인식(경제적 동기)	• 인간은 본능적으로 휴식하는 것과 같이 일하고 싶어함. • 자발적 동기유발이 중요함. • 고차원의 욕구를 가짐. • 자기통제가 가능함. • 인간의 긍정적 인식(창조적 인간)

15

| 정답 | ①

| 해설 | 맥그리거의 Y이론은 인간은 본능적으로 외적 강제나 처벌 등의 위협이 없더라도 조건만 갖추어지면 자아의 욕구, 자기실현의 욕구를 충족시키려고 일을 하게 된다는 이론이다. 그러므로 기업의 목적을 달성시키기 위해서는 저차원적 욕구의 만족부터 고차원적 욕구의 만족까지 보장해 줌으로써 자발적 노력과 노동의욕을 고취시켜야 한다는 현대적 경영이론이다.

16

| 정답 | ③

| 해설 | 맥그리거(McGregor)는 인간의 본성에 대한 두 가지 서로 다른 견해를 제기하였다. 기본적으로 인간 본성에 대한 부정적인 관점을 X이론이라 하고 긍정적인 관점을 Y이론이라 한다. 조직에서 관리자가 종업원이라는 개인을 다루는 방식에 대한 관찰을 통해 인간의 본성에 대한 관리자의 관점이 부정적 또는 긍정적인 일련의 가정에 기초하고 있고, 이러한 가정에 따라 종업원에 대한 행동을 형성하게 된다고 결론지었다. 이론과 관련된 내용의 성격은 외재적 통제, 일방적 의사소통, 과거의 잘못 발견 등으로 요약할 수 있다.

17

| 정답 | ③

| 해설 | 단기적 관점은 미성숙단계의 특징이며, 성숙단계에서는 장기적 관점을 가지고 있다.

미성숙 - 성숙이론(연결선 이론)

미성숙(유아형)	성숙(성인형)
• 수동성(Passive) • 의존성(Dependence) • 제한된 행동 (Limited Behavior) • 얕은 관심도 (Shallow Interest) • 단기 시안 (Short-time Perspective) • 종속적 지위 (Subordinate Position) • 자아의식의 결여 (Lack of Self-awareness)	• 능동성(Active) • 독립성(Independence) • 다양한 행동 (Diverse Behavior) • 깊은 관심도 (Deep Interest) • 장기 시안 (Long-time Perspective) • 우월적 지위 (Superordinate Position) • 자아의식과 자기통제 (Self-awareness & Control)

18

| 정답 | ④

| 해설 | 벤치마킹에 대한 설명으로 특정 분야에서 뛰어난 업체를 자사의 혁신분야와 비교하고 창조적 모방을 통해 그 차이를 극복하는 경영혁신방법을 말한다.

| 오답풀이 |

① 브로드밴딩에 대한 설명으로 개인의 성과를 중요시하는 조직에 어울리며 낮은 단계에서 뛰어난 성과를 거둔 직원이 높은 단계에서 낮은 성과를 거둔 직원보다 더 많은 급여를 받는다.

② 리엔지니어링에 대한 설명으로 비즈니스 과정의 과감한 재구성을 통해 적은 투자와 노력, 인원으로 생산성, 품질, 서비스 등에 혁신을 가져오는 총체적 재창조과정을 말한다. 정확하게는 비즈니스 프로세스 리엔지니어링(BPR)이다.

③ 다운사이징에 대한 설명으로 기구축소 또는 감원이나 원가절감이 목표이기는 하나 단기적 비용절감이 아니라 장기적인 경영전략을 의미한다.

19

| 정답 | ①

| 해설 | 아웃소싱이란 기업이 비용을 줄이고 기업의 제한된 자원을 핵심사업에 집중시킴으로써 경쟁력 우위를 유지하는 것으로 그 기본개념은 기능적 차별화와 규모의 경제에 있다.

20

| 정답 | ①

| 해설 | ② 사업의 재구축 또는 경영활동의 재구성을 의미하는 것으로 사업구조의 전환을 통하여 기업의 체질개선을 도모하는 경영혁신 방식이다.

③ 조직의 비핵심 업무를 외부 전문기관에 위탁 · 수행하게 하고 가장 경쟁력 있는 부문에 자원을 집중시키는 경영전략이다.

④ 지금까지의 업무수행 방식을 단순히 개선 또는 보완하는 차원이 아닌 업무의 흐름을 근본적으로 재구성하는 것이다.

21

| 정답 | ①

| 해설 | 개인기업은 가장 오랜 전통을 가지고 있는 사기업이며 단독의 자본가가 출자해서 자기가 직접 경영하므로 창업이 쉽고 비용이 적게 드는 장점이 있다. 다만 무한책임성과 자금 조달의 한계, 1인 경영의 수공업적 한계에 부딪힌다.

22

| 정답 | ④

| 해설 | ①, ②, ③은 개인기업의 장점이다. 개인기업은 가장 오랜 전통을 지닌 사기업으로 의사 결정이 신속하고 창업이 쉽고 비용이 적게 들며 이윤 독점이 가능하다.

법인기업의 장단점

장점	단점
• 책임 한계가 명확 • 전문화된 기업 경영이 가능 • 대규모 자본 조달에 유리 • 정관 등에 의해 체계적 기업경영이 가능	• 의사결정이 복잡 • 이해관계자들과 마찰의 소지가 있음. • 창업과 이전이 어려움.

23

| 정답 | ③

| 해설 | 주식회사는 다수공동기업이다.

소유형태별 기업분류

사기업, 공기업, 공사합동기업 세 가지로 분류되며 사기업은 그 안에서 개인기업과 공동기업 두 가지 형태로 분류된다.

1. 개인기업 : 단독의 자본가가 출자해서 자기가 직접 경영하며 채권자에 대해서는 무한으로 책임을 진다. 흔히 단독기업이라고도 불린다. 가장 단순한 기업형태로 영리를 목적으로 하는 기업경영 중에서는 적어도 90% 이상이 개인기업 형태를 갖추고 있다.
2. 공동기업
   - 소수공동기업 : 합명회사, 합자회사, 민법상의 조합
   - 다수공동기업 : 주식회사

24

| 정답 | ①

| 해설 | 합명회사는 대표적인 인적 회사 중에 하나로 자금조달에 한계가 있다.

| 오답풀이 |

②, ③, ④ 소유와 경영이 분리되어 있지 않으며 2인 이상의 무한책임사원으로 구성되어 있다.

25

| 정답 | ③

| 해설 | 합명회사는 대표적인 인적 회사로 2인 이상의 무한책임사원이 공동 출자한 회사다. 각 사원은 회사의 채무에 대하여 연대무한책임을 지는 것이 특징이다.

26

| 정답 | ①

| 해설 | 합자회사의 특징은 다음과 같다.

1. 이원적 조직의 기업형태로 무한책임사원 외에 유한책임사원을 보탬으로써 보다 폭넓게 출자자를 구할 수 있는 소지를 마련해 두고 있다.
2. 합명회사에 자본적 결합성이 가미된 회사이며 합명회사에 비해 자본결합력이 높다.
3. 자본의 양도에는 원칙적으로 무한책임사원 전원의 동의가 필요하기 때문에 자본의 교환성이 거의 결핍되어 있어 신용자본으로서의 경제적 요건을 충분히 갖추지 못한다는 한계가 있다.
4. 유한책임사원은 출자한도 내에서 회사채무에 책임을 지며 이익배당에는 참여하나 업무집행에는 관여하지 않는다.
5. 전체 무한책임사원은 모든 채무에 대해 무한책임을 지고 회사의 업무를 수행한다.

27

| 정답 | ③

| 해설 | 주식회사의 출자자인 주주는 모두 출자액 범위 내에서만 책임을 지는 유한책임이다.

| 오답풀이 |

①, ②, ④ 소유와 경영이 분리되어 있으며 법인 회사로 최고의사결정기관인 주주총회, 업무집행기관인 이사회 및 대표이사, 회계감사기관인 감사가 있고 회사가 필요로 하는 자본을 매매양도가 자유로운 유가증권 형태인 주식으로 균일하게 발행하여 일반대중으로부터 기업자본을 조달하는 기업 형태다.

28

| 정답 | ①

| 해설 | 요즘 기업은 기업환경이 급변하는 상황에서 적극적이고 신속하게 적응해야 하지만 주식회사는 정관과 주주총회에 의해 최종 의사결정이 제약되기 때문에 자칫 변화에 느리게 대응하여 기업이익을 해칠 수도 있다.

| 오답풀이 |

②, ③, ④는 개인기업의 단점에 대한 설명이다.

29

| 정답 | ④

| 해설 | 사원총회는 사단법인의 기관이다.

주식회사의 기관

감사	• 회사의 회계감사 및 업무집행을 감사 • 주주총회에서 선임하며 임기는 취임 후 2년 내의 최종의 결산기에 관한 정기총회의 종결까지로 되어 있음(개정 상법은 감사의 임기를 2년으로 연장).
이사회	회사의 업무진행에 관한 의사를 결정하기 위해 이사 전원으로 구성

대표이사	대내적으로 회사의 업무집행을 총괄하고 대외적으로 회사를 대표하는 독립된 기관
주주총회	• 주주로 구성되며 회사의 중요사항에 대해 결정하는 최고 의사결정기관 • 매년 1회 소집하는 정기총회와 수시로 소집하는 임시총회로 구성

30

| 정답 | ③

| 해설 | ① 대리인의 행위가 주인의 이익에서 이탈하는 것을 감시하기 위해 주인이 부담하는 비용

② 감시와 확증에도 불구하고 발생하는 주인의 부에 대한 감소분

31

| 정답 | ③

| 해설 | 공기업은 기업의 소유권을 민간이 아닌 정부가 소유하고 있는 것이 가장 큰 특징이다. 공기업은 조세 이외에 국가 재정수입의 증대를 목적으로 담배, 인삼 등 전매사업을 한다.

32

| 정답 | ④

| 해설 | 공기업의 장단점은 다음과 같다.

1. 장점
   - ㉠ 대규모 자본이 필요한 산업에 유리하다.
   - ㉡ 적자 발생 시 국가나 지방자치단체로부터 재정지원을 받을 수 있다.
   - ㉢ 시설재 도입, 원자재 배정, 생산제품과 서비스의 판매에 있어서 우대를 받는 경우가 많다.
2. 단점
   - ㉠ 공기업은 이윤창출을 목적으로 하는 기업으로, 자율적 경영을 제한당한다.
   - ㉡ 공기업은 소유권이 명확하지 않기 때문에 관료화와 무사안일주의에 빠지기 쉽다.
   - ㉢ 경영권과 인사권에서 정부의 개입이 심하기 때문에 독자적인 경영관리가 어렵다.

33

| 정답 | ③

| 해설 | 공기업의 독립채산제는 공기업의 경영에 대한 자주적인 재무관리방식으로 공기업의 재정과 경영을 분리함으로써 정부의 정치적 간섭과 예산의 구속으로부터 독립적인 경영활동을 보장받고자 하는 제도다. 공기업 경영의 능률화, 공기업 재정의 건전화, 관리분권화 효과, 재무적 합리화를 위해 필요하다.

34

| 정답 | ④

| 해설 | 〈공기업의 목적〉

재원확보	• 담배, 인삼 등 전매사업 • 국가 재정수입의 증대를 목적
공익실현	• 철도, 전기사업, 수자원공사 등 • 기업의 이윤 극대화와 함께 공공의 이익 목적
효과적 경제정책 수행	• 석탄공사, 포항제철 등 • 경제개발을 돕고 특정 산업을 육성하여 국민경제의 성장에 기여 목적
사회정책	• 국민의 기본적인 생활보장을 목적 • 통상적으로 선진국에 가까울수록 사회정책을 실현하기 위해 설립되며 의료보험, 국민연금 등
국가기반 산업	• 조폐공사, 군사관련 산업 등 • 사기업이 하기에 곤란한 공공성이 강한 산업을 국가가 직접 관리

35

| 정답 | ①

| 해설 | 카르텔, 트러스트, 콘체른 등이 대표적인 기업집중의 형태다. 콩글로메리트는 서로 다른 업종에 종사하는 기업이 합병하는 복합기업을 말한다.

36

| 정답 | ④

| 해설 | 콩글로메리트는 서로 업종이 다른 이종기업 간 결합에 의한 기업형태를 말한다. 이것은 독점금지법을 벗어나기 위해 이종기업을 합병 · 매수하여 다각적 경영을 하는 기업집단을 말한다.

콩글로메리트의 목적

1. 시장에서 강한 경쟁력 확보
2. 급변하는 시장구조와 경기변동에 대비해 경영의 다각화를 통한 위험 분산
3. 현대사회에는 중소기업보다 대규모 기업에 훨씬 유리 → 금융자금의 조달 용이, 주식의 높은 수익률과 주식교환 용이

37

| 정답 | ①

| 해설 | 시장지배를 목적으로 시장에서 경쟁을 배제하고 독점하기 위해서 동종기업이나 관계있는 이종기업 간에 인수와 합병을 하는 것으로 기업들이 법률적 · 경제적으로 독립성을 완전히 상실하는 것을 뜻한다. 트러스트는 시장에서 사적 독점에 의한 중대한 사회문제를 야기할 가능성이 있다.

| 오답풀이 |

② 동종기업 간에 법률적 · 경제적 독립성을 유지한 채 상호협정을 체결하는 형태로 생산 카르텔, 구매 카르텔, 판매 카르텔이 있다.

③ 금융적 결합을 통하여 내부통제를 강화하는 형태로 법률적으로 독립성이 유지되나 금융상 종속되어 실질적으로는 독립성이 상실된다.

④ 공동판매 카르텔로 가장 강력한 것이며 독과점 금지 규제의 대상이 된다.

38

| 정답 | ③

| 해설 | 카르텔은 동종기업 간의 경쟁제한과 시장독점을 목적으로 상호협정을 체결하여 출혈적인 경쟁을 배제한다.

| 오답풀이 |

①, ②, ④ 동종기업이 독립성을 유지하면서 상호 경쟁을 배제하는 것으로 일종의 계약이나 협정에 의해 결합하며 국가 간에 행해지기도 한다.

39

| 정답 | ④

| 해설 | 트러스트는 시장독점을 위하여 각 기업체가 법적으로 독립성을 포기해서 자본적으로 결합한 기업합동 형태다. 결합의 방식으로는 여러 주주의 주식을 특정의 수탁자에 위탁함으로써 경영을 수탁자에게 일임하는 방식, 지배가능한 주식지분의 확보를 통하여 지배권을 행사하는 방식, 기존의 여러 기업을 해산시킨 다음 기존자산을 새로 설립된 기업에 계승하는 방식, 기업을 흡수 · 병합하는 방식 등이 있다.

40

| 정답 | ①

| 해설 | 지주회사제도와 가장 관련이 있는 기업결합은 콘체른이다. 콘체른은 금융적 결합을 통하여 내부통제를 강화하는 것으로, 법률적으로 독립성이 유지되나 금융상 종속되어 실질적으로는 독립성이 상실된다. 일반적인 거대기업이 여기에 속하며 한국의 재벌이 여기에 해당된다.

콘체른 결합형태

구분	내용
생산 콘체른 (수직적 콘체른)	생산의 합리화 또는 생산비의 절약을 목적으로 제품에 관련된 기업들이 종단적으로 결합하는 형태로 산업형 콘체른이라고도 함.
판매 콘체른 (수평적 콘체른)	판매의 합리화를 목적으로 동종기업이 횡단적으로 결합하는 형태
금융 콘체른 (자본적 콘체른)	금융상의 지배를 목적으로 금융업자가 타기업에 대부를 하거나 주식을 매입하는 형태의 결합으로 지주회사제도와 유사

41

| 정답 | ③

| 해설 | 공동판매 카르텔의 목적 중 하나가 동종업자 간의 경쟁배제다. 공동판매 카르텔은 신디케이트라 불리며 가장 고도화된 카르텔 형태로 공동판매소를 두고 판매를 공동으로 하며 가맹기업의 모든 판매가 이 기관을 통해 이루어진다(기업의 직접 판매는 금지).

42

| 정답 | ④

| 해설 | 콘체른의 특징은 다음과 같다.

1. 자본적 통일체다.
2. 결합 형태는 수평적 · 수직적이다.

3. 중앙기관은 단일의사에 의한 통일적 지휘가 가능하다.
4. 금융적 결합을 통하여 내부통제를 강화하는 형태다.
5. 경제적 독립성은 상실되었지만 형식적 · 법률적 독립성이 유지된다.

43

| 정답 | ②

| 해설 | 조인트벤처는 2개국 이상의 기업, 개인, 정부기관이 특정기업운영에 공동으로 참여하는 국제경영방식으로 전체 참여자가 공동으로 소유권을 가진다. 주로 현지 정부의 제한으로 인해 단독투자방식을 이용할 수 없거나 현지 파트너에서 자원 및 원료를 독점 공급해야만 하는 경우에 많이 활용된다.

44

| 정답 | ①

| 해설 | 콤비나트(Kombinat)는 다각적 종합공장으로 동일지역에 있는 여러 기업이 생산기술적 관점에서 유기적으로 결합된 형태다. 기업 집중을 피하면서 상호 대등한 관계에서 경영상의 목적으로 두 개 이상의 기업이 결합하는 것을 말한다. 장점으로는 원료확보, 연료절약, 중간이익의 배제, 운반 및 운송비 절감, 생산자원의 효율적 이용 등이 있다.

45

| 정답 | ②

| 해설 | 기업 간 적당한 경쟁은 경제발전에 기여하지만 이러한 경쟁이 과도해지면 오히려 좋지 못한 결과를 초래할 수도 있다. 이를 해결하기 위해 등장한 것이 기업집중 또는 기업결합이다. 기업의 집중과 결합은 둘 이상의 단위기업이 경쟁제한, 경영합리화, 기업지배력 강화를 목적으로 보다 큰 경제단위로 결합하는 형태 및 과정을 말한다. 기업상호 간에 경쟁을 제한하고 배제하여 상호 안정된 성장을 도모하기 위해서 동종기업 간 부당경쟁배제와 시장독점 목적으로 결합하기도 하며, 생산공정을 합리화하여 더 많은 이윤을 얻기 위해, 금융상의 목적을 위해 나타난다.

46

| 정답 | ②

| 해설 | 인수합병의 목적으로는 다음과 같은 것이 있다.

- 신속한 시장진입 : 신설투자에 비해 시장진입의 속도 단축
- 시장지배력의 강화
- 성숙산업으로의 진입 · 철수 용이
- 유휴설비, 잉여설비 방지
- 사업 구조조정
- 핵심역량 획득
- 규모의 경제 또는 범위의 경제 추구
- 유형 · 무형자산의 인수

47

| 정답 | ②

| 해설 | M&A 방어를 위한 수단으로 우리사주 조합의 지분율을 높인다. 우리사주 조합 지분의 증가는 외부의 공개 매수를 어렵게 하기 때문이다.

| 오답풀이 |

④ 시장의 평가가 적대적 M&A를 강행한 것에 호의적인 분위기라면 피인수기업 주주는 손실이 아니라 이익을 볼 수도 있다.

48

| 정답 | ②

| 해설 | 인수는 한 기업이 다른 기업의 자산 또는 주식의 취득을 통해 경영권을 획득하는 것을 말한다.

기업인수의 종류

구분	내용
인수개발	• 종래의 R&D와 M&A를 합성한 것으로 인수개발 또는 인수 후 개발을 말함. • 법률적으로는 기업인수에 해당하는 것이지만 인수를 통해 기업의 변신을 꾀한다는 종래의 M&A와는 별개로 언급 • 기업의 인수를 통해 기술개발을 하는 신종 M&A 기법
주식인수	• 회사로서의 존재는 그대로 유지하면서 다른 회사의 출자지분을 취득함으로써 결합하는 법적수단 • 타 회사의 지분 취득은 기업인수의 수단 중 하나
자산부채 이전방식	• 자산매각의 특수형태로 자산, 부채인수, 자산취득이라고 함. • 자산과 부채를 인수매각하되 매도기업의 일부자산과 부채를 분리하여 인수·매각하는 것을 말함.

49

| 정답 | ③

| 해설 | 기술적인 노하우를 습득할 수 있고 따라서 시장점유율을 더 확대할 수 있다.

인수 · 합병의 장점

1. 시설, 생산, 구매 등에서 기업규모의 경제성을 높일 수 있다.
2. 유능한 경영자를 찾을 수 있어 관리능력을 향상시킬 수 있다.
3. 생산량 증대에 따라 생산원가를 절감할 수 있다.
4. 제품의 다양화를 통해 주기적 · 계절적인 수급의 불안정을 줄일 수 있다.
5. 기술적인 노하우를 습득하며 시장점유율을 확대할 수 있다.

50

| 정답 | ②

| 해설 | 왕관의 보석은 매수대상기업이 가지고 있는 것 중에서 가장 매력적인 사업부문이나 핵심사업부를 매각하여 매수대상이 매력 없는 기업이 되는 것을 말한다. 일반적으로 기업인수의 주요목적은 왕관의 보석을 획득하는 데 있으므로 적대적 기업인수 시도에 대해 방어하는 전략 중 하나다.

51

| 정답 | ②

| 해설 | ①, ③, ④는 적대적 M&A의 방어수단이며 ②는 적대적 M&A의 공격전략이다.

곰의 포옹(Bear's Hug)

적대적 인수 · 합병 과정에서 대상기업의 경영진에게 경영권을 넘겨줄 것을 강요하는 행위를 말한다. 이는 경영권 확보의사를 공식화하는 동시에 추가로 확보한 지분의 규모를 암시함으로써 경영진으로 하여금 스스로 경영권을 포기하게 만드는 것이다. 이러한 행위가 성공하면 인수비용을 상당 부분 절약할 수 있지만, 자칫 경영권 분쟁을 공식화함으로써 경영권 인수를 어렵게 만들 수도 있다. 곰의 포옹의 대표적인 예로 미국의 기업사냥꾼 칼 아이칸이 KT&G의 주식을 공개매수하겠다고 전격 발표한 것을 들 수 있다.

52

| 정답 | ①

| 해설 | 새벽의 기습은 적대적 M&A의 공격전략이며 곰의 포옹, 지분 감추기 등이 있다.

적대적 M&A 방어 수단

1. 백기사 : 피매수기업에게 호의적인 제3자가 기업을 인수하게 하는 것을 말한다.
2. 왕관의 보석 : 핵심사업부를 매각하여 매수의도를 저지하는 방법이다.
3. 독약처방 : 기존 주주들에게 시가보다 싼 가격에 지분을 매수할 수 있도록 권리를 부여해 적대적 M&A 시도자의 지분 확보를 어렵게 만드는 것을 말한다.
4. 황금낙하산 : 기업의 인수 · 합병(M&A)과 관련하여 미국 월가(街)에서 만들어진 말로 최고경영자가 적대적 M&A에 대비해 자신이 받을 권리를 고용계약에 기재하여 기존 경영진의 신분을 보장할 수 있는 장치를 사전에 마련하는 것을 말한다.

53

| 정답 | ②

| 해설 | ③ 기업인수자로서 적대적인 매수의 대상이 된 기업을 인수하거나 공격을 차단해 주는 역할을 수행하는 기업을 말한다.

④ 법인으로 설립, 등록되어 있으나 특별한 자산도 없고 영업활동도 하지 않는 회사를 말한다.

54

| 정답 | ③

| 해설 | 적대적 M&A에서 매수대상기업이 적절한 방어수단을 구비하고 있지 못할 경우 우호적인 제3의 매수희망기업을 물색하여 매수결정에 필요한 정보 등 각종 편의를 제공해 주고 경영권을 넘기게 되는데, 이때 매수대상기업의 경영자에게 우호적인 제3의 매수자를 백기사라고 부른다. 이러한 백기사는 기업인수자로서 목표기업을 인수하거나 공격을 차단해 주는 역할을 수행하게 된다.

55

| 정답 | ③

| 해설 | 주식공개매수는 기업인수 · 합병(M&A)의 한 형태

로서 회사의 지배권 획득 또는 유지 · 강화를 목적으로 주식의 매수희망자가 매수기간 · 가격 · 수량 등을 공개적으로 제시하고 증권회사창구에서 청약을 받아 불특정다수의 주주로부터 주식을 장외에서 매수하는 것을 말한다. 이러한 주식의 공개매수는 일반적으로 대상기업의 의사와는 무관하게 이루어지는 적대적 M&A의 일종으로, 공개매수절차가 진행되는 동안에 매수희망기업과 대상기업 또는 대주주 간에 지분확보 및 경영권방어를 둘러싸고 치열한 경쟁양상을 보이기도 한다. 주식을 공개매수하려면 먼저 공개매수희망자는 사전신고제도에 따라 공개매수신고서 및 첨부서류를 금융감독위원회에 제출하고 그 신고서 사본을 증권선물거래소에 제출해야 한다. 공개매수신고서에는 공개매수자 및 대상기업에 관한 사항 · 공개매수의 요령 등이 기재되어야 하며 공개매수자는 그 사본을 즉시 매수대상주식 등의 발행인에게 송부해야 하는데, 이는 매수대상기업에 대해서 경영권 방어 내지 검토할 시간을 주어 대응전략을 세우도록 하기 위해서다. 이처럼 공개매수절차를 엄격히 하는 것은 소유주주 및 투자자에게는 합리적인 판단을 할 수 있도록 함으로써 매수자 · 대상기업의 경영진 · 투자자 3자 간에 공정한 거래가 이루어질 수 있는 여건을 조성하기 위해서다.

56

| 정답 | ③

| 해설 | 전략적 제휴는 합병에 의한 진입비용이 많이 소요되거나 단독진입 시 위험과 부담이 큰 경우에 채택할 수 있는 전략이다.

57

| 정답 | ③

| 해설 | SWOT 분석은 기업의 내부 환경과 외부 환경을 분석하여 강점(Strength), 약점(Weakness), 기회(Opportunity), 위협(Threat) 요인을 규정하고 이를 토대로 경영 전략을 수립하는 기법이다. 다각화 전략은 SO 전략에 속한다.

| 오답풀이 |

①, ②, ④ WT 상황일 경우에는 회사의 축소, 청산, 구조조정, 모범기업 벤치마킹 등 약점을 근본적으로 해결할 수 있는 핵심역량개발이 필요한 시기이며 방어적 전략을 사용한다.

58

| 정답 | ④

| 해설 | 내부 약점, 외부 기회일 경우에는 내부 개발을 하는 것보다는 외부기술을 도입하거나 조인트벤처를 시도하는 것이 적당하다.

SWOT 분석

강점, 약점, 기회, 위협을 통해서 주어진 상황에 맞게 최적의 전략을 세울 수 있다.

상황별 전략

SO 전략	외부 기회와 내부 강점 : 인수합병, 다각화, 성장, 확대 전략
WT 전략	외부 위협과 내부 약점 : 철수, 제거, 방어적 전략, 삭감 전략, 합작투자전략
ST 전략	외부 위협과 내부 강점 : 다양화 전략, 안정적 성장 전략
WO 전략	외부 기회와 내부 약점 : 약점 극복, 턴어라운드 전략

59

| 정답 | ②

| 해설 | 합작투자전략은 WT 상황일 때 사용하는 전략으로 회사를 축소하거나 구조조정을 한다.

60

| 정답 | ③

| 해설 | 기업에 가장 유리한 상황은 SO 상황으로 시장의 기회를 활용하기 위해 강점을 사용하는 것이다.

61

| 정답 | ④

| 해설 | 포터의 다섯 가지 요인에는 공급자, 대체재, 기존 사업자, 잠재적 진입자, 구매자가 있다.

📄 마이클 포터(M. E. Porter)의 다섯 가지 요인

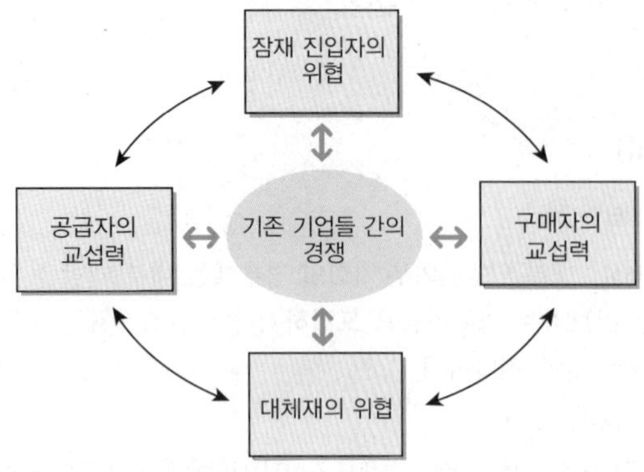

62

| 정답 | ①

| 해설 | 포터는 다섯 가지 요인인 기존 경쟁자들 간의 경쟁 정도, 잠재적 진입자, 대체재, 구매자의 교섭력, 공급자의 교섭력으로 산업의 경쟁 정도를 결정짓는다고 주장하였다. 포터의 다섯 가지 요인은 수평적 요소(대체재, 기존사업자, 잠재적 진입자), 수직적 요소(공급자 교섭력, 구매자 교섭력)로 분류할 수 있다.

63

| 정답 | ①

| 해설 |

〈포터의 산업구조 모형〉

구분	내용
대체재	대체재의 침투 가능성이 높고 가격이 낮고 성장성이 클수록 산업의 수익률은 낮아짐.
잠재적 집입자의 위험	• 진입하려는 기업의 경우 침투하기 쉬운 곳이 매력적인 시장이지만 기존에 진출해 있는 시장의 경우 신규 기업의 진출이 어려워야 매력적인 시장임. • 진입장벽이 낮아서 새로운 기업의 진입이 쉬우면 그 산업에서 경쟁 때문에 높은 가격을 받을 수 없기 때문에 수익률은 낮아짐.
산업 내 경쟁 정도	산업에 참여하고 있는 기업의 수가 적을수록 그 산업의 수익률은 높아지고, 기업의 수가 많을수록 그 산업의 수익률은 낮아짐.
공급자의 교섭력	공급자가 가격을 인상할 수 있고 공급되는 주문량을 감소시킬 수 있는 시장은 비매력적이며, 공급자의 교섭력이 커질수록 제품가격과 품질에 영향을 줌으로써 소비자들의 지속적인 구매력이 낮아지기 때문에 산업의 수익률은 낮아짐.
구매자의 교섭력	구매자의 교섭력이 커질수록 기업의 제품에 대한 소비자들의 지속적인 구매력은 낮아지고 그만큼 산업의 수익률은 낮아짐.

64

| 정답 | ②

| 해설 | 공급업자가 전방통합을 통하여 제조공장을 구매하려고 할 때 공급자의 교섭력이 강해진다.

📄 수직적 통합

구분	내용
내용	• 전방통합과 후방통합으로 구분 • 제품의 전체적인 공급과정에서 기업이 일정 부분을 통제하는 전략
종류	• 전방통합 : 일련의 유통과정에서 바로 뒤쪽의 과정을 통합할 수 있는 능력을 말하는 것으로, 공급자로서 교섭력이 높아지는 것은 다음 단계인 공정단계를 흡수할 수 있는 힘의 우위에 있는 것을 의미 • 후방통합 : 유통기업이 생산기업을 통합하거나 생산기업이 원재료 공급기업을 통합하는 것을 후방통합이라 하며, 이는 기업이 공급자에 대한 영향력을 강화하기 위한 전략으로 사용

65

| 정답 | ④

| 해설 | 다각화 전략은 기업과 지금 경쟁관계에 있는 기업 말고도 새로운 기업이 경쟁기업으로 부각이 되는 것을 말한다.

66

| 정답 | ③

| 해설 | 다각적 합병(콩글로메리트)은 생산이나 판매 면에서 상호관련성이 전혀 없거나 업종이 서로 다른 기업 간의 합병을 말한다. 다각적 합병은 경영다각화를 통한 위험분산, 인적 자원의 효율적 활용 등을 주요 목적으로 한다.

67

| 정답 | ③

| 해설 | 이미 보유한 기술 등 노하우를 기반으로 새로운 고객 · 시장을 대상으로 신제품을 추가적으로 출시하는 것이므로 집중적 다각화 전략에 해당된다.

📄 다각화 전략

다각화 전략이란 기존의 사업과는 다른 새로운 사업 영역에 진출하여 기업의 성장을 꾀하는 방법이다.

1. 집중적 다각화 전략(Concentric Diversification Strategy) : 이미 보유하고 있는 생산 · 기술 · 제품 · 마케팅 등의 분야에서의 노하우를 활용하여 새로운 고객 · 시장을 겨냥하여 신제품을 추가적으로 내놓음으로써 성장을 추구하는 전략이다.
2. 수평적 다각화 전략(Horizontal Diversification Strategy) : 기존 고객들을 깊이 이해하고 있다는 점을 활용하여 기존의 고객의 다른 욕구를 충족시키는 방법으로 신제품을 추가하는 전략이다.
   ㉠ 냉장고를 만들던 회사가 신제품 에어컨을 추가하는 것
3. 복합적 다각화 전략(Congromerate Diversification Strategy) : 기존의 제품 및 고객과는 전혀 관계없는 이질적인 신제품으로 새로운 고객에게 진출하려는 전략이다.
   ㉠ 커피를 만들던 회사가 전자제품 분야에 진출하는 것

68

| 정답 | ①

| 해설 | 기술개발과 디자인은 지원 활동에 포함된다.

📄 포터의 가치 사슬

보조 활동(지원 활동)	주요 활동(본원적 활동)
• 인적자원관리 • 기술개발, 디자인 • 획득활동(구매, 조달) • 하부조직활동(경영정보시스템, 법률, 재무, 기획)	• 구매활동(물류투입활동) • 생산활동 • 물류활동(물류산출활동) • 판매 및 마케팅활동 • 서비스활동

69

| 정답 | ②

| 해설 | 본원적 활동(주 활동)에 속하는 것은 구매활동(물류투입활동), 생산활동, 물류활동, 판매 및 마케팅활동, 서비스활동이다.

70

| 정답 | ④

| 해설 | 기계, 설비, 사무장비, 건물 등의 자산을 구입하는 활동은 지원활동이다.

파트 2 조직행위론

기출예상문제									문제 120쪽
01	①	02	③	03	②	04	①	05	①
06	③	07	②	08	④	09	②	10	④
11	④	12	①	13	①	14	④	15	①
16	①	17	②	18	④	19	④	20	②
21	②	22	④	23	④	24	①	25	①
26	③	27	④	28	③	29	①	30	④
31	①	32	③	33	①	34	④	35	②
36	①	37	①	38	②	39	④	40	②
41	②	42	③	43	②	44	③	45	④
46	④	47	③	48	④	49	④	50	③
51	④	52	③	53	③	54	④	55	④
56	②	57	①	58	④	59	②	60	①
61	①	62	④	63	④	64	③	65	①
66	③	67	②	68	②	69	②	70	②
71	③	72	③	73	③	74	①	75	①
76	④	77	①	78	①	79	②	80	②
81	③								

01

| 정답 | ①

| 해설 | 지각에 대한 내용으로 외부에서 들어오는 자극을 선택, 조직화, 해석하는 과정을 말한다.

02

| 정답 | ③

| 해설 | 현혹(후광)효과는 타인이나 사물 등을 평가할 때 그 대상의 특질이 다른 면의 특질에까지 영향을 미치는 것으로 개인의 전반적 인상을 구체적 특성으로 평가하는 오류다. 현혹효과의 오류를 줄이는 방법에는 평가 요소의 구체화와 객관화, 고정관념 · 편견, 선입견 없애기, 평점요소마다 분석평가해서 한꺼번에 전체적인 평점을 하지 않기 등이 있다.

03

| 정답 | ②

| 해설 | 논리적 오류는 상관적 편견 때문에 생기는 것으로 서로 상관관계가 있는 특질에 대해 하나의 특질이 우수하면 서로 상관관계에 있는 다른 특질도 우수하다고 생각하는 오류다.

| 오답풀이 |

③ 모든 정보를 객관적으로 받아들이지 않고, 자기에게 좋은 방향의 생각과 유리한 쪽의 정보만 선택하는 오류다.

④ 사람들이 그들 자신을 통제할 수 있는 경향이거나 혹은 외부환경을 자신이 원하는 방향으로 이끌어 갈 수 있다고 믿는 심리적 상태의 오류다.

04

| 정답 | ①

| 해설 | 유사효과에 대한 설명으로 자신과 유사한 사람에게 후한 점수를 주는 것을 말한다. 근접오류는 시 · 공간으로 지각자와 가까이 있는 대상을 긍정적으로 평가하는 것이다.

05

| 정답 | ①

| 해설 | 소극적 강화는 불편한 자극을 제거해 행위를 강화시키는 것이다.

| 오답풀이 |

③ 연속강화법은 목표로 한 행동이 나타날 때마다 강화를 주는 것으로, 처음 학습할 때 효과적이다.

④ 부분강화법은 고정간격법, 변동간격법, 고정비율법, 변동비율법의 순서로 그 효과가 높아지며 일반적으로 비율법이 간격법보다, 변동법이 고정법보다 우수한 방법이다.

06

| 정답 | ③

| 해설 | 바람직하지 못한 행위에 보상을 제거하는 것을 소거라고 한다.

강화전략의 유형

1. 바람직한 행위
   - ㉠ 적극적 강화에서는 봉급인상, 칭찬 등의 보상을 해 준다.
   - ㉡ 소극적 강화에서는 벌이나 불편함을 중지하여 불편한 자극을 제거한다.
2. 바람직하지 못한 행위
   - ㉠ 벌은 해고나 징계 등으로 불편한 자극을 준다.
   - ㉡ 소거에서는 봉급인상이나 보너스 등의 철회로 보상을 제거한다.

07

| 정답 | ②

| 해설 | 적극적(긍정적) 강화는 바람직한 행동에 대하여 승진이나 칭찬 등의 보상을 제공함으로써 그 행동의 빈도를 증가시키는 것이다. 이는 인간의 행동에 변화를 주기 위한 전략으로 다루어지는 강화이론의 한 방법으로서 조직 구성원들의 반응에 따라 제공되는 자극의 형태다. 반대로 소극적(부정적) 강화는 바람직한 행위에 대해 불쾌한 자극을 제거하여 행위를 강화시키는 것이다. 그 외에 소거는 예전에 보상을 받았으나 그 정도가 지나쳐 더 이상 요구되지 않는 행동에 대하여 보상을 소거함으로써 그 행동을 감소시키는 것이며, 벌(처벌)은 원하지 않는 행동에 대하여 불편한 결과를 주거나 긍정적인 결과를 제거함으로써 그 행동이 야기될 확률을 낮추는 방법을 말한다.

08

| 정답 | ④

| 해설 | 과거에 받은 보상을 철회하여 바람직하지 못한 행위를 약화시키는 것은 소거에 대한 내용이다. 벌은 원하지 않는 행동에 대하여 불편한 결과를 주거나 긍정적인 결과를 제거함으로써 바람직하지 못한 행동이 야기될 확률을 낮추는 것을 말한다.

09

| 정답 | ②

| 해설 | 승진제도에 가장 적합한 부분강화법은 변동간격법이다.

강화계획

1. 반응이 일어날 때마다 강화를 제공할 것인지 아니면 어떤 특정한 시간의 경과나 행동 빈도 이후의 반응에 대해서만 강화를 제공할 것인지를 계획하는 것이다.
2. 강화계획의 종류
   ㉠ 연속강화계획 : 목표로 한 행동이 나타날 때마다 강화를 주는 연속 강화 계획
   ㉡ 간헐강화계획 : 행동이 발생할 때마다 강화하지 않고 특정 반응 중에서 일부분만 강화가 주어지는 계획이 있으며, 고정비율계획 · 변동비율계획 · 고정간격계획 · 변동간격계획의 네 가지 유형으로 구분된다.

10

| 정답 | ④

| 해설 | 부분강화법의 효과성은 고정간격법, 변동간격법, 고정비율법, 변동비율법의 순서로 높아지며 일반적으로 비율법이 간격법보다, 변동법이 고정법보다 우수한 방법이다.

11

| 정답 | ④

| 해설 | 변동비율법이 현실적으로 가장 효과적인 방법이다.

단속적 강화

1. 내용 : 요구되는 행동이 나타날 때마다 연속해서 강화요인을 주는 것이 아니라 부분적으로 또는 불규칙적으로 제공하는 방법이다.
2. 종류
   ㉠ 고정간격법 : 규칙적인 시간 간격을 두고 강화요인을 적용하는 방법이다.
   ㉡ 변동간격법 : 불규칙적인 간격을 두고 강화요인을 적용하는 방법이다.
   ㉢ 고정비율법 : 일정한 빈도나 비율의 성과에 따라 강화요인을 적용시키는 방법이다.
   ㉣ 변동비율법 : 현실적으로 가장 효과적이며 불규칙적인 빈도나 비율의 성과에 따라 강화요인을 적용하는 방법이다.

12

| 정답 | ①

| 해설 | 맥클리랜드의 성취동기이론은 매슬로우의 다섯 단계의 욕구 중에서 자아실현의 욕구, 사회적 욕구, 존경의 욕구 세 가지만을 대상으로 하여 연구를 한 것으로 동기부여이론 중 내용이론이다.

| 오답풀이 |

② 브룸의 기대이론은 자신의 행위가 어떤 성과를 가져오리라는 기대와 그 성과가 보상을 가져다 줄 것이라는 수단성에 대한 기대감, 그 행위가 가져다 주는 결과의 매력 정도 등에 의해 결정되는 것이다.

③ 아담스의 공정성이론은 인간은 자신의 기여도에 대한 보상수준이 타인의 그것과 비교하여 불공정하다고 생각되면 이를 시정하기 위한 행위를 하게 된다는 것이다.

④ 로크의 목표설정이론은 테일러의 과학적 관리법에 근거하여 종업원에게 적절한 목표를 부여함으로써 성과를 향상시키는 것이다.

13

| 정답 | ①

| 해설 | 아담스의 공정성이론은 동기부여이론 중 과정이론에 속한다. 이 이론은 다른 사람들과 비교하여 자신이 불공정하다고 생각되면 이를 시정하기 위한 행위를 한다는 것으로 인지부조화이론에 기초하고 있다.

| 오답풀이 |

다음 이론들은 동기부여이론 중 내용이론에 속한다.

② 맥클리랜드의 성취동기이론 : 매슬로우의 다섯 단계의 욕구 중에서 자아실현의 욕구, 사회적 욕구, 존경의 욕구 세 가지만을 대상으로 하여 연구를 한 것이다.

③ 허즈버그의 2요인이론 : 허즈버그는 동기요인과 위생요인 두 가지로 구분하는데 동기요인은 만족감을 주는 요인이며 위생요인은 불만감이 생겼을 때 이를 예방하는 요인이다.

④ 알더퍼의 ERG이론 : 알더퍼는 매슬로우의 욕구 단계 이론을 성장 욕구, 관계 욕구, 존재 욕구 세 가지 범주로 구분하였다.

14

| 정답 | ④

| 해설 | 동기부여이론 중 과정이론으로는 브룸의 기대이

론, 로크의 목표설정이론, 포터와 롤러의 기대이론, 아담스의 공정성이론 등이 있다. ④는 브룸의 기대이론에 대한 설명이다.

| 오답풀이 |

① 매슬로우는 인간의 욕구를 생리적 욕구, 안전의 욕구, 사회적 욕구, 존경의 욕구, 자아실현의 욕구로 구분하였다.

② 알더퍼는 인간의 욕구를 존재, 관계, 성장의 3가지로 구분하였으며 이것이 ERG이론이다.

③ 맥클리랜드는 성취욕구, 친교욕구, 권력욕구 세 가지를 제시하였다.

동기부여 내용이론

1. 내용이론 : 동기를 유발하는 요인의 내용을 설명하는 이론을 말한다. 즉, 무엇이 개인의 행동을 활성화하도록 동기부여를 주는지 설명하는 것이다.
2. 동기부여 내용이론 : 매슬로우의 욕구단계이론, 알더퍼의 ERG이론, 맥클리랜드의 성취동기이론, 허즈버그의 2요인이론

동기부여 과정이론

1. 과정이론 : 인간의 동기부여가 어떠한 과정을 통해 이루어지는가를 설명하는 것이다.
2. 동기부여 과정이론

브룸의 기대이론	자신의 행위가 어떤 성과를 가져오리라는 기대와 그 성과가 보상을 가져다 줄 것이라는 수단성에 대한 기대감, 그 행위가 가져다 주는 결과의 매력 정도 등에 의해 결정
아담스의 공정성 이론	인간은 자신의 기여도에 대한 보상수준이 타인의 그것과 비교하여 불공정하다고 생각되면 이를 시정하기 위한 행위를 하게 됨.
포터와 롤러의 기대이론	브룸의 이론을 기초로 하고 있으며 동기부여가 곧바로 성과에 직결되지는 않고, 능력, 특성 등 작업과 관련된 변수가 작용한다고 함.
로크의 목표설정 이론	테일러의 과학적 관리법에 근거하여 종업원에게 적절한 목표를 부여함으로써 성과를 향상시키는 이론

15

| 정답 | ①

| 해설 | 허즈버그는 동기요인과 위생요인 두 가지로 구분한다. 동기요인은 만족감을 주는 요인이며, 위생요인은 불만감이 생겼을 때 이를 예방하는 요인이다.

| 오답풀이 |

② 알더퍼의 ERG이론에 좌절-퇴행의 욕구가 있다.

③ 맥클리랜드는 인간의 욕구는 개인마다 다르다고 주장하였다.

④ 포터와 롤러는 내재적 보상이 성과에 더 영향을 준다고 하였다.

포터와 롤러의 기대이론

1. 브룸의 이론을 기초로 하고 있다.
2. 외재적 보상인 임금, 승진 등보다는 성취감이나 책임감 같은 내재적 보상이 성과에 더 많은 영향을 준다고 하였다.

16

| 정답 | ①

| 해설 | 해당 내용은 위생요인에 대한 내용이다. 허즈버그의 2요인이론 중 동기요인에는 성취감, 도전정신, 성장가능성, 책임감 등이 있다.

17

| 정답 | ②

| 해설 | 아담스의 공정성이론은 인지부조화이론에 기초하고 있으며 로크의 목표설정이론은 테일러의 과학적 관리법에 근거하고 있다.

18

| 정답 | ④

| 해설 | 매슬로우의 사회적 욕구에는 인간은 사회적 존재이므로 소속되거나 다른 집단에서 자신을 받아 주기를 바라는 욕구가 있다고 하였다.

| 오답풀이 |

①, ②, ③ 매슬로우는 생리적, 안전, 사회적, 존경, 자아실현의 욕구가 있으며 항상 이 욕구는 저차원에서 고차원의 순서대로 이루어지기 때문에 동시에 여러 욕구는 충족이 불가능하다.

19

| 정답 | ④

| 해설 | 가장 높은 단계의 욕구는 자아실현의 욕구로서 다른 욕구와는 달리 완전히 충족될 수 없는 욕구다.

매슬로우의 욕구단계이론

생리적 욕구	• 의 · 식 · 주의 생리적 욕구로 인간이 삶 자체를 유지하기 위해 필요한 기초적인 욕구 • 의·식·주라는 기초적인 문제가 해결되지 않으면 사람들의 행위는 생리적 욕구수준에 머물러 있게 될 것임.
안전의 욕구	• 생리적 욕구가 어느 정도 충족되면 안전의 욕구가 나타나게 됨. • 신체적인 위험과 기초적인 생리적 욕구의 박탈로부터 자유로워지려는 욕구
사회적 욕구	• 인간은 사회적 존재이므로 소속되거나 다른 집단에서 자신을 받아 주기를 바라는 욕구 • 소속의 욕구 또는 소속감과 애정욕구라고도 함.
존경의 욕구	• 집단 내의 다른 사람으로부터 인정을 받길 원하는 욕구 • 자존심과 관련된 욕구로 이 욕구가 만족되면 자신감, 명예심, 통제력 등이 생김.
자아 실현의 욕구	• 계속적인 자기발전을 위해서 자신의 잠재력을 극대화하여 자기실현을 하려는 욕구 • 자기만의 독특한 세계를 창조하고 싶어 하는 욕구

20

| 정답 | ②

| 해설 | 매슬로우의 욕구단계설은 인간의 내면적인 욕구를 다섯 가지로 구분하였다. 매슬로우의 가정은 각 단계의 욕구는 동시에 발생하는 것이 아니라 하위욕구가 어느 정도 충족되어야만 상위욕구가 나타나는 것으로 모든 욕구가 궁극적으로 완전히 충족되는 것은 아니다.

21

| 정답 | ②

| 해설 | 알더퍼의 ERG이론은 매슬로우의 욕구단계이론이 가진 한계점의 대안으로, 인간의 욕구를 존재(Existence), 관계(Relatedness), 성장(Growth)의 3가지로 분류하였다. 욕구가 반드시 상위 단계로만 가는 것이 아니라 좌절되었을 경우 하위 단계로 퇴행할 수 있다고 하였으며, 두 가지 이상의 욕구가 동시에 작용할 수도 있고 각 욕구도 환경이나 문화 등에 따라서 다양하다고 주장하였다.

22

| 정답 | ④

| 해설 | 인간은 좌절 시 욕구가 퇴행할 수도 있다.

알더퍼의 ERG이론

1. 인간의 욕구를 존재(Existence), 관계(Relatedness), 성장(Growth)의 3가지로 분류하였다.
2. 인간의 욕구를 의식수준에서 다룬다.
3. 욕구단계는 미리 정해진 것이 아니라 다른 욕구의 충족정도에 따라 증감될 수 있다고 하였다.
4. 높은 단계의 욕구가 만족되지 않거나 좌절될 때 그보다 낮은 단계 욕구의 중요성이 커진다.

23

| 정답 | ④

| 해설 | ERG이론은 매슬로우의 이론적 문제점을 보완하기 위해 제시되었으며 매슬로우의 5단계를 존재 욕구, 관계 욕구, 성장 욕구로 구분하였다. 또한 ERG이론은 하위욕구가 충족되지 않아도 상위욕구 충족이 가능하다고 하였다.

24

| 정답 | ①

| 해설 | 브룸의 기대이론은 동기부여의 과정이론 중 하나로 개인차를 강조하고 있으며 개인의 목표와 욕망이 어떻게 행동으로 연결되는가를 설명하는 이론으로, 자신의 행위가 어떤 성과를 가져오리라는 기대와 그 성과가 보상을 가져다 줄 것이라는 수단성에 대한 기대감을 갖고 있다.

25

| 정답 | ①

| 해설 | ② 연공서열에 의한 보상보다는 성과에 따른 보상이 동기부여를 위해 중요하다.

③ 브룸의 기대이론은 개인차를 강조한다.

브룸의 기대이론

1. 높은 유의성과 높은 수단성이 요구되어야 동기부여가 된다.
2. 종업원이 요구하는 보상의 정도와 종류는 개인마다 다르다.
3. 사람의 동기는 적극적이든 소극적이든 간에 자신이 기울인 노력의 결과에 대해 스스로 부여하는 가치에 따라 결정될 것이며

또한 자신의 노력이 목표를 성취하는 데 실질적으로 도움을 줄 것이란 확신을 갖게 될 때 더욱 크게 동기부여를 받는다.

26

| 정답 | ③

| 해설 | 아담스의 공정성이론으로 자신이 가지는 보상의 크기와 다른 사람이 가지는 보상의 크기를 비교하는 동기부여 과정이론 중 하나다.

아담스의 공정성이론(Equity Theory)

인간은 자신의 기여도에 대한 보상수준이 타인의 것과 비교하여 불공정하다고 생각되면 이를 시정하기 위한 행위를 하게 된다고 한다. 예컨대, 자신이 불공정한 대우를 받고 있다고 평가되면 자신에 대한 대가를 증대시켜 줄 것을 요구하거나 아니면 자신의 기여도를 낮추려 할 것이고, 반대로 과도한 대우를 받고 있다고 느끼는 경우에는 보다 많은 기여를 하도록 노력하게 될 것이다. 결국 불공정에 대한 현재의 인식 정도는 동기유발과 관련이 있으며, 불공정성을 줄이기 위한 동기유발의 강도는 개인의 과거 경험과 상대적 기준에 비추어 볼 때 나타나는 불균형의 정도에 따라 직접적으로 변화된다.

27

| 정답 | ④

| 해설 | 아담스의 공정성이론은 인지부조화이론에 기초하고 있다. 투입과 산출은 객관적인 수치가 아니며 투입과 산출에 대한 기준은 개인차가 있다.

28

| 정답 | ③

| 해설 | 로크의 목표설정이론은 테일러의 과학적 관리법에 근거하며 종업원에게 실현가능하고 적절한 목표를 부여함으로써 성과를 향상시킨다.

29

| 정답 | ①

| 해설 | 집단사고(group think)는 응집력이 높은 소규모 의사결정 집단에서 대안의 분석 및 이의 제기를 억제하고 합의를 쉽게 이루려고 하는 심리적 경향으로, 충분한 대화나 토론 없이 쉽게 선택한 대안이 최선이라고 합리화하는 현상을 말한다. 집단사고를 계속하다 보면 상황 적응능력이 떨어지는 단점이 있다.

30

| 정답 | ④

| 해설 | 집단의사결정 시에 소수의 의견을 반영해야 하지만 무시할 수도 있다.

집단의사결정 특징

1. 구성원 간에 서로 많은 정보를 공유할 수 있어서 정확성이 높다.
2. 결정사항에 대한 구성원의 만족과 지지는 높은 편이다.
3. 의사 결정을 할 때 많은 시간이 소비되고 의견에 대한 다른 입장으로 구성원 간에 대립이 생길 수 있다.
4. 소수의 의견을 무시할 수도 있다.

31

| 정답 | ①

| 해설 | 델파이법은 몇 명의 전문가들이 독립적인 의견을 우편으로 수집하고 요약하여 다시 배부한 다음 서로가 합의를 볼 때까지 피드백을 하는 것으로 직접 만나서 결정하지 않는다.

32

| 정답 | ③

| 해설 | 집단의사결정은 집단 내에서 조직 구성원의 의견을 수렴하여 결정하는 것을 말한다. 여러 사람이 참여하는 만큼 문제 해결에 필요한 정보가 풍부해지고, 질적으로 높은 수준의 결정을 요하거나 확실성을 필요로 하는 과업의 경우에 더 효과적이다.

33

| 정답 | ①

| 해설 | 집단응집성이 강하면 이직률은 줄어드나 반드시 생산성 향상으로 이어지는 것은 아니다.

집단응집성

1. 집단 내 일원으로서 남으려는 정도를 말하는 것이다.
2. 집단 목표에 대한 동의성이 높고 구성원들의 상호작용 빈도가 높고 집단 간 경쟁이 있으면 응집성이 증대되지만 집단 목표에 대한 불일치, 큰 집단규모, 소수에 의한 지배, 집단 내의 경쟁 등은 응집성을 감소시킬 수 있다.
3. 응집성이 높을 경우 이직률이 감소하고 만족감을 높여 주어 충성심과 참여도를 높여 주나 성과가 꼭 향상되는 것은 아니다.

34

| 정답 | ④

| 해설 | 알렉스 오스본(A. Osborn)이 창안한 브레인스토밍에 대한 설명이다.

| 오답풀이 |

① 팀빌딩 기법 : 집단이 과제를 달성하는 방식을 개선하도록 도움을 주고 집단구성원들이 대인기술과 문제해결기술을 강화하도록 도움을 주는 광범위한 계획적 활동이다.

② 델파이 기법 : 몇 명의 전문가들이 독립적인 의견을 우편으로 수집하고 요약하여 다시 배부한 다음 서로가 합의를 볼 때까지 피드백을 하는 것으로 직접 만나서 결정하지 않는다.

③ 명목집단 기법 : 자기의 생각과 해결안을 가능한 한 많이 기록하며 참가자들은 돌아가면서 자신의 해결안을 집단에게 설명하며, 발표가 끝나면 제시된 의견들의 우선순위를 묻는 비밀투표를 실시하여 최종적으로 해결안을 선택한다.

35

| 정답 | ②

| 해설 | 브레인스토밍은 한 가지 문제를 집단적으로 토의하여 각각 자유롭게 의견을 말하는 가운데 독창적인 아이디어가 튀어나오도록 하는 아이디어 창출방법이다. 브레인스토밍을 성공시키기 위해서는 타인의 아이디어를 비판하지 말 것, 자유분방한 아이디어를 환영할 것, 되도록 많은 아이디어를 서로 내놓을 것 등이 요구된다.

36

| 정답 | ①

| 해설 | 명목집단법은 다음과 같은 특징이 있다.

1. 한 번에 한 문제밖에 해결할 수 없다.
2. 집단구성원들 간에 실질적인 토론 없이 서면을 통해서 아이디어를 창출하는 기법이다.
3. 각 구성원은 다른 사람의 영향을 받지 않는다.
4. 의사결정이 신속하게 이루어지며 명목집단을 이끌 리더가 필요하다.

37

| 정답 | ①

| 해설 | 델파이법은 전문가들의 독립적인 의견을 우편으로 수집하는 방법으로 전문가들의 익명성을 보장함으로써 보다 자유로운 의견 수렴이 이루어진다.

델파이법 특징

1. 우편으로 수집하고 결과를 요약 · 분석하는 것으로 시간이 많이 소요된다.
2. 특정문제에 대한 전문가들의 독립적인 의견을 우편으로 수집한다.
3. 수립된 의견을 요약하여 전문가에게 다시 배부한 후 서로의 의견이 합의가 될 때까지 피드백을 한다.

38

| 정답 | ②

| 해설 | 브레인스토밍은 질보다 양을 중시하며 리더가 하나의 주제를 제시하면 집단구성원이 각자의 의견을 자유롭게 제시하며 토론한다.

브레인스토밍

1. 질보다는 양을 중요시한다.
2. 리더가 하나의 주제를 제시하면 집단구성원이 각자의 의견을 자유롭게 제시하며 토론한다.
3. 특징
   ㉠ 아이디어 수가 많을수록 질적으로 우수한 아이디어가 나올 가능성이 많다.
   ㉡ 어떤 생각이든 자유롭게 표현해야 하고 또 어떤 생각이든 거침없이 받아들여야 한다.

㉢ 결합과 개선 : 남들이 내놓은 아이디어를 결합시키거나 개선하여 제3의 아이디어를 내 보도록 노력한다.
㉣ 평가의 금지 및 보류 : 자신의 의견이나 타인의 의견에 대하여 일체의 판단이나 비판을 의도적으로 금지한다.
㉤ 아이디어를 내는 동안에는 어떠한 경우에도 평가를 해서는 안 되며 아이디어가 다 나올 때까지 평가는 보류되어야 한다.

39

| 정답 | ④

| 해설 | 원격연상 검사법은 창의력을 알아보는 가장 간단한 방법으로 서로 거리가 있거나 비슷한 요소들이 있는 것을 제시하여 평가 대상자에게 새로운 조합을 유도하거나 공통점을 찾게 한다.

창의성 측정방법과 창의성 개발방법

창의성 측정방법	원격연상 검사법, 토란스 검사법
창의성 개발방법	고든법, 브레인스토밍, 델파이법, 명목집단법, 강제적 관계기법 등

40

| 정답 | ②

| 해설 | 명목집단법은 구성원 간에 대화가 없는 집단을 말한다. 독립적으로 문제를 해결할 수 있고 또한 집단의사 결정 시 생길 수 있는 타인의 영향을 없애기 위해 토론을 하지 않는다. 특성상 의사결정 시 시간이 적게 들지만 한번에 한 문제밖에 해결할 수 없다.

41

| 정답 | ②

| 해설 | 명목집단법에 관한 설명으로 한 번에 한 문제밖에 해결할 수 없고 각 구성원은 아이디어 창출 시 다른 사람의 영향을 받지 않는다.

| 오답풀이 |

③ 팀빌딩(Team Building) : 팀을 구축한다는 의미로 가장 큰 목적은 응집성, 상호협력 및 조직과의 일체감을 높임으로써 팀의 효과성을 높이며 신뢰할 수 있는 팀을 만드는 것이다. 집단이 과제를 달성하는 방식을 개선하도록 도움을 주고 집단구성원들이 대인기술과 문제해결기술을 강화하도록 도움을 주는 광범위한 계획적 활동이다.

42

| 정답 | ③

| 해설 | 그레이프바인법은 비공식인 커뮤니케이션이다. 따라서 의사소통이 활발히 일어나는 편이 아니며 상향적 의사소통에 대한 개선책이라 할 수 없다.

의사소통의 증대방법

고충처리 제도	인사상담 · 제안제도 · 소청제도 등과 같이 공무원의 권익을 보호하고 신분 보장을 강화하기 위한 제도
민원조사 원제도	책임 있는 언론을 실현하기 위한 언론의 자율규제제도
문호개방 정책	상위경영자와 자유롭게 대화할 기회를 보장

43

| 정답 | ②

| 해설 | 수평적 의사소통에 대한 내용이다.

의사소통의 종류

하향적 의사소통	상급자로부터 하급자에게 전달되는 지시나 명령 등의 의사소통
상향적 의사소통	하급자의 성과 보고, 의견, 태도 등을 상급자에게 전달하는 의사소통
수평적 의사소통	같은 계층 간에서 협업(協業)을 위한 상호 연락·조정이 이루어지며 각각의 구성원 간 또는 부서 간에 갈등을 조정하는 의사소통

44

| 정답 | ③

| 해설 | 쇠사슬형은 명령체계에 적용되는 의사소통 네트워크로 구성원들의 수용도와 만족도는 높은 편이 아니다.

의사소통 네트워크의 유형

유형	특징	
쇠사슬형	• 명령체계 적용 • 만족도 낮음.	• 수용도 낮음. • 권한집중 높음.
수레바퀴형	• 공식적 작업 적용 • 만족도 낮음.	• 수용도 중간 • 권한집중 중간
Y형	• 라인/스태프조직 적용 • 만족도 중간	• 수용도 중간 • 권한 집중 중간
원형	• 위원회 적용 • 만족도 높음.	• 수용도 높음. • 권한 집중 낮음.
완전연결형	• 비공식적 적용 • 만족도 높음.	• 수용도 높음. • 권한집중 매우 낮음.

45

| 정답 | ④

| 해설 | 완전연결형은 비공식적 작용에 적용되는 의사소통 네트워크로 의사결정 속도가 빠르고 구성원들의 수용도와 만족도가 높으며, 권한집중이 매우 낮다. 의사소통 유형 중 가장 바람직한 유형이다.

46

| 정답 | ④

| 해설 | 수레바퀴형은 의사소통이 한 사람의 감독자에게 집중되고 공식적 작업에 어울리며 단순과업 시 의사소통의 속도가 빠르다.

47

| 정답 | ③

| 해설 | 수명주기이론은 리더십이론에서 상황이론에 속한다.

리더십이론

행동이론	상황이론
• PM이론 • 관리격자이론 • 오하이오 대학모형 • 아이오와 대학모형 • 미시간 대학모형	• 수명주기이론 • 수직쌍 연결이론 • 리더십 규범이론 • 피들러의 상황이론 • 하우스의 경로-목표이론

48

| 정답 | ④

| 해설 | 관리격자이론에서 (1,1)형은 무관심형에 속하는 것으로 생산과 인간 모두에 무관심하다.

| 오답풀이 |

① 리커트는 리더를 행동유형에 따라 직무 중심적 리더와 종업원 중심적 리더로 양분하고 가장 이상적이고 생산적인 리더십은 종업원 중심적 리더십이라고 하였다.

② 아이오와 대학의 연구에서는 리더를 유형별로 전제형, 민주형, 방임형으로 구분하였다.

③ 하우스와 이반의 경로-목표이론은 동기부여이론에서 브룸의 기대이론을 근거로 연구한 것으로 종업원의 특성과 작업환경의 특성을 상황변수로 고려한 리더십이다. 리더십의 유형을 지시적 리더십, 지원적 리더십, 참여적 리더십, 성취지향적 리더십으로 구분하였다.

49

| 정답 | ④

| 해설 | 경로－목표 이론은 상황(적합)이론에 속한다.

리더십이론

1. 상황이론(적합이론)
   ㉠ 피들러의 상황적응적 이론 : 리더십의 유형으로 LPC(Least Preferred Coworker) 점수를 이용하였다.
      • 과업지향적 : LPC 점수가 낮을수록
      • 종업원지향적 : LPC 점수가 높을수록
   ㉡ 경로 - 목표 이론 : 종업원의 특성과 작업환경의 특성을 상황변수로 도입하여 수단적 리더십, 후원적 리더십, 참여적 리더십, 성취지향적 리더십으로 구분하였다.
   ㉢ 수직쌍연결이론
      • 내집단 : 리더와 하급자 간에 공동체의식을 갖게 되어 이직률이 감소하고 높은 만족도를 느낀다.
      • 외집단 : 리더가 일방적이고 수직적인 명령을 하게 되어 내집단의 종업원보다 상대적으로 박탈감과 소외감을 느낀다.
2. 행동이론
   ㉠ 아이오와 리더십 연구 : 권위형, 민주형, 방임형
   ㉡ 미시간 대학의 연구 : 리커트 교수는 면접법을 통해 리더의 유형을 직무 중심적 리더와 종업원 중심적 리더로 극단적으로 구분하였다.
      • 직무 중심적 리더 : 과업중시, 공식권한 중시
      • 종업원 중심적 리더 : 조직 구성원과의 관계를 중시, 구성원에게 권한을 위임하는 리더 유형

ⓒ 관리격자이론 : 리더십을 무기력형, 친목형, 절충형, 과업형, 단합형으로 나누었다(단합형 리더가 가장 이상적).

50

| 정답 | ③

| 해설 | 컨트리클럽형에 대한 설명이다.

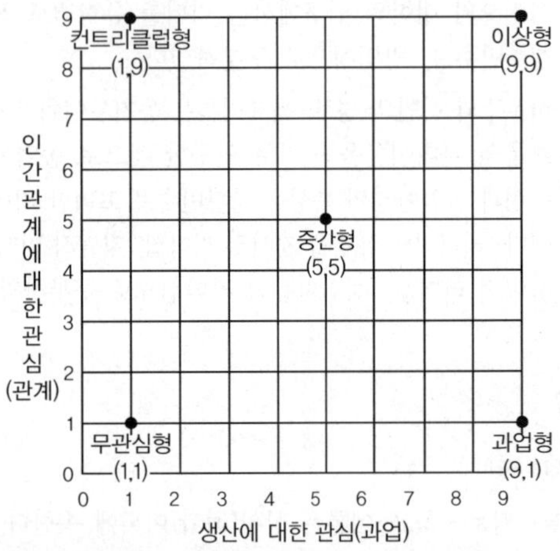

블레이크와 머튼의 관리격자모델(Managerial Grid)

생산에 대한 관심(과업성취)과 인간에 대한 관심(인간관계개선)이라는 두 가지 기준을 토대로 분류한다.

(1,1)형, 무관심형	• 과업달성 및 인간관계 유지에 모두 관심을 보이지 않는 유형 • 리더는 조직구성원으로서 자리를 유지하기 위해 필요한 최소한의 노력만 함.
(1,9)형, 친목형	• 생산에 대한 관심은 낮으나 인간관계에 대해서는 지대한 관심을 보이는 유형 • 리더는 부하와의 만족스러운 관계를 위하여 부하의 욕구에 관심을 갖고 편안하고 우호적인 분위기로 이끎.
(5,5)형, 절충형	• 생산과 인간관계의 유지에 모두 적당한 정도의 관심을 보이는 유형 • 리더는 생산과 인간에 대해 적당히 관심을 가짐.
(9,1)형, 과업형	• 인간관계 유지에는 낮은 관심을 보이지만 생산에 대해서는 지대한 관심을 보이는 유형 • 리더는 일의 효율성을 높이기 위해 인간적 요소를 최소화하도록 작업 조건을 정비
(9,9)형, 단합형, 팀형	• 생산과 인간관계의 유지에 모두 지대한 관심을 보이는 유형 • 리더는 상호신뢰적이고 존경적인 관계와 구성원의 몰입을 통하여 과업을 달성

51

| 정답 | ④

| 해설 | 피들러의 상황이론은 LPC를 사용하여 리더의 유형을 과업지향적 리더십과 관계지향적 리더십 두 가지로 본다. LPC가 낮을 경우에는 과업지향적 리더십, LPC가 높을 경우에는 관계(종업원)지향적 리더십이다.

52

| 정답 | ③

| 해설 | 경로-목표이론에 따르면 결단형성 초기에는 지시적 리더가 효과적이지만 집단이 안정화되면 지원적 · 참여적 리더가 효과적이다.

| 오답풀이 |

① PM이론은 리더십의 기능을 성과지향기능과 유지지향기능의 두 가지로 나누어 리더십의 유형을 설명하며, 성과지향기능을 실현시키는 리더의 행위를 리더십 P행동, 유지지향기능을 구현시키려는 행위를 리더십 M행동이라고 한다.

② 블레이크와 머튼은 완전형(9,9)(=팀형, 단합형) 모델을 이상적인 리더십 스타일로 보았고 이를 통해 도출할 수 있는 리더십 관리격자 이론의 가장 큰 특징은 최고의 리더십 스타일을 제시할 수 있다는 것이다.

④ 허쉬와 블랜차드는 배려와 구조주도를 토대로 상황적 리더십이론을 제시하였다.

53

| 정답 | ③

| 해설 | 관리격자이론에서 블레이크와 머튼은 단합형 리더가 이상적이라고 하였다.

리더십의 종류

1. 피들러의 상황적응적 이론 : 구성원들이 리더를 호의적으로 생각할 때, 명확한 업무지시와 강력한 직위를 갖고 있을 때 가장 이상적인 리더십이라고 하였다. 리더십의 유형으로는 LPC를 사용하였다.
2. 경로 - 목표이론 : 기대성, 수단성, 유의성을 정확히 알고 있으며 리더십의 유형을 수단적 리더십, 후원적 리더십, 참여적 리더십, 성취지향적 리더십 네 가지로 분류하였다.

3. 허시와 블랜차드 : 리더행동유형을 과업지향적 행동과 인간관계지향적 행동의 두 차원을 축으로 한 지시형, 설득형, 참여형 및 위임형 등 4가지로 분류하고 이 유형이 가진 각각의 효과성이 부하들의 성숙도에 따라 어떻게 달라지는가를 연구하였다.

54

| 정답 | ④

| 해설 | 부하에게 각자의 책임과 기대하는 바를 명확하게 제시하며 각자의 행동에 따라 어떤 대가가 돌아갈 것인지를 명확히 하여 동기유발을 시키는 것은 거래적 리더십이다.

변혁적 리더십(Transformational Leadership)

1. 의의 : 구성원이 외재적인 보상이 아니라 자아실현 또는 일에서의 의미를 찾아 자발적으로 일하도록 하는 리더십
2. 특징
   ㉠ 카리스마 : 리더는 부하에게 비전을 개발하여 제시하고 효과적인 역할모범을 보이고 이념적 목표를 명확하게 표현하며, 높은 기대감과 확신을 보임으로써 동기를 유발시킨다.
   ㉡ 영감 : 리더가 부하로 하여금 도전적 목표와 임무, 미래에 대한 비전을 열정적으로 받아들이고 계속 추구하도록 격려한다.
   ㉢ 개별적 배려 : 리더는 부하에게 존중과 책임성을 표시하고 부하들의 개인적인 문제에도 관심을 갖는 등 개별적으로 격려하고 충고한다.
   ㉣ 지적 자극 : 리더는 부하로 하여금 형식적 관례와 사고를 다시 생각하게 함으로써 새로운 관념을 촉발시킨다.

55

| 정답 | ④

| 해설 | 변혁적 리더십이론은 종래의 모든 리더십이론을 거래적 리더십이론이라고 비판하면서 등장한 이론이다. 지도자가 제시한 조직목표를 구성원들이 성취하면 그것에 따른 보상을 주는 목표 달성과 보상을 서로 교환하는 현상을 리더십으로 보는 입장이 거래적 리더십이론이다.

56

| 정답 | ②

| 해설 | 셀프 리더십(Self-Leadership)이란 자율적 리더십 또는 자기 리더십이라고도 한다. 셀프 리더십은 자신을 사랑하고 자신을 이끌어 가는 방법으로 자기가 자기 자신에게 스스로 영향력을 행사함으로써 자신의 생각과 행동을 변화시키는 과정이라 할 수 있다.

리더십의 종류

구분	내용
셀프 리더십	조직 구성원 자신이 스스로 관리하여 이끌어 가는 리더십
슈퍼리더십	하급자들을 셀프 리더로 키우는 리더십
지시적 리더십	계획, 조직, 통제와 같은 공식적 활동을 강조하는 리더십
변혁적 리더십	• 거래적 리더십에 대한 비판에서 유래 • 장기적인 비전을 가지고 집단의 욕구체제를 바꾸려는 리더십
서번트 리더십	• 타인을 위한 봉사에 초점 • 종업원과 고객의 대화를 우선으로 그들의 욕구를 만족시키기 위해 헌신하는 리더십

57

| 정답 | ①

| 해설 | 슈퍼리더십은 하급자들을 셀프 리더로 키우는 리더십으로 리더 스스로 훌륭한 리더의 모델이 되어야 한다.

58

| 정답 | ④

| 해설 | 공식적 권력은 보상적 권력, 강압적 권력, 합법적 권력이며 개인적 권력은 전문적 권력, 준거적 권력이다.

59

| 정답 | ②

| 해설 | 갈등의 회피는 단기적 전략에 알맞다.

집단 간 갈등의 해결방안

1. 갈등의 회피 : 단기적인 갈등해소의 전략으로, 상황에 따라서 그 순간의 갈등을 회피하는 것이 갈등의 심화나 감정의 폭발을 식히는 좋은 방법이기도 한다.
2. 조직구조의 개편 : 집단 간에 갈등을 관리할 조정자를 두거나 집단응집력을 방지하기 위하여 집단구성원들의 직무를 순환시키면서 이루어진다.
3. 협상 : 양쪽이 서로 비슷한 힘을 가지고 있을 때 쓰는 방법이다.

60

| 정답 | ①

| 해설 | 집단의 응집성이 증가할수록 집단 간 갈등이 생길 확률이 낮다.

갈등의 특징

1. 내용 : 개인 또는 집단이 의사결정 과정에서 선택을 둘러싸고 곤란을 겪는 상황을 말한다. 과거에는 갈등이 집단에나 개인에게 안 좋은 영향을 준다고 하였으나 현대에 와서는 갈등의 순기능 면이 강조되어 어느 정도의 갈등은 조직 내에 필요하다는 입장이 부각되고 있다.
2. 갈등의 원인
   ㉠ 의사소통의 감소
   ㉡ 부서 간 영역의 모호
   ㉢ 한정된 자원과 많은 조직원
   ㉣ 기대나 목표, 의견의 불일치

61

| 정답 | ①

| 해설 | 그레이프바인(grape vine)은 비공식 경로를 통한 의사소통을 말하는 것으로 비공식 의사소통의 경로는 직선적인 것이 아니라 포도넝쿨과 같이 얽혀 있다는 의미에서 이렇게 부른다.

62

| 정답 | ④

| 해설 | 공식집단은 조직의 목표달성을 위하여 존재한다.

공식조직과 비공식조직의 비교

공식조직	비공식조직
• 조직의 목표 달성을 위하여 존재 • 인위적 조직 • 제도적으로 명문화된 조직 • 능률의 논리	• 감정의 충족을 위하여 존재 • 자연발생적 조직 • 현실적·동태적 대면조직 • 감정의 논리

63

| 정답 | ④

| 해설 | 조직문화란 모든 조직구성원들의 규범이 되는 가치와 신념이며 조직 내의 고유한 문화로서 조직에 대한 몰입을 높이지만 외부환경변화에 대한 적응성, 탄력성 등은 감소시킨다.

64

| 정답 | ③

| 해설 | 비공식 조직 논리는 다음과 같다.

1. 감정의 논리
2. 부분적 질서
3. 수평적 관계
4. 비합리적 원리
5. 자연발생적 조직
6. 현실적·동태적 대면 조직

65

| 정답 | ①

| 해설 | 유기적 조직은 조직의 운영이 규칙과 절차보다는 비공식적 조정에 기초하므로 공식화율이 낮은 편에 속

66

| 정답 | ③

| 해설 | 공식 조직의 논리는 합리적 원리, 능률의 원리, 전체적 질서, 수직적 관계 등이 있다.

| 오답풀이 |

①, ②, ④는 비공식 조직의 논리다.

비공식적 조직의 특징

1. 존속기간은 일시적이다.
2. 자연적으로 생긴 것으로 정서적 관점에서 본다.
3. 능률, 효율의 논리보다는 감정이나 인간관계의 논리를 훨씬 중요시한다.

67

| 정답 | ②

| 해설 | 조직개발기법에는 다음과 같은 것들이 있다.

1. 감수성훈련
   ㉠ T-group 훈련은 1945년 미국의 브레드포드(L. Bredford)가 재직자 훈련의 일부로 시도한 것이다.

㉡ 이질적인 성향의 낯선 소그룹 집단이 일정기간 동안 사회와 격리된 집단생활을 하면서 특정한 주제를 정하지 않고 서로 자유롭게 감정을 표현함으로써 지금까지 자신이 타인에게 어떤 영향을 주고받아 왔는지 이해하며 본인의 사회적 위치와 역할을 깨닫게 되는 훈련이다.

㉢ 어떤 문제의 해결방안이나 대인관계의 이해 및 이를 통한 인간관계의 개선 등이 목적이다.

2. 팀 구축법 : 공식적인 일을 하는 집단에서 과업에 초점을 맞춰서 상호 협조하면서 직무를 수행 및 개선할 수 있도록 하는 것이다.
3. 과정 자문법 : 외부 상담자를 통하여 그룹 간 또는 그룹 안의 문제를 해결하고 진단하기 위한 방법이다.

68

| 정답 | ②

| 해설 | T-group 훈련은 직장 내에서 이루어지는 훈련이 아니다.

T-group 훈련

감수성 훈련이라고도 하는 T-group 훈련은 1945년 미국의 브레드포드(L. Bredford)가 재직자 훈련의 일부로 시도하였으며, 이후 레빈(K. Lewin) 등에 의하여 그 기법이 개발되면서 조직발전의 원형이 되었다. 이질적인 성향의 낯선 소그룹 집단이 일정 기간 동안 사회와 격리된 집단생활을 하면서 특정한 주제를 정하지 않고 서로 자유롭게 감정을 표현함으로써 지금까지 자신이 타인에게 어떤 영향을 주고 또 받아 왔는지 이해하며 본인의 사회적 위치와 역할을 깨닫게 되는 훈련이다. 어떤 문제의 해결방안이나 대인관계의 이해 및 이를 통한 인간관계의 개선 등에 목적을 두고 있다.

69

| 정답 | ②

| 해설 | 관리격자훈련은 다음과 같은 특징이 있다.

1. 브레이크와 머튼에 의해서 개발되었다.
2. 업무의 관심과 인간에 대한 관심을 각각 9단계로 구분하였다.

㉠ 인간에 대한 관심과 업무에 대한 관심이 아주 낮다. (1,1)형

㉡ 인간에 대한 관심은 높으나 업적에 대한 관심이 낮다. (1,9)형

㉢ 업적에 대한 관심은 높으나 인간에 대한 관심이 낮다. (9,1)형

㉣ 인간에 대한 관심도 아주 높고 조직력도 잘 발휘되는 단계이다. (9,9)형

㉤ 인간에 대한 관심과 업무에 대한 관심이 적당하다. (5,5)형

3. 그리드 훈련은 (9,9)형의 리더로의 개발을 통해서 조직의 유효성 및 효율성을 극대화하려는 조직개발기법이다.

| 오답풀이 |

① 브레이크와 머튼에 의해서 개발되었다.

③ 과정자문법에 대한 내용이다.

④ 감수성훈련에 대한 내용이다.

70

| 정답 | ②

| 해설 | 집권화된 조직구조는 조직구성원의 창의적 참여를 유도하기 힘들다.

집권화된 조직구조

1. 특징

㉠ 최고 의사결정권한이 부여된 사람에게 대부분의 권한이 집중되어 있다.

㉡ 확고한 명령과 지휘체제의 확립을 통해 조직의 활동을 조직의 목표와 일관되게 통제할 수 있다.

2. 단점

㉠ 최고경영자의 노력이 많이 필요하다.

㉡ 조직구성원의 창의적 참여를 유도하기 힘들다.

㉢ 경영환경 변화에 대응하는 의사결정 속도가 느리다.

71

| 정답 | ③

| 해설 | 팀 구축법은 레빈이 주장한 기법으로 조직의 변화는 해빙, 변화, 재동결의 단계를 거친다. 이는 공식적인 집단에서 과업에 초점을 맞춰서 상호 협조하며 유효성을 증대시키는 데 목적이 있다.

72

| 정답 | ③

| 해설 | 조직이 처한 환경이 급격히 변화할 때 분권화가 촉진된다.

집권화와 분권화의 특징

구분	특징
집권화	• 최고 의사결정권한이 부여된 사람에게 대부분의 권한이 집중 • 집권화된 조직에서의 관리조직은 확고한 명령·지휘체계 확립이 무엇보다 중요(덜 집권화된 조직은 1 ~ 2인의 관리직원과 다수의 아르바이트생을 두고 있는 패스트푸드점에서 쉽게 관찰할 수 있는데 이러한 집권화된 조직이 나타나는 이유는 작업의 성격이나 비용 때문) • 문제점 : 비대해진 조직으로 관료제의 문제가 나타날 수 있으며 업무의 양이 과중할 경우, 의사결정이 지연되어 도리어 많은 운영비용이 들 수 있음.
분권화	• 대규모 기업은 대부분 관리 권한에 있어서 분권화를 채택 • 환경변화에 신속하게 대응할 수 있게 하고 권한을 위임받은 자는 해당 업무에 전문적 지식을 갖고 있기 때문에 보다 과학적인 의사결정과 관리를 수행 • 권한의 위임은 동기를 유발하여 기업성과를 높임.

73

| 정답 | ③

| 해설 | 분업의 원칙에 입각하여 관리자의 일을 전문화한다.

직능식 조직 특징

라인조직의 결점을 보완하여 제안된 조직형태다. 명령과 복종관계에서 진보된 관계라고 볼 수 있다. 흔히 직능(functional) 조직이라고도 표현한다. 이 조직은 관리자가 담당하는 일을 전문화하고 부문마다 다른 관리자들을 두어 작업자를 전문적으로 지휘 · 감독한다. 라인조직의 관리자에게는 의사결정에 관한 많은 권한이 집중되지만, 직능조직의 관리자에게는 각 부분의 의견을 조정하는 역할이 더욱 부각된다. 즉, 조정적 관계가 형성된다.

74

| 정답 | ①

| 해설 | 직계참모 조직은 라인스태프 조직이라고도 하며 라인조직과 스태프조직을 결합한 형태다.

| 오답풀이 |

② 프로젝트 조직에 대한 설명이다.

④ 사업부제 조직에 대한 설명이다.

75

| 정답 | ①

| 해설 | 각 사업부는 각각 자체 내의 집행력과 추진력을 갖추고 있어야 한다.

사업부제 조직

1. 개념 : 제품별, 지역별, 고객별 각 사업부의 본부장에게 생산, 구매, 판매 등 모든 부문에 걸쳐 대폭적인 권한이 부여되며, 독립채산적인 관리단위로 분권화하여 이것을 통괄하는 본부를 형성하는 분권적인 관리 형태다.
2. 장점 : 최대한 자율성을 보장하고 내부경쟁을 유도하여 자발적 참여에 의한 경영혁신을 이룰 수 있으며 방대한 조직과 예산운영에서 오는 비효율성을 제거할 수 있다.
3. 단점 : 사업부 간에 대립이나 과당경쟁 등으로 그 활동에 대한 평가나 상호 조정이 어려운 단점이 있다.

76

| 정답 | ④

| 해설 | 사업부제 조직은 독립채산제를 가장 큰 특징으로 하기 때문에 적자에 시달리는 공공부문에 적합하다.

77

| 정답 | ①

| 해설 | 매트릭스 조직은 소수의 제품라인을 가지고 있는 중규모 조직에 가장 적합하다.

매트릭스 조직(Matrix Oorganization)

1. 기능식 조직과 프로젝트 조직의 장점을 동시에 살리려는 형태로 제품혁신과 기술적 전문성 확보가 목표다.
2. 특징
   ㉠ 급변하는 다양한 환경에 적응이 용이하다.
   ㉡ 기능과 제품 간 통합기술 개발이 가능하다.
   ㉢ 인적자원 활용이 가능하며 복잡한 의사결정에 효과적이다.
3. 장점
   ㉠ 이중적인 고객의 요구에 대응할 수 있도록 필요한 조정을 할 수 있다.
   ㉡ 여러 제품라인에 걸쳐 인적자원을 유연하게 공유하거나 활용할 수 있다.
   ㉢ 불안정한 환경에서 복잡한 의사결정과 빈번한 변화에 적절하게 대응할 수 있다.

㉣ 기능, 제품기술 개발에 대한 적절한 기회를 제공할 수 있다.
㉤ 소수의 제품라인을 가지고 있는 중규모 조직에 가장 적절하다.

4. 단점
   ㉠ 이중 보고체계로 인해 종업원들이 혼란을 느낄 수 있다.
   ㉡ 다양한 인간관계 기술에 대한 교육 훈련이 필요하다.
   ㉢ 빈번한 회의와 갈등 조정 과정으로 인해 많은 시간이 소요된다.
   ㉣ 종업원들이 매트릭스 구조의 특성을 이해하지 못하거나 적응하지 못할 경우 제대로 작동하지 못한다.
   ㉤ 권력의 균형을 유지하는 데 많은 노력이 필요하다.

78

| 정답 | ①

| 해설 | 매트릭스 조직은 기능별 조직의 전문성과 사업별 조직의 대응성을 입체적으로 결합한 조직이다. 기능부서의 전문성과 제품라인의 혁신성(대응성)을 동시에 충족하는 장점이 있는 반면 명령의 이원화로 구성원의 역할이 모호해지고 갈등을 초래할 수 있다는 단점이 있다.

| 오답풀이 |

② 관료제 조직에 대한 설명이다.
③ 프로젝트 조직에 대한 설명이다.
④ 네트워크 조직에 대한 설명이다.

79

| 정답 | ②

| 해설 | ① 사업부제 조직의 성격을 수반한 자유형 혼합조직이다.

③ 프로젝트 조직에 대한 설명으로 특정프로젝트를 해결하기 위해 구성된 조직이며 프로젝트의 완료와 함께 해체되는 조직이다.

④ 위원회 조직에 대한 설명으로 다양한 의견을 조정하고 의사결정의 결과에 대한 책임을 분산시킬 필요가 있을 때 흔히 사용되는 조직이다.

80

| 정답 | ②

| 해설 | 기계적 조직에서는 정보의 흐름이 자유롭지 못하고 하향적이다.

유기적 조직의 특징

1. 통제가 비교적 자유롭고 외적 적응이 중요시될 때 적합하다.
2. 조직의 운영이 규칙과 절차보다는 비공식적 조정에 기초하므로 공식화율이 낮다.
3. 권한이 능력과 기술을 가진 곳에 분산하므로 분권화가 높다.
4. 작업은 분업화되지 않고 갈등해결도 자유로운 토론방식에 의한다.

81

| 정답 | ③

| 해설 | 프로젝트 조직은 문제가 해결되거나 목표가 달성되면 본래의 부서로 돌아간다.

프로젝트 조직

개념	• 조직구조의 유지와 새로운 조직환경에 적응하기 위하여 고안된 것이 프로젝트 조직 • 특정한 목적을 일정한 시일과 비용으로 완성하기 위한 방법 • 단일업무(사업) 추진조직이 본부관리조직의 도움을 얻어 업무를 추진, 수행
장점	• 계층과 무관하게 각 개인의 전문성에 따라 전문가 풀(pool)을 형성하여 기능 간 혹은 사업부문 간 인적·기술적 네트워크를 구성 • 현장의 정보가 분석·판단되어 의사결정을 거쳐 다시 현장으로 피드백 되는 시간을 최소화하면서 광범위한 정보를 소화할 수 있는 탄력성 • 전문가 풀(pool)에 있는 분야별 전문가로 구성된 팀조직을 활용함으로써 여러 기능과 관련된 핵심업무를 동시에 수행

파트3 인적관리 및 품질경영

기출예상문제									문제 210쪽
01	①	02	②	03	②	04	①	05	①
06	④	07	②	08	②	09	④	10	④
11	④	12	①	13	①	14	③	15	①
16	②	17	④	18	②	19	④	20	③
21	④	22	②	23	①	24	④	25	②
26	②	27	①	28	④	29	④	30	②
31	③	32	③	33	③	34	④	35	④
36	③	37	④	38	①	39	①	40	③
41	④	42	②	43	②	44	④	45	③
46	③	47	①	48	②	49	③	50	④
51	③	52	④	53	①	54	①	55	①
56	④	57	①	58	③	59	③	60	④
61	③	62	④	63	③	64	③	65	③
66	②	67	①	68	①	69	④	70	②
71	④	72	③	73	③	74	④	75	③
76	④	77	②	78	①	79	④	80	②
81	④	82	②	83	④	84	①	85	②
86	④	87	①	88	①	89	①	90	①
91	①	92	④	93	④	94	①	95	②
96	①	97	②	98	①	99	③	100	②
101	①	102	④	103	③	104	④	105	③
106	①	107	④	108	④	109	④	110	②
111	①	112	③	113	②	114	②	115	②
116	③	117	①	118	③	119	④	120	③

01

| 정답 | ①

| 해설 | 직무평가는 직무분석의 결과를 근거로 실시한다.

직무분석

1. 직무분석은 직무의 내용과 그 기능을 수행하기 위하여 담당자에게 요구하는 경험, 지식, 능력, 책임 등을 명확하게 기술하는 것이다.
   - ㉠ 직무의 상대적 가치를 결정하는 직무평가를 위한 자료에 이용
   - ㉡ 근로자의 채용조건과 교육훈련에 필요
   - ㉢ 인사고과와 정원제의 확립, 의사결정, 안전위생관리 등에 유용한 기본자료를 제공
2. 직무분석의 목적
   - ㉠ 직무분석은 조직의 합리화를 위한 기초작업이다.
   - ㉡ 직무분석의 결과는 채용, 배치, 이동 등의 기준을 만드는 기초가 된다.
   - ㉢ 인사고과의 기초 작업이 된다.
   - ㉣ 직무분석의 결과는 종업원의 훈련 및 개발의 기준이 된다.

02

| 정답 | ②

| 해설 | 직무분석을 통해 얻어진 정보는 특정 직무에 대해 어느 정도의 보상을 해 주어야 할지를 결정하는 직무평가의 기초 자료로 사용된다.

개념적 직무분석

조직 구조의 설계	• 조직 구조는 조직 활동을 명확한 여러 가지 과업들로 구분하고 구분된 여러 가지 과업들을 통제하고 조정하기 위해서 형성 • 직무분석을 통해 얻어진 정보는 직무 요건 및 직무 간에 관계를 명확히 해 줌으로써 조직의 모든 계층별 책임을 명시해 주고 능률을 제고시켜 주며, 직무의 중복을 최소화시키고 최종적으로는 보고 체계를 결정해 줌.
인적 자원계획 수립	• 직무분석 자료는 인적 자원계획 수립의 기초 자료로 활용 • 인적 자원의 수요 및 공급을 예측하고 교육 훈련계획, 전직계획, 승진계획 등 여러 가지 계획에 활용
직무 평가 및 보상	• 특정한 직무가 조직에 기여하는 가치의 서열을 결정하거나 임금 조사의 일환으로 다른 조직에 존재하는 유사한 직무와 해당 직무를 비교하여 직무의 내용을 명확히 파악 • 직무분석을 통하여 얻어진 정보는 직무평가의 기초 자료로 사용되며 특정 직무에 대해 어느 정도의 보상을 해 주어야 할지를 결정하는 데 활용

03

| 정답 | ②

| 해설 | 상동적 태도, 현혹효과는 인사평가상의 오류다.

직무분석 방법

면접법, 관찰법, 질문지법, 작업기록법, 중요사건기록법, 실제 수행법, 샘플링법

04

| 정답 | ①

| 해설 | 직무분석의 절차는 배경정보의 수집－대표직위 선정－직무정보 획득－직무기술서 작성－직무명세서 작성 순이다.

05

| 정답 | ①

| 해설 | 관찰법(Observation Method)은 훈련된 직무분석자가 직무수행자를 직접 · 집중적으로 관찰함으로써 정보를 수집하는 것이다. 직무가 다른 직무담당자 혹은 다른 상황, 시간 흐름에 따라 현저하게 바뀌지 않는 것을 전제로 하기 때문에 표준화된 업무에 적절하다. 즉, 정신적인 작업과 집중을 요하는 작업보다는 생산직이나 기능직에 더욱 적절하다.

06

| 정답 | ④

| 해설 | 직무분석의 방법 중 체험법에 대한 설명이다.

07

| 정답 | ②

| 해설 | 요소비교법은 직무평가의 방법 중 하나로, 기준 직무에 다른 직무를 비교하는 것이며 내용이 복잡하여 시간이 많이 소요된다.

08

| 정답 | ②

| 해설 | 관찰법(Observation Method)은 직무분석자가 특정 직무가 수행되고 있는 것을 직접 관찰하고 내용을 기록하는 것이다. 관찰법은 정신적인 활동에 대한 관찰이 불가능하고 직무의 순환과정이 긴 경우에는 적용하기 곤란하며 직무수행자의 작업에 방해가 될 수도 있고 직무수행자가 관찰을 인지할 경우 직무수행의 왜곡현상이 나타날 수 있다는 단점이 있다.

| 오답풀이 |

① 면접법 : 직무분석자가 직무담당자와 면접을 통하여 직무를 분석하는 방법

③ 질문지법 : 질문지를 통하여 직무담당자가 기록하도록 하여 정보를 얻는 방법

④ 경험법 : 직무분석자가 직접 체험에 의해서 직무에 관한 정보를 얻는 방법

09

| 정답 | ④

| 해설 | ① 인사평가에 대한 설명이다.

②, ③ 직무기술서는 직무내용과 직무요건에 동일한 비중을 둔다.

직무기술서(Job Description)

1. 직무내용과 직무요건에 동일한 비중을 둔다.
2. 직무분석의 결과를 일정 서식으로 정리하고 기록한 문서다.
3. 직무의 능률화와 인적자원의 모집 및 배치의 정확화를 위해 작

10

| 정답 | ④

| 해설 | 직무수행에 필요한 인적 특성을 자세히 적어 두는 것은 직무명세서다.

직무기술서와 직무명세서

1. 정의 : 직무분석의 결과는 직무기술서와 직무명세서로 나타난다. 직무분석은 직무기술서와 직무명세서의 기초가 된다.
2. 특징

구분	내용
직무 기술서	• 직무분석의 결과에 의거하여 직무수행과 관련된 과업 및 직무행동을 일정한 양식에 기술한 문서 • 내용 : 직무명칭, 직무활동과 절차 및 수행과업, 작업조건, 사회적 환경, 고용조건 및 작업시간, 공식 조직에서의 직무 위치 등
직무 명세서	• 직무분석의 결과에 의거하여 직무수행에 필요한 종업원의 행동, 기능, 능력, 지식 등을 일정한 양식에 기록한 문서 • 직무의 인적 요건에 중심을 두고 있기 때문에 직무기술서의 과업기술에서 인적 요건을 이끌어 내는 것이 보다 유용하다고 할 수 있음. • 물적 환경, 과업과 책임, 고용조건 등에 대하여 기술하는 것이 아니라 직무수행에 필요한 인적 특성을 결정하는 것

11

| 정답 | ④

| 해설 | 직무기술서는 직무의 성격, 내용, 이행 방법 등과 직무의 능률적인 수행을 위하여 직무에서 기대되는 결과 등을 간략하게 정리해 놓은 문서로, 과업중심적인 직무 분석에 의해 얻어지고 과업요건에 초점을 맞추고 있다.

| 오답풀이 |

①, ②, ③ 직무명세서에 대한 설명이다. 직무분석의 결과를 정리할 때 인적 특성을 중심으로 기록되는 문서로, 인적 요건에 초점을 맞추고 있다.

12

| 정답 | ①

| 해설 | 직무기술서에 대한 내용으로, 수행되어야 할 과업에 초점을 두며 직무를 수행하거나 감독하게 될 사람의 직무분석 결과를 토대로 직무수행과 관련된 각종 과업 및 직무행동 등을 일정한 양식에 따라 기술한 문서다.

| 오답풀이 |

②, ③, ④ 직무명세서에 대한 내용으로 직무 요건인 인적 요건에 큰 비중을 두고 있으며 고용이나 훈련, 승진 등에 기초자료가 된다.

13

| 정답 | ①

| 해설 | 직무명세서는 직무기술서의 내용을 기초로 한 것으로 인적 요건에 중점을 두고 정리한 문서다.

| 오답풀이 |

②, ④ 인적 요건에 중점을 두고 있는 직무명세서에 대한 내용으로 직무분석의 결과를 기초로 직무수행에 필요한 종업원의 인적 요건에 관한 정보를 구체적으로 기록해 놓은 문서다.

③ 직무기술서의 직무분석 결과를 기반으로 직무수행에 필요한 요건 중 인적 요건에 더 큰 비중을 둔다.

14

| 정답 | ③

| 해설 | 직무명세서는 인적 특성을 중심으로 기록되는 문서다. 직무기술서의 내용을 토대로 하여 그 직무의 수행에 적절한 인적 특성을 도출할 수도 있다. 직무를 원활하게 수행하기 위해서 필요한 종업원의 행동, 기능, 능력, 지식 등을 일정한 형식에 맞게 기술하고 표기해야 한다.

| 오답풀이 |

①, ②, ④ 직무기술서에 포함되는 내용들이다.

15

| 정답 | ①

| 해설 | 직무평가는 직무의 중요성, 곤란도, 위험도 등을 평가한 것을 바탕으로 타 직무와 비교해 상대적 가치를 정하는 방법이다. 요소에는 숙련, 노력, 책임, 작업 조건이 있다.

구분	내용
서열법	• 가장 오래되고 간단한 직무평가 방법 • 전체적 · 포괄적 관점에서 각각의 직무를 상호 교차하여 그 순위를 결정
분류법	• 어떠한 기준으로 사전에 만들어 놓은 등급에 맞추어 넣는 평가방법 • 직무 수가 많으면 등급 분류가 곤람함.
점수법	• 직무를 여러 평가요소로 구분하여 각 요소별로 그 중요도에 따라 점수를 준 후 평가하는 방법 • 평가 척도의 구분이 어려움.
요소 비교법	기준직무를 미리 정해 놓고 각 직무의 평가요소와 기준직무의 평가요소를 비교, 분석하는 평가방법

16

| 정답 | ②

| 해설 | 직무분석의 방법에는 면접법, 질문지법, 관찰법, 체험법(경험법), 중요사건기록법, 임상적 방법, 혼합병용법 등이 있으며 직무평가의 방법에는 서열법, 분류법, 요소비교법, 점수법 등이 있다.

17

| 정답 | ④

| 해설 | 기준직무를 미리 정해 놓고 각 직무의 평가요소와 기준직무의 평가요소를 비교, 분석하는 것은 요소비교법에 대한 설명이다.

요소비교법의 특징

1. 점수법의 단점을 보완하기 위해 만들어진 직무평가방법이다.
2. 기능직, 사무직 등 상이한 직무에서도 적용 가능하며 직무의 수가 많은 경우에는 복잡하며 시간과 비용이 많이 소요된다.

18

| 정답 | ②

| 해설 | 요소비교법은 기준 직무에 다른 직무를 비교하는 것으로 내용이 복잡하여 시간이 많이 소요되는 것이 단점이다.

| 오답풀이 |

①, ④ 서열법에 대한 단점으로 등급의 일정기준이 없고 또한 직무의 수가 많으면 적용에 문제가 따른다.

③ 점수법의 단점에 대한 내용으로 평가요소별 가중치 결정에 어려움이 있다.

19

| 정답 | ④

| 해설 | 직무평가 방법 중 비량적 방법에는 서열법, 분류법이 있고 양적 방법에는 점수법, 요소비교법이 있다.

20

| 정답 | ③

| 해설 | ①, ②, ④는 양적 방법에 대한 설명이다. 비량적 방법은 비용이 저렴하고 탄력적이므로 중소기업의 직무를 평가하는 데 많이 사용된다.

21

| 정답 | ④

| 해설 | 분류법은 직무평가의 한 방법으로, 평가하고자 하는 직위의 직무를 미리 작성한 등급으로 하나하나 결정해 나가는 방법이다. 등급 수를 몇 단계로 구분할 것인가는 직무의 복잡성과 책임, 직무 수행에 필요한 지식과 기술, 감독의 책임, 의사결정의 자율성, 직무의 중요성 등에 따라 결정된다. 적은 비용이 들고 이해하기가 쉽지만 복잡하면 적용하기가 힘들고 분류기준을 세우는 것이 쉽지 않다.

| 오답풀이 |

① 서열법에 대한 내용으로 각각의 직무를 상호교차하여 그 순위를 결정한다.

② 점수법에 대한 내용으로 평가요소별로 점수를 배정하고 평가하는 방법이다.

③ 요소비교법에 대한 내용으로 각 직무의 평가요소를 기준직무의 평가요소와 비교한다.

22

| 정답 | ②

| 해설 | 직무평가 방법의 종류로는 서열법, 분류법, 점수법 그리고 요소비교법이 있다.

직무평가 방법의 종류

구분	내용
서열법	• 각 요소를 기준으로 순위를 정함. • 편하게 순위를 매길 수는 있지만 직무의 수가 많으면 힘듦.
분류법	• 어떤 기준에 따라 사전에 만들어 놓은 여러 등급에 각 직무를 적절히 판정하여 맞추어 넣는 방법 • 복잡하면 적용이 힘들지만 적은 비용으로 할 수 있음.
점수법	• 중요도에 점수를 준 후 평가 • 평가요소별 가중치를 정하는 것이 힘듦.
요소 비교법	• 기준 직무에 다른 직무를 비교 • 내용이 복잡하고 시간이 많이 걸림.

23

| 정답 | ①

| 해설 | 서열법은 비량적 방법에 속하는 직무평가 방법이다.

양적 방법

1. 양적 방법에는 점수법과 요소비교법이 있다.
2. 양적으로 계측하고 분석적 판단에 의해서 평가하는 방법이다.

24

| 정답 | ④

| 해설 | ① 직무분석 중 질문지법에 대한 설명이다.

② 직무분석 중 중요사건기록법에 대한 설명이다.
③ 직무분석 중 관찰법에 대한 설명이다.

25

| 정답 | ②

| 해설 | 직무특성은 수행자의 성장욕구 수준에 부합될 때 긍정적인 동기유발효과를 초래한다는 동기부여 이론으로 직무설계를 할 때 작업자의 성장욕구를 고려해야 한다.

26

| 정답 | ②

| 해설 | 직무특성이론은 다음과 같은 특징이 있다.

1. 직무특성이 수행자의 성장욕구 수준에 부합될 때 긍정적인 동기유발 효과를 초래하게 된다는 동기부여이론이다.
2. 개인차를 고려하여 직무특성과 심리 상태, 심리 상태와 성과 간의 관계를 조절하는 변인으로 작용한다고 제시하였다.
3. 잠재적 동기지수
   ㉠ 기술다양성 : 다양성이 높은 곳에서 직무자는 의미감을 느낀다.
   ㉡ 직무정체성 : 정체성이 높은 직무에서 직무자는 의미감을 느낀다.
   ㉢ 직무중요성 : 중요성이 높은 직무에서 직무자는 의미감을 느낀다.
   ㉣ 자율성 : 자율성이 높은 직무에서 직무자는 업무에 대한 책임감을 느낀다.
   ㉤ 피드백 : 피드백이 높은 직무에서 직무자는 수행결과에 대한 지식을 얻는다.

27

| 정답 | ①

| 해설 | 직무충실화 이론을 발전시킨 것이 직무특성이론이다.

직무충실화

내용	• 종업원의 직무를 수직적으로 확대함으로써 그 내용을 보다 풍부하게 하는 것 • 자유재량권과 책임의 부과를 통하여 수행자의 창의력을 개발하고 능력 신장을 기대
문제점	• 개개인의 능력이나 적성을 고려하지 않은 일률적인 적용 • 권한의 증대 및 업무량의 증대로 인한 종업원의 부작용 • 직무충실이론만으로 효과가 일어난 것인지에 대한 측정의 어려움 등

28

| 정답 | ④

| 해설 | ① 직무설계는 조직목표 달성과 동시에 개인의 만족감을 부여하고자 한다.

② 직무확대란 직무의 다양성을 증대시키기 위해 직무를 수평적으로 확대시키는 방안을 말한다. 직무확대를 통한 직무 설계에서는 직무수행에 요구되는 기술과 과업의 수를 증가시킴으로써 작업의 단조로움과 지루함을 극복하여 높은 수준의 직무 만족을 기대한다.

③ 유연시간근무제로 인하여 근무 중 생산성이 증가할 수 있다.

29

| 정답 | ④

| 해설 | 직무충실화는 위생요인을 아무리 개선해도 종업원의 욕구는 충족되지 못하기 때문에 장기적인 의욕을 갖도록 하기 위해서는 동기요인을 충족시켜야 한다고 주장한다.

직무충실화

직무 그 자체가 성취감과 안정감 및 책임감, 발전 및 성장에 대한 기회를 제공해서 일상적인 업무에 중요한 의미를 부여하는 것이다. 그 결과 동기부여를 증진시켜서 만족감과 업무성과가 향상된다.

1. 동기요인 : 인간의 욕구 가운데 조직구성원에게 만족을 주고 동기를 유발하는 작용을 하는 요인으로 만족요인이라고도 하며 성취, 인정, 직무, 책임, 승진 등이 있다.
2. 위생요인 : 불만감이 발생할 때 이를 예방하는 요인으로 급여, 복리후생, 상호 관계, 작업 조건 등이 있다.
3. 위생요인을 아무리 개선해도 종업원의 욕구는 충족되지 못하므로 장기적으로 작업에 대한 의욕을 갖도록 하기 위해서는 동기유발에 충실해야 한다는 이론이다.

30

| 정답 | ②

| 해설 | 과업의 수를 증가시킴으로써 단조로움과 지루함을 줄일 수 있는 것은 직무확대에 대한 설명이며 직무충실화는 직무설계의 현대적 접근방법이다.

31

| 정답 | ③

| 해설 | 직무충실화는 허즈버그의 2요인이론에 바탕을 두고 있다.

32

| 정답 | ③

| 해설 | 직무평가는 직무 자체의 가치를 판단하는 데 비하여 인사고과는 직무상의 인간을 평가한다.

33

| 정답 | ③

| 해설 | 현대적 인사고과의 특징 중 하나로 경력중심적인 능력개발과 육성, 객관적 성과, 능력 중심 등이 있다.

| 오답풀이 |

①, ②, ④ 전통적 인사고과의 특징으로 평가자 중심의 인사고과가 있다. 또 구체적인 기준이 있는 것이 아니라 추상적인 기준으로 평가하기 때문에 주관적

34

| 정답 | ④

| 해설 | 평정척도법은 가장 오래되고 일반화된 인사고과 방법으로, 작성하기가 비교적 용이하다는 장점을 가지고 있다.

| 오답풀이 |

① 평정척도법은 사전에 마련된 척도를 근거로 하여 종업원을 체크하는 것으로 점수를 주어 척도상의 우열을 표시한다.

③ 평가요소의 선정과 평가가 비교적 어렵다는 단점이 있으며 고과오류 발생 개연성이 높은 편에 속한다.

평정척도법의 장단점

장점	단점
• 작성하기가 비교적 용이하고 사용하기 편하기 때문에 수량화할 수 있어서 비교가 가능 • 다양한 범위의 행동 연구에 적용될 수 있고 짧은 시간 내에 실시가 가능 • 다른 연구의 보조도구로 사용할 수 있음.	• 행동의 수준만을 기록하게 되기 때문에 행동의 원인 및 전후 사정의 설명의 어려움. • 평정자의 개인적 편견이나 오류의 개입 가능성을 배제하기 어려움.

35

| 정답 | ④

| 해설 | 강제할당법은 사전에 미리 정해 놓은 비율에 맞추어 피고과자를 강제로 할당하는 것으로 중심화 경향, 관대화 경향, 가혹화 경향의 오류를 제거할 수 있다.

36

| 정답 | ③

| 해설 | 인적평정센터법은 중간관리층을 최고경영층으로 승진시키기 위한 목적을 가진 것으로 다른 고과방법에 비해 가장 많은 비용과 시간이 소비된다는 단점이 있다.

37

| 정답 | ④

| 해설 | 행위기준고과법은 주관적인 개인특질에 기초를 두고 있는 전통적인 인사고과 시스템의 취약점을 보완하기 위해 개발된 기법이다. 행위기준에 의한 인사고과법이기 때문에 관찰가능한 행동이 기준이 되어야 하고 피평가자 공개와 종업원과 원활한 의사소통의 기회가 있어야 한다.

38

| 정답 | ①

| 해설 | 현대적 인사고과는 능력과 피평가자 참여의 고과다.

39

| 정답 | ①

| 해설 | 행위기준고과법은 현대적 인사고과 중 하나이며 종류로는 행위기준고과법, 자기고과법, 중요사건서술법, 서술법 등이 있다.

인사고과의 종류

1. 전통적 인사고과 : 서열법, 강제할당법, 대조표법, 성과기준고과법, 표준인물비교법 등
2. 현대적 인사고과 : 행위기준고과법, 자기고과법, 중요사건서술법, 서술법 등

40

| 정답 | ③

| 해설 | 피고과자의 업적과 능력을 평가요소별 연속척도 및 비연속척도에 의해 평가하는 것을 평정척도법이라 하며 이것은 전형적인 인사고과다.

41

| 정답 | ④

| 해설 | 중요사건서술법은 기업목표달성의 성패에 영향이 큰 중요사실을 중점적으로 기록하는 서술법이다. 피평가자에게 피드백이 가능하기 때문에 개발목적에 유용하며 피평가자가 직무태도와 업무수행능력을 개선할 수 있도록 유도하는 방법이다.

42

| 정답 | ②

| 해설 | ① 자유서술법은 인사고과방법 중 하나다.

③ 자기평가를 자유롭게 기술하는 것으로 평가내용의 차이가 클수록 주관적이라는 증거다.

④ 서열법에 대한 설명으로 직무수행의 업적과 능력에 따라 순서대로 서열을 매긴다.

43

| 정답 | ②

| 해설 | 행위기준고과법은 복잡성과 정교함이 요구되기 때문에 소규모 기업에서는 적용하기가 어렵다.

행위기준고과법

1. 장점
   - ㉠ 직무성과에 초점을 맞추기 때문에 타당성이 높다.
   - ㉡ 피평가자의 구체적인 행동양식을 평가척도로 제시하여 신뢰성이 높다.
2. 단점
   - ㉠ 방법의 개발에 있어 시간과 비용이 많이 소요된다.
   - ㉡ 복잡성과 정교함으로 인하여 소규모 기업에서는 적용하기가 어려워 실용성이 낮은 편이다.

44

| 정답 | ④

| 해설 | 평정척도법으로 인사고과 중 가장 오래되고 널리 사용되는 방법이다.

| 오답풀이 |

① 중요사건서술법은 종업원의 구체적인 행위를 기록·관찰하였다가 그 기록을 근거로 평가하는 방법이다.

② 강제할당법은 전체를 몇 가지 등급으로 나누고 각 등급의 종업원을 정규분포에 가깝도록 할당하는 방법이다.

③ 목표관리법은 해당 종업원이 상사와 협의하여 작업목표량을 결정하고 이에 대한 성과를 부하와 상사가 같이 측정하고 평가하는 방법이다.

45

| 정답 | ③

| 해설 | 성과기준고과법은 전통적 인사고과방법이다.

📄 전통적 인사고과, 현대적 인사고과

1. 인사고과의 활용 : 크게 두 가지로 구분하는데, 하나는 처우 면이고 다른 하나는 육성 면에서의 활용이다. 현대적 인사고과는 능력개발과 교육훈련, 배치전환 등에 중점을 둔다.
2. 인사고과의 변천
   ㉠ 주관적, 경력 · 업적 중시 → 객관적, 능력 · 성과 · 의욕 중시
   ㉡ 직무중심적인 임금, 승진 관리 → 경력중심적인 능력 개발 및 육성
   ㉢ 평가자 중심의 고과 → 피고과자 참여의 고과
3. 현대적 인사고과의 방법 : 중요사건서술법, 행위기준고과법, 인사평정센터법 등이 있다.

46

| 정답 | ③

| 해설 | 가장 우수한 사람과 가장 우수하지 못한 사람을 뽑고 또 남은 사람 가운데서 가장 우수한 사람과 가장 못한 사람을 뽑는 것을 서열법 중 교대서열법이라 한다. 평가의 기준이 너무 단순해서 정확하고 공정한 과정 확보에 어려움을 겪는다.

47

| 정답 | ①

| 해설 | 강제할당법을 사용하면 중심화 경향, 관대화 경향, 가혹화 경향의 오류를 수정할 수 있다.

48

| 정답 | ②

| 해설 | 강제할당법은 미리 정해 놓은 비율에 맞추어 피고과자를 강제로 할당하는 것으로서 대상자가 적으면 그 적용이 어렵다.

📄 강제할당법

인사고과 방법으로서의 강제할당법은 미리 정해 놓은 비율에 맞추어 피고과자를 강제로 할당하는 것이다. 예를 들면, 수(10%), 우(20%), 미(40%), 양(20%), 가(10%)로 피평가자를 강제할당시키는 방법이다. 강제할당법은 평가자의 호의로 인해 정당한 평가가 방해받지 않도록 개발해 낸 방법이다.

📄 평정척도법

전형적인 인사고과 방법 중 하나로, 고과자로 하여금 종업원의 자질을 직무수행상 달성 정도에 따라 사전에 마련된 척도를 근거로 하여 체크할 수 있도록 하는 방법이다. 서열법보다는 개선된 방법이지만 조건과 환경의 변화에 따라 다른 결과물이 나올 수 있기 때문에 사전에 준비된 척도로 인사고과를 평가하는 것은 불합리하다는 문제점이 있다.

49

| 정답 | ③

| 해설 | ①, ②, ④ 상동적 태도에 대한 설명이다.

📄 관대화 경향

1. 평가자가 피평가자의 실제 능력이나 실적보다도 더 높게 평가하려는 경향을 말한다.
2. 관대화 경향이 나타나는 이유로 평가 결과가 나쁜 경우에 그 원인이 평가자의 통솔력 · 지도력 부족 등으로 오인됨에 대한 걱정이 있다.

50

| 정답 | ④

| 해설 | 투사의 오류라고도 하는데 피평가자를 평가할 때 자신의 감정이나 경향을 귀속 · 전가시키는 데서 초래하는 지각의 오류를 말한다.

51

| 정답 | ③

| 해설 | ① 지각적 방어에 대한 것으로 자신이 보고 싶지 않은 것을 외면해 버리는 오류다.

② 대비효과란 피평가자의 특성을 평가자 자신의 특성과 비교하는 오류다.

④ 현혹효과에 대한 설명으로, 한 부분에서 형성된 인상이 전혀 다른 분야의 평가에도 영향을 주는 오류이다.

52

| 정답 | ④

| 해설 | 귀인상의 오류란 우리가 다른 사람의 행동을 판단할 때, 그 행동의 원인을 찾아보려고 하는 경향을 말한다. 만약 어떤 사람이 자신의 성공은 능력이나 노력과 같은 내재적 요인으로 귀인하고 실패에 대해서는 운이나 다른 동료 탓이라고 귀인한다면 그것을 귀인의 이기적 편견이라고 한다.

53

| 정답 | ①

| 해설 | 평가가 평가 단계의 최상위나 최하위에 집중되는 오류를 극단화 오류라 한다.

54

| 정답 | ①

| 해설 | 어떤 대상이나 사람에 대한 일반적인 견해가 그 대상이나 사람의 구체적인 특성을 평가하는 데 영향을 미치는 현상이다.

| 오답풀이 |

② 중립화 경향 : 지나치게 부정적이거나 긍정적인 판단을 유보하고 중간 정도로 판단하는 것

③ 시간적 오류 : 평가 시점에서 가까운 시점에 발생한 사건에 대하여 높은 가중치를 두려고 하는 데서 생기는 오류

④ 관대화 경향 : 실제 업적이나 능력보다 높게 평가하는 경향

55

| 정답 | ①

| 해설 | 현혹효과(Halo Effect)는 한 분야에 있어서의 어떤 사람에 대한 호의적 또는 비호의적인 인상이 다른 분야에 있어서의 그 사람에 대한 평가에 영향을 주는 경향을 말하며 후광효과라고도 한다.

56

| 정답 | ④

| 해설 | 내부모집은 승진 기회를 제공함으로써 내부인들의 사기를 고양하고 자기개발을 유도할 수 있다.

| 오답풀이 |

①, ②, ③ 내부모집은 사내모집이라고도 하며 원래 있던 인력을 다시 평가하여 기회를 주는 것으로 지원자에 대한 정확한 평가가 가능하다는 장점을 가지고 있다.

57

| 정답 | ①

| 해설 | 평가자가 관련성이 없는 평가항목들 간에 높은 상관성을 인지하고 동일하게 평가하는 것은 상관편견이고, 선택적 지각은 외부 정보를 객관적으로 받아들이지 않고 자신의 기존 인지 체계와 일치하거나 자신에게 유리한 것을 선택하여 지각하는 것이다.

58

| 정답 | ③

| 해설 | 교육훈련비 등의 인재개발비용이 증가하는 것은 내부모집에서 볼 수 있는 부정적 효과다.

외부모집의 장단점

1. 장점 : 폭 넓은 모집 범위에 따라 높아진 인재 채용 가능성, 경력자 채용으로 인재개발 비용 절감, 새로운 정보와 지식의 도입 용이, 조직 분위기 쇄신 가능, 조직 홍보 효과
2. 단점 : 모집에 비용 및 시간 소요 증가, 내부인력의 승진 기회 축소, 내부 직원들의 사기 저하, 외부인력 채용으로 인한 리스크 발생, 경력자 채용으로 인건비 증가

59

| 정답 | ③

| 해설 | 내부에서 인력자원을 활용할 때의 장점으로 채용비용 절감의 효과가 있고 조직구성원에게 동기유발과 조직구성원들의 기능과 능력 등을 자세히 분석할 수 있는 계기를 준다는 것이 있다.

외부 노동시장의 장점

1. 새로운 정보와 많은 선택의 가능성이 생긴다.
2. 새로운 사람들의 조직 유입으로 인해서 조직 변화를 촉진할 수 있다.
3. 조직이 환경과 상호작용하는 것을 도와줌으로써 조직은 환경의 일부를 조직체계 안으로 끌어들여 불확실성을 줄일 수 있다.

60

| 정답 | ④

| 해설 | 집단면접은 피면접자가 한 명이 아니라 다수다.

면접의 종류

정형적 면접	직무명세서를 기초로 미리 정해 놓은 질문 목록의 내용을 질문하는 법
비정형적 면접	질문 목록 이외의 다양한 질문을 하는 방법
스트레스 면접	피면접자를 무시함으로써 피면접자를 평가하는 것으로 그 상황하에서 피면접자의 태도를 관찰하는 방법
집단 면접	특정문제에 관한 집단별 자유토론을 하게 하여 토론 과정에서 피면접자를 평가하는 방법

61

| 정답 | ③

| 해설 | 내부모집 방식에서는 모집단위가 제한되고 승진을 위한 과다경쟁이 생길 수 있다.

선발도구의 타당성

1. 선발하고자 하는 목표에 부합하는 인력을 선발하는 특성을 말한다.
2. 특정 선발도구가 평가목적을 얼마나 충족시키느냐에 관한 정확성의 정도다.

62

| 정답 | ④

| 해설 | OJT는 직장 내 교육 훈련으로 현장훈련이라고도 한다. 직장 상사나 선배가 교육하며 피훈련자가 직무를 수행하면서도 훈련 받을 수 있다.

OJT(On the Job Training)

내용	• 직장 내 교육훈련은 부여받은 직무를 수행하면서 직속상사와 선배사원이 담당하는 교육훈련 • 직장 내 교육훈련은 훈련과 생산이 직결되어 있어 경제적이고 강의장 이동이 필요치 않지만 작업수행에 지장을 받을 수 있음.
장점	• 훈련이 추상적이지 않고 실용적 • 훈련을 받으면서도 직무를 수행할 수 있는 것 • 고도의 기술·전문성을 요하는 직책의 훈련에 적합
단점	• 넓은 이해력을 증진시키는 데 부적합 • 훈련을 담당하는 상관이 무능하면 실효를 거두기 어려운 점

63

| 정답 | ③

| 해설 | Off JT에 대한 설명이다. OJT는 직장 내 교육훈련으로 훈련과 생산이 직결되어 있어 경제적이고 강의장 이동이 필요치 않지만 작업수행에 지장을 받는다.

64

| 정답 | ③

| 해설 | 훈련결과를 현장에 바로 쓸 수 없다는 것은 Off-JT에 대한 설명이다.

65

| 정답 | ③

| 해설 | ①, ②, ④ OJT에 관한 설명이다.

Off - JT

1. 방법 : 직장 외 교육이라고도 하는데 사내 및 사외 전문가를 초빙하여 직무현장이 아닌 교실에서 강의식으로 교육한다.
2. 장단점

장점	단점
• 전문가가 지도하기 때문에 훈련 효과가 높음. • 다수 종업원의 통일적 교육이 가능하며 계획적인 훈련이 가능 • 훈련에 전념할 수 있음.	• 작업시간의 감소 • 경제적 부담이 큼. • 훈련 결과를 현장에 바로 쓸 수 없음.

66

| 정답 | ②

| 해설 | 감독자 교육으로 종업원 교육인 노동교육, 도제훈련, 직업학교훈련과 성격이 이질적이다.

67

| 정답 | ①

| 해설 | ②, ③, ④ OJT에 관한 설명이다.

68

| 정답 | ①

| 해설 | 직능급을 도입할 경우 유능한 인재확보가 장점이며 단점으로는 능력개발에 너무 치중한 나머지 일상 업무에 소홀할 수 있다는 점이 있다.

69

| 정답 | ④

| 해설 | 초과근무시간은 기준 외 임금산정 시 고려되는 사항이며 기준 외 임금으로는 상여금, 퇴직금, 수당이 있다.

70

| 정답 | ②

| 해설 | 임금수준을 결정하는 요인으로는 기업의 지급능력, 생계비 수준, 노동 생산성, 같은 업종 타사의 임금수준 등이 있다.

71

| 정답 | ④

| 해설 | 기준임금체계의 분류로는 연공급(연령급, 근속급), 직무급, 직능급, 자격급이 있고 기준 외 임금체계 분류로는 상여금, 수당, 퇴직금이 있다.

72

| 정답 | ③

| 해설 | 조직이 적절한 임금수준을 유지할 때 임금의 외부적 공정성을 확보할 수 있다. 조직 구성원들이 납득할 만한 임금수준을 책정할 때 임금의 외부적 공정성을 확보할 수 있다. 따라서 공정성의 원칙을 지켜야 하는 것은 임금체계다.

73

| 정답 | ③

| 해설 | 성과급은 생산성을 높이려는 데 주된 목적이 있다.

74

| 정답 | ④

| 해설 | 단순시간급은 시간급제이지만 ①, ②, ③은 성과급제라 임금형태의 성격이 다르다.

성과급의 종류

1. 단순성과급 : 시간이나 성과의 질을 생각하지 않는 채 성과에 정비례하여 지급하는 방식
2. 차별성과급 : 일정한 표준량을 초과하면 높은 성과급률을 적용하는 방식
3. 할증성과급제 : 표준량까지는 기본시간급을 적용하고 초과하면 성과급률을 적용하는 방식

75

| 정답 | ③

| 해설 | 연공급은 근속연수, 학력 등의 요인들을 기준으로 임금을 결정한다.

연공급

개인의 속인적 요소(학력, 연령, 근속연수 등)에 의해 금액이 결정되는 항목이 높은 비중을 차지하고 있는 급여체계로, 종업원의 근속연수를 기준으로 임금을 차별화하는 제도다.

76

| 정답 | ④

| 해설 | 성과급제는 노동의 성과를 측정하여 임금으로 주는 형태이므로 생산량을 쉽게 측정할 수 있는 단순 반복적인 작업이나 대규모 기업에 적용하는 것이 더 알맞다.

77

| 정답 | ②

| 해설 | 연봉제는 사용자와 근로자가 계약에 의해 1년 단위로 봉급을 결정하는 제도이며 직무 성과의 정도에 따라서 임금 수준을 결정한다.

연봉제

1. 연봉전액이 단일 항목으로 구성되어 평가에 따라 1년의 지급총액이 매년 누적식으로 결정되는 시스템을 말한다. 우리나라에서 '연봉제로 전환한다'는 의미는 임금지급의 원칙을 기존의 근속기간 등을 기준으로 삼아 집단적으로 임금을 지급하던 방식(연공서열제)에서 성과에 따라 차별적으로 차등지급하는 방식으로 전환하는 것을 의미한다.
2. 연봉제의 효과
   ㉠ 능력과 실적에 따라 보상수준이 결정되므로 근로자가 의욕적으로 근무할 수 있도록 동기를 부여한다.
   ㉡ 우수인력의 채용이 용이하고 인력관리가 유연화된다.
   ㉢ 자기개발과 조직의 학습문화가 조성된다.
   ㉣ 임금관리가 합리적, 간소화, 유연화된다.

78

| 정답 | ①

| 해설 | 카페테리아 복리후생은 기업이 일방적으로 설계하여 운영하는 표준적 복리후생 프로그램이 아니라 종업원이 스스로 원하는 것을 선택하게 하는 것으로 예산의 합리적 배분, 자율적 조직분위기 조성, 동기부여에 효과적이다.

카페테리아 복리후생(Cafeteria Incentive)

1. 개념 : 선택적 복리후생제도로 자신에게 맞는 메뉴를 선택하는 새로운 복리후생제도다.
2. 종류

모듈형	기업이 몇 개의 복리후생항목을 프로그램화하면 그중에서 하나를 선택
선택적 지출계좌형	종업원 개인이 주어진 복리후생 예산범위 내에서 자유로이 선택
선택항목 추가형	필수적인 것 외에 추가 항목의 선택을 주는 것

79

| 정답 | ④

| 해설 | 복리후생의 종류로는 법정복리후생과 법정외복리후생으로 크게 구분된다. 건강보험, 실업급여, 연금보험 등은 법에 의해서 사회보장을 보호하는 것으로 법정복리후생에 포함된다. 경제적 복리후생은 법정외복리후생에 포함되며 교육비 지원이나 예금이나 융자 등의 금융제도를 뜻한다.

80

| 정답 | ②

| 해설 | 직무급은 직무의 난이도에 따라 보상이 결정되는 제도로, 성과의 크기를 기준으로 임금액을 결정하는 것은 성과급이다.

직무급의 특징

1. 직무의 난이도에 따라 임금 수준을 결정
2. 직무평가에 의해서 상대적 가치를 평가
3. 동일노동에 대해서는 동일임금이라는 사고방식에 의한 것이므로 직무가 변하지 않는 한 임금도 변하지 않는 것이 원칙이다.
4. 직무급은 연령, 근속 연수, 학력 등 속인적 요소에 의해 임금을 결정하는 속인급이 아니고 조직 구성원이 담당하는 직무를 객관적으로 분석, 평가하여 결정하는 임금이다.

81

| 정답 | ④

| 해설 | 노동조합은 단체교섭, 경영참가 등의 경제적 기능, 정부정책 및 법류개정 등에 영향력을 행사하는 정치적 기능, 노동능력의 일시적인 또는 영구적인 상실에 대비하여 기금을 조성하고 그 기금으로 서로 돕는 공제적 기능을 한다.

82

| 정답 | ②

| 해설 | 노동조합의 가입형태에서 노조의 지배력 정도는 클로즈드 숍>유니온 숍>메이티넌스 숍>프리퍼렌셜 숍>에이전시 숍>오픈 숍 순이다.

노동조합의 가입형태

1. 클로즈드 숍(closed shop) : 조합원이 아닌 자를 고용할 수 없으며, 또한 조합에서 탈퇴하는 경우에는 고용관계가 종료된다.

2. 유니온 숍(union shop) : 입사 후 일정 시간이 지나면 노조에 가입해야 하는 제도다.
3. 오픈 숍(open shop) : 우리나라의 대부분이 이 제도를 사용하고 있으며 노동조합의 가입여부는 노동자의 의사에 달려있다.

83

| 정답 | ④

| 해설 | 노동조합의 조합원만을 고용할 수 있는 제도로 조합원의 자격이 고용의 전제조건이다.

| 오답풀이 |

① 비조합원도 채용 가능하나 채용 후 일정기간 노동조합에 가입해야만 한다.

② 노동조합의 가입에 상관없이 채용할 수 있으며 우리나라 대부분이 이 제도를 채택하고 있다.

③ 노동조합의 가입여부와 상관없이 모든 종업원에게 회비를 징수한다.

84

| 정답 | ①

| 해설 | '조합원 자격유지 숍'이라고도 하며 노동조합의 가입 및 탈퇴가 자유로우나 일단 단체협약이 체결되면 그 효력이 지속되는 동안은 탈퇴할 수 없는 노동조합 형태다.

| 오답풀이 |

② 비조합원도 조합원과 동일한 조합비를 조합에 납부해야 한다.

③ 고용의 전제조건이 바로 조합원이다.

④ 조합원을 유리하게 대우하는 것으로 비조합원에게는 단체협약상의 혜택을 주지 않는다.

85

| 정답 | ②

| 해설 | ① 클로즈드 숍(closed shop)에 대한 설명으로 조합원의 자격이 고용의 전제조건이다.

③ 프레퍼렌셜 숍(preferential shop)에 대한 설명으로 우선 숍 제도라고도 하며 채용에 있어서 조합원에게 우선순위를 준다.

④ 에이전시 숍(agency shop)에 대한 설명으로 노동조합의 가입여부에 상관없이 모든 사람들에게 조합비를 공제하는 제도이다.

86

| 정답 | ④

| 해설 | 노동쟁의 조정방법 중 강제성을 띠는 것은 긴급조정, 중재이고 강제성이 없는 것은 조정과 알선이다.

노동쟁의 조정방법

1. 강제성을 띠는 것
   ㉠ 긴급 조정 : 쟁의행위가 국가나 국민에게 위험을 줄 수 있으면 노동부장관이 긴급조정을 할 수 있음.
   ㉡ 중재 : 당사자는 중재결과를 꼭 따라야 하며 중재결정이 위법일 경우 중앙노동위원회에 재심을 청구 또는 행정소송 제기 가능
2. 강제성이 없는 것
   ㉠ 조정 : 노동위원회의 조정위원회에서 담당하며 조정안 수락을 권고하는 것
   ㉡ 알선 : 분쟁당사자를 설득하여 관련 당사자 간 토론에 의해 쟁의 조정을 하는 것

87

| 정답 | ①

| 해설 | 태업은 표면적으로는 일을 하면서도 작업능률을 저하시켜 사용자에게 손해를 주는 쟁의행위다.

단체행동권 종류

구분	내용
파업	노동력을 생산수단과의 결합상태에서 분리시키고 사용자의 지휘·명령으로부터 완전히 벗어나는 형태의 노동행위
태업	• 표면적으로는 작업을 하면서 집단적으로 작업능률을 저하시켜 사용자에게 손해를 주는 쟁의행위 • 외관상으로는 작업을 하지만 실제로는 작업을 하지 않거나 고의적으로 완만한 작업 또는 조잡한 작업을 하는 것
사보타주	태업의 적극적인 형태로서 단순한 태업에 그치지 않고 의식적으로 생산설비 등을 손상하는 행위로 위법행위

준법 투쟁	• 안전규정 등을 필요 이상으로 준수하거나 평소와는 다른 양태의 권리행사를 하여 기업운영의 능률을 떨어뜨리는 행위 • 국민은 법을 준수해야 하므로 준법 자체를 목적으로 하는 것은 정당하나, 임금인상 등을 목적으로 법 규정의 형식적 준수를 주장하며 평소와 다른 노무제공을 하는 것은 태업에 해당
계약 파업	경영진과 노조가 새로운 계약조건에 동의할 수 없어 발생
불매 운동	• 소비자층이 특정 목적을 관철하기 위해 특정 상품의 구매를 거부하는 운동 • 노동조합의 불매운동은 불매동맹이라고도 하며, 조합원이나 일반 시민에게 직접 쟁의의 상대가 되어 있는 사용주나 그와 거래관계에 있는 제3자의 상품구매를 거부하도록 호소하는 행위

88

| 정답 | ①

| 해설 | 직장폐쇄는 사용자 측의 쟁의행위이며 「노동조합 및 노동관계조정법」은 사용자의 쟁의 수단으로 이를 인정하고 있다.

노동쟁의

1. 의미 : 노사 간 의견 불일치로 발생한 분쟁상태다.
2. 종류

노동조합의 쟁의행위	사용자 측의 쟁의행위
시위, 파업, 태업, 근로자 측의 보이콧, 직장점거, 작업방해 등	직장폐쇄, 사용자 측의 보이콧

89

| 정답 | ①

| 해설 | 파업에 대한 설명으로 파업은 근로자들이 단결하여 근로조건의 유지 · 개선이라는 목적을 달성하기 위하여 사용자에 대해서 집단적으로 노무의 제공을 거부할 것을 내용으로 하는 쟁의행위다.

90

| 정답 | ①

| 해설 | 소비자에게 인도되는 시점 이후에 발생하는 실패비용은 외부실패비용이라 한다. 품질비용은 제품 생산의 직접비용 이외에 불량 감소를 위한 품질관리와 활동비용을 기간 원가로 계산하여 관리하는 것을 말한다.

품질비용(Quality Of Cost)

1. 개념 : 제품 생산의 직접 비용 이외에 불량 감소를 위한 품질관리와 활동 비용을 기간 원가로 계산하여 관리하는 것을 말한다.
2. 품질비용의 종류

통제 비용	• 예방비용 : 재화나 서비스에 불량품질이 포함되는 것을 방지하기 위해 발생되는 비용 • 평가비용 : 재화나 서비스의 불량품을 제거하기 위한 검사비용
실패 비용	• 내부실패비용 : 소비자에게 인도되기 이전에 발생하는 비용으로 폐기물 등에서 발생하는 비용 • 외부실패비용 : 소비자에게 인도되는 시점 이후에 발생하는 비용으로 제품 출하 후에 발생하는 비용

91

| 정답 | ①

| 해설 | 적합도가 높다는 것은 그만큼 재화나 서비스에 불량품질이 없다는 뜻으로 예방비용과 평가비용은 증가하고 불량품질이 없기 때문에 실패비용은 줄어들게 된다.

92

| 정답 | ④

| 해설 | 공급자 위주의 품질관리는 종합적 품질 관리인 TQC에 대한 내용이다. TQC는 결과지향적이며 기업 이익 우선의 공정관리를 한다.

93

| 정답 | ④

| 해설 | 6시그마는 객관적인 통계를 가진 수치를 얻을 수 있으므로 서로 업종이 다르더라도 비교가 용이하다.

94

| 정답 | ①

| 해설 | P－관리도는 품질을 측정하는 수단만이 아니라 공정이 조정되어야 할 때를 가르쳐 준다.

95

| 정답 | ②

| 해설 | 생산자에게 품질향상 자극을 주고 싶을 때는 샘플링 검사를 실기한다.

전수 검사

1. 제품 하나하나를 모두 검사하는 방식을 말한다.
2. 불량품 출하 시 막대한 손실이 초래할 경우에는 전수 검사를 실시해야 한다.

샘플링 검사

1. 일부 제품을 표본 추출하여 검사하는 방식을 말한다.
2. 제품을 파괴하여 검사해야 할 경우 샘플링 검사를 한다.
3. 샘플링 검사의 경우 샘플링 오류를 어느 정도 생각할 수 있다.
4. 검사하는 제품의 수가 적으므로 개당 검사에 드는 비용을 줄이고 개당 검사 시간을 늘릴 수 있다.

96

| 정답 | ①

| 해설 | 서비스란 제품 판매를 위해 제공되거나 판매에 부수적으로 제공되는 행위, 편익, 만족으로 소비자가 요구하는 주관적 효용인 만족이나 편익을 제공하는 것을 말한다. 따라서 서비스 품질 투자는 재무적으로 측정될 수 있다.

97

| 정답 | ②

| 해설 | SERVQUAL은 기업이 제공하는 서비스를 기업의 입장에서 보는 것이 아니라 소비자의 입장에서 볼 때 얼마나 자체 품질기준에 부합되는지 측정하는 도구다.

SERVQUAL

1. 서비스품질에 대한 소비자평가는 '서비스행위에 대한 소비자의 기대'와 '실제 서비스에 대한 인식'을 비교하는 것에 기초하여 연구자들은 서비스품질에 대한 소비자의 판단기준을 대표하는 세부속성들을 파악하고 이에 대한 기대와 인식수준을 측정하는 척도를 개발하였다.
2. 서비스 품질 결정요소
   ㉠ 신뢰성 : 약속된 서비스를 믿을 수 있도록 정확하게 수행할 수 있는 능력
   ㉡ 응답성 : 기꺼이 고객들을 도와주고 신속한 서비스를 제공하는 능력
   ㉢ 확신성 : 고객을 잘 이해하고 개인화된 관심을 제공하는 능력
   ㉣ 유형성 : 물리적 시설, 장비, 직원들의 외모 등 물적 요소의 외형

98

| 정답 | ①

| 해설 | BPR(Business Process Reengineering) : 프로세스별로 기업의 업무를 고객만족의 관점에서 근본적으로 재설계하는 것을 말한다. 다양한 컴퓨터 정보시스템이 도입되면서 BPR이 매우 용이해졌으므로 작업 수행의 여러 단계들을 통합하고 단순화해 반복적이고 불필요한 과정들을 제거했다.

| 오답풀이 |

② TQM(Total Quality Management, 종합적 품질경영) : 장기적인 전략적 품질 관리를 하기 위한 관리원칙으로 조직구성원의 광범위한 참여하에 조직의 과정 · 절차를 지속적으로 개선한다. 총체적 품질관리를 뜻하는 말로 고객만족을 서비스 품질의 제1차적 목표로 삼는다.

③ ABC(Activity Based Costing) : '활동기준 원가계산'을 이르는 말이다. 부가가치 생산에 중점을 둔 원가계산법으로, 원가관리의 초점을 원가(Cost)에 두기보다 활동(Activity)에 두고 활동별로 원가를 발생시키는 주된 요인, 곧 원가동인(Cost Driver, Activity Driver)을 확인하고 원가동인을 기준으로 원가를 배부하고 측정하는 원가계산기법이다.

④ ERP(Enterprise Resource Planning) : 전사적 자원관리로 구매, 생산, 물류, 회계 등의 업무 기능 전체의 최적화를 도모하고 경영의 효율화 추구를 위한 관리방안이다. 좁은 의미로는 ERP 개념을 실현하기 위한 '통합형 업무 패키지 소프트웨어' 자체를 말하기도 한다.

99

| 정답 | ③

| 해설 | 변화관리를 먼저 수행한 후 BPR, 미래의 업무과정의 순서로 수행한다.

ERP

뜻	• Enterprise Resource Planning의 약자로 흔히 '전사적 자원관리'라고 함. • 자재관리(MRP ; Material Requirement Planning)에서 시작하여 생산자원계획(MRP II)으로의 발전을 거쳐 현재의 정보시스템으로 확정된 개념
특징	• 기업 전체를 경영자원의 효과적 이용이라는 관점에서 구매, 생산관리, 물류, 회계 등 기업 활동 전반에 걸친 업무를 통합하여 경영의 효율화를 기하기 위한 수단 • 업무와 자료의 표준화에 의해서 정보의 일관성을 유지할 수 있고 중복을 피할 수 있음.

100

| 정답 | ②

| 해설 | BPR에 대한 설명이다.

BPR(Business Process Reengineering)

1. 정의 : 비용, 품질, 서비스, 업무처리 속도와 같은 핵심적 성과에서 극적인 향상을 이루기 위해 기업업무 프로세스를 기본적으로 다시 생각하고 근본적으로 재설계하는 것이다.
2. 성공적인 리엔지니어링을 위한 조건
   ㉠ 새로운 설계를 종합적으로 시범 실시
   ㉡ 진취적인 리엔지니어링 수행목표를 설정
   ㉢ 수행책임을 맡을 고위 관리자를 추가로 선정
   ㉣ 고객의 요구, 경제지표, 시장동향에 관한 종합적인 재검토 수행

101

| 정답 | ①

| 해설 | 모듈러생산은 가장 최소 종류의 부품으로 최대 종류의 제품을 생산하는 방식이다.

102

| 정답 | ④

| 해설 | 시간연구법은 정상시간 및 표준시간을 결정하는 방법이다. 작업변경이 작은 경우에 알맞은 작업측정법으로 반복적이고 연속적인 현장 작업에 적합하다.

103

| 정답 | ③

| 해설 | 인터넷에서 구현되는 것으로 e-SCM이 따로 있다.

SCM(Supply Chain Management)

공급사슬관리라고 하며 제품, 정보, 재정의 흐름에 관한 내용이다. SCM은 제조, 물류, 유통업체 등 유통공급망에 참여하는 전 기업들이 협력을 바탕으로 양질의 상품 및 서비스를 소비자에게 전달하고 소비자는 극대의 만족과 효용을 얻는 것을 목적으로 한다.

104

| 정답 | ④

| 해설 | EOQ는 연간 발주비와 연간 재고유지비의 합을 최소로 하는 주문량의 크기를 정하는 것이다.

| 오답풀이 |

①, ②, ③ 경제적 주문량 공식

$$EOQ=\sqrt{\frac{2\times \text{연간수요}\times 1\text{회 주문비용}}{\text{단위당 재고유지비용}}}$$

위 공식을 보면 연간수요와 1회 주문비용은 서로 정비례관계로 같이 증가 또는 감소하는 것을 알 수 있다. 또한 단위당 재고유지비용은 연간수요와 1회 주문비용과 서로 반비례관계다.

105

| 정답 | ③

| 해설 | ABC 관리방법은 기업이 관리하고자 하는 상품의 수가 많아 모든 품목을 동일하게 관리하기가 어려울 때 이용하는 방법으로 먼저 어떤 기준으로 품목을 그룹화하고 그 그룹에 대해 집중 관리한다. 재고관리나 자재관리뿐만 아니라 원가관리, 품질관리에도 이용할 수 있다.

106

| 정답 | ①

| 해설 | 조달기간이 짧아지면 그만큼 수요가 많고 재고의 확보에 어려움이 있을 수 있으므로 안전재고의 수준은 낮아진다.

📄 안전재고(Safety Inventory)

1. 일반적으로 수요와 공급의 변동에 따른 불균형을 방지하기 위해 유지하는 계획된 재고 수량으로 재고가 필요한 시기보다 빨리 주문하면 안전재고를 가질 수 있다.
2. 수요의 변동이 심하면 안전재고를 더 많이 보유해야 한다.

107

| 정답 | ④

| 해설 | 상품을 지속적으로 재발주하는 데 있어서는 매장과 배송창고에 보관되어 있는 적정 재고량의 결정이 가장 중요한 의사결정사항이며 이는 수요변동, 상품회전율, 재고비용 등을 충분히 고려해야 한다.

108

| 정답 | ④

| 해설 | 지나치게 빠른 재고 회전율은 바람직하지 않을 수 있다. 회전율을 높이기 위해 카테고리 수와 단품의 수를 줄이면 오히려 매출량이 하락할 수 있어 매입 및 주문처리시간이 증대하여 운영비용이 증대하고, 상품을 소량으로 자주 구입하는 경우 구매 비용이 증대되기 때문이다.

109

| 정답 | ④

| 해설 | 연속생산공정은 과업의 형태가 반복적이다.

📄 연속생산공정

- 제품별 배치
- 매우 표준화되어 있음.
- 소품종 대량생산
- 짧은 거리와 낮은 운반비
- 고정비는 높고 변동비는 낮음.
- 생산원가는 낮음(효율성은 높음).
- 유연성은 매우 떨어짐.
- 단순작업이 많은 반복적 비숙련공

110

| 정답 | ②

| 해설 | JIT(Just In Time) : 생산시스템 또는 적시생산시스템이라 하며 모든 생산과정에서 필요한 때, 필요한 것만을 필요한 만큼만 생산함으로써 생산시간을 단축하고 재고를 최소화하여 낭비를 없애는 시스템을 말한다. 이로써 불필요한 재고를 줄이고 생산계획과 통제과정 단순화로 생산시스템의 신축성 확대, 품질개선, 원가절감 및 생산성 향상을 기대할 수 있다. 주로 다품종 소량생산에 적합한 생산방식이다.

| 오답풀이 |

① ABC 분류시스템 : 재고품목을 누적 매출액과 누적 품목수를 기준으로 3개의 그룹으로 나누어 관리하는 방식을 말한다.

③ EOQ(경제적 주문량) : 단위 기간당 발생하는 총 재고유지비용과 총 주문량을 최소화하는 주문량을 의미한다.

④ MRP(자재소요계획) : 제조기업에서 원자재와 부품의 수급계획에 쓰일 수 있는 시스템이다.

111

| 정답 | ①

| 해설 | 생산준비시간이 단축되고 생산작업의 관리가 수월하다.

📄 집단관리기법(GT) 특징

1. 생산준비시간이 단축되고 생산작업의 관리가 수월하다.
2. 다양한 수요를 충족시키면서 경제성을 달성하려는 것이다.
3. 소규모 생산의 경우라도 대량생산에서와 같은 작업과정과 생산비의 혜택이 가능하여 원가가 절감된다.
4. 이 기법의 활용도를 높이기 위해서는 제품을 설계할 때 각 부품의 유사성을 가급적 높게 하는 것이 비결이다.
5. 집단관리기법은 다품종 소량생산의 효율을 높이기 위하여 생산과정에서 부품상태의 유사성에 의해 생산물을 분류하여 최적의 공작기계를 할당하는 생산기술이다.

112

| 정답 | ③

| 해설 | 안정적 생산을 위한 긴 준비시간을 확보하는 것은 포드시스템(Ford System)이다.

JIT(Just In Time)

- 생산성을 위한 짧은 준비 시간
- 소수의 협력적 공급업자
- 낭비적인 요소를 제거하려는 생산관리 시스템으로 재고의 극소화
- 팀 중심적인 노동력
- 통제중심적이며 시각적 통제를 강조

113

| 정답 | ②

| 해설 | JIT(적기공급생산) : 적기공급생산은 혼류생산방식으로 변화에 대응하는 유연성을 추구하며 결과적으로 대폭적인 리드타임 단축, 납기준수, 재고감소, 생산성향상, 불량감소를 가능하게 한다.

| 오답풀이 |

① CIM(컴퓨터 통합 생산 시스템) : 생산－판매－기술의 3분야를 통합한 것으로, 주문을 받는 단계에서부터 생산품을 시장으로 내보내는 단계까지 공정 시스템을 컴퓨터로 종합 처리하여 시간을 단축하고 다품종 소량생산에 대응하는 자동화 생산 시스템이다.

③ FMS(유연 생산 시스템) : 유연 생산 시스템은 생산성을 감소시키지 않으면서 여러 종류의 제품을 가공처리할 수 있는 유연성이 큰 자동화 생산 라인을 말한다. 구체적으로는 머시닝 센터, 로봇, 자동 창고, 무인 운송기, 제어용 컴퓨터 등으로 구성되는 자동 조립 가공 라인을 가리킨다.

④ CAD(컴퓨터지원설계) : 공장자동화를 이루기 위한 기술 중 하나다.

114

| 정답 | ②

| 해설 | EOQ(경제적 주문량, Economic Order Quantity) 모형은 많은 기본과정과 계산의 복잡성 때문에 적용하기 어렵다.

115

| 정답 | ②

| 해설 | 균형성과표란 조직의 비전과 경영목표를 각 사업부문과 개인의 성과측정지표로 전환해 전략적 실행을 최적화하는 경영관리기법이다. 하버드 비즈니스 스쿨의 로버트 카플란 교수와 경영 컨설턴트인 데이비드 노튼이 공동으로 개발하여 1992년에 최초로 제시했다. 재무, 고객, 내부 프로세스, 학습·성장 등 네 분야에 대해 측정 지표를 선정해 평가한 뒤 각 지표별로 가중치를 적용해 산출한다.

116

| 정답 | ③

| 해설 | 다른 모든 조건이 동일하다면 수요의 불확실성이 높고 제품의 수명주기가 짧은 제품일수록 적기 공급보다 신속한 공급이 더 중요하게 강조되어야 한다.

공급사슬

1. 공급사슬은 원자재업자로부터 공장, 창고를 거쳐 소비자에게 최종 제품을 전달하는 것까지의 모든 활동을 말한다.
2. SCM은 협력업체(공급) → 제조공장(제조) → 물류센터(유통) → 유통업체(판매) → 소비자(고객)의 단계를 거치는 자재 및 제품의 흐름이다.
3. 원자재로부터 소비자까지의 각 과정상의 자재, 정보, 지불, 서비스 등의 흐름을 포함한다.

117

| 정답 | ①

| 해설 | 공급자로 갈수록 상류이고 소비자 쪽으로 갈수록 하류라고 한다.

118

| 정답 | ③

| 해설 | 정보기술은 정보화 시스템 구축에 필요한 유형·무형의 모든 기술과 수단을 아우르는 간접적 가치창출에 무게를 두는 기술이다. 공급자로부터 최종 소비자에게 상품이 도달되는 모든 과정을 의미하며 공급사슬관리라고 한다. 이는 제품, 정보, 재정의 흐름을 통합하고 관리하는 것을 말하며, 정보의 가시성을 증가시켰다.

119

| 정답 | ④

| 해설 | 고객지향, 종업원 참여, 지속적 개선을 중점적으로 강조하는 개념은 종합적 품질경영(TQM)이다.

120

| 정답 | ③

| 해설 | ① 생산과정 중에서 발견된 결함이 있는 제품을 폐기하거나 재작업하는 데 드는 비용을 내부실패비용이라고 한다.

② 외부실패비용은 소비자에게 제품이 인도된 이후에 발생하는 비용이다.

④ 고객에게 인도된 이후의 품질결함에 따른 비용은 고객의 불만에 따른 이탈과 기업신뢰도 하락과 같은 미래손실까지 모두 포함해서 본다.

품질불량비용

1. 통제비용
   - ㉠ 예방비용 : 재화나 서비스에 불량이 생기는 것을 미연에 없애기 위해서 사용되는 비용을 말한다.
   - ㉡ 평가비용 : 재화나 서비스에서 고객의 만족을 떨어뜨리는 원인을 제거하기 위해서 평가하는 데 드는 검사비용이다.
2. 실패비용
   - ㉠ 내부실패비용 : 소비자에게 인도되기 이전에 발생하는 비용으로 폐기물 등에서 발생하는 비용을 말한다.
   - ㉡ 외부실패비용 : 소비자에게 인도된 이후 품질결함에 따른 비용으로 제품 출하 후에 발생하는 비용이다.

파트 4 마케팅

기출예상문제 문제 310쪽

01	②	02	④	03	③	04	①	05	④
06	③	07	②	08	②	09	②	10	②
11	①	12	①	13	①	14	③	15	①
16	①	17	③	18	③	19	①	20	④
21	④	22	③	23	④	24	④	25	①
26	④	27	②	28	④	29	①	30	④
31	②	32	④	33	④	34	①	35	④
36	②	37	④	38	②	39	①	40	④
41	①	42	④	43	③	44	①	45	③
46	①	47	②	48	③	49	③	50	④
51	①	52	①	53	④	54	②	55	②
56	③	57	④	58	②	59	④	60	③
61	③	62	②	63	④	64	④	65	③
66	③	67	④	68	①	69	②	70	①
71	③	72	③	73	④	74	④	75	②
76	①	77	①	78	①	79	②	80	③
81	③	82	①	83	④	84	③	85	③
86	①	87	③	88	①	89	①	90	④
91	①	92	④	93	③	94	③	95	③
96	③	97	④	98	③	99	④	100	②
101	②	102	①	103	②	104	③	105	④
106	①	107	④	108	②	109	②	110	③
111	④	112	②						

01

| 정답 | ②

| 해설 | 진정한 고객만족을 이끌어 내기 위해서는 내부마케팅이 외부마케팅보다 앞서 이루어져야 한다.

| 오답풀이 |

① 내부마케팅이란 조직 내의 인적자원을 대상으로 한 마케팅 활동을 의미하고, 외부마케팅은 일반적으로 알고 있는 대중에 대한 마케팅 활동이다.

③ 고객생애가치란 소비자가 평생에 걸쳐 구매할 것으로 예상되는 이익 흐름에 대한 현재가치를 말하며 장기적인 관점에서 판매자가 수익성을 극대화하기 위해 사용하는 개념이다.

02

| 정답 | ④

| 해설 | 마케팅의 궁극적인 목표는 어떠한 제품을 어떻게 생산해서, 생산된 제품을 어떠한 조직과 방법으로, 얼마만큼의 비용을 들인 판매촉진이라는 수단을 통해 회사의 수익률을 올리는 데 있다. 즉 마케팅개념을 구성하는 4가지 중요한 요소인 고객지향성, 경쟁의 고려, 통합적 마케팅, 수익성과 연관 지어진다.

03

| 정답 | ③

| 해설 | 선행적 마케팅은 현대적 마케팅이라고 하며, 소비자 지향적 활동으로서 소비자 만족을 추구하고 소비자의 욕구를 확인하며 욕구를 충족시켜 줄 수 있는 제품을 생산하여 판매하는 형식이다.

| 오답풀이 |

①, ②, ④ 전통적 마케팅에 대한 내용으로 소비자 지향적 활동보다는 판매자 중심의 활동이며 소비자 욕구와는 상관없이 기업이 생산한 제품을 소비자로 하여금 강압적 · 고압적으로 구매하도록 하는 마케팅이다.

04

| 정답 | ①

| 해설 | 마케팅 관리 이념은 '생산 지향→제품(품질) 지향→판매 지향→마케팅 지향→사회적마케팅 지향'의 순서로 발전하였다.

마케팅 관리 이념의 변천

구분	생산개념	제품(품질)개념	판매개념
상황	• 생산능력 부족 • 구매력 취약	• 양적으로 충족된 상태 • 성능, 디자인, 특징, 내구성 등이 우수한 제품 선호	• 판매노력 부족 • 경쟁제품의 성능, 품질의 동질화
소비자 효익	• 저렴한 가격 • 충분한 제품 공급	고품질, 고성능, 다양한 제품 제공	• 다양한 판매촉지 • 광고, 홍보, 판촉 노력
강조점	• 생산, 유통의 효율을 높여 원가 절감 • 공급량을 늘림.	질적으로 우수한 제품 제공에 중점	• 제품 정보 제공 • 적극적 구매설득
예	Ford T model	GM	팔기 위한 상품

구분	마케팅개념	사회생태적 마케팅개념
상황	• 소비자 욕구충족을 위한 기업 이익 달성 • 소비자 요구조사의 필요성	• 소비자의 개념에서 생활자의 개념으로 전환 • 소비만족 이상의 쾌적한 사회문화 환경에서 삶의 질 추구
소비자 효익	고객이 원하고 만족할 수 있는 마케팅 믹스 개발	생활의 질적 향상에 공헌할 수 있는 방식으로 소비자의 욕구를 충족
강조점	• 팔 제품이 아니라 팔릴 수 있는 제품 제공 • 고객의 입장과 관점에서 사고하는 관리 활동	사회복지, 고객욕구, 기업이익을 동시에 달성할 수 있는 마케팅 활동 전개
예	오늘날의 경영철학으로 자리 잡음.	웰빙, 그린 마케팅, 환경친화 상품

05

| 정답 | ④

| 해설 | CRM이란 '신규고객 확보, 기존고객 유지 및 고객 수익성 증대를 위하여 지속적인 커뮤니케이션을 통해 고객 행동을 이해하고 영향을 주려고 하는 광범위한 접근'으로 정의하고 있다. 신규고객의 확보도 중요하지만 성장을 위한 기존고객과의 지속적인 관계 형성에 더욱 중요성을 둔다.

06

| 정답 | ③

| 해설 | CRM은 고객에 대한 매우 구체적인 정보를 바탕으로 개개인에게 적합하고 차별적인 제품 및 서비스를 제공하는 것이다. 이를 통해 고객과의 개인적인 관계를 지속적으로 유지하고 단골고객과 1 : 1 커뮤니케이션이 가능해진다. 따라서 고객은 CRM활동을 직접적으로 느낄 수 있게 된다.

07

| 정답 | ②

| 해설 | 애프터 마케팅(After Marketing) : 과거 또는 현재의 고객이 구매 이후에도 고객만족을 지속할 수 있도록 활동과 노력을 제공하는 과정이다. 애프터 마케팅은 고객이 제대로 된 제품을 구매했음을 확인시켜 주는 것이다.

| 오답풀이 |

① 내부 마케팅 : 외부적인 마케팅 전략을 펼치기 이전에 내부적으로 기업구성원과 기업 간에 적절한 마케팅 의사전달체계를 유지하는 기업 활동이다.

③ 감성 마케팅 : 제품의 기본적 편익이나 기능보다는 그 제품이 갖고 있는 상징, 메시지, 이미지를 중시하는 마케팅이다.

④ 후행적 마케팅 : 생산이 이루어진 후의 마케팅 활동이다(경로, 가격, 판촉).

08

| 정답 | ②

| 해설 | 공생적 마케팅은 새로운 마케팅 기회를 개발하기 위하여 동일한 유통경로단계에 있는 두 개 이상의 개별적인 자원과 프로그램을 결합하는 것으로 수평적 통합이라고도 한다. 이러한 수평적 마케팅 시스템은 각 기업이 단독으로 효과적인 마케팅 활동을 수행하는 데 필요한 자본, 노하우, 마케팅 자원 등을 보유하고 있지 않을 때 시너지 효과를 얻을 수 있으며, 기업들은 자사의 장점과 타사의 장점을 결합하여 시너지효과를 얻는다.

| 오답풀이 |

① 코즈 마케팅 : 코즈는 대의, 즉 사람으로서 마땅히 해야 할 도리를 뜻하는 것으로 기업이 사회구성원으로서 마땅히 해야 할 책임을 다함으로써 이를 마케팅에 활용하는 것이다.

③ 니치 마케팅 : '틈새시장'이라는 뜻으로 시장의 빈틈을 공략하는 새로운 상품을 잇따라 시장에 내놓음으로써 다른 특별한 제품 없이도 셰어(Share)를 유지시키는 전략이다.

④ 사회 마케팅 : 고객이익, 사회복리, 기업이익 등이 있다.

09

| 정답 | ②

| 해설 | 디마케팅(Demarketing) : 수요가 공급을 초과할 경우 수요를 일시적 또는 영구적으로 줄이는 마케팅

수요상태에 따른 기업마케팅 과업

1. 전환 마케팅(Conversional Marketing) : 부정적인 수요를 가진 경우에 필요한 마케팅
2. 자극 마케팅(Stimulational Marketing) : 무수요 상황에서 소비자를 자극하여 수요를 창출하는 마케팅
3. 개발 마케팅(Developmental Marketing) : 휴면상태의 소비자들을 현재적 수요로 바꾸는 마케팅
4. 재마케팅(Re-Marketing) : 소비자의 욕구나 관심을 다시 불러일으켜 감퇴하는 수요를 부활시키는 과업이 필요한 마케팅
5. 유지 마케팅(Maintenance Marketing) : 기업이 원하는 수준 및 시기와 일치하는 완전수요 상황을 지속시키는 마케팅
6. 디마케팅(De-Marketing) : 초과수요 상황에서 일시적 혹은 영구적으로 수요를 줄이거나 없애려는 마케팅
7. 대항 마케팅(Counter Marketing) : 불건전한 수요를 줄이거나 완전히 없애 버리려는 마케팅, 즉 건전하지 못한 상품(마약, 청소년 성매매 등)의 소비를 제거하는 것
8. 동시화 마케팅(Synchro Marketing) : 변동이 심하거나 계절성을 띠어 시기적으로 불규칙한 수요의 시기를 기업의 공급패턴과 일치시키려는 마케팅

10

| 정답 | ②

| 해설 | 동시화 마케팅 : 불규칙한 수요상황에서 제품이나 서비스의 공급능력에 맞게 수요의 발생시기를 조정 또는 변경하는 마케팅이다.

| 오답풀이 |

① 역마케팅 : 제품이나 서비스에 대한 수요가 너무 많은 상황에 대한 대책으로 일시적 또는 영구적으로 수요를 감소시키는 마케팅이다.

③ 재마케팅 : 점점 감소해 가는 수요를 다시 증가시키기 위한 마케팅으로 표적시장, 제품 · 서비스 등을 수정함으로써 마케팅을 수행한다.

④ 전환 마케팅 : 부정적인 수요를 가진 경우 필요한 마케팅이다.

11

| 정답 | ①

| 해설 | 메가 마케팅은 기존의 마케팅믹스인 4P(Product, Price, Place, Promotion)에 2P(Politics, Public opinion information)를 추가하여 활용하는 마케팅이다.

12

| 정답 | ①

| 해설 | 자사의 상품(혹은 서비스)이나 상품라인의 수요를 생산상, 재정상, 경쟁구도상의 문제 등으로 인해 조절하거나 상품이나 라인 자체를 중단시키고자 하는 마케팅 활동을 디마케팅이라고 한다. 일반적인 경우는 디마케팅이 임시적인 수요의 조절에 사용되지만 특정한 경우에는 단일 상품이나 사업라인을 정리하는 목적으로 영구히 수요를 소멸시키기도 한다.

13

| 정답 | ①

| 해설 | 그린 마케팅(Green Marketing)은 기존의 상품판매전략이 단순히 고객의 욕구나 수요충족에만 초점을 맞췄던 것과는 달리 자연환경보전 · 생태계 균형 등을 중시하는 시장접근전략으로 인간의 삶의 질을 높이려는 기업활동을 포괄적으로 지칭한다. 그린 마케팅은 환경문제에 능동적으로 대응해 기업의 사회적 기여도를 높이고 매출신장의 기회를 마련해 나가고 있기 때문에 환경문제에 대해 창조적 대응을 하고 있다.

14

| 정답 | ③

| 해설 | 기업이 전문직 종사자, 연구자, 소비자 운동가 등과 같은 시장 지도자와 협조체제를 이루면서 기업윤리에 입각한 마케팅을 옴니 마케팅이라고 한다.

| 오답풀이 |

① 앰부시 마케팅에 대한 설명이다.
② 사회 마케팅에 대한 설명이다.
④ 프로슈머 마케팅에 대한 설명이다.

15

| 정답 | ①

| 해설 | 미시적 환경에는 공급업자, 고객, 경쟁자, 대중, 공중이 있다.

| 오답풀이 |

②, ③, ④ 공해, 기술적 요소, 국민소득, 법은 거시적 환경에 속한다.

16

| 정답 | ①

| 해설 | 선행적 마케팅 활동이란 제품생산이 이루어지기 전에 수행하는 것으로 마케팅 조사활동, 제품계획, 마케팅 계획활동 등이 속한다.

| 오답풀이 |

②, ③, ④ 후행적 마케팅 활동에 속하는 것으로 제품이 생산된 후에 수행하는 유통경로, 가격, 광고 등의 촉진활동을 말한다.

17

| 정답 | ③

| 해설 | 기업의 마케팅 활동은 경쟁이 치열할수록 더욱 효과를 발휘하며 마케팅조사는 이러한 마케팅 의사결정을 지원하기 위해 자료를 수집하고 분석하는 활동을 말한다. 마케팅조사로 수집된 자료의 가치는 마케팅의사결정에 얼마나 적절히 활용되는가에 따라 정해진다.

18

| 정답 | ③

| 해설 | 개인면접법은 마케팅 조사에 널리 이용되고 있는 자료수집 방법으로 면접의 성패는 면접자의 자질에 큰 영향을 받는다. 상황에 따른 신축성이 있고 응답자에게 동기를 부여하며 응답자에 대한 교육과 기준이 있고 응답자의 행동 또한 관찰할 수 있다는 장점이 있다. 조사기관의 신용도 또한 높으며 설문조사 항목이 많을 경우에도 유리하게 사용된다.

19

| 정답 | ①

| 해설 | 기업은 세밀한 조사를 실시하기에 앞서서 행하는 예비적 조사로서 조사문제를 정확하게 파악하며 보다 명확하게 규명할 목적으로 탐색조사를 실시한다. 따라서 공식적 조사라는 설명은 적절하지 않다.

탐색조사의 종류

문헌조사	신문, 잡지, 학술 연구지, 정부 보고서 등과 경제학, 경영학 등 이미 조사된 2차 자료를 활용하여 조사
전문가 의견조사	전문가들로부터 정보를 얻으며 주로 문헌조사의 보조적인 방법
사례조사	기업이나 사회조직이 현재 직면하고 있는 상황과 유사한 사례를 찾아 분석하는 것
목표 집단의 면접	• 일반적인 조사에서 가장 많이 사용되는 탐색조사 방법 중 하나 • 동질의 소수 응답자 집단을 대상으로 특정한 주제에 대하여 자유롭게 토론하는 동안 필요한 정보를 찾아 나가는 방법
개인 면접법	상황에 따른 신축성이 있고 응답자에게 동기를 부여하며 응답자에 대한 교육과 기준이 있고 응답자의 행동 또한 관찰할 수 있다는 장점

20

| 정답 | ④

| 해설 | 비율척도(Ratio Scale)에는 절대 영점이 존재하며 측정값 사이의 비율계산이 가능하다.

| 오답풀이 |

① 서열척도(Ordinal Scale) : 측정 대상의 분류뿐만 아니라 측정대상을 크기에 따라 순서적으로 배열할 수 있는 측정방법이다. 측정대상의 상대적 크기(강도)를 말할 수 있다.

② 등간척도(Interval Scale) : 명목척도와 서열척도의 특성을 모두 갖고 있으면서 크기의 정도를 말할 수 있는 측정척도다.

③ 명목척도(Nominal Scale) : 측정대상의 특성만 구분하기 위하여 숫자나 기호를 할당한 것으로 분류가 목적이며 특성 간에 양적인 분석을 할 수 없고 특성 간 대소의 비교도 할 수 없다.

21

| 정답 | ④

| 해설 | 특정대상에 대한 관여의 정도가 높아지면(고관여) 대체로 구매의사 결정 시 긴 과정을 거치고, 관여의 정도가 낮으면(저관여) 그 과정은 비교적 짧아진다. 고관여 제품들의 경우 저관여 제품들에 비해 실질적인 브랜드 차이가 상대적으로 높은 제품들이므로 차별화의 중요 수단인 광고를 통하여 경쟁사의 제품과 차별성을 갖게 하는 것이 더욱 중요하다.

관여도

여러 의미를 포함하고 있는 다소 복잡한 개념인데, 대체로 소비자가 어떤 대상을 중요시 여기는 정도나 대상에 대해 관심을 갖는 정도를 말한다.

22

| 정답 | ③

| 해설 | 비차별적 마케팅 전략에 대한 설명이다.

시장 전략

비차별적 마케팅	전체 시장을 대상으로 단일의 제품을 생산, 판매하고자 하는 마케팅 전략
차별적 마케팅	• 세분시장에 대해 서로 다른 제품을 제공 • 높은 시장 점유율 확보 • 사업운영비의 증가
집중적 마케팅	한두 개의 세분 시장에서 높은 시장점유율을 추구

23

| 정답 | ④

| 해설 | 마케팅 전략은 제품이 시장에 출시되고 고객들에게 인식되는 과정에서 얼마나 효율적으로 고객으로 하여금 받아들이도록 하느냐에 대한 경영자나 마케팅 담당자들의 의사결정이다. 이러한 마케팅 전략의 수립과정에서 중요한 것은 시장세분화, 목표시장 선정, 제품의 위치 결정이며 ㉠에는 시장세분화, ㉡에는 목표시장 선정, ㉢은 제품의 위치 결정이 들어 가야 한다.

마케팅 전략

1. 경영전략의 일환으로 복잡하고 변동적인 마케팅 환경의 동향에

능동적으로 적응하면서 지속적 경쟁 우위를 구축하기 위한 활동을 계획 · 결정하는 것이다.

2. 우선 고객층을 분석하여 시장 세분화를 한 후 이를 통해 목표시장(고객)을 선정하고 이들의 특징과 성향을 분석하여 제품을 인식시키는 제품 포지셔닝을 한 다음, 마케팅믹스 관련 활동으로 이루어진다.

24

| 정답 | ④

| 해설 | 결혼유무는 인구통계학적 세분화에 속한다.

25

| 정답 | ①

| 해설 | 별(Star)은 사업 성장률과 시장 점유율이 높아 계속적으로 투자를 해야 하기 때문에 지금 현재는 이윤을 많이 내지 않는 업종이지만 장기적으로 보면 이윤을 많이 창출해 자금줄이 될 가능성이 있는 업종이다.

BCG 매트릭스

사양사업 (Dog)	• 점유율과 성장률이 둘 다 낮음. • 사업을 철수해야 하며 기존의 투자를 계속하다 기회를 잃으면 더 많은 대가를 치를 수 있음.
성장사업 (Star)	점유율과 성장률 둘 다 좋음.
수익주종산업 (Cash Cow)	• 저시장성장률, 고시장점유율로 투자에 비해 수익이 좋음. • 기존의 투자에 의해 수익이 계속적으로 실현되므로 자금의 원천사업
개발사업 (Question mark)	• 고시장성장률, 저시장점유율 • 기업의 행동에 따라서는 차후 스타(star)사업이 되거나, 도그(dog)사업이 될 수 있으며 투자하기로 결정한다면 상대적 시장점유율을 높이기 위해 많은 투자금액이 필요함.

26

| 정답 | ④

| 해설 | 호황이나 불황에 관계없이 실제로 사업을 창출할 수 있는 사업은 황금젖소(Cash Cow)뿐이고 황금젖소는 자금수요가 큰 사업에 현금을 제공하는 역할을 한다. 기업은 황금젖소를 많이 확보하고 여기서 발생한 자금을 사용하여 다음 세대의 황금젖소를 키우는 것이 성공의 관건이 된다. 이를 위해서는 황금젖소에서 나온 자금을 물음표에 투자하여 성장성이 높을 때에 이것을 별로 만들거나 연구개발에 투자하여 직접 별을 만드는 두 가지 방법밖에 없다.

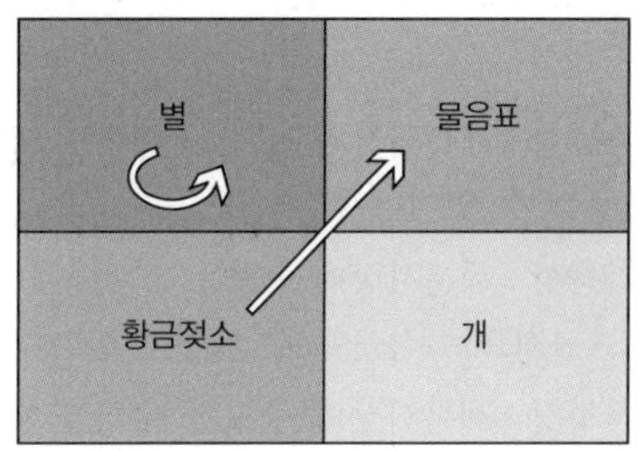

27

| 정답 | ②

| 해설 | 수익주종사업은 사업성장률이 낮고 시장점유율은 높은 사업이며 마케팅 전략으로는 유지 전략이 적합하다.

| 오답풀이 |

① 사양사업에 속하며 마케팅 전략은 철수 전략이 적합하다.

③ 개발사업부에 속하며 마케팅 전략은 수확, 철수 전략이 적합하다.

④ 성장사업부에 속하며 마케팅 전략은 유지, 향상 전략이 적합하다.

28

| 정답 | ④

| 해설 | 물음표(Question Mark) 사업은 사업 초기단계의 영역이며 빠르게 성장하는 시장을 잡기 위해서는 추가적인 시설투자와 노동력 투입 증대의 필요성 등으로 많은 자금이 요구된다.

29

| 정답 | ①

| 해설 | 별 사업부는 성장사업이라고 하며 황금젖소 사업부를 수익주종사업이라고 한다.

30

| 정답 | ④

| 해설 | 유효타당성 : 같은 세분시장 내에 속한 고객끼리는 최대한 비슷해야 하며 서로 다른 세분시장에 속한 고객들끼리는 최대한 달라야한다.

| 오답풀이 |

① 측정가능성 : 세분시장의 크기, 구매력, 기타 특성들을 측정할 수 있어야 한다.

② 접근가능성 : 세분시장에 속하는 고객들에게 효과적이고 효율적으로 접근할 수 있어야 한다.

③ 규모적정성 : 세분시장의 규모가 수익을 내기에 충분하여야 한다.

31

| 정답 | ②

| 해설 | 시장세분화를 통하여 규모의 경제가 발생하지 않고 도리어 비용이 증가하게 된다. 규모의 경제는 시장을 세분화하지 않을 경우에 더 크게 발생한다.

32

| 정답 | ④

| 해설 | 라이프스타일에 의한 시장세분화는 심리분석적 세분화기법 중 가장 대표적인 방법이다. 이 방법은 주로 사람들의 활동(activity), 흥미(interest), 의견(opinion)을 기준으로 몇 개의 집단으로 구분하는데, 영문표기의 머리글자를 따서 AIO 분석이라고 한다.

33

| 정답 | ④

| 해설 | 시장세분화란 전체 시장을 구성하는 잠재고객들을 다양한 욕구에 따라 동질적인 하위시장으로 분리하는 과정을 말하며 이러한 하위시장들을 전체 시장과 구분하기 위하여 세분시장이라고 부른다. 시장세분화의 목적은 첫째, 다양한 소비자의 욕구를 충족시키고 둘째, 불필요한 경쟁을 방지하고 목표에 따라 효과적으로 경쟁하고 셋째, 시장세분화의 목표(조사 목적)를 명확하게 설정하는 데 있다. 따라서 마케팅 자원의 확보는 시장세분화의 목적으로 볼 수 없다.

34

| 정답 | ①

| 해설 | 표적시장은 세분시장의 수준결정 → 세분화의 기준결정과 시장세분화의 실행 → 세분시장에 대한 평가 → 표적시장 선정의 순으로 시장세분화가 이루어지면 표적시장을 명확히 설정할 수 있다.

35

| 정답 | ④

| 해설 | 사는 지역은 지리적 세분화에 속한다. 지리적 세분화 변수에는 사는 지역과 사는 기후, 도시와 시골 등이 있다.

| 오답풀이 |

①, ②, ③ 소득, 종교, 수명주기는 인구통계학적 세분화에 속한다.

36

| 정답 | ②

| 해설 | 시장세분화는 전체 시장을 기업이 제공하는 마케팅믹스에 대하여 유사한 반응을 할 것으로 추정되는 동질적 고객집단으로 나누는 것을 의미하는데, 혁신적인 신상품은 고객들로 하여금 받아들이게 하고 같은 상품을 수요하는 고객을 집단으로 세분화할 때까지 시간이 소요된다. 따라서 혁신적인 신상품을 만들었을 때 무조건 시장세분화를 해서는 안 된다.

37

| 정답 | ④

| 해설 | 시장세분화란 이질적인 전체시장을 동질적인 세분시장으로 나누는 것을 말하며 그중 인구밀도는 지리적 변수에 해당한다.

소비자시장의 세분화

1. 지리적 세분화 : 지역, 도시규모, 인구밀도, 기후 등
2. 인구통계적 세분화 : 연령, 성별, 가족형태, 소득, 직업, 교육수준, 가족규모, 종교
3. 심리분석적 세분화 : 사회계층, 라이프스타일, 개성, 태도, 관심 등
4. 행동적(행위적) 세분화 : 구매목적, 추구편익, 사용량, 상표충성도, 상품인지도, 제품으로부터 추구하는 효용 등

38

| 정답 | ②

| 해설 | 제품에 추구되는 효용을 기준으로 하는 것은 행동적 시장세분화에 의한 것이다.

39

| 정답 | ①

| 해설 | 단일 세분시장 집중화는 하나의 세분시장에 집중적으로 진출하는 방법이다.

시장진출형태

단일 세분시장 집중화, 제품특화, 시장특화, 선택적 특화, 완전진출

40

| 정답 | ④

| 해설 | ㉡ 차별화 마케팅이란 다수의 표적시장을 선정하고 그 시장에 맞는 마케팅 전략을 수립, 개발, 홍보하는 마케팅 방법이다.

㉢ 제품수명주기상 도입기나 성장기에는 비차별적 마케팅 전략을 활용한다.

구분	내용
차별적 마케팅 전략	• 각 세분시장이 명확하게 이질적일 때 • 제품수명주기에서 성숙기, 쇠퇴기로 접어들 때 • 제품 관여도가 큰 제품의 경우 • 다양성이 높은 제품의 경우 • 총매출액 증가 및 단위비용 증가
비차별적 마케팅 전략	• 소비자의 욕구, 선호도 등이 동질적일 때 • 제품수명주기에서 도입기, 성장기에 해당할 때 • 밀가루, 설탕 등과 같은 표준적, 보편적인 생활필수품 • 대량생산, 대량유통, 대량광고
집중적 마케팅 전략	• 기업의 경영자원 부족으로 전체시장을 지배하기 어려울 때 • 제품수명주기에서 도입기, 성장기에 해당할 때 • 다양성이 높은 제품의 경우

| 오답풀이 |

㉠ 무차별적 마케팅에 대한 설명이다. 집중적 마케팅이란 전체의 시장을 공략하는 것이 아니라 세분화된 시장의 한 부분만 시장점유율을 높여 이윤을 창출하겠다는 마케팅 방법이다.

41

| 정답 | ①

| 해설 | 시장위치 선정의 절차는 소비자 분석 및 경쟁자 확인 → 경쟁제품의 포지션 분석 → 자사제품의 포지션 개발 → 포지션의 확인 및 재포지셔닝 순으로 이루어진다.

42

| 정답 | ④

| 해설 | 소비자들의 인식 속에 자사나 제품이 경쟁자 혹은 경쟁 제품과 차별화된 상태로 형성되어 있는 상대적 위치를 포지션이라고 하고, 바람직한 포지션을 구축하기 위한 기업의 노력을 포지셔닝이라고 한다. 포지셔닝 전략은 제품의 속성을 이용한다든지 경쟁자를 이용하는 방법 등 다양한 전략을 기업의 전략방향에 따라 활용할 수 있다.

포지셔닝 전략(차별화 전략)

1. 표적소비자의 욕구를 근거로 경쟁사에 비하여 차별적인 제품을 개발하고 그 특성을 소비자들이 정확히 인식하도록 알려 주는 일련의 과정을 말한다.
2. 포지셔닝의 핵심은 차별화로 차별화의 종류와 성격을 분석하고 이를 전달함으로써 결실을 맺는다.

43

| 정답 | ③

| 해설 | 확장제품에 대한 설명으로 유형제품의 효용 가치를 증가시키는 부가 서비스 차원의 상품을 말한다. 유형

상품에 보증, 반품, 배달, 설치, A/S, 사용법 교육, 신용, 상담 등의 서비스를 추가하여 상품의 효용가치를 증대시키는 것으로, 예를 들어 컴퓨터를 실체적 제품이라 한다면 무료배달, 설치, 보장, 교육과 서비스유지 시스템이 포함되는 가장 넓은 의미의 제품개념이다.

44

| 정답 | ①

| 해설 | 핵심제품에 대한 설명이다.

제품의 3가지 수준

구분	내용
핵심 제품	핵심 편익이나 서비스를 가리키는 것으로 구매자가 진정으로 구매하는 것은 무엇인가의 응답
유형(실체) 제품	• 보통사람들이 일반적으로 상품이라고 하며 구체적으로 드러난 물리적인 속성 차원의 상품 • 품질과 특성, 상표, 디자인, 포장, 라벨, 브랜드네임, 스타일링이 포함
확장 제품	• 유형 제품의 효용 가치를 증가시키는 부가 서비스차원의 상품 • 유형 상품에 보증, 반품, 배달, 설치, A/S, 사용법교육, 신용, 상담 등의 서비스를 추가하여 상품의 효용 가치를 증대시키는 것

45

| 정답 | ③

| 해설 | 유형제품은 핵심제품을 실제의 형태로 개발시킨 제품이다. 구체적으로 드러난 물리적인 속성 차원의 상품이라고 말할 수 있으며 품질과 특성, 상표, 디자인, 포장, 라벨, 브랜드네임, 품질, 특징, 스타일링 등이 포함된다.

46

| 정답 | ①

| 해설 | 선매품은 구매 전에 품질, 가격 등 관련 정보를 충분히 조사한 후 구매하는 제품을 말한다.

47

| 정답 | ②

| 해설 | 성장기 단계에는 매출액이 급성장하며, 경쟁자수가 점차 증가하고, 가격은 시장침투가격으로 결정한다는 특징이 있다.

제품의 수명주기 단계

1. 도입기 : 제품이 처음으로 도입될 때는 인지도가 낮으며 경쟁상대가 없다. 초기에 제품개발을 위한 투자비가 많이 들고 제품을 홍보하기 위한 촉진비가 많이 요구되는 시기다. 고객층은 주로 혁신층이다.
2. 성장기 : 수요량이 급증하고 이익이 많아지는 단계다. 생산이 대규모로 이루어지면서 경로가 확대되며 경쟁회사가 생겨난다.
3. 성숙기 : 경쟁이 심화되고 수요는 포화상태에 이르기 때문에 매출량은 가장 높지만 이익은 감퇴되기 시작한다. 이 시기에는 경쟁에 대처하여 수요를 유지시키는 리마케팅이 요구된다.
4. 쇠퇴기 : 새로운 대체 상품이 시장에 나타남에 따라 판매와 이익이 급속하게 감소하게 되는 시기다.

48

| 정답 | ③

| 해설 | 품질관리에 중점을 두어야 하는 시기는 도입기다.

제품의 성숙기 특징

1. 신제품의 개발전략이 요구된다.
2. 경쟁이 가장 치열해지는 시기로 매출액이 서서히 감소하는 시기다.
3. 기존고객의 유지가 중요하며 수요를 유지하기 위해서 리마케팅이 요구되는 시기다.

49

| 정답 | ③

| 해설 | 주로 혁신고객층을 대상으로 하는 단계는 도입기다.

제품의 수명주기

1. 제품의 수명 : 주기란 제품이 시장에 출시되어 사라질 때까지의 과정을 말한다.
2. 제품의 수명주기의 단계
   ㉠ 도입기 : 제품이 처음으로 도입될 때는 인지도가 낮으며 경쟁상대가 없다. 초기에 제품개발을 위한 투자비가 많이 들고 제품을 홍보하기 위한 촉진비가 많이 소요되는 시기다.
   ㉡ 성장기 : 수요량이 급증하고 이익이 많아지는 단계다. 생산이 대규모로 이루어지면서 경로가 확대되며 경쟁회사가 생겨난다. 이 시기에는 시장에서의 우위를 유지하기 위한 마케팅 전략이 필요하다.

50

| 정답 | ④

| 해설 | 성숙기의 상품은 소매점에서는 큰 이익을 기대할 수 없으나 재고에 주의하면서 판매를 계속해 나아가며 시장세분화와 물적 유통의 합리화를 이룰 수 있다.

51

| 정답 | ①

| 해설 | 제품의 수명주기는 해당시기마다 마케팅 전략이 달라야 하기 때문에 중요하며 도입기－성장기－성숙기－쇠퇴기 순으로 진행된다.

52

| 정답 | ①

| 해설 | 도입기는 투자비와 홍보비용이 많이 소요되어 매출액이 낮으며 판매량이 낮고 원가가 높아 손실을 보는 경우가 많다. 주요 수요층은 혁신고객이며 경쟁자는 소수다.

53

| 정답 | ④

| 해설 | 쇠퇴기는 판매와 이익이 급속하게 감소되는 단계로, 기업은 이 제품의 생산축소와 폐기를 고려해야 한다. 새로운 대체품의 등장과 소비자의 욕구와 기호의 변화로 인해서 시장수요가 감소하는 단계다.

54

| 정답 | ②

| 해설 | 성장기 상품은 판매 추세가 급상승하고 높은 가격에도 수요는 지속적으로 증가하므로 높은 수준의 매출과 이익을 확보할 수가 있다.

55

| 정답 | ②

| 해설 | 제품의 수명주기는 제품이 시장에 출시되어 사라지기까지의 과정을 나타낸 것으로 자유경쟁시장에서 저절로 나타난 하나의 모습이며 정부의 지원이나 계획과는 무관하다.

56

| 정답 | ③

| 해설 | 고객의 다수가 혁신자인 제품수명주기는 도입기다.

57

| 정답 | ④

| 해설 | 제품수명주기 중 성장기 단계를 말한다.

성장기단계의 특징

1. 매출액이 급성장한다.
2. 경쟁자 수가 점차 증가한다.
3. 가격은 시장침투가격으로 결정한다.

58

| 정답 | ②

| 해설 |

구분	도입기	성장기	성숙기	쇠퇴기
매출액	낮음.	급성장	최대 매출	낮음.
주요 고객	혁신층	조기수용층	중간 다수층	후발 수용층
경쟁자 수	거의 없음.	점차 증가	점차 감소	감소
가격	원가가산가격	시장침투가격	경쟁대응가격	가격인하

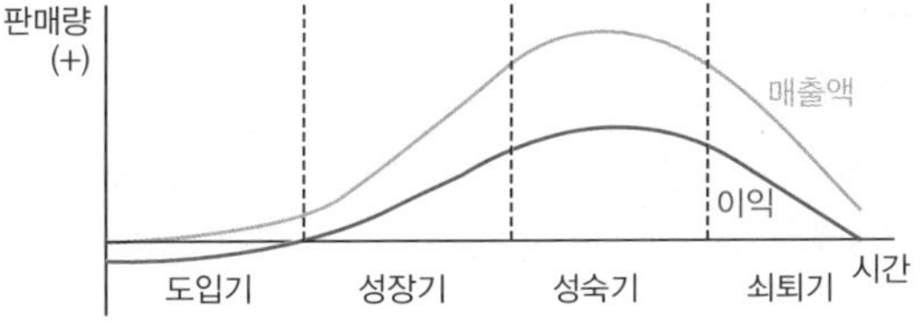

59

| 정답 | ④

| 해설 | 라인확장은 제품범주 내에서 새로운 형태, 컬러, 사이즈, 원료, 향의 신제품에 기존 브랜드명을 함께 사용하는 것이고 기존브랜드와 다른 상품범주에 속하는 신상품에 기존브랜드를 붙이는 것을 카테고리 확장이라고 한다.

브랜드 전략

60

| 정답 | ③

| 해설 | 복수상표전략이란 본질적으로 동일한 제품에 대하여 두 개 이상의 상이한 상표를 설정하여 별도의 품목으로 차별화하는 전략이다. 새로운 범주의 제품을 출시할 경우 새로운 상표를 창조하는 상표전략은 신상표전략이라고 한다.

브랜드 확장(Brand Extension)

신제품을 시장에 출시할 때 이미 시장에서 강력한 이미지를 구축하고 있는 브랜드명을 이용하여 그 이름을 그대로 또는 소비자들이 유사한 이름이라는 것을 쉽게 인지할 수 있는 범위에서 약간 변형하여 사용하는 브랜드 관리 전략이다.

1. 카테고리확장 : 제품군이 다른 경우 기존 브랜드명 사용
2. 라인확장 : 제품군이 같은 경우 기존 브랜드명 사용

61

| 정답 | ③

| 해설 | 전략적 제휴를 통해 신제품에 두 개의 브랜드를 공동으로 표기하거나 시장지위가 확고하지 못한 중소업체들이 공동으로 개발하여 사용하는 브랜드를 말한다.

공동브랜드

1. 의의 : 여러 기업들이 공동으로 개발하여 사용하는 단일브랜드로, 최근에는 한정된 고객기반을 넓히고 자사제품의 브랜드 가치를 높이기 위한 목적으로 대기업 간 또는 서로 다른 업종 간에도 사용되고 있다.
2. 장단점

장점	단점
• 마케팅비용의 감소 • 제품원가 절감 • 품질향상에 기여 • 협력사 간에 기술과 마케팅, 시장정보 등의 공유 가능	• 각 브랜드들의 단점을 최소화하고 장점을 극대화시키는 마케팅활동의 적용 필요 • 일관된 품질유지전략 필요

62

| 정답 | ②

| 해설 | 유사 브랜딩(parallel branding)이란 용어는 상호나 상품특성을 매우 흡사하게 모방하고 제조업체 브랜드가 아니라는 것을 명확히 하는 유통업체의 브랜딩을 의미한다.

63

| 정답 | ④

| 해설 | 소비자의 지각된 위험이란 소비자가 어떤 제품을 구매하기 위하여 상표선택, 점포선택, 구매방식의 선택 등을 행하고자 할 때 그 선택상황에 대하여 지각하는 위험으로, 소비자의 구매결과와 구매의 불확실성에서 비롯되는 주관적인 위험을 말하는 것이다. 글로벌 브랜드는 많은 국가의 사람들이 사용하는 브랜드로서 구매결과와 구매의 불확실성에서 비롯된 구매자의 심리적, 경제적 등의 불안함을 감소시키는 효과가 있다.

64

| 정답 | ④

| 해설 | 브랜드 자산가치 측정방법에는 마케팅적 접근, 재무적 접근, 통합적 접근이 있으며 브랜드 플랫폼 분석을 통한 측정은 이에 해당되지 않는다.

📄 브랜드 자산가치를 측정하는 방법

1. 마케팅적 접근 : 비교를 통한 측정, 컨조인트 분석에 의한 측정, 초과가치 분석을 통한 측정
2. 재무적 접근 : 취득원가에 기초한 측정, 매출액 배수를 이용한 측정, 무형자산의 가치추정을 통한 측정
3. 통합적 접근 : Interbrand의 측정(브랜드 강도에 브랜드 이익을 곱하여 측정)

65

| 정답 | ③

| 해설 | 서비스의 이질성, 개인적 선호경향을 기초로 한 기대감, 개별적인 감성 차이 등으로 서비스의 품질에 대한 평가가 달라지기 때문에 제품의 품질평가보다 어렵다.

66

| 정답 | ③

| 해설 | 서비스는 일시적으로 제공되는 편익이므로 생산하여 그 성과를 저장하고 관리할 수 없다.

67

| 정답 | ④

| 해설 | 서비스의 이질성은 고객 개개인마다 서비스의 질을 달리 평가하는 것이다. 서비스는 어떠한 표준적인 기준이 설정되어 있지도 않고 설정할 수도 없기 때문이다. 기초영어를 가르치는데 토익 만점자가 느끼기에는 돈을 주고 듣고 싶지 않을 정도의 수업이겠지만 영어를 못하는 사람에게는 가장 적절한 서비스가 될 수도 있다.

68

| 정답 | ①

| 해설 | 서비스 품질 결정요소로는 신뢰성, 응답성, 확신성, 공감성, 유형성이 있다. 이 중에서 약속된 서비스를 믿을 수 있고 정확하게 수행할 수 있는 서비스 품질 결정요소는 신뢰성이다.

69

| 정답 | ②

| 해설 | 이질성은 개인적 선호경향을 기초로 기대감이 형성되며 개별적인 감성 차이 때문에 서비스의 품질에 대한 평가가 다르다. 예를 들면 은행창구 직원이나 항공기 승무원, 보험사 직원들이 고객을 응대하는 것은 공장에서 상품을 제조할 때와 같이 획일적인 표준화가 쉽지 않다.

70

| 정답 | ①

| 해설 | 서비스란 제품 판매를 위해 제공되거나 판매에 부수적으로 제공되는 행위, 편익, 만족이며 서비스는 소비자가 요구하는 주관적 효용인 만족이나 편익을 제공하는 것을 말한다. 서비스는 소비자가 동시에 소비하는 것이므로 시간을 지체하거나 상황이 변하면 서비스 자체가 제공하려 했던 효용은 사라지고 만다. 따라서 서비스는 컨트롤이 어렵다는 특징이 있다.

71

| 정답 | ③

| 해설 | '수요와 공급을 맞추기가 어려우며 서비스는 반품될 수 없다'는 것은 비분리성(동시성)에 대한 설명이다.

72

| 정답 | ③

| 해설 | 서비스를 제품개념으로 볼 때 서비스는 탐색적 속성, 경험적 속성, 신뢰적 속성 중에서 경험적 속성이 강한 제품에 속한다.

73

| 정답 | ④

| 해설 | 유형 제품구매보다 서비스 구매가 상대적으로 더 복잡한 이유는 서비스 특성 중 하나인 동시성 때문이다. 서비스 구매 시 소비와 구매가 동시에 이루어지는 동시성 때문에 유형제품 구매 모델보다 상대적으로 더 복잡하다.

📄 서비스의 특성

무형성, 동시성, 소멸성, 측정불가능성 등이 있다.

74

| 정답 | ④

| 해설 | 목표가격설정은 원가기준 가격결정법에 속한다. 원가기준에 의한 가격결정은 단순히 제품의 원가를 산정하여 적정마진을 감안해 제품 가격을 정하는 것이다. 장점은 매우 간단한 방법이라는 점이고 단점은 원가를 정확하게 계산하기 어렵다는 점이다.

75

| 정답 | ②

| 해설 | 베버의 법칙(Weber's law)이란 소비자가 가격변화에 대하여 주관적으로 느끼는 크기를 말하는 것으로, 낮은 가격의 상품은 조금만 올라도 구매자가 가격인상을 알아차리지만 높은 가격의 상품은 어느 정도 오르더라도 구매자가 가격인상을 알아차리지 못한다는 것이다.

k(주관적으로 느낀 가격변화의 크기) $= \frac{S_2 - S_1}{S_1}$

(S_1 = 원래의 가격, S_2 = 변화된 가격)

| 오답풀이 |

① 유보가격 : 구매자가 어떤 상품을 구매할 시 지불가능한 최고금액을 말한다.

③ JND(Just Noticeable Difference) : 가격변화를 느끼게 만드는 최소의 가격변화폭을 의미하며 가격인상 시 JND 범위 안에서 인상하고 가격인하 시 JND 범위 밖으로 인하한다.

④ 관습가격 : 일반적으로 소비자들이 인정하는 수준에서 가격을 결정하는 방법을 말한다.

76

| 정답 | ①

| 해설 | 시간별 차이, 장소별 차이, 이미지에 따른 차이 등은 차별적 가격결정에 속한다.

📄 가치가격결정법

1. 경제 위기를 겪은 후 우리나라 소비자들의 주류 소비행태가 전반적으로 제품의 가격과 품질을 고려한 '가치'를 의사결정 기준으로 삼는 합리적인 소비행태로 변화했다. 이러한 시장 상황에서 가장 적합한 제품 가격 결정 방법이라고 할 수 있다.
2. 가치가격결정법은 시장에 진입하여 초기에 주로 쓰는 저가정책(Penetration Pricing)과 고가정책(Skimming Pricing)의 중간에 위치한다. 왜냐하면 이 방법은 제품의 품질과 원가를 고려하면서 소비자의 욕구와 욕망을 충분히 만족시키고 기업의 목표 수익을 달성하는 제품 가격을 찾아내려는 절충적 가격 결정 프로세스이기 때문이다.

77

| 정답 | ①

| 해설 | 심리적 가격결정으로는 명성가격결정, 촉진가격결정, 단수가격결정, 관습가격결정이 있으며 그중에서 높은 품격을 호소하는 가격 설정법은 명성가격결정이다.

78

| 정답 | ①

| 해설 | 지대가격(Zone Pricing)은 특정 상품군의 상한가와 하한가의 폭을 지칭한다.

79

| 정답 | ②

| 해설 | 손실유도가격결정은 특정제품의 가격을 대폭 인하하여 다른 품목의 수익성을 확보하기 위한 일종의 심리가격결정이다.

80

| 정답 | ③

| 해설 | 기업이 더 많은 이윤을 얻기 위해 시장을 2개 이상으로 분할해서 분할된 각 시장에 상이한 가격으로 판매하는 것을 고객별 차별가격이라고 한다.

가격전략 종류

1. 시장침투가격정책 : 대중적인 제품이나 수요의 가격 탄력성이 높은 제품에 많이 이용되고 수요의 가격 탄력성이 커서 저가격이 충분히 수요를 자극할 수 있어야 하며 경쟁자는 아직 규모의 경제를 실현할 수 없어 시장 진입이 어려운 상태에 있어야 한다.
2. 유보가격 : 구매자가 어떤 상품을 구매할 시 지불가능한 최고금액을 말한다.
3. 명성가격 : 정책고가를 책정함으로써 소비자들이 제품을 고품질, 높은 신분, 고가치로 인식하도록 하는 전략을 말한다.
4. 관습가격 : 일반적으로 소비자들이 인정하는 수준에서 가격을 결정하는 방법을 말한다.

81

| 정답 | ③

| 해설 | 모방가격은 시장가격 또는 선도기업의 가격을 따르는 것을 말한다.

가격을 결정하는 방법

구분	내용
모방가격	상품의 차별화가 어려울 경우 시장에 형성되어 있는 가격을 따라 결정
묶음가격	두 개 이상의 상품을 하나로 묶어서 판매하는 방식
프리미엄 가격	기본 제품에다 추가적인 기능이나 옵션을 집어넣어 기본 제품보다 훨씬 높은 가격을 부과
오픈 가격 정책	소매업자가 시장 동향을 살펴 독자적으로 가격을 결정하여 판매하도록 하는 정책
준거가격	구매자가 가격이 비싼지 싼지를 판단하는 데 기준으로 삼는 가격을 말하며, 유보가격과 최저수용가격의 사이에 존재

82

| 정답 | ①

| 해설 | 가격차별이란 유보가격이 높은 세분시장에서 높은 가격을 받고 가격 민감도가 높은 세분시장에서는 낮은 가격을 받는 것을 말한다.

83

| 정답 | ④

| 해설 | 가격계열화란 제품라인가격으로 제품에 여러 가지 요소를 부가해서 가격을 단계적으로 책정하는 전략이다.

84

| 정답 | ③

| 해설 | 노획가격 또는 종속제품 가격책정은 일단 어떤 제품을 싸게 판 다음 그 상품에 필요한 소모품이나 부품을 비싸게 파는 정책을 말한다.

85

| 정답 | ③

| 해설 | 묶음가격은 두 가지 이상의 제품이나 서비스를 하나의 패키지로 묶어 특별가격으로 판매하는 정책을 말한다. 예를 들면 패스트푸드점의 감자와 햄버거, 콜라를 한 가격으로 묶어 판매하는 것이 있다. 이들은 대체관계에 있는 상품들보다 보완관계에 있는 상품들을 묶어서 책정하는 경우가 일반적이다.

86

| 정답 | ①

| 해설 | 스키밍가격전략(Skimming Pricing)은 신제품이 출시되었을 때 우선 단기적으로 고가정책을 실시하고 서서히 가격을 내리는 방법을 의미한다. 이런 가격정책은 투자액을 조기에 회수할 목적이거나 수요의 가격 탄력도가 낮은 제품인 경우에 해당한다. 한계원가와는 관련이 없다.

87

| 정답 | ③

| 해설 | 침투가격정책은 저가격을 설정함으로써 별다른 판매저항 없이 신속하게 시장에 침투하여 시장을 확보하고자 하는 정책이다.

88

| 정답 | ①

| 해설 | 공장도 인수는 판매자로부터 구매자가 있는 지점

까지 상품운송에 소요되는 실질운임액을 구매자로 하여금 부담하도록 하는 가격결정법이다.

| 오답풀이 |

④ 특정 도시를 기점으로 고객에게 원하는 지점까지 운송비를 부담시키는 가격결정법이다.

89

| 정답 | ①

| 해설 |

〈침투가격(저가격) 전략〉

구분	내용
개념	어떤 시장을 선점하거나 시장점유율 확보를 일차적 목표로 삼아 저가정책으로 시장에 침투하여 시장을 확보하고자 하는 정책
조건	• 수요의 가격 탄력성이 높은 경우(가격이 낮아지면 수요 급증) • 시장에 조기에 들어가야 하는 상품 • 규모의 경제(생산량이 많을수록 단위당 가격이 감소→다량을 개당 낮은 가격에 판매 가능)

〈스키밍가격(고가격) 전략〉

구분	내용
개념	초기에 고가정책을 취함으로써 높은 가격을 지불할 의사를 가진 소비자로부터 큰 이익을 흡수한 뒤 제품시장의 성장에 따라 가격을 조정해 가는 방식
조건	• 고가를 설정한 만큼 품질 또한 고가에 적합해야 한다. • 시장에 낮은 가격으로 들어올 수 있는 진입자가 없어야 한다.

90

| 정답 | ④

| 해설 | 도매상이나 소매상은 상인중간상에 속한다.

91

| 정답 | ①

| 해설 | 중간상인이란 도매상, 소매상과 같은 유통 경로 구성원을 말한다. 중간상인의 가장 큰 역할은 생산자와 소비자 간의 여러 가지 불일치를 해소하는 것이다. 중간상인이 많을수록 생산자가 직접 소비자에게 판매하는 것보다 거래수는 늘어난다.

| 오답풀이 |

② 물적 유통관리는 물건의 흐름에 관한 경제 활동으로서 생산단계부터 소비 또는 이용단계에 이르기까지 재화의 이용 및 취급을 관리하는 것을 말하며 시간, 공간 등의 이동을 통한 효용창출을 목적으로 한다.

③ POS(Point of Sale)시스템이란 단품별 판매정보를 판매 즉시 수집하여 컴퓨터에 보관하고 그 정보를 발주, 매입, 배송, 재고 등의 정보와 연계하여 컴퓨터로 가공, 처리함으로써 매출분석은 물론 동향 파악 및 경영 분석의 자료를 제공할 수 있도록 지원해 주는 시스템이다.

④ 개방적 유통경로란 집중적 유통 경로로 중간상의 수를 한정시키지 않고 모든 판매처에 무차별적으로 판매하는 것이다. 편의품과 같이 가능한 많은 점포가 제품을 취급하게 하는 것이다.

유통경로 창출 효용성

가. 시간효용(time utility) : 언제든지 소비자가 원하는 시간에 상품과 서비스를 제공

나. 장소효용(place utility) : 어디서든지 소비자가 원하는 장소에서 상품과 서비스를 제공

다. 소유효용(possession utility) : 소비자가 제품과 서비스를 이용할 수 있는 권한을 가질 때 발생하는 효용으로, 특정한 소비자가 직접 구매하지 않고도 중간상의 도움으로 구매와 동일한 효용을 얻을 수 있는 상태 (예 리스업, 대여업)

라. 형태효용(form utility) : 소비자가 원하는 적절한 양으로 분할하여 분배함으로써 얻는 효용

92

| 정답 | ④

| 해설 | 채찍효과(Bullwhip Effect) : 고객의 수요가 상부단계 방향으로 전달될수록 각 단계별 수요의 변동성이 증가하는 현상이다.

| 오답풀이 |

③ 피기백 방식(Piggyback System) : 컨테이너를 적재한 트레일러나 트럭, 선박에 실린 화물을 철도 화차에 실어 수송하는 복합 수송의 한 방법이다.

93

| 정답 | ③

| 해설 | 고객의 상품정보제공에 대한 요구가 크다는 것은

고객이 제품이나 서비스에 대한 상세한 정보를 원하는 것으로 이런 경우는 유통단계를 줄이는 것이 유리하다.

| 오답풀이 |

① 고객이 작은 단위로 구매를 원하면(최소판매단위에 대한 유통서비스 요구가 클수록) 작은 포장단위로 물건을 중간상에게 전달해야 하고 고객이 큰 단위로 구매를 원하면 유통단계를 줄여야 한다(직거래).

② 고객의 공간편의성 제공요구가 크다는 것은 멀리 있으면 고객이 찾아갈 의사가 없다는 것으로 유통단계를 늘려야 한다.

④ 고객의 배달기간에 대한 서비스요구가 크다는 것은 고객이 오래 기다릴 수 없다는 의미이므로 고객의 집 근처에서 바로 받아 가게 해야 한다.

94

| 정답 | ③

| 해설 | 프랜차이즈 시스템은 수직적 유통경로 시스템의 한 형태로 일정한 상품 또는 업종에 대한 권리를 가진 본사가 이러한 권리를 독점적으로 사용할 수 있는 권한을 가맹점에 부여하고, 그 가맹점으로부터 권리사용에 대한 대가를 받는 방식으로 운영되는 영업형태를 말한다. 따라서 정부에 의해서 운영되는 시스템은 아니다.

푸시(push)전략

1. 개념 : 잘 알려지지 않은 브랜드의 제품을 손님이 많이 드나드는 유통매장을 통해 고객 앞으로 밀어내는 것을 푸시마케팅(push marketing)이라 함.
2. 특징 : 주로 인적 판매의 방식을 집중적으로 활용

95

| 정답 | ③

| 해설 | 수평적 갈등이란 유통경로상 동일한 단계에 있는 경로구성원들 간의 갈등을 말한다. 수직적 갈등이란 유통경로상 서로 다른 단계에 있는 경로구성원들 간의 갈등을 말한다. 상인도매상은 도매상이고, 전문점은 소매상이다.

| 오답풀이 |

①, ②, ④는 소매상 간의 갈등이다.

96

| 정답 | ③

| 해설 | 물적 유통관리의 목적은 고객에 대한 욕구충족 및 유통비용의 절감에 있다.

물적 유통관리(PDM ; Physical Distribution Management) 특징

1. 물건의 흐름에 관한 경제활동으로서 생산단계부터 소비 또는 이용 단계에 이르기까지 재화의 이용 및 취급 전반을 말한다.
2. 마케팅 병참(marketing logistics)이라고도 하며 유통 합리화의 수단으로서 물적 유통을 가장 효율적으로 수행하는 종합적 시스템이다.
3. 시간과 공간 등의 변경을 통한 효용 창출을 목적으로 물류 혁신을 통하여 비용을 절감함으로써 이익 개선을 도모할 수 있다. 운송, 보관, 하역, 주문처리, 재고관리 등의 활동이 포함된다.

97

| 정답 | ④

| 해설 | 공생적 VMS는 수평적 관계다.

유통경로의 계열화

1. 수직적 마케팅 시스템(VMS)

회사형 시스템	한 구성원이 다른 구성원을 소유하고 관리하는 형태로 유통시스템을 수직적으로 통합
계약형 시스템	서로 독립성을 유지하면서 상호이익 도모를 위해 계약을 체결하고 계약에 따라 행동을 통일
관리형 시스템	주도적인 기업이 유통경로를 조정하고 관리

2. 수평적 마케팅 시스템(HMS) : 공생적 마케팅이라고도 하며 동일 단계에 있는 서로 무관한 기업들이 대등한 입장에서 자본경영지식, 생산 및 마케팅활동을 공동으로 계획, 통제하려는 계열화다.

98

| 정답 | ③

| 해설 | 프랜차이저가 프랜차이지에게 프랜차이저의 상호, 상표, 노하우 및 기타 기업의 운영방식을 사용하여 제품이나 서비스를 판매할 수 있도록 허가하는 것을 프랜차이즈 시스템이라 말한다. 프랜차이즈 시스템은 전통적 유통경로보다 유연성이 높지만 관리형 VMS, 자발

적 연쇄점 및 소매상 협동조합보다 유연성이 뛰어나다고 할 수 없다.

99

| 정답 | ④

| 해설 | 프랜차이즈 시스템은 특히 경영경험이 적은 가맹점주에게 본부회사의 경험에서 얻은 능력을 발휘하도록 하므로 효율성이 높은 시스템으로 입증되고 있다.

100

| 정답 | ②

| 해설 | 수직적 마케팅 시스템은 마케팅경로상 지도자격인 중앙(본부)에서 계획된 프로그램에 의해 경로구성원이 전문적으로 관리되고 집중적으로 계획된 유통망을 주도적으로 형성하며, 상이한 단계에서 활동하는 경로구성원들을 전문적으로 관리, 통제하는 네트워크 형태의 경로조직이다. 수직적 마케팅 시스템 유형은 기업형 VMS, 계약형 VMS 및 관리형 VMS로 나누어지고 계약형 VMS의 대표적인 형태로 도매상후원의 자발적인 연쇄점형태와 소매상협동조합, 프랜차이즈 시스템을 들 수 있다.

| 오답풀이 |

①, ③, ④ 수평적 마케팅에 대한 설명으로 공생적 마케팅 시스템이며 동일한 두 개 이상의 기업이 서로 대등한 입장에서 연맹체를 구성하는 형태다. 기업이 단독으로 효과적인 마케팅 활동을 수행하는 데 필요한 자본, 노하우, 마케팅 자원 등을 보유하고 있지 않을 때 수평적 통합을 통해 시너지 효과를 얻을 수 있다.

수직적 마케팅(VMS ; Vertical Marketing System)

1. 최적의 경제성을 달성하고 최대한 시장에 영향을 주기 위해 중앙에서 통제하여 전문적으로 관리하고 수평적으로 조성되며 수직적으로 정리된 설비들로 구성된 경로 시스템을 수직적 마케팅 시스템이라고 정의할 수 있다.
2. 수직적 마케팅 시스템을 형성하게 되면 제조업자의 경우 도매상의 판매 자료를 공유함으로써 효율적인 재고관리나 신뢰의 발전, 소매 수준에서 제품구매에 대한 통제가능, 경로 전반의 조정노력, 개선 등의 이점을 얻을 수 있다.
3. 수직적 마케팅 시스템을 통해 경로 효율과 성과를 높일 수 있도록 경쟁을 줄일 수도 있지만 이렇게 형성된 수직적 마케팅 시스템 간에 경쟁이 일어날 수 있다.

101

| 정답 | ②

| 해설 | 기업형 VMS는 하나의 소유권하에서 생산과 유통의 연속적(수직적)인 단계를 결합시킨 수직적 마케팅 시스템의 형태를 의미한다.

102

| 정답 | ①

| 해설 | 채찍효과란 소를 몰 때 긴 채찍을 사용하면 손잡이 부분에서 작은 힘이 가해져도 끝부분에서는 큰 힘이 생기는 데에서 붙여진 것으로, 고객의 수요량 변동이 상부단계(소매상 → 도매상 → 제조업체)로 유통채널을 거슬러 올라갈수록 증폭되는 현상을 말한다.

채찍효과의 방지

1. 공급망에 걸쳐 있는 중복 수요의 예측을 가급적 삼가야 한다.
2. 가급적 대량의 배치 주문을 적당한 규모에 해당하는 것으로 줄인다.
3. 공급 부족 등의 상황이 발생하지 않도록 해야 한다.
4. 공급 경로 간에 강력한 파트너십을 구축해야 한다.

103

| 정답 | ②

| 해설 | 가급적 대량의 배치 주문을 적당한 규모에 해당하는 것으로 줄인다.

104

| 정답 | ③

| 해설 |

촉진믹스 요소	정의
광고	특정 광고주에 의한 아이디어, 상품 또는 서비스의 비개인적 프레젠테이션과 촉진

PR	회사나 제품 이미지를 증진하거나 보호하는 프로그램
판매촉진	제품 및 서비스의 사용 혹은 구매를 촉진하기 위한 단기적인 인센티브
인적 판매	판매와 고객관계를 구축하기 위한 목적으로 수행되는 대면적인 프레젠테이션
구전	제품의 장단점이나 구매 또는 사용 경험에 관한 사람과 사람 간의 구두, 서면 또는 전자적 커뮤니케이션

105

| 정답 | ④

| 해설 | 광고는 인적 판매보다 많은 사람에게 전달이 가능하지만 인적 판매에 비해 설득력은 떨어진다.

촉진관리

개념	• 고객만족을 실현하고 기업의 마케팅목표를 달성하기 위한 주요 활동 • 이러한 기업의 여러 가지 활동의 결합을 의미하며 광고, 판매촉진, 인적 판매, 홍보 등을 그 수단으로 이용함.
특징	• 광고보다 홍보의 신뢰성이 더 높음. • 광고는 비인적 매체를 통하여 메시지를 전달 • 광고는 광고주를 명시하고 유료성을, 홍보는 광고주를 명시하지 않고 무료성을 원칙으로 함. • 판매촉진은 광고, 인적 판매, 홍보 이외의 촉진수단으로서 강력하고 신속한 반응을 기대할 수 있지만 그 효과는 주로 단기적

106

| 정답 | ①

| 해설 | 소비재 제조업체들은 촉진자금의 대부분을 광고비로 지출하며 판매촉진, 인적 판매, 홍보의 순으로 지출한다. 산업용품의 경우에는 인적 판매, 판매촉진, 광고, 홍보의 순으로 자금을 지출한다.

107

| 정답 | ④

| 해설 | 인적 판매는 고객 1인당 비용이 많이 드는 편이며 구매자들과 직접 만나 판매한다.

108

| 정답 | ②

| 해설 | 물적 유통(PD ; Physical Distribution) : 생산자로부터 소비자에게 제품 · 재화를 효과적으로 옮겨 주는 기능 또는 활동을 뜻하는 것으로 물류비용을 최소화하면서 그 수요가 존재하는 곳에 도달시키는 여러 활동이다.

109

| 정답 | ②

| 해설 | 양판할인점은 대량의 상품을 싸게 파는 창고형 점포로 서비스를 절감할 만큼 제품가격을 할인하여 팔기 때문에 서비스는 고객을 만족시킬 만한 수준이 되지 않는다.

할인점(Discount Store, 양판할인점)

1. 특징
   ㉠ 철저한 셀프 서비스에 기초하는 대량판매방식을 이용하여 시중가격보다 20 ~ 30% 싸게 판매하는 가장 일반적인 유통업체로 '종합할인점'이라고도 한다.
   ㉡ 농수산물에서 공산품에 이르기까지 다양한 상품을 구비하여 회원제창고업 형태와 함께 유통업체를 주도하고 있다.
2. 장점
   ㉠ 대량판매에 의해 상품의 회전율이 높다.
   ㉡ 차별할인 가격으로 상품을 구입할 수 있다.
   ㉢ 다양한 상품을 구비하여 소비자의 욕구를 충족시킬 수 있다.
   ㉣ 서비스 비용의 감소로 경비가 절감된다.
3. 단점 : 최소한의 서비스만 제공하므로 서비스 측면에서는 고객만족이 이루어지기 어렵다.

110

| 정답 | ③

| 해설 | 샘플링(Sampling)은 통계조사과정 중 대상집단에서 표본을 골라내는 일이다.

| 오답풀이 |

① 퍼블리시티(Publicity)는 광고주가 누구인지 모르게 하는 PR 방법이다.

② PPL(Product Placement)은 특정 상품을 방송 매체 속에 의도적이고 자연스럽게 노출시켜 광고 효과를 노리는 광고 전략이다.

111

| 정답 | ④

| 해설 | ① 촉진수단의 유형 중 판매촉진에 속하며 소비자들에게 할인권 제공, 상품권 제공 등을 한다.

② 촉진수단의 유형 중 인적 판매에 속하며 구매자들과 직접 만나 자사제품의 구매를 권유한다.

112

| 정답 | ②

| 해설 | 최종소비자에 대한 직·간접적인 광고나 홍보활동을 통해 소비자들이 상품에 대해 관심을 갖게 하거나 구매를 희망하게 함으로써 유통업체가 그 상품을 취급하도록 하는 전략은 풀(pull) 전략이라고 한다. 푸시(push) 전략은 제조업자 측에서 소매업자에게 전략적인 측면에서 제품을 공급하는 것이다.

파트5 회계 및 재무관리

기출예상문제 문제 388쪽

01	③	02	②	03	③	04	①	05	②
06	③	07	③	08	④	09	④	10	②
11	③	12	④	13	①	14	④	15	②
16	③	17	④	18	①	19	②	20	③
21	①	22	④	23	②	24	④	25	③
26	④	27	②	28	①	29	②	30	②
31	②	32	③	33	②	34	①	35	④
36	②	37	④	38	②	39	①	40	①
41	③	42	③	43	①	44	②	45	①
46	①	47	③	48	②	49	④	50	④
51	③								

01

| 정답 | ③

| 해설 | 재무활동을 수집, 기록, 분류, 요약, 보고, 분석하는 과정을 회계라고 한다.

회계의 목적

- 투자 및 신용 의사 결정에 유용한 정보 제공
- 미래 현금 흐름 예측에 유용한 정보 제공
- 재무 상태, 경영 성과, 현금 흐름 및 자본 변동에 관한 정보 제공
- 경영자의 경영 성과 평가에 유용한 정보 제공

02

| 정답 | ②

| 해설 | 관리회계는 기업회계의 한 분야로 경영자가 경영관리활동에 도움을 주는 것을 목적으로 한 내부보고회계다. 관리회계는 관리자가 요구하는 대로 보고서를 작성하므로 일반적으로 인정된 회계원칙에 의하여 작성한다는 설명은 옳지 않다.

03

| 정답 | ③

| 해설 | 재무회계의 회계기간은 보통 1년이며 관리회계는 기간규정이 없다.

04

| 정답 | ①

| 해설 | 회계의 순환과정은 경제적 사건의 식별 → 분개 → 총 계정원장과 보조장부에의 전기 → 수정전시산표의 작성 → 기말수정분개 → 수정후시산표의 작성 → 장부마감 → 재무제표의 작성으로 이어진다.

05

| 정답 | ②

| 해설 | ① 자산의 증가-자산의 감소
③ 자산의 증가-자본의 증가
④ 자산의 증가-수익의 발생

거래의 8요소와 결합관계

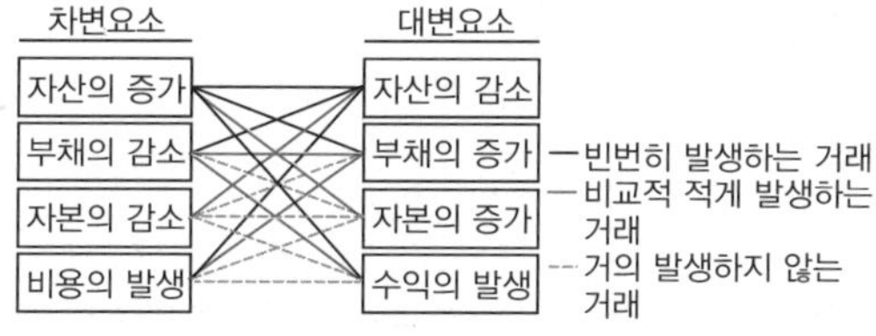

* 차변요소 : 자산의 증가, 부채의 감소, 자본의 감소, 비용의 발생
* 대변요소 : 자산의 감소, 부채의 증가, 자본의 증가, 수익의 발생

- 일반적으로 1개의 차변요소와 1개의 대변요소가 결합되어 하나의 거래를 구성한다.
- 수익의 발생은 자산의 증가나 부채의 감소를 가져오고, 비용의 발생은 자산의 감소나 부채의 증가를 가져온다.

06

| 정답 | ③

| 해설 | 회계상의 거래란 자산이나 부채, 자본 등의 증감에 변화를 일으키는 모든 행위를 말한다. 즉, 실제로 증가와 감소가 발생하는 경우가 속한다. 회계상 거래인 것에는 화재, 감가, 대손, 면제, 수증, 도난, 분실, 가격상승, 가격하락 등이 있으며 회계상 거래가 아닌 것에는 매매계약 및 주문, 약속, 계약, 담보, 보관 등이 있다.

| 오답풀이 |

②, ④ 각각 약속을 하였을 뿐 아직 실제로 지불된 것이 아니기 때문에 회계상의 거래에 해당하지 않는다.

회계상의 거래

1. 자산이나 부채, 자본 등의 증감에 변화를 일으키는 모든 행위를 말하며 실제로 증가와 감소가 발생하는 경우가 속한다.
2. 회계상 거래인 것
   - ㉠ 현금의 도난 · 분실
   - ㉡ 상품의 재고부족, 파손, 가격하락
   - ㉢ 건물, 기계 등의 사용에 의한 가치하락(감가)
   - ㉣ 화재로 건물, 상품 등의 소실
   - ㉤ 거래처의 파산에 의한 대손발생
   - ㉥ 점주의 인출
   - ㉦ 재산세 등 세금고지 받은 경우
3. 회계상 거래가 아닌 것
   - ㉠ 견적서, 송품장 등의 발송
   - ㉡ 상품의 주문
   - ㉢ 상품 등의 매매계약 체결
   - ㉣ 건물 등의 임대차계약 체결
   - ㉤ 담보를 제공하거나 제공받는 경우
   - ㉥ 급여를 주기로 하고 종업원 채용
   - ㉦ 회계상의 내용을 약속하는 경우

07

| 정답 | ③

| 해설 | 재고자산은 취득원가와 순실현가치 중 낮은 금액으로 측정한다.

질적 특성

1. 근본적 질적 특성 : 목적적합성, 중요성, 표현충실성, 근본적 질적 특성의 적용
2. 보강적 질적 특성 : 비교가능성, 검증가능성, 적시성, 이해가능성, 보강적 질적 특성의 적용

08

| 정답 | ④

| 해설 | 유용한 재무정보의 질적 특성 중 근본적 질적 특성은 목적적합성과 신뢰성이고, 유용한 재무정보의 질

적 특성 중 보강적 질적 특성은 비교가능성, 검증가능성, 적시성, 이해가능성이다.

09

| 정답 | ④

| 해설 | 이익잉여금처분계산서는 기업의 이익처분에 관한 내용을 나타내는 재무보고서다.

10

| 정답 | ②

| 해설 | 유형자산은 정상적인 영업 활동 과정에서 사용할 목적으로 장기간 보유하고 있는 물리적 실체가 있는 자산으로 건물, 구축물, 차량운반구, 공구와 기구, 비품, 시설장치 등이 있다.

| 오답풀이 |

① 당좌자산 : 외상매출금, 선급금, 선급비용, 부가세대급금, 전도금, 주 · 임 · 종 · 단기채 등이 있다.

③ 비유동부채 : 결산일을 기준으로 하여 1년 이후에 지급기일이 도래하는 부채를 말한다. 기업회계기준서에 의한 비유동부채에는 사채, 장기차입금, 장기성매입채무 등이 있다.

④ 유동부채 : 재무상태표 일에서 기산하여 1년 이내에 변제할 단기성 부채로 매입채무(외상매입금, 지급어음), 단기차입금(당좌차월포함), 미지급금, 선수금, 예수금, 미지급 비용, 미지급법인세, 유동성 장기부채 선수수익, 부채성 충당금(단기성) 등이 이에 속한다.

〈대차대조표 계정과목〉

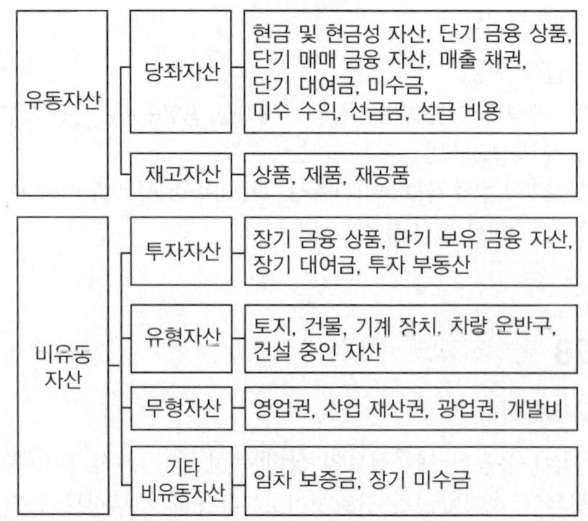

구분	계정	항목
유동자산	당좌자산	현금 및 현금성 자산, 단기 금융 상품, 단기 매매 금융 자산, 매출 채권, 단기 대여금, 미수금, 미수 수익, 선급금, 선급 비용
	재고자산	상품, 제품, 재공품
비유동자산	투자자산	장기 금융 상품, 만기 보유 금융 자산, 장기 대여금, 투자 부동산
	유형자산	토지, 건물, 기계 장치, 차량 운반구, 건설 중인 자산
	무형자산	영업권, 산업 재산권, 광업권, 개발비
	기타 비유동자산	임차 보증금, 장기 미수금

11

| 정답 | ③

| 해설 | 가지급금 및 가수금 등의 미결산항목은 그 내용을 나타내는 적절한 과목으로 표시하고 재무상태표의 자산 및 부채 항목으로 표시해서는 아니 된다.

현행 기업회계기준 제11조 제1항(재무상태표 작성기준)

1. 재무상태표는 자산 · 부채 및 자본으로 구분하고 자산은 유동자산 및 비유동자산으로, 부채는 유동부채 및 비유동부채로, 자본은 자본금 · 자본잉여금 · 이익잉여금 및 자본조정으로 각각 구분한다.
2. 자산 · 부채 및 자본은 총액에 의하여 기재함을 원칙으로 하고 자산의 항목과 부채 또는 자본의 항목을 상계함으로써 그 전부 또는 일부를 재무상태표에서 제외하여서는 아니 된다.
3. 자산과 부채는 1년을 기준으로 하여 유동자산 또는 비유동자산, 유동부채 또는 비유동부채로 구분하는 것을 원칙으로 한다.
4. 재무상태표에 기재하는 자산과 부채의 항목배열은 유동성배열법에 의함을 원칙으로 한다.
5. 자본거래에서 발생한 자본잉여금과 손익거래에서 발생한 이익잉여금은 혼동해 표시하여서는 아니 된다.
6. 가지급금 또는 가수금 등의 미결산항목은 그 내용을 나타내는 적절한 과목으로 표시하고, 대조계정 등의 비망계정은 재무상태표의 자산 또는 부채항목으로 표시해서는 아니 된다.

12

| 정답 | ④

| 해설 | 재무상태표상 자산은 유동성배열의 원칙에 따라 나타나게 된다. 작성일로부터 1년을 기준으로 유동자산과 고정자산(비유동자산)으로 구분한다. 유동자산은 1년 이내에 현금화할 수 있는 자산을 의미하며 다시 당좌자산과 재고자산으로 분류한다.

13

| 정답 | ①

| 해설 | 자기주식처분이익은 자본잉여금에 속한다. 자본잉여금은 증자나 감자 등 주주와의 거래에서 발생하여 자본을 증가시키는 잉여금으로 주식발행초과금, 감자차익, 자기주식처분이익 등이 있다.

14

| 정답 | ④

| 해설 | 기업회계기준상 자본잉여금은 주식발행초과금, 감자차익, 자기주식처분이익으로 구성되어 있다.

15

| 정답 | ②

| 해설 | 손익계산서의 양식에는 계정식과 보고식이 있는데, 기업회계기준에서는 보고식을 원칙으로 하고 있다. 계정식은 총 계정원장의 차변과 대변을 그대로 옮겨놓은 형식으로, 총비용과 총수익의 대조에 편리한 방식이지만 일반의 이해관계자가 이해하기 쉽고 편리한 형식을 채용하기 위해 기업회계기준에서는 보고식을 택하고 있다.

| 오답풀이 |

① 일정 기간 동안 소유주와의 자본거래를 제외한 모든 원천에서 순자산이 증가하거나 감소한 정도 그리고 그 내역에 대한 정보를 제공하는 재무보고서다.

③, ④ 손익계산서는 한 회계기간에 속하는 수익과 이에 대응하는 비용 및 차익과 차손을 적정하게 표시하기 위한 재무보고서다. 손익계산서는 당해 회계기간의 경영성과를 나타낼 뿐만 아니라 기업의 미래현금흐름과 수익창출능력 등의 예측에 유용한 정보를 제공한다.

손익계산서의 한계

1. 발생주의에 따라 손익을 측정하기 때문에 현금흐름과 괴리가 발생한다.
2. 수익 · 비용의 인식에 개인의 주관이 개입된다.
3. 실현주의 및 수익 · 비용대응의 원칙 등 인위적인 기준에 따른 이익이 산출되므로 경제학적 이익과 상이하다.

16

| 정답 | ③

| 해설 | 총포괄손익은 당기순이익에 기타포괄손익을 더한 것이므로 당기순손익과 총포괄손익 간에 차이를 발생시키는 항목은 기타포괄손익이다. 기타포괄손익의 항목에는 매도가능금융자산평가손익, 해외사업환산손익, 재평가잉여금, 현금흐름위험회피 파생상품평가손익 등의 과목이 있다.

17

| 정답 | ④

| 해설 | 자본변동액은 수익이나 손실로 인해 자본에 변화가 있는 것으로, 순이익은 기업의 자본변동액으로 정의되지만 수익에서 비용을 차감한 잔액으로 계산할 수도 있다.

자본변동액=10,000+3,000−4,200=8,800(이때 무상증자는 제외)

18

| 정답 | ①

| 해설 | 현금흐름표는 발생주의로 작성하는 것이 아니고 현금주의로 작성한다. 현금흐름표는 재무제표의 종류 중 하나로 일정 기간 동안 기업실체의 현금의 유입이나 유출에 대한 정보를 제공하는 보고서를 뜻한다.

19

| 정답 | ②

| 해설 | 물가가 상승하는 경우 매출원가의 크기는 선입선출법 < 이동평균법 < 총평균법 < 후입선출법의 순이고, 기말재고자산 금액의 크기는 선입선출법 > 이동평균법 > 총평균법 > 후입선출법의 순이다.

20

| 정답 | ③

| 해설 | 선입선출법은 재고자산을 평가할 때 먼저 들어온 것이 먼저 팔린다는 전제하에서 매출원가와 기말재고단가를 결정한다.

21

| 정답 | ①

| 해설 | 재고자산이란 정상적인 영업과정에서 판매목적을 위하여 보유하는 자산 또는 판매를 목적으로 한 생산

과정에 있는 자산 그리고 생산 또는 서비스 제공과정에 투입될 원재료나 소모품의 형태로 존재하는 자산을 말한다. 상품, 제품, 반제품, 재공품, 원재료, 저장품, 기타의 재고자산을 과목으로 한다.

재고자산의 과목

상품	• 기업이 정상적인 영업활동과정에서 판매를 목적으로 구입한 상품 • 부동산매매업에 있어서 판매를 목적으로 소유하는 토지·건물 기타 이와 유사한 부동산은 이를 상품에 포함
제품	기업내부에서 판매를 목적으로 제조한 생산품
반제품	자가 제조한 중간제품과 부분품 등
재공품	제품의 제조를 위하여 재공(在工)과정에 있는 제품
원재료	완제품을 제조·가공할 목적으로 구입한 원료, 재료 등
저장품	소모품, 수선용 부분품 및 기타 저장품
기타의 재고자산	기업회계기준서에서는 상품, 제품, 반제품, 재공품, 원재료 등은 재무상태표에 재고자산이라는 계정과목으로 통합하여 표시할 수 있도록 하고 있으며, 이 경우 세부 내용은 주석으로 기재하도록 함.

22

| 정답 | ④

| 해설 | 매입환출과 매입에누리, 매입할인은 인수란에 붉은색으로 기입하고 단가를 수정한다.

상품재고장

상품의 재고관리를 위하여 상품의 수입(입고)과 인도(출고)를 기록하여 각 상품의 현재액을 명백히 해야 한다. 상품의 종류마다 계좌를 설정하고 그 상품의 수급(입고와 출고)과 잔액을 알기 위하여 사용하는 보조원장을 상품재고장(stock ledger)이라 한다.

23

| 정답 | ②

| 해설 | 고가이며 소량인 재고자산에 쉽게 적용할 수 있는 방법으로는 개별법이 있다.

재고자산방법

1. 평균법
   ㉠ 실무적으로 적용하기 편리하며 이익조작의 가능성이 적다.
   ㉡ 실제의 물량흐름을 파악하는 것은 현실적으로 불가능하므로 평균원가의 사용이 보다 적절하다.
2. 선입선출법
   ㉠ 선입선출가정은 일반적으로 실제물량흐름과 일치하므로 개별법과 유사한 결과를 얻을 수 있다.
   ㉡ 후입선출법보다 적용하기 쉽다.
   ㉢ 체계적이고 객관적이므로 이익조작의 가능성이 적다.
   ㉣ 기말 재고자산이 가장 최근의 원가로 표시되므로 재고자산가액은 현행원가의 근사치로 표현한다.
   ㉤ 현행수익에 과거원가를 대응시키므로 대응원칙에 충실하지 못하다.
   ㉥ 물가가 상승할수록 과거의 원가가 매출수익에 대응되므로 당기순이익이 과대표시된다.
3. 후입선출법
   ㉠ 현행수익에 현행원가가 대응되기 때문에 대응원칙에 충실하고 가격정책에 관한 의사결정에 유용한 정보를 제공한다.
   ㉡ 재고수량이 감소하지 않는 한 당기순이익을 적게 계상함으로써 세금의 납부를 이연시킬 수 있고, 따라서 기업의 현금흐름이 유리하다.
   ㉢ 기말 재고자산이 과거의 가격으로 기록되어 현행가치를 나타내지 못한다.
   ㉣ 당기순이익이 적게 계상된다.
   ㉤ 실제물량흐름과 일치하지 않는 경우가 일반적이다.

24

| 정답 | ④

| 해설 | 현행원가란 재고자산을 현재 시점에서 매입하는 데 소요되는 금액으로 재고자산 평가방법 중 현행원가에 가장 근접하는 평가 방법은 선입선출법이다.

선입선출법

1. 개념 : 먼저 매입한 상품을 먼저 출고한다는 전제하에 매입일자가 가장 빠른 것부터 순차적으로 출고하고 나머지의 상품가격(매입가격)을 재고상품가액으로 하는 방법으로, 매입순법이라고도 한다.
2. 특징 : 물가가 상승할 때 상품의 재고가액은 시가에 가까운 가액으로 계산되고 매출원가는 먼저 매입한 낮은 단가로 계산되기 때문에 매입 시와 판매 시를 비교하여 화폐가치의 하락이 있는 경우(인플레이션)에는 기말재고자산이 커진다.

25

| 정답 | ③

| 해설 | 실지재고조사법하에서만 이용 가능한 방법은 총평균법과 기타방법이다.

| 오답풀이 |

①, ② 계속기록법하에서도 실지재고조사법하에서도 이용 가능하다.

④ 계속기록법하에서만 이용 가능하다.

〈재고조사 평가방법〉

구분	계속기록법	실지재고조사법
개별법, 선입선출법, 후입선출법	○	○
이동평균법	○	×
총평균법, 기타방법	×	○

26

| 정답 | ④

| 해설 | ① 매출원가 크기는 선입선출법 > 이동평균법 > 총평균법 > 후입선출법 순이다.

② 후입선출법에 의하면 재고자산과 순이익은 상대적으로 높게 평가된다.

③ 선입선출법에 의하면 재고자산과 순이익은 상대적으로 낮게 평가된다.

27

| 정답 | ②

| 해설 | 재고자산평가손실은 전액 매출원가에 가산한다.

재고자산평가손실

기업회계기준서(제10호)에 의하면 재고자산의 평가는 원칙적으로 취득원가를 기준으로 한다. 그러나 시가가 취득원가보다 하락한 경우에는 시가로 평가하며(강제규정), 시가는 보유하고 있는 자산의 성격에 따라 순실현가능가액이나 현행대체원가로 한다. 즉 재공품, 제품, 반제품 및 상품의 시가는 순실현가능가액이 되고 원재료의 시가는 현행대체원가가 된다.

28

| 정답 | ①

| 해설 | 취득원가 = 제공한 자산의 공정가치 + 현금지급액 = 350,000 + 30,000 = 380,000

따라서 취득 시의 분개는 다음과 같다.

차변		대변	
유형자산	380,000	유형자산	350,000
유형자산처분손실	0	현금	30,000

동종자산 간의 교환

A 회사 → B 회사: 토지 (처분손익 : 인식하지 않는다)

B 회사 → A 회사: 토지 (취득원가 : 제공하는 토지의 장부금액)

1. 기업회계기준상 동종자산이란 동일한 업종 내에서 유사한 용도로 사용되고 공정가치가 비슷한 자산을 말한다.
2. 동종자산 간의 교환으로 유형자산을 취득하는 경우 유형자산의 취득원가는 교환을 위하여 제공한 자산의 장부금액으로 측정한다.
3. 동종자산 간의 교환인 경우에는 교환거래로 인하여 제공한 구자산과 취득한 신자산이 용도나 공정가치가 유사하므로 신자산이 구자산의 기능을 대신 수행하여 기업의 경제적 실질에 변화가 전혀 없고, 제공된 유형자산으로부터의 수익창출과정이 완료되지 않았다고 보기 때문에 교환에 따른 손익을 인식하지 않는다. 이를 장부가액법이라 한다.
4. 현금이 수수되는 경우 : 동종자산 간의 교환에 현금 수수가 있는 경우 '취득하는 자산의 취득원가 = 처분하는 자산의 장부가액 + 현금 지급액 - 현금 수령액'으로 계산된다.

29

| 정답 | ②

| 해설 | 건물을 신축하기 위하여 사용 중인 기존 건물을 철거하는 경우 철거비용은 취득원가에 포함하는 것이 아니고 비용으로 회계처리 된다.

30

| 정답 | ②

| 해설 | ①, ③ 정액법에 대한 설명으로 직선법 또는 균등상각법이라고 불리며 유형자산의 취득원가에서 잔존가액을 차감한 것을 내용연수로 나누어 계산한다.

④ 정률법에 대한 설명으로 유형자산의 장부가액에 일정의 상각률을 곱하여 얻은 금액을 각 연도의 상각액으로 하는 방법이다.

비례법

1. 자산의 이용정도에 비례하여 감가상각비를 계산한다.

$$\text{각 연도의 감가상각비} = (\text{취득원가} - \text{잔존가액}) \times \frac{\text{각 회계연도의 이용단위}}{\text{총이용단위}}$$

2. 생산량비례법 : 광산 · 유전 · 삼림 등 채취량에 비례하여 그의 가치가 감소하는 감모성자산의 상각액을 구하는 데 일반적으로 사용된다. 감모성자산의 상각액은 잔존가액을 0으로 하여 내용연수에 따르지 않고 실제의 채취량에 따라 계산한다.
3. 작업시간비례법 : 작업시간 또는 운전시간에 비례하여 상각액을 결정하는 것으로 이는 자동차 · 항공기 · 기계장비 등에 일반적으로 적용한다.

31

| 정답 | ②

| 해설 | 감가상각비를 계상하는 데 있어서 건물을 제외한 자산들은 정액법과 정률법을 적용할 수 있는데 초기에 많은 감가상각비를 많이 계상하려면 정률법을 선택하고 내용연수를 줄이면 된다. 정액법을 선택하면 내용연수 후기에 많은 비용이 들게 된다. 정액법은 초기에는 정률법보다 절세효과가 크지만 연수가 지나면 정률법보다 더 많은 세금을 부담하게 되므로 절세효과가 가장 작은 것은 정액법이다.

32

| 정답 | ③

| 해설 | 무형자산에는 영업권, 산업재산권, 개발비, 라이선스, 프랜차이즈, 저작권, 컴퓨터소프트웨어, 임차권리금, 광업권, 어업권 등이 있다.

무형자산

1. 개념 : 무형자산은 재화의 생산이나 용역의 제공, 타인에 대한 임대 또는 관리에 사용할 목적으로 기업이 보유하고 있는 것으로 물리적 형체가 없지만 식별가능하고 기업이 통제하고 있으며, 미래 경제적 효익이 있는 비화폐성자산을 말한다. 비화폐성자산은 화폐성자산 이외의 자산을 말하며, 화폐성자산은 현금 및 확정되었거나 확정가능한 화폐금액으로 받을 자산을 말한다.
2. 무형자산의 종류

영업권	우수한 경영진, 뛰어난 판매조직, 양호한 신용, 원만한 노사관계, 기업의 좋은 이미지 등 동종의 타기업에 비하여 특별히 유리한 사항들을 집합한 무형의 자원
개발비	개발활동과 관련하여 발생한 지출액 중 미래의 경제적 효익이 기업에 유입될 가능성이 매우 높으며, 취득원가를 신뢰성 있게 측정한 것
산업 재산권	특허권, 실용신안권, 디자인권, 상표권
기타의 무형자산	라이센스, 프랜차이즈, 저작권, 컴퓨터소프트웨어, 임차권리금, 광업권, 어업권 등

3. 무형자산의 특징
   ㉠ 물리적 형태를 구체적으로 식별할 수 없다.
   ㉡ 장래의 효익에 대해 불확실성이 내재되어 있으며, 그 내용연수도 객관적으로 추정하기 어렵다.
   ㉢ 대부분의 경우 기업과 분리되어 존재할 수 없거나 분리될 경우 그 가치가 소멸 혹은 감소된다.

33

| 정답 | ②

| 해설 | 사채의 취득은 목적에 관계없이 사채상환에 해당하므로 장부가액과 취득가액의 차액을 사채상환손익으로 인식한다.

자기사채

자기발행사채를 취득하여 소각하지 않고 보유하고 있는 사채를 말하며, 이에 대해서는 이자가 지급되지 아니한다. 「기업회계기준」에서는 자기사채의 취득 시 액면가액과 사채발행차금 등을 당해 계정과목에서 직접 차감하도록 규정하고 있으며 그 취득경위 등은 주석으로 기재한다. 이때 장부가액과 취득가액의 차이는 사채상환손익으로서 당기 영업외손익으로 처리해야 한다(기업회계기준 제25조). 한편, 자기사채를 매각할 경우에는 사채의 발행으로 회계처리하여야 한다.

34

| 정답 | ①

| 해설 | 사채발행비를 사채발행금에 신입하면 이자비용 총액이 증가하므로 유효이자율이 높아진다.

사채

주식회사가 장기 자금을 조달하는 방법으로 주식의 발행, 장기 차입 및 사채의 발행 등이 있다. 사채는 사채권을 발행하여 장기간의 계약으로 자금을 차입하는 것으로 대표적인 고정부채다.

35

| 정답 | ④

| 해설 | 장기성매입채무는 비유동부채에 속한다.

기업회계기준서에서 부채의 분류

1. 유동부채 : 부채 중 재무상태표일로부터 1년 또는 정상영업순환주기 이내에 만기가 도래하는 부채를 말한다. 단기차입금, 매입채무, 미지급금, 선수금, 미지급법인세, 미지급비용, 선수수익, 유동성장기차입금, 경품충당부채 등을 그 예로 들 수 있다.
2. 비유동부채 : 부채 중 재무상태표일로부터 1년 또는 정상영업순환주기 이후에 만기가 도래하는 부채를 말한다. 사채, 신주인수권부사채, 전환사채, 장기차입금, 퇴직급여충당부채, 제품보증충당부채, 장기미지급금, 장기미지급비용, 장기선수수익, 이연법인세부채 등을 그 예로 들 수 있다.

36

| 정답 | ②

| 해설 | 충당부채는 부채로 인식하지만 우발부채는 부채로 인식하지 않는다.

충당부채와 우발부채의 비교

금액추정가능성 / 자원유출가능성	신뢰성 있게 추정가능	추정불가능
가능성이 매우 높음	충당부채 인식	우발부채로 주석 공시
가능성이 어느 정도 있음	우발부채로 주석 공시	
가능성이 거의 없음	공시하지 않음.	공시하지 않음.

37

| 정답 | ④

| 해설 | ①, ③ 비유동부채에 해당하는 설명이다.

② 이연법인세부채는 비유동부채에 포함된다.

기업회계기준서에서 부채의 분류

구분	내용
유동부채	• 부채 중 재무상태표일로부터 1년 또는 정상영업순환주기 이내에 만기가 도래하는 부채 • 단기차입금, 매입채무, 미지급금, 선수금, 미지급법인세, 미지급비용, 선수수익, 유동성장기차입금, 경품충당부채 등
비유동부채	• 부채 중 재무상태표일로부터 1년 또는 정상영업순환주기 이후에 만기가 도래하는 부채 • 사채, 신주인수권부사채, 전환사채, 장기차입금, 퇴직급여충당부채, 제품보증충당부채, 장기미지급금, 장기미지급비용, 장기선수수익, 이연법인세부채 등

38

| 정답 | ②

| 해설 | 유동비율은 유동자산을 유동부채로 나눈 비율이다.

유동비율

1. 기업이 충분한 현금을 보유하고 있는가를 알아보는 한 가지 방법은 해당기업의 유동자산과 유동부채를 살펴보는 일이다.
2. 앞으로 수개월 동안 사업을 수행하는 데 필요한 현금을 조달하는 해당기업의 능력을 측정하는 것이다.
3. 유동부채에 대해서 유동자산이 차지하는 비율을 나타내며, 유동자산을 유동부채로 나누어 계산한다.

39

| 정답 | ①

| 해설 | 유동비율은 기업의 단기채무에 대한 지급능력을 나타내 주는 비율이다.

40

| 정답 | ①

| 해설 | 검증가능성은 재무보고의 보강적 질적 특성으로, 이밖에 비교가능성, 적시성, 이해가능성이 있다.

| 오답풀이 |

②, ③, ④ 중립성, 예측가치, 확인가치는 근본적 질적 특성에 해당한다.

41

| 정답 | ③

| 해설 | 회계적 이익은 경영자의 이해를 반영하고 또한 그 이해관계에 따라서 조절 가능하다는 특징이 있다.

재무적 경영의 목표

1. 이윤 극대화기업의 이윤 극대화 목표는 기업이 본질적으로 영리 추구를 설립동기로 하고 있다는 점에서 오랫동안 주장되어 왔다. 그러나 오늘날에는 기업활동에 있어 장래에 대한 불확실성과 시간적 요인이 중시됨에 따라 단기적 이윤 극대화보다는 기업의 부 또는 가치의 극대화가 기업목표라는 입장이 받아들여지고 있다.

2. 이윤 극대화 목표의 개념상 문제점을 극복하여 현대기업론에서 기업의 목표로 정립된 것이 주주의 부(富)의 극대화 목표다.
3. 화폐의 시간적 가치 : 대부분의 기업에서 재무적 의사결정은 현시점에서 이루어지며 이로써 얻어지는 투자에 대한 수익은 미래시점에서 실현된다는 점에서 볼 때 '화폐의 시간가치' 개념은 재무관리에서 매우 중요한 개념이다.

42

| 정답 | ③

| 해설 | 영업레버리지는 비유동자산을 보유함으로써 고정영업비용을 부담하는 것으로, 매출액의 증감률보다 영업이익의 증감률이 크게 확대되는 효과를 가진다.

레버리지효과

타인으로부터 빌린 자본을 지렛대 삼아 자기자본이익률을 높이는 것을 말하며, 지렛대효과라고도 한다. 예를 들어 10억 원의 자기자본으로 1억 원의 순익을 올렸다고 할 때 투자자본 전부를 자기자본으로 충당했다면 자기자본이익률은 10%가 되고, 자기자본 5억 원에 타인자본 5억 원을 끌어들여 1억 원의 순익을 올렸다면 자기자본이익률은 20%가 된다. 따라서 차입금 등의 금리비용보다 높은 수익률이 예상될 때에는 타인자본을 적극적으로 끌어들여 투자를 하는 것이 유리하다.

43

| 정답 | ①

| 해설 | 수익률곡선타기전략은 수익률곡선이 하향 이동하는 경우에만 효과적인 전략이 아니라 상향, 하향 모든 경우에 효과적인 전략이다.

이표채

이표채는 가장 보편적인 채권의 형태이며 액면가로 채권을 발행하고 만기일 이전에 이자를 일정 기간마다 지불하여 현금흐름이 발생한다.

44

| 정답 | ②

| 해설 | ① 채권가격과 시장이자율은 서로 반비례 관계에 있다.

③ 일정한 이자율 변동에 액면이자가 낮을수록 채권가격 변동폭이 크다.

④ 일정한 이자율 변동에 만기가 긴 채권일수록 채권가격 변동폭이 크다.

채권가격의 특성

1. 채권의 가격은 시장이자율에 반비례한다.
2. 만기가 동일할 경우 액면이자율이 낮을수록 채권가격의 변동폭이 크다.
3. 일정한 수익률 변동에 대해 만기가 길수록 가격 변동폭이 크다.

45

| 정답 | ①

| 해설 | ② 항상 정해져 있는 것이 아니라 상황에 따라서 다양한 양상을 보일 수 있다. 그러므로 채권의 만기수익률이 더 높을 수도 있고 낮을 수도 있다.

③ 다른 조건이 동일하다면 유동성위험이 큰 채권의 만기수익률은 유동성위험이 낮은 채권의 만기수익률보다 높다.

④ 다른 조건이 동일하다면 수의상환조건이 있는 채권의 만기수익률은 수의상환조건이 없는 채권의 만기수익률보다 높다.

46

| 정답 | ①

| 해설 | 수익률 곡선타기전략은 보유하는 채권의 만기가 짧아짐에 따라 발생하는 자본이득과 투자기간 동안의 이자수익을 동시에 얻고자 하는 전략으로 적극적 채권투자전략이다.

채권투자전략

1. 소극적 투자전략 : 채권지수 펀드전략, 면역전략(순자산가치 면역전략, 목표시기 면역전략, 현금흐름 대응전략)
2. 적극적 투자전략 : 채권스왑전략(대체스왑, 시장간 스프레드스왑, 이자율 예상스왑, 수익률 획득스왑, 세금스왑), 수익률 곡선타기전략, 상황적응 면역전략

47

| 정답 | ③

| 해설 | 증권시장선의 기울기는 β 값에 상관없이 항상 일정한 값을 가진다. 증권시장선은 개별자산 또는 포트폴리오의 균형수익률을 도출해 내는 모형으로 체계적 위험의 지표인 베타에 비례하는 위험프리미엄을 측정하여 균형수익률을 이끌어 낸다.

CAPM의 가정

1. 모든 투자자들은 위험증권에 투자할 경우 최적포트폴리오에 투자한다.
2. 모든 투자자들은 자본자산의 기대수익률과 분산에 대하여 동질적인 예측을 한다.
3. 무위험자산이 존재하며 투자자들은 무위험이자율로 투자자금을 얼마든지 빌려 쓰거나 빌려줄 수 있다.
4. 모든 투자자들은 동일한 단일 투자기간을 가지고 있으며 모든 자본자산은 무한히 분할 가능하다.
5. 증권시장은 완전시장이다. 즉, 증권거래에 따른 세금과 거래비용이 존재하지 않으며 이자율의 상승과 인플레이션이 없다.
6. 증권시장은 균형상태다. 즉, 증권시장에서 거래되는 모든 증권은 수요와 공급이 일치하는 수준에서 각 증권의 가격이 형성된다.

48

| 정답 | ②

| 해설 | 무위험자산이 존재하고 무위험이자율로 차입과 대출이 가능하다고 가정한다.

49

| 정답 | ④

| 해설 | $30+(35-30)\times3=45(\%)$

증권시장선(SML)

완전시장하에서 자본시장이 균형을 이루고 투자자들이 평균 · 분산 기준에 의해 행동한다고 가정하면 어떤 주식 또는 포트폴리오의 기대수익과 체계적 위험 사이에는 다음과 같은 선형관계가 성립한다.

$$E(R_i)=R_f+[E(R_m)-R_f]\times B_i$$

$E(R_i)$: 주식 또는 포트폴리오 i의 기대수익률
$E(R_m)$: 시장포트폴리오 m의 기대수익률
R_f : 무위험이자율
B_i : 주식 또는 포트폴리오 i의 체계적 위험

$[E(R_m)-R_f]$는 시장포트폴리오의 기대수익률에서 무위험이자율을 초과하는 부분으로, 시장포트폴리오의 초과수익률 또는 시장의 위험프리미엄을 의미한다.

50

| 정답 | ④

| 해설 | 주식의 기대수익률=무위험이자율+(시장포트폴리오 기대수익률−무위험이자율)×해당기업베타=$2+(12-2)\times1.5=17(\%)$

51

| 정답 | ③

| 해설 | 장내파생상품은 공인된 거래소에서 불특정다수를 대상으로 정형화 · 표준화된 계약조건으로 거래한다. 장외파생상품은 양당사자 간 합의에 의한 특화된 계약조건으로 거래한다.

부록 실전모의고사

실전모의고사 1회									문제 404쪽
01	④	02	④	03	④	04	②	05	③
06	③	07	④	08	②	09	②	10	④
11	③	12	③	13	④	14	①	15	①
16	③	17	③	18	①	19	①	20	④
21	①	22	④	23	③	24	④	25	③

01

| 정답 | ④

| 해설 | 포드는 고임금 저가격의 포디즘이라는 경영철학을 제시하였다. 이는 3S와 이동조립법을 근거로 한 대량생산을 통해 자동차 가격을 낮추어 질 좋은 제품을 싸게 공급한다. 이렇게 얻은 수익은 종업원에게 고임금으로 지급한다.

| 오답풀이 |

① 테일러는 차별성과급제를 통해 저노무비 고임금을 주장하였다.

② 메이요는 호손 실험을 통해 인간관계론을 주창하였고 이 실험의 결과 비공식적 조직을 중요성을 중시하였다.

③ 베버는 관료제 조직을 가장 이상적 조직으로 보고 분업, 명확한 계층, 규칙과 규정 및 절차에 입각한 의사결정과 고도의 공식적 절차 등을 강조하였다.

02

| 정답 | ④

| 해설 | ㉠ 기존 브랜드와 다른 제품 범주에 속하는 신제품에 기존 브랜드를 붙이는 것은 라인확장(Line Extension)이 아니라 브랜드확장(Brand Extension)이다.

㉡ 라인확장을 할 때 자기잠식(Cannibalization)의 위험성은 상향 확장보다 하향 확장에서 높다. 하향 확장 시 기존 고급이미지 약화(희석 효과), 자기잠식 가능성이 크다.

03

| 정답 | ④

| 해설 | 통제의 범위(Span of Control)는 한 사람이 통제할 수 있는 인원수를 의미한다.

04

| 정답 | ②

| 해설 | 집단 사고(Group Think)는 지나치게 동질적인 집단이 그 동질성으로 인해 지나치게 비합리적인 의사결정을 하는 경우를 말한다. 즉 개인의 생각은 사라지고 집단이라는 새로운 의사결정단위가 의사결정을 수행하는 것이다.

| 오답풀이 |

① 피평가자의 면접순서는 최근효과 및 대비효과를 유발할 수 있다.

③ 사람들은 자신의 행동에 대한 원인을 찾을 때와 타인의 행동에 대한 원인을 찾을 때 서로 다른 경향을 보인다. 자신의 행동에 대한 원인을 찾을 때에는 주로 외적인 요인에 주목하는 성향이 강하고, 타인의 행동에 대한 원인을 찾을 때에는 주로 그 사람의 내적인 요인에 주목한다.

④ 제한된 합리성 하에서 개인은 만족할 만한 수준의 대안을 찾는 의사결정을 한다.

05

| 정답 | ③

| 해설 | NFC(Near Field Communication)는 근거리 무선 통신을 뜻하며 무선태그(RFID) 기술 중 하나로 13.56 MHz의 주파수 대역을 사용하는 비접촉식 통신 기술로서 10cm이내의 가까운 거리에서 다양한 무선 데이터를 주고받는 통신 기술이다. 통신거리가 짧기 때문에 상대적으로 보안이 우수하고 가격이 저렴해 주목받는 차세대 근거리 통신 기술이다.

06

| 정답 | ③

| 해설 | 시장 진입장벽이 높아 경쟁자의 진입이 어려운 경우 고가격 정책인 스키밍 가격전략(Skimming Pricing)이 많이 활용된다.

07

| 정답 | ④

| 해설 | 전문품에 적합한 경로 커버리지는 집약적 유통이 아니라 전속적 유통이다.

| 오답풀이 |

① 구매자가 요구하는 서비스 수준이 높은 경우에는 많은 비용이 들어가지만 통제가능성이 높은 제조업자가 유통경로 기능을 직접 수행하는 통합적 유통경로를 갖게 될 가능성이 높아진다.

② 방문판매와 다단계판매는 모두 무점포형 소매상이다.

③ 한정 서비스 도매상은 상품을 소유한 상태에서 고객에게 소수의 한정된 서비스만을 제공하는 형태의 도매상이다.

08

| 정답 | ②

| 해설 | ZD(Zero Defect)프로그램은 품질개선을 위한 동기부여 프로그램으로 통계적 품질관리의 적용을 강조하는 것이 아니라 종업원 각자에게 자율성을 부여하여 불량발생 가능성을 사전에 예방하는 것이다.

09

| 정답 | ②

| 해설 | 통제력의 강도는 '기업형 > 계약형 > 관계형'의 순으로 나타난다.

10

| 정답 | ④

| 해설 | 서비스 청사진(Service Blueprint)은 서비스를 생산하고 제공하는 데 필요한 모든 활동과 절차를 묘사하고 설명해 놓은 것으로서 서비스 단계별 '고객의 행동, 종업원의 행동, 종업원 지원 프로세스'를 가시선을 기준으로 나누어서 제시하는 플로우 차트(Flow Chart)이다.

11

| 정답 | ③

| 해설 | ㄱ. 자본시장선은 위험자산과 무위험자산을 모두 고려할 경우 효율적 투자기회선이다. 즉, 효율적 포트폴리오의 위험과 기대수익률의 선형관계를 나타내는 직선이다.

ㄷ. 자본시장선은 효율적 포트폴리오들의 균형가격을 산출하는 데 필요한 할인율을 제공하며 균형가격을 보여준다.

| 오답풀이 |

ㄴ. 증권시장선 위에 위치한 주식이 과소평가된 주식이다. 자본시장선은 주식이 비효율이냐 효율이냐를 판단하는 척도로서 자본시장선상의 포트폴리오 주식들은 효율적, 그 아래는 비효율적이라고 할 수 있다.

12

| 정답 | ③

| 해설 | MRP : 독립수요품의 조립에 필요한 자재나 부품(종속수요품)의 소요량 및 소요계획을 역산하여 자재조달계획을 수립하는 시스템이다.

| 오답풀이 |

① TQM(Total Quality Management) : 종합적 품질경영으로 품질관리 책임자뿐만 아니라 마케팅, 생산 등 기업의 모든 구성원이 함께 품질관리를 하며 고객의 요구에 부응

② FMS(Flexible Manufacturing System) : 개별 자동화체계와 기술이 하나의 생산시스템 내에서 통합된 공장자동화 생산형태로서 다품종 소량생산의 생산을 가능하게 하는 시스템

④ SCM(공급사슬관리) : 공급체인 내의 모든 구성요소들을 하나의 운영체계로 통합하여 공급체인 전체의 최적화를 추구하고자 하는 시스템

13

| 정답 | ④

| 해설 | 매슬로우(Maslow)의 욕구이론에 따르면 생리 욕구－안전 욕구－소속 욕구－존경 욕구－자아실현 욕구의 순서로 욕구가 충족된다.

14

| 정답 | ①

| 해설 | 리더－부하 교환 이론(LMX)은 리더가 부하들의 능력, 기술 및 책임을 지려는 동기 수준의 차원에 따라 자신의 부하들을 내집단과 외집단으로 구분하여 서로 다르게 대우하면서 리더와 부하가 사용하는 세력의 유형 및 강도가 달라지는 것을 말한다.

| 오답풀이 |

② 허쉬(Hersey)와 블랜차드(Blanchard)의 상황이론에 따르면 참여형 리더십 스타일의 리더보다 설득형 리더십 스타일의 리더가 상대적으로 과업지향적 행동을 더 많이 한다. 허쉬와 블랜차드의 모형에서 언급한 과업지향적 행동의 크기에 따른 리더십 유형은 지시형＞설득형(지원형)＞참여형＞위임형이다.

③ 피들러(Fiedler)의 상황이론에 따르면 개인의 리더십 스타일을 LPC척도에 따라 과업지향형과 관계지향형으로 분류하고, 일정부분 리더십 유형은 고정되어 있다는 가정하에 리더－구성원 간의 관계, 과업구조, 리더의 직위권한이라는 상황변수에 따라 자신의 리더십 스타일을 바꾸어 상황에 적응하는 것이 아니라 리더십의 변화 내지는 리더의 교체가 필요하다고 설명하고 있다.

④ 블레이크(Blake)와 머튼(Mouton)의 관리격자이론은 리더십의 상황이론이 아니라 행위이론에 해당된다.

15

| 정답 | ①

| 해설 | 시장세분화는 유효타당성 측면에서 내적 동질성과 외적 이질성이 극대화되도록 해야 한다.

16

| 정답 | ③

| 해설 | 제품별 배치에서는 공정별 배치에 비해 설비의 고장이나 작업자의 결근 등이 발생할 경우 생산시스템 전체가 중단될 가능성이 높지만 노동 및 설비의 이용률이 높다.

17

| 정답 | ③

| 해설 | 주식배당 후 주당 순이익은 일반적으로는 하락한다고 볼 수 있다.

18

| 정답 | ①

| 해설 | 종업원에게 직무의 정체성과 중요성을 높여주고 일의 보람과 성취감을 느끼게 한다는 것은 동기요인을 통한 동기부여를 해준다는 의미로서 허즈버그의 2요인 이론에 근거한 직무 충실화 내용이다.

19

| 정답 | ①

| 해설 | 표준화된 질문을 통한 면접은 구조화 면접이며, 비구조화 면접은 자유질문으로 구성된 면접이다.

| 오답풀이 |

② 스트레스 면접이란 피면접자를 무시할 때 스트레스에 어떻게 대응하는가를 보는 것으로서 여러 시기에 걸쳐 여러 사람이 진행하는 형태는 아니다.

③ 면접의 신뢰성과 타당성을 높이기 위해서는 면접 내용 개발 단계에서부터 면접관 및 경영진이 참여하여 조직의 목표와 이에 필요한 역량 등을 질문에 반영할 필요가 있다.

④ 위원회 면접은 패널 면접이라고도 불리는데 3명 이상의 면접자와 1명의 피면접자가 있는 형태다.

20

| 정답 | ④

| 해설 | 비용을 기능별로 분류하는 기업은 감가상각비, 종업원급여비용 등을 포함하여 비용의 성격별 분류에 대한 추가 정보를 제공한다.

21

| 정답 | ①

| 해설 | ③ 영업권과 ④ 미수수익은 자산항목이고, ② 사채는 부채항목이다.

지본의 구성요소

구분	세부항목의 예
자본금	보통주자본금, 우선주자본금
자본잉여금	주식발행초과금, 기타자본잉여금(감자차익, 자기주식처분이익 등)
자본조정	자기주식, 기타자본조정(주식할인발행차금, 감자차손, 자기주식처분손실 등)
기타포괄손익누계액	기타포괄손익인식금융자산평가손익, 재평가잉여금 등
이익잉여금	법정적립금, 임의적립금, 미처분이익잉여금

22

| 정답 | ④

| 해설 | ① 관계기업투자주식을 보유한 기업이 피투자회사로부터 배당금을 받는 경우 관계기업투자주식의 장부가액은 감소한다.

② 타회사가 발행한 채무증권의 취득 금액이 해당 기업의 보통주 가격의 20% 이상이 되는 경우는 유의적인 영향력을 미칠 수 없다.

③ 단기매매금융자산은 기말에 공정가치로 평가하며, 평가손익을 포괄손익계산서에서 당기손익으로 표시한다.

23

| 정답 | ③

| 해설 | 할인발행의 경우 만기가 가까워질수록 사채의 이자비용이 증가한다.

24

| 정답 | ④

| 해설 | 시행절차가 간단하고 적용이 용이한 것은 연공급이며 직무급의 경우는 명확한 직무분석과 공정한 직무평가를 전제하고 있으므로 시행절차가 간단하다고 보기는 어렵다.

25

| 정답 | ③

| 해설 | ① 재무상태표의 자산과 부채는 일반적으로 유동과 비유동으로 구분하여 표시하며, 유동 항목을 먼저 표시하는 유동성배열법은 적용하지 않는다.

② 충당부채의 경우 상환금액과 상환시기가 불확실하지만 현재의무가 존재하는 부채로 인식한다.

④ 배당금 지급은 재무활동 또는 영업활동으로 표시된다.

실전모의고사 2회									문제412쪽
01	②	02	③	03	②	04	①	05	①
06	④	07	③	08	④	09	①	10	③
11	①	12	③	13	①	14	④	15	②
16	①	17	④	18	④	19	③	20	①
21	④	22	①	23	④	24	①	25	①

01

| 정답 | ②

| 해설 | 페이욜(H. Fayol)은 관리활동의 PODC의 과정 즉, 계획, 조직, 지휘, 조정, 통제의 5단계로 설명하고 있다.

| 오답풀이 |

① 테일러(F. Taylor)의 과학적 관리론에서는 차별적 성과급제를 통한 조직관리를 주장한다.

③ 인간을 제한된 합리성을 갖는 의사결정자로 보고 이론을 전개한 학자는 사이몬(H.A. Simon)의 조직이론이다.

④ 호손 실험을 계기로 활발하게 전개된 인간관계론은 종업원의 심리상태와 비공식적 조직이 생산성에 큰 영향을 미친다고 주장한다.

02

| 정답 | ③

| 해설 | 도전적인 목표를 제시함으로써 직무수행자가 해당 직무에서 성장욕구와 성취감을 경험하게 하는 것은 로크(Locke)의 목표설정이론과 관련이 있다.

03

| 정답 | ②

| 해설 | A. 조기 수용자(early adopters) 바로 다음에 신제품을 수용하는 소비자 집단은 조기 다수 수용자(early majority)이다.

C. 시장규모는 성장기보다 성숙기에서 더 크고, 제품원가는 성장기보다 도입기에서 더 높다.

04

| 정답 | ①

| 해설 | ② 병목공정(Bottleneck Process)의 이용률은 비병목공정의 이용률보다 높다.

③ 생산능력이 증가하면 이용률(=실제생산능력/설계생산능력)이 감소하는 경향이 있다.

④ 주기시간은 각 작업장에서 한 단위 생산에 허락된 최대한의 시간이므로, 주기시간이 짧아지면 생산능력이 증가하는 경향이 있다.

05

| 정답 | ①

| 해설 | 상기상표군(Evoked Set)은 내적 정보탐색의 결과 상기된 상표이며, 내적 탐색의 결과 회상된 상기상표군과 외적 탐색을 통해 발견된 상표군을 모두 합한 상표군을 고려상표군이라고 한다.

06

| 정답 | ④

| 해설 | 효과적인 생산관리 활동(제품 및 공정설계, 품질관리 등)을 통해 유효생산능력은 증가하지만 실제생산능력이 증가한다고는 단정할 수 없다.

07

| 정답 | ③

| 해설 | 테일러는 집단중심 보상이 아니라 개별 종업원들에 대한 차별 성과급제도를 도입하였다.

08

| 정답 | ④

| 해설 | 아담스의 공정성이론에서 불공정성을 시정하는 여러 방법으로는 비교대상의 변경이나 비교대상에 대한 영향력 행사 등이 있으며, 준거인물의 유지는 공정성 인식하에서 일어나는 방법이다.

09

| 정답 | ①

| 해설 | 사내공모제는 내부충원의 대표적 형태로 승진의 기회가 생겨 종업원들에 대한 사기 진작 효과가 있다.

10

| 정답 | ③

| 해설 | ① 직무불만족을 증가시키는 개인적 성향은 부정적 정서와 부정적 자기평가이다.

② 역할 모호성, 역할 갈등, 역할 과다를 경험한 사람들의 직무 만족도는 매우 낮게 나타난다.

④ 종업원과 상사 사이의 공유된 가치관은 직무만족과 조직 몰입을 높여준다.

11

| 정답 | ①

| 해설 | 종속제품가격은 제품 간 상호작용과 관련한 가격 책정 방법이다.

12

| 정답 | ③

| 해설 | 내재적 보상이 크다고 해서 임금의 내부공정성이 높아지는 것은 아니며, 외재적 보상이 클 경우와 작을 경우 모두 불공정 인식을 가질 수 있다.

분배의 공정성

1. 내부공정성 : 기업내부의 공정성을 의미하는 것으로서 조직의 직무, 직능, 근속 및 성과에 따라 보상을 달리함으로써 공정성을 확보하는 것이다. 내부공정성 확보는 개인의 만족과 효용성 증대에 중요한 역할을 한다.
2. 외부공정성 : 해당기업의 종업원이 받는 임금수준이 다른 기업의 임금에 비하여 공평한가와 관련된 문제이다.

13

| 정답 | ①

| 해설 | B. 복수브랜드 전략은 동일 제품범주에서 다수의 상표를 도입하는 것이고, 신상표 전략은 새로운 제품 범주에서 출시하고자 하는 신제품을 대상으로 새로운 브랜드를 개발하는 경우이다.

C. 브랜드 확장 시, 두 제품 범주 간의 유사성뿐만 아니라 브랜드이미지와 제품 간의 유사성도 브랜드 확장의 성패에 영향을 미친다.

14

| 정답 | ④

| 해설 | b. 상표전환 매트릭스(Brand Switching Matrix)란 구매자들이 한 상표에서 다른 상표로 전환하는 비율을 계산해 놓은 표로서 이전구매와 현재구매의도를 분석하여 경쟁의 정도를 파악하는 고객 행동에 기초한 경쟁자 파악 방법이다. 즉, 유사한 상품들 사이에 자주 일어나는 상표전환(Brand Switching)을 파악하여 상품들 간 경쟁관계를 파악할 수 있는 방법이다.

15

| 정답 | ②

| 해설 | 재고자산회전율과 재고공급일수는 역의 관계이므로 공급사슬의 성과척도인 재고자산회전율을 높이기 위해서는 재고공급일수가 작아져야 한다.

16

| 정답 | ①

| 해설 | 상동적 태도는 피평가자들이 속한 집단의 한가지 범주에 따라 판단할 때 나타날 수 있는 오류이다. 즉 그들이 속한 집단의 특성에 근거하여 사람을 판단하는 경향을 말한다.

17

| 정답 | ④

| 해설 | ㄱ. 인지적 요소 : 주관적 지식이나 신념

ㄴ. 감정적 요소 : 대상에 대한 긍정적 · 부정적 느낌

ㄷ. 행동적 요소 : 대상에 대한 행동 성향

18

| 정답 | ④

| 해설 | 휴면상태의 소비자들을 현재적 수요로 바꾸고자 하는 마케팅 기법은 개발 마케팅이다.

19

| 정답 | ③

| 해설 | 가중평균자본비용(WACC)는 (자산 중 자본의 비율×자기자본비용)+(자산 중 부채의 비율×타인자본비용)×(1－법인세율)이므로 (0.5×0.16)+(0.5×0.12) ×(1－0.5)＝0.11이다.

따라서 가중평균자본비용은 11%이다.

20

| 정답 | ①

| 해설 | c. MRP는 BOM의 나무구조(Tree Structure)상 상위품목에서 시작하여 하위품목 방향으로 순차적으로 작성한다.

d. MRP를 위해서는 BOM에 표시된 하위품목에 대한 별도의 수요예측(Forecasting) 과정이 필요하지는 않다. MRP는 종속 수요제품의 자재조달계획이다.

21

| 정답 | ④

| 해설 | 변동비율법이란 산출의 단위에 기초를 두고 반응의 비율은 불특정하게 강화요인을 적용하는 방법으로 보험판매 시 받게 되는 성과급을 예로 들 수 있다. 변동비율법이 강화제거 시 유지보존의 효과가 가장 오랫동안 지속될 수 있는 방법이다. 이는 경제적부담은 높지만 주어진 시간 안에서 최대의 효과를 낼 때 유용하다.

22

| 정답 | ①

| 해설 | 집단의사결정은 최적안에 대한 폐기가능성이 존재하므로, 차선책을 채택하는 오류가 발생할 수 있다.

23

| 정답 | ④

| 해설 | 자기주식처분이익은 자본변동표상 지본잉여금 항목이다.

24

| 정답 | ①

| 해설 | 재평가잉여금 및 보험수리적손익은 후속적으로 당기손익으로 재분류되지 않고 직접 이익잉여금으로 대체되는 항목이다.

25

| 정답 | ①

| 해설 | • 유동비율(%) $= \frac{\text{유동자산}}{\text{유동부채}} \times 100$

• 자기자본수익률(ROE)

$= (1+\text{부채비율}) \times \text{총자본순이익률}$

$= \frac{\text{매출액순이익률} \times \text{총자산회전율}}{\text{자기자본비율}}$

$= \frac{\text{순이익}}{\text{매출액}} \times \frac{\text{매출액}}{\text{총자본}} \times \frac{\text{총자산}}{\text{자기자본}}$

전공시험
직무수행능력평가
코레일
경영학

기출에서 뽑은 **빈출테마**로
효율적인 **이론정리** 01

02 **빈출 지문**에서 뽑은 **O/X**로
이론 점검

기출문제를 통한
경영학 필기 완벽학습 03

04 **실전모의고사 2회분**으로
실제시험 완전적응

gosinet
(주)고시넷